# LES
# AUTEURS GRECS
### EXPLIQUÉS D'APRÈS UNE MÉTHODE NOUVELLE
### PAR DEUX TRADUCTIONS FRANÇAISES

La traduction littérale des *Morceaux choisis de Thucydide* dont le texte grec a été publié par M. Alfred Croiset, maître de conférences à la Faculté des lettres de Paris, est de M. de Parnajon, professeur au lycée Henri IV.

La traduction française est extraite de la traduction complète de *l'Histoire de la guerre du Péloponnèse* par M. Bétant.

# LES
# AUTEURS GRECS

EXPLIQUÉS D'APRÈS UNE MÉTHODE NOUVELLE

## PAR DEUX TRADUCTIONS FRANÇAISES

L'UNE LITTÉRALE ET JUXTALINÉAIRE PRÉSENTANT LE MOT A MOT FRANÇAIS
EN REGARD DES MOTS GRECS CORRESPONDANTS
L'AUTRE CORRECTE ET PRÉCÉDÉE DU TEXTE GREC

**avec des arguments et des notes**

PAR UNE SOCIÉTÉ DE PROFESSEURS
ET DE SAVANTS

## ESCHYLE
## MORCEAUX CHOISIS

PARIS
LIBRAIRIE HACHETTE ET C^{ie}
79, BOULEVARD SAINT-GERMAIN, 79

—

1883

# AVIS

### RELATIF A LA TRADUCTION JUXTALINÉAIRE

On a réuni par des traits les mots français qui traduisent un seul mot grec.

On a imprimé en *italique* les mots qu'il était nécessaire d'ajouter pour rendre intelligible la traduction littérale, et qui n'ont pas leur équivalent dans le grec.

Enfin, les mots placés entre parenthèses doivent être considérés comme une seconde explication, plus intelligible que la version littérale.

# MORCEAUX CHOISIS
# D'ESCHYLE

## ARGUMENT ANALYTIQUE.
### DE PROMÉTHÉE ENCHAINÉ

Le Titan Prométhée avait dérobé le feu du ciel pour l'apporter aux humains. Zeus (Jupiter) irrité contre lui le fait enchaîner sur le Caucase dans les déserts de la Scythie. La tragédie s'ouvre par ce supplice. On voit Pouvoir (Κράτος) et Force (Βία) traîner Prométhée vers le rocher où Hephæstos (Vulcain) doit l'attacher.

Prométhée, jusque-là, n'a proféré aucune plainte; après le départ de ses bourreaux, il rompt le silence et prend le ciel et la terre à témoin de ce qu'il souffre et de l'injustice du nouveau maître du ciel. A sa voix accourent les filles d'Océan qui composeront le Chœur. Le vieil Océan vient aussi ; il engage Prométhée à se soumettre, à ne point irriter Zeus par des discours hautains. Prométhée repousse dédaigneusement ces timides conseils.

Océan parti, le Chœur déplore les rigueurs du nouveau règne. Prométhée, à son tour, énumère les bienfaits qu'il a répandus sur les humains. Le Chœur reprend la parole et proclame qu'il n'y a de sécurité et de bonheur que dans la soumission à Zeus.

Tout à coup paraît une jeune femme emportée dans une course folle sous l'aiguillon du taon qui la harcèle. C'est Io, la fille d'Inachos victime de l'amour de Zeus, et poursuivie par la jalousie de Héra (Junon). A la demande des Océanides, elle raconte ses malheurs. Prométhée lui prédit qu'après avoir parcouru de nouvelles contrées, elle trouvera le repos en Égypte et mettra au monde un fils qui sera son libérateur à lui Prométhée. Elle reprend sa course vagabonde, et Prométhée annonce que Zeus tombera bientôt et qu'il ne pourrait être préservé de sa chute que par la révélation d'un secret dont Prométhée a seul connaissance.

Le dieu entend du haut de l'Olympe cette prédiction menaçante. Il dépêche Hermès (Mercure), qui somme Prométhée de s'expliquer. Celui-ci raille le messager de Zeus et brave de nouvelles rigueurs. Vainement les Océanides le supplient de parler; il reste inébranlable. La foudre tombe sur le Caucase, et Prométhée est englouti avec son rocher, en protestant contre l'injustice qui l'opprime.

# ΠΡΟΜΗΘΕΥΣ

## ΔΕΣΜΩΤΗΣ

### I. LE SUPPLICE DE PROMÉTHÉE.
(Vers 1-87.)

ΚΡΑΤΟΣ.
Χθονὸς μὲν εἰς τηλουρὸν ἥκομεν πέδον [1],
Σκύθην ἐς οἶμον, ἄβροτον εἰς ἐρημίαν.
Ἥφαιστε, σοὶ δὲ χρὴ μέλειν ἐπιστολὰς
ἅς σοι πατὴρ ἐφεῖτο, τόνδε πρὸς πέτραις
ὑψηλοκρήμνοις τὸν λεωργὸν ὀχμάσαι
ἀδαμαντίνων [2] δεσμῶν ἐν ἀρρήκτοις πέδαις.
Τὸ σὸν γὰρ ἄνθος, παντέχνου πυρὸς σέλας,
θνητοῖσι κλέψας ὤπασεν· τοιᾶσδέ τοι
ἁμαρτίας σφε δεῖ θεοῖς δοῦναι δίκην,
ὡς ἂν διδαχθῇ τὴν Διὸς τυραννίδα
στέργειν, φιλανθρώπου δὲ παύεσθαι τρόπου.
ΗΦΑΙΣΤΟΣ.
Κράτος Βία τε, σφῷν μὲν ἐντολὴ Διὸς

POUVOIR. Du monde, c'est là où tout finit, à l'entrée des steppes de Scythie, à cet escarpement désert, où jamais d'un mortel le pied ne se pose. Nous y sommes enfin arrivés. A toi maintenant, Hephæstos, de songer à la mission que tu as reçue de ton père. Sur ce roc perdu, dont la tête hautaine menace l'abîme, à toi d'attacher ce criminel infâme aux chaînes de fer, aux entraves que rien ne peut briser. N'est-ce pas d'ailleurs ta prérogative, à toi, ce feu créateur, cet éclair qu'il a volé, pour en doter les mortels? Ce crime de lèse-divinité, il le doit expier, et apprendre qu'il est inviolable, le despotisme de Zeus, que de telles complaisances philanthropiques on se doit abstenir.

HEPHÆSTOS. Pouvoir et toi Force, pour vous du moins les

# PROMÉTHÉE
## ENCHAINÉ

### I. LE SUPPLICE DE PROMÉTHÉE.

| ΚΡΑΤΟΣ. | POUVOIR. |
|---|---|
| Ἥκομεν μὲν | Nous sommes arrivés d'une part |
| εἰς πέδον τηλουρὸν χθονὸς, | sur le sol lointain de *cette* terre, |
| ἐς οἶμον Σκύθην, | dans la contrée scythique, |
| εἰς ἐρημίαν ἄβροτον. | dans une solitude déserte. |
| Χρὴ δέ σοι, Ἥφαιστε, | D'autre part il faut qu'à toi, Hephæstos, |
| μέλειν ἐπιστολὰς | soient-à-cœur les ordres |
| ἃς πατὴρ ἐφεῖτό σοι, | que le père a imposés à toi, |
| ὀχμάσαι τόνδε τὸν λεωργὸν | d'enchaîner ce malfaiteur |
| πρὸς πέτραις ὑψηλοκρήμνοις | à des rocs escarpés |
| ἐν πέδαις | dans des entraves |
| ἀρρήκτοις | qu'on-ne-peut-rompre |
| δεσμῶν ἀδαμαντίνων. | de liens d'-acier. |
| Κλέψας γὰρ | Car ayant dérobé |
| τὸ σὸν ἄνθος, | ta fleur (ton attribut principal), |
| σέλας πυρὸς | la splendeur du feu |
| παντέχνου, | qui-crée-tous-les-arts, |
| ὤπασε θνητοῖσι. | il l'a communiquée aux mortels. |
| Δεῖ τοι | Il faut donc |
| σφε δοῦναι δίκην θεοῖς | lui donner satisfaction aux dieux |
| τοιᾶσδε ἁμαρτίας, | d'un tel crime, |
| ὡς διδαχθῇ ἂν στέργειν | afin-qu'il apprenne à se-résigner |
| τὴν τυραννίδα Διὸς, | au pouvoir-suprême de Jupiter, |
| παύεσθαι δὲ | et à mettre-un-terme |
| τρόπου φιλανθρώπου. | à *sa* conduite philanthropique. |
| ΗΦΑΙΣΤΟΣ. Σφῷν μὲν, | HEPHÆSTOS. Pour vous d'une part, |
| Κράτος Βία τε, | Pouvoir et Force, |
| ἐντολὴ Διὸς | l'ordre de Jupiter |

ἔχει τέλος δὴ κοὐδὲν ἐμποδὼν ἔτι·
ἐγὼ δ' ἄτολμός εἰμι συγγενῆ θεὸν
δῆσαι βίᾳ φάραγγι πρὸς δυσχειμέρῳ.
Πάντως δ' ἀνάγκη τῶνδέ μοι τόλμαν σχεθεῖν·
εὐωριάζειν γὰρ πατρὸς λόγους βαρύ.
Τῆς ὀρθοβούλου Θέμιδος αἰπυμῆτα παῖ,
ἄκοντά σ' ἄκων δυσλύτοις χαλκεύμασιν
προσπασσαλεύσω τῷδ' ἀπανθρώπῳ πάγῳ,
ἵν' οὔτε φωνὴν οὔτε του μορφὴν βροτῶν
ὄψει, σταθευτὸς δ' ἡλίου φοίβῃ φλογὶ
χροιᾶς ἀμείψεις ἄνθος· ἀσμένῳ δέ σοι
ἡ ποικιλείμων νὺξ ἀποκρύψει φάος,
πάχνην θ' ἑῴαν ἥλιος σκεδᾷ πάλιν·
ἀεὶ δὲ τοῦ παρόντος ἀχθηδὼν κακοῦ
τρύσει σ'· ὁ λωφήσων γὰρ οὐ πέφυκέ πω [1].
Τοιαῦτ' ἐπηύρου τοῦ φιλανθρώπου τρόπου.
Θεὸς θεῶν γὰρ οὐχ ὑποπτήσσων χόλον

ordres de Zeus finissent ici, de tout vous voilà quittes. Moi, à vrai dire, le cœur me manque. Un frère, un dieu, l'attacher à ce roc si rudement battu de l'orage! Pourtant force m'est bien de le prendre sur moi. Désobéir aux ordres de Zeus, chose grave! (Il se tourne vers Prométhée.) — Fils de l'intelligente Thémis, génie de trop d'idéal, c'est bien à contre-cœur que, malgré toi, à ces entraves, je te clouerai sur ce pic perdu, où plus jamais ni la voix, ni les traits de l'homme n'arriveront jusqu'à toi, où brûlée aux rayons d'un soleil dévorant, se déflorera la peau de ton corps. Quelle joie pour toi, quand, de sa robe bigarrée, la nuit t'abritera du jour; et puis des fraîcheurs du matin, quand le soleil, à son tour, te viendra délivrer! Malheureux, toujours à t'impatienter du présent dans ta mortelle angoisse! Et ton libérateur est encore à naître! Voilà ce que tu as gagné à ton amour de l'homme. Dieu toi-même, des rancunes du ciel tu t'es peu

## PROMÉTHÉE ENCHAINÉ.

| | |
|---|---|
| Ἔχει δὴ τέλος | a certes *son* accomplissement |
| καὶ οὐδὲν ἐμποδὼν ἔτι· | et rien ne *vous* retient plus; |
| ἐγὼ δέ εἰμι | moi d'autre part je suis |
| ἄτολμος | sans-courage |
| δῆσαι βίᾳ | *pour* enchaîner de force |
| θεὸν συγγενῆ | un dieu, *mon* parent, |
| πρὸς φάραγγι | sur *ce* roc-escarpé |
| δυσχειμέρῳ. | exposé-aux-orages. |
| Πάντως δὲ | Toutefois d'autre part |
| ἀνάγκη μοι | nécessité *est* à moi |
| σχεθεῖν τόλμαν | d'avoir le courage |
| τῶνδε· | de remplir ces devoirs; |
| βαρὺ γὰρ εὐωριάζειν | car *il est* dangereux de négliger |
| λόγους πατρός. | les ordres de *mon* père. |
| Παῖ αἰπυμῆτα | Fils industrieux |
| τῆς ὀρθοβούλου Θέμιδος, | de la prudente Thémis, |
| ἄκων προσπασσαλεύσω | malgré-moi je clouerai |
| σε ἄκοντα | toi malgré-toi |
| χαλκεύμασι δυσλύτοις | avec des chaînes indissolubles |
| τῷδε πάγῳ ἀπανθρώπῳ, | à ce roc inhospitalier, |
| ἵνα οὔτε ὄψει φωνὴν | où tu ne verras ni la voix |
| οὔτε μορφήν του βροτῶν, | ni la forme de quelqu'un des |mortels, |
| σταθευτὸς δὲ | et où, brûlé |
| φλογὶ φοίβῃ ἡλίου | par l'ardeur éblouissante du soleil, |
| ἀμείψεις ἄνθος | tu changeras la fleur (la couleur) |
| χροιᾶς· | de *ta* peau; |
| ἀσμένῳ δέ σοι | et à toi *en* étant satisfait |
| ἡ νὺξ ποικιλείμων | la nuit au-vêtement-bigarré |
| ἀποκρύψει φάος, | cachera le jour, |
| ἥλιός τε σκεδᾷ πάλιν | et le soleil dissipera de-nouveau |
| πάχνην ἑῴαν· | la rosée matinale; |
| ἀεὶ δὲ ἀχθηδὼν | et toujours le fardeau |
| κακοῦ τοῦ παρόντος σε τρύσει· | du mal présent t'accablera: |
| ὁ γὰρ λωφήσων | car celui qui *te* délivrera |
| οὔπω πέφυκεν. | n'est pas-encore né. |
| Ἐπηύρου τοιαῦτα | Tu as recueilli de tels *fruits* |
| τοῦ τρόπου φιλανθρώπου. | de ta conduite philanthropique. |
| Οὐ γὰρ ὑποπτήσσων | Car ne craignant pas, |
| θεὸς χόλον θεῶν | dieu *toi-même*, la colère des dieux |

## ΠΡΟΜΗΘΕΥΣ ΔΕΣΜΩΤΗΣ.

βροτοῖσι τιμὰς ὤπασας πέρα δίκης.
Ἀνθ᾽ ὧν ἀτερπῆ τήνδε φρουρήσεις πέτραν
ὀρθοστάδην ἄυπνος, οὐ κάμπτων γόνυ·
πολλοὺς δ᾽ ὀδυρμοὺς καὶ γόους ἀνωφελεῖς
φθέγξει· Διὸς γὰρ δυσπαραίτητοι φρένες·
ἅπας δὲ τραχὺς ὅστις ἂν νέον κρατῇ.
    ΚΡΑΤΟΣ.
Εἶεν, τί μέλλεις καὶ κατοικτίζει μάτην;
τί τὸν θεοῖς ἔχθιστον οὐ στυγεῖς θεὸν,
ὅστις τὸ σὸν θνητοῖσι προύδωκεν γέρας;
    ΗΦΑΙΣΤΟΣ.
Τὸ συγγενές τοι δεινὸν ἥ θ᾽ ὁμιλία.
    ΚΡΑΤΟΣ.
Σύμφημ᾽· ἀνηκουστεῖν δὲ τῶν πατρὸς λόγων
οἷόν τε πῶς; οὐ τοῦτο δειμαίνεις πλέον;
    ΗΦΑΙΣΤΟΣ.
Ἀεί τε δὴ νηλὴς σὺ καὶ θράσους πλέως.
    ΚΡΑΤΟΣ.
Ἄκος γὰρ οὐδὲν τόνδε θρηνεῖσθαι· σὺ δὲ
τὰ μηδὲν ὠφελοῦντα μὴ πόνει μάτην.

soucié, et aux hommes tu as assuré d'exorbitantes prérogatives. En retour, sur ce roc désolé, sentinelle immobile, tu ne pourras ni dormir ni reposer tes membres. Plaintes, gémissements, prières, rien n'y fera. De Zeus inflexible est le cœur, et la rigueur est une nécessité pour tout parvenu du pouvoir.

POUVOIR. Tu hésites, je crois. — Sotte pitié! Aux autres dieux ce dieu en abomination, toi, tu ne le hais pas, et pourtant aux mortels c'est lui qui a fait don de ta prérogative!

HEPHÆSTOS. La parenté, vois-tu, c'est bien fort, et l'amitié!

POUVOIR. Sans doute. Mais désobéir à ton père, est-ce possible? — Chose autrement terrible!

HEPHÆSTOS. Toujours impitoyable, toi! rien ne t'arrête.

POUVOIR. S'apitoyer, à quoi bon? Inutile remède, qui ne peut rien pour lui! — Laisse là ce souci.

| | |
|---|---|
| ὤπασας βροτοῖσι | tu as communiqué aux mortels |
| τιμὰς πέρα δίκης. | des honneurs au-delà du droit. |
| Ἀντὶ ὧν | En-punition desquels *crimes* |
| φρουρήσεις | tu habiteras-comme-gardien |
| τήνδε πέτραν ἀτερπῆ, | ce rocher odieux, |
| ὀρθοστάδην ἄυπνος, | debout, sans-sommeil, |
| οὐ κάμπτων γόνυ· | ne pouvant-fléchir le genou ; |
| φθέγξει δὲ | et tu proféreras |
| πολλοὺς ὀδυρμοὺς | beaucoup de plaintes |
| καὶ γόους ἀνωφελεῖς· | et de gémissements inutiles ; |
| φρένες γὰρ Διὸς | car le cœur de Zeus |
| δυσπαραίτητοι· | *est* inexorable ; |
| ἅπας δὲ τραχὺς | et tout *être est* dur |
| ὅστις κρατῇ ἂν νέον. | qui a-le-pouvoir nouvellement. |
| ΚΡΑΤΟΣ. Εἶεν, | POUVOIR. Eh bien, |
| τί μέλλεις | que tardes-tu, [ment ? |
| καὶ κατοικτίζει μάτην ; | et *pourquoi* t'apitoyes-tu vaine- |
| τί οὐ στυγεῖς θεὸν | pourquoi ne hais-tu pas un dieu |
| τὸν ἔχθιστον θεοῖς, | le plus odieux aux dieux, |
| ὅστις προὔδωκε θνητοῖσι | qui a livré aux mortels |
| τὸ σὸν γέρας ; | ta prérogative ? |
| ΗΦΑΙΣΤΟΣ. Τὸ ξυγγενὲς | HEPHÆSTOS. *C'est que* la parenté |
| ἥ τε ὁμιλία | et l'intimité |
| δεινόν τοι. | *sont* une chose puissante certes. |
| ΚΡΑΤΟΣ. Σύμφημι· | POUVOIR. J'en conviens ; |
| πῶς δὲ οἷόν τε | mais comment *est-il* possible |
| ἀνηκουστεῖν | de désobéir |
| τῶν λόγων πατρός ; | aux ordres de *ton* père ? |
| οὐ δειμαίνεις | ne crains-tu pas |
| τοῦτο πλέον ; | cela davantage ? |
| ΗΦΑΙΣΤΟΣ. Σὺ δὴ ἀεὶ | HEPHÆSTOS. Tu *es* donc toujours |
| νηλής τε | et sans-pitié |
| καὶ πλέως θράσους. | et plein d'audace. |
| ΚΡΑΤΟΣ. Θρηνεῖσθαι γὰρ | POUVOIR. En-effet plaindre |
| τόνδε | cet *homme* |
| οὐδὲν ἄκος· | *n'est* nul remède *à ses maux* ; |
| σὺ δὲ μὴ πόνει μάτην | mais toi ne te fatigue pas vainement |
| τὰ ὠφελοῦντα | pour les choses qui ne servent |
| μηδέν. | à rien. |

ΗΦΑΙΣΤΟΣ.
Ὦ πολλὰ μισηθεῖσα χειρωναξία.
ΚΡΑΤΟΣ.
Τί νιν στυγεῖς; πόνων γὰρ ὡς ἁπλῷ λόγῳ
τῶν νῦν παρόντων οὐδὲν αἰτία τέχνη.
ΗΦΑΙΣΤΟΣ.
Ἔμπας τις αὐτὴν ἄλλος ὤφελεν λαχεῖν.
ΚΡΑΤΟΣ.
Ἅπαντ' ἐπαχθῆ [1] πλὴν θεοῖσι κοιρανεῖν.
Ἐλεύθερος γὰρ οὔτις ἐστὶ πλὴν Διός.
ΗΦΑΙΣΤΟΣ.
Ἔγνωκα· τίς δ' οὔ [2]; κοὐδὲν ἀντειπεῖν ἔχω.
ΚΡΑΤΟΣ.
Οὔκουν ἐπείξει τῷδε δεσμὰ περιβαλεῖν,
ὡς μή σ' ἐλινύοντα προσδερχθῇ πατήρ;
ΗΦΑΙΣΤΟΣ.
Καὶ δὴ πρόχειρα ψέλια δέρκεσθαι πάρα.
ΚΡΑΤΟΣ.
Βαλὼν νιν ἀμφὶ χερσὶν ἐγκρατεῖ σθένει
ῥαιστῆρι θεῖνε, πασσάλευε πρὸς πέτραις.
ΗΦΑΙΣΤΟΣ.
Περαίνεται δὴ κοὐ ματᾷ τοὔργον τόδε.

HÉPHÆSTOS. O mille fois maudite l'industrie de mes mains!
POUVOIR. Et pourquoi la maudire? Ton art, en vérité, n'est pour rien dans son malheur.
HÉPHÆSTOS. Ah! que n'est-il échu à quelque autre en partage!
POUVOIR. Tout est pénible, sauf de commander aux dieux. Il n'est qu'un être libre, c'est Zeus.
HÉPHÆSTOS. Je le sais, qui l'ignore? Je n'ai rien à répondre.
POUVOIR. Hâte-toi donc, de chaînes charge le misérable. Tes hésitations, s'il allait les surprendre, ton père!
HÉPHÆSTOS. Pour les bras les anneaux sont tout prêts, les voici.
POUVOIR. A l'œuvre alors! Autour des mains, d'un vigoureux effort, de ton marteau, rive-les, et cloue-le au rocher.
HÉPHÆSTOS. C'est fait à la minute, je n'y vais pas de main morte.

| | |
|---|---|
| ΗΦΑΙΣΤΟΣ. | HEPHÆSTOS. |
| Ὦ χειρωναξία | O art-exercé-par-*mes*-mains |
| πολλὰ μισηθεῖσα. | bien détesté *par moi!* |
| ΚΡΑΤΟΣ. Τί | POUVOIR. Pourquoi |
| νιν στυγεῖς ; | le détestes-tu ? |
| τέχνη γὰρ | car *ton* art |
| ὡς λόγῳ ἁπλῷ | pour *se servir* d'un discours simple |
| οὐδὲν αἰτία | n'*est* en rien cause |
| τῶν πόνων νῦν παρόντων. | des maux aujourd'hui présents. |
| ΗΦΑΙΣΤΟΣ. Τίς ἄλλος | HEPHÆSTOS. Quelqu'autre |
| ἔμπας ὤφελε | cependant aurait dû |
| αὐτὴν λαχεῖν. | l'avoir-obtenu-en-partage. |
| ΚΡΑΤΟΣ. Ἅπαντα | POUVOIR. Tout |
| ἐπαχθῆ | *est* pénible, |
| πλὴν | sauf |
| κοιρανεῖν θεοῖσι. | commander aux dieux. |
| Οὔτις γὰρ | Car nul |
| ἐστιν ἐλεύθερος, | n'est indépendant, |
| πλὴν Διός. | sauf Zeus. |
| ΗΦΑΙΣΤΟΣ. Ἔγνωκα· | HEPHÆSTOS. Je *le* sais ; |
| τίς δὲ οὔ ; | et qui ne *le sait* pas ? |
| καὶ ἔχω οὐδὲν ἀντειπεῖν. | et je n'ai rien à répondre |
| ΚΡΑΤΟΣ. | POUVOIR. |
| Οὔκουν ἐπείξει | Ne te-hâteras-tu donc pas |
| περιβαλεῖν τῷδε | de mettre-autour-de celui-ci |
| δεσμά, | des chaînes, |
| ὡς πατὴρ μή σε προσδερχθῇ | afin-que *ton* père ne t'aperçoive pas |
| ἐλινύοντα ; | tardant ? |
| ΗΦΑΙΣΤΟΣ. Καὶ δὴ | HEPHÆSTOS. Et certes |
| πάρα δέρκεσθαι | il t'est-possible de voir |
| ψέλια πρόχειρα. | les bracelets prêts. |
| ΚΡΑΤΟΣ. Νιν βαλὼν | POUVOIR. Les ayant jetés |
| ἀμφὶ χερσὶ | autour-de *ses* mains |
| θεῖνε ῥαιστῆρι | frappe du marteau |
| σθένει ἐγκρατεῖ, | avec une force puissante, |
| πασσάλευε πρὸς πέτραις. | cloue-*les* au rocher. |
| ΗΦΑΙΣΤΟΣ. Τόδε τὸ ἔργον | HEPHÆSTOS. Ce travail-là |
| περαίνεται δή, | s'accomplit certes, (effet). |
| καὶ οὐ μάτᾳ. | et ne se-fait-pas-en-vain (sans |

ΚΡΑΤΟΣ.
Άρασσε μᾶλλον, σφίγγε, μηδαμῇ χάλα.
Δεινὸς γὰρ εὑρεῖν κἀξ ἀμηχάνων πόρους.
ΗΦΑΙΣΤΟΣ.
Ἄραρεν ἥδε γ' ὠλένη δυσεκλύτως.
ΚΡΑΤΟΣ.
Καὶ τήνδε νῦν πόρπασον ἀσφαλῶς, ἵνα
μάθῃ σοφιστὴς ὢν Διὸς νωθέστερος.
ΗΦΑΙΣΤΟΣ.
Πλὴν τοῦδ' ἂν οὐδεὶς ἐνδίκως μέμψαιτό μοι.
ΚΡΑΤΟΣ.
Ἀδαμαντίνου νῦν σφηνὸς αὐθάδη γνάθον
στέρνων διαμπὰξ πασσάλευ' ἐρρωμένως.
ΗΦΑΙΣΤΟΣ.
Αἰαῖ, Προμηθεῦ, σῶν ὑπὲρ στένω πόνων.
ΚΡΑΤΟΣ.
Σὺ δ' αὖ κατοκνεῖς τῶν Διός τ' ἐχθρῶν ὕπερ
στένεις; ὅπως μὴ σαυτὸν οἰκτιεῖς ποτέ.
ΗΦΑΙΣΤΟΣ.
Ὁρᾷς θέαμα δυσθέατον ὄμμασιν.
ΚΡΑΤΟΣ.
Ὁρῶ κυροῦντα τόνδε τῶν ἐπαξίων.
Ἀλλ' ἀμφὶ πλευραῖς μασχαλιστῆρας βάλε.
ΗΦΑΙΣΤΟΣ.
Δρᾶν ταῦτ' ἀνάγκη, μηδὲν ἐγκέλευ' ἄγαν.

POUVOIR. Plus fort, tape, serre, ne le ménage pas. Il est de taille à se tirer du pas le plus difficile.
HEPHÆSTOS. Voici un bras solidement attaché, il ne bougera pas.
POUVOIR. Et celui-ci, fortement aussi fixe-le. Qu'il sache, tout avisé qu'il est, que de Zeus il ne peut se jouer.
HEPHÆSTOS, *montrant Prométhée*. Excepté lui, nul ne pourra se plaindre.
POUVOIR. Et de ce coin de fer maintenant la rude dent, à travers la poitrine, de part en part, enfonce-la d'une main ferme.
HEPHÆSTOS. Prométhée, pauvre Prométhée, quel supplice! j'en pleure.
POUVOIR. Encore des lenteurs! — Sur les ennemis de Zeus te voilà à larmoyer! Tu pourrais bien avoir à pleurer pour ton compte.
HEPHÆSTOS. C'est un spectacle si lamentable à voir!
POUVOIR. Eh! qu'a-t-il autre chose que ce qu'il a mérité? Allons, autour des reins, sous les bras, les entraves!
HEPHÆSTOS. Je sais bien ce qu'il faut. A quoi bon insister?

ΚΡΑΤΟΣ. Ἄρασσε μᾶλλον, POUVOIR. Frappe davantage,
σφίγγε, serre,
χάλα μηδαμῇ. ne relâche d'aucune-manière.
Δεινὸς γὰρ εὑρεῖν Car il est habile à trouver
πόρους des ressources, pour se tirer
καὶ ἐξ ἀμηχάνων. même de liens inextricables.
ΗΦΑΙΣΤΟΣ. Ἥδε γ' ὠλένη HEPHÆSTOS. Ce bras-ci du-moins
ἄραρε δυσεκλύτως. est attaché indissolublement.
ΚΡΑΤΟΣ. Πόρπασον νῦν POUVOIR. Fixe maintenant
ἀσφαλῶς καὶ τήνδε, solidement aussi celui-là,
ἵνα μάθῃ σοφιστὴς afin-qu'il reconnaisse, quoique ru-[sé,
ὢν νωθέστερος Διός. qu'il est plus faible que Zeus.
ΗΦΑΙΣΤΟΣ. Οὐδεὶς HEPHÆSTOS. Nul
πλὴν τοῦδε hormis celui-ci,
μοι μέμψαιτο ἂν ne me ferait des-reproches
ἐνδίκως. avec-raison.
ΚΡΑΤΟΣ. Πασσάλευε POUVOIR. Cloue
νῦν ἐρρωμένως maintenant vigoureusement
γνάθον αὐθάδη la dent impitoyable
σφηνὸς ἀδαμαντίνου du coin d'-acier
διαμπὰξ στέρνων. à travers la poitrine
ΗΦΑΙΣΤΟΣ. Αἰαῖ, Προμηθεῦ, HEPHÆSTOS. Ah! ah! Prométhée,
στένω ὑπὲρ σῶν πόνων. je gémis sur tes maux.
ΚΡΑΤΟΣ. Σὺ δὲ POUVOIR. Et toi,
κατοκνεῖς αὖ tu hésites de-nouveau
στένεις τε et tu gémis
ὑπὲρ τῶν ἐχθρῶν Διός ; sur les ennemis de Jupiter?
ὅπως songe comment
μὴ οἰκτιεῖς ποτε tu ne t'apitoyeras pas un-jour
σαυτόν. sur toi-même.
ΗΦΑΙΣΤΟΣ. Ὁρᾷς θέαμα HEPHÆSTOS. Tu vois un spectacle
δυσθέατον ὄμμασιν. horrible-à-voir pour les yeux.
ΚΡΑΤΟΣ. Ὁρῶ τόνδε POUVOIR. Je vois celui-ci
κυροῦντα τῶν ἐπαξίων. recevant les peines méritées.
Ἀλλὰ βάλε μασχαλιστῆρας Mais mets des liens
ἀμφὶ πλεύραις. autour des reins.
ΗΦΑΙΣΤΟΣ. Ἀνάγκη HEPHÆSTOS. Nécessité est
δρᾶν ταῦτα, de faire cela,
μηδὲν ἐγκέλευε ἄγαν. ne commande pas trop.

## ΠΡΟΜΗΘΕΥΣ ΔΕΣΜΩΤΗΣ

ΚΡΑΤΟΣ.
Ἦ μὴν κελεύσω κἀπιθωΰξω γε πρός.
Χώρει κάτω, σκέλη δὲ κίρκωσον βίᾳ.

ΗΦΑΙΣΤΟΣ.
Καὶ δὴ πέπρακται τοὔργον οὐ μακρῷ πόνῳ.

ΚΡΑΤΟΣ.
Ἐρρωμένως νῦν θεῖνε διατόρους[1] πέδας·
ὡς οὑπιτιμητής γε τῶν ἔργων βαρύς.

ΗΦΑΙΣΤΟΣ.
Ὅμοια μορφῇ[2] γλῶσσά σου γηρύεται.

ΚΡΑΤΟΣ.
Σὺ μαλθακίζου, τὴν δ' ἐμὴν αὐθαδίαν
ὀργῆς τε τραχύτητα μὴ 'πίπλησσέ μοι.

ΗΦΑΙΣΤΟΣ.
Στείχωμεν· ὡς κώλοισιν ἀμφίβληστρ' ἔχει.

ΚΡΑΤΟΣ.
Ἐνταῦθα νῦν ὕβριζε καὶ θεῶν γέρα
συλῶν ἐφημέροισι προστίθει. Τί σοι
οἷοί τε θνητοὶ τῶνδ' ἀπαντλῆσαι πόνων;
Ψευδωνύμως σε δαίμονες Προμηθέα
καλοῦσιν· αὐτὸν γάρ σε δεῖ προμηθέως[3],
ὅτῳ τρόπῳ τῆσδ' ἐκκυλισθήσει τέχνης.

POUVOIR. Moi, je veux insister, et crier jusqu'au bout. Voyons, plus bas descends, les jambes, cercle-les vigoureusement.

HEPHÆSTOS. Allons, c'est chose faite, et faite prestement.

POUVOIR. A ses pieds, à présent, de solides anneaux! Terrible est l'œil du maître qui t'a donné ta tâche.

HEPHÆSTOS. Tes paroles, tes traits, tout de toi est farouche.

POUVOIR. Toi, mollis, si tu veux. Moi je suis inflexible, et de rude colère; pourquoi me le reprocher?

HEPHÆSTOS. Allons-nous-en, le voilà lié des pieds à la tête.

POUVOIR. (Il se tourne vers Prométhée.) Maintenant blasphème sur ton roc, aux dieux vole leurs prérogatives, pour en doter les hommes, ces éphémères. Que peuvent-ils pour toi, les mortels, pour ta délivrance? Comme ils t'ont mal nommé, les dieux qui t'appellent Prométhée! Prométhée, c'est à toi qu'il en faudrait un pour te tirer de là, de ces rudes entraves.

ΚΡΑΤΟΣ. Ἦ μὴν             POUVOIR. Pourtant
κελεύσω                   je commanderai
καὶ πρός γε ἐπιθωΰξω.     et en-outre certes je te crierai.
Χώρει κάτω,               Va en-bas,
κίρκωσον δὲ               et cercle
σκέλη βίᾳ.                les cuisses avec-force.
ΗΦΑΙΣΤΟΣ. Καὶ δὴ          HEPHÆSTOS. Et certes
τὸ ἔργον πέπρακται        l'ouvrage est fait
πόνῳ οὐ μακρῷ.            par un travail non long.
ΚΡΑΤΟΣ. Θεῖνε νῦν         POUVOIR. Frappe maintenant
ἐρρωμένως                 fortement                [en-part ;
πέδας διατόρους·          les entraves qui percent-de-part-
ὡς ὅ γε ἐπιτιμητὴς        car certes l'appréciateur
τῶν ἔργων                 des travaux *que tu exécutes*
βαρύς.                    *est* sévère.
ΗΦΑΙΣΤΟΣ. Γλῶσσά σου      HEPHÆSTOS. La langue de toi
γηρύεται ὅμοια.           exprime des *choses* semblables
μορφῇ.                    à *ta* figure.
ΚΡΑΤΟΣ. Σὺ μαλθακίζου,    POUVOIR. Toi, attendris-toi,
μὴ δέ μοι ἐπίπλησσε       mais ne me reproche pas
τὴν ἐμὴν αὐθαδίαν         mon opiniâtreté
τραχύτητά τε ὀργῆς.       et la rudesse de *ma* colère.
ΗΦΑΙΣΤΟΣ. Στείχωμεν,      HEPHÆSTOS. Allons-nous-en ;
ὡς ἔχει ἀμφίβληστρα       car il a des filets-qui-entourent
κώλοισιν.                 ses membres.
ΚΡΑΤΟΣ. Ὕβριζε            POUVOIR. Insulte
νῦν ἐνταῦθα,              maintenant ici,
καὶ συλῶν γέρα θεῶν       et dérobant les honneurs des dieux
προστίθει ἐφημέροισι.     fais-*en*-part à des êtres-d'un-jour.
Τί τῶνδε πόνων            Quoi de ces maux
θνητοί οἷοί τε            les mortels *sont-ils* capables
ἀπαντλῆσαί σοι ;          d'alléger pour toi ?
Δαίμονές σε καλοῦσι       Les dieux t'appellent
ψευδωνύμως Προμηθέα·      d'un-faux-nom Prométhée ;
δεῖ γάρ σε αὐτὸν          car besoin-est pour toi-même
Προμηθέως,                d'un Prométhée
ὅτῳ τρόπῳ                 qui *t'apprenne* de quelle manière
ἐκκυλισθήσει              tu te dégageras    [(ces chaînes).
τῆσδε τέχνης.             de cet *effet de l'art d'Hephæstos*

## ΠΡΟΜΗΘΕΥΣ ΔΕΣΜΩΤΗΣ.

### II. PROMÉTHÉE ET LES OCÉANIDES
(Vers 88-284.)

ΠΡΟΜΗΘΕΥΣ.

Ὦ δῖος αἰθὴρ καὶ ταχύπτεροι πνοαὶ,
ποταμῶν τε πηγαὶ ποντίων τε κυμάτων
ἀνήριθμον γέλασμα, παμμῆτόρ τε γῆ,
καὶ τὸν πανόπτην κύκλον ἡλίου καλῶ·
ἴδεσθέ μ' οἷα πρὸς θεῶν πάσχω θεός.
Δέρχθηθ' οἵαις αἰκίαισιν
διακναιόμενος
τὸν μυριετῆ χρόνον ἀθλεύσω.
Τοιόνδ' ὁ νέος ταγὸς μακάρων
ἐξηῦρ' ἐπ' ἐμοὶ δεσμὸν ἀεικῆ.
Φεῦ φεῦ, τὸ παρὸν τό τ' ἐπερχόμενον
πῆμα στενάχω, πῇ¹ ποτε μόχθων
 χρὴ τέρματα τῶνδ' ἐπιτεῖλαι.
Καίτοι τί φημι; πάντα προυξεπίσταμαι
σκεθρῶς τὰ μέλλοντ' οὐδέ μοι ποταίνιον
πῆμ' οὐδὲν ἥξει. Τὴν πεπρωμένην δὲ χρὴ
αἶσαν φέρειν ὡς ῥᾷστα, γιγνώσκονθ' ὅτι

PROMÉTHÉE. O plaines éthérées! vents à l'aile rapide! sources des fleuves! et vous, des flots de la mer innombrables sourires! toi, Terre, mère de toutes choses! et toi, Soleil, dont l'œil embrasse l'immensité, tous, je vous prends à témoin. Regardez-moi, voyez où m'ont réduit les dieux, moi, dieu comme eux. Voyez le comble d'ignominie, où brisé, pendant des milliers d'années, il me faudra me débattre! C'est là ce que le nouveau chef des bienheureux a imaginé pour moi, ces entraves honteuses! — Hélas! hélas! souffrir dans le présent, souffrir dans l'avenir, c'est navrant! Quand donc de mon supplice le terme se doit-il lever? — Mais quoi? d'avance tout ne m'est-il pas exactement connu, de l'avenir? Non, non, pour moi, rien d'imprévu, point de surprise de la fatalité. Le destin qui nous est fait, portons-le aussi allègre-

## II. PROMÉTHÉE ET LES OCÉANIDES.

| | |
|---|---|
| ΠΡΟΜΗΘΕΥΣ. ῏Ω δῖος αἰθὴρ, | PROMÉTHÉE. O divin éther, |
| καὶ πνοαὶ | et *vous*, souffles-des-vents |
| ταχύπτεροι, | aux-ailes-rapides, |
| πηγαί τε ποταμῶν, | et *vous*, sources des fleuves, |
| γέλασμά τε ἀνήριθμον | et *toi*, rire innombrable |
| κυμάτων ποντίων, | des flots de-la-mer, |
| γῆ τε | et *toi*, terre, |
| παμμῆτορ, | mère-de-tous-les-êtres, |
| καλῶ · | je *vous* invoque |
| καὶ τὸν κυκλὸν πανόπτην | et aussi le disque qui-voit-tout |
| ἡλίου · | du soleil; |
| ἴδεσθέ με | voyez-moi, |
| οἷα πάσχω | quels *maux* je souffre |
| θεὸς πρὸς θεῶν. | *moi* dieu, de-la-part des dieux. |
| Δέρχθητε | Voyez |
| οἵαις αἰκίαισιν | par quels mauvais-traitements |
| διακναιόμενος | étant déchiré, |
| ἀθλεύσω | je souffrirai |
| τὸν χρονὸν μυριετῆ. | la durée d'un-nombre-infini-d'an- [nées. |
| Ὁ νέος ταγὸς | Le nouveau maître |
| μακάρων | des heureux (des dieux) |
| ἐξηῦρεν ἐπὶ ἐμοὶ | a inventé pour moi |
| τοιόνδε δεσμὸν ἀεικῆ. | un tel lien indigne. |
| Φεῦ, φεῦ, στενάχω | Hélas! hélas! je gémis |
| πῆμα τὸ παρὸν τό τε ἐπερχόμενον, | sur le mal présent et *le mal* à venir ; |
| πῇ ποτε | *ne sachant* comment un-jour |
| χρὴ ἐπιτεῖλαι | doivent apparaître |
| τέρματα τῶνδε μόχθων. | les termes de ces souffrances |
| Καίτοι τί φημι ; | Mais, que dis-je ? |
| προυξεπίσταμαι σκεθρῶς | Je sais-d'avance exactement |
| πάντα τὰ μέλλοντα, | toutes les choses à-venir, |
| οὐδὲ πῆμα οὐδὲν ποταίνιον | ni aucun malheur nouveau [inat- |
| ἥξει μοι. | n'arrivera à moi. [tendu) |
| Χρὴ δὲ φέρειν | Mais il *me* faut supporter |
| ὡς ῥᾷστα | le plus facilement possible |

τὸ τῆς ἀνάγκης ἔστ' ἀδήριτον σθένος.
Ἀλλ' οὔτε σιγᾶν οὔτε μὴ σιγᾶν τύχας
οἷόν τέ μοι τάσδ' ἐστί. Θνητοῖς γὰρ γέρα
πορὼν ἀνάγκαις ταῖσδ' ἐνέζευγμαι τάλας·
ναρθηκοπλήρωτον[1] δὲ θηρῶμαι πυρὸς
πηγὴν κλοπαίαν, ἣ διδάσκαλος τέχνης
πάσης βροτοῖς πέφηνε καὶ μέγας πόρος.
Τοιῶνδε ποινὰς ἀμπλακημάτων τίνω
ὑπαιθρίοις δεσμοῖσι προυσελούμενος.
Ἇ ἆ, ἔα ἔα·
τίς ἀχώ, τίς ὀδμὰ προσέπτα μ' ἀφεγγής,
θεόσυτος, ἢ βρότειος, ἢ κεκραμένη[2];
ἵκετο τερμόνιον ἐπὶ πάγον
πόνων ἐμῶν θεωρός, ἢ τί δὴ θέλων;
Ὁρᾶτε δεσμώτην με δύσποτμον θεόν,
τὸν Διὸς ἐχθρόν, τὸν πᾶσι θεοῖς
δι' ἀπεχθείας ἐλθόνθ' ὁπόσοι
τὴν Διὸς αὐλὴν εἰσοιχνεῦσιν,

---

ment que possible, bien convaincu qu'avec l'indomptable nécessité il n'y a pas de lutte possible. — Me taire, parler, deux choses également impraticables en ma triste situation! Des mortels j'ai agrandi le domaine, et à ce supplice me voilà attaché, malheureux! Au creux d'un roseau j'emporte ainsi cachée la féconde étincelle, le feu, un grand maître pour les hommes, d'où tout art a jailli, le grand créateur! Faute énorme, que j'expie dans ces entraves, en face de tous, cloué sur ce rocher! (Des parfums se répandent dans les airs, et il monte d'en bas comme un vague bruissement d'ailes.)

Ho! ho! qu'est-ce? qu'est-ce là? C'est comme un bruissement et un indéfinissable parfum monté jusqu'à moi! d'un dieu, d'un mortel, ou d'un être qui tient de l'un et de l'autre? je ne sais. Vient-on, au bout du monde, sur cette cime perdue, de mon humiliation se donner le spectacle? Que me veut-on? Regardez-moi donc, voyez l'enchaîné, le dieu patient, l'ennemi de Zeus, le suspect de tous les dieux qui hantent la cour de Zeus, et cela

| | |
|---|---|
| τὴν αἶσαν πεπρωμένην, | le sort fixé-par-le-destin, |
| γιγνώσκοντα ὅτι | sachant que |
| τὸ σθένος τῆς ἀνάγκης | la force de la nécessité |
| ἐστὶν ἀδήριτον. | est irrésistible. |
| Ἀλλὰ ἐστί μοι οἷόν τέ | Mais il *ne* m'est possible |
| οὔτε σιγᾶν οὔτε μὴ σιγᾶν | ni de taire ni de ne pas taire |
| τάσδε τύχας. | ces malheurs-ci. |
| Πορὼν γὰρ θνητοῖς | Car ayant procuré aux mortels |
| γέρα | des présents |
| ἐνέζευγμαι τάλας | je suis attaché malheureux |
| ταῖσδε ἀνάγκαις· | par ces nécessités ; |
| θηρῶμαι δὲ | or je prends-comme-à-la-chasse |
| πηγὴν πυρὸς κλοπαίαν | la source du feu dérobée |
| ναρθηκοπλήρωτον, | remplissant-la-tige-de-la-férule, |
| ἣ πέφηνε βροτοῖς | *et* qui est devenue pour les mortels |
| διδάσκαλος πάσης τέχνης | maîtresse de tout art |
| καὶ μέγας πόρος. | et une grande ressource. |
| Τίνω ποινὰς | Je paye les peines |
| τοιῶνδε ἀμπλακημάτων | de tels crimes |
| προυσελόμενος | étant outragé |
| δεσμοῖσιν ὑπαιθρίοις. | par des liens exposés-en-plein-air. |
| Ἆ ἆ, ἔα ἔα· | Ah! ah! hélas! hélas! |
| τίς ἀχώ, | quel bruit, |
| τίς ὀδμὰ ἀφεγγὴς | quelle odeur obscure (inconnue) |
| προσέπτα με ; | a volé (est arrivée)-vers moi? |
| θεόσυτος, | *est-elle* venant-des-dieux (divine ) |
| ἢ βρότειος, | ou mortelle, [tures)? |
| ἢ κεκραμένη; | ou mélangée (tenant des deux na- |
| ἵκετο | *quelqu'un* est-il venu |
| ἐπὶ πάγον τερμόνιον | vers *ce* roc lointain |
| θεωρὸς ἐμῶν πόνων, | *comme* spectateur de mes peines, |
| τί δὴ θέλων; | ou quoi donc voulant? |
| Ὁρᾶτέ με δύσποτμον θεὸν | Voyez moi malheureux dieu |
| δεσμώτην, | enchaîné, |
| τὸν ἐχθρὸν | l'ennemi |
| Διός, | de Zeus, |
| τὸν ἐλθόντα διὰ ἀπεχθείας | celui qui est venu en haine |
| πᾶσι θεοῖς | à tous les dieux, |
| ὁπόσοι εἰσοιχνεῦσιν | autant-qu'il *en* entre-dans |

ΠΡΟΜΗΘΕΥΣ ΔΕΣΜΩΤΗΣ.

διὰ τὴν λίαν φιλότητα βροτῶν.
Φεῦ φεῦ, τί ποτ' αὖ κινάθισμα κλύω
πέλας οἰωνῶν; αἰθὴρ δ' ἐλαφραῖς
πτερύγων ῥιπαῖς ὑποσυρίζει.
Πᾶν μοι φοβερὸν τὸ προσέρπον.

ΧΟΡΟΣ.

Μηδὲν φοβηθῇς· φιλία γὰρ ἥδε τάξις [Strophe 1.]
πτερύγων θοαῖς ἁμίλλαις
προσέβα τόνδε πάγον, πατρῴας
μόγις παρειποῦσα φρένας·
κραιπνοφόροι δέ μ' ἔπεμψαν αὖραι.
Κτύπου γὰρ ἀχὼ χάλυβος¹ διῇξεν ἄντρων²
μυχόν, ἐκ δ' ἔπληξέ³ μου τὰν θεμερῶπιν αἰδῶ·
σύθην δ' ἀπέδιλος⁴ ὄχῳ πτερωτῷ.

ΠΡΟΜΗΘΕΥΣ.

Αἰαῖ αἰαῖ,
τῆς πολυτέκνου Τηθύος ἔκγονα,
τοῦ περὶ πᾶσάν θ' εἰλισσομένου
χθόν' ἀκοιμήτῳ ῥεύματι παῖδες
πατρὸς Ὠκεανοῦ,
δέρχθητ', ἐσίδεσθ' οἵῳ δεσμῷ
προσπαρτὸς⁵ ἐγὼ
τῆσδε φάραγγος σκοπέλοις ἐν ἄκροις
φρουρὰν ἄζηλον ὀχήσω.

pour avoir trop aimé les hommes. (Le bruit d'ailes se rapproche, il devient plus distinct.) Hélas! hélas! encore cette volée d'oiseaux près de moi, je l'entends! L'air, sous le léger frôlement de leurs ailes, frémit et siffle. Ah! tout m'est suspect, qui m'approche! (Le chœur des Océanides arrive, à travers les airs, sur un char ailé.)
LE CHŒUR. *Strophe 1.* (Le Chœur va doucement de droite à gauche du rocher.) — Ne crains rien. Elle t'aime cette troupe ailée, à tire-d'aile venue à ton rocher, malgré les vives répugnances d'un père. D'un vigoureux élan les vents nous y ont portées. Le bruit du fer sous le marteau retentissait jusqu'au fond de nos grottes; nous n'y avons plus tenu; ni timidité ni réserve; nous nous sommes élancées, pieds nus, sur ce char ailé.
PROMÉTHÉE. Hélas! enfants de la féconde Téthys, filles de celui qui tout autour de la terre roule ses flots sans défaillance, enfants d'Océan, regardez, voyez quelles entraves me clouent, triste sentinelle perdue, à la dernière cime de ce rocher.

| | |
|---|---|
| τὴν αὐλὴν Διὸς, | la cour de Zeus, |
| διὰ τὴν λίαν φιλότητα | à cause de son trop *grand* amour |
| βροτῶν. | des (pour les) mortels. |
| Φεῦ φεῦ, | Hélas! hélas! |
| τί κινάθισμά ποτε οἰωνῶν | quel bruit donc d'oiseaux [*moi*? |
| κλύω αὖ πέλας; | entends-je de-nouveau près-de |
| αἰθὴρ δὲ ὑποσυρίζει | d'autre part l'air résonne |
| ἐλαφραῖς ῥιπαῖς πτερύγων. | de légers battements d'ailes. |
| Πᾶν τὸ προσέρπον | Tout ce qui s'-approche |
| φοβερόν μοι. | *est* redoutable pour moi. |
| ΧΟΡΟΣ. Φοβηθῇς μηδέν· | LE CHŒUR. Ne crains rien : |
| ἥδε γὰρ τάξις | car cette troupe |
| προσέβα φιλία | est venue *en* amie |
| τόνδε πάγον | vers ce rocher, |
| ἁμίλλαις θοαῖς πτερύγων, | par des luttes rapides d'ailes, |
| παρειποῦσα μόγις | après avoir fléchi avec-peine |
| φρένας πατρῴας· | le cœur paternel ;   [dement |
| αὖραι δὲ κραιπνοφόροι | et des vents qui-portent-rapi- |
| με ἔπεμψαν. | m'ont portée *ici*.   [l'acier |
| Ἀχὼ γὰρ κτύπου χάλυβος | Car le retentissement du bruit de |
| διῇξε μυχὸν | a pénétré-jusqu'au fond |
| ἄντρων, | de *nos* antres, |
| ἐξέπληξε δέ μου | et a chassé de moi |
| τὰν αἰδῶ θεμερῶπιν· | la pudeur au-regard-posé ; |
| σύθην δὲ | et je me suis élancée |
| ἀπέδιλος | sans-chaussure |
| ὄχῳ πτερωτῷ. | sur *mon* char ailé. |
| ΠΡΟΜΗΘΕΥΣ. Αἰαῖ αἰαῖ, | PROMÉTHÉE. Hélas! hélas! |
| ἔκγονα τῆς Τηθύος | filles de Téthys |
| πολυτέκνου, | aux-nombreux-enfants, |
| παῖδές τε τοῦ εἱλισσομένου | et filles de celui qui roule |
| περὶ πᾶσαν χθόνα | autour de toute la terre |
| ῥεύματι ἀκοιμήτῳ | par un cours sans-repos, |
| πατρὸς Ὠκεανοῦ, | le père Océan; |
| δέρχθητε, ἐσίδεσθε, | regardez, voyez, |
| οἵῳ δεσμῷ προσπαρτὸς | ,par quel lien attaché,   [enviée |
| ὀχήσω φρουρὰν ἄζηλον | je monterai une garde non- |
| ἐν σκοπέλοις ἄκροις | sur les cimes élevées |
| τῆσδε φάραγγος. | de ce roc. |

ΧΟΡΟΣ.
Λεύσσω, Προμηθεῦ· φοβερὰ δ' ἐμοῖσιν ὅσσοις    [Ant. 1.]
ὁμίχλα προσῇξε πλήρης
δακρύων, σὸν δέμας εἰσιδοῦσαν [1]
πέτρᾳ προσαυαινόμενον
ταῖσδ' ἀδαμαντοδέτοισι λύμαις.
Νέοι γὰρ οἰακονόμοι κρατοῦσ' Ὀλύμπου·
νεοχμοῖς δὲ δὴ νόμοις Ζεὺς ἀθέτως κρατύνει,
τὰ πρὶν δὲ πελώρια νῦν ἀϊστοῖ.

ΠΡΟΜΗΘΕΥΣ.
Εἰ γὰρ μ' ὑπὸ γῆν
νέρθεν θ' Ἅιδου τοῦ νεκροδέγμονος
εἰς ἀπέραντον Τάρταρον ἧκεν,
δεσμοῖς ἀλύτοις ἀγρίως πελάσας,
ὡς μήτε θεῶν μήτε τις ἀνδρῶν
τοῖσδ' ἐγεγήθει.
Νῦν δ' αἰθέριον κίνυγμ' ὁ τάλας
ἐχθροῖς ἐπίχαρτα πέπονθα.

ΧΟΡΟΣ.
Τίς ὧδε τλησικάρδιος    [Strophe 2.]
θεῶν, ὅτῳ τάδ' ἐπιχαρῆ;
τίς οὐ ξυνασχαλᾷ κακοῖς
τεοῖσι, δίχα γε Διός; ὁ δ' ἐπικότως ἀεὶ

LE CHŒUR. *Antistrophe* 1. (Il revient de gauche à droite.) Je le vois, Prométhée. D'horreur, sur mes yeux, il m'en monte un nuage tout chargé de pleurs. Spectacle déchirant! Ton corps, sur ce roc, s'en va se desséchant aux ignobles entraves! Ah! c'est que de nouvelles mains tiennent la barre dans l'Olympe. De ses lois despotiques, récentes innovations, Zeus écrase tout. Ce qui autrefois était grand, élevé, il le met à néant aujourd'hui.

PROMÉTHÉE. Si du moins sous la terre, en bas, dans l'Hadès, au gouffre des morts, au Tartare sans fond, il m'eût abîmé, de redoutables chaînes chargé par sa sauvage vengeance! nul dieu, personne de mon supplice ne se réjouirait. Maintenant, jouet des vents du ciel, triste patient, à mes ennemis je donne le spectacle de mes souffrances.

LE CHŒUR. *Strophe* 2. (Il va de droite à gauche.) En est-il donc de si peu de cœur, parmi les dieux, qui rie de tes angoisses? En est-il, Zeus excepté, qui n'y compatisse? Lui, fidèle à ses ran-

| | |
|---|---|
| ΧΟΡΟΣ. Λεύσσω, | LE CHŒUR. Je *le* vois, |
| Προμηθεῦ· | Prométhée; |
| ὁμίχλα δὲ φοβερὰ | et un nuage craintif |
| πλήρης δακρύων | plein de larmes, |
| προσῇξεν ἐμοῖσιν ὅσσοις, | s'est jeté-sur mes yeux, |
| εἰσιδοῦσαν σὸν δέμας | *moi* ayant vu ton corps |
| προσαυαινόμενον πέτρᾳ | se desséchant-sur un rocher |
| ταῖσδε λύμαις | par ces outrages [bles). |
| ἀδαμαντοδέτοισι. | liés-avec-l'acier (indissolu- |
| Νέοι γὰρ οἰακονόμοι | Car de nouveaux pilotes |
| κρατοῦσιν Ὀλύμπου· | sont-maîtres de l'Olympe; |
| Ζεὺς δὲ δὴ κρατύνει | et Zeus certes règne |
| ἀθέτως | despotiquement |
| νόμοις νεοχμοῖς, | par des lois nouvelles, |
| ἄϊστοῖ δὲ νῦν | et il anéantit maintenant |
| τὰ πρὶν πελώρια. | ce *qui était* jadis gigantesque. |
| ΠΡΟΜΗΘΕΥΣ. Εἰ γὰρ | PROMÉTHÉE. O si |
| ἧκε με ὑπὸ γῆν. | il m'avait précipité sous terre |
| νέρθεν τε Ἅιδου | et au-dessous de Hadès |
| τοῦ νεκροδέγμονος | celui qui-reçoit-les-morts, |
| εἰς Τάρταρον ἀπέραντον, | dans le Tartare immense, |
| πελάσας | m'ayant approché |
| ἀγρίως | d'une-manière-sauvage |
| δεσμοῖς ἀλύτοις, | de chaînes indissolubles, |
| ὡς μήτε θεός | attendu-que ni un dieu |
| μήτε τις ἄλλος | ni quelque autre |
| ἐγεγήθει τοῖσδε. | ne se serait réjoui de cela. |
| Νῦν δὲ | Mais maintenant, |
| κίνυγμα αἰθέριον | jouet-de-l'air, |
| πέπονθα ὁ τάλας | je souffre, *moi* le malheureux, |
| ἐπίχαρτα | *des maux qui sont* des-sujets-de- |
| ἐχθροῖς. | pour *mes* ennemis. [joie |
| ΧΟΡΟΣ. Τίς θεῶν | LE CHŒUR. Qui des dieux |
| ὧδε πλησικάρδιος, | *est* tellement dur-de-cœur, |
| ὅτῳ τάδε ἐπιχαρῆ; | à qui cela *soit* agréable? |
| τίς οὐ ξυνασχαλᾷ | qui ne compatit pas |
| τεοῖσι κακοῖς, | à tes maux, |
| δίχα γε Διός; | excepté du-moins Zeus? |
| ὁ δὲ θέμενος | mais lui ayant disposé |

## ΠΡΟΜΗΘΕΥΣ ΔΕΣΜΩΤΗΣ.

θέμενος ἄκναφον νόον
δάμναται Οὐρανίαν
γένναν¹, οὐδὲ λήξει, πρὶν ἂν ἢ κορέσῃ κέαρ,
ἢ παλάμᾳ τινὶ τὰν δυσάλωτον ἕλῃ τις ἀρχάν.

### ΠΡΟΜΗΘΕΥΣ.

Ἦ μὴν ἔτ' ἐμοῦ, καίπερ κραταραῖς
ἐν γυιοπέδαις αἰκιζομένου,
χρείαν ἕξει μακάρων πρύτανις,
δεῖξαι τὸ νέον βούλευμ' ἀφ' ὅτου
σκῆπτρον τιμάς τ' ἀποσυλᾶται.
Καί μ' οὔτε μελιγλώσσοις πειθοῦς
ἐπαοιδαῖσιν
θέλξει, στερεάς τ' οὔποτ' ἀπειλὰς
πτήξας τόδ' ἐγὼ καταμηνύσω,
πρὶν ἂν ἐξ ἀγρίων δεσμῶν χαλάσῃ
ποινάς τε τίνειν
τῆσδ' αἰκίας ἐθελήσῃ.

### ΧΟΡΟΣ.

Σὺ μὲν θρασύς τε καὶ πικραῖς        [Antistrophe 2.]
δύαισιν οὐδὲν ἐπιχαλᾷς,
ἄγαν δ' ἐλευθεροστομεῖς.
Ἐμὰς δὲ φρένας ἐρέθισε διάτορος φόβος·
δέδια δ' ἀμφὶ σαῖς τύχαις,

cunes, d'un cœur inflexible, il pèse sur les enfants d'Ouranos. Il ne se lassera donc pas, que son âme ne soit rassasiée, ou que, par un coup de main, l'inexpugnable pouvoir n'aille à quelque autre dieu.

PROMÉTHÉE. Et pourtant encore de moi, si lourdes que soient mes chaînes, si dégradé qu'il m'ait fait, il aura besoin, le roi des bienheureux, pour le prémunir contre le nouveau dessein qu'il a conçu et qui lui doit enlever et le sceptre et la royauté. Et sur moi, intraitable à mon tour, ni les doucereuses paroles, ni la langue artificieuse n'auront prise, ni la dureté, ni les menaces ne pourront. Il ne saura rien, que d'abord de ces sauvages entraves il ne m'ait relâché, qu'à me donner satisfaction pour tant d'humiliation il ne se soit résigné.

LE CHOEUR. *Antistrophe 2.* (Il repasse de gauche à droite.) O l'âme indomptable, que l'amère catastrophe en rien n'a su détendre! Vraiment, c'est trop fièrement parler. Mon cœur en frissonne, de terreur tout saisi. Je tremble. — Que va-t-il t'arriver? — Y

## PROMÉTHÉE ENCHAINÉ. 25

| | |
|---|---|
| ἀεὶ ἐπικότως | toujours avec-colère |
| νόον ἄκναφον | *sa* volonté inflexible, |
| δάμναται | asservit |
| γένναν Οὐρανίαν, | la race d'-Ouranos, |
| οὐδὲ λήξει, | il ne cessera même-pas, |
| πρὶν ἂν | avant que, |
| ἢ κορέσῃ κέαρ, | ou il ait satisfait *son* cœur, |
| ἢ τις ἕλῃ | ou quelqu'un ait pris |
| τινὶ παλάμᾳ | par un coup-de-main |
| τὰν ἀρχὰν δυσάλωτον. | le pouvoir difficile-à-prendre. |
| ΠΡΟΜΗΘΕΥΣ. Ἦ μὴν | PROMÉTHÉE. Certes pourtant |
| πρύτανις μακάρων | le maître des bienheureux |
| ἕξει ἔτι χρείαν ἐμοῦ, | aura encore besoin de moi, |
| καίπερ αἰκιζομένου | quoique outragé [membres |
| ἐν γυιοπέδαις, | dans des chaînes-retenant-mes- |
| κρατεραῖς | *chaînes* solides |
| δεῖξαι | *pour lui* faire-connaître |
| τὸ νέον βούλευμα | le nouveau dessein |
| ἀπὸ ὅτου ἀποσυλᾶται | par-suite duquel il est dépouillé |
| σκῆπτρον τιμάς τε. | du sceptre et des honneurs. |
| Καὶ οὔτι με θέλξει | Et il ne me fléchira point |
| ἐπαοιδαῖσι μελιγλώσσοις | par les charmes au-doux-langage |
| πειθοῦς, | de la persuasion, |
| οὔποτέ τε | et jamais, |
| πτήξας στερεὰς ἀπειλὰς | redoutant *ses* dures menaces |
| ἐγὼ καταμηνύσω τόδε, | moi je ne découvrirai cela, |
| πρὶν ἂν χαλάσῃ | avant qu'il m'ait délivré |
| ἐξ ἀγρίων δεσμῶν, | de ces sauvages liens, |
| ἐθελήσῃ τε τίνειν | et qu'il ait consenti à payer |
| ποινὰς τῆσδε αἰκίας. | des réparations de cette injure. |
| ΧΟΡΟΣ. Σὺ μὲν | LE CHŒUR. Toi d'une part |
| θρασύς τε | et *tu es* audacieux |
| καὶ οὐδὲν ἐπιχαλᾷς | et en-rien tu ne cèdes |
| δύαισι πικραῖς, | à *tes* infortunes amères, [chise |
| ἐλευθεροστομεῖς δὲ | d'autre part tu parles-avec fran- |
| ἄγαν. | trop. |
| Φόβος δὲ διάτορος | D'ailleurs une crainte perçante |
| ἐρέθισεν ἐμὰς φρένας· | irrite mon cœur; |
| δέδια δὲ ἀμφὶ σαῖς τύχαις, | et je crains pour ton sort. |

ΠΡΟΜΗΘΕΥΣ ΔΕΣΜΩΤΗΣ.

πᾷ ποτε τῶνδε πόνων
χρή σε τέρμα κέλσαντ' ἐσιδεῖν· ἀκίχητα γὰρ
ἤθεα καὶ κέαρ ἀπαράμυθον ἔχει Κρόνου παῖς.
ΠΡΟΜΗΘΕΥΣ.
Οἶδ' ὅτι τραχὺς καὶ παρ' ἑαυτῷ
τὸ δίκαιον ἔχων· ἔμπας, ὀΐω,
μαλακογνώμων ἔσται ποθ', ὅταν
ταύτῃ ῥαισθῇ·
τὴν δ' ἀτέραμνον στορέσας ὀργὴν
εἰς ἀρθμὸν ἐμοὶ καὶ φιλότητα
σπεύδων σπεύδοντί ποθ' ἥξει.
ΧΟΡΟΣ.
Πάντ' ἐκκάλυψον καὶ γέγων' ἡμῖν λόγον,
ποίῳ λαβών σε Ζεὺς ἐπ' αἰτιάματι,
οὕτως ἀτίμως καὶ πικρῶς αἰκίζεται·
δίδαξον ἡμᾶς, εἴ τι μὴ βλάπτει λόγῳ.
ΠΡΟΜΗΘΕΥΣ.
Ἀλγεινὰ μέν μοι καὶ λέγειν ἐστὶν τάδε,
ἄλγος δὲ σιγᾶν, πανταχῇ δὲ δύσποτμα.
Ἐπεὶ τάχιστ' ἤρξαντο δαίμονες χόλου

aura-t-il pour toi un terme à la souffrance, un port où t'abriter? — Intraitable génie, inexorable cœur que le fils de Cronos!

PROMÉTHÉE. Je le sais, il est dur. Le droit, il le place en lui-même, Zeus. Mais il sera tout souplesse, tout douceur, au jour des revers, quand il se sentira ébranlé. Cette intraitable colère, il en rabattra pour me prévenir un jour, s'offrir de lui-même à la paix, et composer avec moi avec un empressement égal au mien.

LE CHŒUR. Apprends-nous en détail, raconte-nous quelle faute Zeus te reproche; pourquoi il t'a si outrageusement humilié. Parle, si toutefois ce récit ne t'est pas trop pénible.

PROMÉTHÉE. Il m'est douloureux sans doute de revenir sur le passé. Mais me taire, en souffrirais-je moins? Triste alternative! — Lorsque autrefois les dieux commencèrent à se monter les

| | |
|---|---|
| πᾶ ποτε | *ignorant* comment enfin |
| χρή σε ἐσιδεῖν | il est-fatal que tu contemples |
| κέλσαντα | ayant abordé, |
| τέρμα τῶνδε πόνων· | le terme de ces maux-ci ; |
| παῖς γὰρ Κρόνου | car le fils de Cronos. |
| ἔχει ἤθεα ἀκίχητα | a un caractère intraitable |
| καὶ κέαρ ἀπαράμυθον. | et un cœur inflexible. |
| ΠΡΟΜΗΘΕΥΣ. Οἶδα ὅτι | PROMÉTHÉE. Je sais que |
| Ζεὺς τραχὺς | Zeus *est* implacable, |
| καὶ ἔχων τὸ δίκαιον | et ayant la justice |
| παρὰ ἑαυτῷ· | en lui-même (*dans sa volonté*); |
| ἀλλὰ ἔμπας | mais cependant |
| ἔσται ποτὲ, οἴω, | il sera un-jour, je pense, |
| μαλακογνώμων, | d'un-esprit-doux, [nière ; |
| ὅταν ῥαισθῇ ταύτῃ· | lorsqu'il sera brisé de cette ma- |
| στορέσας δὲ τὴν ὀργὴν | et ayant calmé *son* courroux |
| ἀτέραμνον | opiniâtre, |
| σπεύδων | s'-empressant |
| ἥξει ποτὲ | il viendra un-jour |
| εἰς ἀρθμὸν καὶ φιλότητα | en lien et amitié |
| ἐμοὶ σπεύδοντι. | avec moi m'-empressant. |
| ΧΟΡΟΣ. Ἐκκάλυψον | LE CHŒUR. Découvre |
| καὶ γέγωνε ἡμῖν λόγον πάντα, | et dis-nous le récit entier, |
| ἐπὶ ποίῳ αἰτιάματι | pour quel grief |
| Ζεύς σε λαβὼν | Zeus t'ayant saisi |
| αἰκίζεται | *te* maltraite |
| οὕτως ἀτίμως | si indignement |
| καὶ πικρῶς· | et cruellement ; |
| δίδαξον ἡμᾶς, | apprends-nous-*le*, |
| εἰ μὴ βλάπτει τι | si tu ne souffres en-rien |
| λόγῳ. | par *ce* récit. [part |
| ΠΡΟΜΗΘΕΥΣ. Τὰ δὲ μέν | PROMÉTHÉE. Ces choses d'une |
| ἐστιν ἀλγεινά μοι | sont douloureuses à moi |
| καὶ λέγειν, | même à raconter, |
| ἄλγος δὲ | d'autre part *c'est* une douleur |
| σιγᾶν, | de se-taire, |
| πανταχῇ δὲ δύσποτμα. | et partout il y a du malheur. |
| Ἐπεὶ τάχιστα δαίμονες | Aussitôt que les dieux |
| ἤρξαντο χόλου, | eurent commencé *leur* haine, |

## ΠΡΟΜΗΘΕΥ ΔΕΣΜΩΤΗΣ.

στάσις τ' ἐν ἀλλήλοισιν ὡροθύνετο,
οἱ μὲν θέλοντες [1] ἐκβαλεῖν ἕδρας Κρόνον,
ὡς Ζεὺς ἀνάσσοι δῆθεν, οἱ δὲ τοὔμπαλιν
σπεύδοντες ὡς Ζεὺς μήποτ' ἄρξειεν θεῶν,
ἐνταῦθ' ἐγὼ τὰ λῷστα βουλεύων πιθεῖν
Τιτᾶνας, Οὐρανοῦ τε καὶ Χθονὸς τέκνα,
οὐκ ἠδυνήθην· αἱμύλας δὲ μηχανὰς
ἀτιμάσαντες καρτεροῖς φρονήμασιν
ᾤοντ' ἀμοχθὶ πρὸς βίαν τε δεσπόσειν.
Ἐμοὶ δὲ μήτηρ οὐχ ἅπαξ μόνον, Θέμις
καὶ Γαῖα[2], πολλῶν ὀνομάτων μορφὴ μία,
τὸ μέλλον ᾗ κραίνοιτο προυτεθεσπίκει,
ὡς οὐ κατ' ἰσχὺν οὐδὲ πρὸς τὸ καρτερὸν
χρείη, δόλῳ δὲ τοὺς ὑπερσχόντας κρατεῖν.
Τοιαῦτ' ἐμοῦ λόγοισιν ἐξηγουμένου
οὐκ ἠξίωσαν οὐδὲ προσβλέψαι τὸ πᾶν.
Κράτιστα δή μοι τῶν παρεστώτων τότε
ἐφαίνετ' εἶναι προσλαβόντα μητέρα

uns contre les autres, que la division se mit entre eux, ceux-ci rêvaient le renversement de Cronos, pour placer Zeus sur le trône; ceux-là, de leur côté, prétendaient que Zeus jamais ne commandât aux dieux. Alors ce qu'il y avait de mieux à faire, moi, je l'indiquai. Mais persuader les Titans, les fils d'Ouranos et de Géa, ce fut chose impossible. L'habileté, les petits moyens, ils les dédaignaient dans leur humeur farouche bien persuadés que, sans peine et par un coup de main, ils en viendraient à leurs fins. — A moi pourtant, en maintes occasions, ma mère Thémis et Géa, divinité unique sous des noms si divers, d'avance de l'avenir m'avait prédit la solution. Ni la force ni la violence n'y feraient. De la ruse dépendaient la supériorité et le succès. Et cela, moi, dans mes discours, je l'ai remontré aux Titans. Leur dédain n'en a tenu compte. — Ce que je vis de plus prudent dans l'état des choses alors, ce fut de prendre ma mère avec moi, de me rallier franchement à Zeus, qui ne demandait

| | |
|---|---|
| στάσις τε ὠροθύνετο | et qu'une division se fut élevée |
| ἐν ἀλλήλοισιν, | entre eux, |
| οἱ μὲν θέλοντες | les uns voulant |
| ἐκβαλεῖν Κρόνον ἕδρας, | renverser Cronos du trône, |
| ὡς Ζεὺς δῆθεν ἀνάσσοι, | afin-que Zeus sans doute régnât, |
| οἱ δὲ σπεύδοντες | les autres s'-empressant |
| τὸ ἔμπαλιν, | *dans* le *sens* contraire, |
| ὡς Ζεὺς ἄρξειε μήποτε | afin-que Zeus ne commandât jamais |
| θεῶν · | aux dieux ; |
| ἐνταῦθα ἐγὼ | alors moi, |
| βουλεύων τὰ λῷστα | conseillant les meilleures choses |
| οὐκ ἠδυνήθην πιθεῖν Τιτᾶνας, | je ne pus persuader les Titans, |
| τέκνα Οὐρανοῦ τε καὶ Χθονός · | enfants et d'Ouranos et de Terre ; |
| ἀτιμάσαντες δὲ | et dédaignant |
| φρονήμασι κρατεροῖς, | dans *leurs* esprits violents, |
| μηχανὰς αἱμύλας | des moyens rusés |
| ᾤοντο δεσπόσειν | ils croyaient devoir être-maîtres, |
| ἀμοχθὶ πρὸς βίαν τε. | sans-peine et par force. |
| Μήτηρ δὲ, Θέμις καὶ Γαῖα, | Mais *ma* mère, Thémis et Géa, |
| μία μορφῇ | une seule personne |
| πολλῶν ὀνομάτων, | de plusieurs noms, |
| ἐμοὶ προυτεθεσπίκει | m'avait prédit |
| οὐχ ἅπαξ μόνον | non une-fois seulement |
| τὸ μέλλον ᾗ κραίνοιτο, | l'avenir comment il s'accomplirait, |
| ὡς χρείη | comme-quoi il était-fatal *de vain-* |
| οὐ κατὰ ἰσχὺν | non par la force      [*cre* |
| οὐδὲ πρὸς τὸ καρτερόν, | ni par violence |
| τοὺς δὲ ὑπερσχόντας δόλῳ | mais ceux supérieurs par la ruse |
| κρατεῖν. | vaincre. |
| Ἐμοῦ ἐξηγουμένου τοιαῦτα | Moi exposant de telles choses |
| λόγοισιν, | dans *mes* discours, |
| οὐκ ἠξίωσαν | ils ne daignèrent |
| οὐδὲ προσβλέψαι τὸ πᾶν. | pas-même me regarder du tout. |
| Κράτιστα δὴ | Le meilleur *parti* donc |
| τῶν παρεστώτων τότε | des (dans les) circonstances d'alors |
| μοι ἐφαίνετο εἶναι | me paraissait être |
| συμπαραστατεῖν Ζηνὶ | d'assister Zeus, |
| ἑκόντα ἑκόντι, | moi de-bon-gré *lui* de-bon-gré, |
| προσλαβόντα μητέρα. | ayant pris-avec *moi ma* mère. |

ἑκόνθ' ἑκόντι Ζηνὶ συμπαραστατεῖν.
Ἐμαῖς δὲ βουλαῖς Ταρτάρου μελαμβαθὴς
κευθμὼν καλύπτει τὸν παλαιγενῆ Κρόνον
αὐτοῖσι¹ συμμάχοισι. Τοιάδ' ἐξ ἐμοῦ
ὁ τῶν θεῶν τύραννος ὠφελημένος
κακαῖσι ποιναῖς ταῖσδέ μ' ἀντημείψατο.
Ἔνεστι γάρ πως τοῦτο τῇ τυραννίδι
νόσημα, τοῖς φίλοισι μὴ πεποιθέναι.
Ὁ δ' οὖν ἐρωτᾶτ', αἰτίαν καθ' ἥντινα
αἰκίζεταί με, τοῦτο δὴ σαφηνιῶ.
Ὅπως τάχιστα τὸν πατρῷον ἐς θρόνον
καθέζετ', εὐθὺς δαίμοσιν νέμει γέρα
ἄλλοισιν ἄλλα, καὶ διεστοιχίζετο
ἀρχήν, βροτῶν δὲ τῶν ταλαιπώρων λόγον
οὐκ ἔσχεν οὐδέν', ἀλλ' ἀϊστώσας γένος
τὸ πᾶν ἔχρῃζεν ἄλλο φιτῦσαι νέον.
Καὶ τοῖσιν οὐδεὶς ἀντέβαινε πλὴν ἐμοῦ.
Ἐγὼ δ' ἐτόλμησ'· ἐξελυσάμην βροτοὺς
τὸ μὴ² διαρραισθέντας εἰς Ἅιδου μολεῖν.
Τῷ τοι τοιαῖσδε πημοναῖσι κάμπτομαι,
πάσχειν μὲν ἀλγειναῖσιν, οἰκτραῖσιν δ' ἰδεῖν.

pas mieux. Je devins son conseiller, et du Tartare les sombres profondeurs recouvrent le vieux Cronos, avec les Titans, ses alliés. Ainsi je l'ai servi, ce roi des dieux; et cet affreux supplice, voilà ma récompense. Mais c'est une sorte de maladie naturelle aux rois, de ne pouvoir s'en fier à leurs amis. Cet ignoble traitement, comment me le suis-je attiré, vous me le demandez, je vais vous le dire. — Aussitôt qu'au trône de son père il se fut assis, tout d'abord aux dieux il fait à chacun sa part, distribue les charges et prérogatives, organise son gouvernement. Des pauvres mortels nulle question. Il en devait faire disparaître la race tout entière, pour en créer une nouvelle. A ce projet personne ne fit d'opposition, excepté moi. Moi seul, je l'osai. Je me portai le défenseur des mortels, et le tonnerre ne les a pas abîmés dans l'Hadès. — Aussi en suis-je réduit à ce douloureux

| | |
|---|---|
| Ἐμαῖς δὲ βουλαῖς | D'autre part grâce-à mes conseils |
| κευθμὼν μελαμβαθὴς | la retraite aux-sombres-profondeurs |
| Ταρτάρου | du Tartare |
| καλύπτει | cache |
| τὸν παλαιγενῆ Κρόνον, | l'antique Cronos |
| αὐτοῖσι συμμάχοισιν. | *avec ses* alliés eux-mêmes. |
| Ὁ τύραννος τῶν θεῶν | Le maître des dieux |
| ὠφελημένος τοιάδε ἐξ ἐμοῦ | servi en de telles choses par moi |
| με ἀντημείψατο | m'a payé-de-retour |
| ταῖσδε κακαῖσι ποιναῖς. | par ces cruelles peines. |
| Τοῦτο γὰρ νόσημα | Car cette maladie |
| ἔνεστί πως | est-inhérente en-quelque-sorte |
| τῇ τυραννίδι, | à la tyrannie, |
| μὴ πεποιθέναι τοῖς φίλοισιν. | de ne pas se-fier aux amis. |
| Ὃ δὲ οὖν ἐρωτᾶτε, | D'autre part donc *ce* que vous *me* demandez, |
| αἰτίαν | la cause |
| κατὰ ἥντινα αἰκίζεταί με, | pour laquelle il maltraite moi, |
| τοῦτο σαφηνιῶ δή. | je l'expliquerai certes. |
| Ὅπως τάχιστα καθέζετο | Dès-qu'il se fut assis |
| ἐς τὸν θρόνον πατρῷον, | sur le trône paternel, |
| νέμει εὐθὺς δαίμοσι | il distribue aussitôt aux dieux |
| γέρα | des récompenses, |
| ἄλλα ἄλλοισι, | différentes à différents, |
| καὶ διεστοιχίζετο ἀρχήν· | et il organisait l'empire ; |
| οὐ δὲ ἔσχεν οὐδένα λόγον | d'autre part il ne tint aucun compte |
| τῶν ταλαιπώρων βροτῶν, | des malheureux mortels ; |
| ἀλλὰ ἔχρῃζεν | mais il voulait |
| ἀϊστώσας πᾶν τὸ γένος | ayant détruit toute la race, |
| φιτῦσαι ἄλλο νέον. | *en* produire une autre nouvelle. |
| Καὶ οὐδεὶς ἀντέβαινε | Et personne ne s'-opposait |
| τοῖσιν | à ces *résolutions* |
| πλὴν ἐμοῦ. | excepté moi. |
| Ἐγὼ δὲ ἐτόλμησα· | Et moi j'osai ; |
| ἐξελυσάμην βροτοὺς | je délivrai les mortels |
| τὸ μὴ μολεῖν εἰς Ἅιδου | *en empêchant* eux d'aller chez Hadès |
| διαρραισθέντας. | après-avoir-été-écrasés. |
| Τῷ τοι κάμπτομαι | Pour cela donc je suis accablé |
| τοιαῖσδε πημοναῖσιν, | de telles peines, |
| ἀλγειναῖσι μὲν | douloureuses d'une part |

ΠΡΟΜΗΘΕΥΣ ΔΕΣΜΩΤΗΣ.

Θνητοὺς δ' ἐν οἴκτῳ θέμενος, εἶτ' οἴκτου τυχεῖν
οὐκ ἠξιώθην αὐτός, ἀλλὰ νηλεῶς
ὧδ' ἐρρύθμισμαι Ζηνὶ δυσκλεὴς θέα.

ΧΟΡΟΣ.

Σιδηρόφρων τε κἀκ πέτρας εἰργασμένος
ὅστις, Προμηθεῦ, σοῖσιν οὐ συνασχαλᾷ
μόχθοις· ἐγὼ γὰρ οὔτ'[1] ἂν εἰσιδεῖν τάδε
ἔχρῃζον εἰσιδοῦσά τ' ἠλγύνθην κέαρ.

ΠΡΟΜΗΘΕΥΣ.

Καὶ μὴν φίλοις ἐλεινὸς εἰσορᾶν ἐγώ.

ΧΟΡΟΣ.

Μὴ πού τι προύβης τῶνδε καὶ περαιτέρω;

ΠΡΟΜΗΘΕΥΣ.

Θνητούς γ' ἔπαυσα μὴ προδέρκεσθαι μόρον.

ΧΟΡΟΣ.

Τὸ ποῖον εὑρὼν τῆσδε φάρμακον νόσου;

ΠΡΟΜΗΘΕΥΣ.

Τυφλὰς ἐν αὐτοῖς ἐλπίδας κατῴκισα.

ΧΟΡΟΣ.

Μέγ' ὠφέλημα τοῦτ' ἐδωρήσω βροτοῖς.

ΠΡΟΜΗΘΕΥΣ.

Πρὸς τοῖσδε μέντοι πῦρ ἐγώ σφιν ὤπασα.

état, si navrant à subir, si déchirant à voir. Les hommes, je les ai pris en pitié, de moi on n'a pas eu pitié. Voilà ce que la rigueur sans entrailles a fait de moi, pour Zeus un monument d'infamie.

LE CHŒUR. Cœur de fer, nature de granit, Prométhée, à tes maux qui ne compatirait? Moi, je n'ai point demandé à les voir, je les ai vus, et mon âme en est toute déchirée.

PROMÉTHÉE. Même à mes ennemis, à voir je fais pitié.

LE CHŒUR. S'en est-il tenu là, ton amour pour les hommes?

PROMÉTHÉE. De la mort à leurs yeux j'ai voilé les horreurs.

LE CHŒUR. Ce mal, tu les en as guéris! Et ton remède?

PROMÉTHÉE. J'ai jeté dans leur cœur d'aveugles espérances.

LE CHŒUR. Oh! le don merveilleux que tu fis aux mortels!

PROMÉTHÉE. Autre merveilleux don, ils me doivent le feu.

| | |
|---|---|
| πάσχειν, | à supporter, |
| οἰκτραῖσιν δὲ ἰδεῖν· | d'autre part misérables à voir : |
| θέμενος δὲ θνητοὺς | et ayant pris les mortels |
| ἐν οἴκτῳ, | en pitié, |
| εἶτα | en-conséquence [digne |
| αὐτὸς οὐκ ἠξιώθην | moi-même je n'ai pas été jugé |
| τυχεῖν οἴκτου, | de rencontrer de la pitié, |
| ἀλλὰ ἐρρύθμισμαι ὧδε | mais j'ai été arrangé ainsi |
| νηλεῶς, | sans-miséricorde, |
| θέα δυσκλεὴς Ζηνί. | spectacle déshonorant pour Zeus. |
| ΧΟΡΟΣ. Ὅστις | LE CHŒUR. Quiconque |
| οὐ συνασχαλᾷ | ne compatit pas |
| σοῖσι μόχθοις, Προμηθεῦ, | à tes maux, Prométhée, |
| σιδηρόφρων τε | est et d'un-cœur-de-fer |
| καὶ εἰργασμένος ἐκ πέτρας· | et fait de rocher ; |
| ἐγὼ γὰρ οὔτε ἂν ἔχρηζον | car moi et je n'aurais pas dû |
| εἰσιδεῖν τάδε, | voir ces choses, |
| εἰσιδοῦσά τε, | et *les* ayant vues, |
| ἠλγύνθην κέαρ. | j'ai été affligée au cœur. |
| ΠΡΟΜΗΘΕΥΣ. Ἐγὼ | PROMÉTHÉE. Moi je *suis* |
| ἐλεινός εἰσορᾶν. | pitoyable à voir [*mes* amis. |
| καὶ μὴ φίλοις. | même pour *ceux* qui ne sont pas |
| ΧΟΡΟΣ. Μὴ προύβης | LE CHŒUR. N'es-tu pas avancé |
| πού τι | peut-être en-quelque-chose |
| καὶ περαιτέρω τῶνδε; | même plus-loin que cela ? |
| ΠΡΟΜΗΘΕΥΣ. Ἔπαυσά γε | PROMÉTHÉE. J'ai fait-cesser du- |
| θνητοὺς | les mortels [moins |
| μὴ προδέρκεσθαι μόρον. | prévoir le sort (la mort). |
| ΧΟΡΟΣ. Εὑρὼν | LE CHŒUR. Ayant trouvé |
| τὸ ποῖον φάρμακον | quel remède |
| τῆσδε νόσου; | de cette maladie ? |
| ΠΡΟΜΗΘΕΥΣ. Κατῴκισα | PROMÉTHÉE. J'ai fait-habiter |
| ἐν αὐτοῖς | en eux |
| ἐλπίδας τυφλάς. | des espérances aveugles. |
| ΧΟΡΟΣ. Ἐδωρήσω τοῦτο | LE CHŒUR. Tu as donné cela, |
| μέγα ὠφέλημα βροτοῖς. | grand avantage pour les mortels. |
| ΠΡΟΜΗΘΕΥΣ. Πρὸς τοῖσδε | PROMÉTHÉE. Outre cela |
| μέντοι | cependant |
| ἐγὼ σφιν ὤπασα πῦρ. | moi je leur ai donné le feu. |

## ΠΡΟΜΗΘΕΥΣ ΔΕΣΜΩΤΗΣ.

ΧΟΡΟΣ.
Καὶ νῦν φλογωπὸν σπέρμ᾽ ἔχουσ᾽ ἐφήμεροι;
ΠΡΟΜΗΘΕΥΣ.
Ἀφ᾽ οὗ γε πολλὰς ἐκμαθήσονται τέχνας.
ΧΟΡΟΣ.
Τοιοῖσδε δή σε Ζεὺς ἐπ᾽ αἰτιάμασιν
ΠΡΟΜΗΘΕΥΣ.
αἰκίζεταί τε κοὐδαμῇ χαλᾷ κακῶν.
ΧΟΡΟΣ.
Οὐδ᾽ ἔστιν ἄθλου τέρμα σοι προκείμενον;
ΠΡΟΜΗΘΕΥΣ.
Οὐκ ἄλλο γ᾽ οὐδέν, πλὴν ὅταν κείνῳ δοκῇ.
ΧΟΡΟΣ.
Δόξει δὲ πῶς; τίς ἐλπίς; οὐχ ὁρᾷς ὅτι
ἥμαρτες; ὡς δ᾽ ἥμαρτες οὔτ᾽[1] ἐμοὶ λέγειν
καθ᾽ ἡδονὴν σοί τ᾽ ἄλγος. Ἀλλὰ ταῦτα μὲν
μεθῶμεν, ἄθλου δ᾽ ἔκλυσιν ζήτει τινά.
ΠΡΟΜΗΘΕΥΣ.
Ἐλαφρὸν ὅστις πημάτων ἔξω πόδα
ἔχει παραινεῖν νουθετεῖν τε τὸν κακῶς
πράσσοντ᾽. Ἐγὼ δὲ ταῦθ᾽ ἅπαντ᾽ ἠπιστάμην.
Ἑκὼν ἑκὼν ἥμαρτον, οὐκ ἀρνήσομαι·

LE CHŒUR. Le feu qui luit et flambe, ils l'ont, les éphémères !
PROMÉTHÉE. Un grand maître ! et de lui que d'arts ils vont apprendre !
LE CHŒUR. C'est là pourquoi Zeus
PROMÉTHÉE. me maltraite et ne donne nul relâche à mes maux.
LE CHŒUR. Et ton malheur n'a-t-il aucun terme assuré?
PROMÉTHÉE. Pas d'autre que le bon plaisir de Zeus.
LE CHŒUR. Mais le voudra-t-il? quel espoir? tu as eu tort, ne le sens-tu pas? — Après cela ne va pas croire que je me plaise à t'adresser ce reproche qui te fait souffrir. — Mais laissons cela. Cherche quelque moyen de te tirer de ces terribles épreuves.
PROMÉTHÉE. Comme on en parle à son aise, du malheur, quand soi-même on n'y a pas le pied pris ! On conseille, on morigène le pauvre patient. Ai-je donc agi en aveugle dans tout cela? Non, non, c'est de propos délibéré, en connaissance de cause que j'ai

| | |
|---|---|
| ΧΟΡΟΣ. Καὶ νῦν | LE CHŒUR. Et maintenant |
| ἐφήμεροι | des êtres-d'un-jour |
| ἔχουσι σπέρμα φλογωπόν; | possèdent l'étincelle ardente? |
| ΠΡΟΜΗΘΕΥΣ. Ἀπὸ οὗ γε | PROMÉTHÉE. Par lequel feu cer- |
| ἐκμαθήσονται | ils apprendront            [tes |
| πολλὰς τέχνας. | bien des arts. |
| ΧΟΡΟΣ. Ζεὺς δὴ | LE CHŒUR. Jupiter donc |
| ἐπὶ τοιοῖσδε αἰτιάμασι σε | pour de pareils griefs te |
| ΠΡΟΜΗΘΕΥΣ. αἰκίζεταί τε | PROMÉTHÉE. et maltraite |
| καὶ χαλᾷ | et ne relâche            \|maux. |
| οὐδαμῇ κακῶν. | en-aucune-façon (rien) de *mes* |
| ΧΟΡΟΣ. Οὐδὲ ἔστι τέρμα | LE CHŒUR. N'y a-t-il pas un terme |
| ἄθλου | de *cette* peine |
| προκείμενόν σοι; | proposé à toi? |
| ΠΡΟΜΗΘΕΥΣ. Οὗ γε | PROMÉTHÉE. Non certes, |
| οὐδὲν ἄλλο, | aucun autre, |
| πλὴν ὅταν | si-ce-n'est quand |
| δοκῇ κείνῳ. | il plaira à celui-là. |
| ΧΟΡΟΣ. Πῶς δὲ | LE CHŒUR. Et comment |
| δόξει; | *cela lui* plaira-t-il ? |
| τίς ἐλπίς; | quel espoir ? |
| οὐχ ὁρᾷς | ne vois-tu pas |
| ὅτι ἥμαρτες; | que tu as failli ? |
| λέγειν δὲ | d'autre part dire |
| ὡς ἥμαρτες | que tu as failli |
| οὔτε κατὰ ἡδονὴν ἐμοὶ | et-n'*est* point à plaisir à moi, |
| σοί τε ἄλγος. | et *est* pour toi une douleur. |
| Ἀλλὰ μεθῶμεν μὲν ταῦτα, | Mais d'une part laissons cela, |
| ζήτει δέ | d'autre part cherche |
| τινα ἔκλυσιν ἄθλων. | une délivrance de *tes* peines. |
| ΠΡΟΜΗΘΕΥΣ. Ἐλαφρὸν | PROMÉTHÉE. *Il est* aisé, |
| ὅστις ἔχει πόδα | *pour* qui a le pied |
| ἔξω πημάτων | hors des souffrances, |
| παραινεῖν νουθετεῖν τε | d'exhorter et de conseiller |
| τοὺς πράσσοντας κακῶς. | ceux qui font *leurs affaires* mal. |
| Ἐγὼ δὲ ἠπιστάμην | Eh-bien moi je savais |
| ἅπαντα ταῦτα. | tout cela : |
| Ἥμαρτον ἑκὼν | J'ai failli volontairement |
| ἑκών, | *oui* volontairement, |

ΠΡΟΜΗΘΕΥΣ ΔΕΣΜΩΤΗΣ.

θνητοῖς ἀρήγων αὐτὸς ηὑρόμην πόνους.
Οὐ μὴν τι ποιναῖς γ' ᾠόμην τοίαισί με
κατισχνανεῖσθαι πρὸς πέτραις πεδαρσίοις,
τυχόντ' ἐρήμου τοῦδ' ἀγείτονος πάγου.
Καί μοι τὰ μὲν παρόντα μὴ δύρεσθ' ἄχη,
πέδοι δὲ βᾶσαι¹ τὰς προσερπούσας τύχας
ἀκούσαθ', ὡς μάθητε διὰ τέλους τὸ πᾶν.
Πίθεσθέ μοι, πίθεσθε, συμπονήσατε
τῷ νῦν μογοῦντι. Ταὐτά τοι πλανωμένη
πρὸς ἄλλοτ' ἄλλον πημονὴ προσιζάνει.

ΧΟΡΟΣ.

Οὐκ ἀκούσαις ἐπεθώϋξας
τοῦτο, Προμηθεῦ.
Καὶ νῦν ἐλαφρῷ ποδὶ κραιπνόσυτον
θᾶκον προλιποῦσ'
αἰθέρα θ' ἁγνὸν πόρον οἰωνῶν,
ὀκριοέσσῃ χθονὶ τῇδε πελῶ,
τοὺς σοὺς δὲ πόνους
χρῄζω διὰ παντὸς ἀκοῦσαι.

failli, je le déclare hautement. Des mortels prendre les intérêts en main, c'était courir de moi-même à ma perte. A cet affreux supplice cependant que j'étais loin de m'attendre! — Dessécher sur cette cime perdue, dans la solitude de ce roc isolé! — Sur ce que vous voyez de mes maux vous voilà à gémir. Que serait-ce donc, si descendant à terre, vous entendiez ce que me réserve l'avenir, si vous saviez toute l'horreur de ma triste destinée? Descendez, cédez à votre sympathie pour le malheureux d'aujourd'hui. — Indistinctement rôde autour de nous, la fatalité. Sur celui-ci elle s'abat aujourd'hui, demain sur celui-là.

LE CHŒUR. Oh! que de grand cœur en ceci nous allons t'obéir, Prométhée! En un instant, d'un bond, nous avons quitté le char ailé, l'azur limpide, chemin des oiseaux, et nous voilà sur ton roc hérissé, si curieuses nous sommes de connaître toute ta déplorable histoire.

| | |
|---|---|
| οὐκ ἀρνήσομαι· | je ne *le* nierai pas ; |
| ἀρήγων δὲ θνητοῖς | et secourant les mortels, |
| ηὑρόμην αὐτὸς | je me-suis attiré moi-même |
| πόνους. | des peines. |
| Οὐ μὴν τι ᾠόμην γέ | Certes je ne croyais pas du moins |
| με κατισχνανεῖσθαί | moi devoir être consumé |
| τοίαισι ποιναῖς | par de tels supplices |
| πρὸς πέτραις πεδαρσίοις, | sur des rocs élevés, |
| τυχόντα | ayant-reçu-en-partage |
| τοῦδε πάγου ἐρήμου | ce roc solitaire |
| ἀγείτονος. | sans-voisin. |
| Καὶ μὴ δύρεσθε μὲν | Et d'une part ne déplorez pas |
| τὰ ἄχη παρόντα μοι, | les malheurs présents à moi ; |
| βᾶσαι δὲ πέδοι | d'autre part mettant-pied à-terre |
| ἀκούσατε | apprenez [moi, |
| τὰς τύχας προσερπούσας, | les destinées qui s'avancent-vers |
| ὡς μάθητε | afin-que vous connaissiez |
| τὸ πᾶν διὰ τέλους. | le tout jusqu'au bout. |
| Πίθεσθέ μοι, πίθεσθε. | Obéissez-moi, obéissez, |
| συμπονήσατε | compatissez-avec |
| τῷ μογοῦντι | celui qui est-malheureux |
| νῦν. | maintenant. |
| Τὰ αὐτά τοι | De la même *manière* certes |
| πημονὴ πλανωμένη, | l'infortune errant |
| προσιζάνει | s'attache |
| ἄλλοτε πρὸς ἄλλον. | dans-un-autre-temps à un autre . |
| ΧΟΡΟΣ. Ἐπεθώϋξας τοῦτο | LE CHOEUR. Tu as crié cela |
| οὐκ ἀκούσαις, | à *nous* non contraires, |
| Προμηθεῦ. | Prométhée. |
| Καὶ προλιποῦσα νῦν | Et ayant quitté maintenant |
| ποδὶ ἐλαφρῷ | d'un pied léger |
| θᾶκον κραιπνόσυτον, | le siége rapidement-porté, |
| αἰθέρα τε, | et l'air, |
| πόρον ἁγνὸν οἰωνῶν. | voie pure des oiseaux, |
| πελῶ | je m'approcherai |
| τῇδε χθονὶ ὀκριοέσσῃ· | de ce sol escarpé ; |
| χρῄζω δὲ | d'ailleurs je désire |
| ἀκοῦσαι τοὺς σοὺς πόνους | entendre tes malheurs |
| διὰ παντός. | en entier. |

ΠΡΟΜΗΘΕΥΣ ΔΕΣΜΩΤΗΣ.

## III. LES ORIGINES DE LA CIVILISATION HUMAINE.
(Vers 436-560.)

ΠΡΟΜΗΘΕΥΣ.

Μή τοι χλιδῇ δοκεῖτε μηδ' αὐθαδίᾳ
σιγᾶν με· συννοίᾳ δὲ δάπτομαι κέαρ,
ὁρῶν ἐμαυτὸν ὧδε προυσελούμενον.
Καίτοι θεοῖσι τοῖς νέοις τούτοις γέρα
τίς ἄλλος ἢ 'γὼ παντελῶς διώρισεν;
Ἀλλ' αὐτὰ σιγῶ· καὶ γὰρ εἰδυίαισιν ἂν
ὑμῖν λέγοιμι· τὰν βροτοῖς δὲ πήματα
ἀκούσαθ', ὥς¹ σφας νηπίους ὄντας τὸ πρὶν
ἔννους ἔθηκα καὶ φρενῶν ἐπηβόλους·
λέξω δὲ, μέμψιν οὔτιν' ἀνθρώποις ἔχων,
ἀλλ' ὧν δέδωκ' εὔνοιαν ἐξηγούμενος·
οἳ πρῶτα μὲν βλέποντες ἔβλεπον μάτην,
κλύοντες οὐκ ἤκουον, ἀλλ' ὀνειράτων
ἀλίγκιοι μορφαῖσι τὸν μακρὸν βίον ²
ἔφυρον εἰκῇ πάντα, κοὔτε πλινθυφεῖς
δόμους προσείλους ἦσαν ³, οὐ ξυλουργίαν·

PROMÉTHÉE. N'allez pas me prendre pour un dédaigneux, de soi-même entêté. Je me tais, mais c'est conscience de mon abaissement, consternation du cœur. — En être réduit là, triste objet de pitié! Et cependant ces dieux du jour, à quel autre que moi doivent-ils leur prestige? Mais à quoi bon le rappeler? et que vous dirais-je que vous ne sachiez comme moi? — De ces pauvres mortels plutôt laissez-moi vous parler, grands enfants autrefois, dont j'ai fait des intelligences, des êtres raisonnables. — En ceci loin de moi la pensée de rien reprocher aux hommes. Ce qu'ils me doivent, je ne le rappelle que pour montrer combien je les aimais. Dans le principe, ils avaient des yeux et ne voyaient point, des oreilles et n'entendaient point. Êtres flottants comme des songes, pendant des milliers d'années, rien de net pour eux, tout se confondait, tout était brouillé. Ni maisons de briques alors ouvertes au soleil, ni charpente. Pour abris, des trous par

## III. LES ORIGINES DE LA CIVILISATION HUMAINE.

| | |
|---|---|
| ΠΡΟΜΗΘΕΥΣ. Μή τοι δοκεῖτε | PROMÉTHÉE. Ne pensez point cer- |
| με σιγᾶν χλιδῇ | moi me-taire par arrogance [tes |
| μηδὲ αὐθαδίᾳ; | ni par entêtement ; |
| δάπτομαι δὲ κέαρ | mais je me-dévore le cœur |
| συννοίᾳ | par la réflexion |
| ὁρῶν ἐμαυτὸν | me voyant moi-même |
| ὧδε προυσελούμενον. | ainsi outragé. |
| Καίτοι τίς ἄλλος ἢ ἐγὼ | Et-pourtant quel autre que moi |
| διώρισε παντελῶς γέρα | a distribué aucunement les hon- |
| τούτοις τοῖς νέοις θεοῖσιν | à ces nouveaux dieux ? [neurs |
| Ἀλλὰ σιγῶ αὐτά· | Mais je tais ces choses; |
| καὶ γὰρ λέγοιμι ἂν | car je les dirais |
| ὑμῖν εἰδυίαισιν· | à vous qui les savez ; |
| ἀκούσατε δὲ τὰ πήματα | mais apprenez les maux |
| ἐν βροτοῖς, | qui existaient parmi les mortels, |
| ὡς σφας ὄντας νηπίους | combien eux étant ignorants |
| τὸ πρὶν | auparavant |
| ἔθηκα ἔννους | je les ai rendus intelligents |
| καὶ ἐπηβόλους φρενῶν· | et maîtres de leur raison ; |
| λέξω δὲ | or je le dirai |
| ἔχων οὔτινα μέμψιν | n'ayant aucun grief |
| ἀνθρώποις, | contre les hommes, |
| ἀλλὰ ἐξηγούμενος | mais expliquant |
| εὔνοιαν | le motif-bienveillant |
| ὧν δέδωκα· | de ce que j'ai donné à eux; |
| οἳ πρῶτα μὲν | eux qui dans-le-principe d'une part |
| βλέποντες ἔβλεπον μάτην, | voyant voyaient en-vain, |
| κλύοντες οὐκ ἤκουον, | entendant n'entendaient pas, |
| ἀλλ' ἀλίγκιοι | mais semblables |
| μορφαῖσιν ὀνειράτων | aux fantômes des songes, |
| ἔφυρον πάντα εἰκῇ | confondaient tout au-hasard |
| τὸν μακρὸν βίον, | depuis leur longue vie, |
| καὶ ἦσαν οὔτε δόμους | et ne connaissaient ni les maisons |
| πλινθυφεῖς | construites-en-briques, |
| προσείλους, | exposées-au-soleil, |

κατώρυχες δ' ἔναιον ὥστ' ἀήσυροι
μύρμηκες ἄντρων ἐν μυχοῖς ἀνηλίοις.
Ἦν δ' οὐδὲν αὐτοῖς οὔτε χείματος τέκμαρ
οὔτ' ἀνθεμώδους ἦρος οὔτε καρπίμου
θέρους βέβαιον, ἀλλ' ἄτερ γνώμης τὸ πᾶν
ἔπρασσον, ἔστε δή σφιν ἀντολὰς ἐγὼ
ἄστρων ἔδειξα τάς τε δυσκρίτους [1] δύσεις.
Καὶ μὴν ἀριθμόν, ἔξοχον σοφισμάτων,
ἐξηῦρον αὐτοῖς, γραμμάτων τε συνθέσεις,
μνήμην ἁπάντων, μουσομήτορ' ἐργάνην [2].
Κἄζευξα πρῶτος ἐν ζυγοῖσι κνώδαλα
ζεύγλαισι δουλεύοντα σάγμασίν θ' [3], ὅπως
θνητοῖς μεγίστων διάδοχοι μοχθημάτων
γένοινθ', ὑφ' ἅρμα τ' ἤγαγον φιληνίους
ἵππους, ἄγαλμα τῆς ὑπερπλούτου χλιδῆς.
Θαλασσόπλαγκτα δ' οὔτις ἄλλος ἀντ' ἐμοῦ
λινόπτερ' ηὗρε ναυτίλων ὀχήματα.
Τοιαῦτα μηχανήματ' ἐξευρὼν τάλας

où, comme la fourmi au corps allongé et fluet, ils se glissaient au fond des grottes sans soleil. — De l'hiver nulle notion exacte, distincte, ni du printemps, saison des fleurs, ni de l'été, celle des fruits. Dans tout ce qu'ils faisaient, nul discernement, jusqu'au jour où je marquai, chose difficile! l'instant précis du lever des astres, le moment de leur coucher. — Et le nombre, cette merveilleuse invention, c'est moi qui l'imaginai pour eux, comme les lettres et l'art de les grouper. Enfin ils me doivent la mémoire, l'instrument fécond des muses. — Le premier aussi j'accouplai par paires, les bêtes de somme au joug et au bât asservies, précieux auxiliaires à dispenser l'homme des travaux les plus durs. — Puis au char j'amenai, tout dressé, le cheval, ce luxe de l'opulence et de la richesse. — Et ces flotteurs des mers, quel autre que moi les donna aux matelots, ces chars aux ailes de lin ? — Et ce prodigieux inventeur, quand il s'agit des hommes, ne

οὐ ξυλουργίαν·  ni le travail-du-bois ;
ἔναιον δὲ κατώρυχες,  mais habitaient sous-terre,
ὥστε ἀήσυροι μύρμηκες  comme d'agiles fourmis
ἐν μυχοῖς ἀνηλίοις ἄντρων.  dans des cavités sans-soleil d'an-[tres.
Ἦν δὲ αὐτοῖς  D'autre part il n'y avait pour eux
οὐδὲν τέκμαρ βέβαιον  aucun signe certain
οὔτε χείματος  ni de l'hiver,
οὔτε ἦρος ἀνθεμώδους  ni du printemps fleuri,
οὔτε θέρους καρπίμου,  ni de l'été portant-des-fruits,
ἀλλὰ ἔπρασσον τὸ πᾶν  mais ils faisaient tout
ἄτερ γνώμης,  sans réflexion,
ἔστε δὴ ἐγὼ  jusqu'au-moment-où donc moi
ἔδειξά σφιν  je montrai à eux
ἐντολὰς ἄστρων τάς τε δύσεις  le lever des astres et leur coucher
δυσκρίτους.  difficiles-à-connaître.
Καὶ μὴν ἐξηῦρον αὐτοῖς  Et de plus j'inventai pour eux
ἀριθμὸν,  l'arithmétique,
ἔξοχον σοφισμάτων,  la plus belle des sciences,
συνθέσεις τε γραμμάτων,  et les combinaisons des lettres,
μνήμην τε μουσομήτορα,  et la mémoire, mère-des-Muses,
ἐργάνην ἁπάντων.  créatrice de tout.
Καὶ ἔζευξα πρῶτος ἐν ζυγοῖσι  Et j'attelai le premier à des jougs
κνώδαλα  des animaux-sauvages
δουλεύοντα ζεύγλαισι  soumis-en-esclaves aux jougs
σάγμασί τε,  et aux bâts,
ὅπως  afin-que
γένοιντο θνητοῖς  ils devinssent pour les mortels
διάδοχοι  des remplaçants
μεγίστων μοχθημάτων,  des (dans les) plus grands travaux,
ἤγαγόν τε ὑπὸ ἅρμα  et j'amenai sous le char
ἵππους φιληνίους,  les chevaux dociles-au-frein,
ἄγαλμα τῆς χλιδῆς ὑπερπλούτου.  ornement du luxe très-opulent.
Οὔτις δὲ ἄλλος ἀντὶ ἐμοῦ  Et nul autre au-lieu-de moi
ηὗρεν ὀχήματα  n'inventa les véhicules
ναυτίλων  des navigateurs,
λινόπτερα  *véhicules* aux-ailes-de-lin
θαλασσόπλαγκτα.  qui-parcourent-la-mer.
Ἐξευρὼν τοιαῦτα μηχανήματα  Ayant trouvé de pareilles ressour-[ces
βροτοῖσι  pour les mortels

ΠΡΟΜΗΘΕΥΣ ΔΕΣΜΩΤΗΣ.

βροτοῖσιν, αὐτὸς οὐκ ἔχω σόφισμ' ὅτῳ
τῆς νῦν παρούσης πημονῆς ἀπαλλαγῶ.

ΧΟΡΟΣ.

Αἰκὲς πεπονθὼς πῆμ' ἀποσφαλεὶς φρενῶν
πλανᾷ, κακὸς δ' ἰατρὸς ὥς τις ἐς νόσον
πεσὼν ἀθυμεῖς καὶ σεαυτὸν οὐκ ἔχεις
εὑρεῖν ὁποίοις φαρμάκοις ἰάσιμον.

ΠΡΟΜΗΘΕΥΣ.

Τὰ λοιπά μου κλύουσα θαυμάσει πλέον,
οἵας τέχνας τε καὶ πόρους ἐμησάμην.
Τὸ μὲν μέγιστον, εἴ τις ἐς νόσον πέσοι,
οὐκ ἦν ἀλέξημ' οὐδὲν, οὔτε βρώσιμον,
οὐ χριστὸν, οὔτε πιστόν [1], ἀλλὰ φαρμάκων
χρείᾳ κατεσκέλλοντο, πρίν γ' ἐγώ σφισιν
ἔδειξα κράσεις ἠπίων ἀκεσμάτων,
αἷς τὰς ἁπάσας ἐξαμύνονται νόσους.
Τρόπους τε πολλοὺς μαντικῆς ἐστοίχισα,
κἄκρινα πρῶτος ἐξ ὀνειράτων ἃ χρὴ

trouve rien dans son malheur pour se tirer lui-même d'embarras.

LE CHŒUR. Amère expiation d'une illusion du cœur, d'une erreur! — Médecin maladroit, surpris par le mal, te voilà au dépourvu. Tu ne sais que faire pour toi, comment te guérir!

PROMÉTHÉE. Écoute-moi jusqu'au bout, et tu en seras émerveillée, écoute quelle variété d'arts, de ressources j'ai imaginés. Celui-ci de beaucoup fut le plus prodigieux. — Tombait-on malade, point de soulagement, ni aliment, ni onguent, ni boisson. Faute de remèdes, on mourait, avant que j'eusse enseigné les préparations salutaires qui aujourd'hui guérissent toutes les maladies. — Et les secrets multiples de la divination, c'est moi qui les ai coordonnés, moi qui, le premier, ai marqué, dans les

| | |
|---|---|
| τάλας, | infortuné, |
| οὐκ ἔχω αὐτὸς | je n'ai pas moi-même |
| σόφισμα ὅτῳ | de moyen par lequel |
| ἀπαλλαγῶ τῆς πημονῆς | je sois délivré du mal |
| νῦν παρούσης. | maintenant présent. |
| ΧΟΡΟΣ. Πεπονθὼς | LE CHOEUR. Ayant enduré |
| αἰκὲς πῆμα | un indigne malheur |
| πλανᾷ | tu erres |
| ἀποσφαλεὶς φρενῶν, | déçu dans *ton* esprit, |
| ὡς δέ τις κακὸς ἰατρὸς | et comme un mauvais médecin |
| πεσὼν ἐς νόσον | tombé en maladie |
| ἀθυμεῖς, | tu te-décourages, |
| καὶ οὐκ ἔχεις εὑρεῖν | et tu ne peux trouver |
| ὁποίοις φαρμάκοις | par quels remèdes |
| σεαυτὸν ἰάσιμον. | toi-même *tu es* guérissable. |
| ΠΡΟΜΗΘΕΥΣ. Κλύουσά μου | PROMÉTHÉE. Écoutant de moi |
| τὰ λοιπὰ | le reste |
| θαυμάσει πλέον, | tu admireras davantage, |
| οἵας τέχνας τε καὶ δόλους | quels et arts et ressources |
| ἐμησάμην. | j'ai inventés. |
| Τὸ μὲν μέγιστον, | Ceci d'une part *est* le plus grand, |
| εἴ τις πέσοι ἐς νόσον, | si quelqu'un tombait en maladie, |
| οὐκ ἦν οὐδὲν ἀλέξημα | il n'était aucun remède, |
| οὔτε βρώσιμον, | ni à-manger, |
| οὐ χριστὸν, | ni à étendre-par-frictions, |
| οὔτε πιστὸν, | ni à-boire, |
| ἀλλὰ κατεσκέλλοντο | mais ils se-desséchaient |
| χρείᾳ φαρμάκων, | par manque de remèdes, |
| πρίν γε ἐγὼ | avant-que moi du-moins |
| ἔδειξα σφίσιν | je leur eusse montré |
| κράσεις | les mélanges |
| ἀκεσμάτων ἠπίων, | de médicaments salutaires, |
| αἷς ἐξαμύνονται | par lesquels ils écartent |
| ἁπάσας τὰς νόσους. | toutes les maladies. |
| Ἐστοίχισά τε | Et j'ai réglé |
| πολλοὺς τρόπους | de nombreux genres |
| μαντικῆς, | de divination, |
| καὶ πρῶτος ἔκρινα | et le premier j'ai distingué |
| ἃ χρὴ γενέσθαι ὕπαρ | ce qui doit être véritable-vision |

## ΠΡΟΜΗΘΕΥΣ ΔΕΣΜΩΤΗΣ.

ὕπαρ γενέσθαι, κληδόνας [1] τε δυσκρίτους
ἐγνώρισ' αὐτοῖς ἐνοδίους τε συμβόλους.
Γαμψωνύχων τε πτῆσιν οἰωνῶν σκεθρῶς
διώρισ', οἵτινές τε δεξιοὶ φύσιν
εὐωνύμους τε, καὶ δίαιταν ἥντινα
ἔχουσ' ἕκαστοι, καὶ πρὸς ἀλλήλους τίνες
ἔχθραι τε καὶ στέργηθρα καὶ συνεδρίαι [2].
Σπλάγχνων τε λειότητα, καὶ χροιὰν τίνα
ἔχοντ' ἂν εἴη δαίμοσιν πρὸς ἡδονήν

. . . . . . . . . . .

. . . . . . . . . . .

χολῆς λοβοῦ τε ποικίλην εὐμορφίαν·
κνίσῃ τε κῶλα συγκαλυπτὰ καὶ μακρὰν
ὀσφῦν πυρώσας δυστέκμαρτον εἰς τέχνην
ὥδωσα θνητούς, καὶ φλογωπὰ σήματα
ἐξωμμάτωσα, πρόσθεν ὄντ' ἐπάργεμα.
Τοιαῦτα μὲν δὴ ταῦτ'· ἔνερθε δὲ χθονὸς
κεκρυμμέν' ἀνθρώποισιν ὠφελήματα,

songes, ce qui doit se réaliser, et aux présages, jusque-là inintelligibles, donné leur signification. Des hasards du chemin en voyage, du vol des oiseaux aux ongles crochus j'ai réglé l'interprétation, désignant quels étaient favorables, et quels autres sinistres, décrivant la manière de vivre de chacun d'eux, leurs haines mutuelles, leurs amitiés, leurs intelligences. Quel poli aux entrailles, quelle couleur aimaient les dieux; . . . . .
. . . . . . . . . . . . . . . . . . . . . . . . . . . . . . . . . . . . . . . . . . . . . . . . . . . . . . . . . . de la bile, du foie les divers aspects propices, et les cuisses bien recouvertes de graisse, je leur ai tout enseigné. Moi-même, sur les charbons j'ai étendu ces flancs énormes, à l'art mystérieux initiant les hommes, et de la flamme à leurs yeux notant les oracles auparavant obscurs et enveloppés. — Voilà ce que j'ai fait. Et ce que dans ses profondeurs la terre cache à l'homme, ces richesses,

| | |
|---|---|
| ἐξ ὀνειράτων, | parmi les songes, |
| ἐγνώρισά τε αὐτοῖς | et j'ai expliqué à eux |
| κληδόνας δυσκρίτους | des bruits difficiles-à-juger [min. |
| συμβόλους τε ἐνοδίους. | et les présages rencontrés-en-che- |
| Διώρισά τε σκεθρῶς · | Et j'ai défini exactement |
| πτῆσίν τε οἰωνῶν | et le vol des oiseaux |
| γαμψωνύχων, | aux-serres-recourbées, |
| οἵτινές τε | et ceux-qui |
| φύσιν δεξιοὶ | de nature *sont* de-bon-augure |
| εὐωνύμους τε, | et *ceux* de-sinistre-augure, |
| καὶ ἥντινα δίαιταν | et quel genre-de-vie |
| ἔχουσιν ἕκαστοι, | ils ont chacun, |
| καὶ τίνες ἔχθραι τε | et quelles *sont* et *les* haines |
| καὶ στέργηθρα | et les amours, |
| καὶ συνεδρίαι | et les réunions |
| πρὸς ἀλλήλους. | *qu'ils ont* entre eux. |
| Λειότητά τε σπλάγχνων, | et le poli des entrailles, |
| καὶ τίνα χροιὰν ἔχοντα, | et quelle couleur ayant, |
| . . . . . . . . . . . | . . . . . . . . . . . . . |
| . . . . . . . . . . . | . . . . . . . . . . . . . |
| εὐμορφίαν τε | *et quelle* forme-heureuse |
| ποικίλην | d'une couleur-variée |
| χολῆς λοβοῦ τε, | du fiel et du lobe-du-foie, |
| εἴη ἂν πρὸς ἡδονὴν | elles seraient à plaisir |
| δαίμοσιν · | aux dieux ; [bres, |
| πυρώσας τε κῶλα | et étendant-sur-le-feu les mem- |
| συγκαλυπτὰ κνίσῃ | enveloppés de graisse |
| καὶ μακρὰν ὀσφὺν | et la longue échine, |
| ὥδωσα θνητοὺς | j'ai conduit les mortels |
| ἐς τέχνην δυστέκμαρτον, | à un art difficile-à-conjecturer, |
| καὶ ἐξωμμάτωσα | et j'ai rendu-évidents |
| σήματα φλογωπά, | les indices de-la-flamme, |
| ὄντα ἐπάργεμα | qui étaient obscurs |
| πρόσθεν. | auparavant. |
| Τοιαῦτα μὲν δὴ ταῦτα · | Telles *sont* donc ces choses ; |
| τίς δὲ φήσειεν ἂν | d'autre part qui pourrait-dire |
| ἐξευρεῖν | avoir trouvé |
| πάροιθεν ἐμοῦ | avant moi |
| χαλκόν, σίδηρον, | l'airain, le fer, |

## ΠΡΟΜΗΘΕΥΣ ΔΕΣΜΩΤΗΣ.

χαλκὸν, σίδηρον, ἄργυρον, χρυσόν τε τίς
φήσειεν ἂν πάροιθεν ἐξευρεῖν ἐμοῦ;
οὐδεὶς, σάφ' οἶδα, μὴ μάτην φλύσαι θέλων.
Βραχεῖ δὲ μύθῳ πάντα συλλήβδην μάθε,
πᾶσαι τέχναι βροτοῖσιν ἐκ Προμηθέως.
ΧΟΡΟΣ.
Μή νυν βροτοὺς μὲν ὠφέλει καιροῦ πέρα,
σαυτοῦ δ' ἀκήδει δυστυχοῦντος· ὡς ἐγὼ
εὔελπίς εἰμι τῶνδε σ' ἐκ δεσμῶν ἔτι
λυθέντα μηδὲν μεῖον ἰσχύσειν Διός.
ΠΡΟΜΗΘΕΥΣ.
Οὐ ταῦτα ταύτῃ μοῖρά πω τελεσφόρος
κρᾶναι πέπρωται, μυρίαις δὲ πημοναῖς
δύαις τε καμφθεὶς, ὧδε δεσμὰ φυγγάνω·
τέχνη δ' ἀνάγκης ἀσθενεστέρα μακρῷ.
ΧΟΡΟΣ.
Τίς οὖν ἀνάγκης ἐστὶν οἰακοστρόφος;
ΠΡΟΜΗΘΕΥΣ.
Μοῖραι τρίμορφοι[1] μνήμονές τ' Ἐρινύες.
ΧΟΡΟΣ.
Τούτων ἄρα Ζεύς ἐστιν ἀσθενέστερος.
ΠΡΟΜΗΘΕΥΣ.
Οὔκουν ἂν ἐκφύγοι γε τὴν πεπρωμένην.

l'airain, le fer, l'argent et l'or, qui donc s'en pourrait dire avant moi l'inventeur? Personne, assurément, personne, à moins de vouloir parler pour ne rien dire. — En un mot, et afin de me résumer, retiens bien ceci : tous les arts sont venus aux hommes par Prométhée.

LE CHŒUR. Toi qui as tant fait pour les hommes, et si mal à propos, songe à toi-même, à ta triste situation. Alors, j'en ai la ferme espérance, libre de tes fers, tu n'auras rien à envier à Zeus.

PROMÉTHÉE. Les destins ne sont pas encore mûris pour un pareil dénouement. Les tortures s'ajouteront aux tortures. A la souffrance je serai brisé. Alors seulement tomberont mes fers. Contre le Destin l'art ne peut.

LE CHŒUR. Et du Destin qui donc tient la barre et gouverne?

PROMÉTHÉE. La triple Moira, les sombres Erinys.

LE CHŒUR. Et Zeus aussi serait soumis à leur pouvoir?

PROMÉTHÉE. A la loi du Destin il ne peut se soustraire.

| | |
|---|---|
| ἄργυρον, χρυσόν τε, | l'argent et l'or, |
| ὠφελήματα κεκρυμμένα | avantages cachés |
| ἀνθρώποις | aux hommes |
| ἔνερθε χθονός ; | sous terre? |
| οὐδεὶς, οἶδα σάφα, | Nul, je *le* sais clairement, |
| μὴ θέλων | qui ne veut pas |
| φλύσαι μάτην. | bouillir (bavarder) en-vain. |
| Μάθε δὲ πάντα συλλήβδην | Et sache tout ensemble |
| μύθῳ βραχεῖ· | par un discours bref : [mortels |
| πᾶσαι τέχναι βροτοῖσιν | tous les arts *sont* (viennent) aux |
| ἐκ Προμηθέως. | de Prométhée. |
| ΧΟΡΟΣ. Μὴ ὠφέλει νυν | LE CHŒUR. Ne sers donc pas |
| βροτοὺς μὲν | les mortels d'une part |
| πέρα καιροῦ, | au delà-de l'à-propos, |
| ἀκήδει δὲ σαυτοῦ | d'autre part *n*'abandonne *pas toi-* |
| δυστυχοῦντος· | étant-dans-le-malheur ; [même. |
| ὡς ἐγώ εἰμι εὔελπις | car moi je suis ayant-bon-espoir, |
| σε λυθέντα ἐκ τῶνδε δεσμῶν | toi, délivré de ces chaînes-ci, |
| ἰσχύσειν ἔτι | devoir être-puissant encore |
| μηδὲν μεῖον Διός. | en-rien moins que Zeus. |
| ΠΡΟΜΗΘΕΥΣ. Μοῖρα | PROMÉTHÉE. La destinée |
| τελεσφόρος | qui-accomplit *tout* |
| οὔπω πέπρωται | n'a pas encore été fixée |
| ταῦτα κρᾶναι ταύτῃ, | *pour* cela s'effectuer ainsi, |
| καμφθεὶς δὲ | mais ayant été courbé |
| μυρίαις πημοναῖς δύαις τε, | par mille douleurs et tortures, |
| ὧδε φυγγάνω δεσμά· | ainsi (alors) je fuis (je fuirai) les |
| τέχνη δὲ μακρῷ | mais l'art *est* de beaucoup [fers; |
| ἀσθενεστέρα ἀνάγκης. | plus faible que la nécessité. |
| ΧΟΡΟΣ. Τίς οὖν ἐστιν | LE CHŒUR. Qui donc est [sité? |
| οἰακοστρόφος ἀνάγκης ; | tenant-le-gouvernail de la néces- |
| ΠΡΟΜΗΘΕΥΣ. Μοῖραι | PROMÉTHÉE. Les Parques |
| τρίμορφοι | à-trois-corps |
| Ἐρινύες τε μνήμονες. | et les Érinys qui-se-souviennent. |
| ΧΟΡΟΣ. Ζεὺς ἄρα ἐστὶν | LE CHŒUR. Zeus est donc |
| ἀσθενέστερος τούτων ; | plus faible qu'elles? |
| ΠΡΟΜΗΘΕΥΣ. | PROMÉTHÉE. |
| Οὔκουν γε ἐκφύγοι ἂν | Du moins il ne pourrait éviter |
| τὴν πεπρωμένην. | la *destinée* arrêtée. |

ΧΟΡΟΣ.
Τί γὰρ πέπρωται Ζηνὶ πλὴν ἀεὶ κρατεῖν;
ΠΡΟΜΗΘΕΥΣ.
Τοῦτ' οὐκ ἂν ἐκπύθοιο μηδὲ λιπάρει.
ΧΟΡΟΣ.
Ἦ πού τι σεμνόν ἐστιν ὃ ξυναμπέχεις.
ΠΡΟΜΗΘΕΥΣ.
Ἄλλου λόγου μέμνησθε, τόνδε δ' οὐδαμῶς
καιρὸς γεγωνεῖν, ἀλλὰ συγκαλυπτέος
ὅσον μάλιστα· τόνδε γὰρ σώζων ἐγὼ
δεσμοὺς ἀεικεῖς καὶ δύας ἐκφυγγάνω.
ΧΟΡΟΣ.

Μηδάμ' ὁ πάντα νέμων [Strophe 1.]
θεῖτ' ἐμᾷ γνώμᾳ κράτος ἀντίπαλον Ζεύς,
μηδ' ἐλινύσαιμι θεοὺς ὁσίαις θοί-
ναις ποτινισσομένα
βουφόνοις παρ' Ὠκεανοῦ πατρὸς ἄσβεστον πόρον,
μηδ' ἀλίτοιμι λόγοις·
ἀλλά μοι τοῦτ' ἐμμένοι καὶ μήποτ' ἐκτακείη.

Ἁδύ τι θαρσαλέαις [Antistrophe 1.]
τὸ μακρὸν τείνειν βίον ἐλπίσι, φαναῖς
θυμὸν ἀλδαίνουσαν ἐν εὐφροσύναις· φρίσ-
σω δέ σε δερκομένα

LE CHOEUR. Mais l'avenir, pour Zeus, c'est l'éternel empire.
PROMÉTHÉE. Respecte ce mystère, et garde d'insister.
LE CHOEUR. Un terrible mystère alors, que ce secret!
PROMÉTHÉE. Oui, parlons d'autre chose. Ce secret, son heure n'est point venue. Loin de vous le confier, il me faut le garder avec le plus grand soin. Mon salut est à ce prix. Par là seulement j'en finirai avec ces chaînes honteuses et mes affreuses tortures.
LE CHOEUR. *Strophe* 1. (Le Chœur marche de droite à gauche devant le rocher de Prométhée.) Que jamais de l'arbitre du monde mes rêves ne heurtent la puissance ! Ah ! qu'il ne me traite pas en rebelle, Zeus ! Toujours aux dieux dévote, qu'on me voie empressée aux festins sacrés où tombe le bœuf immolé, près des eaux éternelles d'Océan, de mon père. Que jamais je ne les offense par mes discours. Sainte piété, ah ! reste en mon cœur, et jamais ne t'en efface!
*Antistrophe* 1. (Le Chœur revient de gauche à droite.) Grande douceur, vraiment, de vivre de longs jours de confiance et d'espoir, l'âme inondée de joie et de lumière ! — Quel effroi de te voir à

| | |
|---|---|
| ΧΟΡΟΣ. Τί γὰρ | LE CHŒUR. Quoi donc |
| πέπρωται Ζηνὶ | est arrêté pour Zeus |
| πλὴν κρατεῖν ἀεί; | sinon de régner toujours? |
| ΠΡΟΜΗΘΕΥΣ. Οὖν | PROMÉTHÉE. *Toi* donc |
| οὐκ ἐκπύθοιο ἂν τοῦτο, | tu ne pourrais apprendre cela, |
| μηδὲ λιπάρει. | et n'insiste pas. [ment |
| ΧΟΡΟΣ. ἦ που | LE CHŒUR. Sans-doute apparem- |
| ὃ ξυναμπέχεις | ce que tu caches |
| ἐστί τι σεμνόν. | est quelque chose de grave. |
| ΠΡΟΜΗΘΕΥΣ. Μέμνησθε | PROMÉTHÉE. Souvenez-vous |
| ἄλλου λόγου, | d'une autre question |
| οὐδαμῶς δὲ καιρὸς | d'ailleurs *il n'est* nullement temps |
| γεγωνεῖν τόνδε, | de parler de celle-là, |
| ἀλλὰ συγκαλυπτέος | mais elle doit-être-cachée |
| ὅσον μάλιστα· | autant que le plus; |
| ἐγὼ γὰρ | car moi, |
| τόνδε σῴζων, | la conservant, |
| ἐκφυγγάνω | je fuis (je fuirai) |
| δεσμοὺς καὶ δύας ἀεικεῖς. | chaînes et tourments indignes. |
| ΧΟΡΟΣ. Μηδάμα Ζεὺς | LE CHŒUR. *Que* jamais Zeus |
| ὁ νέμων πάντα | qui règle tout, |
| θεῖτο κράτος | ne place *sa* force |
| ἀντίπαλον | en-opposition |
| ἐμᾷ γνώμᾳ, | à ma volonté, |
| μηδὲ ἐλινύσαιμι | et que je ne tarde pas |
| ποτινισσομένα θεοὺς | m'approchant des dieux |
| ὁσίαις θοίναις | par de pieux festins |
| βουφόνοις | où-l'on-sacrifie-des-bœufs |
| παρὰ πόρον ἄσβεστον | près du cours intarissable |
| Ὠκεανοῦ πατρὸς, | d'Océan, *mon* père, [*mes* discours; |
| μηδὲ ἀλίτοιμι λόγοις· | que je ne pèche pas-non-plus par |
| ἀλλὰ τοῦτο ἐμμένοι μοι | mais que cela reste-en moi |
| καὶ ἐκτακείη μήποτε. | et ne se-fonde jamais. |
| Τί ἁδὺ | C'est quelque chose *de* doux |
| τείνειν τὸν μακρὸν βίον | *que* d'étendre la longue vie |
| ἐλπίσι θαρσαλέαις, | par des espérances confiantes, |
| ἀλδαίνουσαν θυμὸν | en nourrissant *son* âme |
| ἐν εὐφροσύναις φαναῖς. | dans des plaisirs purs. |
| Φρίσσω δὲ σε δερκομένα | Mais je frémis te voyant |

50     ΠΡΟΜΗΘΕΥΣ ΔΕΣΜΩΤΗΣ.

μυρίοις μόχθοις διακναιόμενον -- ‿ -.
Ζῆνα γὰρ οὐ τρομέων,
οἰόφρων γνώμαν¹, σέβει θνατοὺς ἄγαν, Προμηθεῦ.

Φέρ' ὅπως ἄχαρις χάρις, ὦ φίλος · εἰπὲ ποῦ τίς² [Str. 2.]
    ἀλκά;
τίς ἐφαμερίων ἄρηξις; οὐδ' ἐδέρχθης
ὀλιγοδρανίαν ἄκικυν,
ἰσόνειρον, ᾇ τὸ φωτῶν
ἀλαὸν δέδεται γένος ἐμπεποδισμένον; Οὔπως
τὰν Διὸς ἁρμονίαν βροτῶν παρεξίασι βουλαί.

Ἔμαθον τάδε σὰς προσιδοῦσ' ὀλοὰς τύχας, [Antistrophe 2.]
    Προμηθεῦ.
Τὸ διαμφίδιον δέ μοι μέλος προσέπτα
τόδ' ἐκεῖνό θ' ὅτ' ἀμφὶ λουτρὰ³
καὶ λέχος σὸν ὑμεναίουν
ἰότατι γάμων, ὅτε τὰν ὁμοπάτριον ἕδνοις
ἄγαγες Ἡσιόναν⁴ πιθὼν δάμαρτα κοινόλεκτρον.

tant de maux en proie! — Zeus, ah! tu ne l'as pas assez redouté. Obstiné dans tes sentiments solitaires, tu les as trop aimés, les mortels, Prométhée!

*Strophe* 2. (Le Chœur marche de droite à gauche.) Vois-en les fruits amers, ô mon ami. — Qu'attendre, dis-moi, de ces éphémères, quel secours? — Tu ne savais donc pas le peu qu'elle pouvait, cette inertie, vraie paralysie de cauchemar, qui de cette race idiote enchaîne les enfants? — Jamais contre l'ordre de Zeus des mortels ne prévaudront les desseins.

*Antistrophe* 2. (Le Chœur va de gauche à droite.) Je le sais maintenant que de mes yeux je l'ai vu, ton triste sort, je le sais, Prométhée. — Bien autre est le chant qui me monte aux lèvres aujourd'hui, et bien autre celui qu'autour de ton bain, de ton lit nuptial, m'inspirait la pensée de tes noces, quand ma sœur, ravie de tes présents, tu l'emmenais, Hésione ta femme, la compagne de tes nuits.

| | |
|---|---|
| διακναιόμενον μυρίοις μόχθοις, | déchiré de mille maux. |
| Οὐ γὰρ τρομέων Ζῆνα, | Car ne craignant point Zeus, |
| οἰόφρων γνώμαν | seul dans *ton* sentiment, |
| σέβει ἄγαν θνατοὺς, | tu honores trop les mortels, |
| Προμηθεῦ. | Prométhée. |
| Φέρε ὅπως | Vois-donc combien |
| χάρις ἄχαρις, | *cette* grâce est ingrate, |
| ὦ φίλος· | ô *mon* ami; |
| εἰπὲ, ποῦ | dis, où *y a-t-il* |
| τίς ἀλκά; | quel secours, |
| τίς ἄρηξις | quelle ressource |
| ἐφαμερίων; | *de-la-part* d'êtres-éphémères? |
| οὐδὲ ἐδέρχθης ὀλιγοδρανίαν | n'as-tu pas-même vu la faiblesse |
| ἄκικυν, | impuissante, |
| ἰσόνειρον, | semblable-aux-songes, |
| ᾧ τὸ γένος ἀλαὸν | par laquelle la race aveugle |
| φωτῶν | des hommes |
| ἐμπεποδισμένον; | *est* enchaînée? |
| Οὔπως | En-aucune-manière |
| βουλαὶ θνατῶν | les projets des mortels |
| παρεξίασι | *ne* prévaudront-contre |
| τὰν ἁρμονίαν Διός. | l'ordre-établi de Zeus. |
| Ἔμαθον τάδε | J'ai appris cela |
| προσιδοῦσα | en contemplant |
| σὰς τύχας ὀλοὰς, | tes destinées funestes, |
| Προμηθεῦ. | Prométhée. |
| Τὸ δὲ διαμφίδιον μέλος | Et le double chant |
| προσέπτα μοι | a volé-vers moi |
| τόδε ἐκεῖνό τε | celui-ci et celui-là |
| ὅτε ὑμεναίουν | quand je chantais-l'hyménée |
| ἀμφὶ λουτρὰ καὶ σὸν λέχος | autour de *ton* bain et de ta couche, |
| ἰότατι γάμων, | à l'occasion des noces, |
| ὅτε πιθὼν ἕδνοις | lorsqu'ayant persuadé par *les* dons, |
| ἄγαγες δάμαρτα | tu emmenas *comme* épouse |
| κοινόλεκτρον | compagne-de-ta-couche |
| Ἡσιόναν, | Hésione, |
| τὰν ὁμοπάτριον, | *ma* sœur. |

## IV. IO.

(Vers 560-685 et 685-774.)

ΙΩ.

Τίς γῆ; τί γένος; τίνα φῶ λεύσσειν
τόνδε χαλινοῖς ἐν πετρίνοισιν
χειμαζόμενον[1];
τίνος ἀμπλακίας ποινὰς[2] ὀλέκει;
σήμηνον ὅπη
γῆς ἡ μογερὰ πεπλάνημαι.

Ἆ ἆ, ἔα ἔα·
χρίει τις αὖ με τὰν τάλαιναν οἶστρος,
εἴδωλον Ἄργου γηγενοῦς,
ἄλευ' ἆ δᾶ,
τὸν μυριωπὸν εἰσορῶσα[3] βούταν.
Ὁ δὲ πορεύεται δόλιον ὄμμ' ἔχων,
ὃν οὐδὲ κατθανόντα γαῖα κεύθει.
Ἀλλ' ἐμὲ τὰν τάλαιναν κἀξ ἐνέρων περῶν
κυναγετεῖ πλανᾷ τε νῆστιν ἀνὰ τὰν
παραλίαν ψάμμαν.

Ὑπὸ δὲ κηρόπακτος ὀτοβεῖ[4] δόναξ    [Strophe.]
ἀχέτας ὑπνοδόταν νόμον.
Ἰὼ ἰὼ πόποι, ποῖ μ' ἄγουσιν ‿ -
πολύπλανοι πλάναι;
Τί ποτέ μ', ὦ Κρόνιε παῖ, τί ποτε ταῖσδ'

10. (Elle arrive au pied du roc de Prométhée portant sur le front deux cornes légères.) Quel est ce pays? quel est ce peuple? et qui vois-je ici cloué sur ce roc, et battu par les vents? Qu'as-tu fait pour mourir de ce supplice? Dis-moi du moins où je suis, pauvre vagabonde? — Ah! ah! oui, encore, encore la piqûre du taon! Malheureuse, c'est le fantôme d'Argos, du fils de la Terre! — Loin de moi, ô Terre, loin de moi! — Quel effroi! — Le bouvier aux cent yeux, je le vois. — Il s'approche, le voilà, son œil plein de ruse. — Mort, la Terre le relâche donc? — Oui, malheureuse, de l'Hadès il est sorti. Il me donne la chasse, il pousse la vagabonde affamée à travers les sables du rivage.

*Strophe.* (Io court effarée vers la gauche.) Et puis, voici l'instrument aux jointures de cire, la douce voix du roseau, et le chant du sommeil. — Dieux! dieux! où donc, grands dieux, où me poussent ces longues courses sans fin? — Pourquoi donc, ô fils de

# PROMÉTHÉE ENCHAINÉ.

## IV. IO.

| | |
|---|---|
| ΙΩ. Τίς γῆ ; τί γένος ; | IO. Quel pays? quelle race? |
| • τίνα φῶ λεύσσειν τόνδε | qui dirai-je voir *en* celui-ci |
| χειμαζόμενον | battu-par-la-tempête    [roc? |
| ἐν χαλινοῖς πετρίνοισιν ; | dans des freins qui-tiennent-au- |
| ὀλέκει ποινὰς | tu es consumé en expiations |
| τίνος ἀμπλακίας ; | de quel crime?    [terre |
| σήμηνον ὅπη γῆς | apprends-*moi* en-quel-lieu de la |
| ἡ μογερὰ πεπλάνημαι. | *moi*, la malheureuse, j'erre. |
| Ἇ, ἆ, ἕα, ἕα · | Ah! ah! hélas! hélas! |
| αὖτις οἶστρος, | de-nouveau un taon, |
| εἴδωλον Ἄργου γηγενοῦς, | fantôme d'Argos, fils-de-la-Terre, |
| με χρίει τὰν τάλαιναν, | me perce *moi* la malheureuse, |
| ἄλευε, ἆ δᾶ, | éloigne-*le*, ah! Terre, |
| εἰσορῶσα | *je suis agitée*, en voyant |
| τὸν βούταν μυριωπόν. | le pâtre aux-yeux-innombrables. |
| Ὁ δὲ πορεύεται | Et lui marche, |
| ἔχων ὄμμα δόλιον, | ayant un regard perfide, |
| ὃν γαῖα κεύθει | *lui* que la terre ne cache |
| οὐδὲ κατθανόντα. | pas-même mort. |
| Ἀλλὰ καὶ περῶν ἐξ ἐνέρων | Mais et sortant des enfers, |
| με κυνηγετεῖ | il me poursuit, |
| τὰν τάλαιναν, | *moi* la malheureuse, |
| πλανᾷ τε νῆστιν | et *me* fait-errer sans-nourriture |
| ἀνὰ τὰν ψάμμαν | le-long du sable |
| παραλίαν. | qui-est-sur-le-bord-de-la-mer. |
| Δόναξ δὲ κηρόπακτος | Et la flûte jointe-avec-de-la-cire |
| ἀχέτας ὑποτοβεῖ | retentissante soupire |
| νόμον ὑπνοδόταν. | une mélodie assoupissante. |
| Ἰὼ ἰὼ πόποι, | Ah! ah! grands-dieux! |
| ποῖ με ἄγουσιν | où me conduisent |
| πλάναι πολύπλανοι ; | *mes* courses vagabondes? |
| Τί ποτε, ὦ παῖ Κρόνιε, | En quoi donc, ô fils de-Saturne, |
| τί ποτέ | en quoi donc |

ἐνέζευξας εὑρὼν ἁμαρτοῦσαν ἐν
πημοσύναις, ἐή,
οἰστρηλάτῳ δὲ δείματι δειλαίαν
παράκοπον ὧδε τείρεις;
Πυρί με φλέξον, ἢ χθονὶ κάλυψον, ἢ
ποντίοις δάκεσι δὸς βορὰν,
μηδέ μοι φθονήσῃς
εὐγμάτων, ἄναξ.
Ἄδην με πολύπλανοι πλάναι
γεγυμνάκασιν, οὐδ' ἔχω μαθεῖν ὅπα
πημονὰς ἀλύξω.
Κλύεις φθέγμα τᾶς βούκερω παρθένου;
ΠΡΟΜΗΘΕΥΣ.
Πῶς δ' οὐ κλύω τῆς οἰστροδινήτου κόρης,
τῆς Ἰναχείας; ἢ Διὸς θάλπει κέαρ
ἔρωτι, καὶ νῦν τοὺς ὑπερμήκεις δρόμους
Ἥρᾳ στυγητὸς πρὸς βίαν γυμνάζεται¹.
ΙΩ.
Πόθεν ἐμοῦ σὺ πατρὸς ὄνομ' ἀπύεις; [Antistrophe.]
Εἰπέ μοι τᾷ μογερᾷ τίς ὤν,
τίς ἄρα μ', ὦ τάλας, τὰν ταλαίπωρον ὧδ'

Cronos, pourquoi m'avoir attelée à ces tortures? — Qu'ai-je donc fait? hélas! hélas! par le taon harcelée, de terreur toute tremblante, effarée, me tourmenter ainsi! — Par le feu brûle-moi, sous la terre cache-moi, aux monstres de la mer donne-moi en pâture; ne m'envie pas ce soulagement, je t'en prie, prince. — C'est trop de courses folles, trop de rudes épreuves, sans savoir où de mon supplice enfin je serai délivrée. Tu entends, ô Prométhée, tu entends la vierge aux cornes de génisse?

PROMÉTHÉE. Comment ne pas l'entendre, pauvre effarée du taon, la fille d'Inachos? Au cœur de Zeus elle a mis la fièvre d'amour, et maintenant en des courses sans fin Héra la haineuse durement l'éprouve.

IO. *Antistrophe.* (Io revient à droite vers Prométhée.) Comment de mon père m'as-tu crié le nom, toi? Réponds-moi, réponds à l'infortunée. Qui es-tu, toi? qui es-tu donc, triste supplicié, pour

| | |
|---|---|
| με εὑρὼν ἁμαρτοῦσαν | m'ayant trouvée coupable, |
| ἐνέζευξας | m'as-tu attachée |
| ἐν ταῖσδε πημοναῖσιν, | à ces maux, |
| ἐὴ, | hélas! |
| τείρεις δὲ ὧδε | et *pourquoi* tourmentes-tu ainsi |
| δείματι | par une terreur |
| οἰστρηλάτῳ | causée-par-la-poursuite-du-taon |
| δειλαίαν παράκοπον ; | une infortunée privée-de-raison? |
| Φλέξον με πυρὶ, | Brûle-moi par le feu, |
| ἢ κάλυψον χθονὶ, | ou cache-*moi* dans la terre, |
| ἢ δὸς βορὰν | ou livre-*moi en* pâture |
| δάκεσι ποντίοις, | aux monstres marins, |
| μηδέ μοι φθονήσῃς | et ne me refuse pas |
| εὐγμάτων, ἄναξ. | *mes* souhaits, ô roi. |
| Πλάναι πολύπλανοι | Des courses vagabondes |
| με γεγυμνάκασιν ἄδην, | m'ont exercée suffisamment, |
| οὐδὲ ἔχω μαθεῖν | et je ne puis pas-même apprendre |
| ὅπα ἀλύξω | comment j'échapperai |
| πημονάς. | aux souffrances. |
| Κλύεις φθέγμα | Entends-tu la voix |
| τᾶς παρθένου | de la jeune-fille |
| βούκερω ; | aux-cornes-de-génisse? |
| ΠΡΟΜΗΘΕΥΣ. Πῶς δὲ | PROMÉTHÉE. Et comment |
| οὐ κλύω τῆς κόρης | n'entendrais-je pas la jeune-fille |
| οἰστροδινήτου | agitée-par-le-taon, |
| τῆς Ἰναχείας ; | la fille d'-Inachos? |
| ἣ θάλπει ἔρωτι | qui enflamme d'amour |
| κέαρ Διὸς, | le cœur de Zeus, |
| καὶ νῦν στυγητὸς Ἥρᾳ | et *qui* maintenant, odieuse à Héra, |
| γυμνάζεται | est-exercée |
| δρόμους ὑπερμήκεις | par des courses excessives |
| πρὸς βίαν. | par force (malgré elle). |
| ΙΩ. Πόθεν ἀπύεις σὺ | IO. D'où prononces-tu |
| ὄνομα ἐμοῦ πατρός ; | le nom de mon père? |
| Εἰπέ μοι τᾷ μογερᾷ, | Dis à moi, l'infortunée, |
| τίς ὤν, | qui étant |
| τίς ἄρα, ὦ τάλας, | qui donc *étant*, ô malheureux, |
| προσθροεῖς με | tu m'apostrophes |
| τὰν ταλαίπωρον | *moi* la malheureuse, |

ἔτυμα προσθροεῖς,
θεόσυτόν τε νόσον ὠνόμασας, ἃ
μαραίνει με χρίουσα κέντροις ‿ –
φοιταλέοις, ἐή.
Σκιρτημάτων δὲ νήστισιν αἰκίαις
λαβρόσυτος ἦλθον, Ἥρας
ἐπικότοισι μήδεσι δαμεῖσα. Δυσ-
δαιμόνων δὲ τίνες οἵ', ἐή,
οἵ' ἐγὼ μογοῦσιν;
Ἀλλά μοι τορῶς
τέκμηρον ὅ τι μ' ἐπαμμένει
παθεῖν, τί μῆχαρ, ἢ τί φάρμακον νόσου,
δεῖξον, εἴπερ οἶσθα·
θρόει, φράζε τᾷ δυσπλάνῳ παρθένῳ.
           ΠΡΟΜΗΘΕΥΣ.
Λέξω τορῶς σοι πᾶν ὅπερ χρήζεις μαθεῖν,
οὐκ ἐμπλέκων αἰνίγματ', ἀλλ' ἁπλῷ λόγῳ,
ὥσπερ δίκαιον πρὸς φίλους οἴγειν στόμα.
Πυρὸς βροτοῖς δοτῆρ' ὁρᾷς Προμηθέα.

désigner aussi clairement la malheureuse poursuivie par les dieux? — Tu l'as nommé, le mal qui m'épuise, poignants aiguillons, furieux transports! — Hélas, hélas! en bonds frénétiques, toute haletante de faim, je suis venue jusqu'ici, d'Héra, de ses pensées de vengeance déplorable victime. — Des malheureux, en est-il, hélas! d'aussi durement éprouvés que moi? — Mais du moins que je le sache au juste, dis-le-moi, ce qui me reste à souffrir. Quel adoucissement, quel remède à mon mal? indique-le-moi, si tu le connais, parle, dis-le à la pauvre fille vagabonde.

PROMÉTHÉE. Tu vas savoir clairement ce qui te tient si fort au cœur, sans ambage, sans énigme, simplement et sans phrase, comme il convient à un ami qui s'ouvre à un ami. C'est à moi que les mortels doivent le feu, je suis Prométhée.

| | |
|---|---|
| ὧδε ἔτυμα, | aussi exactement, |
| ὠνόμασάς τε νόσον | et tu as nommé le fléau |
| θεόσυτον, | imposé-par-une-divinité, |
| ἃ χρίουσα | qui, me déchirant |
| κέντροισι | par des aiguillons |
| φοιταλέοισι | qui-font-errer |
| με μαραίνει, ἐή. | me consume, hélas! |
| Ἦλθον δὲ | Et je suis venue |
| λαβρόσυτος | poussée-impétueusement |
| αἰκίαις | par des outrages |
| νήστισιν | affamants (qui m'affament) |
| σκιρτημάτων, | de bonds (et qui me font bondir), |
| δαμεῖσα | domptée |
| μήδεσιν ἐπικότοισιν | par les desseins jaloux |
| Ἥρας. | de Héra. |
| Τίνες δὲ | Et quels |
| δυσδαιμόνων, | d'entre les malheureux |
| μογοῦσιν, ἐή, οἷα | souffrent, hélas! des *maux* tels que |
| οἷα ἐγώ; | que moi? |
| Ἀλλὰ τέχμηρόν μοι τορῶς | Mais indique-moi clairement |
| ὅ τι με ἐπαμμένει παθεῖν, | ce qui m'est-réservé à souffrir, |
| τί μῆχαρ, | quelle *est* la ressource, |
| ἢ τί φάρμαχον νόσου, | ou quel le remède de *mon* mal; |
| δεῖξον, εἴπερ οἶσθα· | montre-*le moi*, si tu *le* sais; |
| θρόει, φράζε | parle, indique-*le* |
| τᾷ παρθένῳ | à la vierge |
| δυσπλάνῳ. | malheureusement-errante. |
| ΠΡΟΜΗΘΕΥΣ. Λέξω σοι | PROMÉTHÉE. Je te dirai |
| τορῶς | clairement |
| πᾶν ὅπερ | tout *ce que* |
| χρῄζεις μαθεῖν, | tu désires savoir, |
| οὐκ ἐμπλέκων αἰνίγματα, | n'entrelaçant pas des énigmes, |
| ἀλλὰ λόγῳ ἁπλῷ, | mais dans un discours simple, |
| ὥσπερ δίκαιον | comme *il est* juste |
| οἴγειν στόμα | d'ouvrir la bouche |
| πρὸς φίλους. | *en s'adressant* à des amis. |
| Ὁρᾷς δοτῆρα πυρὸς | Tu vois le donneur du feu |
| βροτοῖς, | aux mortels, |
| Προμηθέα. | Prométhée. |

## ΠΡΟΜΗΘΕΥΣ ΔΕΣΜΩΤΗΣ.

ΙΩ.

Ὦ κοινὸν ὠφέλημα θνητοῖσιν φανείς,
τλῆμον Προμηθεῦ, τοῦ δίκην πάσχεις τάδε ;
ΠΡΟΜΗΘΕΥΣ.
Ἁρμοῖ [1] πέπαυμαι τοὺς ἐμοὺς θρηνῶν πόνους.
ΙΩ.
Οὔκουν πόροις ἂν τήνδε δωρεὰν ἐμοί ;
ΠΡΟΜΗΘΕΥΣ.
Λέγ' ἥντιν' αἰτεῖ· πᾶν γὰρ ἂν πύθοιό μου.
ΙΩ.
Σήμηνον ὅστις ἐν φάραγγί σ' ὤχμασεν.
ΠΡΟΜΗΘΕΥΣ.
Βούλευμα μὲν τὸ Δῖον, Ἡφαίστου δὲ χείρ.
ΙΩ.
Ποίων δὲ ποινὰς ἀμπλακημάτων τίνεις ;
ΠΡΟΜΗΘΕΥΣ.
Τοσοῦτον ἀρκῶ σοι σαφηνίσας μόνον.
ΙΩ.
Καὶ πρός γε τούτοις τέρμα τῆς ἐμῆς πλάνης
δεῖξον τίς ἔσται τῇ ταλαιπώρῳ χρόνος.
ΠΡΟΜΗΘΕΥΣ.
Τὸ μὴ μαθεῖν σοι κρεῖσσον ἢ μαθεῖν τάδε.
ΙΩ.
Μήτοι με κρύψῃς τοῦθ' ὅπερ μέλλω παθεῖν [2].
ΠΡΟΜΗΘΕΥΣ.
Ἀλλ' οὐ μεγαίρω τοῦδέ σοι δωρήματος.

IO. Un merveilleux bienfait, dont tous ont profité ! Mais toi, qui le leur donnas, malheureux Prométhée, à ce supplice pourquoi es-tu condamné?
PROMÉTHÉE. C'est un triste récit que j'achève à l'instant.
IO. Du moins, ne pourrais-tu m'accorder cette grâce... ?
PROMÉTHÉE. Laquelle? Sur tout point je suis prêt à répondre.
IO. Aux flancs de ce rocher, dis-moi, qui t'a cloué?
PROMÉTHÉE. La volonté de Zeus, et la main d'Hephæstos.
IO. Pour te punir de quoi? de quelle faute énorme?
PROMÉTHÉE. C'est tout ce que de moi tu pourras en apprendre.
IO. Et puis de plus, dis-moi le terme de mes courses, combien de temps encore il me reste à souffrir.
PROMÉTHÉE. Mieux vaudrait l'ignorer que l'apprendre, pour toi.
IO. Oh ! mon sombre avenir, ne me le cache pas.
PROMÉTHÉE. Mon dessein n'était pas de te rien refuser.

ΙΩ. Ὦ φανεὶς  
θνητοῖσιν  
ὠφέλημα κοινὸν,  
τλῆμον Προμηθεῦ,  
τοῦ δίκην  
πάσχεις τάδε;  
ΠΡΟΜΗΘΕΥΣ. Ἁρμοῖ  
πέπαυμαι θρηνῶν  
τοὺς ἐμοὺς πόνους.  
ΙΩ. Οὔκουν πόροις ἂν ἐμοὶ  
τήνδε δωρεάν;  
ΠΡΟΜΗΘΕΥΣ. Λέγε  
ἥντινα  
αἰτεῖ·  
πύθοιο γὰρ ἂν πᾶν μου.  
ΙΩ. Σήμηνον  
ὅστις σε ὤχμασεν  
ἐν φάραγγι.  
ΠΡΟΜΗΘΕΥΣ. Τὸ μὲν  
βούλευμα Δῖον,  
χεὶρ δὲ Ἡφαίστου.  
ΙΩ. Τίνεις δὲ ποινὰς  
ποίων ἀμπλακημάτων;  
ΠΡΟΜΗΘΕΥΣ. Ἀρκῶ  
σαφηνίσας σοι  
τοσοῦτον μόνον.  
ΙΩ. Καὶ πρός γε τούτοις  
δεῖξον τίς χρόνος  
ἔσται τέρμα  
τῆς ἐμῆς πλάνης  
τῇ ταλαιπώρῳ.  
ΠΡΟΜΗΘΕΥΣ. Τὸ μὴ μαθεῖν  
κρεῖσσόν σοι  
ἢ μαθεῖν τάδε.  
ΙΩ. Μήτοι με κρύψῃς  
τοῦτο ὅπερ μέλλω παθεῖν.  
ΠΡΜΟΗΘΕΥΣ. Ἀλλὰ  
οὐ μεγαίρω σοι  
τοῦδε δωρήματος.

10. O *toi*, qui t'es montré  
pour les mortels  
un bienfait (bienfaiteur) commun,  
malheureux Prométhée,  
à cause de quoi  
souffres-tu ces choses-ci?  
PROMÉTHÉE. A l'instant  
j'ai cessé pleurant (de pleurer)  
mes souffrances.  
10. Tu ne m'accorderais donc pas  
cette faveur?  
PROMÉTHÉE. Dis  
quelle *faveur*  
tu demandes-pour-toi;  
car tu apprendrais tout de moi.  
10. Indique-*moi*,  
qui t'a enchaîné  
sur un roc-escarpé.  
PROMÉTHÉE. D'une part la  
volonté de-Zeus,  
de l'autre la main d'Hephæstos  
10. Et tu payes les peines  
de quels crimes?  
PROMÉTHÉE. Je suffis (il suffit)  
t'ayant expliqué (que je t'aie expli-  
autant *que cela* seulement. [qué)  
10. Et du-moins, outre cela,  
montre-*moi* quel temps  
sera le terme  
de ma course  
à *moi* la malheureuse.  
PROMÉTHÉE. Le ne pas apprendre  
*est* meilleur pour toi,  
qu'apprendre cela.  
10. Cependant ne me cache pas  
ce que-certes je dois souffrir.  
PROMÉTHÉE. Mais  
je ne t'envie (refuse) pas  
cette faveur.

ΠΡΟΜΗΘΕΥΣ ΔΕΣΜΩΤΗΣ.

ΙΩ.

Τί δῆτα μέλλεις μὴ οὐ[1] γεγωνίσκειν τὸ πᾶν;

ΠΡΟΜΗΘΕΥΣ.

Φθόνος μὲν οὐδείς, σὰς δ' ὀκνῶ θρᾶξαι φρένας.

ΙΩ.

Μή μου προκήδου μᾶσσον[2], ὡς ἐμοὶ γλυκύ.

ΠΡΟΜΗΘΕΥΣ.

Ἐπεὶ προθυμεῖ, χρὴ λέγειν· ἄκουε δή.

ΧΟΡΟΣ.

Μήπω γε· μοῖραν δ' ἡδονῆς κἀμοὶ πόρε.
Τὴν τῆσδε πρῶτον ἱστορήσωμεν νόσον,
αὐτῆς λεγούσης τὰς πολυφθόρους τύχας·
τὰ λοιπὰ δ' ἄθλων σοῦ διδαχθήτω πάρα.

ΠΡΟΜΗΘΕΥΣ.

Σὸν ἔργον, Ἰοῖ, ταῖσδ' ὑπουργῆσαι χάριν,
ἄλλως τε πάντως καὶ κασιγνήταις πατρός[3].
Ὡς τἀποκλαῦσαι κἀποδύρασθαι τύχας
ἐνταῦθ' ὅπου μέλλοι τις οἴσεσθαι δάκρυ
πρὸς τῶν κλυόντων, ἀξίαν τριβὴν ἔχει.

ΙΩ.

Οὐκ οἶδ' ὅπως ὑμῖν ἀπιστῆσαί με χρή,
σαφεῖ δὲ μύθῳ πᾶν ὅπερ προσχρήζετε

10. Pourquoi donc hésiter à me tout révéler?
PROMÉTHÉE. Par intérêt pour toi. Je puis troubler ton âme.
10. Tant de ménagements! — Les ai-je demandés?
PROMÉTHÉE. C'est ton désir, eh bien, je vais parler, écoute.
LE CHOEUR. Pas encore. A mon tour, fais-moi un plaisir. Io nous contera l'histoire du mal qui la travaille, elle nous dira elle-même ses tristes aventures; et ce qui lui reste à souffrir, toi, tu le lui révéleras ensuite.
PROMÉTHÉE. A toi, Io, de les satisfaire. Ce sont d'ailleurs les sœurs de ton père. Et puis, déplorer soi-même son triste sort, tirer des larmes à ceux qui nous écoutent, ce n'est pas perdre son temps.
10. Comment ne pas me prêter à votre fantaisie? Ce que vous

## PROMÉTHÉE ENCHAINÉ.

ΙΩ. Τί δῆτα μέλλεις
μὴ οὐ γεγωνίσκειν τὸ πᾶν;
ΠΡΟΜΗΘΕΥΣ. Οὐδεὶς μὲν
φθόνος,
ὀκνῶ δὲ
θράξαι σὰς φρένας.
ΙΩ. Μὴ προκήδου μου
μᾶσσον,
ὡς ἐμοὶ γλυκύ.
ΠΡΟΜΗΘΕΥΣ. Ἐπεὶ
προθυμεῖ,
χρὴ λέγειν·
ἄκουε δή.
ΧΟΡΟΣ. Μήπω γε·
πόρε δὲ καὶ ἐμοὶ
μοῖραν ἡδονῆς.
Ἱστορήσωμεν πρῶτον
τὴν νόσον τῆσδε,
αὐτῆς λεγούσης
τὰς τύχας
πολυφθόρους·
διδαχθήτω τε παρὰ σοῦ
τὰ λοιπὰ ἄθλων.
ΠΡΟΜΗΘΕΥΣ. Σὸν ἔργον,
Ἰοῖ,
ὑπουργῆσαι χάριν ταῖσδε,
ἄλλως τε πάντως
καὶ κασιγνήταις
πατρός.
Ὡς τὸ ἀποκλαῦσαι
καὶ ἀποδύρασθαι τύχας
ἐνταῦθα ὅπου
τις μέλλοι οἴσεσθαι δάκρυ
πρὸς τῶν κλυόντων,
ἔχει τριβὴν ἀξίαν
ΙΩ. Οὐκ οἶδα ὅπως
χρή
με ὑμῖν ἀπιστῆσαι,
πεύσεσθε δὲ

IO. Pourquoi donc tardes-tu
de manière à ne pas exposer le tout?
PROMÉTHÉE. D'une part *il n'y a*
envie (aucun refus),    [aucune
d'autre part je crains
de troubler ton cœur.
IO. Ne t'inquiète pas de moi
plus longtemps,
puisqu'il m'*est* doux de *l'entendre*.
PROMÉTHÉE. Puisque
tu *le* désires,
il faut parler :
écoute donc.
LE CHŒUR. Pas-encore du-moins;
mais accorde-moi aussi
une part de plaisir.
Apprenons d'abord
la maladie de celle-ci,
elle-même racontant
ses destinées
très-déplorables;
puis qu'elle soit instruite par toi
du reste de *ses* souffrances.
PROMÉTHÉE. *C'est* ton devoir,
Io
de faire plaisir à celles-ci,
et d ailleurs absolument
et à elles sœurs (et parce qu'elles
de *ton* père.    [sont sœurs)
Car le plaindre
et déplorer *ses* malheurs
là où
on devrait obtenir une larme
de ceux qui écoutent
a (est) un temps bien-employé.
IO. Je ne sais comment
il faut (je pourrais)
moi vous désobéir,
mais vous apprendrez

πεύσεσθε· καίτοι καὶ λέγουσ' αἰσχύνομαι [1]
θεόσσυτον χειμῶνα καὶ διαφθορὰν
μορφῆς, ὅθεν μοι σχετλία προσέπτατο.
Ἀεὶ γὰρ ὄψεις ἔννυχοι πωλεύμεναι
ἐς παρθενῶνας τοὺς ἐμοὺς παρηγόρουν
λείοισι μύθοις· «Ὦ μέγ' εὔδαιμον κόρη,
τί παρθενεύει δαρὸν, ἐξόν σοι γάμου
τυχεῖν μεγίστου; Ζεὺς γὰρ ἱμέρου βέλει
πρὸς σοῦ τέθαλπται καὶ συναίρεσθαι Κύπριν
θέλει· σὺ δ', ὦ παῖ, μὴ 'πολακτίσῃς λέχος
τὸ Ζηνὸς, ἀλλ' ἔξελθε πρὸς Λέρνης βαθὺν
λειμῶνα, ποίμνας βουστάσεις τε πρὸς πατρὸς,
ὡς ἂν τὸ Δῖον ὄμμα λωφήσῃ πόθου.»
Τοιοῖσδε πάσας εὐφρόνας ὀνείρασιν
συνειχόμην δύστηνος, ἔστε δὴ πατρὶ

voulez savoir, je vous le dirai franchement. Non pas cependant, qu'il ne m'en coûte de rappeler les orages soulevés par un dieu, et la transformation qui m'a réduite en ce triste état. — C'étaient chaque nuit des visions assidues dans ma chambre de jeune fille, chaque nuit mêmes appels, mêmes voix caressantes. « O trop heureuse jeune fille, pourquoi si longtemps vierge, quand tu pourrais avoir de si belles amours? Zeus de désir est tout brûlant, le trait est parti de toi. De Cypris c'est avec toi qu'il veut goûter. Enfant, ne te refuse pas au lit de Zeus, descends vers Lerne, aux fertiles prairies, près des bergeries et des étables à bœufs de ton père. De l'œil de Zeus va éteindre la passion. » — Toutes les nuits même obsession, mêmes songes, j'étais bien

| | |
|---|---|
| μύθῳ σαφεῖ | par un récit clair |
| πᾶν ὅπερ προσχρῄζετε· | tout ce que vous désirez ; |
| καίτοι αἰσχύνομαι | cependant je rougis |
| καὶ λέγουσα | même en racontant (de raconter) |
| χειμῶνα θεόσσυτον, | l'orage envoyé-par-un-dieu |
| καὶ διαφθορὰν μορφῆς, | et l'altération de ma forme, |
| ὅθεν προσέπτατό | d'-où elle tomba-sur |
| μοι σχετλίᾳ. | moi malheureuse. |
| Ἀεὶ γὰρ | Sans-cesse en-effet |
| ὄψεις ἔννυχοι | des apparitions nocturnes, |
| πωλεύμεναι | allant-et-venant |
| ἐς τοὺς ἐμοὺς παρθενῶνας, | vers mes appartements-de-vierge, |
| παρηγόρουν | m'apostrophaient |
| μύθοις λείοισιν· | par des paroles douces : |
| « Ὦ μέγα εὔδαιμον κόρη, | « O bien heureuse jeune fille, |
| τί παρθενεύει | pourquoi restes-tu-vierge |
| δαρόν, | longtemps, |
| ἐξόν σοι | quand-il-serait-permis à toi |
| τυχεῖν γάμου μεγίστου ; | d'obtenir l'hymen le plus glorieux ? |
| Ζεὺς γὰρ τέθαλπται | Car Zeus est brûlé |
| πρὸς σοῦ | par toi |
| βέλει ἱμέρου, | du trait du désir, |
| καὶ θέλει | et il veut |
| συναίρεσθαι | partager-avec toi |
| Κύπριν· | les plaisirs de Cypris ; |
| σὺ δὲ, ὦ παῖ, | et toi, ô jeune-fille, |
| μὴ ἀπολακτίσῃς | ne dédaigne point |
| τὸ λέχος Ζηνός, | le lit de Zeus, |
| ἀλλὰ ἔξελθε | mais sors |
| πρὸς βαθὺν λειμῶνα Λέρνης, | vers la fertile prairie de Lerne, |
| ποίμνας | vers les troupeaux |
| βουστάσεις τε πατρός, | et les étables de ton père, |
| ὡς τὸ ὄμμα Δῖον | afin que l'œil de-Zeus |
| λωφήσῃ ἂν πόθου. » | apaise son désir. » |
| Συνειχόμην δύστηνος | J'étais obsédée, malheureuse, |
| τοιοῖσδε ὀνείρασιν | par de tels songes |
| πάσας εὐφρόνας, | toutes les nuits, |
| ἔστε δὴ ἔτλην | jusqu'au-moment-où donc j'osai |
| γεγωνεῖν πατρ | dire à mon père |

ἔτλην γεγωνεῖν νυκτίφοιτα φάσματα.
Ὁ δ' ἔς τε Πυθὼ κἀπὶ Δωδώνης πυκνοὺς
θεοπρόπους ἴαλλεν, ὡς μάθοι τί χρὴ
δρῶντ' ἢ λέγοντα δαίμοσιν πράσσειν φίλα.
Ἧκον δ' ἀναγγέλλοντες αἰολοστόμους
χρησμοὺς ἀσήμους δυσκρίτως τ' εἰρημένους.
Τέλος δ' ἐναργὴς βάξις ἦλθεν Ἰνάχῳ
σαφῶς ἐπισκήπτουσα καὶ μυθουμένη
ἔξω δόμων τε καὶ πάτρας ὠθεῖν ἐμὲ,
ἄφετον [1] ἀλᾶσθαι γῆς ἐπ' ἐσχάτοις ὅροις·
κεἰ μὴ θέλοι, πυρωπὸν ἐκ Διὸς μολεῖν
κεραυνὸν, ὃς πᾶν ἐξαϊστώσοι γένος.
Τοιοῖσδε πεισθεὶς Λοξίου μαντεύμασιν
ἐξήλασέν με κἀπέκλεισε δωμάτων
ἄκουσαν ἄκων· ἀλλ' ἐπηνάγκαζέ νιν
Διὸς χαλινὸς πρὸς βίαν πράσσειν τάδε.
Εὐθὺς δὲ μορφὴ καὶ φρένες διάστροφοι
ἦσαν, κεραστὶς δ', ὡς ὁρᾶτ', ὀξυστόμῳ
μύωπι χρισθεῖσ' ἐμμανεῖ σκιρτήματι

tourmentée! — Un jour, enfin, je pris sur moi de conter à mon père les songes qui me hantaient la nuit. Lui, aussitôt à Pytho, à Dodone, à maintes reprises, d'envoyer consulter, pour savoir que faire, que dire, aux dieux qui pût être agréable. Au retour, ce n'étaient que réponses à double sens, oracles vagues et paroles ambiguës. A la fin pourtant le jour se fit. — Ordre vint à Inachos, clair, précis, positif, hors de la maison, de la patrie, de me chasser, à l'aventure pour errer jusqu'au bout de la terre. — En cas de refus, l'éclair de Zeus descendrait, la foudre, qui effacerait la famille tout entière. — Quand Loxias parlait ainsi, comment ne pas obéir? Mon père me chassa, me ferma la maison, malgré moi, malgré lui. — Mais il le violentait, de Zeus le rude frein, et, en dépit de lui-même, il le fit. — Aussitôt dans mon corps, dans mon âme quel bouleversement! — Encornée, comme vous le voyez, par la piqûre du moucheron excé-

| | |
|---|---|
| ὀνείρατα νυκτίφοιτα. | les songes qui *me* hantaient-la-nuit. |
| Ὁ δὲ ἴαλλεν | Et lui envoyait |
| ἔς τε Πυθὼ καὶ ἐπὶ Δωδώνης | et à Delphes et à Dodone |
| πυκνοὺς θεοπρόπους, | de nombreux messagers, |
| ὡς μάθοι τί δρῶντα | afin-qu'il apprît quoi faisant |
| ἢ λέγοντα | ou disant, |
| χρὴ πράσσειν | il faut exécuter |
| φίλα δαίμοσιν. | des choses agréables aux dieux. |
| Ἧκον δὲ ἀναγγέλλοντες | Or ils vinrent rapportant |
| χρησμοὺς αἰολοστόμους, | des oracles ambigus, |
| ἀσήμους | obscurs [sc. |
| εἰρημένους τε δυσκρίτως. | et exprimés d'une manière douteu- |
| Τέλος δὲ βάξις ἐναργὴς | Mais enfin un oracle clair |
| ἦλθεν Ἰνάχῳ | arriva à Inachos, |
| ἐπισκήπτουσα | ordonnant |
| καὶ μυθουμένη σαφῶς | et disant manifestement |
| ἐμὲ ὠθεῖν | de me chasser |
| ἔξω δόμων τε καὶ πάτρας, | hors et du palais et de la patrie, |
| ἀλᾶσθαι | *pour* errer |
| ἄφετον | libre-de-tous-liens [terre; |
| ἐπὶ ἐσχάτοις ὅροις γῆς· | jusqu'aux dernières limites de la |
| καὶ εἰ μὴ θέλοι, | et s'il ne voulait pas, |
| κεραυνὸν πυρωπὸν | la foudre étincelante |
| μολεῖν ἐκ Διός, | devoir venir de-la-part-de Zeus, |
| ὃς ἐξαϊστώσοι πᾶν γένος. | laquelle anéantirait toute *la* race. |
| Πεισθεὶς τοιοῖσδε μαντεύμασι | croyant à de tels oracles |
| Λοξίου | de Loxias |
| ἄκων | malgré-lui |
| ἐξήλασέ με ἄκουσαν | il me chassa malgré-moi |
| καὶ ἀπέκλεισε δωμάτων· | et m'exclut du palais ; |
| ἀλλὰ χαλινὸς Διός | mais le frein de Zeus, |
| νιν ἐπηνάγκαζε πρὸς βίαν | le forçait par violence |
| πράσσειν τάδε. | d'exécuter cela. |
| Εὐθὺς δὲ | Et aussitôt |
| μορφὴ καὶ φρένες | *ma* forme et *ma* raison |
| ἦσαν διάστροφοι, | étaient altérées, |
| κεραστὶς δὲ, | et, cornue, |
| ὡς ὁρᾶτε, | comme vous voyez, |
| χριαθεῖσα | déchirée |

ἧσσον πρὸς εὔποτόν τε Κερχνείας ῥέος
Λέρνης τε κρήνην· βουκόλος δὲ γηγενὴς
ἄκρατος ὀργὴν Ἄργος ὡμάρτει, πυκνοῖς
ὄσσοις δεδορκὼς τοὺς ἐμοὺς κατὰ στίβους.
Ἀπροσδόκητος δ' αὐτὸν ἐξαίφνης μόρος
τοῦ ζῆν ἀπεστέρησεν[1]. Οἰστροπλὴξ δ' ἐγὼ
μάστιγι θείᾳ γῆν πρὸ γῆς ἐλαύνομαι[2].
Κλύεις τὰ πραχθέντ'· εἰ δ' ἔχεις εἰπεῖν ὅ τι
λοιπὸν πόνων, σήμαινε· μηδέ μ' οἰκτίσας
σύνθαλπε μύθοις ψευδέσιν· νόσημα γὰρ
αἴσχιστον εἶναί φημι συνθέτους λόγους.

ΧΟΡΟΣ.
Ἦ γάρ τι λοιπὸν τῇδε πημάτων ἐρεῖς;
ΠΡΟΜΗΘΕΥΣ.
Δυσχείμερόν γε πέλαγος ἀτηρᾶς δύης.
ΙΩ.
Τί δῆτ' ἐμοὶ ζῆν κέρδος, ἀλλ' οὐκ ἐν τάχει
ἔρριψ' ἐμαυτὴν τῆσδ' ἀπὸ στύφλου πέτρας,

dée, d'un furieux bond je m'en vins au bord de Cerchnée, la source limpide, au fond de la vallée de Lerne. — Le bouvier, fils de la Terre, le bouvier d'inflexible colère, Argos était derrière moi, de ses cent yeux épiant tous mes pas. Sans qu'il s'y attendît, tout d'un coup il fut rejeté de la vie. — Mais moi, le taon ne lâche pas prise, et sous le fouet du dieu, de pays en pays me voilà relancée. — C'est là mon histoire. — (A Prométhée.) Et maintenant si tu as quelque chose à m'apprendre des maux de l'avenir, parle. — Surtout pas de fausse pitié, de ménagement, d'hypocrite complaisance. — Le vice de tous le plus honteux, à mes yeux, c'est de farder sa pensée.

LE CHOEUR. A ce sombre tableau tu pourrais ajouter?
PROMÉTHÉE. Des orages sans fin, un abîme de maux
10. Vivre alors, à quoi bon? Ah! d'un seul coup, la tête en bas,

| | |
|---|---|
| μύωπι ὀξυστόμῳ, | par un taon à-la-dent-aiguë, |
| ἧσσον σκιρτήματι ἐμμανεῖ | je m'élançai d'un bond furieux. |
| πρός τε ῥέος εὔποτον | et vers le cours *d'eau* bonne-à- |
| Κερχνείας | de Cerchnée [boire |
| κρήνην τέ Λέρνης· | et *vers* la source de Lerne; |
| βουκόλος δὲ γηγενὴς | et un pâtre enfant-de-la-Terre, |
| ἄκρατος ὀργὴν | non-tempéré quant à la colère, |
| Ἄργος ὠμάρτει, | Argos *me* suivait |
| δεδορκὼς πυκνοῖς ὄσσοις | regardant avec de nombreux yeux |
| κατὰ τοὺς ἐμοὺς στίβους. | sur mes pas. |
| Μόρος δὲ ἀπροσδόκητος, | Mais un sort inattendu |
| αὐτὸν ἀπεστέρησεν ἐξαίφνης | le priva subitement |
| τοῦ ζῆν. | du vivre (de la vie.) |
| Ἐγὼ δὲ οἰστροπλὴξ | Et moi, déchirée-par-le-taon, |
| προελαύνομαι | je suis pourchassée |
| γῆς γῆν | de pays en pays |
| μάστιγι θείᾳ. | par un fouet (un fléau) divin. |
| Κλύεις τὰ πραχθέντα· | Tu entends ce qui a été fait : |
| εἰ δὲ ἔχεις εἰπεῖν | mais si tu peux dire |
| ὅ τι λοιπὸν πόνων, | ce qui *me* reste de souffrances, |
| σήμαινε· | fais-*le-moi*-connaître, |
| μηδέ με σύνθαλπε, | et ne me flatte point, |
| οἰκτίσας | ayant-pitié-de *moi*, |
| μύθοις ψευδέσιν· | par des discours mensongers ; |
| φημὶ γὰρ λόγους συνθέτους | car je dis les discours artificieux |
| εἶναι νόσημα αἴσχιστον. | être la peste la plus honteuse. |
| . . . . . . . . . . | . . . . . . . . . . |
| . . . . . . . . . . | . . . . . . . . . . |
| ΧΟΡΟΣ. Ἦ γὰρ ἐρεῖς | LE CHŒUR. Est-ce que tu diras |
| τι λοιπὸν πημάτων τῇδε; | un reste de malheurs pour elle? |
| ΠΡΟΜΗΘΕΥΣ. Πέλαγός γε | PROMÉTHÉE. Certes un océan |
| δυσχείμερον | orageux |
| δύης ἀτηρᾶς. | de calamité fatale. |
| ΙΩ. Τί δῆτα κέρδος ἐμοὶ | IO. Quel gain donc pour moi |
| ζῆν, | de vivre, |
| ἀλλὰ οὐκ ἔρριψα | mais *que* ne *me* jetté-je |
| ἐμαυτὴν | moi-même, |
| ἐν τάχει | en hâte |
| ἀπὸ τῆσδε πέτρας στύφλου | de ce roc escarpé, |

## ΠΡΟΜΗΘΕΥΣ ΔΕΣΜΩΤΗΣ.

ὅπως πέδοι σκήψασα τῶν πάντων πόνων
ἀπηλλάγην; κρεῖσσον γὰρ εἰσάπαξ θανεῖν
ἢ τὰς ἁπάσας ἡμέρας πάσχειν κακῶς.

### ΠΡΟΜΗΘΕΥΣ.

Ἦ δυσπετῶς ἂν τοὺς ἐμοὺς ἄθλους φέροις,
ὅτῳ θανεῖν μέν ἐστιν οὐ πεπρωμένον·
αὕτη γὰρ ἦν ἂν πημάτων ἀπαλλαγή·
νῦν δ' οὐδέν ἐστι τέρμα μοι προκείμενον
μόχθων, πρὶν ἂν Ζεὺς ἐκπέσῃ τυραννίδος.

### ΙΩ.

Ἦ γάρ ποτ' ἔστιν ἐκπεσεῖν ἀρχῆς Δία;

### ΠΡΟΜΗΘΕΥΣ.

Ἥδοι' ἄν, οἶμαι, τήνδ' ἰδοῦσα συμφοράν.

### ΙΩ.

Πῶς δ' οὐκ ἄν, ἥτις ἐκ Διὸς πάσχω κακῶς;

### ΠΡΟΜΗΘΕΥΣ.

Ὡς τοίνυν ὄντων τῶνδε¹ σοι μαθεῖν πάρα.

### ΙΩ.

Πρὸς τοῦ τύραννα σκῆπτρα συληθήσεται;

### ΠΡΟΜΗΘΕΥΣ.

Πρὸς αὐτὸς αὑτοῦ κενοφρόνων βουλευμάτων.

### ΙΩ.

Ποίῳ τρόπῳ; σήμηνον, εἰ μή τις βλάβη.

---

de cette rampe de pierre! Sur la terre brisée, du moins avec tous mes maux en aurais-je fini. — Mieux vaut la mort une bonne fois, que tous les jours l'angoisse et la douleur.

PROMÉTHÉE. Que dirais-tu donc à ma place, malheureux patient, à qui son destin interdit de mourir? — Du moins serait-ce là un moyen d'en finir avec cette torture. — Mais pour moi, en perspective, nul terme à tant de souffrances, que Zeus ne soit tombé du pouvoir.

IO. Zeus tomber du pouvoir, un jour! est-ce possible?
PROMÉTHÉE. Une belle catastrophe à voir pour Io!
IO. Comment non, moi, de Zeus l'amer souffre-douleur?
PROMÉTHÉE. La chose arrivera, tiens-le pour assuré.
IO. Et qui lui ravira le sceptre, le pouvoir?
PROMÉTHÉE. Ses rêves insensés et sa propre folie.
IO. Mais comment? dis-le-moi, s'il n'est aucun danger.

| | |
|---|---|
| ὅπως σκήψασα πέδοι, | afin-que lancée-contre le sol, |
| ἀπηλλάγην | je fusse-délivrée |
| τῶν πάντων πόνων ; | de tous *mes* maux ? |
| Θανεῖν γὰρ εἰσάπαξ κρεῖσσον | Car mourir une-fois *est* meilleur |
| ἢ πάσχειν κακῶς | que de souffrir misérablement |
| ἁπάσας τὰς ἡμέρας. | tous les jours. |
| ΠΡΟΜΗΘΕΥΣ. Ἦ | PROMÉTHÉE. Certes, |
| φέροις ἂν δυσπετῶς | tu supporterais avec-peine |
| τοὺς ἐμοὺς ἄθλους, | mes tourments *à moi*, |
| ὅτῳ μὲν θανεῖν | à qui d'une part mourir |
| οὐκ ἐστὶ πεπρωμένον· | n'est pas accordé-par-le-destin ; |
| αὕτη γὰρ ἦν ἂν | car ce serait |
| ἀπαλλαγὴ πημάτων· | une délivrance de *mes* maux ; |
| νῦν δὲ | maintenant d'autre part |
| οὐδὲν τέρμα μόχθων | aucun terme des souffrances |
| ἐστὶ προχείμενόν μοι, | n'est proposé à moi, |
| πρὶν ἂν Ζεὺς ἐκπέσῃ | avant que Zeus soit tombé |
| τυραννίδος. | de la tyrannie. |
| ΙΩ. Ἦ γὰρ ἔστι ποτὲ | IO. Est-ce-qu'il est-possible un-jour |
| Δία ἐκπεσεῖν ἀρχῆς ; | Zeus tomber du pouvoir ? |
| ΠΡΟΜΗΘΕΥΣ. Ἥδοιο ἂν, | PROMÉTHÉE. Tu te réjouirais, |
| οἶμαι, | je pense, |
| ἰδοῦσα | en voyant |
| τήνδε συμφοράν. | cet événement-là. |
| ΙΩ. Πῶς δὲ οὐκ ἂν, | IO. Et comment ne *me réjouirais-je* [pas, |
| ἥτις πάσχω κακῶς | moi qui souffre misérablement |
| ἐκ Διός ; | par Zeus ? |
| ΠΡΟΜΗΘΕΥΣ. Ὡς | PROMÉTHÉE. Comme |
| τῶνδε τοίνυν ὄντων | cela donc étant *réel* |
| πάρα σοι μαθεῖν. | il est-loisible à toi de *l'apprendre*. |
| ΙΩ. Πρὸς τοῦ συληθήσεται | IO. Par qui sera-t-il dépouillé |
| σκῆπτρα τύραννα ; | du sceptre tyrannique ? |
| ΠΡΟΜΗΘΕΥΣ. Αὐτὸς | PROMÉTHÉE. Lui-même |
| πρὸς βουλευμάτων | par les projets |
| κενοφρόνων | inconsidérés |
| αὑτοῦ. | de lui-même. |
| ΙΩ. Ποίῳ τρόπῳ ; | IO. De quelle manière ? |
| σήμηνον, | fais-*le moi* connaître, [nient. |
| εἰ μή τις βλάβη. | s'il n'y a pas quelque inconvé- |

## ΠΡΟΜΗΘΕΥΣ ΔΕΣΜΩΤΗΣ.

ΠΡΟΜΗΘΕΥΣ.
Γαμεῖ γάμον τοιοῦτον ᾧ ποτ' ἀσχαλᾷ.
ΙΩ.
Θέορτον, ἢ βρότειον; εἰ ῥητὸν, φράσον.
ΠΡΟΜΗΘΕΥΣ.
Τί δ' ὄντιν'; οὐ γὰρ θεμιτὸν αὐδᾶσθαι τόδε.
ΙΩ.
Ἦ πρὸς δάμαρτος ἐξανίσταται θρόνων;
ΠΡΟΜΗΘΕΥΣ.
Ἡ τέξεταί γε παῖδα φέρτερον πατρός.
ΙΩ.
Οὐδ' ἔστιν αὐτῷ τῆσδ' ἀποστροφὴ τύχης;
ΠΡΟΜΗΘΕΥΣ.
Οὐ δῆτα, πλὴν ἔγωγ' ἂν ἐκ δεσμῶν λυθείς.
ΙΩ.
Τίς οὖν ὁ λύσων ἐστὶν ἄκοντος Διός;
ΠΡΟΜΗΘΕΥΣ.
Τῶν σῶν τιν' αὐτὸν ἐκγόνων εἶναι χρεών.
ΙΩ.
Πῶς εἶπας; ἦ 'μὸς παῖς σ' ἀπαλλάξει κακῶν;
ΠΡΟΜΗΘΕΥΣ.
Τρίτος γε γένναν πρὸς δέκ' ἄλλαισιν γοναῖς.

PROMÉTHÉE. D'indiscrètes amours, qu'il devra regretter.
IO. Au ciel ou sur la terre? allons, dis, si tu peux.
PROMÉTHÉE. Que t'importe pour qui? Moi, je ne le puis dire.
IO. Et par elle du trône il serait renversé?
PROMÉTHÉE. Non, ils auront un fils plus puissant que son père.
IO. Et cette catastrophe, il ne peut l'éviter?
PROMÉTHÉE. Impossible. Pourtant si libre de mes fers....
IO. Si Zeus n'y consent, qui peut te délivrer?
PROMÉTHÉE. L'un de tes descendants. C'est l'arrêt du Destin.
IO. Quoi! ton libérateur, un de mes propres fils!
PROMÉTHÉE. Parmi tes descendants, ce sera le treizième.

| | |
|---|---|
| ΠΡΟΜΗΘΕΥΣ. Γαμεῖ γάμον τοιοῦτον, ᾧ ἀσχαλᾷ ποτε. | PROMÉTHÉE. Il épousera (con-un mariage tel (tractera) duquel il s'affligera un-jour. |
| ΙΩ. Θέορτον, ἢ βρότειον ; φράσον, εἰ ῥητόν. | IO. *Un mariage* divin ou humain ? Dis-*le*, s'*il est* permis-de-le-dire. |
| ΠΡΟΜΗΘΕΥΣ. Τί δὲ ὅντινα ; οὐ γὰρ ῥητὸν αὐδᾶσθαι τόδε. | PROMÉTHÉE. Et pourquoi *demandes-tu* lequel ? car il *n'est* pas permis de dire cela. |
| ΙΩ. Ἦ ἐξανίσταται θρόνων πρὸς δάμαρτος ; | IO. Est-ce-qu'il est (sera) renversé du trône par *son* épouse ? |
| ΠΡΟΜΗΘΕΥΣ. Ἦ τέξεταί γε παῖδα φέρτερον πατρός. | PROMÉTHÉE. Laquelle accouchera certes d'un fils plus puissant que *son* père. |
| ΙΩ. Οὐδέ ἐστιν αὐτῷ ἀποστροφὴ τῆσδε τύχης ; | IO. Et il n'est pas pour lui moyen-de-détourner cette infortune ? |
| ΠΡΟΜΗΘΕΥΣ. Οὐ δῆτα, πλὴν ἔγωγε λυθεὶς ἂν ἐκ δεσμῶν. | PROMÉTHÉE. Non vraiment, excepté moi-du-moins si *j'étais* délivré des chaînes. |
| ΙΩ. Τίς οὖν ἐστιν ὁ λύσων σε, ἄκοντος Διός ; | IO. Qui donc est celui qui délivrera toi malgré Zeus ? |
| ΠΡΟΜΗΘΕΥΣ. Χρεὼν αὐτὸν εἶναί τινα τῶν σῶν ἐκγόνων. | PROMÉTHÉE. Fatalité-est lui être un de tes descendants. |
| ΙΩ. Πῶς εἶπας ; ἦ ἐμὸς παῖς σε ἀπαλλάξει κακῶν ; | IO. Comment as-tu dit ? est-ce-qu'un mien fils te délivrera de *tes* maux ? |
| ΠΡΟΜΗΘΕΥΣ. Τρίτος γε γένναν πρὸς δέκα ἄλλαισιν γοναῖς. | PROMÉTHÉE. Le troisième certes par la génération outre dix autres générations. |

## V. PROMÉTHÉE ET LE MESSAGER DE ZEUS.
(Vers 907-1193.)

ΠΡΟΜΗΘΕΥΣ.

Ἦ μὴν ἔτι Ζεὺς, καίπερ αὐθάδης φρενῶν,
ἔσται ταπεινός· τοῖον ἐξαρτύεται
γάμον γαμεῖν, ὃς αὐτὸν ἐκ τυραννίδος
θρόνων τ' ἄϊστον ἐκβαλεῖ· πατρὸς δ' ἀρὰ
Κρόνου τότ' ἤδη παντελῶς κρανθήσεται,
ἣν ἐκπίτνων ἠρᾶτο δηναιῶν θρόνων.
Τοιῶνδε μόχθων ἐκτροπὴν οὐδεὶς θεῶν
δύναιτ' ἂν αὐτῷ πλὴν ἐμοῦ δεῖξαι σαφῶς.
Ἐγὼ τάδ' οἶδα χᾤ τρόπῳ. Πρὸς ταῦτά νυν
θαρσῶν καθήσθω, τοῖς πεδαρσίοις κτύποις
πιστὸς, τινάσσων πυρπνόον χεροῖν βέλος·
οὐδὲν γὰρ αὐτῷ ταῦτ' ἐπαρκέσει τὸ μὴ οὐ
πεσεῖν ἀτίμως πτώματ' οὐκ ἀνασχετά.
Τοῖον παλαιστὴν νῦν παρασκευάζεται
ἐπ' αὐτὸς αὑτῷ, δυσμαχώτατον τέρας·
ὃς δὴ κεραυνοῦ κρεῖσσον' εὑρήσει φλόγα,

PROMÉTHÉE. Et cependant ce Zeus, tellement plein de lui-même, il s'assouplira, si périlleuses sont les amours qu'il rêve de réaliser ! — De la tyrannie, du trône il lui faudra déchoir. — De son père, de Cronos, alors enfin triomphera, de tout point, la malédiction lancée en tombant lui-même de son vieux trône. — Et à cette catastrophe, le moyen de parer ? Nul des dieux ne le lui dira. Moi seul je le puis. C'est mon secret, à moi, moi seul je sais comment s'y prendre. — Après cela, en son outrecuidance qu'il trône, tout fier, au plus haut de l'air, de rouler ses foudres, de brandir en sa main le trait fulgurant. Impuissante bravade ! pas moins il n'en tombera honteusement, de la chute dont on ne se relève. — C'est que c'est un rude jouteur que de ses mains Zeus se forge à lui-même, un miracle d'invincible force. Plus que la foudre sera foudroyante sa flamme, plus formidable son fracas à

## V. PROMÉTHÉE ET LE MESSAGER DE ZEUS.

ΠΡΟΜΗΘΕΥΣ. Ἦ μὴν Ζεὺς, PROMÉTHÉE. Assurément Zeus,
καίπερ αὐθάδης φρενῶν, quoique opiniâtre d'esprit,
ἔσται ἔτι ταπεινός· sera encore humble ;
τοῖον γάμον un tel hymen
ἐξαρτύεται γαμεῖν, il se-prépare à contracter,
ὃς αὐτὸν ἐκβαλεῖ ἄϊστον lequel le jettera éloigné
ἐκ τυραννίδος θρόνων τε· de la-tyrannie et du trône ;
τότε δὲ ἤδη et alors de-ce-moment
κρανθήσεται παντελῶς sera accomplie entièrement
ἀρὰ πατρὸς Κρόνου, l'imprécation de *son* père Cronos,
ἣν ἠρᾶτο laquelle imprécation-il-lança
ἐκπίτνων θρόνων δηναιῶν. en tombant du trône antique.
Οὐδεὶς θεῶν δύναιτο ἂν Aucun des dieux ne pourrait
αὐτῷ δεῖξαι σαφῶς lui indiquer clairement
ἐκτροπὴν τοιῶνδε μόχθων un moyen-d'éviter de telles peines,
πλὴν ἐμοῦ. excepté moi.
Ἐγὼ οἶδα τάδε, Moi je sais cela,
καὶ ᾧ τρόπῳ. et de quelle manière.
Πρὸς ταῦτά νυν Après cela donc
καθήσθω θαρσῶν, qu'il soit assis plein-d'assurance,
πιστὸς se-confiant
τοῖς κτύποις πεδαρσίοις dans ses bruits d'en-haut,
τινάσσων τε ἐν χεροῖν et secouant dans *ses* mains
βέλος πυρπνόον. le dard exhalant-le-feu.
Ταῦτα γὰρ Car cela
αὐτῷ ἐπαρκέσει οὐδὲν à lui ne servira de rien
τὸ μὴ οὐ πεσεῖν *pour* le ne pas tomber
ἀτίμως ignominieusement
πτώματα οὐκ ἀνασχετά· de chutes non supportables ;
τοῖον παλαιστὴν un tel lutteur
παρασκευάζεται νῦν il se-prépare maintenant
αὐτὸς ἐπὶ αὑτῷ, lui-même à lui-même,
τέρας δυσμαχώτατον, monstre très-difficile-à-combattre,
ὃς δὴ εὑρήσει φλόγα qui certes trouvera une flamme
κρείσσονα κεραυνοῦ, plus puissante que la foudre,

βροντῆς θ' ὑπερφέροντα καρτερὸν κτύπον.
θαλασσίαν τε γῆς τινάκτειραν νόσον
τρίαιναν, αἰχμὴν τὴν Ποσειδῶνος, σκεδᾷ.
Πταίσας δὲ τῷδε πρὸς κακῷ μαθήσεται
ὅσον τό τ' ἄρχειν καὶ τὸ δουλεύειν δίχα.
ΧΟΡΟΣ.
Σύ θην¹ ἃ χρῄζεις, ταῦτ' ἐπιγλωσσᾷ Διός.
ΠΡΟΜΗΘΕΥΣ.
Ἅπερ τελεῖται, πρὸς δ' ἃ βούλομαι λέγω.
ΧΟΡΟΣ.
Καὶ προσδοκᾶν χρὴ δεσπόσειν Ζηνός τινα;
ΠΡΟΜΗΘΕΥΣ.
Καὶ τῶνδέ γ' ἕξει δυσλοφωτέρους πόνους.
ΧΟΡΟΣ.
Πῶς δ' οὐχὶ ταρβεῖς τοιάδ' ἐκρίπτων ἔπη;
ΠΡΟΜΗΘΕΥΣ.
Τί δ' ἂν φοβοίμην ᾧ θανεῖν οὐ μόρσιμον;
ΧΟΡΟΣ.
Ἀλλ' ἄθλον ἄν σοι τοῦδ' ἔτ' ἀλγίω πόροι.
ΠΡΟΜΗΘΕΥΣ.
Ὁ δ' οὖν ποιείτω· πάντα προσδοκητά μοι.
ΧΟΡΟΣ.
Οἱ προσκυνοῦντες τὴν Ἀδράστειαν² σοφοί.

---

couvrir le tonnerre. — Et le trident des mers, fléau dont la terre est ébranlée, l'arme de Poseidon, il la brisera en éclats. — Naufragé du malheur alors, Zeus saura quelle distance il y a du tyran à l'esclave.
LE CHOEUR. Tu te fais à plaisir un Zeus selon ton cœur.
PROMÉTHÉE. Selon mon cœur, sans doute, et selon le destin.
LE CHOEUR. Croire que Zeus jamais dise maître à quelqu'un?
PROMÉTHÉE. A son tour de pâtir plus durement que moi.
LE CHOEUR. Et tu ne trembles pas, à blasphémer ainsi?
PROMÉTHÉE. Moi, trembler! et pourquoi? moi, qui suis immortel.
LE CHOEUR. Mais ton supplice amer, s'il allait l'aggraver!
PROMÉTHÉE. A son aise, il le peut. A tout, moi, je m'attends.
LE CHOEUR. Adorons Adrastée, en tout cas, c'est plus sage.

κτύπον τε καρτερὸν | et un bruit fort
ὑπερφέροντα βροντῆς· | surpassant *le bruit* du tonnerre ;
σκεδᾷ τε | et il brise (brisera)-en-éclats
τὴν αἰχμὴν Ποσειδῶνος, | la lance de Poseidon,
τρίαιναν, νόσον θαλασσίαν | le trident, fléau maritime,
τινάκτειραν γῆς. | qui-ébranle la terre.
Πταίσας δὲ πρὸς τῷδε κακῷ, | Et ayant échoué contre ce mal
μαθήσεται ὅσον δίχα | il apprendra combien *sont* diffé-
τό τε ἄρχειν | et le commander           [rents
καὶ τὸ δουλεύειν. | et le servir.
ΧΟΡΟΣ. Σύ θην | LE CHŒUR. Toi assurément
ἐπιγλωσσᾷ Διὸς | tu profères-contre Zeus
ταῦτα, ἃ χρῄζεις. | ces choses que tu désires.
ΠΡΟΜΗΘΕΥΣ. Λέγω | PROMÉTHÉE. Je dis
ἅπερ τελεῖται, | ce qui s'accomplira,
πρὸς δὲ ἃ βούλομαι. | et en-outre *ce* que je désire.
ΧΟΡΟΣ. Καὶ χρὴ προσδοκᾶν | LE CHŒUR. Et faut-il prévoir
τινὰ δεσπόσειν | quelqu'un devoir être-maître
Ζηνός ; | de Zeus?
ΠΡΟΜΗΘΕΥΣ. Ἕξει γε | PROMÉTHÉE Il éprouvera certes
πόνους | des peines
καὶ δυσλοφωτέρους | même plus accablantes
τῶνδε. | que celles-ci (les miennes).
ΧΟΡΟΣ. Πῶς | LE CHŒUR. Comment
οὐχὶ ταρβεῖς | n'as-tu pas peur
ἐκρίπτων τοιάδε ἔπη ; | en proférant de telles paroles ?
ΠΡΟΜΗΘΕΥΣ. Τί δὲ | PROMÉTHÉE. Et que
φοβοίμην ἂν ᾧ | craindrais-je *moi* à qui
θανεῖν οὐ μόρσιμον ; | mourir n'*est* pas dans la destinée?
ΧΟΡΟΣ. Ἀλλὰ | LE CHŒUR. Mais
πόροι ἄν σοι | il pourrait procurer à toi    [reuse
ἆθλον ἔτι ἀλγίω | une peine encore plus doulou-
τοῦδε. | que celle-ci.
ΠΡΟΜΗΘΕΥΣ. Ὁ δὲ οὖν | PROMÉTHÉE. Que lui donc
οἰείτωπ. | *le* fasse alors!
πάντα προσδοκητά μοι. | tout *est* attendu par moi.
ΧΟΡΟΣ. Σοφοὶ | LE CHŒUR. *Ils sont* sages
οἱ προσκυνοῦντες | ceux qui adorent
τὴν Ἀδράστειαν. | Adrastée.

## ΠΡΟΜΗΘΕΥΣ ΔΕΣΜΩΤΗΣ.

### ΠΡΟΜΗΘΕΥΣ.

Σέβου, προσεύχου, θῶπτε τὸν κρατοῦντ' ἀεί.
Ἐμοὶ δ' ἔλασσον Ζηνὸς ἢ μηδὲν μέλει.
Δράτω, κρατείτω τόνδε τὸν βραχὺν χρόνον
ὅπως θέλει· δαρὸν γὰρ οὐκ ἄρξει θεοῖς.
Ἀλλ' εἰσορῶ γὰρ τόνδε τὸν Διὸς τρόχιν,
τὸν τοῦ τυράννου τοῦ νέου διάκονον·
πάντως τι καινὸν ἀγγελῶν ἐλήλυθεν.

### ΕΡΜΗΣ.

Σὲ τὸν σοφιστὴν, τὸν πικρῶς ὑπέρπικρον,
τὸν ἐξαμαρτόντ' εἰς θεοὺς ἐφημέροις
πορόντα τιμὰς, τὸν πυρὸς κλέπτην λέγω·
πατὴρ ἄνωγέ σ' οὕστινας κομπεῖς γάμους
αὐδᾶν, πρὸς ὧν ἐκεῖνος ἐκπίπτει κράτους·
καὶ ταῦτα μέντοι μηδὲν αἰνικτηρίως,
ἀλλ' αὔθ' ἕκαστ' ἔκφραζε· μηδέ μοι διπλᾶς
ὁδοὺς, Προμηθεῦ, προσβάλῃς· ὁρᾷς δ' ὅτι
Ζεὺς τοῖς τοιούτοις [1] οὐχὶ μαλθακίζεται.

### ΠΡΟΜΗΘΕΥΣ.

Σεμνόστομός γε καὶ φρονήματος πλέως

PROMÉTHÉE. Adore-le, implore-le, courtise-le, le puissant du jour. Moi, moins que de rien, de Zeus je me soucie. — Qu'il fasse, décrète, en son règne d'un jour, comme il lui plaira. Il n'a pas longtemps à gouverner les dieux. (En ce moment paraît Hermès, avec son caducée, ses ailes aux épaules et aux talons. — Mais voici devant moi de Zeus le valet de pied, du tyran de fraîche date l'humble serviteur. — Voyons au surplus de quelle nouvelle commission il est chargé.

HERMÈS. Te voilà donc, maître fourbe, mauvaise tête, en tes rancunes obstiné. C'est au criminel de lèse-divinité, qui de nos prérogatives a doté les éphémères, au voleur de feu que j'ai affaire. Mon père veut savoir de toi ce que c'est que ces fameuses amours dont tu as plein la bouche, qui doivent le renverser du pouvoir. Et ce grand secret, il me le faut sans équivoque, nettement, dans les détails. Ne va pas, Prométhée, m'exposer à un second voyage ici. — Zeus, tu le sais, n'est pas tendre pour ceux qui lui résistent.

PROMÉTHÉE. Impérieux et hautain, bien parlé pour un valet des

ΠΡΟΜΗΘΕΥΣ. Σέβου,  PROMÉTHÉE. Respecte,
προσεύχου, θῶπτε  invoque, flatte
τὸν ἀεὶ κρατοῦντα.  celui toujours qui-a-le-pouvoir.
Ἐμοὶ δὲ μέλει Ζηνὸς  Mais à moi souci-est de Zeus
ἔλασσον ἢ μηδέν.  moins que rien.
Δράτω, κρατείτω  Qu'il agisse, qu'il règne
τόνδε τὸν βραχὺν χρόνον  *pendant* ce court temps
ὅπως θέλει·  comme il veut ;
οὐ γὰρ ἄρξει δαρὸν  car il ne règnera pas long-temps
θεοῖς.  sur les dieux.
Ἀλλὰ εἰσορῶ γὰρ  Mais je vois en-effet
τόνδε τὸν τρόχιν Διὸς,  ce messager de Jupiter,
τὸν διάκονον τοῦ νέου τυράννου·  le ministre du nouveau tyran ;
ἐλήλυθε πάντως  il est venu assurément
ἀγγελῶν  devant annoncer
τι καινόν.  quelque chose de nouveau.
ΕΡΜΗΣ. Λέγω σε,  HERMÈS. Je m'adresse à toi,
τὸν σοφιστὴν,  le subtil, [sure,
τὸν πικρῶς ὑπέρπικρον,  le acerbement acerbe-outre-me-
τὸν ἐξαμαρτόντα εἰς θεοὺς  le coupable envers les dieux
πορόντα  en procurant
τιμὰς ἐφημέροις,  des honneurs aux mortels,
τὸν κλέπτην πυρός·  le ravisseur du feu ;
πατήρ σε ἄνωγε αὐδᾶν  le père t'ordonne de dire
οὕστινας γάμους  de quels hymens
κομπεῖς,  tu parles-avec-arrogance,
πρὸς ὦν  *hymens* par lesquels
ἐκεῖνος ἐκπίπτει  lui tombe (tombera)
κράτους·  du pouvoir ;
καὶ μέντοι ἔκφραζε ταῦτα  et certes explique cela
μηδὲν αἰνικτηρίως,  nullement énigmatiquement,
ἀλλὰ ἕκαστα αὐτά·  mais chaque chose même ;
μηδέ μοι προσβάλῃς  et-ne me cause pas
διπλᾶς ὁδοὺς, Προμηθεῦ.  double voyage, Prométhée.
Ὁρᾷς δὲ ὅτι Ζεὺς  D'ailleurs tu vois que Zeus
οὐχὶ μαλθακίζεται  n'est point fléchi
τοῖς τοιούτοις.  par les *gens* tels.
ΠΡΟΜΗΘΕΥΣ. Ὁ γε μῦθός  PROMÉTHÉE. Certes ce discours
ἐστι σεμνόστομος  est emphatique

## ΠΡΟΜΗΘΕΥΣ ΔΕΣΜΩΤΗΣ.

ὁ μῦθός ἐστιν, ὡς θεῶν ὑπηρέτου.

Νέον νέοι κρατεῖτε, καὶ δοκεῖτε δὴ
ναίειν ἀπενθῆ πέργαμ᾽· οὐκ ἐκ τῶνδ᾽ ἐγὼ
δισσοὺς τυράννους [1] ἐκπεσόντας ᾐσθόμην;
Τρίτον δὲ τὸν νῦν κοιρανοῦντ᾽ ἐπόψομαι
αἴσχιστα καὶ τάχιστα. Μή [2] τί σοι δοκῶ
ταρβεῖν ὑποπτήσσειν τε τοὺς νέους θεούς;
πολλοῦ γε καὶ τοῦ παντὸς ἐλλείπω. Σὺ δὲ
κέλευθον ἥνπερ ἦλθες ἐγκόνει πάλιν·
πεύσει γὰρ οὐδὲν ὧν ἀνιστορεῖς ἐμέ.

ΕΡΜΗΣ.

Τοιοῖσδε μέντοι καὶ πρὶν αὐθαδίσμασιν
ἐς τάσδε σαυτὸν πημονὰς καθώρμισας [3].

ΠΡΟΜΗΘΕΥΣ.

Τῆς σῆς λατρείας τὴν ἐμὴν δυσπραξίαν,
σαφῶς ἐπίστασ᾽, οὐκ ἂν ἀλλάξαιμ᾽ ἐγώ.

dieux ! — D'hier au pouvoir, vous régnez en parvenus, aux revers vous vous croyez inaccessibles en vos citadelles. — Et de là pourtant, moi, n'ai-je pas vu tomber deux tyrans? Pour le troisième, le tyran du jour, ce sera bientôt, à sa très grande humiliation. Te fais-je encore l'effet d'un trembleur, à baisser les yeux devant les jeunes dieux? De beaucoup, de tout il s'en faut. — Tu peux t'en retourner par où tu es venu, tu ne sauras rien; à tes questions nulle réponse.

HERMÈS. Et pourtant c'est par orgueil obstiné que déjà dans ces angoisses, tête baissée, tu t'es jeté.

PROMÉTHÉE. Contre ta servitude, non, ma triste situation, sois-en sûr, moi, je ne l'échangerais pas.

| | |
|---|---|
| καὶ πλέως φρονήματος, | et plein d'orgueil, |
| ὡς ὑπηρέτου θεῶν. | comme d'un valet des dieux. |
| Νέοι κρατεῖτε | *Dieux* nouveaux vous régnez |
| νέον, | d'une façon-nouvelle, |
| καὶ δοκεῖτε δὴ | et vous croyez vraiment |
| ναίειν πέργαμα | habiter des citadelles |
| ἀπενθῆ. | inaccessibles-aux-chagrins. |
| Οὐκ ᾐσθόμην ἐγὼ | N'ai-je pas vu moi |
| δισσοὺς τυράννους | deux tyrans |
| ἐκπεσόντας | renversés |
| ἐκ τῶνδε; | de ces *citadelles*? |
| ἐπόψομαι δὲ | Et j'*en* verrai |
| τρίτον | un troisième, |
| τὸν κοιρανοῦντα νῦν | celui qui règne maintenant |
| αἴσχιστα | *tomber* très-honteusement |
| καὶ τάχιστα. | et très-promptement. |
| Μή σοι δοκῶ | Est-ce-que je te semble |
| ταρβεῖν τι, | avoir quelque crainte |
| ὑποπτήσσειν τε | et trembler-devant |
| τοὺς νέους θεούς; | les nouveaux dieux? |
| ἐλλείπω | j'*en* suis éloigné |
| πολλοῦ γε | de beaucoup certes |
| καὶ τοῦ παντός. | et-même de tout. |
| Σὺ δὲ ἐγκόνει | Mais toi hâte-toi |
| πάλιν | en-revenant |
| κέλευθον, | par le chemin |
| ἥνπερ ἦλθες· | par lequel tu es venu; |
| πεύσει γὰρ οὐδὲν | car tu n'apprendras rien |
| ὧν ἐμέ ἀνιστορεῖς. | de ce que tu me demandes. |
| ΕΡΜΗΣ. Καθώρμισας | HERMÈS. Tu t'es conduit |
| μέντοι | cependant |
| σαυτὸν καὶ πρὶν | toi-même aussi auparavant |
| τοιοῖσδε αὐθαδίσμασιν | par de telles insolences |
| ἐς τάσδε πημονάς. | à ces peines. |
| ΠΡΟΜΗΘΕΥΣ. Ἐγώ, | PROMÉTHÉE. Moi, |
| ἐπίστασο σαφῶς, | sache-*le* nettement, |
| οὐκ ἂν ἀλλάξαιμι | je ne changerais pas |
| τὴν ἐμὴν δυσπραξίαν | ma misère |
| τῆς σῆς λατρείας. | *contre* ta servitude. |

ΕΡΜΗΣ.
Κρεῖσσον γὰρ, οἶμαι, τῇδε λατρεύειν πέτρᾳ
ἢ πατρὶ φῦναι Ζηνὶ πιστὸν ἄγγελον.
ΠΡΟΜΗΘΕΥΣ.
. . . . . . . . . . . . . . . . .
Οὕτως ὑβρίζειν τοὺς ὑβρίζοντας χρεών.
ΕΡΜΗΣ.
Χλιδᾶν ἔοικας τοῖς παροῦσι πράγμασιν.
ΠΡΟΜΗΘΕΥΣ.
Χλιδῶ; χλιδῶντας ὧδε τοὺς ἐμοὺς ἐγὼ
ἐχθροὺς ἴδοιμι· καὶ σὲ δ' ἐν τούτοις λέγω.
ΕΡΜΗΣ.
Ἦ κἀμὲ γάρ τι συμφοραῖς ἐπαιτιᾷ;
ΠΡΟΜΗΘΕΥΣ.
Ἁπλῷ λόγῳ τοὺς πάντας ἐχθαίρω θεοὺς,
ὅσοι παθόντες εὖ κακοῦσί μ' ἐκδίκως.
ΕΡΜΗΣ.
Κλύω σ' ἐγὼ μεμηνότ' οὐ σμικρὰν νόσον.
ΠΡΟΜΗΘΕΥΣ.
Νοσοῖμ' ἄν, εἰ νόσημα τοὺς ἐχθροὺς στυγεῖν.
ΕΡΜΗΣ.
Εἴης φορητὸς οὐκ ἄν, εἰ πράσσοις καλῶς.
ΠΡΟΜΗΘΕΥΣ.
Ὤμοι.
ΕΡΜΗΣ.
Τόδε Ζεὺς τοὔπος οὐκ ἐπίσταται.
ΠΡΟΜΗΘΕΥΣ.
Ἀλλ' ἐκδιδάσκει πάνθ' ὁ γηράσκων χρόνος.

HERMÈS. Il y a plus de dignité, sans doute, d'être asservi à ce roc que d'être de mon père Zeus le fidèle porteur de nouvelles.
PROMÉTHÉE. . . . . . . Outrage pour outrage, c'est toi qui m'y contrains.
HERMÈS. Bienheureux, en effet, qui pend à ce rocher !
PROMÉTHÉE. Bienheureux ? — D'un tel bonheur je voudrais voir goûter tous mes ennemis, toi, tout le premier.
HERMÈS. M'accuserais-tu donc aussi de ton malheur?
PROMÉTHÉE. Pour tout dire en un mot, je les hais, tous ces dieux qui, par moi obligés, m'écrasent sans merci.
HERMÈS. Vraiment, c'est du délire, allons, te voilà fou.
PROMÉTHÉE. Oui, si c'est être fou que haïr ses bourreaux.
HERMÈS. Dans la prospérité tu serais intraitable.
PROMÉTHÉE (de douleur). Ah ! ah ! ah !
HERMÈS. Voilà des cris amers que Zeus ne connaît pas.
PROMÉTHÉE. Le temps marche, et de tout vous instruit à la longue.

ΕΡΜΗΣ. Κρεῖσσον γὰρ, οἶμαι, HERMÈS. Car il *est* meilleur, je
λατρεύειν τῇδε πέτρᾳ, de servir ce rocher       [pense,
ἢ φῦναι ἄγγελον πιστὸν que d'être né messager fidèle
πατρὶ Ζηνί. au (du) père Zeus.
ΠΡΟΜΗΘΕΥΣ. . . . PROMÉTHÉE. . . .

. . . . . . . . . . . . . . . . . . . . .

Χρεὼν                     Il faut
ὑβρίζειν οὕτως            outrager ainsi
τοὺς ὑβρίζοντας.          ceux qui outragent.
ΕΡΜΗΣ. Ἔοικας χλιδᾶν      HERMÈS. Tu sembles être-fier
τοῖς πράγμασι παροῦσι.    de tes affaires présentes.
ΠΡΟΜΗΘΕΥΣ. Χλιδῶ ;        PROMÉTHÉE. J'en suis-fier?
ἐγὼ ἰδοίμι                moi je voudrais voir
τοὺς ἐμοὺς ἐχθροὺς        mes ennemis
χλιδῶντας ὧδε·            étant-fiers ainsi ;
λέγω δὲ καί σε            et je dis toi (je te range) aussi
ἐν τούτοις.               parmi ceux-ci.
ΕΡΜΗΣ. Ἦ γὰρ              HERMÈS. Est-ce-que donc [aussi
ἐπαιτιᾷ ἐμὲ τὶ καὶ        tu accuses en quelque chose moi
ξυμφοραῖς ;               de *tes* malheurs ?
ΠΡΟΜΗΘΕΥΣ. Ἁπλῷ λόγῳ      PROMÉTHÉE. D'un simple mot
ἐχθαίρω τοὺς πάντας θεούς, je hais tous les dieux
ὅσοι παθόντες εὖ          qui bien traités *par moi*
με κακοῦσιν ἐκδίκως.      me maltraitent injustement.
ΕΡΜΗΣ. Κλύω ἐγώ           HERMÈS. J'entends moi
σε μεμηνότα               que tu es-privé-de-raison
νόσον οὐ σμικράν.         par une maladie non petite.
ΠΡΟΜΗΘΕΥΣ. Νοσοῖμι ἂν,    PROMÉTHÉE. Je serais-malade,
εἰ νόσημα                 si *c'était* une maladie
στυγεῖν τοὺς ἐχθρούς.     *que* de haïr *ses* ennemis.
ΕΡΜΗΣ. Οὐκ ἂν εἴης        HERMÈS. Tu ne serais pas
φορητός,                  supportable,
εἰ πράσσοις καλῶς.        si tu faisais bien *tes affaires*.
ΠΡΟΜΗΘΕΥΣ. Ὤμοι.          PROMÉTHÉE. Hélas!
ΕΡΜΗΣ. Ζεὺς               HERMÈS. Zeus
οὐκ ἐπίσταται τόδε τὸ ἔπος. ne connaît pas ce mot.
ΠΡΟΜΗΘΕΥΣ. Ἀλλὰ           PROMÉTHÉE. Mais
ὁ χρόνος γηράσκων         le temps qui vieillit
ἐκδιδάσκει πάντα.         enseigne tout.

MORCEAUX CH. D'ESCHYLE.                              6

ΠΡΟΜΗΘΕΥΣ ΔΕΣΜΩΤΗΣ.

ΕΡΜΗΣ.
Καὶ μὴν σύ γ' οὔπω σωφρονεῖν ἐπίστασαι.
ΠΡΟΜΗΘΕΥΣ.
Σὲ γὰρ προσηύδων οὐκ ἂν ὄνθ' ὑπηρέτην.
ΕΡΜΗΣ.
Ἐρεῖν ἔοικας οὐδὲν ὧν χρῄζει πατήρ.
ΠΡΟΜΗΘΕΥΣ.
Καὶ μὴν ὀφείλων γ' ἂν τίνοιμ' αὐτῷ χάριν.
ΕΡΜΗΣ.
Ἐκερτόμησας δῆθεν ὥστε παῖδά με.
ΠΡΟΜΗΘΕΥΣ.
Οὐ γὰρ σὺ παῖς τε κἄτι τοῦδ'[1] ἀνούστερος,
εἰ προσδοκᾷς ἐμοῦ τι πεύσεσθαι πάρα;
Οὐκ ἔστιν αἴκισμ' οὐδὲ μηχάνημ' ὅτῳ
προτρέψεταί με Ζεὺς γεγωνῆσαι τάδε,
πρὶν ἂν χαλασθῇ δεσμὰ λυμαντήρια.
Πρὸς ταῦτα ῥιπτέσθω μὲν αἰθαλοῦσσα φλόξ,
λευκοπτέρῳ δὲ νιφάδι καὶ βροντήμασιν
χθονίοις κυκάτω πάντα καὶ ταρασσέτω·
γνάψει γὰρ οὐδὲν τῶνδέ μ' ὥστε καὶ φράσαι
πρὸς οὗ χρεών νιν ἐκπεσεῖν τυραννίδος.

HERMÈS. S'il eût pu seulement l'apprendre la sagesse !
PROMÉTHÉE. T'eussé-je donc alors répondu, vil esclave ?
HERMÈS. Donc tu ne diras rien de ce que veut mon père ?
PROMÉTHÉE. Il m'a si bien traité qu'il me faut lui complaire !
HERMÈS. Suis-je donc un enfant qu'on raille et qu'on bafoue ?
PROMÉTHÉE. Un enfant, toi ? non pas, moins simple est un enfant, si tu comptes jamais de moi rien tirer. Ni humiliation, ni raffinement de cruauté n'y pourront, et Zeus ne me réduira pas à lui révéler mon secret, qu'il n'ait d'abord fait tomber ces chaînes de malheur. — Après cela, qu'elle éclate, la brûlante flamme, qu'aux blancs tourbillons de neige, aux sourds grondements de la terre tout se trouble et se confonde, il n'y gagnera rien. — Inébranlable en mon dessein, je ne lui en dirai pas davantage sous les coups de qui il doit tomber du pouvoir.

ΕΡΜΗΣ. Καὶ μὴν | HERMÈS. Et cependant
σύ γε οὔπω ἐπίστασαι | toi certes tu ne sais pas-encore
σωφρονεῖν. | être-sage.
ΠΡΟΜΗΘΕΥΣ. Σὲ γὰρ | PROMÉTHÉE. A toi en-effet
ὄντα ὑπηρέτην | qui es esclave
οὐ προσηύδων ἄν. | je n'aurais pas parlé.
ΕΡΜΗΣ. Ἔοικας | HERMÈS. Tu sembles
ἐρεῖν οὐδὲν | ne devoir rien dire
ὧν πατὴρ χρῄζει. | de ce que le père désire.
ΠΡΟΜΗΘΕΥΣ. Καὶ μὴν | PROMÉTHÉE. Et sans-doute
ὀφείλων γε | lui étant-redevable certes
τίνοιμι ἂν | je devrais acquitter
χάριν αὐτῷ. | ma reconnaissance envers lui.
ΕΡΜΗΣ. Ἐκερτόμησάς με | HERMÈS. Tu me railles
δῆθεν | donc
ὡς ὄντα παῖδα. | comme étant (si j'étais) un enfant.
ΠΡΟΜΗΘΕΥΣ. Οὐ γὰρ σὺ | PROMÉTHÉE. En-effet n'es-tu pas
παῖς τε | et un enfant
καὶ ἔτι ἀνούστερος τοῦδε, | et encore plus simple que cela,
εἰ προσδοκᾷς | si tu t'attends          [moi?
πεύσεσθαί τι παρὰ ἐμοῦ; | à apprendre quelque chose de
Οὐκ ἔστιν αἴκισμα | Il n'y a mauvais-traitement
οὐδὲ μηχάνημα | ni ruse
ὅτῳ Ζεύς με προτρέψεται | par quoi Zeus me poussera
γεγωνῆσαι τάδε, | à dire cela,
πρὶν ἂν δεσμὰ λυμαντήρια | avant que ces liens funestes
χαλασθῇ. | soient relâchés.
Πρὸς ταῦτα, | Après cela,          [lante
φλὸξ μὲν αἰθαλοῦσσα | que d'une part la foudre étince-
ῥιπτέσθω, | soit lancée,
κυκάτω δὲ | que d'autre part Zeus confonde
καὶ ταρασσέτω πάντα | et bouleverse tout
νιφάδι λευκοπτέρῳ | par la neige aux-ailes-blanches
καὶ βροντήμασι | et par des-coups-de-tonnerre
χθονίοις· | souterrains :
οὐδὲν γὰρ τῶνδέ με γνάψει, | car rien de cela ne me fléchira
ὥστε καὶ φράσαι | au-point-que aussi je dise
πρὸς οὗ χρεών | par qui fatalité est
νιν ἐκπεσεῖν τυραννίδος. | lui tomber du pouvoir.

ΠΡΟΜΗΘΕΥΣ ΔΕΣΜΩΤΗΣ.

ΕΡΜΗΣ.
Ὅρα νυν εἴ σοι ταῦτ' ἀρωγὰ φαίνεται.
ΠΡΟΜΗΘΕΥΣ.
Ὦπται πάλαι δὴ καὶ βεβούλευται τάδε.
ΕΡΜΗΣ.
Τόλμησον, ὦ μάταιε, τόλμησόν ποτε
πρὸς τὰς παρούσας πημονὰς ὀρθῶς φρονεῖν
ΠΡΟΜΗΘΕΥΣ.
Ὀχλεῖς μάτην με, κῦμ' ὅπως παρηγορῶν.
Εἰσελθέτω σε μήποθ' ὡς ἐγὼ Διὸς
γνώμην φοβηθεὶς θηλύνους γενήσομαι,
καὶ λιπαρήσω τὸν μέγα στυγούμενον
γυναικομίμοις ὑπτιάσμασιν χερῶν [1]
λῦσαί με δεσμῶν τῶνδε · τοῦ παντὸς δέω.
ΕΡΜΗΣ.
Λέγων ἔοικα πολλὰ καὶ μάτην ἐρεῖν ·
τέγγει γὰρ οὐδὲν οὐδὲ μαλθάσσει κέαρ
λιταῖς · δάκνων δὲ στόμιον ὡς νεοζυγὴς
πῶλος βιάζει καὶ πρὸς ἡνίας μάχει.
Ἀτὰρ σφοδρύνει γ' ἀσθενεῖ σοφίσματι ·

HERMÈS. De tant d'entêtement qu'espérer? Réfléchis.
PROMÉTHÉE. Tout est examiné, tout vu depuis longtemps.
HERMÈS. Aie donc le courage, pauvre insensé, le courage, une bonne fois, à ta triste situation de conformer ta pensée.
PROMÉTHÉE. Me rompre les oreilles, à quoi bon? autant vaudrait morigéner le flot. — Ne te mets pas en tête que jamais, par peur du ressentiment de Zeus, j'aille, cœur efféminé, flagorner qui je hais du profond de mon âme, le prier, comme une femme, la main levée vers lui, de faire tomber mes chaînes. Du tout au tout, ce serait te tromper.
HERMÈS. A tant insister, en vérité, je perds mon temps. Ni il ne cède, ni il ne mollit, ton cœur, à mes prières. La dent sur le mors, comme un poulain tout neuf au joug, tu fais rage, contre la bride tu te débats. Te cabrer pourtant, à quoi sert? triste res-

# PROMÉTHÉE ENCHAINÉ. 85

ΕΡΜΗΣ. Ὅρα νυν
εἰ ταῦτά σοι φαίνεται
ἀρωγά.
ΠΡΟΜΗΘΕΥΣ. Τάδε δὴ
ὦπται
καὶ βεβούλευται
πάλαι.
ΕΡΜΗΣ. Τόλμησον,
ὦ μάταιε, τόλμησόν ποτε
φρονεῖν ὀρθῶς
πρὸς τὰς πημονὰς
παρούσας.
ΠΡΟΜΗΘΕΥΣ. Ὀχλεῖς με
μάτην,
παρηγορῶν
ὅπως κῦμα.
Εἰσελθέτω σε μήποτε,
ὡς φοβηθεὶς
γνώμην Διὸς
ἐγὼ γενήσομαι
θηλύνους,
καὶ λιπαρήσω
τὸν στυγούμενον μέγα,
ὑπτιάσμασιν χερῶν
γυναικομίμοις
με λῦσαι τῶνδε δεσμῶν·
δέω τοῦ παντός.
ΕΡΜΗΣ. Ἔοικα λέγων
ἐρεῖν πολλὰ καὶ μάτην·
τέγγει γὰρ οὐδὲν
οὐδὲ μαλθάσσει κέαρ
λιταῖς·
δάκνων δὲ στόμιον
ὡς πῶλος
νεοζυγής,
βιάζει
καὶ μάχει πρὸς ἡνίας.
Ἀτὰρ σφοδρύνει γε
σοφίσματι ἀσθενεῖ·

HERMÈS. Considère donc
si cela te paraît,
secourable.
PROMÉTHÉE. Cela certes
a été considéré
et a été décidé
depuis-longtemps.
HERMÈS. Ose,
ô insensé, ose enfin
être-sage comme-il-convient,
eu-égard-à tes souffrances
présentes.
PROMÉTHÉE. Tu m'importunes
vainement
en m'exhortant
comme si tu exhortais un flot.
Et qu'il ne te vienne-à-la-pensée-
que redoutant      jamais
le dessein de Zeus
moi je deviendrai
timide-comme-une-femme,
et que je supplierai
lui qui m'est-odieux grandement
avec des renversements de mains
imitant-les-femmes
de me délier de ces chaînes :
j'en suis éloigné du tout.
HERMÈS. Je semble, en parlant,
devoir dire beaucoup et en-vain ;
car tu n'es touché en-rien
ni tu n'es amolli dans ton cœur
par mes prières ;
mais mordant le frein
comme un poulain
nouvellement-soumis-au-joug,
tu résistes-violemment
et tu te-débats contre les rènes.
Mais tu fais-l'arrogant
avec une habileté faible ;

## ΠΡΟΜΗΘΕΥΣ ΔΕΣΜΩΤΗΣ

αὐθαδία γὰρ τῷ φρονοῦντι μὴ καλῶς
αὐτὴ καθ' αὑτὴν οὐδενὸς μεῖον σθένει.
Σκέψαι δ', ἐὰν μὴ τοῖς ἐμοῖς πεισθῇς λόγοις
οἷός σε χειμὼν καὶ κακῶν τρικυμία
ἔπεισ' ἄφυκτος· πρῶτα μὲν γὰρ ὀκρίδα
φάραγγα βροντῇ καὶ κεραυνίᾳ φλογὶ
πατὴρ σπαράξει τήνδε, καὶ κρύψει δέμας
τὸ σόν, πετραία δ' ἀγκάλη σε βαστάσει.
Μακρὸν δὲ μῆκος ἐκτελευτήσας χρόνου
ἄψορρον ἥξεις ἐς φάος· Διὸς δέ σοι
πτηνὸς κύων [1], δαφοινὸς αἰετός, λάβρως
διαρταμήσει σώματος μέγα ῥάκος [2],
ἄκλητος ἕρπων δαιταλεὺς πανήμερος,
κελαινόβρωτον δ' ἧπαρ ἐκθοινήσεται.
Τοιοῦδε μόχθου τέρμα μή τι προσδόκα,
πρὶν ἂν θεῶν τις διάδοχος τῶν σῶν πόνων
φανῇ [3], θελήσῃ τ' εἰς ἀναύγητον μολεῖν
Ἅιδην κνεφαῖά τ' ἀμφὶ Ταρτάρου βάθη.

source! L'obstination, en soi, contre toute raison, ne peut rien, moins que rien. — Vois plutôt, si tu refuses de m'écouter, quelle tempête, quel orage gros de catastrophes, prêt à crever sur toi. — D'abord ce front sourcilleux de l'abîme, du tonnerre, du feu de la foudre, mon père le fracassera, sous ses débris perdra ton corps, pris à ces bras de pierre qui l'enlacent et l'entraînent. Bien des années, longtemps tu resteras enfoui avant d'être de nouveau rendu à la lumière. — De Zeus alors le chien ailé, l'aigle sanglant, le dévorera, ton corps déchiqueté, ce vaste lambeau. Un terrible convive que nul n'a invité, tout le jour au noir et sanglant régal, à te ronger le foie! — Et de l'affreux supplice point de fin à espérer, que quelqu'un des dieux ne te relève en la rude épreuve, ne consente à descendre à l'Hadès enténébré, aux sombres profondeurs du Tartare. — Après cela, décide-toi.

| | |
|---|---|
| αὐθαδία γὰρ | car l'arrogance |
| τῷ φρονοῦντι μὴ καλῶς | pour qui pense non bien |
| αὐτὴ κατὰ αὑτὴν | elle même par elle-même, |
| μεῖον σθένει οὐδενός. | est-forte moins que rien. |
| Σκέψαι δὲ, | Or envisage, |
| ἐὰν μὴ πεισθῇς | si tu ne t'es pas persuadé |
| τοῖς ἐμοῖς λόγοις, | par mes discours, |
| οἷος χειμὼν | quel orage |
| καὶ τρικυμία ἄφυκτος | et *quel* triple-flot inévitable |
| κακῶν | de maux, |
| ἔπεισί σε· | assaillira toi ; |
| πρῶτα μὲν γὰρ | car premièrement d'une part |
| πατὴρ σπαράξει | *mon* père brisera |
| βροντῇ | par le tonnerre |
| καὶ φλογὶ κεραυνίᾳ | et par la flamme de-la-foudre |
| τήνδε φάραγγα ὀκρίδα, | ce roc escarpé, |
| καὶ κρύψει τὸ σὸν δέμας, | et cachera ton corps, |
| ἀγκάλη δὲ πετραία | d'autre part l'étreinte rocailleuse |
| σε βαστάσει. | te portera. |
| Ἐκτελευτήσας δὲ | Et après avoir achevé |
| μακρὸν μῆκος χρόνου, | un long espace de temps, |
| ἥξεις ἄψορρον ἐς φάος· | tu viendras de-nouveau à la lumiè- |
| κύων δὲ πτηνὸς Διός, | mais le chien ailé de Zeus, |
| αἰετὸς δαφοινός, | l'aigle sanglant, |
| διαρταμήσει λάβρως | l'arrachera avec-voracité |
| μέγα ῥάκος σώματος, | un grand lambeau de corps, |
| ἕρπων | s'-approchant |
| δαιταλεὺς ἄκλητος, | convive non-invité |
| πανήμερος, | restant-tout-le-jour |
| ἐκθοινήσεται δὲ ἧπαρ | et il *te* dévorera le foie |
| κελαινόβρωτον. | noire-nourriture. |
| Μὴ προσδόκα | N'attends pas |
| τι τέρμα τοιοῦδε μόχθου, | un terme d'une telle peine |
| πρὶν ἄν τις θεῶν | avant que quelqu'un des dieux |
| φανῇ διάδοχος τῶν σῶν πόνων, | apparaisse successeur de tes maux, |
| θελήσῃ τε μολεῖν | et veuille-bien descendre |
| εἰς Ἅιδην ἀναύγητον | chez Hadès privé-de-lumière |
| ἀμφί τε βάθη κνεφαῖα | et au-milieu des abîmes ténébreux |
| Ταρτάρου. | du Tartare. |

## ΠΡΟΜΗΘΕΥΣ ΔΕΣΜΩΤΗΣ

Πρὸς ταῦτα βούλευ'· ὡς ὅδ' οὐ πεπλασμένος
ὁ κόμπος, ἀλλὰ καὶ λίαν εἰρημένος·
ψευδηγορεῖν γὰρ οὐκ ἐπίσταται στόμα
τὸ Δῖον, ἀλλὰ πᾶν ἔπος τελεῖ. Σὺ δὲ
πάπταινε καὶ φρόντιζε, μηδ' αὐθαδίαν
εὐβουλίας ἄμεινον ἡγήσῃ ποτέ.

### ΧΟΡΟΣ.

Ἡμῖν μὲν Ἑρμῆς οὐκ ἄκαιρα φαίνεται
λέγειν· ἄνωγε γάρ σε τὴν αὐθαδίαν
μεθέντ' ἐρευνᾶν τὴν σοφὴν εὐβουλίαν.
Πιθοῦ· σοφῷ γὰρ αἰσχρὸν ἐξαμαρτάνειν.

### ΠΡΟΜΗΘΕΥΣ.

Εἰδότι τοί μοι τάσδ' ἀγγελίας
ὅδ' ἐθώϋξεν, πάσχειν δὲ κακῶς
ἐχθρὸν ὑπ' ἐχθρῶν οὐδὲν ἀεικές.
Πρὸς ταῦτ' ἐπ' ἐμοὶ ῥιπτέσθω μὲν
πυρὸς ἀμφήκης βόστρυχος, αἰθὴρ δ'
ἐρεθιζέσθω βροντῇ σφακέλῳ τ'
ἀγρίων ἀνέμων, χθόνα δ' ἐκ πυθμένων
αὐταῖς ῥίζαις ¹ πνεῦμα κραδαίνοι,
κῦμα δὲ πόντου τραχεῖ ῥοθίῳ

Ce ne sont de ma part ni fictions à plaisir inventées, ni menaces à faire la grosse voix, c'est, à la lettre, trop à la lettre peut-être, la parole, l'ordre de Zeus. Et de cette bouche divine nulle parole vaine, toute s'accomplit. — Recueille-toi, songe à ne plus donner à l'entêtement raison contre la prudence.

LE CHOEUR. A nous, Hermès nous semble parler d'or. Il voudrait te voir rompre avec cette opiniâtreté, revenir à la raison, à la prudence. Pourquoi ne l'en pas croire? — Pour un sage la honte, c'est de s'obstiner à l'erreur.

PROMÉTH É. Avant lui, je les savais par cœur, tous ces beaux lieux communs, dont il me rebat les oreilles. — Être écrasé de son ennemi, rien de plus naturel. — Après cela sur moi tombe le serpent de feu, la flamme échevelée, tandis que l'éther s'agite éperdu au fracas du tonnerre, au choc sauvage des vents. Tremble sur sa base la terre, par le tourbillon déracinée, pendant

| | |
|---|---|
| Πρὸς ταῦτα βούλευε· | Après cela consulte-toi ; |
| ὡς ὅδε οὐχ | car ce n'*est* pas |
| ὁ κόμπος πεπλασμένος, | *de* la jactance feinte, |
| ἀλλὰ καὶ εἰρημένος | mais même *une parole* prononcée |
| λίαν· | très-sérieusement ; |
| τὸ γὰρ στόμα Δῖον | car la bouche de-Zeus |
| οὐκ ἐπίσταται ψευδηγορεῖν, | ne sait pas dire-des-mensonges |
| ἀλλὰ τελεῖ πᾶν ἔπος. | mais accomplit toute parole. |
| Σὺ δὲ πάπταινε | Pour toi considère |
| καὶ φρόντιζε, | et réfléchis, |
| μηδὲ ἡγήσῃ ποτὲ | et ne crois pas enfin |
| αὐθαδίαν ἀμείνονα | l'entêtement meilleur |
| εὐβουλίας. | que la prudence. |
| ΧΟΡΟΣ. Ἑρμῆς μὲν | LE CHOEUR. Hermès certes |
| ἡμῖν φαίνεταί λέγειν | nous semble dire |
| οὐκ ἄκαιρα· | des choses non-intempestives ; |
| ἄνωγε γάρ σε | car il engage toi |
| μεθέντα τὴν αὐθαδίαν. | renonçant à l'entêtement |
| ἐρευνᾶν τὴν σοφὴν εὐβουλίαν. | à rechercher la sage prudence |
| Πιθοῦ· ἐξαμαρτάνειν γὰρ | Obéis ; car faillir |
| αἰσχρὸν σοφῷ. | est honteux pour un sage. |
| ΠΡΟΜΗΘΕΥΣ. Ὅδε | PROMÉTHÉE. Celui-ci |
| ἐθώϋξεν τάσδε ἀγγελίας | a proclamé ces messages |
| μοι εἰδότι τοι, | à moi qui *les* connaissais certes, |
| ἐχθρὸν δὲ πάσχειν κακῶς | mais un ennemi éprouver du-mal |
| ὑπὸ ἐχθρῶν | de *ses* ennemis |
| οὐδὲν ἀεικές. | n'*est* en-rien déshonorant. |
| Πρὸς ταῦτα | Après cela |
| βόστρυχος μὲν ἀμφήκης | que la boucle à-double-tranchant |
| πυρὸς | du feu |
| ῥιπτέσθω ἐπὶ ἐμοί, | soit lancée sur moi ; |
| αἰθὴρ δὲ ἐρεθιζέσθω βροντῇ | et que l'air soit excité par-le ton-[nerre |
| σφακέλῳ τε | et par la convulsion |
| ἀνέμων ἀγρίων, | de vents sauvages, |
| πνεῦμα δὲ κραδαίνοι χθόνα | et que *leur* souffle ébranle la [terre |
| ἐκ πυθμένων | de *ses* fondements |
| αὐταῖς ῥίζαις, | avec les racines elles-mêmes, |
| κῦμα δὲ πόντου | et que le flot de la mer |
| συγχώσειεν | confonde |

συγχώσειεν τῶν οὐρανίων [1]
ἄστρων διόδους, ἔς τε κελαινὸν
Τάρταρον ἄρδην ῥίψειε δέμας
τοὐμὸν ἀνάγκης στερραῖς δίναις·
πάντως ἐμέ γ' οὐ θανατώσει.

ΕΡΜΗΣ.

Τοιάδε μέντοι τῶν φρενοπλήκτων
βουλεύματ' ἔπη τ' ἔστιν ἀκοῦσαι.
Τί γὰρ ἐλλείπει μὴ παραπαίειν
ἡ τοῦδ' εὐχή [2]; τί χαλᾷ μανιῶν;
Ἀλλ' οὖν ὑμεῖς γ' αἱ πημοσύναις
συγκάμνουσαι ταῖς τοῦδε τόπων
μετά ποι χωρεῖτ' [1] ἐκ τῶνδε θοῶς,
μὴ φρένας ὑμῶν ἠλιθιώσῃ
  βροντῆς μύκημ' ἀτέραμνον.

ΧΟΡΟΣ.

Ἄλλο τι φώνει καὶ παραμυθοῦ μ'
ὅ τι καὶ πείσεις· οὐ γὰρ δή που
τοῦτό γε τλητὸν παρέσυρας ἔπος.
Πῶς με κελεύεις κακότητ' ἀσκεῖν,
μετὰ τοῦδ' ὅ τι χρὴ πάσχειν ἐθέλω·
τοὺς προδότας γὰρ μισεῖν ἔμαθον,
κοὐκ ἔστι νόσος
  τῆσδ' ἥντιν' ἀπέπτυσα μᾶλλον.

que le flot de la mer, en ses rauques grondements, monte au ciel, gigantesque jetée sur le chemin des astres. Qu'au noir Tartare enfin abîmé, Zeus lance mon corps emporté en un vertige sans fin, irrésistible. Pas plus je n'en mourrai.

HERMÈS. Oui, c'est bien là d'un cœur insensé les entêtements, le langage ; véritable folie, rien n'y manque. Sa fureur est toujours la même. (Aux Océanides.) Pour vous, qu'émeuvent ses souffrances, d'ici retirez-vous au plus tôt. — Gardez que votre âme ne se consterne, ne s'effare à l'effroyable mugissement du tonnerre.

LE CHŒUR. Autrement parle-moi, conseille-moi, si tu me veux docile. — Révoltantes paroles en effet que les tiennes. — Comment toi-même me pousser à l'infamie? — Avec Prométhée, quoi qu'il arrive, moi je suis décidée à souffrir. — Ah! de longtemps je suis faite à la haïr, la trahison, de toutes les maladies la plus répugnante à mes yeux.

| | |
|---|---|
| ῥοθίῳ τραχεῖ | par un courant impétueux |
| διόδους | les routes-entrecroisées |
| τῶν ἄστρων οὐρανίων· | des astres célestes ; |
| ῥίψειέ τε ἄρδην | et qu'il précipite entièrement |
| τὸ ἐμὸν δέμας | mon corps |
| ἐς κελαινὸν Τάρταρον | dans le noir Tartare [sité ; |
| στερραῖς δίναις ἀνάγκης· | par les durs tourbillons de la néces- |
| οὐ θανατώσει γε ἐμὲ πάντως. | certes il ne me tuera pas du-tout. |
| ΕΡΜΗΣ. Ἔστι μέντοι | HERMÈS. Il est-possible donc |
| ἀκοῦσαι τοιάδε βουλεύματα | d'entendre de tels projets |
| ἔπη τε | et de *tels* discours |
| τῶν φρενοπλήκτων. | des insensés. |
| Τί γὰρ εὐχὴ τοῦδε | Car en quoi le souhait de celui-ci |
| ἐλλείπει | reste-t-il en arrière |
| μὴ παραπαίειν ; | du être-en délire ? |
| τί χαλᾷ μανιῶν ; | que relâche-t-il de *ses* fureurs ? |
| Ἀλλὰ οὖν ὑμεῖς γε, | Mais vous donc du-moins, |
| αἱ συγκάμνουσαι | qui compatissez |
| ταῖς πημοσύναις τοῦδε, | aux malheurs de celui-ci, [tement |
| μεταχωρεῖτέ ποι θοῶς | éloignez-vous quelque-part promp- |
| ἐκ τῶνδε τόπων, | de ces lieux-ci, [table |
| μὴ μύκημα ἀτέραμνον | de-peur-que le mugissement intrai- |
| βροντῆς | du tonnerre [de vous. |
| ἠλιθιώσῃ φρένας ὑμῶν. | ne stupéfie les esprits |
| ΧΟΡΟΣ. Φώνει | LE CHŒUR. Dis |
| καὶ παραμυθοῦ με | et conseille-moi |
| τι ἄλλο | quelque autre chose |
| ὅ τι καὶ πείσεις· | qu'aussi tu puisses persuader ; |
| οὐ γὰρ δή που παρέσυρας | car certes tu n'as guère proféré |
| τοῦτό γε ἔπος | cette parole du-moins |
| τλητόν. | supportable. |
| Πῶς με κελεύεις | Comment m'ordonnes-tu |
| ἀσκεῖν κακότητα ; | de commettre une infamie ? |
| Ἐθέλω πάσχειν μετὰ τοῦδε | Je veux souffrir avec celui-ci |
| ὅ τι χρή· | ce qu'il faut *souffrir ;* |
| ἔμαθον γὰρ μισεῖν τοὺς προδότας, | car j'ai appris à haïr les traîtres |
| καὶ οὐκ ἔστι νόσος, | et il n'y a pas de maladie |
| ἥντινα ἀπέπτυσα μᾶλλον | que j'abhorre plus |
| τῆσδε. | que celle-là. |

ΕΡΜΗΣ.
'Αλλ' οὖν μέμνησ' ἁγὼ προλέγω·
μηδὲ πρὸς ἄτης θηραθεῖσαι
μέμψησθε τύχην, μηδέ ποτ' εἴπηθ'
ὡς Ζεὺς ὑμᾶς εἰς ἀπρόοπτον
πῆμ' εἰσέβαλεν· μὴ δῆτ', αὐταὶ δ'
ὑμᾶς αὐτάς. Εἰδυῖαι γὰρ
κοὐκ ἐξαίφνης οὐδὲ λαθραίως
εἰς ἀπέραντον δίκτυον ἄτης
  ἐμπλεχθήσεσθ' ὑπ' ἀνοίας.
                    ΠΡΟΜΗΘΕΥΣ.
Καὶ μὴν ἔργῳ κοὐκέτι μύθῳ
χθὼν σεσάλευται·
βρυχία δ' ἠχὼ παραμυκᾶται
βροντῆς, ἕλικες δ' ἐκλάμπουσι
στεροπῆς ζάπυροι, στρόμβοι δὲ κόνιν
εἱλίσσουσι· σκιρτᾷ δ' ἀνέμων
πνεύματα πάντων εἰς ἄλληλα
στάσιν ἀντίπνουν ἀποδεικνύμενα·
ξυντετάρακται δ' αἰθὴρ πόντῳ.
Τοιάδ' ἐπ' ἐμοὶ ῥιπὴ Διόθεν

HERMÈS. Rappelez-vous du moins que je vous ai prévenues. Une fois la proie de la fatalité, ni ne vous en prenez à la fortune, ni ne dites que Zeus, par surprise, au malheur vous a jetées. De vous-mêmes, vous y aurez couru, tête baissée et en connaissance de cause, sans coup imprévu, sans pièges, à jamais au filet du malheur prises par votre propre folie. (Hermès disparait.)
Epouvantable orage autour du rocher de Prométhée; ciel en feu, vents déchaînés, horrible fracas du tonnerre.
PROMÉTHÉE. Oui, c'est une réalité, non plus seulement une menace. La terre s'agite, sursaute. — De sa rauque voix le tonnerre mugit. — Les longues spirales s'allument, les spirales de l'éclair tout en feu, et les tourbillons de poussière montent en tournoyant. — Voilà tous les vents qui bondissent, de leur souffle l'un contre l'autre portés, se heurtent dans une fratricide mêlée. — Tout se confond, le ciel, le flot. — Ah! c'est contre moi de Zeus l'assaut suprême, qui visiblement me jette à ces

## PROMÉTHÉE ENCHAINÉ. 93

| | |
|---|---|
| ΕΡΜΗΣ. Ἀλλὰ οὖν | HERMÈS. Mais donc |
| μέμνησθε | souvenez-vous |
| ἃ ἐγὼ προλέγω· | de *ce que je vous* dis-d'-avance ; |
| μηδὲ θηραθεῖσαι | ni atteintes |
| πρὸς ἄτης | par le malheur |
| μέμψησθε τύχην, | n'accusez le sort, |
| μηδέ ποτε εἴπητε | ni ne dites jamais |
| ὡς Ζεὺς ὑμᾶς εἰσέβαλεν | que Zeus vous a jetées |
| εἰς πῆμα ἀπρόοπτον· | dans un malheur imprévu ; |
| μὴ δῆτα, | non vraiment, |
| αὐταὶ δὲ | mais *vous*-mêmes |
| ὑμᾶς αὐτάς. | *y jetez* vous-mêmes. |
| Εἰδυῖαι γὰρ | Car *le* sachant |
| καὶ οὐκ ἐξαίφνης, | et non subitement, |
| οὐδὲ λαθραίως, | ni clandestinement |
| ἐμπλεχθήσεσθε | vous serez enveloppées |
| ὑπὸ ἀνοίας | par imprudence |
| εἰς δίκτυον ἀπέραντον | dans le filet inextricable |
| ἄτης. | du malheur. |
| ΠΡΟΜΗΘΕΥΣ. Καὶ μὴν ἔργῳ | PROMÉTHÉE. Et certes par le fait |
| καὶ οὐκ ἔτι μύθῳ, | et non plus en parole |
| χθὼν σεσάλευται, | la terre est agitée, |
| ἠχὼ δὲ βρυχία βροντῆς | et l'écho rugissant du tonnerre |
| παραμυκᾶται, | l'accompagne-en-mugissant, |
| ἕλικες δὲ ζάπυροι | et les replis enflammés |
| στεροπῆς | de la foudre |
| ἐκλάμπουσι, | brillent, |
| στρόμβοι δὲ | et des tourbillons |
| εἱλίσσουσι κόνιν· | font-rouler la poussière |
| πνεύματα δὲ | et les souffles |
| πάντων ἀνέμων | de tous les vents |
| σκιρτᾷ | bondissent, |
| ἀποδεικνύμενα στάσιν | faisant-éclater une sédition |
| ἀντίπνουν | qui souffle-en-sens-contraire |
| εἰς ἄλληλα, | des-uns-contre-les-autres, |
| αἰθὴρ δὲ ξυντετάρακται | et l'air se confond-avec |
| πόντῳ. | la mer. |
| Τοιάδε ῥιπὴ | Une telle tempête |
| στείχει φανερῶς Διόθεν | vient évidemment de-Zeus |

## ΠΡΟΜΗΘΕΥΣ ΔΕΣΜΩΤΗΣ.

τεύχουσα φόβον στείχει φανερῶς.
Ὦ μητρὸς ἐμῆς σέβας¹, ὦ πάντων
αἰθὴρ κοινὸν φάος εἰλίσσων,
  ἐσορᾷς μ' ὡς ἔκδικα πάσχω.

épouvantements. — O ma mère, mon culte! — O ciel, commune lumière où roule l'immensité, voyez ce que je souffre pour la justice.

| | |
|---|---|
| ἐπὶ ἐμοὶ | contre moi, |
| τευχοῦσα | (m'inspirant) pour m'inspirer |
| φόβον. | de la terreur. |
| Ὦ σέβας ἐμῆς μητρός, | O divinité-vénérable de ma mère, |
| ὦ αἰθὴρ, | ô éther, |
| εἰλίσσων φάος | qui-fais-rouler la lumière |
| κοινὸν πάντων, | commune à tous, |
| ἐσορᾷς με, | tu vois moi |
| ὡς πάσχω | comme je souffre |
| ἔκδικα. | des choses injustes. |

# ARGUMENT ANALYTIQUE

## DES PERSES.

Le sujet de la pièce est la défaite des Perses à Salamine.

Le lieu de la scène est à Suse; on voit au fond le palais des rois de Perse, et sur un côté le tombeau de Darios.

Les grands de l'empire, chargés par le roi de veiller en son absence sur le pays, ceux qu'on appelait les *Fidèles*, forment le Chœur et exposent la pièce. Ils ne connaissent pas encore la défaite; mais l'absence de toute nouvelle les inquiète. Ils tremblent qu'un dieu jaloux ne veuille punir Xerxès de son insatiable ambition.

La reine mère paraît en grande pompe sur un char ou un palanquin. Un songe l'a alarmée; elle a cru voir Xerxès essayer d'atteler au même joug l'Asie et la Grèce et échouer misérablement dans cette tentative. Elle vient consulter les vieillards sur cette vision et sur d'autres signes également effrayants.

La catastrophe ainsi pressentie et présagée ne tarde pas à être annoncée positivement. Un mes-

## ARGUMENT ANALYTIQUE.

sager apporte la nouvelle de la destruction de la flotte et de l'armée. Aux effusions de douleur, aux cris plaintifs succèdent des questions de la reine, et le messager raconte en détail la bataille de Salamine. Un chant du Chœur déplore ce désastre : la reine, qui était rentrée dans le palais, revient à pied et sans suite, pour offrir des libations sur le tombeau de Darios.

Les vieillards, par un chant plaintif et solennel, évoquent ce grand roi, aussi heureux que sage. L'ombre de Darios apparaît, la tiare sur la tête. Après avoir appris la cause des lamentations qui l'ont fait revenir à la lumière, ce prince reconnaît que l'orgueil et l'impiété de son fils ont hâté l'accomplissement des oracles. Il annonce aux Perses de nouveaux désastres, et leur recommande la sagesse et l'humilité.

L'ombre disparue, le Chœur regrette la grandeur de la Perse sous Darios. L'abaissement de l'empire est rendu encore plus sensible par le spectacle de Xerxès qui revient seul, et qui pleure avec ses vieux conseillers sur une chute si profonde.

# ΠΕΡΣΑΙ

## I. L'EXPOSITION DU DRAME.
(Vers 1-140)

ΧΟΡΟΣ.

Τάδε μὲν Περσῶν τῶν οἰχομένων
Ἑλλάδ' ἐς αἶαν πιστὰ καλεῖται,
καὶ τῶν ἀφνεῶν καὶ πολυχρύσων,
ἑδράνων φύλακες,
κατὰ πρεσβείαν [1] οὓς αὐτὸς ἄναξ
Ξέρξης βασιλεὺς Δαρειογενής
εἵλετο χώρας ἐφορεύειν.
Ἀμφὶ δὲ νόστῳ τῷ βασιλείῳ
καὶ πολυχρύσου στρατιᾶς ἤδη
κακόμαντις ἄγαν ὀρσολοπεῖται
θυμὸς ἔσωθεν.
Πᾶσα γὰρ ἰσχὺς Ἀσιατογενὴς
ᾤχωκε· νέον δ' ἄνδρα βαΰζει [2],
κοὔτε τις ἄγγελος οὔτε τις ἱππεὺς
ἄστυ τὸ Περσῶν ἀφικνεῖται·
οἵτε τὸ Σούσων ἠδ' Ἀγβατάνων
καὶ τὸ παλαιὸν Κίσσιον [3] ἕρκος

I

LE CHOEUR, *rangé devant le palais.* Ceci, c'est ce qu'on appelle les Fidèles, de ces opulentes demeures, de ce palais de tant d'or les gardiens, à cause de leur dignité, pour veiller sur la contrée, choisis par le prince Xerxès lui-même, ce roi fils de Darios, parti avec ses Perses pour la terre d'Hellade. — Aussi à la pensée du roi, de son retour, de celui de l'armée aux armures d'or, trop sinistre prophète, notre cœur tressaille d'angoisse au dedans de nous. Tout entière, en effet, la force héroïque, née de l'Asie, s'en est allée, cette jeunesse aujourd'hui à grands cris réclamée, et ni messager ni cavalier ne paraît dans la capitale des Perses. — De Suse, d'Ecbatane, de Cissia, la vieille forteresse, ils nous

# LES PERSES

## I. L'EXPOSITION DU DRAME.

| | |
|---|---|
| ΧΟΡΟΣ. Τάδε μὲν | LE CHŒUR. Ceci d'une part |
| καλεῖται πιστὰ Περσῶν | est appelé les fidèles d'entre les |
| τῶν οἰχομένων | ceux étant partis [Perses |
| ἐς αἶαν Ἑλληνίδα, | dans la terre grecque, |
| καὶ φύλακες τῶν ἑδράνων | et les gardiens de ces demeures |
| ἀφνεῶν καὶ πολυχρύσων, | opulentes et pleines-d'or, |
| οὓς ἄναξ αὐτὸς | lesquels *gardiens* le prince même |
| βασιλεὺς Ξέρξης Δαρειογενὴς | le roi Xerxès fils-de-Darios |
| εἵλετο κατὰ πρεσβείαν | a choisis en-raison-de la dignité |
| ἐφορεύειν χώρας. | *pour* veiller-sur le pays. |
| Ἀμφὶ δὲ νόστῳ | D'autre part au-sujet du retour |
| τῷ βασιλείῳ | celui du-roi |
| καὶ στρατιᾶς πολυχρύσου | et de l'armée couverte-d'or |
| θυμὸς κακόμαντις | *mon* cœur sinistre-prophète |
| ὀρσολοπεῖται ἤδη ἄγαν | est troublé maintenant excessive- |
| ἔσωθεν. | en-dedans. [ment |
| Πᾶσα γὰρ ἰσχὺς | Car toute la force |
| Ἀσιατογενὴς | née-en-Asie |
| ᾤχωκε· | s'en est allée ; [grands-cris |
| βαΰζει δὲ | et *la ville des Perses* demande-à- |
| ἄνδρα νέον, | homme jeune (sa jeunesse), |
| καὶ οὔτε τις ἄγγελος | et ni quelque messager |
| οὔτε τις ἱππεὺς | ni quelque cavalier |
| ἀφικνεῖται τὸ ἄστυ Περσῶν, | n'arrive dans la ville des Perses, |
| οἵτε ἔβαν | et ceux qui sont partis |
| προλιπόντες | ayant abandonné |
| τὸ Σούσων | la *ville* de Suse |
| ἠδὲ Ἀγβατάνων | et *celle* d'Ecbatane |
| καὶ τὸ παλαιὸν ἕρκος | et l'ancien rempart |

προλιπόντες ἔβαν,
οἱ μὲν ἐφ' ἵππων, οἱ δ' ἐπὶ ναῶν,
πεζοί τε βάδην
　πολέμου στῖφος παρέχοντες·
οἷος Ἀμίστρης ἠδ' Ἀρταφρένης
καὶ Μεγαβάτης ἠδ' Ἀστάσπης,
ταγοὶ Περσῶν,
βασιλῆς βασιλέως ὕποχοι μεγάλου,
σοῦνται, στρατιᾶς πολλῆς ἔφοροι,
τοξοδάμαντές τ' ἠδ' ἱπποβάται,
φοβεροὶ μὲν ἰδεῖν, δεινοὶ δὲ μάχην
　ψυχῆς εὐτλήμονι δόξῃ·
Ἀρτεμβάρης θ' ἱππιοχάρμης
καὶ Μασίστης, ὅ τε τοξοδάμας
ἐσθλὸς Ἰμαῖος, Φαρανδάκης θ',
　ἵππων τ' ἐλατὴρ Σοσθάνης.
Ἄλλους δ' ὁ μέγας καὶ πολυθρέμμων
Νεῖλος ἔπεμψεν· Σουσισκάνης [1],
Πηγασταγὼν Αἰγυπτογενής,
ὅ τε τῆς ἱερᾶς Μέμφιδος ἄρχων
μέγας Ἀρσάμης, τάς τ' ὠγυγίους
Θήβας ἐφέπων Ἀριόμαρδος,
καὶ ἑλειοβάται [2] ναῶν ἐρέται
　δεινοὶ πλῆθός τ' ἀνάριθμοι.
Ἁβροδιαίτων δ' ἕπεται Λυδῶν

ont quittés, qui sur des chevaux, qui sur des navires, puis les fantassins à pied, formidable ligne de bataille. C'étaient Amistrès, puis Artaphrénès; et Mégabatès, et Astaspès, princes des Perses, rois lieutenants du grand roi, chefs de troupes nombreuses, archers redoutés, brillants cavaliers, de terrible aspect, d'élan foudroyant en la mêlée. — Après eux ce fut Artembarès, si fou de ses chevaux; Masistrès; Imæos, un vaillant, un merveilleux archer; Pharandacès; Sosthanès enfin, si souple à manier un attelage. — D'autres sont venus du Nil, le grand nourricier: Susiscanès; Pégastagon, un enfant de l'Égypte; le gouverneur de Memphis la ville sainte, le noble Arsamès; le prince de l'antique Thèbes, Ariomardos; et puis du fond de leurs marais les incomparables rameurs, en nombre infini. — A leur suite des volup-

| | |
|---|---|
| Κίσσιον, | Cissien, |
| οἱ μὲν ἐπὶ ἵππων, | les uns sur des chevaux, |
| οἱ δὲ ἐπὶ ναῶν, | les autres sur des vaisseaux, |
| πεζοί τε βάδην | et (les autres) fantassins à-pied |
| παρέχοντες στῖφος πολέμου· | fournissant le gros de la guerre ; |
| οἷος σοῦνται | tel (tels) que s'élancent |
| Ἀμίστρης ἠδὲ Ἀρταφρένης, | Amistrès et Artaphrénès, |
| καὶ Μεγαβάτης ἠδὲ Ἀστασπής | et Mégabatès et Astaspés, |
| ταγοὶ Περσῶν, | chefs des Perses, |
| βασιλῆς ὕποχοι | rois sujets |
| μεγάλου βασιλέως, | du grand roi, [ses, |
| ἔφοροι στρατιᾶς πολλῆς, | commandants de troupes nombreu- |
| τοξοδάμαντές τε | et archers |
| ἠδὲ ἱπποβάται | et cavaliers, |
| φοβεροὶ μὲν ἰδεῖν, | d'une part terribles à voir, |
| δεινοὶ δὲ μάχην | d'autre part redoutables au combat |
| δόξῃ εὐτλήμονι | par le renom courageux |
| ψυχῆς· | de *leur* âme ; [val |
| Ἀρτεμβάρης τε ἱππιοχάρμης | et Artembarès qui combat-à-che- |
| καὶ Μασίστης, | et Masistès, |
| ὅ τε ἐσθλὸς τοξοδάμας | et le bon archer |
| Ἰμαῖος, | Imæos, |
| Φαρανδάκης τε, | et Pharandacès, [vaux. |
| Σοσθάνης τε ἐλατὴρ ἵππων. | et Sosthanès conducteur de che- |
| Ὁ δὲ μέγας καὶ πολυθρέμμων | D'autre part le grand et fécond |
| Νεῖλος | Nil |
| ἔπεμψεν ἄλλους· | *en* a envoyé d'autres : |
| Σουσισκάνης, | Susiscanès, |
| Πηγασταγὼν Αἰγυπτογενής, | Pégastagon né-en-Égypte, |
| ὅ τε ἄρχων | et le gouverneur |
| τῆς ἱερᾶς Μέμφιδος, | de la sacrée Memphis, |
| μέγας Ἀρσάμης, | le grand Arsamès, |
| Ἀριόμαρδός τε ἐφέπων | et Ariomardos administrant |
| τὰς ὠγυγίους Θήβας, | l'antique Thèbes, [les-marais |
| καὶ ἑλειοβάται | et des *hommes* qui-naviguent-dans- |
| δεινοὶ ἐρέται ναῶν | habiles rameurs des vaisseaux |
| ἀνάριθμοί τε πλῆθος. | et innombrables en quantité. |
| Ὄχλος δὲ Λυδῶν ἀβροδιαίτων | Et la foule des Lydiens voluptueux |
| ἔπεται, | suit |

ὄχλος, οἵτ' ἐπίπαν ἠπειρογενὲς
κατέχουσιν ἔθνος, τοὺς Μιτρογάθης
Ἀρκτεύς τ' ἀγαθὸς, βασιλῆς δίοποι,
καὶ πολύχρυσοι Σάρδεις ἐπόχους
πολλοῖς ἅρμασιν ἐξορμῶσιν,
δίρρυμά τε καὶ τρίρρυμα τέλη,
    φοβερὰν ὄψιν προσιδέσθαι.
Στεῦται δ' ἱεροῦ Τμώλου πελάτας [1]
ζυγὸν ἀμφιβαλεῖν δούλιον Ἑλλάδι,
Μάρδων, Θάρυβις, λόγχης ἄκμονες [2],
καὶ ἀκοντισταὶ Μυσοί. Βαβυλὼν δ'
ἡ πολύχρυσος πάμμικτον ὄχλον
πέμπει σύρδην ναῶν τ' ἐπόχους
καὶ τοξουλκῷ λήματι πιστούς·
τὸ μαχαιροφόρον [3] τ' ἔθνος ἐκ πάσης
Ἀσίας ἕπεται
    δειναῖς βασιλέως ὑπὸ πομπαῖς.
Τοιόνδ' ἄνθος Περσίδος αἴας
οἴχεται ἀνδρῶν,
οὓς πέρι πᾶσα χθὼν Ἀσιᾶτις
θρέψασα πόθῳ στένεται μαλερῷ,
τοκέες τ' ἄλοχοί θ' ἡμερολεγδὸν
    τείνοντα χρόνον τρομέονται.

tueux Lydiens voici la foule, tous les peuples du continent asiatique, ceux de Mitrogathès et ceux d'Arctée, un autre héros, deux satrapes rois. La ville de l'or, Sardes, les lance sur leurs mille chars à deux, à trois rangs de chevaux, coup d'œil imposant à troubler le regard. — Ils se promettent de passer à l'Hellade le joug de l'esclavage, ceux qui habitent au pied du Tmolos, la montagne sainte; Mardon, Tharybis, toujours la lance au poing, et leurs Mysiens armés d'épieux. — De Babylone la riche c'est un torrent, une masse confuse; matelots, archers éprouvés et sûrs de leurs coups. De toute l'Asie enfin le peuple armé d'épées s'ébranle à la voix redoutable de son roi. — Ainsi de la terre de Perse s'en est allée la fleur de ses soldats, et partout, sur le sol nourricier d'Asie, ce sont des regrets amers, des gémissements. Les pères, les femmes, comptent en tremblant les jours d'une absence qui se prolonge.

| | |
|---|---|
| οἵτε ἔθνος | et ceux qui nation |
| ἐπίπαν ἠπειρογενὲς | complètement continentale |
| κατέχουσιν, | habitent *loin de la mer*, |
| τοὺς Μιτρογάθης | lesquels Mitrogathès |
| ἀγαθός τε Ἀρκτεύς, | et le vaillant Arctée, |
| βασιλῆς δίοποι, | rois commandants, |
| καὶ Σάρδεις πολύχρυσοι | et Sardes riche-en-or |
| ἐξορμῶσιν ἐπόχους | envoient montés-sur |
| πολλοῖς ἅρμασι, | beaucoup de chars, |
| τέλη δίρρυμά τε | rangs et à-deux-timons |
| καὶ τρίρρυμα, | et à-trois-timons, |
| ὄψιν φοβερὰν προσιδέσθαι. | spectacle effrayant à voir. |
| Πελάτας δὲ Τμώλου ἱεροῦ | Et le voisin du Tmolos sacré |
| στεῦται ἀμφιβαλεῖν | se fait-fort de jeter-autour |
| Ἑλλάδι | de la Grèce |
| ζυγὸν δούλιον, | le joug servile, |
| Μάρδων, Θάρυβις, | *à savoir* Mardon, Tharybis, |
| ἄκμονες | enclumes de (infatigables à manier) |
| λόγχης, | la lance [javelot. |
| καὶ Μυσοὶ ἀκοντισταί. | et les Mysiens habiles-à-lancer-le |
| Βαβυλὼν δὲ ἡ πολύχρυσος | Et Babylone la *ville* riche-en-or |
| πέμπει σύρδην | envoie en-bandes-traînantes |
| ὄχλον πάμμικτον | une foule confuse, |
| ἐπόχους τε ναῶν | et des monteurs de navires |
| καὶ πιστοὺς | et des *hommes* confiants |
| λήματι τοξουλκῷ· | dans *leur* ardeur à-bander-l'arc ; |
| τό τε ἔθνος μαχαιροφόρον | et la nation armée-de-l'épée |
| ἕπεται ἐκ πάσης Ἀσίας | suit *venue* de toute l'Asie |
| ὑπὸ πομπαῖς δειναῖς | sous les ordres redoutables |
| βασιλέως. | du roi. |
| Τοιόνδε ἄνθος ἀνδρῶν | Une telle fleur (élite) d'hommes |
| οἴχεται αἴας Περσίδος, | est partie de la terre perse, |
| περὶ οὓς | au sujet desquels |
| πᾶσα χθὼν Ἀσιᾶτις | toute la terre asiatique |
| θρέψασα | qui *les* a nourris |
| στένεται πόθῳ μαλερῷ, | se-lamente par un regret violent, |
| τοκέες τε ἄλοχοί τε | et les parents et les épouses |
| τρέμονται ἡμερολεγδὸν | redoutent en-comptant-les-jours |
| χρόνον τείνοντα. | le temps qui se-prolonge. |

ΠΕΡΣΑΙ

Πεπέρακεν μὲν ὁ περσέπτολις ἤδη              [Strophe 1.]
βασίλειος στρατὸς εἰς ἀν-
τίπορον γείτονα χώραν,
λινοδέσμῳ σχεδίᾳ πορθμὸν ἀμείψας
Ἀθαμαντίδος Ἕλλας¹,
πολύγομφον ὄδισμα
ζυγὸν ἀμφιβαλὼν αὐχένι πόντου.

Πολυάνδρου δ' Ἀσίας θούριος ἄρχων           [Antistrophe 1.]
ἐπὶ πᾶσαν χθόνα ποιμα-
νόριον θεῖον ἐλαύνει
διχόθεν, πεζονόμοις ἔκ τε θαλάσσας²
ἐχυροῖσι πεποιθὼς
στυφελοῖς ἐφέταις, χρυ-
σογόνου γενεᾶς³ ἰσόθεος φώς.

Κυανοῦν δ' ὄμμασι λεύσσων                    [Strophe 2.]
φονίου δέργμα δράκοντος,
πολύχειρ καὶ πολυναύτας,
Σύριόν⁴ θ' ἅρμα διώκων,
ἐπάγει δουρικλύτοις ἀν-
δράσι τοξόδαμνον Ἄρη.

Δόκιμος οὔτις ὑποστὰς                        [Antistrophe 2.]
μεγάλῳ ῥεύματι φωτῶν

*Strophe* 1. (Le Chœur gagne la gauche de l'hyposcène.) La voici déjà en face, sur l'autre rive, la royale armée, terreur des cités. Sur un pont improvisé, sur des bateaux par le lin reliés entre eux, elle a franchi le détroit de la fille d'Athamas, le détroit d'Hellé, par la route aux clous d'airain, joug immense passé au cou de la mer.

*Antistrophe* 1. (Le Chœur revient à droite dans l'hyposcène.) De la populeuse Asie le maître fougueux, par deux chemins, à tous les points de la terre pousse ses masses écrasantes. Confiant dans ses fantassins, et du côté de la mer appuyé sur ses lieutenants, inébranlables boulevards, on dirait un dieu, ce héros, fils de la pluie d'or.

*Strophe* 2. (Le Chœur passe à gauche de l'hyposcène.) Le sinistre éclair aux yeux, dragon au regard sanglant, il a des millions de bras, des milliers de navires, et, du haut de son char syrien, il précipite sur les héros de la lance l'Arès à l'arc redouté.

*Antistrophe* 2. (Le Chœur revient vers la droite de l'hyposcène.) Il n'est pas de héros pour arrêter l'immense torrent d'hommes, pas de

| | |
|---|---|
| Ὁ μὲν στρατὸς βασίλειος | D'une part l'armée royale |
| περσέπτολις | destructrice-de-villes |
| πεπέρακεν ἤδη | a passé déjà |
| εἰς χώραν γείτονα | dans une contrée voisine |
| ἀντίπορον, | située-sur-la-rive-opposée, |
| ἀμείψας | ayant franchi |
| σχεδίᾳ | sur un pont-improvisé |
| λινοδέσμῳ | attaché-avec-du-lin |
| πορθμὸν Ἕλλας | le détroit d'Hellé |
| Ἀθαμαντίδος, | fille-d'Athamas, |
| ἀμφιβαλὼν | ayant jeté-autour |
| αὐχένι πόντου | de la nuque de la mer |
| ζυγὸν | *comme* joug, |
| ὅδισμα | une route |
| πολύγομφον. | fixée-par-de-nombreux-clous. |
| Θούριος δὲ ἄρχων | D'autre part le fougeux chef |
| πολυάνδρου Ἀσίας | de la populeuse Asie |
| ἐλαύνει ἐπὶ πᾶσαν χθόνα | pousse sur toute la terre |
| ποιμανόριον | un troupeau *d'hommes* |
| θεῖον | divin (prodigieux) |
| διχόθεν, | de-deux-côtés |
| πεποιθὼς πεζονόμοις | se-fiant aux fantassins |
| ἔκ τε θαλάσσας | et du-côté de la mer |
| ἐφέταις ἐχυροῖσι στυφελοῖς, | à des chefs solides *et* fermes, |
| φὼς ἰσόθεος | *lui* mortel égal-aux-dieux |
| γενεᾶς χρυσογόνου. | de la race issue-d'une-pluie-d'or. |
| Λεύσσων δὲ ὄμμασι | Et lançant de *ses* yeux |
| δέργμα κυανοῦν | un regard sombre |
| δράκοντος φονίου, | de dragon meurtrier, |
| πολύχειρ | ayant-beaucoup-de-bras |
| καὶ πολυναύτας | et *ayant*-beaucoup-de-vaisseaux |
| διώκων τε ἅρμα Σύριον | et poussant un char syrien |
| ἐπάγει ἀνδράσι | il conduit-contre des hommes |
| δουρικλύτοις | renommés-par-la-lance |
| Ἄρη | Arès (une armée) |
| τοξόδαμνον. | qui-dompte-avec-l'arc. |
| Οὔτις δὲ δόκιμος | Et personne n'*est* capable |
| ὑποστὰς μεγάλῳ ῥεύματι | résistant à *ce* grand torrent |
| φωτῶν | de mortels |

ΠΕΡΣΑΙ.

ἐχυροῖς ἕρκεσιν εἴργειν
ἄμαχον κῦμα θαλάσσας·
ἀπρόσοιστος γὰρ ὁ Περσᾶν
στρατὸς ἀλκίφρων τε λαός.

Δολόμητιν δ' ἀπάταν θεοῦ [Strophe 3.]
τίς ἀνὴρ θνατὸς ἀλύξει;
τίς ὁ κραιπνῷ ποδὶ πηδή-
ματος εὐπετέος ἀνάσσων;

Φιλόφρων γὰρ παρασαίνει [Antistrophe 3.]
βροτὸν εἰς ἄρκυας Ἄτα[1],
τόθεν οὐκ ἔστιν ὑπὲρ θνα-
τὸν ἀλύξαντα φυγεῖν.

Θεόθεν γὰρ κατὰ Μοῖρ' [Strophe 4.]
ἐκράτησεν[2] τὸ παλαι-
ὸν, ἐπέσκηψε δὲ Πέρσαις
πολέμους πυργοδαΐκτους
διέπειν ἱππιοχάρμας
τε κλόνους πόλεων τ' ἀναστάσεις.

Ἔμαθον δ' εὐρυπόροι- [Antistrophe 4.]
ο θαλάσσας πολιαι-
νομένας πνεύματι λάβρῳ
ἐσορᾶν πόντιον ἄλσος,
πίσυνοι λεπτοδόμοις πεί-
σμασι λεωπόροις τε μαχαναῖς.

Ταῦτά μου μελαγχίτων [Strophe 5.]

digue victorieuse à faire reculer la houle invincible. Irrésistible est l'armée de la Perse, et de cœur vaillant son peuple.

*Strophe* 3. Mais aux pièges de la trompeuse déesse, quel homme, quel mortel est sûr d'échapper? quel pied assez leste pour s'en dégager d'un bond victorieux?

*Antistrophe* 3. Elle nous flatte, caressante d'abord, nous attire en ses filets. Une fois là rien n'y peut, pour un mortel plus d'issue.

*Strophe* 4. (Le Chœur se remet en mouvement vers la gauche.) La volonté du ciel, une antique fatalité pousse les Perses au combat, à l'escalade des tours, à l'ivresse des charges de cavalerie, à la dévastation des villes.

*Antistrophe* 4. (Le Chœur revient vers la droite de l'hyposcène.) Ils sont faits à l'infini de la mer, blanchissant sous les vents déchaînés, à cette forêt des flots, que tranquillement ils contemplent, confiants en leurs frêles cordages, en leurs engins à transporter les peuples.

*Strophe* 5. (Le Chœur gagne la gauche de l'hyposcène.) Aussi plein de

| | |
|---|---|
| εἴργειν ἐχυροῖς ἔρκεσιν | de contenir par de solides barrières |
| κῦμα ἄμαχον θαλάσσας· | le flot irrésistible de la mer ; |
| ὁ γὰρ στρατὸς Περσᾶν | car l'armée des Perses |
| ἀπρόσοιστος | *est* irrésistible |
| λαός τε | et le peuple |
| ἀλκίφρων. | *est* de-cœur-vaillant. |
| Τίς δὲ ἀνὴρ θνατὸς | Mais quel homme mortel |
| ἀλύξει ἀπάταν δολόμητιν | évitera la tromperie perfide |
| θεοῦ; | de la divinité ? |
| τίς ὁ ἀνάσσων | quel *est* celui s'élançant |
| ποδὶ κραιπνῷ | avec le pied rapide (la rapidité) |
| πηδήματος εὐπετέος ; | d'un bond agile ? |
| Ἄτα γὰρ | Car Até |
| φιλοφρόνων | bienveillante |
| παρασαίνει | attire-par-des-caresses |
| βροτὸν | le mortel |
| ἐς ἄρκυας, | dans *ses* filets, |
| τόθεν οὐκ ἔστι | d'où il n'est pas-possible |
| θνατὸν ἀλύξαντα | un mortel s'étant échappé |
| φυγεῖν ὑπέρ. | fuir par-dessus. |
| Θεόθεν γὰρ | Car par la-volonté-des-dieux |
| Μοῖρα κατεκράτησεν | la fatalité a prévalu |
| τὸ παλαιὸν, | dans l'antiquité, |
| ἐπέσκηψε δὲ Πέρσαις | et a imposé aux Perses |
| διέπειν πολέμους | de s'occuper des guerres |
| πυργοδαΐκτους | aux-tours-renversée, |
| κλόνους τε ἱππιοχάρμας | et des mêlées équestres |
| ἀναστάσεις τε πόλεων. | et des destructions de villes. |
| Ἔμαθον δὲ | Et ils ont appris |
| ἐσορᾶν | à voir-en-face |
| ἄλσος πόντιον | le pré-sacré maritime |
| θαλάσσας εὐρυπόροιο | de la mer immense |
| πολιαινομένας | qui blanchit |
| πνεύματι λάβρῳ, | par un vent violent, |
| πίσυνοι | se-fiant |
| πείσμασι λεπτοδόμοις | à des cordages frêles |
| μαχαναῖς τε | et à des inventions |
| λεωπόροις. | qui-transportent-les-peuples. |
| Ταῦτα | Pour cela |

## ΠΕΡΣΑΙ.

φρὴν ἀμύσσεται φόβῳ
ὀᾶ ὀᾶ Περσικοῦ στρατεύματος,
τούσδε μὴ στόνους πύθη-
ται κένανδρον μέγ' ἄστυ Σουσίδος,

καὶ τὸ Κισσίων πόλισμ'          [Antistrophe 5.[
ἀντίδουπον ἔσσεται [1],
ὀᾶ ὀᾶ, τοῦτ' ἔπος γυναικοπλη-
θὴς ὅμιλος ἀπύων,
βυσσίνοις δ' ἐν πέπλοις πέσῃ [2] λακίς.

Πᾶς γὰρ ἱππηλάτας καὶ πεδοστιβὴς λεὼς    [Strophe 6.]
σμῆνος ὡς ἐκλέλοιπεν μελισ-
σᾶν σὺν ὀρχάμῳ στρατοῦ,
τὸν ἀμφίζευκτον ἐξαμείψας
ἀμφοτέρας ἅλιον
πρῶνα κοινὸν αἴας.

Λέκτρα δ' ἀνδρῶν ὁδῷ[3] πίμπλαται δακρύμασιν·  [Ant. 6.]
Περσίδες δ' ἁβροπενθεῖς [4] ἑκά-
στα γόῳ [5] φιλάνορι
τὸν αἰχμάεντα θοῦρον εὐνα-
τῆρ' ἀποπεμψαμένα
λείπεται μονόζυξ.

    deuil, mon cœur saigne, de terreur pantelant. « Ah! pauvre armée de la Perse! » cri funèbre! si la ville allait le connaître, Suse, notre capitale, de mâles toute dépeuplée.
    *Antistrophe* 5. (Le Chœur revient vers la droite de l'hyposcène.) Si les échos de Cissia, notre forteresse, le lui renvoyaient, le cri fatal : « Ah! pauvre armée de la Perse! » répété par les femmes, foule désolée, leurs voiles de lin en lambeaux !
    *Strophe* 6. (Le Chœur passe à la gauche de l'hyposcène.) Tout un peuple, en effet, cavaliers, fantassins, comme un essaim d'abeilles, s'en est allé avec le chef de l'armée, franchissant la chaîne aux deux bouts rivée, ces hauteurs en pleine mer, communes à l'une et l'autre terre.
    *Antistrophe* 6. (Le Chœur regagne la droite de l'hyposcène.) Les lits, si amère est l'absence des époux, se trempent de larmes; les femmes perses sont au désespoir. Chacune d'elles, pleurant l'homme qu'elle aimait, a dit adieu à un vaillant, à un héros compagnon de ses nuits, et du couple reste seule au joug.

| | |
|---|---|
| φρήν μου μελαγχίτων | le cœur de moi vêtu-de-deuil |
| ἀμύσσεται φόβῳ, | est déchiré par la crainte, |
| μὴ τὸ μεγὰ ἄστυ Σουσίδος | que la grande ville de Suse |
| κένανδρον | vide-d'hommes |
| πύθηται τούσδε στόνους | n'apprenne ces gémissements-ci |
| ὀᾶ ὀᾶ | hélas! hélas! |
| στρατεύματος Περσικοῦ, | à cause de l'armée perse, |
| καὶ τὸ πόλισμα Κισσίων | et que la ville des Cissiens |
| ἔσσεται | ne soit |
| ἀντίδουπον, | faisant-écho-à *ces plaintes*, |
| ὅμιλος γυναικοπληθὴς | troupe composée-de-femmes |
| ἀπύων τοῦτο ἔπος | criant cette parole |
| ὀᾶ ὀᾶ, | hélas! hélas! |
| λακὶς δὲ ἐμπέσῃ | et que la déchirure ne tombe-sur |
| πέπλοις βυσσίνοις. | les voiles de-lin. |
| Πᾶς γὰρ λεὼς | Car tout le peuple |
| ἱππηλατάς καὶ πεδοστιβὴς | cavalier et fantassin |
| ἐκλέλοιπεν | a disparu |
| ὡς σμῆνος μελισσᾶν | comme un essaim d'abeilles |
| σὺν ὀρχάμῳ στρατοῦ, | avec le chef de l'armée, |
| ἐξαμείψας | ayant franchi |
| τὸν πρῶνα ἅλιον κοινὸν | le promontoire maritime commun |
| ἀμφοτέρας αἴας | de l'une-et-l'autre terre |
| ἀμφίζευκτον. | joint-des-deux-côtés. |
| Λεκτρὰ δὲ | Et les couches |
| πίμπλαται δακρύμασιν | sont remplies de larmes |
| ὀδῷ ἀνδρῶν· | par suite du départ des hommes; |
| Περσίδες δὲ | et les *femmes* perses [leur |
| ἁβροπενθεῖς | s'abandonnant-à-une-molle-dou- |
| ἑκάστα ἀποπεμψαμένα | chacune ayant laissé-partir |
| τὸν αἰχμάεντα θοῦρον | son belliqueux *et* fougueux |
| ὑνατῆρα | compagnon-de-couche |
| λείπεται μονόζυξ | reste seule-attachée-au-joug |
| γόῳ | avec gémissement |
| φιλάνορι. | d'amour conjugal. |

ΠΕΡΣΑΙ.

## II. LE SONGE DE LA REINE.
(Vers 178-247.)

. . . . . . . . . .
. . . . . . . . . .

ΑΤΟΣΣΑ.
Πολλοῖς μὲν ἀεὶ νυκτέροις ὀνείρασιν
ξύνειμ᾽, ἀφ᾽ οὗπερ παῖς ἐμὸς στείλας στρατὸν
Ἰαόνων γῆν οἴχεται πέρσαι θέλων·
ἀλλ᾽ οὔτι πω τοιόνδ᾽ ἐναργὲς εἰδόμην
ὡς τῆς πάροιθεν εὐφρόνης· λέξω δέ σοι.
Ἐδοξάτην μοι δύο γυναῖκ᾽ εὐείμονε,
ἡ μὲν πέπλοισι Περσικοῖς ἠσκημένη,
ἡ δ᾽ αὖτε Δωρικοῖσιν¹, εἰς ὄψιν μολεῖν,
μεγέθει τε τῶν νῦν ἐκπρεπεστάτα πολὺ
κάλλει τ᾽ ἀμώμῳ, καὶ κασιγνήτα γένους
ταὐτοῦ· πάτραν δ᾽ ἔναιον ἡ μὲν Ἑλλάδα
κλήρῳ λαχοῦσα γαῖαν, ἡ δὲ βάρβαρον.
Τούτω στάσιν τιν᾽, ὡς ἐγὼ ᾽δόκουν ὁρᾶν,
τεύχειν ἐν ἀλλήλαισι· παῖς δ᾽ ἐμὸς μολὼν
κατεῖχε κἀπράϋνεν, ἅρμασιν δ᾽ ὕπο

11

. . . . . . . . . .

ATOSSA. Nombreux, certes, sont les songes de mes nuits, les songes près de moi assidus, depuis que mon enfant a mis son armée en campagne, sur la terre d'Ionie s'en est allé, pour l'envahir, la ravager. Aucun pourtant encore d'aussi clair, d'aussi significatif que celui de cette nuit. Le voici. — Deux femmes me sont apparues, de riches vêtements toutes deux; l'une portait l'habit perse, l'autre celui des Doriens. Elles venaient à moi. Par leur stature elles étaient de beaucoup plus imposantes que les femmes de nos jours; toutes deux de merveilleuse beauté, elles étaient sœurs, de même sang. L'une pourtant habitait la terre d'Hellade, que le sort lui avait assignée pour patrie; l'autre venait d'Asie. Elles me parurent se prendre de querelle. Mon fils, étant survenu, s'efforce de les contenir, de les calmer.

## LES PERSES.

### II. LE SONGE DE LA REINE.

. . . . . . . . . .    . . . . . . . . . .

| | |
|---|---|
| ΑΤΟΣΣΑ. Ἀεὶ μὲν ξύνειμι | ATOSSA. D'une part sans-cesse je suis-avec |
| πολλοῖς ὀνείρασι νυκτέροις, | baucoup de songes nocturnes, |
| ἀπὸ οὗπερ ἐμὸς παῖς | depuis que mon fils [armée |
| στείλας στρατὸν | ayant emmené-en-expédition une |
| οἴχεται γῆν Ἰαόνων | est parti pour la terre des Ioniens |
| θέλων πέρσαι· | voulant *la* ravager ; |
| ἀλλ' οὔτι πω εἰδόμην | mais en-rien encore je n'ai vu |
| τοιόνδε ἐναργὲς | un tel *songe* clair (clairement) |
| ὡς τῆς εὐφρόνης παροίθεν· | comme dans la nuit d'avant ; |
| λέξω δέ σοι. | d'autre part je *le* dirai à toi. |
| Δύο γυναῖκε εὐείμονε | Deux femmes bien-vêtues |
| ἡ μὲν ἠσκημένη | l'une ornée |
| πέπλοισι Περσικοῖς, | de voiles persiques, [riens |
| ἡ δὲ αὖτε Δωρικοῖσιν, | l'autre au-contraire de voiles do- |
| ἐδοξάτην μοι | parurent à moi |
| μολεῖν εἰς ὄψιν, | venir en *ma* présence, |
| ἐκπρεπέστατα | toutes-deux-les-plus-distinguées |
| πολὺ | de beaucoup |
| τῶν νῦν | de celles de maintenant |
| μεγέθει τε | et par la grandeur |
| κάλλει τε ἀμώμῳ, | et par une beauté irréprochable, |
| καὶ κασιγνήτα | et toutes-deux-sœurs |
| τοῦ αὐτοῦ γένους· | de la même race ; |
| ἔναιον δὲ πάτραν | et elles habitaient *comme* patrie |
| ἡ μὲν γαῖαν Ἑλλάδα | l'une la terre grecque |
| λαχοῦσα κλήρῳ, | *l'*ayant obtenue par le sort, |
| ἡ δὲ βάρβαρον. | l'autre *la terre* barbare. |
| Τούτω τεύχειν | Celles-ci préparer (préparaient) |
| ἐν ἀλλήλαισί τινα στάσιν, | entre elles-deux une querelle, |
| ὡς ἐγὼ ἐδόκουν ὁρᾶν· | comme moi je croyais voir ; |
| ἐμὸς δὲ παῖς μολὼν | d'autre part mon fils étant venu |
| κατεῖχέ καὶ ἐπράϋνεν, | *les* contenait et *les* calmait, |

ΠΕΡΣΑΙ.

ζεύγνυσιν αὐτὼ καὶ λέπαδν᾽ ἐπ᾽ αὐχένων
τίθησι. Χἠ μὲν τῇδ᾽ ἐπυργοῦτο στολῇ
ἐν ἡνίαισί τ᾽ εἶχεν εὔαρκτον στόμα·
ἡ δ᾽ ἐσφάδαζε, καὶ χεροῖν ἔντη δίφρου
διασπαράσσει, καὶ ξυναρπάζει βίᾳ
ἀχάλινος <ἅρμα> καὶ ζυγὸν θραύει μέσον.
Πίπτει δ᾽ ἐμὸς παῖς, καὶ πατὴρ παρίσταται
Δαρεῖος οἰκτείρων σφέ· τὸν δ᾽ ὅπως ὁρᾷ
Ξέρξης, πέπλους ῥήγνυσιν ἀμφὶ σώματι.
Καὶ ταῦτα μὲν δὴ νυκτὸς εἰσιδεῖν λέγω·
ἐπεὶ δ᾽ ἀνέστην καὶ χεροῖν καλλιρρόου
ἔψαυσα πηγῆς [1], σὺν θυηπόλῳ χερὶ
βωμὸν προσέστην, ἀποτρόποισι δαίμοσιν
θέλουσα θῦσαι πέλανον, ὧν τέλη τάδε.
Ὁρῶ δὲ φεύγοντ᾽ ἀετὸν πρὸς ἐσχάραν
Φοίβου· φόβῳ δ᾽ ἄφθογγος ἐστάθην, φίλοι·

Toutes deux au même char il les attelle, au cou leur passe les caparaçons. L'une, la tête haute sous sa nouvelle parure, de bonne grâce se prêtait au frein. L'autre de ses pieds fait rage, de ses mains déchire ses harnais, et, libre de son frein, le joug brisé par le milieu, emporte tout en une course échevelée. Mon fils tombe. Son père Darios s'empresse, est près de lui, le plaint. Mais, en le voyant, Xerxès fait voler en lambeaux les habits qui le couvrent. Tel est mon songe de la nuit. — Je me lève, en l'eau pure je plonge mes deux mains, pour le sacrifice me rends à l'autel. — Selon nos coutumes saintes, j'offrais le gâteau aux dieux qui gardent des funestes présages. Que vois-je? Un aigle effaré s'abat au sanctuaire de Phœbos. De surprise, mes amis, j'en suis restée muette. — Autre prodige, un épervier, à tire-

| | |
|---|---|
| ζεύγνυσι δὲ αὐτὼ | et il *les* attelle toutes-deux |
| ὑπὸ ἅρμασι, | sous des chars (un char), |
| καὶ τίθησι λέπαδνα | et place des **courroies** |
| ἐπὶ αὐχένων. | sur *leurs* cous. |
| Καὶ ἡ μὲν ἐπυργοῦτο | Et l'une était-fière |
| τῇδε στολῇ | de cet équipement [verner |
| εἶχέ τε στόμα εὔαρκτον | et avait une bouche facile-à-gou- |
| ἐν ἡνίαισιν· | au-moyen des rênes; |
| ἡ δὲ ἐσφάδαζε, | l'autre trépignait, |
| καὶ διασπαράσσει χεροῖν | et elle arrache avec ses mains |
| ἔντη δίφρου, | les harnais du char, |
| καὶ ἀχάλινος | et délivrée-du-frein |
| ξυναρπάζει βίᾳ ἅρμα | elle entraîne violemment le char |
| καὶ θραύει ζυγὸν μέσον. | et brise le joug par-le-milieu. |
| Ἐμὸς δὲ παῖς πίπτει, | D'autre part mon fils tombe, |
| καὶ πατὴρ Δαρεῖος | et *son* père Darios |
| παρίσταται | se présente-auprès-de *lui* |
| σφέ οἰκτείρων· | le plaignant; |
| ὅπως δὲ Ξέρξης | mais lorsque Xerxès |
| τὸν ὁρᾷ, | le voit, |
| ῥήγνυσιν πέπλους | il déchire les voiles |
| ἀμφὶ σώματι. | autour de *son* corps. |
| Καὶ λέγω εἰσιδεῖν | Et je dis avoir vu |
| ταῦτα μὲν δὴ | ces choses d'une part certes |
| νυκτός· | pendant la nuit; |
| ἐπεὶ δὲ ἀνέστην | d'autre part après-que je fus levée, |
| καὶ ἔψαυσα χεροῖν | et *que* j'eus touché de *mes* mains |
| πηγῆς καλλιρρόου, | une source aux belles-eaux, |
| προσέστην βωμὸν | je m'approchai de l'autel |
| σὺν χερὶ θυηπόλῳ, | avec une main prête-à-sacrifier, |
| θέλουσα θῦσαι | voulant offrir-en-sacrifice |
| πέλανον | un gâteau |
| δαίμοσιν ἀποτροπαίοισιν, | aux divinités détournant-les-maux, |
| ὧν | desquelles *divinités* |
| τάδε τέλη. | ce *sont* les cérémonies. |
| Ὁρῶ δὲ ἀετὸν φεύγοντα | Mais je vois un aigle fuyant |
| πρὸς ἐσχάραν Φοίβου· | vers le foyer de Phœbos; |
| ἐστάθην δέ, φίλοι, | et je restai, *mes* amis, |
| ἄφθογγος φόβῳ· | muette de peur; |

μεθύστερον δὲ κίρκον εἰσορῶ δρόμῳ
πτεροῖς ἐφορμαίνοντα καὶ χηλαῖς κάρα
τίλλονθ'· ὁ δ' οὐδὲν ἄλλο γ' ἢ πτήξας δέμας
παρεῖχε. Ταῦτ' ἔμοιγε δείματ' εἰσιδεῖν,
ὑμῖν δ' ἀκούειν. Εὖ γὰρ ἴστε, παῖς ἐμὸς
πράξας μὲν εὖ θαυμαστὸς ἂν γένοιτ' ἀνήρ,
κακῶς δὲ πράξας — οὐχ ὑπεύθυνος πόλει,
σωθεὶς δ' ὁμοίως τῆσδε κοιρανεῖ χθονός [1].

ΧΟΡΟΣ.

Οὔ σε βουλόμεσθα, μῆτερ, οὔτ' ἄγαν φοβεῖν λόγοις
οὔτε θαρσύνειν· θεοὺς δὲ προστροπαῖς ἱκνουμένη,
εἴ τι φλαῦρον εἶδες, αἰτοῦ τῶνδ' ἀποτροπὴν τελεῖν,
κεδνὰ δ' ἐκτελῆ γενέσθαι σοί τε καὶ τέκνῳ σέθεν
καὶ πόλει φίλοις τε πᾶσι. Δεύτερον δὲ χρὴ χοὰς
γῇ τε καὶ φθιτοῖς χέασθαι· πρευμενῶς δ' αἰτοῦ τάδε

d'aile, sur l'aigle fond, de ses serres lui déchiquète la tête. Pelotonné sur lui-même, celui-ci tranquillement se laisse faire. Telles sont les étranges choses que cette nuit j'ai vues, qu'aujourd'hui je vous raconte. — Oh! ne l'oubliez pas, mon fils, s'il réussit, sera un héros merveilleux. Malheureux, il ne doit compte à personne de sa mauvaise fortune. Survivant, il n'en régnera pas moins sur le pays.

LE CHOEUR. Le ciel nous garde, noble mère, par nos paroles de rien ajouter à tes craintes, ou de te rassurer témérairement; aux dieux adresse-toi. S'il y a dans cette apparition quelque chose de menaçant, prie-les de l'éloigner, et que tout ce qu'il peut y avoir d'heureux se réalise pour toi, pour tes enfants, pour l'État, pour tous ceux que tu aimes. — Puis à la terre, aux morts n'oublie les libations. Trouve de douces paroles aussi à ton

| | |
|---|---|
| μεθύστερον δὲ εἰσορῶ | et ensuite je vois |
| κίρκον ἐφορμαίνοντα | un épervier s'élançant-sur *lui* |
| δρόμῳ πτεροῖς | à la course (rapidement) avec ses |
| καὶ τίλλοντα κάρα | et *lui* déchiquetant la tête [ailes |
| χηλαῖς· | de *ses* serres; [certes |
| ὁ δὲ οὐδὲν ἄλλο γε | et lui ne *faisait* rien autre chose |
| ἢ πτήξας | sinon-que se-blottissant |
| παρεῖχε δέμας. | il présentait *son* corps. |
| Ταῦτα ἔμοιγε | Ces choses *sont* pour-moi certes |
| δείματα εἰσιδεῖν, | des objets-effrayants à voir, |
| ὑμῖν δὲ ἀκούειν. | et pour vous à entendre. |
| Ἴστε γὰρ εὖ, | Car sachez-*le* bien, |
| ἐμὸς παῖς | mon fils |
| πράξας μὲν εὖ | d'une part ayant bien fait (réussi) |
| γένοιτο ἂν ἀνὴρ | serait un homme |
| θαυμαστός, | merveilleux, |
| πράξας δὲ κακῶς — | d'autre part ayant fait mal (échoué) |
| οὐχ ὑπεύθυνος | n'*etant* pas responsable |
| πόλει, | envers l'État, |
| σωθεὶς δὲ | et sauvé · [avant) |
| κοιρανεῖ ὁμοίως | règnera semblablement (comme |
| τῆσδε χθονός. | sur cette terre-ci. |
| ΧΟΡΟΣ. Οὐ βουλόμεσθα, | LE CHŒUR. Nous ne voulons pas, |
| μῆτερ, | mère |
| οὔτε φοβεῖν οὔτε θρασύνειν σε | ni effrayer ni rassurer toi |
| ἄγαν | trop |
| λόγοις· | par des discours; |
| ἱκνουμένη δὲ θέους | mais abordant les dieux |
| προστροπαῖς, | par des supplications, [vais, |
| εἰ εἶδές τι φλαῦρον, | si tu as vu quelque chose de mau- |
| αἰτοῦ τελεῖν | demande-*leur* d'opérer |
| ἀποτροπὴν τῶνδε, | l'éloignement de ces choses-là, |
| κεδνὰ δὲ | et des choses bonnes |
| γενέσθαι ἐκτελῆ | être réalisées |
| σοί τε καὶ τέκνῳ σέθεν | et pour toi et pour le fils de-toi |
| καὶ πόλει πᾶσί τε φίλοις. | et pour l'État et tous *tes* amis. |
| Χρὴ δὲ δεύτερον | D'autre part il faut en-second-lieu |
| χέασθαι χοὰς | répandre des libations |
| γῇ τε καὶ φθιτοῖς· | et pour la terre et pour les morts; |

ΠΕΡΣΑΙ.

σὸν πόσιν Δαρεῖον, ὅνπερ φῂς ἰδεῖν κατ' εὐφρόνην,
ἐσθλά σοι πέμπειν τέκνῳ τε γῆς ἔνερθεν ἐς φάος,
τἄμπαλιν δὲ τῶνδε γαίας κάτοχα μαυροῦσθαι σκότῳ.
Ταῦτα θυμόμαντις ὢν σοὶ πρευμενῶς παρῄνεσα·
εὖ δὲ πανταχῇ τελοῖθ' ἃ τῶνδε κρίνομεν πέρι.

ΑΤΟΣΣΑ.

Ἀλλὰ μὴν εὔνους γ' ὁ πρῶτος τῶνδ' ἐνυπνίων κριτὴς
παιδὶ καὶ δόμοις ἐμοῖσι τήνδ' ἐκύρωσας φάτιν.
Ἐκτελοῖτο δὴ τὰ χρηστά· ταῦτα δ', ὡς ἐφίεσαι,
πάντα θήσομεν θεοῖσι τοῖς τ' ἔνερθε γῆς φίλοις,
εὖτ' ἂν εἰς οἴκους μόλωμεν. Κεῖνο δ' ἐκμαθεῖν θέλω,
ὦ φίλοι, ποῦ τὰς Ἀθήνας φασὶν ἱδρῦσθαι χθονός.

ΧΟΡΟΣ.

Τῆλε πρὸς δυσμαῖς, ἄνακτος Ἡλίου φθινάσμασιν.

mari Darios, que tu dis avoir vu cette nuit. Que le bien, il l'envoie du fond de la terre s'épanouir à la lumière, pour toi, pour ton enfant. Que le mal, au contraire, reste enseveli aux ténèbres profondes. — Ainsi prophétise mon cœur dans son dévouement pour toi. Puisse ce songe, tel que nous le jugeons, n'avoir pour oi que d'heureux effets !

ATOSSA. A toi le premier j'ai confié les terreurs de mes nuits, et voilà une réponse pleine de bons sentiments pour mon fils, pour ma maison. Que tout aille au mieux. Comme tu me le recommandes, aussitôt rentrée au palais, je disposerai tout pour les dieux, pour ceux des miens, maintenant sous la terre. — Mais je voudrais savoir de vous où l'on dit que s'élève cette Athènes.

LE CHŒUR Bien loin, vers le coucher du soleil, notre dieu.

| | |
|---|---|
| αἰτοῦ δὲ πρευμενῶς | d'autre part demande affectueuse- [ment |
| τάδε | ceci |
| σὸν πόσιν Δαρεῖον, | à ton époux Darios, |
| ὅνπερ φῆς ἰδεῖν | que tu dis avoir vu |
| κατὰ εὐφρονήν, | dans la nuit, |
| πέμπειν σοι τέκνῳ τε | d'envoyer à toi et à *ton* enfant |
| ἔνερθεν γῆς ἐς φάος | de-dessous la terre à la lumière, |
| ἐσθλά, | des choses bonnes, |
| μαυροῦσθαι δὲ σκότῳ | et de cacher dans les ténèbres |
| κάτοχα γαίας | retenues *sous* terre |
| τὰ ἔμπαλιν | les choses au-rebours |
| τῶνδε. | de celles-là (des bonnes). |
| Ὧν θυμόμαντις | Étant inspiré-par-le-cœur |
| παρῄνεσά σοι ταῦτα | j'ai conseillé à toi cela |
| πρευμενῶς· | affectueusement ; |
| ἃ δὲ κρίνομεν | et que les choses que nous jugeons |
| περὶ τῶνδε | sur cela |
| τέλοιτο εὖ πανταχῇ. | s'accomplissent bien de-toute-fa- [çon. |
| ΑΤΟΣΣΑ. Ἀλλὰ μὴν | ATOSSA. Mais certes |
| ὁ πρῶτος κρίτης | *toi* le premier interprète |
| τῶνδε ἐνυπνίων | de ces songes-ci (de mes songes) |
| εὔνους γε | *étant* assurément bienveillant |
| παιδὶ καὶ ἐμοῖσι δόμοις | à *mon* fils et à ma maison |
| ἐκύρωσας τήνδε φάτιν. | tu as décidé cette parole (prononcé |
| Τὰ χρηστὰ | Que les choses bonnes [cet arrêt). |
| ἐκτελοῖτο οὖν· | s'accomplissent donc ; |
| Θήσομεν δὲ | d'autre part nous disposerons |
| πάντα ταῦτα, | toutes ces choses, |
| ὡς ἐφίεσαι, | comme tu *le* recommandes, |
| θεοῖσι τοῖς τε φίλοις, | pour les dieux et pour nos amis |
| ἔνερθε γῆς, | de-dessous terre, |
| εὖτε μόλωμεν ἂν | lorsque nous serons rentrés |
| εἰς οἴκους. | dans le palais. |
| Θέλω δὲ ἐκμαθεῖν κεῖνο, | Mais je veux apprendre cela, |
| ὦ φίλοι, | ô *mes* amis, |
| ποῦ χθονός φασι | en-quel-endroit de la terre dit-on |
| τὰς Ἀθήνας ἱδρῦσθαι. | Athènes être située. [chant, |
| ΧΟΡΟΣ. Τῆλε πρὸς δυσμαῖς, | LE CHŒUR. Au-loin vers le cou- |
| φθινάσμασιν Ἡλίου ἄνακτος. | vers la disparition du Soleil roi. |

ΠΕΡΣΑΙ.

ΑΤΟΣΣΑ.
Ἀλλὰ μὴν ἴμειρ' ἐμὸς παῖς τήνδε θηρᾶσαι πόλιν.
ΧΟΡΟΣ.
Πᾶσα γὰρ γένοιτ' ἂν Ἑλλὰς βασιλέως ὑπήκοος.
ΑΤΟΣΣΑ.
Ὧδέ τις πάρεστιν αὐτοῖς ἀνδροπλήθεια στρατοῦ;
ΧΟΡΟΣ.
Καὶ στρατὸς τοιοῦτος ἔρξας πολλὰ δὴ Μήδους κακά.
ΑΤΟΣΣΑ.
Καὶ τί πρὸς τούτοισιν ἄλλο; πλοῦτος ἐξαρκὴς δόμοις;
ΧΟΡΟΣ.
Ἀργύρου πηγή τις¹ αὐτοῖς ἐστι, θησαυρὸς χθονός.
ΑΤΟΣΣΑ.
Πότερα γὰρ τοξουλκὸς αἰχμὴ διὰ χερός σφιν ἐμπρέπει;
ΧΟΡΟΣ.
Οὐδαμῶς· ἔγχη σταδαῖα καὶ φεράσπιδες σαγαί.
ΑΤΟΣΣΑ.
Τίς δὲ ποιμάνωρ ἔπεστι κἀπιδεσπόζει στρατοῦ;
ΧΟΡΟΣ.
Οὔτινος δοῦλοι κέκληνται φωτὸς οὐδ' ὑπήκοοι.
ΑΤΟΣΣΑ.
Πῶς ἂν οὖν μένοιεν ἄνδρας πολεμίους ἐπήλυδας²;
ΧΟΡΟΣ.
Ὥστε Δαρείου πολύν τε καὶ καλὸν φθεῖραι στρατόν.
ΑΤΟΣΣΑ.
Δεινά τοι λέγεις ἰόντων τοῖς τεκοῦσι³ φροντίσαι.

ATOSSA. Et mon fils eut désir de prendre cette ville?
LE CHŒUR. L'Hellade entière au roi dès lors eût obéi.
ATOSSA. Est-ce donc un pays si peuplé de soldats?
LE CHŒUR. Les désastres du Mède attestent leur valeur.
ATOSSA. Et d'ailleurs opulents en ressources chez eux?
LE CHŒUR. Des trésors souterrains, une veine d'argent.
ATOSSA. De quoi s'arment leurs mains, d'un arc avec ses flèches?
LE CHŒUR. D'une lance à tenir ferme, et puis d'un bouclier.
ATOSSA. Quel maître les conduit, et commande à l'armée?
LE CHŒUR. D'aucun maître, ils ne sont esclaves ni sujets.
ATOSSA. Mais comment, sans cela, repousser l'ennemi?
LE CHŒUR. Des soldats du vieux roi, nul n'en est revenu.
ATOSSA. Triste augure pour ceux dont les fils sont partis!

ΑΤΟΣΣΑ. Ἀλλὰ μὴν
ἐμὸς παῖς ἵμειρε
θηρᾶσαι τήνδε πόλιν.
ΧΟΡΟΣ. Πᾶσα γὰρ Ἑλλὰς
γένοιτο ἂν ὑπήκοος βασιλέως.
ΑΤΟΣΣΑ. Τίς ἀνδροπλήθεια
στρατοῦ
πάρεστιν ὧδε αὐτοῖς;
ΧΟΡΟΣ. Καὶ στρατὸς τοιοῦτος
ἔρξας δὴ
πολλὰ κακὰ Μήδους.
ΑΤΟΣΣΑ. Καὶ τί ἄλλο
πρὸς τούτοισι;
πλοῦτος ἐξαρκὴς δόμοις;
ΧΟΡΟΣ. Τίς πηγὴ ἀργύρου
ἐστὶν αὐτοῖς, θησαυρὸς χθονός.
ΑΤΟΣΣΑ. Πότερα γὰρ
αἰχμὴ τοξουλκὸς
ἐμπρέπει διὰ χερός σφιν;
ΧΟΡΟΣ. Οὐδαμῶς·
ἔγχη σταδαῖα
καὶ σαγαὶ φεράσπιδες.
ΑΤΟΣΣΑ. Τίς δὲ ποιμάνωρ
ἔπεστι
καὶ ἐπιδεσπόζει στρατοῦ;
ΧΟΡΟΣ. Κέκληνται
δοῦλοι οὐδὲ ὑπήκοοι
οὔτινος φωτός.
ΑΤΟΣΣΑ. Πῶς οὖν
μένοιεν ἄνδρας πολεμίους
ἐπήλυδας;
ΧΟΡΟΣ. Ὥστε φθεῖραι
στρατὸν πολύν τε καὶ καλὸν
Δαρίου.
ΑΤΟΣΣΑ. Λέγεις
δεινά τοι
τοῖς τεκοῦσιν
ἰόντων
φροντίσαι.

ATOSSA. Et pourtant
mon fils a désiré
prendre cette ville.
LE CHOEUR. Car toute la Grèce
deviendrait *alors* sujette du roi.
ATOSSA. Une quantité
d'armée (de soldats) [niens)?
est-elle ainsi à eux (aux Athé-
LE CHOEUR. Et une armée telle
qui a fait certes
beaucoup de maux aux Mèdes.
ATOSSA. Et quelle autre chose
outre celles-là? [maisons?
une richesse abondante dans les
LE CHOEUR. Une source d'argent
est à eux, trésor de la terre.
ATOSSA. Est-ce-qu'en effet
la pointe lancée-par l'arc
se-remarque dans la main à eux?
LE CHOEUR. Nullement ; [près
*mais* des lances qui-frappent-de-
et des armures de-boucliers.
ATOSSA. Et quel chef
est-sur *eux*
et commande l'armée ?
LE CHOEUR. Ils *ne* sont appelés
*ni* esclaves ni sujets
d'aucun mortel.
ATOSSA. Comment donc [ennemis
résisteraient-ils à des hommes
envahisseurs ? [truit
LE CHOEUR. Au-point-d'avoir dé-
une armée et nombreuse et belle
de Darios.
ATOSSA. Tu dis
des choses effrayantes certes
pour les parents
de ceux qui sont partis, [tudes.
*de sorte qu'eux* avoir-des-inquié-

ΧΟΡΟΣ.
Ἀλλ' ἐμοὶ δοκεῖν τάχ' εἴσει πάντα ναμερτῆ λόγον·
τοῦδε γὰρ δράμημα φωτὸς Περσικὸν πρέπει μαθεῖν,
καὶ φέρει σαφές τι πρᾶγος ἐσθλὸν ἢ κακὸν κλύειν.

## III. LA BATAILLE DE SALAMINE.
(Vers 349-526.)

ΑΓΓΕΛΟΣ.
Ὦ γῆς ἁπάσης Ἀσίδος πολίσματα,
ὦ Περσὶς αἶα καὶ πολὺς πλούτου λιμὴν,
ὡς ἐν μιᾷ πληγῇ κατέφθαρται πολὺς
ὄλβος, τὸ Περσῶν δ' ἄνθος οἴχεται πεσόν.
Ὤμοι, κακὸν μὲν πρῶτον ἀγγέλλειν κακά·
ὅμως δ' ἀνάγκη πᾶν ἀναπτύξαι πάθος.

Πέρσαι ·  στρατὸς γὰρ πᾶς ὄλωλε βαρβάρων.
ΧΟΡΟΣ.
Ἄνι', ἄνια κακά, νεόκοτα            [Strophe I.]
καὶ δάϊ· αἰαῖ, διαίνεσθε, Πέρ-
σαι, τόδ' ἄχος κλύοντες.
ΑΓΓΕΛΟΣ.
Ὡς πάντα γ' ἔστ' ἐκεῖνα διαπεπραγμένα·
καὐτὸς δ' ἀέλπτως νόστιμον βλέπω φάος.

LE CHOEUR. Si je ne me trompe, bientôt tu sauras tout, et de source certaine. Car, à voir courir cet homme, on reconnaît un courrier perse. Par lui nous ne pouvons manquer d'être exactement renseignés sur l'événement, heureux ou malheureux.

### III

LE COURRIER. O vous toutes, villes de l'Asie; ô Perse, port immense où s'entassent les richesses! comme d'un seul coup elle s'est écroulée, la merveilleuse fortune! Comme d'un seul coup elle a été couchée à terre, la fleur de la Perse! Malheur, malheur à moi, le premier à parler du désastre! Cependant il le faut. Perses...... vous saurez toute l'immense catastrophe...... l'armée, l'armée entière des Barbares est détruite.
LE CHOEUR. *Strophe* 1. (Le Chœur repasse à la gauche de l'hyposcène.) Douleur, sombre douleur, sans pareille, effroyable! Hélas! hélas! Perses, pleurez à sanglots, pleurez en apprenant un tel malheur.
LE COURRIER. De cette expédition, plus rien, tout anéanti !
— Moi-même l'avais-je espéré, de voir le jour de mon retour?

ΧΟΡΟΣ. Ἀλλὰ           LE CHOEUR. Mais
δοκεῖν ἐμοὶ            sembler à moi (à ce qu'il me semble)
εἴσει τάχα             tu sauras bientôt
πάντα λόγον ναμερτῆ·   tout discours certain ;
πρέπει γὰρ             car il convient
μαθεῖν Περσικὸν        de reconnaître *comme course* perse
δράμημα τοῦδε φωτός,   la course de ce mortel,
καὶ φέρει              et il apporte
τι πρᾶγος σαφὲς        quelque affaire manifeste
ἐσθλὸν ἢ κακὸν ἀκούειν. bonne ou mauvaise à entendre.

## III. LA BATAILLE DE SALAMINE.

ΑΓΓΕΛΟΣ. Ὦ πολίσματα     LE COURRIER. O villes
ἁπάσης γῆς Ἀσίδος,       de toute la terre asiatique,
ὦ αἶα Περσὶς             ô terre persique
καὶ ταὺς λιμὴν πλούτου,  et immense port de richesse,
ὡς πολὺς ὄλβος           comme une grande opulence
διέφθαρται ἐν μιᾷ πληγῇ, a péri d'un seul coup,
τὸ δὲ ἄνθος Περσῶν       et la fleur des Perses
οἴχεται πεσόν.           a disparu étant tombée.
Ὤμοι, κακὸν μὲν          Hélas ! *il est* malheureux d'une part
ἀγγέλλειν πρῶτον κακά·   d'annoncer le premier des maux ;
ὅμως δὲ ἀνάγκη           d'autre part pourtant nécessité *est*
ἀναπτύξαι πᾶν πάθος.     de déployer toute l'infortune.
. . . . . . . . . . . .  . . . . . . . . . . . .
Πέρσαι·                  Perses :
πᾶς γὰρ στρατὸς βαρβάρων car toute l'armée des Barbares
ὄλωλεν.                  a péri.
ΧΟΡΟΣ. Κακὰ ἄνια,        LE CHOEUR. Maux affligeants,
ἄνια, νεόκοτα καὶ δαΐα·  affligeants, nouveaux et funestes ;
αἰαῖ, διαίνεσθε, Πέρσαι, hélas ! pleurez, Perses,
κλύοντες τόδε ἄχος.      en entendant ce sujet-de-douleur.
ΑΓΓΕΛΟΣ. Ὡς              LE COURRIER. Attendu-que
πάντα γε ἐκεῖνά          toutes ces choses-là certes
ἐστι διαπεπραγμένα·      ont été détruites ;
καὶ αὐτὸς δὲ             et moi-même d'autre part [retour.
βλέπω ἀέλπτως φάος νόστιμον. je vois inespérément le jour du-

ΠΕΡΣΑΙ.

ΧΟΡΟΣ.
Ἡ μακροβίοτος ὅδε γέ τις          [Antistrophe 1.]
αἰὼν ἐφάνθη γεραιοῖς, ἀκού-
ειν τόδε πῆμ᾽ ἄελπτον.

ΑΓΓΕΛΟΣ.
Καὶ μὴν παρών τε κοὐ λόγους ἄλλων κλύων,
Πέρσαι, φράσαιμ᾽ ἂν οἷ᾽ ἐπορσύνθη κακά.

ΧΟΡΟΣ.
Ὀτοτοτοῖ, μάταν          [Strophe 2.]
τὰ πολέα βέλεα παμμιγῆ
τᾶσδ᾽ ἀπ᾽ Ἀσίδος ἦλθεν αἴας
δίαν[1] Ἑλλάδα χώραν.

ΑΓΓΕΛΟΣ.
Πλήθουσι νεκρῶν δυσπότμως ἐφθαρμένων
Σαλαμῖνος ἀκταὶ πᾶς τε πρόσχωρος τόπος.

ΧΟΡΟΣ.
Ὀτοτοτοῖ φίλων          [Antistrophe 2.]
ἁλίδονα μέλεα παμβαφῆ
κατθανόντα λέγεις φέρεσθαι
πλαγκτῶν ἐν σπιλάδεσσιν[2].

ΑΓΓΕΛΟΣ.
Οὐδὲν γὰρ ἤρκει τόξα, πᾶς δ᾽ ἀπώλλυτο
στρατὸς δαμασθεὶς ναΐοισιν ἐμβολαῖς.

LE CHŒUR. *Antistrophe* 1. (Le Chœur revient vers la droite de l'hyposcène.) Trop longue a été notre vie, pauvres vieillards! — Une telle nouvelle! Un tel malheur!

LE COURRIER. J'y étais. Ce n'est donc pas sur ouï-dire, ô Perses, que je vous conterai la catastrophe inattendue.

LE CHŒUR. *Strophe* 1. (Le Chœur passe à la gauche de l'hyposcène.) Hélas! hélas! inutilement, par myriades, de toutes sortes, les armes se sont levées à tous les points de l'Asie, se sont ruées à la terre des héros, au pays de l'Hellade?

LE COURRIER. Ils sont partout, les cadavres des misérables victimes; partout aux rivages de Salamine, partout aux pays d'alentour.

LE CHŒUR. *Antistrophe* 2. (Le Chœur revient à la droite de l'hyposcène.) Hélas! hélas! pauvres Perses! Ainsi des flots submergés, noyés, leurs cadavres roulent pêle-mêle, jouets des flots, au milieu des rochers.

LE COURRIER. Inutiles ont été les arcs. Toute entière elle a péri, l'armée, abîmée au choc des vaisseaux.

| | |
|---|---|
| ΧΟΡΟΣ. Ἦ | LE CHOEUR. Certes |
| ὅδε γέ τις αἰὼν | cette existence-ci |
| ἐφάνθη | a été montrée (donnée) |
| μακροβίοτος | *trop* longue |
| γεραίοις, | à *nous* vieillards, |
| ἀκούειν τόδε πῆμα | pour entendre ce désastre |
| ἄελπτον. | inattendu. |
| ΑΓΓΕΛΟΣ. Καὶ μὴν | LE COURRIER. Et certes |
| παρών τε | et étant présent |
| καὶ οὐ κλύων λόγους | et n'entendant pas les récits |
| ἄλλων | des autres |
| φράσαιμι ἂν, | je pourrais-dire, |
| Πέρσαι, | ô Perses, |
| οἷα κακὰ ἐπορσύνθη. | quels maux ont été préparés. |
| ΧΟΡΟΣ. Ὀτοτοτοῖ | LE CHOEUR. Hélas ! |
| τὰ πολέα βέλεα παμμιγῆ | les nombreux traits confondus |
| ἦλθε μάταν | sont venus en-vain |
| ἀπὸ τᾶσδε αἴας Ἀσίδος | de cette terre asiatique |
| δίαν χώραν Ἑλλάδα. | dans la divine contrée grecque. |
| ΑΓΓΕΛΟΣ. Ἀκταὶ | LE COURRIER. Les rivages |
| Σαλαμῖνος | de Salamine |
| πᾶς τε τόπος | et tout lieu |
| πρόσχωρος | d'-alentour |
| πλήθουσι νεκρῶν | sont-remplis de morts |
| ἐφθαρμένων δυσπότμως. | ayant péri misérablement. |
| ΧΟΡΟΣ. Ὀτοτοτοῖ, | LE CHOEUR. Hélas ! |
| λέγεις | tu dis |
| μέλεα κατθανόντα | les membres morts |
| ἁλίδονα, | roulés par-les flots, |
| παμβαφῆ | pénétrés-d'eau |
| φιλῶν | de *nos* amis |
| πλαγκτῶν ἐν σπιλάδεσσιν | errants au milieu des rochers |
| φέρεσθαι. | être ballottés. |
| ΑΓΓΕΛΟΣ. Τόξα γὰρ | LE COURRIER. Car les arcs |
| ἦρκει οὐδὲν, | ne servaient en-rien, |
| πᾶς δὲ στρατὸς | et toute l'armée |
| ἀπώλλυτο | périssait |
| δαμασθεὶς | domptée |
| ἐμβολαῖς ναΐοισιν. | par des chocs de-navires. |

ΠΕΡΣΑΙ.

ΧΟΡΟΣ.

Ἰῦζ' ἄποτμον δαΐοις [Strophe 3.]
δυσαιανῆ βοὰν,
Πέρσαις ὡς πάντα παγκάκως
θεοὶ θέσαν · αἰαῖ στρατοῦ φθαρέντος.

ΑΓΓΕΛΟΣ.

Ὦ πλεῖστον ἔχθος ὄνομα Σαλαμῖνος κλύειν ·
φεῦ, τῶν Ἀθηνῶν ὡς στένω μεμνημένος.

ΧΟΡΟΣ.

Στυγνᾶν γ' Ἀθανᾶν δαΐοις [Antistrophe 3.]
μεμνῆσθαί τοι πάρα, γονᾶν
πολλὰς ὡς Περσίδων
εὔνιδας ἔκτισσαν ἠδ' ἀνάνδρους.

ΑΤΟΣΣΑ.

Σιγῶ πάλαι δύστηνος ἐκπεπληγμένη
κακοῖς · ὑπερβάλλει γὰρ ἥδε συμφορὰ
τὸ μήτε λέξαι μήτ' ἐρωτῆσαι πάθη.
Ὅμως δ' ἀνάγκη πημονὰς βροτοῖς φέρειν
θεῶν διδόντων · πᾶν δ' ἀναπτύξας πάθος,
λέξον καταστὰς, κεἰ στένεις κακοῖς ὅμως,
τίς οὐ τέθνηκε τίνα δὲ καὶ πενθήσομεν
τῶν ἀρχελείων ὅστ', ἐπὶ σκηπτουχίᾳ
ταχθεὶς ἀνανδρον τάξιν ἠρήμου θανών.

LE CHOEUR. *Strophe* 3. (Le Chœur passe à la gauche de l'hyposcène.) O douleur! effroyable malheur! Trop misérables Perses, perdus sans retour! Hélas! hélas! c'en est fait de l'armée.
LE COURRIER. O de tous les noms le plus abominable, lugubre Salamine! Athènes! Athènes! de sinistre souvenir!
LE CHOEUR. *Antistrophe* 3. (Le Chœur repasse à la droite de l'hyposcène.) Terrible Athènes, de si amer souvenir à tes ennemis! Que de femmes perses par toi sans fils, par toi sans maris!
ATOSSA. Malheureuse, étourdie de tant de maux, j'ai peine à rompre mon long silence. Dans l'excès de mon abattement, je ne puis ni parler ni m'informer de l'étendue de nos pertes. Que faire pourtant? Force est bien aux mortels de subir les douleurs envoyées par les dieux. (Au courrier.) — Si grand que soit ton chagrin, calme-toi, parle, dis-nous toute la catastrophe. Qui a survécu? qui devons-nous pleurer? Qui d'entre les chefs des peuples, chargés de les conduire le sceptre à la main, a laissé, par sa mort, son poste vide?

## LES PERSES.

| | |
|---|---|
| ΧΟΡΟΣ. Ἴυζε | LE CHOEUR. Fais-retentir |
| δαΐοις | pour ces infortunés |
| βοὰν ἄποτμον δυσχιανῆ, | un cri malheureux, funeste, |
| ὡς θεοὶ | car les dieux |
| θέσαν Πέρσαις | ont disposé pour les Perses |
| πάντα παγκάκως· | tout tout-à-fait-mal ;  [truite |
| αἰαῖ στρατοῦ φθαρέντος. | hélas ! à cause de l'armée dé- |
| ΑΓΓΕΛΟΣ. Ὦ ὄνομα | LE COURRIER. O nom |
| Σαλαμῖνος | de Salamine |
| πλεῖστον ἔχθος | le plus grand objet-d'horreur |
| κλύειν, | à entendre ; |
| φεῦ, ὡς στένω | hélas! comme je gémis |
| μεμνημένος τῶν Ἀθηνῶν. | en me-souvenant d'Athènes! |
| ΧΟΡΟΣ. Παρά τοι | LE CHOEUR. Il est-*opportun* pour- |
| μεμνῆσθαι Ἀθηνᾶν | de se-souvenir d'Athènes  [tant |
| στυγνᾶν γε δαΐοις | terrible certes à ses ennemis, |
| ὡς ἔκτισσαν. | car elle a rendu |
| πολλὰς Περσίδων | beaucoup de femmes-perses |
| εὔνιδας γονᾶν ἠδὲ ἀνάνδρους. | privées d'enfants et sans-maris. |
| ΑΤΟΣΣΑ. Σιγῶ πάλαι | ATOSSA. Je me-tais depuis-long- |
| δύστηνος | malheureuse  [temps |
| ἐκπεπληγμένη κακοῖς· | étonnée de ces maux ; |
| ἥδε γὰρ συμφορὰ ὑπερβάλλει | car ce désastre dépasse |
| τὸ μήτε λέξαι | le ni parler (le parler)  maux. |
| μήτε ἐρωτῆσαι πάθη. | ni interroger (le interroger) sur ces |
| Ὅμως δὲ | Et cependant |
| ἀνάγκη βροτοῖς | nécessité *est* aux mortels |
| φέρειν πημονὰς | de supporter les infortunes |
| θεῶν διδόντων· | les dieux *les* donnant ; |
| ἀναπτύξας δὲ πᾶν πάθος | mais ayant déroulé tout le malheur |
| λέξον καταστάς, | dis étant-calme,  [ces maux, |
| εἰ καὶ ὅμως στένεις κακοῖς, | quoique pourtant tu gémisses de |
| τίς οὐ τέθνηκε | qui n'est pas mort |
| τίνα δὲ καὶ πενθήσομεν, | et qui aussi nous pleurerons, |
| τῶν ἀρχελείων, | des chefs-de-peuples, |
| ὥστε, ταχθεὶς | qui, ayant été placé |
| ἐν σκηπτουχίᾳ, | en possession-du-sceptre |
| ἠρήμου θανὼν | a laissé étant mort |
| τάξιν ἀνανδρον. | un poste vide. |

ΠΕΡΣΑΙ.

ΑΓΓΕΛΟΣ.
Ξέρξης μὲν αὐτὸς ζῇ τε καὶ βλέπει φάος.
ΑΤΟΣΣΑ.
Ἐμοῖς μὲν εἶπας δώμασιν φέγγος μέγα
καὶ λευκὸν ἦμαρ νυκτὸς ἐκ μελαγχίμου.
ΑΓΓΕΛΟΣ.
Ἀρτεμβάρης δὲ μυρίας ἵππου βραβεὺς
στυφλοὺς παρ᾽ ἀκτὰς θείνεται Σιληνιῶν [1]·
χὠ χιλίαρχος Δαδάκης πληγῇ δορὸς
πήδημα κοῦφον ἐκ νεὼς ἀφήλατο·
Τέναγων τ᾽ ἀριστεὺς Βακτρίων ἰθαγενὴς
θαλασσόπληκτον νῆσον Αἴαντος πολεῖ.
Λίλαιος, Ἀρσάμης τε κἀργήστης τρίτος,
οἵδ᾽ ἀμφὶ νῆσον τὴν πελειοθρέμμονα
κυκώμενοι [2] κύρισσον ἰσχυρὰν χθόνα·
πηγαῖς τε Νείλου γειτονῶν Αἰγυπτίου
Ἀρκτεύς, Ἀδεύης, καὶ φερεσσάκης τρίτος
Φαρνοῦχος, οἵδε ναὸς ἐκ μιᾶς πέσον.
Χρυσεὺς Μάταλλος μυριόνταρχος θανὼν
πυρσὴν ζαπληθῆ δάσκιον γενειάδα
ἔτεγγ᾽, ἀμείβων χρῶτα πορφυρᾷ βαφῇ.
Καὶ Μᾶγος Ἄραβος, Ἀρτάμης τε Βάκτριος,

LE COURRIER. Xerxès du moins est vivant, voit encore la lumière.

ATOSSA. Oh! la douce parole! Rayon de joie épanoui en ma maison, blanche clarté du jour après les ténèbres de la nuit!

LE COURRIER. Artembarès, chef de dix mille cavaliers, le long de la côte, aux pointes de Silénie, tombe frappé. Puis le chiliarque Dadacès, d'un coup de lance, en un clin d'œil, est jeté de son vaisseau à la mer. Ténagon aussi, le plus généreux fils de la Bactriane, a son tombeau dans l'île orageuse d'Ajax. Lilæos, Arsamès, Argestès avec eux, ballottés près de ces parages aimés des colombes, du front sont allés heurter les âpres rivages. — Des sources mêmes du Nil égyptien était venu Arctée; avec Adévès, et le belliqueux Pharnouchos, il était en un navire. Tous ont été abîmés. — Mort aussi Matallos de Chryse, un myriontarque. Les touffes si drues de sa barbe trempent au bain de pourpre, s'y teignent en roux. — Et le mage Arabos, et le Bactrien Arta-

| | |
|---|---|
| ΑΓΓΕΛΟΣ. Ξέρξης μὲν αὐτὸς | LE COURRIER. Xerxès d'une part |
| ζῇ τε καὶ βλέπει φάος. | et vit et voit la lumière.  [lui-même |
| ΑΤΟΣΣΑ. Εἶπας μὲν | ATOSSA. Tu as dit certes |
| μέγα φέγγος ἐμοῖς δώμασιν | une grande clarté pour ma maison |
| καὶ ἦμαρ λευκὸν | et un jour blanc (brillant) |
| ἐκ νυκτὸς μελαγχίμου. | après une nuit noire.     [barès |
| ΑΓΓΕΛΟΣ. Ἀρτεμβάρης δὲ | LE COURRIER. D'autre part Artem- |
| βραβεὺς μυρίας ἵππου | arbitre de dix-mille chevaux |
| θείνεται | est frappé |
| παρὰ ἀκτὰς στυφλοὺς | le-long-des rivages escarpés |
| Σιληνιῶν· | des Siléniens ; |
| καὶ ὁ χιλίαρχος Δαδάκης | et le chiliarque Dadacès, |
| πληγῇ δορὸς | par-suite-d'un coup de lance |
| ἀφήλατο πήδημα κοῦφον | a sauté d'un bond léger |
| ἐκ νεώς· | de *son* navire ; |
| Τενάγων τε | Et Ténagon |
| ἀριστεὺς Βακτρίων | le plus vaillant des Bactriens |
| ἰθαγενὴς | de-naissance-indigène |
| πολεῖ νῆσον Αἴαντος | hante (est resté sur) l'île d'Ajax |
| θαλασσόπληκτον. | battue-par-la-mer. |
| Λίλαιος, Ἀρσάμης τε | Lilæos, et Arsamès |
| καὶ Ἀργήστης τρίτος, | et Argestès le troisième, |
| οἵδε κυκώμενοι ἀμφὶ τὴν νῆσον | ceux-ci ballotés autour-de l'île |
| πελειοθρέμμονα | qui-nourrit-des-colombes |
| κύρισσον ἰσχυρὰν χθόνα· | ont heurté *cette* solide terre ; |
| Ἀρκτεύς τε γειτόνων πηγαῖς | et Arctée voisin des sources |
| Νείλου Αἰγυπτιακοῦ, | du Nil égyptien, |
| Ἀδεύης, καὶ τρίτος | Adévès, et le troisième |
| Φάρνουχος φερεσσακὴς, | Pharnouchos portant-un-bouclier, |
| οἵδε πέσον ἐκ μιᾶς ναός. | ceux-là sont tombés d'un seul vais- |
| Μάταλλος Χρυσεὺς | Matallos de-Chryse     [seau, |
| μυριόνταρχος | chef-de-dix-mille-hommes |
| θανὼν τέγγει πυρσὴν | en mourant teint rousse (en roux |
| γενειάδα ζαπληθῆ δάσκιον, | sa barbe abondante touffue, |
| ἀμείβων χρῶτα | changeant la couleur de *sa peau* |
| βαφῇ πορφυρᾷ. | par une teinte de-pourpre. |
| Καὶ Ἄραβος Μάγος, | Et Arabos mage, |
| Ἀρτάμης τε Βάκτριος | et Artamès bactrien |
| ἡγεμὼν τρισμυρίας ἵππου | chef-de trente-mille chevaux |

ΠΕΡΣΑΙ.

ἵππου μελαινῆς ἡγεμὼν τρισμυρίας,
σκληρᾶς μέτοικος γῆς ἐκεῖ κατέφθιτο.
 Ἀμηστρις Ἀμφιστρεύς τε πολύπονον δόρυ
νωμῶν, ὅ τ' ἐσθλὸς Ἀριόμαρδος Σάρδεσιν
πένθος παρασχών, Σεισάμης θ' ὁ Μύσιος,
Θάρυβίς τε πεντήκοντα πεντάκις νεῶν
ταγός, γένος Λυρναῖος, εὐειδὴς ἀνὴρ,
κεῖται θανὼν δείλαιος οὐ μάλ' εὐτυχῶς·
Συέννεσίς τε πρῶτος εἰς εὐψυχίαν,
Κιλίκων ἔπαρχος, εἷς ἀνὴρ πλεῖστον πόνον
ἐχθροῖς παρασχών, εὐκλεῶς ἀπώλετο.
Τοσόνδε [1] ταγῶν νῦν ὑπεμνήσθην πέρι·
πολλῶν παρόντων δ' ὀλίγ' ἀπαγγέλλω κακά.
        ΑΤΟΣΣΑ.
Αἰαῖ, κακῶν ὕψιστα δὴ κλύω τάδε,
αἴσχη τε Πέρσαις καὶ λιγέα κωκύματα.
Ἀτὰρ φράσον μοι τοῦτ' ἀναστρέψας πάλιν,
πόσον δὲ πλῆθος ἦν νεῶν Ἑλληνίδων,
ὥστ' ἀξιῶσαι Περσικῷ στρατεύματι
μάχην συνάψαι ναΐοισιν ἐμβολαῖς.

---

mès, chef des trente mille cavaliers noirs, morts en la terre ingrate, à jamais l'habiteront. — Que de victimes encore! Amestris, Amphistrée, l'infatigable doryphore; l'héroïque Ariomardos, un deuil pour Sardes; Sisamès le Mysien; Tharybis enfin, le chef de cinq fois cinquante navires, né à Lyrna, un si bel homme, aujourd'hui gisant, et par la mort tant tristement couché à terre. — Syennésis, le premier de tous pour la vaillance, le gouverneur de Cilicie, un héros, à lui seul cause de bien des maux pour l'ennemi, est tombé couvert de gloire. Voici ceux dont les noms me reviennent maintenant; c'étaient des chefs. Mais incalculables sont nos pertes, ce n'en est là qu'un aperçu.
ATOSSA. Grands dieux! grands dieux! l'effroyable désastre! Quelle humiliation pour les Perses, quel deuil! — Mais reprends ton récit et dis-moi quel nombre formidable de navires avaient les Hellènes, pour oser se mesurer à l'armée des Perses, se heurter à leur flotte.

| | |
|---|---|
| μελαίνης, | noirs, |
| κατέφθιτο ἐκεῖ | a (ont) péri là [terre ingrate. |
| μέτοικος γῆς σκληρᾶς. | domicilié (domiciliés) dans cette |
| Ἄμηστρις Ἀμφιστρεύς τε | Hamestris et Amphistrée |
| νωμῶν δόρυ πολύπονον, | brandissant une lance infatigable, |
| ὅ τε ἐσθλὸς Ἀριόμαρδος | et le vaillant Ariomardos |
| παρασχὼν πένθος Σάρδεσιν, | ayant causé un deuil à Sardes, |
| Σεισάμης τε ὁ Μύσιος | et Sisamès le Mysien, |
| Θάρυβίς τε ταγὸς | et Tharybis chef |
| πεντάκις πεντάκοντα νεῶν, | de cinq-fois-cinquante navires, |
| Λυρναῖος γένος, | Lyrnéen de naissance, |
| ἀνὴρ εὐειδὴς | homme de-belles-formes, |
| κεῖται θανὼν δείλαιος | gît mort infortuné |
| οὐ μάλα εὐτυχῶς· | non fort heureusement; |
| Συέννεσίς τε | et Syennésis |
| πρῶτος εἰς εὐψυχίαν, | le premier en courage, |
| ἔπαρχος Κιλίκων, | satrape des Ciliciens, |
| ἀνὴρ παρασχὼν | homme ayant causé |
| εἷς πλεῖστον πόνον | à lui seul le plus de mal |
| ἐχθροῖς, | aux ennemis, |
| ἀπώλετο εὐκλεῶς. | a péri glorieusement. |
| Ὑπεμνήσθην νῦν τοσόνδε | Je me-souviens maintenant autant |
| περὶ ταγῶν· | au-sujet-des chefs ; |
| ἀπαγγέλλω δὲ ὀλίγα κακὰ | d'ailleurs j'annonce peu de maux |
| πολλῶν παρόντων. | de beaucoup étant-présents. |
| ΑΤΟΣΣΑ. Αἰαῖ, | ATOSSA. Hélas ! |
| κλύω τάδε | j'entends ces maux |
| ὕψιστα δὴ κακῶν, | les plus grands certes des maux, |
| αἴσχη τε Πέρσαις | et hontes pour les Perses |
| καὶ κωκύματα | et lamentations (et sujets de la- |
| λιγέα. | perçantes. [mentations) |
| Ἀτὰρ ἀναστρέψας πάλιν | Mais étant revenu en-arrière |
| φράσον μοι τοῦτο, | dis moi cela, |
| πόσον δὲ πλῆθος ἦν | mais quelle quantité était |
| νεῶν Ἑλληνίδων | de vaisseaux grecs |
| ὥστε ἀξιῶσαι | pour avoir jugé-bon |
| συνάψαι μάχην | d'engager le combat |
| στρατεύματι Περσικῷ | avec l'armée persique |
| ἐμβολαῖς ναΐοισιν. | par des chocs nautiques. |

MORCEAUX CH. D'ESCHYLE.

ΠΕΡΣΑΙ.

ΑΓΓΕΛΟΣ.
Πλήθους μὲν ἂν σάφ' ἴσθ' ἕκατι βαρβάρων
στόλον κρατῆσαι. Καὶ γὰρ Ἕλλησιν μὲν ἦν
ὁ πᾶς ἀριθμὸς ἐς τριακάδας δέκα
νεῶν, δεκὰς δ' ἦν τῶνδε χωρὶς ἔκκριτος·
Ξέρξῃ δὲ, καὶ γὰρ οἶδα, χιλιὰς μὲν ἦν
ὧν ἦγε πλῆθος, αἱ δ' ὑπέρκοποι τάχει
ἑκατὸν δὶς ἦσαν ἑπτά θ'· ὧδ' ἔχει λόγος.
Μή σοι δοκοῦμεν τῇδε λειφθῆναι μάχῃ;
ἀλλ' ὧδε δαίμων τις κατέφθειρε στρατὸν,
τάλαντα βρίσας οὐκ ἰσορρόπῳ τύχῃ.

ΑΤΟΣΣΑ.
Ἔτ' ἄρ' Ἀθηνῶν ἔστ' ἀπόρθητος πόλις;

ΑΓΓΕΛΟΣ.
Ἀνδρῶν γὰρ ὄντων ἕρκος ἐστὶν ἀσφαλές.

ΑΤΟΣΣΑ.
Θεοὶ πόλιν σώζουσι Παλλάδος θεᾶς.
Ἀρχὴ δὲ ναυσὶ συμβολῆς τίς ἦν; φράσον·
τίνες κατῆρξαν, πότερον Ἕλληνες, μάχης,
ἢ παῖς ἐμὸς, πλήθει καταυχήσας νεῶν;

LE COURRIER. Le nombre des vaisseaux barbares, c'est un fait certain, de beaucoup était supérieur. La flotte des Hellènes, en tout, ne montait qu'à dix fois trente navires. Encore y en avait-il une dizaine tenus en arrière, qui ne furent engagés. Xerxès, j'en suis sûr, en commandait mille, outre ses deux cent sept bâtiments de marche. Mes chiffres sont exacts. Impossible donc de rejeter notre défaite sur l'infériorité de nos forces. — Mais un dieu a fait pencher la balance, nos destinées ont été trouvées trop légères, et l'armée a péri.

ATOSSA. Athènes n'est donc pas encore détruite?

LE COURRIER. Les hommes qu'elle possède sont pour elle un rempart solide.

ATOSSA. D'une déesse, de Pallas, les dieux protègent la ville. Mais comment les vaisseaux en sont-ils venus à se heurter? Qui a commencé, dis-moi? Sont-ce les Hellènes? Est-ce mon fils, tout fier du nombre de sa flotte?

| | |
|---|---|
| ΑΓΓΕΛΟΣ. Ἴσθι σάφα | LE COURRIER. Sache clairement |
| στόλον βαρβάρων | la flotte des Barbares |
| κρατῆσαι ἂν | avoir dû l'emporter |
| ἕκατι μὲν πλήθους. | pour la quantité certes. |
| Καὶ γὰρ Ἕλλησιν μὲν | Car pour les Grecs d'une part |
| ὁ πᾶς ἀριθμὸς νεῶν | tout le nombre des vaisseaux |
| ἦν ἐς δέκα τριακάδας, | était (allait) à dix trentaines, |
| χωρὶς δὲ τῶνδε | et indépendamment de ceux-ci |
| δεκὰς ἦν ἔκκριτος· | une dizaine était à-l'-écart (en |
| Ξέρξῃ δὲ, | d'autre part pour Xerxès, [réserve); |
| καὶ γὰρ οἶδα, | et en effet je *le* sais, [menait |
| πλῆθος ὧν ἦγεν | la quantité *des vaisseaux* qu'il |
| ἦν μὲν χιλιάς, | était d'une part un millier, |
| αἱ δὲ | d'autre part ceux |
| ὑπέρκοποι τάχει | supérieurs en vitesse |
| ἦσαν δὶς ἑκατὸν ἑπτά τε · | étaient deux-fois cent et sept; |
| λόγος ἔχει ὧδε. | le compte est ainsi. |
| Μὴ δοκοῦμέν σοι | Est-ce-que nous paraissons à toi |
| λειφθῆναι | avoir été-inférieurs |
| τῇδε μάχῃ; | dans cette *partie du* combat? |
| ἀλλά τις δαίμων | mais une divinité |
| κατέφθειρεν οὕτω στρατὸν | a détruit ainsi l'armée, [balance |
| βρίσας τάλαντα · | ayant chargé les plateaux-de-la |
| τύχῃ οὐκ ἰσορρόπῳ. | d'une destinée non égale-en-poids. |
| ΑΤΟΣΣΑ. Ἆρα | ATOSSA. Est-ce-que |
| πόλις Ἀθηνῶν | la ville d'Athènes |
| ἐστιν ἔτι ἀπόρθητος; | est encore non-détruite? |
| ΑΓΓΕΛΟΣ. Ἕρκος γὰρ | LE COURRIER. Car le rempart |
| ἀνδρῶν ὄντων | des hommes qui sont à *elle* |
| ἐστὶν ἀσφαλές. | est solide. |
| ΑΤΟΣΣΑ. Θεοὶ σῴζουσι | ATOSSA. Les dieux sauvent |
| πόλιν θεᾶς Παλλάδος. | la ville de la déesse Pallas. |
| Τίς δὲ ἀρχὴ συμβολῆς | Mais quel commencement du choc |
| ἦν ναυσί; | fut *pour* les vaisseaux? |
| φράσον· | parle : |
| τίνες κατῆρχαν μάχης, | quels ont commencé le combat, |
| πότερον Ἕλληνες, | ou les Grecs, |
| ἢ ἐμὸς παῖς, | ou mon fils, |
| καταυχήσας πλήθει νεῶν; | fier de la quantité de *ses* vaisseaux? |

ΠΕΡΣΑΙ.

ΑΓΓΕΛΟΣ.

Ἦρξεν μὲν, ὦ δέσποινα, τοῦ παντὸς κακοῦ
φανεὶς ἀλάστωρ ἢ κακὸς δαίμων ποθέν.
Ἀνὴρ γὰρ Ἕλλην¹ ἐξ Ἀθηναίων στρατοῦ
ἐλθὼν ἔλεξε παιδὶ σῷ Ξέρξῃ τάδε,
ὡς εἰ μελαίνης νυκτὸς ἵξεται κνέφας,
Ἕλληνες οὐ μενοῖεν, ἀλλὰ σέλμασιν
ναῶν ἐπενθορόντες ἄλλος ἄλλοσε
δρασμῷ κρυφαίῳ βίοτον ἐκσωσοίατο².
Ὁ δ' εὐθὺς ὡς ἤκουσεν, οὐ ξυνεὶς δόλον
Ἕλληνος ἀνδρὸς οὐδὲ τὸν θεῶν φθόνον,
πᾶσιν προφωνεῖ τόνδε ναυάρχοις λόγον·
εὖτ' ἂν φλέγων ἀκτῖσιν ἥλιος χθόνα
λήξῃ, κνέφας δὲ τέμενος αἰθέρος λάβῃ,
τάξαι νεῶν στῖφος μὲν ἐν στοίχοις τρισὶν
ἔκπλους φυλάσσειν καὶ πόρους ἁλιρρόθους,
ἄλλας δὲ κύκλῳ νῆσον Αἴαντος πέριξ·
ὡς εἰ μόρον φευξοίαθ' Ἕλληνες κακὸν,
ναυσὶ κρυφαίως δρασμὸν εὑρόντες τινὰ,

LE COURRIER. Un dieu, ô maîtresse, un dieu vengeur, quelque mauvais esprit a tout commencé. — Un homme, un Hellène est venu de l'armée d'Athènes. Il a dit à ton fils Xerxès que, la nuit arrivée et son noir cortège, les Hellènes ne resteraient pas, au plus vite s'embarqueraient, chacun de son côté cherchant à se dérober, à se mettre en sûreté. — A peine le roi lui laissa-t-il le temps d'achever. Sans démêler le piège de l'Hellène, sans songer à la malveillance des dieux, à tous les officiers de sa flotte il dépêche le même ordre. — A l'heure où de ses rayons le soleil cesse d'échauffer la terre, où l'obscurité envahit les plaines de l'air, ils rangeront le gros des navires, en ordre de bataille, sur trois rangs, garderont toutes les issues, tous les passages de mer, tandis que le reste de la flotte, en cercle, enveloppera l'île d'Ajax. Si les Hellènes échappent à leur funeste destin, si leurs

# LES PERSES. 133

| | |
|---|---|
| ΑΓΓΕΛΟΣ. Ὦ δέσποινα, | LE COURRIER. O maîtresse, |
| ἀλάστωρ μὲν | d'une part un dieu-vengeur |
| ἢ κακὸς δαίμων | ou un mauvais génie |
| φανείς ποθὲν | ayant paru de-quelque-part |
| ἦρξε παντὸς τοῦ κακοῦ. | a commencé tout le mal. |
| Ἀνὴρ γὰρ Ἕλλην | Car un homme grec |
| ἐλθὼν ἐκ στρατοῦ Ἀθηναίων | venu de l'armée des Athéniens |
| ἔλεξε σῷ παιδὶ Ξέρξῃ | a dit à ton fils Xerxès |
| τάδε, | ces choses-ci, |
| ὡς εἰ κνέφας | que quand l'obscurité |
| νυκτὸς μελαίνης | de la nuit noire |
| ἵξεται, | arrivera, |
| Ἕλληνες οὐ μένοιεν, | les Grecs ne resteraient pas, |
| ἀλλὰ ἐπενθορόντες | mais s'étant élancés-sur |
| σέλμασι ναῶν | les bancs de leurs navires |
| ἐκσωσοίατο βίοτον | ils sauveraient *leur* vie |
| δρασμῷ κρυφαίῳ | par une fuite clandestine [rent- |
| ἄλλος ἄλλοσε. | différent *allant* en-un-côté-diffé- |
| Ὁ δὲ εὐθὺς ὡς ἤκουσεν, | Or lui aussitôt qu'il eut entendu |
| οὐ ξυνεὶς δόλον | n'ayant pas compris la ruse [cela, |
| ἀνδρὸς Ἕλληνος | de l'homme grec |
| οὐδὲ τὸν φθόνον θεῶν | ni la jalousie des dieux, [navire |
| προφωνεῖ πᾶσι ναυάρχοις | annonce à tous les capitaines-de- |
| τόνδε λόγον· | cette parole (cet ordre): |
| εὖτε ὁ ἥλιος λήξῃ ἂν | lorsque le soleil aura cessé |
| φλέγων χθόνα | échauffant (d'échauffer) la terre |
| ἀκτῖσιν, | de *ses* rayons, [envahi |
| κνέφας δὲ λάβῃ | que d'autre part l'obscurité aura |
| τέμενος αἰθέρος, | l'espace de l'air, [navires |
| τάξαι μὲν στῖφος νεῶν | de ranger d'une part le gros des |
| ἐν τρίσι στοίχοις | en trois rangs |
| φυλάσσειν ἔκπλους | *pour* garder les issues |
| καὶ πόρους ἀλιρρόθους, | et les passages maritimes, |
| ἄλλας κύκλῳ | d'autre part d'autres en cercle |
| νῆσον Αἴαντος | *pour garder* l'île d'Ajax |
| πέριξ· | tout-au-tour; |
| ὡς εἰ Ἕλληνες | attendu-que si les Grecs |
| φευξοίατο μόρον κακόν, | échappaient à un destin funeste, |
| εὑρόντες κρυφαίως | ayant trouvé secrètement |

## ΠΕΡΣΑΙ.

πᾶσι στέρεσθαι κρατὸς ἦν προκείμενον.
Τοιαῦτ' ἔλεξε κάρθ' ὑπ' εὐθύμου φρενός·
οὐ γὰρ τὸ μέλλον ἐκ θεῶν ἠπίστατο.
Οἱ δ' οὐκ ἀκόσμως, ἀλλὰ πειθάρχῳ φρενὶ
θοίνην ἐπορσύνοντο, ναυβάτης τ' ἀνὴρ
τροποῦτο κώπην σκαλμὸν ἀμφ' εὐήρετμον.
Ἐπεὶ δὲ φέγγος ἡλίου κατέφθιτο
καὶ νὺξ ἐπῄει, πᾶς ἀνὴρ κώπης ἄναξ
ἐς ναῦν ἐχώρει πᾶς θ' ὅπλων ἐπιστάτης [1]·
τάξις δὲ τάξιν παρεκάλει νεὼς μακρᾶς·
πλέουσι δ' ὡς ἕκαστος ἦν τεταγμένος,
καὶ πάννυχοι δὴ διάπλοον [2] καθίστασαν
ναῶν ἄνακτες πάντα ναυτικὸν λεών.
Καὶ νὺξ ἐχώρει, κοὐ μάλ' Ἑλλήνων στρατὸς
κρυφαῖον ἔκπλουν οὐδαμῇ καθίστατο.
Ἐπεί γε μέντοι λευκόπωλος ἡμέρα
πᾶσαν κατέσχε γαῖαν εὐφεγγὴς ἰδεῖν,

vaisseaux trouvent moyen de se dérober, tout commandant est menacé de perdre la tête. — Ainsi parlait-il, d'avance, au fond de son âme, bien assuré du succès, si loin il était de prévoir l'avenir ménagé du ciel. — Dans l'armée alors nul désordre. D'un cœur docile on se met au souper, et les hommes d'équipage assujettissent la rame à sa cheville, pour en faciliter la manœuvre. L'éclat du soleil s'éteignit, la nuit se ferma. Tout homme alors, à la tête d'une rame, se rend à son embarcation, tout hoplite aussi. Aux lignes de vaisseaux régulièrement succèdent les lignes de vaisseaux. On s'ébranle, chacun à son rang, et toute la nuit, les princes des navires font manœuvrer ce peuple de matelots. Cependant la nuit tirait à sa fin, et nulle part encore l'armée des Hellènes n'avait essayé de se dérober. — Enfin parut la douce clarté, le jour au blanc attelage, pour luire au

| | |
|---|---|
| τινὰ δρασμὸν | quelque moyen-de-fuite |
| ναῦσι, | *pour leurs* vaisseaux, |
| στέρεσθαι κρατὸς | être privé de la tête |
| ἦν προκείμενον πᾶσι. | était *la peine* fixée pour tous. |
| Ἔλεξε τοιαῦτα | Il dit de telles choses |
| κάρτα ὑπὸ φρενὸς εὐθύμου· | tout-à-fait d'un cœur confiant : |
| οὐ γὰρ ἠπίστατο | car il ne savait pas [dieux. |
| τὸ μέλλον ἐκ θεῶν. | ce qui allait-arriver de-la-part des |
| Οἱ δὲ ἐπορσύνοντο | Et eux (les Perses) se-préparaient |
| θοίνην | un repas |
| οὐκ ἀκόσμως, | non en-désordre, |
| ἀλλὰ φρενὶ πειθάρχῳ, | mais avec-un cœur obéissant, |
| ἀνήρ τε ναυβάτης | et l'homme matelot [rame |
| τροποῦτο κώπην | assujettissait-par-une-courroie la |
| ἀμφὶ σκαλμὸν | autour-de la cheville |
| εὐήρετμον. | bien-disposée. |
| Ἐπεὶ δὲ φέγγος ἡλίου | Or après-que la lumière du soleil |
| κατέφθιτο, | eut disparu, |
| καὶ νὺξ ἐπῄει | et *comme* la nuit arrivait, |
| πᾶς ἀνὴρ ἄναξ κώπης | tout homme chef de rame |
| πᾶς τε ἐπιστάτης ὅπλων | et tout directeur d'armes |
| ἐχώρει ἐς ναῦν· | allait dans *son* navire ; |
| τάξις δὲ μακρᾶς νεὼς | et un rang de longs vaisseaux |
| παρεκάλει τάξιν· | appelait-à-sa-suite un *autre* rang ; |
| πλέουσι δὲ ὡς ἕκαστος | et ils naviguent comme chacun |
| ἦν τεταγμένος, | avait été placé, |
| καὶ πάννυχοι δὴ | et occupés-toute-la-nuit certes |
| ἄνακτες ναῶν καθίστασαν | les chefs des navires tenaient |
| πάντα λεὼν ναυτικὸν | toute la foule nautique |
| διάπλοον. | naviguant-en-travers. |
| Καὶ νὺξ ἐχώρει, | Et la nuit arrivait, |
| καὶ στρατὸς Ἑλλήνων | et l'armée des Grecs |
| οὐ μάλα καθίστατο | ne se-préparait guère |
| οὐδαμῇ | en-aucun-côté |
| ἔκπλουν κρυφαῖον. | une évasion secrète. |
| Ἐπεὶ γε μέντοι | Mais après-que |
| ἡμέρα λευκόπωλος | le jour aux-blancs-coursiers |
| εὐφεγγὴς ἰδεῖν | resplendissant à voir |
| κατέσχε πᾶσαν γαῖαν, | eut occupé toute la terre, |

πρῶτον μὲν ἠχῇ πέλαγος Ἑλλήνων πάρα
μολπηδὸν ηὐφήμησεν, ὄρθιον δ' ἅμα
ἀντηλάλαξε νησιώτιδος πέτρας
ἠχώ· φόβος δὲ πᾶσι βαρβάροις παρῆν
γνώμης ἀποσφαλεῖσιν· οὐ γὰρ ὡς φυγῇ
παιᾶν' ἐφύμνουν σεμνὸν Ἕλληνες τότε,
ἀλλ' ἐς μάχην ὁρμῶντες εὐψύχῳ θράσει·
σάλπιγξ δ' αὐτῇ πάντ' ἐκεῖν' ἐπέφλεγεν.
Εὐθὺς δὲ κώπης ῥοθιάδος ξυνεμβολῇ
ἔπαισαν ἅλμην βρύχιον [1] ἐκ κελεύσματος,
θοῶς δὲ πάντες ἦσαν ἐκφανεῖς ἰδεῖν.
Τὸ δεξιὸν μὲν πρῶτον εὐτάκτως κέρας
ἡγεῖτο, κόσμῳ δ' ὕστερον πρόπας στόλος
ἐπεξεχώρει, καὶ παρῆν ὁμοῦ κλύειν
πολλὴν βοήν· « Ὦ παῖδες Ἑλλήνων ἴτε,
ἐλευθεροῦτε πατρίδ', ἐλευθεροῦτε δὲ
παῖδας, γυναῖκας, θεῶν τε πατρῴων ἕδη,
θήκας τε προγόνων· νῦν ὑπὲρ πάντων ἀγών. »

monde entier! Ce fut alors une clameur formidable, un hymne de bénédictions parmi les Hellènes, mâles accents de roc en roc répétés par les échos de Salamine. Profonde consternation de tous les Barbares déçus de leurs espérances! Ce n'était pas pour fuir, en effet, qu'ils entonnaient leur péan solennel, les Hellènes alors. Fièrement, l'âme haute, ils couraient à l'ennemi. De sa voix orageuse la trompette enfiévrait toute cette ardeur. — Bientôt au signal donné, les rames retombent de concert et plongent dans la mer. En un clin d'œil tous les bâtiments sont en vue. La droite en tête, en belle ordonnance, ouvrait cette marche imposante. En ordre s'avançait aussi après elle le gros de la flotte. En même temps on pouvait entendre sur toute la ligne le terrible appel : « En avant, fils des Hellènes, sauvez la patrie, sauvez vos enfants, vos femmes, les temples de vos dieux, les tombeaux des ancêtres. Voici la lutte suprême. » De notre côté c'est le ton-

| | |
|---|---|
| πρῶτον μὲν | d'une part d'abord |
| παρὰ Ἑλλήνων | du-côté des Grecs |
| πέλαγος ηὐφήμησεν | la mer retentit-favorablement |
| ἠχῇ μολπηδὸν, | d'un bruit en-forme-de-chant, |
| ἅμα δὲ | en-même-temps d'autre part |
| ἠχὼ πέτρας νησιωτίδος | l'écho de la roche de-l'île |
| ἀντηλάλαξεν ὄρθιον· | y-répondit haut ; |
| φόβος δὲ παρῆν | et crainte était |
| πᾶσι βαρβάροις | à tous les Barbares |
| ἀποσφαλεῖσι γνώμης· | déçus de *leur* attente ; |
| οὐ γὰρ ὡς φυγῇ | car non comme pour une fuite |
| Ἕλληνες ἐφύμνουν τότε | les Grecs chantaient alors |
| παιᾶνα σεμνὸν, | le péan auguste, |
| ἀλλὰ ὁρμῶντες ἐς μάχην | mais s'élançant au combat |
| θράσει εὐψύχῳ. | avec une hardiesse intrépide. |
| Σάλπιγξ δὲ | Et la trompette |
| ἐπέφλεγεν αὐτῇ | enflammait de *son* bruit |
| πάντα ἐκεῖνα. | tout cela. |
| Εὐθὺς δὲ ἔπαισαν | Et aussitôt ils frappèrent |
| ἐκ κελεύσματος | d'après la mesure-du-céleuste |
| ἅλμην βρύχιον | l'onde-salée sous-la-surface |
| ξυνεμβολῇ | par le-coup-donné-ensemble |
| κωπῆς ῥοθιάδος, | de la rame bruyante, |
| πάντες δὲ ἦσαν θοῶς | et tous étaient promptement |
| ἐκφανεῖς ἰδεῖν. | manifestes à voir |
| Τὸ μὲν κέρας δέξιον | L'aile droite d'une part |
| ἡγεῖτο πρῶτον | précédait la première |
| εὐτάκτως, | en-bon-ordre, |
| πρόπας δὲ στόλος | d'autre part toute l'armée |
| ἐπεξεχώρει ὕστερον κόσμῳ, | venait ensuite avec ordre |
| καὶ παρῆν κλύειν ὁμοῦ | et il était-possible d'entendre en- |
| πολλὴν βοήν· | un grand cri : [même-temps |
| « Ὦ παῖδες Ἑλλήνων ἴτε, | « O fils des Grecs allez, |
| ἐλευθεροῦτε πατρίδα, | délivrez *votre* patrie, |
| ἐλευθεροῦτε δὲ παῖδας, | et délivrez *vos* enfants, |
| γυναῖκας, | *vos* femmes, [patrie, |
| ἕδη τε θεῶν πατρῴων, | et les temples des dieux de-la- |
| θήκας τε προγόνων· | et les tombeaux *de vos* ancêtres : |
| νῦν ἀγὼν ὑπὲρ πάντων. » | maintenant lutte est pour tout. » |

ΠΕΡΣΑΙ.

Καὶ μὴν παρ' ἡμῶν Περσίδος γλώσσης ῥόθος
ὑπηντίαζε, κοὐκέτ' ἦν μέλλειν ἀκμή.
Εὐθὺς δὲ ναῦς ἐν νηῒ χαλκήρη στόλον
ἔπαισεν· ἦρξε δ' ἐμβολῆς Ἑλληνικὴ
ναῦς, κἀποθραύει πάντα Φοινίσσης νεὼς
κόρυμβ', ἐπ' ἄλλην δ' ἄλλος ἴθυνεν δόρυ.
Τὰ πρῶτα μέν νυν ῥεῦμα Περσικοῦ στρατοῦ
ἀντεῖχεν· ὡς δὲ πλῆθος ἐν στενῷ νεῶν
ἤθροιστ', ἀρωγή τ'[1] οὔτις ἀλλήλοις παρῆν,
αὐτοὶ δ' ὑφ' αὑτῶν ἐμβόλοις χαλκοστόμοις
παίοντ', ἔθραυον πάντα κωπήρη στόλον,
Ἑλληνικαί τε νῆες οὐκ ἀφρασμόνως
κύκλῳ πέριξ ἔθεινον· ὑπτιοῦτο δὲ
σκάφη νεῶν, θάλασσα δ' οὐκέτ' ἦν ἰδεῖν,
ναυαγίων πλήθουσα καὶ φόνου βροτῶν·
ἀκταὶ δὲ νεκρῶν χοιράδες τ' ἐπλήθυον.
Φυγῇ δ' ἀκόσμῳ πᾶσα ναῦς ἠρέσσετο,

nerre de la langue perse roulant au-devant des Hellènes. — Tout s'ébranle. Le navire au navire pousse dans le flanc sa proue d'airain. Le premier à l'attaque, c'est un bâtiment des Hellènes. Du choc un vaisseau phénicien est désemparé, et la mêlée devient générale. Un instant le flot de l'armée perse tient bon, mais la cohue de leurs vaisseaux une fois les uns sur les autres resserrés au détroit, loin de s'appuyer réciproquement, se heurtent entre eux, éventrés de leurs proues d'airain. De longues rangées de rames pendent partout fracassées. Les navires hellènes alors, inspiration de génie, de leurs anneaux concentriques enserrent nos vaisseaux, les battent en brèche. Culbutés, les nôtres couvrent de flottants débris la mer jonchée de cadavres qui, par milliers, vont s'échouer à la côte, aux écueils. — La déroute est dans l'armée barbare, chaque vaisseau, pour s'en tirer, faisant

| | |
|---|---|
| Καὶ μὴν παρὰ ἡμῶν | Et certes du côté-de nous |
| ῥόθος γλώσσης Περσίδος | le bruit-confus de la langue perse |
| ὑπηντίαζε, | allait-au-devant-d'*eux*, |
| καὶ οὐκέτι ἦν ἀκμὴ | et il n'était plus temps |
| μέλλειν. | d'hésiter. |
| Εὐθὺς δὲ ναῦς | Et aussitôt le navire [vire |
| ἔπαισεν ἐν νηῒ | enfonça-en-frappant dans le na- |
| στόλον χαλκήρη· | l'éperon d'-airain ; |
| ναῦς δὲ Ἑλληνικὴ | or un vaisseau grec |
| ἦρξεν ἐμβολῆς, | commença le choc, |
| καὶ ἀποθραύει πάντα κόρυμβα | et il fracasse tous les agrès |
| νεὼς Φοινίσσης, | d'un navire phénicien, [navire) |
| ἄλλος δὲ ἴθυνεν δόρυ | et un autre dirigea son bois (son |
| ἐπὶ ἄλλην. | contre un autre *vaisseau*. |
| Τὰ πρῶτα μέν νυν | D'une part donc d'abord |
| ῥεῦμα στρατοῦ Περσικοῦ | le torrent de l'armée persique |
| ἀντεῖχεν· | résistait ; [seaux |
| ὡς δὲ πλῆθος νεῶν | mais lorsque la multitude des vais- |
| ἤθροιστο ἐν στενῷ | eut été rassemblée à l'étroit, |
| οὔτις τε ἀρωγὴ παρῆν | et aucun secours n'était |
| ἀλλήλοις, | des-uns-aux-autres, |
| αὐτοὶ δὲ παίοντο | mais eux-mêmes étaient frappés |
| ὑπὸ αὐτῶν | par eux-mêmes |
| ἐμβολοῖς χαλκοστόμοις, | par des éperons d'-airain, |
| ἔθραυον πάντα στόλον | brisaient tout appareil |
| κωπήρη, | garni-de-rames, |
| νῆές τε Ἑλληνικαὶ | et les vaisseaux grecs |
| ἔθεινον κύκλῳ πέριξ | *les* frappaient en cercle tout-autour |
| οὐκ ἀφρασμόνως· | non inhabilement ; |
| σκάφη δὲ νεῶν | et des coques de navires |
| ὑπτιοῦτο, | étaient renversées, |
| θάλασσα δὲ οὐκέτι ἦν ἰδεῖν, | et la mer n'était plus à voir, |
| πλήθουσα ναυαγίων | remplie de débris-de-navires |
| καὶ φόνου | et de carnage (de cadavres) |
| βρότων· | de mortels ; |
| ἀκταὶ δὲ χοιράδες τε | et les rivages et les rochers |
| ἐπλήθυον νεκρῶν. | étaient remplis de cadavres. |
| Πᾶσα δὲ ναῦς ἠρέσσετο | Et tout navire ramait |
| φυγῇ ἀκόσμῳ, | par une fuite désordonnée, |

ὅσαιπερ ἦσαν βαρβάρου στρατεύματος.
Τοὶ δ' ὥστε θύννους [1] ἤ τιν' ἰχθύων βόλον
ἀγαῖσι κωπῶν θραύμασίν τ' ἐρειπίων
ἔπαιον, ἐρράχιζον, εὐχωλὴ δ' ὁμοῦ
κωκύμασιν [2] κατεῖχε πελαγίαν ἅλα,
ἕως κελαινῆς νυκτὸς ὄμμ' ἀφείλετο.
Κακῶν δὲ πλῆθος, οὐδ' ἂν εἰ δέκ' ἤματα
στοιχηγοροίην, οὐκ ἂν ἐκπλήσαιμί σοι·
εὖ γὰρ τόδ' ἴσθι, μηδάμ' ἡμέρᾳ μιᾷ
πλῆθος τοσοῦτ' ἀριθμὸν ἀνθρώπων θανεῖν.

ΑΤΟΣΣΑ.

Αἰαῖ, κακῶν δὴ πέλαγος ἔρρωγεν μέγα
Πέρσαις τε καὶ πρόπαντι βαρβάρων γένει.

ΑΓΓΕΛΟΣ.

Εὖ νῦν τόδ' ἴσθι, μηδέπω μεσοῦν κακόν·
τοιάδ' ἐπ' αὐτοὺς ἦλθε συμφορὰ πάθους,
ὡς τοῖσδε καὶ δὶς ἀντισηκῶσαι ῥοπῇ.

ΑΤΟΣΣΑ.

Καὶ τίς γένοιτ' ἂν τῆσδ' ἔτ' ἐχθίων τύχη;

force de rames. Non moins que des thons, des tas de poissons quelconques, avec des avirons brisés, des bancs fracassés, on frappe les malheureux Perses, on les assomme. De gémissements mêlés à des cris de triomphe s'emplit l'immense plaine des ondes, jusqu'à ce que la nuit noire, la nuit au ténébreux regard, nous vint sauver. Immenses ont été nos pertes. A les détailler dix jours ne suffiraient. Mais sois sûre que jamais en une seule journée tant d'hommes n'ont succombé.

ATOSSA. Grands dieux! grands dieux! Quel océan de malheurs, débordé sur les Perses, sur la race entière des Barbares!

LE COURRIER. Et pourtant ce n'est là rien encore. Si lourde est l'autre catastrophe tombée sur eux, qu'à elle seule, deux fois à ce que tu sais elle ferait contre-poids.

ATOSSA. Peut-on donc rien imaginer de plus affreux que ce

| | |
|---|---|
| ὅσαιπερ ἦσαν | tous-ceux-qui-du-moins étaient |
| στρατεύματος βαρβάρου. | de l'armée barbare. |
| Τοὶ δὲ | D'autre part ceux-là (les Grecs) |
| ἔπαιον | *les* frappaient |
| ὥστε θύννους | comme des thons |
| ἤ τινα βόλον ἰχθύων | ou un coup-de-filet de poissons |
| ἀγαῖσι κωπῶν | avec des éclats de rames, |
| θραύμασίν τε ἐρειπίων, | et des fragments de débris, |
| ἐρράχιζον, | *les* assommaient, |
| εὐχωλὴ δὲ | et un chant-triomphant [tions, |
| ὁμοῦ κωκύμασιν, | en-même-temps que des lamenta- |
| κατεῖχεν ἅλα πελαγίαν, | occupait l'onde-salée de-la-mer, |
| ἕως ὄμμα νυκτὸς κελαινῆς | jusqu'à ce que l'œil de la nuit noire [toi |
| ἀφείλετο. | *les* arrachât *aux Grecs.* |
| Οὐδὲ ἐκπλήσαιμι ἄν σοι | D'ailleurs je n'achèverais pas pour |
| πλῆθος κακῶν, | la quantité de *nos* maux, |
| οὐδὲ εἰ στοιχηγοροίην | pas-même si je *les* énumérais |
| δέκα ἤματα· | pendant dix jours ; |
| σοὶ γὰρ εὖ τόδε, | car sache bien ceci, |
| μηδάμη μιᾷ ἡμέρα | jamais en un seul jour |
| πλῆθος ἀνθρώπων | une quantité d'hommes |
| τοσοῦτο ἀριθμὸν | telle quant au nombre |
| θανεῖν. | n'être morte. |
| ΑΤΟΣΣΑ. Αἰαῖ, | ATOSSA. Hélas ! |
| μεγὰ δὴ πέλαγος κακῶν | certes une grande mer de maux |
| ἔρρωγεν | a éclaté |
| Πέρσαις τε | et pour les Perses |
| καὶ πρόπαντι γένει βαρβάρων. | et pour toute la race des Barbares. |
| ΑΓΓΕΛΟΣ. Ἴσθι εὖ νῦν | LE COURRIER. Sache bien main- |
| τόδε, | ceci, [tenant |
| κακὸν μηδέπω μεσοῦν· | le mal n'*est* pas-encore à-moitié ; |
| τοιάδε συμφορὰ πάθους | un tel amas de malheurs |
| ἦλθεν ἐπὶ αὐτούς, | est venu sur eux, |
| ὡς ἀντισκηνῶσαι τοῖσδε | au point d'égaler ces choses-là |
| ῥοπῇ | de *son* poids |
| καὶ δίς. | même deux-fois. |
| ΑΤΟΣΣΑ. Καὶ τίς τύχη | ATOSSA. Et quelle destinée |
| γένοιτο ἂν ἐχθίων τῆσδε; | serait plus funeste que celle-là ? |
| Λέξον τίνα αὖ φῆς | Explique quel encore dis-tu |

ΠΕΡΣΑΙ.

Λέξον τίν' αὖ φῂς τήνδε συμφορὰν στρατῷ
ἐλθεῖν κακῶν ῥέπουσαν[1] ἐς τὰ μάσσονα.
ΑΓΓΕΛΟΣ.
Περσῶν ὅσοιπερ ἦσαν ἀκμαῖοι φύσιν,
ψυχήν τ' ἄριστοι κεὐγένειαν ἐκπρεπεῖς,
αὐτῷ τ' ἄνακτι πίστιν ἐν πρώτοις ἀεὶ,
τεθνᾶσιν αἰσχρῶς δυσκλεεστάτῳ μόρῳ.
ΑΤΟΣΣΑ.
Οἲ 'γὼ τάλαινα συμφορᾶς κακῆς, φίλοι.
Μόρῳ δὲ ποίῳ τούσδε φῂς ὀλωλέναι;
ΑΓΓΕΛΟΣ.
Νῆσός τις[2] ἐστὶ πρόσθε Σαλαμῖνος τόπων,
βαιὰ, δύσορμος ναυσὶν, ἣν ὁ φιλόχορος
Πὰν ἐμβατεύει, ποντίας ἀκτῆς ἔπι[3].
Ἐνταῦθα πέμπει τούσδ', ὅπως, ὅταν νεῶν
φθαρέντες ἐχθροὶ νῆσον ἐκσῳζοίατο,
κτείνοιεν εὐχείρωτον Ἑλλήνων στρατὸν,
φίλους δ' ὑπεκσῴζοιεν ἐναλίων πόρων,
κακῶς τὸ μέλλον ἱστορῶν. Ὡς γὰρ θεὸς
ναῶν ἔδωκε κῦδος Ἕλλησιν μάχης,
αὐθημερὸν φράξαντες εὐχάλκοις δέμας
ὅπλοισι ναῶν ἐξέθρωσκον· ἀμφὶ δὲ

désastre? — Continue pourtant, dis-nous cette catastrophe de l'armée, effroyable à surpasser ce que déjà tu nous as appris.

LE COURRIER. Tout ce qu'il y avait de fort, de renommé pour sa vaillance, de distingué par sa naissance, de plus fidèle au prince, a succombé misérablement au plus humiliant des destins.

ATOSSA. Malheur, malheur à moi! Que de désastres, ô mes amis! (Au courrier.) — Dis-moi comment si lamentablement ils ont péri.

LE COURRIER. Il y a près des parages de Salamine une île étroite, aux vaisseaux inhospitalière. Pan en belle humeur s'y rend avec ses chœurs, au bord de la mer. Xerxès y avait une partie des siens prêts à égorger l'armée des Hellènes sans défense, quand ses débris, culbutés des navires, dans l'île chercheraient leur salut, prêts aussi à reprendre à la mer les Perses emportés par les courants. C'était là vraiment trop présumer de l'avenir. — Quand le ciel eut sur mer assuré le triomphe des Hellènes, le jour même, revêtus de leurs solides armures d'airain, ils sortent

| | |
|---|---|
| τήνδε συμφορὰν ἐλθεῖν στρατῷ | ce malheur être venu à l'armée |
| ῥέπουσαν | penchant-par-son poids |
| ἐς τὰ μάσσονα κακῶν. | dans les plus grands des maux. |
| ΑΓΓΕΛΟΣ. Ὅσοιπερ | LE COURRIER. Tous-ceux-qui |
| Περσῶν | d'entre les Perses |
| ἦσαν ἀκμαῖοι φύσιν, | étaient vigoureux de nature, |
| ἄριστοί τε ψυχὴν, | et les meilleurs quant à l'âme |
| καὶ ἐκπρέπεις εὐγένειαν, | et remarquables quant à la nais- |
| ἀεί τε ἐν πρώτοις | et toujours dans les premiers [sance, |
| πίστιν | quant à *leur* fidélité |
| ἄνακτι αὐτῷ, | pour le prince lui-même |
| τεθνᾶσιν αἰσχρῶς | sont mort honteusement |
| μόρῳ δυσκλεεστάτῳ. | par un sort très humiliant. |
| ΑΤΟΣΣΑ. Οἴ ἐγὼ, φίλοι, | ATOSSA. Hélas! moi, *mes* amis, |
| τάλαινα συμφορᾶς κακῆς. | malheureuse de *cet* événement fu- |
| Ποίῳ δὲ μόρῳ | Mais par quel sort [neste! |
| φῇς τούσδε ὀλωλέναι; | dis-tu ceux-ci avoir péri? |
| ΑΓΓΕΛΟΣ. Τὶς νῆσός ἐστι | LE COURRIER. Une île est |
| πρόσθε τόπων Σαλαμῖνος, | devant les parages de Salamine, |
| βαιὰ, δύσορμος ναυσὶν, | petite, d'abord-difficile aux navi- |
| ἣν ἐμβατεύει | que fréquente [res, |
| Πὰν φιλόχορος, | Pan qui aime-les-chœurs, |
| ἐπὶ ἀκτῆς ποντίας. | sur la côte maritime. |
| Ἐνταῦθα πέμπει τούσδε, | Là il envoie ceux-ci, |
| ὅπως ὅταν ἐχθροὶ φθαρέντες | afin que, quand les ennemis perdus |
| ἐκσῳζοίατο νεῶν | se sauveraient de *leurs* vaisseaux |
| νῆσον, | dans l'île, |
| κτείνοιεν στρατὸν Ἑλλήνων | ils tuassent l'armée des Grecs |
| εὐχείρωτον, | facile-à-vaincre, |
| ὑπεκσῴζοιεν δὲ φίλους | et retirassent *leurs* amis |
| πόρων ἐναλίων, | des courants maritimes, |
| ἱστορῶν κακῶς τὸ μέλλον. | connaissant mal l'avenir. |
| Ὡς γὰρ θεὸς | Car lorsqu'un dieu |
| ἔδωκεν Ἕλλησι | eut donné aux Grecs [(naval), |
| κῦδος μάχης ναῶν, | la gloire du combat des vaisseaux |
| φράξαντες αὐθημερὸν | ayant muni le-même-jour |
| δέμας | *leurs* corps |
| ὅπλοισιν εὐχάλκοις, | d'armures d'-airain; |
| ἐξέθρωσκον ναῶν· | ils s'élançaient de *leurs* vaisseaux; |

κυκλοῦντο πᾶσαν νῆσον, ὥστ' ἀμηχανεῖν
ὅποι τράποιντο. Πολλὰ μέν νυν ἐκ χερῶν
πέτροισιν ἡράσσοντο, τοξικῆς τ' ἀπὸ
θώμιγγος ἰοὶ προσπίπτοντες ὤλλυσαν·
τέλος δ' ἐφορμηθέντες [1] ἐξ ἑνὸς ῥόθου
παίουσι, κρεοκοποῦσι δυστήνων μέλη,
ἕως ἁπάντων ἐξαπέφθειραν βίον.
Ξέρξης δ' ἀνῴμωξεν, κακῶν ὁρῶν βάθος·
ἕδραν γὰρ εἶχε παντὸς εὐαγῆ στρατοῦ,
ὑψηλὸν ὄχθον ἄγχι πελαγίας ἁλός·
ῥήξας δὲ πέπλους κἀνακωκύσας λιγύ,
πεζῷ παραγγείλας ἄφαρ [2] στρατεύματι,
ἵησ' ἀκόσμῳ ξὺν φυγῇ. Τοιάνδε σοι
πρὸς τῇ πάροιθε συμφορὰν στένειν πάρα.

ΑΤΟΣΣΑ.

Ὦ στυγνὲ δαῖμον, ὡς ἄρ' ἔψευσας φρενῶν
Πέρσας· πικρὰν δὲ παῖς ἐμὸς τιμωρίαν
κλεινῶν Ἀθηνῶν εὗρε, κοὐκ ἀπήρκεσαν

de leurs vaisseaux, enveloppent l'île entière, à rendre la fuite impossible. De leurs mains alors c'est une grêle de pierres; des cordes de leurs arcs, des traits qui tombent, portent la mort. — A la fin ils bondissent, comme un seul homme, taillent, déchirent les membres des malheureux Perses, tant et si bien que de toute cette foule il ne reste rien. Xerxès verse des larmes devant l'immensité du désastre, car il s'était établi, pour embrasser le champ de bataille, sur le sommet d'un promontoire, au bord de la mer. Sa robe vole en lambeaux, il jette les hauts cris, se lamente, à son armée de terre donne subitement l'ordre de la retraite. Lui-même honteusement prend la fuite. — Triste désastre à joindre au premier, à pleurer avec lui.

ATOSSA. Fatal destin, est-ce assez te jouer des ambitions de la Perse? Voilà donc l'expiation amère que mon fils a infligée à

# LES PERSES. 115

| | |
|---|---|
| ἀμφικυκλοῦντο δὲ | et ils enveloppaient |
| πᾶσαν νῆσον, | toute l'île, [voir |
| ὥστε ἀμηχανεῖν | de-sorte-que *les Perses* ne-pas-sa- |
| ὅποι τράποιντο. | où ils se tourneraient. |
| Ἡράσσοντο μέν νυν | D'une part donc ils étaient frappés |
| πολλὰ | beaucoup |
| πέτροισιν ἐκ χειρῶν, | par des pierres *lancées* des mains, |
| ἰοὶ δὲ προσπίπτοντες | d'autre part des flèches tombant-sur |
| ἀπὸ θώμιγγος τοξικῆς | d'une corde d'-arc [eux |
| ὤλλυσαν· | *les* faisaient-périr; |
| τέλος δὲ | d'autre part enfin |
| ἐφορμηθέντες | *les Grecs* s'étant élancés |
| ἐξ ἑνὸς ῥόθου | d'un seul courant (élan) |
| παίουσι, κρεοκοποῦσι | frappent, hachent |
| μέλη δυστήνων, | les membres des malheureux, |
| ἕως ἐξαπέφθειραν | jusqu'à ce qu'ils eussent détruit |
| βίον ἁπάντων. | la vie de tous. |
| Ξέρξης δὲ ἀνώμωξεν | Et Xerxès se-lamenta [maux; |
| ὁρῶν βάθος κακῶν· | en voyant la profondeur de *ces* |
| εἶχε γὰρ ἕδραν | car il occupait un siège |
| εὐαγῆ παντὸς στρατοῦ, | qui-voyait-bien toute l'armée, |
| ὑψηλὸν ὄχθον | une haute éminence |
| ἄγχι ἁλὸς πελαγίας· | près de l'onde-salée de-la-mer; |
| ῥήξας δὲ πέπλους | et ayant déchiré *ses* voiles |
| καὶ ἀνακωκύσας | et s'étant lamenté |
| λιγὺ, | d'une voix-perçante, |
| παραγγείλας ἄφαρ | en ayant-donné-l'ordre aussitôt |
| στρατεύματι πεζῷ, | à l'armée de-pied (de terre), |
| ἵησι ξὺν φυγῇ ἀκόσμῳ. | il s'élance par une fuite désordon- |
| Πάρα σοι | Il est-permis à toi [née. |
| στένειν τοιάνδε συμφορὰν | de gémir sur un tel malheur |
| πρὸς τῇ πάροιθε. | outre celui d'-auparavant. |
| ΑΤΟΣΣΑ. Ὦ στυγνὲ δαῖμον, | ATOSSA. O cruelle divinité, |
| ὡς ἄρα ἔψευσας | comme certes tu as trompé |
| φρενῶν | de (dans) *leurs* pensées |
| Πέρσας· | les Perses; |
| ἐμὸς δὲ παῖς εὗρε | et mon fils a trouvé |
| τιμωρίαν πικρὰν | une vengeance amère |
| κλεινῶν Ἀθηνῶν· | de la célèbre Athènes; |

## ΠΕΡΣΑΙ.

οὓς πρόσθε Μαραθὼν βαρβάρων ἀπώλεσεν·
ὧν ἀντίποινα παῖς ἐμὸς πράξειν [1] δοκῶν
τοσόνδε πλῆθος πημάτων ἐπέσπασεν.
Σὺ δ' εἰπὲ, ναῶν οἳ πεφεύγασιν μόρον,
ποῦ τούσδ' ἔλειπες; οἶσθα σημῆναι τορῶς;

ΑΓΓΕΛΟΣ.

Ναῶν γε ταγοὶ τῶν λελειμμένων σύδην
κατ' οὖρον οὐκ εὔκοσμον αἴρονται φυγήν·
στρατὸς δ' ὁ λοιπὸς ἔν τε Βοιωτῶν χθονὶ
διώλλυθ', οἱ μὲν ἀμφὶ κρηναῖον γάνος
δίψῃ πονοῦντες, οἱ δ' ὑπ' ἄσθματος κενοί [2]·
οἱ δ' ἐκπερῶμεν ἔς τε Φωκέων χθόνα
καὶ Δωρίδ' αἶαν, Μηλιᾶ τε κόλπον, οὗ
Σπερχειὸς ἄρδει πεδίον εὐμενεῖ ποτῷ·
καντεῦθεν ἡμᾶς γῆς Ἀχαιΐδος πέδον
καὶ Θεσσαλῶν πόλεις ὑπεσπανισμένους
βορᾶς ἐδέξαντ'· ἔνθα δὴ πλεῖστοι θάνον
δίψῃ τε λιμῷ τ'· ἀμφότερα γὰρ ἦν τάδε.
Μαγνητικὴν δὲ γαῖαν ἔς τε Μακεδόνων

cette célèbre Athènes. Et pourtant que de Barbares déjà dévorés par Marathon ! Pour avoir voulu prendre sa revanche, voilà les maux que Xerxès s'est préparés. — Mais de nos vaisseaux tous n'ont pas succombé; dis-moi où tu as laissé les autres, ne me cache rien.

LE COURRIER. Quelques-uns, en effet, réussissent à échapper. Ceux qui les commandent les livrent au vent, et de toutes leurs forces, confusément s'enfuient. Le reste de l'armée sur la terre des Béotiens a péri en partie, faute d'eau bonne à boire, tués par la soif, en partie de fatigue. — Et nous, nous nous sommes jetés à travers le pays des Phocéens, la Doride, vers le golfe Maliaque, aux terres abreuvées des douces eaux du Sperchios, pour arriver, exténués de besoin, aux plaines de l'Achaïe Phthiotide, et dans les villes des Thessaliens. Là le plus grand nombre mourut de soif, de faim, deux maux dont nous souffrions également. Par le territoire de Magnésie, le pays des Macédoniens, le cours de

| | |
|---|---|
| καὶ οὐκ ἀπήρκεσαν | et ils ne suffirent pas |
| ὅσους βαρβάρων | tous-ceux des barbares que |
| Μαραθὼν ἀπώλεσε πρόσθεν. | Marathon fit-périr auparavant. |
| Ὧν ἐμὸς παῖς | Desquelles-choses mon fils |
| δοκῶν πράξειν ἀντίποινα | croyant devoir réclamer revanche |
| ἐπέσπασεν | s'est attiré |
| τοσόνδε πλῆθος πημάτων. | une telle quantité de maux. |
| Σὺ δὲ εἰπὲ, | Mais toi dis, |
| ποῦ ἔλειπες τούσδε | où laissais-tu ceux-ci |
| οἳ πεφεύγασι μόρον ναῶν; | qui ont évité le sort des vaisseaux ? |
| οἶσθα σημῆναι τορῶς; | sais-tu l'indiquer avec-précision ? |
| ΑΓΓΕΛΟΣ. Ταγοί γε | LE COURRIER. Certes les chefs |
| ναῶν τῶν λελειμμένων | des vaisseaux qui sont restés |
| αἴρονται σύδην | prennent précipitamment |
| φυγὴν οὐκ εὔκοσμον | une fuite non en-bel-ordre [ble; |
| κατὰ οὖρον· | dans-la-direction du vent-favora- |
| ὁ δὲ λοιπὸς στρατὸς | et le reste de l'armée |
| διώλλυτό τε | et périt |
| ἐν χθονὶ Βοιωτῶν, | dans la terre des Béotiens, |
| οἱ μὲν πονοῦντες δίψῃ | les uns souffrant de soif |
| ἀμφὶ γάνος | autour-de la boisson-agréable |
| κρηναῖον, | d'une source, [flés); |
| οἱ δὲ ὑπόκενοι ἄσθματος· | les autres vides de souffle (essouf- |
| οἱ δὲ ἐκπερῶμεν | nous les autres nous passons |
| ἔς τε χθόνα Φωκέων | et dans le pays des Phocéens |
| καὶ αἶαν Δωρίδα, | et dans la terre doride, |
| κόλπον τε Μηλιᾶ, | et dans le golfe Maliaque |
| οὗ Σπερχειὸς | où le Sperchios |
| ἄρδει πεδίον | arrose la plaine [sante); |
| ποτῷ εὐμένει· | d'une eau bienveillante (bienfai- |
| καὶ ἐντεῦθεν | et de-là |
| πέδον γῆς Ἀχαιίδος | la plaine de la terre d'-Achaïe |
| καὶ πόλεις Θεσσαλῶν | et les villes des Thessaliens, |
| ἐδέξαντο ἡμᾶς | reçurent nous |
| ὑπεσπανισμένους βορᾶς· | manquant de nourriture; [rent |
| ἔνθα δὴ πλεῖστοι θάνον | là certes de très-nombreux péri- |
| δίψῃ τε λιμῷ τε· | et de soif et de faim, |
| τάδε γὰρ ἀμφότερα ἦν. | car ces deux *fléaux* existaient. |
| Ἀφικόμεσθα δὲ | Et nous arrivâmes |

χώραν ἀφικόμεσθ', ἐπ' Ἀξίου πόρον,
Βόλβης θ' ἕλειον δόνακα, Πάγγαιόν τ' ὄρος,
Ἠδωνίδ' αἶαν· νυκτὶ δ' ἐν ταύτῃ θεὸς
χειμῶν' ἄωρον ὦρσε, πήγνυσιν δὲ πᾶν
ῥέεθρον ἁγνοῦ Στρυμόνος. Θεοὺς δέ τις
τὸ πρὶν νομίζων οὐδαμοῦ, τότ' ηὔχετο
λιταῖσι, γαῖαν οὐρανόν τε προσκυνῶν.
Ἐπεὶ δὲ πολλὰ θεοκλυτῶν ἐπαύσατο,
κρυσταλλοπῆγα διαπερᾷ πόρον στρατός.
Χὥστις μὲν ἡμῶν, πρὶν σκεδασθῆναι θεοῦ
ἀκτῖνας, ὡρμήθη, σεσωσμένος κυρεῖ.
Φλέγων γὰρ αὐγαῖς λαμπρὸς ἡλίου κύκλος
μέσον πόρον διῆκε, θερμαίνων φλογί·
πῖπτον δ' ἐπ' ἀλλήλοισιν· ηὐτύχει δέ τοι
ὅστις τάχιστα πνεῦμ' ἀπέρρηξεν βίου.
Ὅσοι δὲ λοιποὶ κἄτυχον σωτηρίας,
Θρῄκην περάσαντες μόγις πολλῷ πόνῳ,
ἥκουσιν ἐκφυγόντες, οὐ πολλοί τινες,

l'Axios, les joncs et les marécages de Bolbé, la croupe du Pangée, nous atteignîmes les confins d'Édonie. — Cette nuit-là le ciel nous envoya un froid extraordinaire pour la saison. Les eaux sacrées du Strymon se prirent dans toute leur largeur. Plus d'un, qui jusque-là n'avait pas cru aux dieux, se mit alors en prière, adora la terre et le ciel à la fois. Après des actions de grâces pleines d'effusion, l'armée s'élance sur la nappe glacée. Ce qui a passé, avant que le dieu eût dardé ses rayons, fut sauvé. Tout brûlant de ses feux, en effet, le disque resplendissant du soleil, d'aplomb prit le milieu du fleuve, de sa flamme l'échauffa. — Quel pêle-mêle alors! on tombe les uns sur les autres, et bien heureux, assurément, qui tout d'abord est étouffé! — Ceux qui survécurent, et eurent le bonheur d'être épargnés, à travers la Thrace, à grand'peine, au prix de mille fatigues, rentrent en

| | |
|---|---|
| γαῖαν Μαγνητικὴν | dans la terre magnésienne |
| ἔς τε χώραν Μακεδόνων | et dans la contrée des Macédo- |
| ἐπὶ πόρον Ἀξίου | vers le cours de l'Axios, [niens, |
| δόνακά τε ἕλειον Βόλβης, | et le roseau marécageux de Bol- |
| ὄρος τε Πάγγαιον, | et la montagne de-Pangée, [bé, |
| αἶαν Ἠδωνίδα· | terre édonienne ; |
| ἐν δὲ ταύτῃ νυκτὶ | or dans cette nuit-là |
| θεὸς ὦρσε | un dieu excita |
| χειμῶνα ἄωρον, | un froid prématuré, [rant |
| πήγνυσι δὲ πᾶν ῥέεθρον | d'autre part il congèle tout le cou- |
| ἁγνοῦ Στρυμόνος. | du sacré Strymon. |
| Τίς δὲ | Et quelqu'un (plus d'un) |
| νομίζων τὸ πρὶν | n'estimant auparavant |
| θεοὺς οὐδαμοῦ, | les dieux en-aucune-façon |
| τότε ηὔχετο | alors priait |
| λιταῖσι, | avec supplications, |
| προσκυνῶν γαῖαν οὐρανόν τε. | adorant la terre et le ciel. |
| Ἐπεὶ δὲ στρατὸς ἐπαύσατο | Or après-que l'armée eut cessé, |
| θεοκλυτῶν πολλά, | invoquant (d'invoquer)-les-dieux |
| διαπερᾷ πόρον | elle traverse le passage [beaucoup, |
| κρυσταλλοπῆγα. | formé-par-la-glace. |
| Καὶ ὅστις μὲν ἡμῶν | Et d'une part quiconque de nous |
| ὡρμήθη, | s'élança, |
| πρὶν ἀκτῖνας ἡλίου | avant les rayons du soleil |
| σκεδασθῆναι, | se répandre, |
| κυρεῖ σεσωσμένος. | se-trouve ayant été sauvé. |
| Κύκλος γὰρ λαμπρὸς ἡλίου | Car le disque brillant du soleil |
| φλέγων αὐγαῖς | brûlant par ses rayons |
| διῆκε μέσον πόρον, | pénétra(fondit) le milieu du passage |
| θερμαίνων φλογί· | l'échauffant de sa flamme ; |
| πῖπτον δὲ | et ils tombaient |
| ἐπ' ἀλλήλοισιν· | les uns sur les autres ; |
| ηὐτύχει δέ τοι | et était-heureux certes |
| ὅστις ἀπέρρηξεν τάχιστα | quiconque rompit (perdit) très-vite |
| πνεῦμα βίου. | le souffle de la vie. |
| Ὅσοι δὲ λοιποὶ | Mais tous-ceux-qui *furent* restants |
| καὶ ἔτυχον σωτηρίας, | et *qui* obtinrent *leur* salut, |
| περάσαντες Θρῄκην | ayant traversé la Thrace |
| μόγις πολλῷ πόνῳ, | avec-peine à grande fatigue, |

ΠΕΡΣΑΙ.

ἐφ' ἑστιοῦχον γαῖαν· ὡς στένειν πόλιν
Περσῶν, ποθοῦσαν φιλτάτην ἥβην χθονός.
Ταῦτ' ἔστ' ἀληθῆ· πολλὰ δ' ἐκλείπω λέγων
κακῶν ἃ Πέρσαις ἐγκατέσκηψεν θεός.

ΧΟΡΟΣ.

Ὦ δυσπόνητε δαῖμον, ὡς ἄγαν βαρὺς
ποδοῖν ἐνήλου παντὶ Περσικῷ γένει.

ΑΤΟΣΣΑ.

Οἲ 'γὼ τάλαινα διαπεπραγμένου στρατοῦ·
ὦ νυκτὸς ὄψις ἐμφανὴς ἐνυπνίων,
ὡς κάρτα μοι σαφῶς ἐδήλωσας κακά.
Ὑμεῖς δὲ φαύλως αὔτ' ἄγαν ἐκρίνατε.
Ὅμως δ', ἐπειδὴ τῇδ' ἐκύρωσεν φάτις
ὑμῶν, θεοῖς μὲν πρῶτον εὔξασθαι θέλω·
ἔπειτα γῇ τε καὶ φθιτοῖς δωρήματα
ἥξω λαβοῦσα πέλανον ἐξ οἴκων ἐμῶν,
ἐπίσταμαι μὲν ὡς ἐπ' ἐξειργασμένοις,
ἀλλ' ἐς τὸ λοιπὸν εἴ τι δὴ λῷον πέλοι.

fugitifs, réduits à quelques-uns, dans leurs foyers, dans leur patrie. Que de regrets, que de larmes pour la Perse sur cette chère jeunesse du pays! Tel est le désastre dans toute son étendue; encore ai-je, en le racontant, omis bien des détails navrants, aux Perses infligés des dieux.

LE CHŒUR. Implacable destin, comme de tout ton poids tu as sans miséricorde, sous ton pied, à plaisir, broyé le peuple de la Perse!

ATOSSA. Ah! malheureuse, c'en est fait de l'armée. Visions, songes de mes nuits, trop véridiques pronostics de ce qui m'attendait. — Et vous, vieillards, comme vous vous y êtes trompés! Pourtant, ainsi que vous me l'avez dit, tout d'abord, je m'adresserai aux dieux. A la terre, aux morts, de mon palais j'apporterai le gâteau sacré. Sur le passé il n'y a pas à revenir, je le sais; mais à l'avenir, si nous pouvions être mieux partagés!

| | |
|---|---|
| ἥκουσιν ἐκφυγόντες, | sont arrivés s'-échappant, |
| οὔ τινες πολλοί, | non des nombreux, |
| ἐπὶ γαῖαν | sur la terre |
| ἑστιοῦχον· | qui-renferme-leur-foyer; |
| ὡς πόλιν Περσῶν στένειν, | de sorte que l'État des Perses gémit |
| ποθοῦσαν ἥβην φιλτάτην | regrettant la jeunesse la plus chère |
| χθονός. | du pays. |
| Ταῦτά ἐστι ἀληθῆ· | Ces choses sont vraies; |
| ἐκλείπω δὲ λέγων | d'ailleurs j'omets en parlant |
| πολλὰ κακῶν ἃ θεὸς | beaucoup des maux qu'un dieu |
| ἐγκατέσκηψεν Πέρσαις. | a fait-tomber-sur les Perses. |
| ΧΟΡΟΣ. Ὦ δαῖμον, | LE CHŒUR. O divinité |
| δυσπόνητε, | difficile-à-supporter, |
| ὡς ἄγαν βαρὺς | comme trop pesant |
| ἐνήλου ποδοῖν | tu as sauté de *tes* pieds |
| παντὶ γένει Περσικῷ. | sur toute la race perse. |
| ΑΤΟΣΣΑ. Οἲ ἐγὼ τάλαινα | ATOSSA. Hélas! moi malheureuse |
| στρατοῦ διαπεπραγμένου· | de l'armée détruite. |
| Ὦ ὄψις ἐμφανὴς | O vision manifeste |
| ἐνυπνίων νυκτός, | des songes de la nuit, |
| ὡς ἐδήλωσάς μοι | comme tu as annoncé à moi |
| κακὰ | des maux |
| κάρτα σαφῶς. | tout-à-fait clairement! |
| Ὑμεῖς δὲ αὖτε ἐκρίνατε | Et vous de votre côté vous avez jugé |
| ἄγαν φαύλως. | trop mal. |
| Ὅμως δὲ, | Mais pourtant, |
| ἐπειδὴ φάτις ὑμῶν | puisque la parole de vous |
| ἐκύρωσεν τῇδε, | a décidé de cette *manière*, |
| θέλω πρῶτον μὲν | je veux d'abord d'une part |
| εὔξασθαι θεοῖς· | prier les dieux; |
| ἔπειτα ἥξω | puis je viendrai |
| λαβοῦσα ἐξ ἐμῶν οἴκων | ayant pris de ma demeure |
| πελανὸν | un gâteau-sacré |
| δωρήματα γῇ τε | *comme* offrande et à la terre |
| καὶ φθιτοῖς· | et aux morts; |
| ἐπίσταμαι μὲν | je sais à-la-vérité [complis; |
| ὡς ἐπὶ ἐξειργασμένοις· | que *je fais cela* après les *faits* ac- |
| ἀλλὰ εἴ τι δὴ | ah! si quelque chose certes |
| πέλοι λῷον ἐς τὸ λοιπόν. | était meilleur à l'avenir! |

## IV. L'OMBRE DE DARIOS.
(Vers 787-842.)

ΧΟΡΟΣ.
Τί οὖν, ἄναξ Δαρεῖε, ποῖ καταστρέφεις
λόγων τελευτήν; πῶς ἂν ἐκ τούτων ἔτι
πράσσοιμεν ὡς ἄριστα Περσικὸς λεώς;
ΔΑΡΕΙΟΣ.
Εἰ μὴ στρατεύοισθ' ἐς τὸν Ἑλλήνων τόπον,
μηδ' εἰ στράτευμα πλεῖον ᾖ τὸ Μηδικόν.
Αὐτὴ γὰρ ἡ γῆ ξύμμαχος κείνοις πέλει.
ΧΟΡΟΣ.
Πῶς τοῦτ' ἔλεξας, τίνι τρόπῳ δὲ συμμαχεῖ;
ΔΑΡΕΙΟΣ.
Κτείνουσα λιμῷ τοὺς ὑπερπόλλους ἄγαν.
ΧΟΡΟΣ.
Ἀλλ' εὐσταλῆ τοι λεκτὸν ὁροῦμεν στόλον.
ΔΑΡΕΙΟΣ.
Ἀλλ' οὐδ' ὁ μείνας νῦν ἐν Ἑλλάδος τόποις
στρατὸς κυρήσει νοστίμου σωτηρίας.
ΧΟΡΟΣ.
Πῶς εἶπας; οὐ γὰρ πᾶν στράτευμα βαρβάρων
περᾷ τὸν Ἕλλης πορθμὸν Εὐρώπης ἄπο;
ΔΑΡΕΙΟΣ.
Παῦροί γε πολλῶν, εἴ τι πιστεῦσαι θεῶν

LE CHŒUR. Eh bien, prince Darios, qu'augurerons-nous de tes paroles? Après cette catastrophe, comment se relèvera-t-il, ce peuple de la Perse?

DARIOS. En ne portant jamais les armes au pays de l'Hellade, l'armée mède fût-elle plus considérable encore. — Elle-même, la terre combat pour les Hellènes.

LE CHŒUR. Que dis-tu là? Comment combat-elle pour eux?

DARIOS. En tuant par la faim les nombreuses armées.

LE CHŒUR. Avec de bons vaisseaux pourtant, de bons soldats...

DARIOS. Tu verras que l'armée, encore au pays d'Hellade, jamais n'en reviendra.

LE CHŒUR. Comment! tous les Barbares ne franchiront pas le détroit d'Hellé, ne sortiront pas d'Europe?

DARIOS. Bien peu d'un si grand nombre, s'il faut en croire les

## IV. L'OMBRE DE DARIOS.

| | |
|---|---|
| ΧΟΡΟΣ. Τί οὖν, | LE CHŒUR. Quoi donc, |
| ἄναξ Δαρεῖε, | roi Darios, |
| ποῦ καταστρέφεις | où inclines-tu |
| τελευτὴν λόγων ; | la fin de *tes* discours ? |
| πῶς ἐκ τούτων | comment à-la-suite-de ces *maux* |
| λεὼς Περσικὸς | nous *le* peuple perse |
| πράξοιμεν ἂν ἔτι | ferions-nous encore *nos affaires* |
| ὡς ἄριστα ; | le mieux qu'*il est possible* ? |
| ΔΑΡΕΙΟΣ. Εἰ | DARIOS. Si |
| μὴ στρατεύοισθε | vous ne faisiez-pas-d'expédition |
| ἐς τὸν τόπον Ἑλλήνων, | dans le pays des Grecs, |
| μηδὲ εἰ τὸ στράτευμα Μηδικὸν | pas-même si l'armée médique |
| ἦ πλεῖον. | était plus considérable. |
| Ἡ γὰρ γῆ αὐτὴ | Car le terre même |
| πέλει ξύμμαχος αὐτοῖς. | est auxiliaire à eux.   [cela ? |
| ΧΟΡΟΣ. Πῶς ἔλεξας τοῦτο ; | LE CHŒUR. Comment as-tu dit |
| τίνι δὲ τρόπῳ | et de quelle manière |
| ξυμμαχεῖ. | est-elle-auxiliaire ? |
| ΔΑΡΕΙΟΣ. Κτείνουσα λιμῷ | DARIOS. En tuant par la faim |
| τοὺς ἄγαν ὑπερπόλλους. | les trop nombreux.   [partir |
| ΧΟΡΟΣ. Ἀλλὰ ἀροῦμεν | LE CHŒUR. Mais nous-ferons- |
| στόλον λεκτὸν | une flotte choisie |
| εὐσταλῆ τοι. | et leste certes. |
| ΔΑΡΕΙΟΣ. Ἀλλὰ οὐδὲ | DARIOS. Mais pas-même |
| ὁ στρατὸς μείνας νῦν | l'armée restée maintenant |
| ἐν τόποις Ἑλλάδος | dans les pays de la Grèce |
| κυρήσει σωτηρίας νοστίμου. | n'obtiendra le salut-du-retour. |
| ΧΟΡΟΣ. Πῶς εἶπας ; | LE CHŒUR. Comment as-tu dit ? |
| πᾶν γὰρ στράτευμα] | est-ce-que toute l'armée |
| βαρβάρων | des Barbares |
| οὐ περᾷ, | ne traversera pas |
| τὸν πορθμὸν Ἕλλης | le passage d'Hellé (l'Hellespont) |
| ἀπὸ Εὐρώπης ; | *revenant* de l'Europe ? |
| ΔΑΡΕΙΟΣ. Παῦροί γε πολλῶν, | DARIOS. Peu certes de beaucoup, |
| εἰ χρὴ πιστεῦσαί τι | s'il faut croire en quelque chose |

ΠΕΡΣΑΙ.

χρὴ θεσφάτοισιν, ἐς τὰ νῦν πεπραγμένα
βλέψαντα· συμβαίνει γὰρ οὐ τὰ μὲν, τὰ δ' οὔ.
Κεἴπερ τάδ' ἐστί[1], πλῆθος ἔκκριτον στρατοῦ
λείπει κεναῖσιν ἐλπίσιν πεπεισμένος.
Μίμνουσι δ' ἔνθα πεδίον Ἀσωπὸς ῥοαῖς
ἄρδει, φίλον πίασμα Βοιωτῶν χθονί·
οὗ σφιν κακῶν ὕψιστ' ἐπαμμένει παθεῖν,
ὕβρεως ἄποινα κἀθέων φρονημάτων·
οἳ γῆν μολόντες Ἑλλάδ' οὐ θεῶν βρέτη
ᾐδοῦντο συλᾶν οὐδὲ πιμπράναι νεώς·
βωμοὶ δ' ἄϊστοι, δαιμόνων θ' ἱδρύματα
πρόρριζα φύρδην ἐξανέστραπται βάθρων.
Τοιγὰρ κακῶς δράσαντες οὐκ ἐλάσσονα
πάσχουσι, τὰ δὲ μέλλουσι, κοὐδέπω κακῶν
κρηπὶς ὕπεστιν, ἀλλ' ἔτ' ἐκπιδύεται.
Τόσος γὰρ ἔσται πέλανος αἱματοσταγὴς
πρὸς γῇ Πλαταιῶν Δωρίδος λόγχης ὕπο.
Νεκρῶν δὲ θῖνες καὶ τριτοσπόρῳ γονῇ

paroles des dieux, juger l'inconnu de demain par le connu d'aujourd'hui. Et un oracle ne se vérifie guère sur un point, sans se justifier aussi sur l'autre. Donc, de nombreux soldats d'élite ont été laissés par Xerxès, dupe de ses folles espérances. — Ils sont là aux plaines abreuvées des eaux de l'Asopos, douce boisson de la terre béotienne. C'est là aussi que les attend la suprême catastrophe, châtiment de leur insolence, de leurs pensées impies. Envahisseurs de l'Hellade, rien ne les a pu arrêter, ni le sanctuaire des dieux mis à sac, ni leurs temples par eux livrés aux flammes. Les autels ont été effacés, les statues déracinées de leurs piédestaux, fracassées, dispersées. — Pour avoir ainsi méchamment agi, certes, l'expiation a été dure; mais l'avenir est plein de menaces encore. — Des maux, le gouffre est sous leurs pieds; bouillonnant, il jaillit toujours. Si épaisse sera la boue sanglante aux champs de Platées sous la lance dorienne, que les monceaux de cadavres jusqu'à la troisième génération, muets et

# LES PERSES.

| | |
|---|---|
| θεσφάτοισι θεῶν, | aux oracles des dieux, |
| βλέψαντα | ayant regardé |
| ἐς τὰ πεπραγμένα νῦν· | vers les choses faites maintenant ; |
| οὐ γὰρ | car *il n'est* pas *vrai de dire que* |
| τὰ μὲν συμβαίνει, | les unes arrivent, |
| τὰ δὲ οὔ. | les autres n'*arrivent* pas. |
| Καὶ εἴπερ τάδε ἐστὶ, | Et si (puisque) cela est, |
| πεπεισμένος κεναῖσιν ἐλπίσιν | persuadé par de vaines espérances, |
| λείπει | Xerxès laisse (a laissé) |
| πλῆθος ἔκκριτον στρατοῦ. | une quantité choisie de troupes. |
| Μίμνουσι δὲ ἔνθα | Et ils restent là-où |
| Ἀσωπὸς ἄρδει πεδίον | l'Asopos arrose la plaine |
| ῥοαῖς, | de ses flots, |
| πίασμα φίλον | engrais cher |
| χθονὶ Βοιωτῶν· | à la terre des Béotiens : |
| οὗ ὕψιστα κακῶν | où les plus élevés des maux |
| ἐπαμμένει σφιν παθεῖν, | restent à eux à souffrir, |
| ἄποινα ὕβρεως | punition de *leur* insolence |
| καὶ φρονημάτων ἀθέων· | et de *leurs* pensées impies ;  que |
| οἳ μολόντες γῆν Ἑλλάδα | eux qui arrivés dans la terre grec- |
| οὐκ ᾐδοῦντο συλᾶν | ne rougissaient pas de dépouiller |
| βρέτη θεῶν, | les statues des dieux |
| οὐδὲ πιμπράναι νεώς· | ni de brûler *leurs* temples ; |
| βωμοὶ δὲ ἄϊστοι, | et les autels *ont été* anéantis, |
| ἱδρύματά τε δαιμόνων | et les sièges des dieux  [ments |
| ἐξανέστραπται βάθρων | ont été renversés de *leurs* fonde- |
| φύρδην | pêle-mêle |
| πρόρριζα. | racines-en-avant. |
| Τοιγὰρ δράσαντες κακῶς | Donc ayant agi mal |
| πάσχουσιν οὐκ ἐλάσσονα, | ils souffrent de *peines* non moindres |
| μέλλουσι τὰ δὲ, | *et* doivent *en souffrir* d'autres, |
| καὶ οὐδέπω κρηπὶς κακῶν | et pas-encore le fond de *leurs* maux |
| ὕπεστιν, | n'est-en-dessous, |
| ἀλλὰ ἐκπιδύεται ἔτι. | mais ils jaillissent encore. |
| Τόσος γὰρ πέλανος | Car une telle bouc-épaisse |
| αἱματοσταγὴς | dégouttante-de-sang |
| ἔσται πρὸς γῇ Πλαταιῶν | sera à la terre des Platéens |
| ὑπὸ λόγχης Δωρίδος. | par-le-fait-de la lance dorienne. |
| Θῖνες δὲ νεκρῶν | Et des monceaux de cadavres |

ΠΕΡΣΑΙ.

ἄφωνα σημανοῦσιν ὄμμασιν βροτῶν
ὡς οὐχ ὑπέρφευ θνητὸν ὄντα χρὴ φρονεῖν.
Ὕβρις γὰρ ἐξανθοῦσ' ἐκάρπωσε στάχυν
ἄτης, ὅθεν πάγκλαυτον ἐξαμᾷ θέρος.
Τοιαῦθ' ὁρῶντες τῶνδε τἀπιτίμια,
μέμνησθ' Ἀθηνῶν¹ Ἑλλάδος τε, μηδέ τις
ὑπερφρονήσας τὸν παρόντα δαίμονα
ἄλλων ἐρασθεὶς ὄλβον ἐκχέῃ μέγαν.
Ζεύς τοι κολαστὴς τῶν ὑπερκόμπων ἄγαν
φρονημάτων ἔπεστιν, εὔθυνος βαρύς.
Πρὸς ταῦτ' ἐκεῖνον, σωφρονεῖν κεχρημένον ²,
πινύσκετ' εὐλόγοισι νουθετήμασιν,
λῆξαι θεοβλαβοῦνθ' ὑπερκόμπῳ θράσει. —
Σὺ δ', ὦ γεραιὰ μῆτερ ἡ Ξέρξου φίλη,
ἐλθοῦσ' ἐς οἴκους κόσμον ὅστις εὐπρεπὴς
λαβοῦσ' ὑπαντίαζε παιδί. Πάντα γὰρ
κακῶν ὑπ' ἄλγους λακίδες ἀμφὶ σώματι

silencieux, attesteront aux regards des mortels que l'orgueil n'est pas de l'homme. — Semez l'arrogance, elle monte en épis, sinistre moisson d'Até, où l'on ne recueille que larmes et douleurs. — En voyant à telles entreprises tels châtiments, d'Athènes qu'il vous souvienne, qu'il vous souvienne de l'Hellade, et que nul ne dédaigne ce qu'il a, pour s'éprendre de la fortune d'autrui, y sacrifier son opulence et ses ressources. Zeus, à n'en faire doute, punit les excès de l'outrecuidance. Un dur justicier! — Vous donc, maintenant qu'il est nécessaire d'être sages, par vos raisons, par vos avis, amenez Xercès à ne plus blesser les dieux de son orgueil insensé. — Toi, sa mère vénérable, retourne en ton palais, prends-y des vêtements décents, et va au-devant de ton fils. Car, depuis l'emportement de son désespoir, partout sur son corps, ce

| | |
|---|---|
| σημανοῦσιν ἄφωνα | signifieront d'une-manière-muette |
| ὄμμασιν βροτῶν | aux yeux des mortels |
| καὶ τριτοσπόρῳ γονῇ, | même à la troisième génération, |
| ὡς οὐ χρὴ | qu'il ne faut pas |
| ὄντα θνητὸν | étant mortel |
| φρονεῖν ὑπέρφευ. | penser trop-haut (trop fièrement). |
| Ὕβρις γὰρ ἐξανθοῦσα | Car l'insolence en fleurissant |
| ἐκάρπωσε | a produit-pour-fruit |
| στάχυν ἄτης, | un épi de crime, |
| ὅθεν ἐξαμᾷ θέρος | d'-où elle récolte une moisson |
| πάγκλαυτον. | tout-à-fait-lamentable. |
| Ὁρῶντες τοιαῦτα ἐπιτίμια | En voyant de tels châtiments |
| τῶνδε, | de ces *fautes*, |
| μέμνησθε Ἀθηνῶν | souvenez-vous d'Athènes |
| Ἑλλάδος τε, | et de la Grèce, |
| μηδέ τις ὑπερφρονήσας | et que personne n'ayant méprisé |
| τὸν δαίμονα παρόντα, | la fortune présente (dont il jouit), |
| ἐρασθεὶς ἄλλων | étant épris *de celle* des autres |
| ἐκχέῃ | ne répande (gaspille) |
| μέγαν ὄλβον. | une grande opulence. |
| Ζεύς τοι ἔπεστι | Zeus certes est au-dessus-de *nous* |
| κολαστὴς τῶν φρονημάτων | punisseur des pensées |
| ἄγαν ὑπερκόμπων, | trop orgueilleuses, |
| βαρύς εὔθυνος. | pesant vérificateur-de-comptes. |
| Πρὸς ταῦτα | A cause de cela |
| πινύσκετε ἐκεῖνον, | instruisez celui-là (Xerxès), |
| κεχρημένον | étant (quand il est) nécessaire |
| σωφρονεῖν, | d'être-sage, |
| εὐλόγοισι νουτεθήμασι, | par de prudents avertissements, |
| λῆξαι θεοβλαβοῦντα | de cesser d'être-en-délire |
| θράσει ὑπερκόμπῳ. | par une audace orgueilleuse. |
| Σὺ δὲ, ὦ γεραιὰ μῆτερ | Et toi, ô vieille mère, |
| ἡ φίλη Ξέρξου | la *mère* chérie de Xerxès, |
| ἐλθοῦσα ἐς οἴκους | étant allée dans *ta* demeure |
| λαβοῦσα κόσμον | ayant pris un ornement |
| ὅστις εὐπρεπὴς | qui *soit* convenable |
| ὑπαντίαζε παιδί. | va au-devant de *ton* fils. [maux |
| Ὑπὸ γὰρ ἄλγους κακῶν | Car par-suite-de la douleur de *ses* |
| πάντα στημμοραγοῦσιν | tout est déchiré |

ΠΕΡΣΑΙ.

στημορραγοῦσι ποικίλων ἐσθημάτων.
Ἀλλ' αὐτὸν εὐφρόνως σὺ πράϋνον λόγοις·
μόνης γὰρ, οἶδα, σοῦ κλύων ἀνέξεται.
Ἐγὼ δ' ἄπειμι γῆς ὑπὸ ζόφον κάτω·
ὑμεῖς δὲ, πρέσβεις, χαίρετ', ἐν κακοῖς ὅμως
ψυχῇ διδόντες ἡδονὴν καθ' ἡμέραν,
ὡς τοῖς θανοῦσι πλοῦτος οὐδὲν ὠφελεῖ.

ne sont que lambeaux échevelés de ses riches habits. — Par de douces paroles remonte-le. Seule, je le sais, tu es sûre d'être d'abord écoutée. — Moi, je redescends au ténébreux séjour d'en bas. — Adieu, vieillards, même au temps de détresse et d'amertume, donnez votre âme à la joie, chaque jour. — Des biens de cette terre, d'ailleurs, les morts n'ont plus que faire. (Darios rentre en son mausolée.)

| | |
|---|---|
| ἀμφὶ σώματι | autour-de *son* corps |
| λακίδες | haillons (*en* haillons) |
| ἐσθημάτων ποικίλων. | de vêtements brodés. |
| Ἀλλὰ σὺ πράϋνον αὐτὸν | Mais toi adoucis-le |
| εὐφρόνως λόγοις· | avec-bienveillance par *tes* paroles; |
| ἀνέξεται γὰρ, οἶδα, | car il supportera, je *le* sais, |
| κλύων | en entendant (d'entendre) |
| σοῦ μόνης. | toi seule. |
| Ἐγὼ δὲ ἄπειμι | Moi d'autre part je m'en vais |
| κάτω | en-bas |
| ὑπὸ ζόφον γῆς· | sous les ténèbres de la terre; |
| ὑμεῖς δὲ, πρέσβεις, | et vous vieillards, |
| χαίρετε, | réjouissez-vous (adieu), |
| διδόντες ὅμως ἐν κακοῖς | donnant quoique dans les maux |
| ἡδονὴν κατὰ ἡμέραν | du plaisir par *chaque* jour |
| ψυχῇ, | à *votre* âme, |
| ὡς πλοῦτος | attendu-que la richesse |
| ὠφελεῖ οὐδὲν | ne sert de rien |
| τοῖς θανοῦσιν. | à ceux qui sont morts. |

# ARGUMENT ANALYTIQUE
## DES SEPT CONTRE THÈBES.

Eschyle avait embrassé dans une trilogie qui comprenait *Laïos, Œdipe, les Sept contre Thèbes*, les malheurs et les crimes de la famille des Labdacides; de cette vaste composition il ne nous reste plus que *les Sept contre Thèbes*.

Au début de la pièce, Étéocle harangue l'armée thébaine. Survient un messager ou espion qui lui annonce que les sept chefs de l'armée argienne se sont engagés par serment à prendre la ville ou à mourir. Après avoir invoqué les dieux, Étéocle sort avec l'espion, et la scène est occupée par le Chœur, composé de vierges qui déplorent les malheurs de Thèbes.

Rappelé par ces plaintes, Étéocle reparaît et veut imposer silence à ces femmes timides; mais à peine est-il parti, qu'elles se livrent de nouveau à leur douleur et retracent vivement l'image d'une ville prise d'assaut.

Étéocle revient une dernière fois. L'espion l'accompagne et lui nomme tour à tour les sept chefs. A chacun de ces chefs, Étéocle oppose un adversaire; mais quand l'espion lui désigne, en dernier lieu, son frère Polynice, il déclare que c'est à lui seul de le combattre, et il part pour cette lutte impie.

Nouvelles plaintes du Chœur, interrompues par l'arrivée de l'espion, qui annonce à la fois le salut de Thèbes et la mort des deux princes. Lorsque le Chœur a déploré comme il convient ce triste événement, on voit paraître Ismène et Antigone, les deux sœurs d'Étéocle et de Polynice; elles aussi entonnent à leur tour le chant funèbre.

Au moment où elles se disposent à porter les corps en terre, un héraut vient proclamer au nom du conseil de Thèbes la défense d'accorder les honneurs de la sépulture à Polynice. Refus d'Antigone de se soumettre à cet ordre inique; le Chœur alors se partage en deux troupes : l'une, conduite par Ismène suit les funérailles d'Étéocle, tandis que l'autre, conduite par Antigone, rend les derniers devoirs à Polynice.

# ΕΠΤΑ ΕΠΙ ΘΗΒΑΣ

## I. L'EXPOSITION DU DRAME.
(Vers 1-77.)

ΕΤΕΟΚΛΗΣ.

Κάδμου πολῖται, χρὴ λέγειν τὰ καίρια
ὅστις φυλάσσει πρᾶγος ἐν πρύμνῃ πόλεως,
οἴακα νωμῶν βλέφαρα μὴ κοιμῶν ὕπνῳ.
Εἰ μὲν γὰρ εὖ πράξαιμεν, αἰτία θεοῦ·
εἰ δ' αὖθ', ὃ μὴ γένοιτο, συμφορὰ τύχοι,
Ἐτεοκλέης ἂν εἷς πολὺς κατὰ πτόλιν
ὑμνοῖθ' ὑπ' ἀστῶν φροιμίοις πολυρρόθοις
οἰμώγμασίν θ', ὧν Ζεὺς Ἀλεξητήριος
ἐπώνυμος γένοιτο Καδμείων πόλει.
Ὑμᾶς δὲ χρὴ νῦν, καὶ τὸν ἐλλείποντ' ἔτι
ἥβης ἀκμαίας καὶ τὸν ἔξηβον χρόνῳ,

I

ÉTÉOCLE, *au peuple assemblé.* Enfants de Cadmos, être dans son langage à la hauteur des circonstances, telle est la mission de quiconque est aux affaires, d'un chef d'État, qui de la poupe manœuvre la barre, la paupière toujours tendue contre le sommeil. Tout va-t-il, en effet, à souhait, l'honneur en est aux dieux. Mais si, par malheur, il nous arrivait quelque mécompte, seul le nom d'Étéocle courrait la ville, mêlé en vos bruyants refrains, en vos mille lamentations à Zeus Alexéteries, pour qu'il soit en aide à la cité de Cadmos, et ainsi justifie son surnom. Mais tous aussi, vous avez votre devoir aujourd'hui ; vous, jeunes gens encore en la verte saison, et vous déjà hors de la jeunesse, effor-

# LES SEPT CONTRE THÈBES

## I. L'EXPOSITION DU DRAME.

| | |
|---|---|
| ΕΤΕΟΚΛΗΣ. Πολῖται Κάδμου, | ÉTÉOCLE. Citoyens de Cadmos, |
| χρὴ | il faut [que |
| ὅστις φυλάσσει πρᾶγος | quiconque veille à la chose *publi*- |
| ἐν πρύμνῃ πόλεως, | à la poupe de la ville, |
| νωμῶν οἴακα, | dirigeant le gouvernail |
| μὴ κοιμῶν | n'assoupissant pas |
| βλέφαρα ὕπνῳ | *ses* paupières par le sommeil, |
| λέγειν τὰ καίρια. | dire les choses opportunes. |
| Εἰ μὲν γὰρ | Car si d'une part [réussissions), |
| πράξαιμεν εὖ, | nous faisions bien *nos affaires* (nous |
| αἰτία θεοῦ· | la cause *en serait* d' (à) un dieu |
| εἰ δὲ αὖτε, | si au-contraire d'autre part, |
| ὃ μὴ γένοιτο, | laquelle chose puisse ne pas être ! |
| συμφορὰ τύχοι, | malheur arrivait, |
| Ἐτεοκλέης εἷς πολὺς | Étéocle seul beaucoup (partout) |
| ὑμνοῖτ᾽ ἂν ὑπὸ ἀστῶν | serait chanté par les citoyens |
| κατὰ πτόλιν | dans la ville |
| φροιμίοις πολυρρόθοις | par des préludes bruyants |
| οἰμώγμασίν τε, | et par des gémissements, |
| ὧν | desquels |
| Ζεὺς Ἀλεξητήριος | Zeus Alexéterios (préservateur) |
| γένοιτο ἐπώνυμος | devienne bien-nommé |
| πόλει Καδμείων. | pour la ville des Cadméens |
| Χρὴ δὲ νῦν ὑμᾶς | Mais il faut maintenant vous, |
| καὶ τὸν ἐλλείποντα ἔτι | et celui manquant encore |
| ἥβης ἀκμαίας, | de la jeunesse dans-sa-fleur, |
| καὶ τὸν ἔξηβον | et celui sorti-de-la-jeunesse |
| χρόνῳ | avec le temps, |
| ἀλδαίνοντα πολὺν | fortifiant grande (beaucoup) |

βλαστημὸν ἀλδαίνοντα σώματος πολὺν,
ὥραν τ' ἔχονθ' [1], ἕκαστος ὥς τις ἐμπρεπὴς,
πόλει τ' ἀρήγειν καὶ θεῶν ἐγχωρίων
βωμοῖσι, τιμὰς μὴ 'ξαλειφθῆναί ποτε,
τέκνοις τε, Γῇ τε μητρὶ, φιλτάτῃ τροφῷ·
ἡ γὰρ νέους ἕρποντας εὐμενεῖ πέδῳ,
ἅπαντα πανδοκοῦσα παιδείας ὄτλον,
ἐθρέψατ' οἰκητῆρας ἀσπιδηφόρους,
πιστοί [2] σφιν ὡς γένοισθε πρὸς χρέος τόδε.
Καὶ νῦν μὲν ἐς τόδ' ἦμαρ εὖ ῥέπει θεός·
χρόνον γὰρ ἤδη τόνδε πυργηρουμένοις
καλῶς τὰ πλείω πόλεμος ἐκ θεῶν κυρεῖ.
Νῦν δ' ὡς ὁ μάντις φησὶν, οἰωνῶν βοτὴρ,
ἐν ὠσὶ νωμῶν καὶ φρεσὶν, φάους δίχα [3],
χρηστηρίους ὄρνιθας ἀψευδεῖ τέχνῃ·
οὗτος τοιῶνδε δεσπότης μαντευμάτων
λέγει μεγίστην προσβολὴν Ἀχαιΐδα
νυκτηγορεῖσθαι κἀπιβουλεύειν πόλει.

cez-vous de doubler la vigueur de votre corps; vous aussi hommes mûrs, faites chacun votre possible pour sauver la ville, les autels des dieux nationaux, toujours maintenus en leurs honneurs; vos enfants; cette terre, votre mère, votre chère nourrice. — Au début de la vie, alors que vous vous traîniez sur son sol si bon pour vous, si généreux à votre enfance, dont seule elle avait la charge, elle se préparait par là des habitants dévoués à porter le bouclier, à suffire à cette œuvre du patriotisme. — Sans doute jusqu'à présent le ciel est pour nous. Tout le temps déjà qu'a duré ce siège, heureuse dans la plupart des épreuves a été, grâce aux dieux, la guerre pour les Thébains. Mais aujourd'hui il a parlé, le devin, ce pâtre des oiseaux sacrés, qui, pour démêler l'avenir, se passe de la lumière des yeux, se contentant, en son art infaillible, de prêter aux chanteurs ailés une oreille exercée. Or, l'arbitre en ces sortes d'oracles annonce qu'un assaut général des Achéens sera tenté de nuit

| | |
|---|---|
| βλάστημον σώματος, | la croissance de *son* corps, |
| ἔχοντά τε ὥραν, | et celui qui a la-force-de-l'âge, |
| ὡς τις ἕκαστος ἐμπρεπής, | comme un chacun *est* convenable, |
| ἀρήγειν πόλει τε | défendre et la ville, |
| καὶ βωμοῖσι θεῶν ἐγχωρίων, | et les autels des dieux du-pays, |
| μή ποτε τιμὰς | pour que jamais *leurs* honneurs |
| ἐξαλειφθῆναι, | ne soient détruits, |
| τέκνοις τε, | et *défendre ses* enfants, |
| γῇ τε μητρί, | et la terre *sa* mère, |
| τροφῷ φιλτάτῃ· | nourrice très-chère : |
| ἡ γὰρ πανδοκοῦσα | car elle prenant-entièrement |
| ἅπαντα ὄτλον παιδείας, | toute la peine de l'éducation, |
| ἐθρέψατο νέους ἕρποντας | a nourri *vous* jeunes rampant |
| πέδῳ εὐμενεῖ, | sur *son* sol bienveillant, |
| οἰκιστῆρας ἀσπιδηφόρους, | habitants porte-boucliers, |
| ὅπως γένοισθε πιστοὶ | pour que vous fussiez fidèles |
| πρὸς χρέος τόδε. | pour cette nécessité-ci. |
| Καὶ νῦν μὲν | Et maintenant d'une part |
| ἐς τόδε ἦμαρ | jusqu'à ce jour-ci |
| θεὸς ῥέπει εὖ· | un dieu incline favorablement : |
| πυργηρουμένοις γὰρ | car *pour nous* assiégés |
| ἤδη τόνδε χρόνον | déjà pendant ce-temps-ci |
| πόλεμος κυρεῖ τὰ πλείω | la guerre se-trouve en général |
| καλῶς ἐκ θεῶν. | favorablement de-la-part des dieux. |
| Νῦν δὲ, | Maintenant, d'autre part, |
| ὡς φησιν ὁ μάντις, | comme dit le devin, |
| βοτὴρ οἰωνῶν, | nourrisseur d'oiseaux, |
| νωμῶν ἐν ὠσὶ | agitant dans *ses* oreilles |
| καὶ φρεσὶν | et dans *son* esprit |
| δίχα φάους | sans la lumière-du-jour |
| ὄρνιθας χρηστηρίους, | les oiseaux fatidiques ; |
| τέχνῃ ἀψευδεῖ· | par un art infaillible, |
| οὗτος δεσπότης | ce maître |
| τοιῶνδε μαντευμάτων | de tels oracles |
| λέγει προσβολὴν | dit une attaque |
| Ἀχαιΐδα | achéenne |
| μεγίστην | très-grande |
| νυκτηγορεῖσθαι, | être nuitamment-délibérée |
| καὶ ἐπιβουλεύειν πόλει. | et menacer la ville. |

ΕΠΤΑ ΕΠΙ ΘΗΒΑΣ.

Ἀλλ' ἔς τ' ἐπάλξεις καὶ πύλας πυργωμάτων
ὁρμᾶσθε· πάντες, σοῦσθε σὺν παντευχίᾳ,
πληροῦτε θωρακεῖα, κἀπὶ σέλμασιν
πύργων στάθητε, καὶ πυλῶν ἐπ' ἐξόδοις
μίμνοντες εὐθαρσεῖτε, μηδ' ἐπηλύδων
ταρβεῖτ' ἄγαν ὅμιλον· εὖ τελεῖ [1] θεός.
Σκοποὺς δὲ κἀγὼ καὶ κατοπτῆρας στρατοῦ
ἔπεμψα, τοὺς πέποιθα μὴ ματᾶν ὁδῷ·
καὶ τῶνδ' ἀκούσας οὔ τι μὴ ληφθῶ δόλῳ.

ΑΓΓΕΛΟΣ.

Ἐτεόκλεες, φέριστε Καδμείων ἄναξ,
ἥκω σαφῆ τἀκεῖθεν ἐκ στρατοῦ φέρων,
αὐτὸς κατόπτης δ' εἴμ' ἐγὼ τῶν πραγμάτων.
Ἄνδρες γὰρ ἑπτὰ θούριοι λοχαγέται
ταυροσφαγοῦντες ἐς μελάνδετον σάκος
καὶ θιγγάνοντες χερσὶ ταυρείου φόνου,
Ἄρην, Ἐνυώ [2], καὶ φιλαίματον Φόβον
ὠρκωμότησαν ἢ πόλει κατασκαφὰς
θέντες λαπάξειν ἄστυ Καδμείων βίᾳ,

pour surprendre la ville. Donc aux créneaux, aux portes des remparts élancez-vous tous. Massés sur les parapets, debout sur les charpentes des tours, aux débouchés des portes serrés et immobiles, courage, et ne vous souciez du nombre des assaillants ; les dieux sont avec nous. Des espions éclaireront les mouvements de l'ennemi. J'en ai envoyé, et ils ne reviendront pas, j'ai tout lieu d'y compter, sans d'utiles renseignements. Leurs rapports me mettront en garde contre la ruse.

LE MESSAGER, *arrivant près du roi.* Étéocle, chef souverain des Cadméens, je viens de là-bas, avec d'exactes nouvelles de l'ennemi. Moi-même, de mes yeux, j'ai vu toutes choses. — Ils étaient sept, sept héros, sept farouches chefs de légions. D'un taureau égorgé le sang tombe en un noir bouclier. Tous plongent la main dans l'écume fumante. Par Arès, par Ényo, par celle qui se plaît au carnage, par la Terreur, ils jurent à la ville de mettre la sape, d'éventrer la citadelle de Cadmos, ou de

## LES SEPT CONTRE THÈBES.

| | |
|---|---|
| Ἀλλὰ πάντες ὁρμᾶσθε | Mais tous élancez-vous |
| ἔς τε ἐπάλξεις | et vers les créneaux, |
| καὶ πύλας πυργωμάτων· | et *vers* les portes des tours ; |
| σοῦσθε | précipitez-vous |
| σὺν παντευχίᾳ, | avec une armure-complète, |
| πληροῦτε θωρακεῖα, | remplissez les parapets, |
| καὶ στάθητε | et tenez-vous-debout |
| ἐπὶ σέλμασιν πύργων, | sur les charpentes des tours, |
| καὶ μίμνοντες ἐπὶ ἐξόδοις πυλῶν | et restant aux issues des portes |
| εὐθαρσεῖτε, | ayez-bon-courage, |
| μηδὲ ταρβεῖτε ἄγαν | et-ne craignez pas trop |
| ὅμιλον ἐπηλύδων· | une foule d'étrangers ; |
| θεὸς τελεῖ εὖ. | un dieu finira bien *la chose*. |
| Καὶ ἐγὼ δὲ ἔπεμψα | Et moi d'ailleurs j'ai envoyé |
| σκοποὺς | des éclaireurs |
| καὶ κατοπτῆρας στρατοῦ, | et des espions de l'armée *ennemie*, |
| τοὺς πέποιθα | lesquels j'ai-confiance |
| μὴ ματᾶν ὁδῷ · | ne pas faire-en-vain route ; |
| καὶ ἀκούσας τῶνδε, | et ayant-entendu ceux-ci |
| οὔτι μὴ | il n'*est*-pas-*à craindre* que |
| ληφθῶ δόλῳ. | je sois pris par ruse. |
| ΑΓΓΕΛΟΣ. Ἐτεόκλεες, | LE MESSAGER. Étéocle, |
| ἄναξ φέριστε Καδμείων, | prince très-puissant des Cadméens, |
| ἥκω φέρων σαφῆ | j'arrive apportant certaines |
| ἐκ στρατοῦ | de l'armée |
| τὰ ἐκεῖθεν, | les *nouvelles* de-là bas, |
| ἐγὼ δὲ εἰμὶ αὐτὸς | et je suis moi-même |
| κατόπτης πραγμάτων. | témoin-oculaire des choses. |
| Ἑπτὰ γὰρ ἄνδρες, | Car sept hommes, |
| λοχαγέται θούριοι, | chefs-de-corps valeureux, |
| ταυροσφαγοῦντες | égorgeant-un-taureau [ches, |
| ἐς σάκος μελάνδετον, | sur un bouclier aux-noires-atta- |
| καὶ θιγγάνοντες χερσὶ | et touchant de *leurs* mains |
| φόνου ταυρείου, | le sang du-taureau, |
| ὠρκωμότησαν Ἄρην, Ἐνυώ, | ont juré Arès, Ényo, |
| καὶ Φόβον φιλαίματον, | et la Terreur amie-du-sang, |
| ἢ θέντες πόλει κατασκαφὰς | ou portant à la ville la destruction |
| λαπάξειν βίᾳ | de saccager de force |
| ἄστυ Καδμείων, | la ville des Cadméens, |

ΕΠΤΑ ΕΠΙ ΘΗΒΑΣ.

ἢ γῆν θανόντες τήνδε φυράσειν φόνῳ·
μνημεῖά θ' αὑτῶν τοῖς τεκοῦσιν ἐς δόμους
πρὸς ἅρμ' Ἀδράστου[1] χερσὶν ἔστεφον, δάκρυ
λείβοντες, οἶκτος δ' οὔτις ἦν διὰ στόμα·
σιδηρόφρων γὰρ θυμὸς ἀνδρείᾳ φλέγων
ἔπνει, λεόντων ὡς Ἄρη δεδορκότων.
Καὶ τῶνδε πίστις οὐκ ὄκνῳ χρονίζεται[2],
κληρουμένους δ' ἔλειπον, ὡς πάλῳ λαχὼν
ἕκαστος αὑτῶν πρὸς πύλας ἄγοι λόχον.
Πρὸς ταῦτ' ἀρίστους ἄνδρας ἐκκρίτους πόλεως
πυλῶν ἐπ' ἐξόδοισι τάγευσαι τάχος·
ἐγγὺς γὰρ ἤδη πάνοπλος Ἀργείων στρατὸς
χωρεῖ, κονίει, πεδία δ' ἀργηστὴς ἀφρὸς
χραίνει σταλαγμοῖς ἱππικῶν ἐκ πνευμόνων.
Σὺ δ' ὥστε ναὸς κεδνὸς οἰακοστρόφος
φράξαι πόλισμα, πρὶν καταιγίσαι πνοὰς
Ἄρεως· βοᾷ γὰρ κῦμα χερσαῖον στρατοῦ.

mourir en mêlant leur sang à la poussière de Thèbes. Puis leurs souvenirs à leurs parents dans leur patrie, au char d'Adraste, leurs mains les ont suspendus en guirlandes, de leurs larmes tout trempés. Mais de plainte, aucune en leur bouche. Natures de fer, leur cœur, tout débordant de féroce ardeur, se gonflait, comme au lion dont Arès allume le regard. Et sur-le-champ les actes répondent aux paroles. — On tirait au sort, quand je suis parti, et les dés allaient marquer à chacun d'eux la porte où il conduirait son corps de troupes. Ainsi donc les meilleurs de nos hommes, l'élite de la ville, à l'entrée des portes, place-les, hâte-toi. Car déjà elle s'approche, la masse des Argiens, marche en avant, fait voler la poussière, et la plaine s'émaille de blancs flocons d'écume au souffle des chevaux. Toi, prudent pilote du navire, mets la ville en défense, avant qu'il se déchaîne, le souffle d'Arès. Déjà mugit le flot qui monte, le ter-

| | |
|---|---|
| ἢ θανόντες | ou, étant morts, |
| φυράσειν φόνῳ | de tremper de *leur* sang |
| τήνδε γῆν | cette terre-ci. [ronnes |
| Ἔστεφον δὲ | Et ils suspendaient-comme-cou- |
| χερσὶν | de *leurs* mains |
| πρὸς ἅρμα Ἀδράστου | au char d'Adraste |
| μνημεῖα αὐτῶν | des souvenirs d'eux-mêmes |
| τοῖς τεκοῦσιν | pour *leurs* parents |
| ἐς δόμους, | *à porter* dans *leurs* demeures, |
| λείβοντες δάκρυ, | versant des larmes ; |
| οὔτις δὲ οἶκτος | d'ailleurs aucune plainte |
| ἦν ἀνὰ στόμα· | n'était à *leur* bouche ; |
| θυμὸς γὰρ σιδηρόφρων | car *leur* cœur de-fer, |
| φλέγων ἀνδρείᾳ | brûlant de courage, |
| ἔπνει, ὡς λεόντων | respirait, comme *celui* de lions |
| δεδορκότων Ἄρην. | regardant Arès (au regard martial). |
| Καὶ πίστις τῶνδε | Et la garantie de ces-choses-ci |
| οὐ χρονίζεται ὄκνῳ· | n'est pas retardée par l'hésitation ; |
| ἔλειπον δὲ κληρουμένους, | mais je *les* ai laissés tirant-au-sort, |
| ὡς ἕκαστος αὐτῶν | comment-chacun d'eux |
| λαχὼν πάλῳ | l'ayant obtenu par le jet *des dés* |
| ἄγοι λόχον πρὸς πύλας. | conduirait *sa* troupe aux portes. |
| Πρὸς ταῦτα, τάγευσαι τάχος | Pour cela, range *en* hâte |
| ἐπὶ ἐξόδοισι πυλῶν | aux issues des portes |
| ἄνδρας ἀρίστους | les hommes les plus braves |
| ἐκκρίτους πόλεως· | choisis de la ville : |
| ἤδη γὰρ στρατὸς Ἀργείων | car déjà l'armée des Argiens |
| πάνοπλος | tout-en-armes |
| χωρεῖ ἐγγύς, κονίει, | s'avance près, soulève-la-poussière |
| ἀφρὸς δὲ ἀργηστὴς | et une écume blanche |
| ἐκ πνευμόνων ἱππικῶν | *venant* des poumons des-chevaux |
| χραίνει πεδία σταλαγμοῖς. | colore les plaines de gouttes. |
| Σὺ δὲ | Mais toi |
| ὥστε κεδνὸς οἰακοστρόφος | comme un prudent pilote |
| ναός | de vaisseau |
| φράξαι πόλισμα, | fortifie la ville, |
| πρὶν πνοὰς Ἄρεος | avant-que les souffles d'Arès |
| καταιγίσαι· | se-précipitent *sur elle* ; |
| κῦμα γὰρ χερσαῖον στρατοῦ | car un flot terrestre d'armée |

Καὶ τῶνδε καιρὸν ὅστις ὤκιστος λαβέ·
κἀγὼ τὰ λοιπὰ πιστὸν ἡμεροσκόπον
ὀφθαλμὸν ἕξω, καὶ σαφηνείᾳ λόγου
εἰδὼς τὰ τῶν θύραθεν ἀβλαβὴς ἔσει.

ΕΤΕΟΚΛΗΣ.

Ὦ Ζεῦ τε καὶ Γῆ καὶ πολισσοῦχοι θεοί,
Ἀρά τ' Ἐρινὺς¹ πατρὸς ἡ μεγασθενής,
μή μοι πόλιν γε πρεμνόθεν πανώλεθρον
ἐκθαμνίσητε δῃάλωτον, Ἑλλάδος
φθόγγον χέουσαν, καὶ δόμους ἐφεστίους·
ἐλευθέραν δὲ γῆν τε καὶ Κάδμου πόλιν
ζυγοῖσι δουλείοισι μήποτε σχεθεῖν·
γένεσθε δ' ἀλκή· ξυνὰ δ' ἐλπίζω λέγειν·
πόλις γὰρ εὖ πράσσουσα δαίμονας τίει.

restre océan de soldats. A toi de parer à tout le plus promptement possible. — Moi, fidèle à ma consigne, jusqu'au soir l'œil ouvert sur les choses du dehors, je te préviendrai des dispositions prises aux portes de Thèbes, et te garderai ainsi des surprises.

ÉTÉOCLE. O Zeus, ô Terre, ô dieux de la cité, Imprécation, Erinys si redoutable de mon père, ah! cette ville, de fond en comble ruinée, déracinée, ne la livrez pas en proie à nos ennemis. De l'Hellade on y parle la langue; c'est votre demeure, votre foyer. Que la terre d'indépendance, la citadelle de Cadmos, au joug de l'esclavage jamais ne soient courbées. Soyez notre défense. C'est votre cause, je l'espère, aussi bien que la nôtre, que je plaide près de vous. Heureuse, toujours une ville se tourne vers les dieux. (Étéocle rentre dans la Cadmée.)

| | |
|---|---|
| βοᾷ. | gronde. |
| Καὶ λαβὲ καιρὸν | Et saisis une occasion |
| τῶνδε | *pour repousser ces-maux-ci*, |
| ὅστις ὤκιστος, | *celle* qui *sera* la plus prompte, |
| καὶ ἐγὼ τὰ λοιπὰ | et moi *pour* le reste |
| ἔξω ὀφθαλμὸν πιστὸν | j'aurai l'œil fidèle |
| ἡμεροσκόπον, | sentinelle-de-jour, |
| καὶ σαφηνείᾳ λόγου | et par la certitude de *mes* paroles |
| εἰδὼς τὰ | sachant les choses |
| τῶν θύραθεν | de ceux du dehors-des-portes |
| ἔσει ἀβλαβής. | tu seras sans-dommage |
| ΕΤΕΟΚΛΗΣ. Ὦ Ζεῦ τε καὶ Γῆ | ÉTÉOCLE. O et Zeus et Terre |
| καὶ θεοὶ | et *vous* dieux |
| πολισσοῦχοι, | protecteurs-de-la-ville, |
| Ἀρά τε | et *toi*, malédiction, |
| ἡ μεγασθενὴς Ἐρινὺς πατρός, | la puissante Erinys de *mon* père, |
| μή γε ἐκθαμνίσητέ μοι | certes ne détruisez pas à moi, |
| πρεμνόθεν δηάλωτον | radicalement prise-par-l'ennemi, |
| πανώλεθρον πόλιν, | une tout-à-fait-malheureuse ville, |
| χέουσαν | qui répand (fait entendre) |
| φθόγγον Ἑλλάδος, | la langue de la Grèce, |
| καὶ δόμους | et des maisons |
| ἐφεστίους· | contenant-des-foyers *consacrés* : |
| μήποτε δὲ σχέθειν | et *je vous prie* de ne jamais re- |
| ζυγοῖσι δουλείοισι | sous des jougs serviles [tenir |
| γῆν τε ἐλευθέραν | et *celte* terre libre |
| καὶ πόλιν Κάδμου· | et la ville de Cadmos ; |
| γένεσθε δὲ ἀλκή· | et soyez *notre* force ; |
| ἐλπίζω δὲ λέγειν | et je crois dire [*moi* : |
| ξυνά· | des choses communes *à vous et à* |
| πόλις γὰρ | car une ville |
| εὖ πράσσουσα | faisant bien *ses affaires*(heureuse) |
| τίει δαίμονας. | honore les dieux. |

ΕΠΤΑ ΕΠΙ ΘΗΒΑΣ.

## II. LES FEMMES DANS UNE VILLE ASSIÉGÉE.
(Vers 78-181.)

ΧΟΡΟΣ.

⏑ ⏑ ⏑ ⏑ θρέομαι φοβερὰ μεγάλ᾽ ἄχη·
μεθεῖται στρατός· στρατόπεδον λιπὼν
ῥεῖ πολὺς ὅδε λεὼς πρόδρομος ἱππότας·
αἰθερία κόνις με πείθει φανεῖσ᾽,
ἄναυδος σαφὴς ἔτυμος ἄγγελος. —
Ἐμὲ δὲ γᾶς ἐμᾶς πεδί᾽ ὁπλόκτυπ᾽ οὖς
ποτιχρίμπτεται βοαῖσιν, βρέμει δ᾽
ἀμαχέτου δίκαν ὕδατος ὀροτύπου. —
Ἰὼ ἰὼ θεοὶ θεαί τ᾽, ὀρόμενον
κακὸν ἀλεύσατε. —
Ποτᾶται βοὰ ὑπὲρ τειχέων·
ὁ λεύκασπις¹ ὄρνυται λαὸς εὐ-
τρεπῆ ἐπὶ πτόλιν διώκων πόδα.
Τίς ἄρα ῥύσεται, τίς ἄρ᾽ ἐπαρκέσει
θεῶν ἢ θεᾶν; —
Πότερα δῆ τ᾽ ἐγὼ πάτρια ποτιπέσω
βρέτη δαιμόνων; —
Ἰὼ μάκαρες εὔεδροι, ἀκμάζει βρετέων

II

LE CHOEUR.... j'en crie d'effroi, aux désastreuses catastrophes. Elle s'avance, l'armée; son camp, elle l'a laissé. Il roule, par milliers, ce peuple, bride abattue, l'avant-garde de cavaliers. En l'air la poussière, je la vois tourbillonner, muette, éloquente. Comment ne l'en croire, l'infaillible messager? — Les plaines de ma patrie retentissent du bruit des armes; mes oreilles sont remplies de grandes clameurs. On dirait l'irrésistible flot tonnant de la montagne. Dieux et déesses! du fléau qui s'avance délivrez-nous. — Des cris s'élèvent sur nos murs, les boucliers blancs marchent d'un pas agile vers la cité. Qui donc nous défendra? qui donc y suffira, des dieux ou des déesses? (Le Chœur promène ses regards éplorés sur les diverses représentations des dieux placées dans la Cadmée.) — A laquelle de ces divines effigies m'adresser? O bienheureux, hommes de brillantes demeures, c'est le moment d'embrasser vos statues! Qu'attendons-nous, vic-

## II. LES FEMMES DANS UNE VILLE ASSIÉGÉE.

| | |
|---|---|
| ΧΟΡΟΣ..... θρέομαι | LE CHOEUR.... je déplore |
| μεγάλα φοβερά ἄχη· | de grandes *et* effroyables douleurs; |
| στρατὸς μεθεῖται· | l'armée *ennemie* est lâchée : |
| λιπὼν στρατόπεδον | ayant quitté *son* camp |
| ῥεῖ ὅδε πολὺς λεὼς | coule ce nombreux peuple |
| πρόδρομος ἱππότας · | courant-en-avant à-cheval; |
| κόνις φανεῖσα | de la poussière ayant paru |
| αἰθερία | dans-l'air |
| πείθει με, | persuade moi, |
| ἄγγελος ἄναυδος | messagère muette |
| σαφὴς ἔτυμος· | certaine, vraie; |
| πεδία δὲ ἐμᾶς γᾶς | et les plaines de ma patrie |
| ὁπλόκτυπα | retentissant-du-bruit-des-armes |
| ποτιχρίμπτεται ἐμὲ οὖς | atteignent moi à l'oreille |
| βοαῖσιν, | par des clameurs, |
| βρέμει δὲ | et frémissent |
| δίκαν ὕδατος ἀμαχέτου | à la manière d'une onde irrésisti- [ble |
| ὁροτύπου. | qui-bat-une-montagne. |
| Ἰὼ ἰὼ | Ah! ah! |
| θεοὶ, θεαί τε, | dieux et déesses, |
| ἀλεύσατε | détournez |
| κακὸν ὁρόμενον. | le mal qui se-lève. |
| Βοὰ ποτᾶται | Un cri vole |
| ὑπὲρ τειχέων· | au-dessus des remparts; |
| ὁ λαὸς λεύκασπις | le peuple aux-boucliers-blancs |
| ὄρνυται | s'élance |
| διώκων ἐπὶ πόλιν | poussant vers la ville |
| πόδα εὐτρεπῆ. | un pied leste. |
| Τίς ἄρα ῥύσεται, | Qui donc *nous* sauvera, |
| τίς ἄρα ἐπαρκέσει, | qui donc *nous* secourra, |
| θεῶν ἢ θεᾶν; | des dieux ou des déesses? |
| Πότερα βρέτη δαιμόνων | *Devant* quelles images de dieux |
| δῆτα ἐγὼ ποτιπέσω; | *faut-il* donc que je-me-prosterne? |
| Ἰὼ μάκαρες εὔεδροι! | Ah! bienheureux aux-belles-de- |
| ἀκμάζει | il-est-temps [meures! |

ἔχεσθαι· τί μέλλομεν ἀγάστονοι; —
Ἀκούετ' ἢ οὐκ ἀκούετ' ἀσπίδων κτύπον;
πέπλων καὶ στεφέων,
εἰ μὴ νῦν, πότ' ἀμφὶ λιτάν' ἕξομεν; —
Κτύπον δέδορκα· πάταγος οὐχ ἑνὸς δορός.
Τί ῥέξεις; προδώσεις,
παλαίχθων[1] Ἄρης, τὰν τεὰν γᾶν; —
Ὢ χρυσοπήληξ δαῖμον, ἔπιδ' ἔπιδε πόλιν
τεάν, ἄν ποτ' εὐφιλήταν ἔθου.

Θεοὶ πολίοχοι χθονὸς, ἴθ' ἀθρόοι,        [Strophe 1.]
ἴδετε παρθένων ἱκέσιον λόχον
δουλοσύνας ὕπερ.
Κῦμα περὶ πτόλιν δοχμολοφᾶν ἀνδρῶν
καχλάζει πνοαῖς Ἄρεος ὀρόμενον.
Ἀλλ', ὦ Ζεῦ πάτερ
παντελές, πάντως
ἄρηξον δαΐων ἅλωσιν. —
Ἀργέϊοι δὲ πόλισμα Κάδμου
κυκλοῦνται· φόβος δ' ἀρήων ὅπλων.
Διὰ δέ τοι γενειάδων ἱππίων
μινύρονται φόνον χαλινοί. —
Ἑπτὰ δ' ἀγάνορες πρέποντες στρατοῦ
δορυσσοῖς σαγαῖς. . . . .
πύλαις ἑπταστόμοις

times gémissantes? — L'entendez-vous, ou ne l'entendez-vous pas, le bruit des boucliers? Des voiles, des couronnes, quand donc, sinon maintenant, en prendre pour prier? — Toujours ce bruit de fer à mes oreilles. Que de lances à se heurter ainsi! (Le Chœur au pied de la statue d'Arès.) — Que vas-tu faire, Arès? Enfant de cette terre sacrée, l'abandonneras-tu, ta vieille mère? Dieu au casque d'or, songe, songe à la ville de toi jusqu'ici tant aimée.

*Strophe 1.* (Le Chœur, debout, à toutes les statues rangées dans la Cadmée.) — Vous, divinités nationales de la contrée, toutes, oui, toutes, veillez aux jeunes filles, à la troupe plaintive, tremblant d'être esclave. Car de partout vers la ville, le flot des hommes à l'ondoyant cimier bouillonne, gronde, du souffle d'Arès exaspéré. — (Le Chœur prosterné devant la statue de Zeus.) Zeus, notre père, ah! si puissant, ne nous laisse tomber aux mains de l'ennemi. — Ils sont là, ces Argiens; un cercle aux murs de Cadmos. Les armes de Mars m'épouvantent; les mors passés à la bouche des chevaux sonnent la mort. — Puis les sept chefs de l'armée, comme fière-

# LES SEPT CONTRE THÈBES. 175

| | |
|---|---|
| ἔχεσθαι βρετέων. | de s'attacher *à vos* images. |
| Τί μέλλομεν ἀγάστονοι ; | Que tardons-nous gémissant-trop ? |
| Ἀκούετε, | Entendez-vous, |
| ἢ οὐκ ἀκούετε | ou n'entendez-vous pas |
| κτύπον ἀσπίδων ; | un bruit de boucliers ? |
| Πότε, εἰ μὴ νῦν, | Quand, sinon à-présent, [plications |
| ἕξομεν ἀμφὶ λιτανὰ | nous appliquerons-nous aux sup- |
| πέπλων | *accompagnées* de voiles |
| καὶ στεφέων ; | et de couronnes ? |
| δέδορκα κτύπον· | j'ai vu (j'ai saisi) un son : [lance. |
| πάταγος οὐχ ἑνὸς δορός. | c'est le bruit non d'une-seule |
| Τί ῥέξεις ; | Que feras-tu ? |
| Ἄρης παλαίχθων, | Arès indigène, |
| προδώσεις τὰν γᾶν τεάν ; | trahiras-tu la terre tienne ? |
| Ὦ δαῖμον χρυσοπήληξ, | O dieu au-casque-d'or, |
| ἔπιδε, ἔπιδε πόλιν τεάν, | regarde, regarde la ville tienne, |
| ἅν ποτε ἔθου εὐφιλήταν. | qu'autrefois tu jugeas bien-chérie. |
| Θεοὶ πολίοχοι χθονὸς, | Dieux, gardiens de *cette* terre, |
| ἴτε ἀθρόοι | venez nombreux, |
| ἴδετε λόχον παρθένων | voyez *une* troupe de vierges |
| ἱκέσιον | suppliante |
| ὑπὲρ δουλοσύνας. | pour *détourner* l'esclavage. |
| Κῦμα γὰρ | Car un flot |
| ἀνδρῶν δοχμολοφᾶν | d'hommes au-panache-mouvant |
| καχλάζει δρόμενον | bouillonne soulevé |
| πνοαῖς Ἄρεος | par les souffles d'Arès |
| περὶ πτόλιν. | autour-de la ville. |
| Ἀλλὰ, ὦ Ζεῦ πάτερ παντελὲς, | Mais, ô Zeus père tout-puissant, |
| ἄρηξον πάντως | empêche entièrement |
| ἅλωσιν δαΐων. | la prise *de la ville* par les ennemis. |
| Ἀργεῖοι δὲ κυκλοῦνται | Or les Argiens entourent |
| πόλισμα Κάδμου· | la ville de Cadmos ; |
| φόβος δὲ ὅπλων ἀρήων. | et peur *est à moi* des armes d'-Arès. |
| Χαλινοὶ δέ τοι | Et les freins certes |
| διὰ γενειάδων ἱππίων | à travers les bouches des-chevaux |
| μινύρονται φόνον. | murmurent le meurtre. |
| Ἑπτὰ δὲ ἀγάνορες στρατοῦ | Et sept braves de l'armée |
| πρέποντες | distingués |
| σαγαῖς δορυσσοῖς... | par des armures de-lances... |

ΕΠΤΑ ΕΠΙ ΘΗΒΑΣ

προσίστανται πάλῳ λαχόντες.

Σύ τ', ὦ Διογενὲς φιλόμαχον κράτος,     [Antistrophe 1.]
ῥυσίπολις γενοῦ, Παλλάς, ὅ θ' ἵππιος
ποντομέδων ἄναξ
ἰχθυβόλῳ μαχανᾷ¹, Ποσειδάν,
ἐπίλυσιν φόβων, ἐπίλυσιν δίδου.
Σύ τ', Ἄρης, φεῦ φεῦ,
ἐπώνυμον Κάδμου πόλιν
φύλαξον κήδεσαί τ' ἐναργῶς. —
Καὶ Κύπρις, ἅτε γένους προμάτωρ,
ἄλευσον· σέθεν γὰρ ἐξ αἵματος
γεγόναμεν· λιταῖσί σε θεοκλύτοις
αὐτοῦσαι πελαζόμεσθα. —
Καὶ σύ, Λύκει' ἄναξ, λύκειος² γενοῦ
στρατῷ δαΐῳ στόνων αὐταῖς.
Σύ τ', ὦ Λατωΐα
κόρα, τόξοισιν εὖ τυχάζου³.

Ἐὴ ἐή,     [Strophe 2.]
ὄτοβον ἁρμάτων ἀμφὶ πόλιν κλύω.
Ὦ πότνι' Ἥρα,
ἔλακον ἀξόνων βριθομένων χνόαι.
Ἄρτεμι φίλα,

ment ils se dressent en leurs armures, la lance au poing, devant les sept portes, chacun en la place marquée par les dés.

*Antistrophe 1.* (Le Chœur se relève, et court à la statue de Pallas.) — Et toi, fille de Zeus, de tant de puissance héroïque en la mêlée, de la cité sois le boulevard, ô Pallas. (Le Chœur passe à la statue de Poseidon). — Et toi qui fis naître le cheval, souverain des mers, Poseidon, roi au trident redouté des poissons, trêve à nos terreurs, de nos terreurs délivre-nous. (Le Chœur court éperdu d'une statue à l'autre). — Oh! Arès Arès, la ville de Cadmos, garde-la. Ta sollicitude pour elle, fais-la éclater. — Cypris, de notre race la première mère, veille sur nous. De ton sang nous sommes venues, et nous voici devant toi à t'appeler en nos ferventes prières. — Et toi, fléau des loups, auguste Apollon, sois aussi le fléau de l'armée ennemie, entends nos gémissements. — Fille de la terre, de ton arc vise bien, bonne Artémis!

*Strophe* 2. Oh! oh! encore le fracas des chars aux approches de la ville! ô souveraine Héra! — Comme ils grincent, pressés de l'essieu, les moyeux! bonne Artémis! tant de lances

| | |
|---|---|
| προσίστανται πύλαι, | se tiennent-auprès des portes |
| ἑπταστόμοις | formant-sept-ouvertures |
| λαχόντες πάλῳ. | ayant-tiré-au-sort par un jet de dés. |
| Σύ τε, ὦ Διογενὲς, | Et toi, ô fille-de-Zeus, |
| κράτος φιλόμαχον, | puissance (déesse) amie-des-combats, |
| Παλλὰς, γενοῦ ῥυσίπολις. | Pallas, sois protectrice-de-la-ville, |
| ἄναξ τε ἵππιος | et toi, souverain équestre |
| ποντομέδων | régnant-sur-les-mers |
| μαχανᾷ | avec un instrument |
| ἰχθυβόλῳ, | qui-frappe-les-poissons, |
| Ποσειδὰν δίδου ἐπίλυσιν, | Poseidon, donne-nous la délivrance, |
| ἐπίλυσιν φόβων. | la délivrance de nos craintes. |
| Σύ τε, Ἄρης, φεῦ φεῦ | Et toi, Arès, hélas! hélas! |
| φύλαξον πόλιν | garde la ville |
| ἐπώνυμον Κάδμου, | qui-porte-le-nom de Cadmos, |
| κήδεσαί τε ἐναργῶς. | et prends-soin d'elle visiblement. |
| Καὶ Κύπρις, | Et toi, Cypris, |
| ἅτε προμάτωρ | attendu-que tu es la-première-mère |
| γένους, | de notre race, |
| ἄλευσον· | détourne de nous le malheur : |
| γεγόναμεν γὰρ | car nous sommes nées |
| ἐξ αἵματος σέθεν· | du sang de-toi : |
| πελαζόμεσθά σε | nous nous-approchons de toi |
| αὐτοῦσαι λιταῖσι | en criant par des prières |
| θεοκλύτοις. | entendues-des-dieux. |
| Καὶ σὺ, | Et toi, |
| ἄναξ Λύκειε, | souverain destructeur-des-loups, |
| γενοῦ Λύκειος | sois destructeur-des-loups, |
| στρατῷ δαΐῳ | pour l'armée ennemie |
| αὐταῖς στόνων· | par-suite du cri de nos gémissements ; |
| σύ τε, ὦ κούρα | et toi, ô vierge, |
| Λατῴα, | fille-de-Latone, |
| τυχάζου εὖ τόξοισιν. | vise bien avec ton arc. |
| Ἐὴ ἐὴ, κλύω | Hélas! hélas! j'entends |
| ὄτοβον ἁρμάτων ἀμφὶ πόλιν, | un bruit de chars autour de la ville, |
| ὦ πότνια Ἥρα· | ô auguste Héra ; |
| γνόαι ἀξόνων βριθομένων | les essieux des chars chargés |
| ἔλακον. | ont retenti. |
| Φίλα Ἄρτεμι, | Chère Artémis, |

MORCEAUX CH. D'ESCHYLE. 12

δοριτίνακτα [1] δ' αἰθὴρ ἐπιμαίνεται.
Τί πόλις ἄμμι πάσχει; τί γενήσεται;
ποῖ δ' ἔτι τέλος ἐπάγει θεός;
Ἐὴ ἐή, [Antistrophe 2.]
ἀκροβόλων ἐπάλξεων λιθὰς ἔρχεται.
Ὦ φίλ' Ἄπολλον,
κόναβος ἐν πύλαις χαλκοδέτων σακέων.
Καὶ Διόθεν ὦ
πολεμόκραντον ἁγνὸν τέλος ἐν μάχᾳ,
στᾶσα, μάκαιρ' ἄνασσ' Ὄγκα [2], ὑπὲρ πόλεως
ἑπτάπυλον ἕδος ἐπιρρύου.

Ἰὼ παναρκεῖς θεοί, [Strophe 3.]
ἰὼ τέλειοι τέλειαί τε γᾶς
τᾶσδε πυργοφύλακες,
πόλιν δορίπονον μὴ προδῶθ'
ἑτεροφώνῳ στρατῷ.
Κλύετε παρθένων, κλύετε πανδίκους
χειροτόνους λιτάς.

Ἰὼ φίλοι δαίμονες, [Antistrophe 3.]
λυτήριοί τ' ἀμφιβάντες πόλιν
δείξαθ' ὡς φιλοπόλεις,
μέλεσθέ θ' ἱερῶν δημίων,
μελόμενοι δ' ἀρήξατε·
φιλοθύτων δέ τοι πόλεος ὀργίων [3]
μνήστορες ἔστε μοι.

brandies, l'air en est affolé. — Comme on te traite, pauvre patrie, quel avenir! de toi que veulent donc les dieux?

*Antistrophe 2.* Voici l'assaut, sur les créneaux une pluie de cailloux, ô Apollon! le fracas aux portes, le fracas des boucliers d'airain. Et toi, auguste arbitre des batailles, toi qui par la volonté de Zeus présides à la mêlée, ô reine Oncé, combats pour la ville, ta résidence aux sept portes, sois-lui un boulevard.

*Strophe 3.* (Le Chœur va de droite à gauche devant les statues). Toutes-puissantes divinités, dieux et déesses, tutélaires gardiens des remparts de cette terre; la ville, pour être foulée de la lance, ne la livrez pas aux soldats étrangers. Écoutez-les, les jeunes filles, écoutez-les si justement vous prier, les mains levées vers vous.

*Antistrophe 3.* (Le Chœur revient vers la droite.) Chers dieux, pour sa délivrance, enveloppez notre ville. Montrez combien vous l'aimez. Veillez au maintien des sacrifices publics; veillez-y et protégez-nous. Tant de victimes pures, tant de pompes pieuses en notre ville, ah! ne les oubliez pas!

| | |
|---|---|
| αἰθὴρ δὲ ἐπιμαίνεται | et l'air est-furieux |
| δοριτίνακτα. | par-l'ébranlement-des-lances. |
| Τί πόλις | Qu'*est-ce que* la ville |
| ἄμμι πάσχει; | pour nous souffre (va souffrir)? |
| τί γενήσεται; | que deviendra-t-elle? |
| Ποῖ δὲ ἔτι θεὸς | Et où encore un dieu |
| ἐπάγει τέλος; | mène-t-il la fin *de ceci*? |
| Ἐὴ ἐὴ, | Hélas! hélas! |
| λιθὰς ἔρχεται | une grêle-de-pierres vient |
| ἐπαλξέων ἀκροβόλων. | sur les créneaux atteints-de-loin. |
| Ὦ φίλε Ἄπολλον, | Ô cher Apollon, |
| κόναβος | un retentissement [l'airain |
| σακέων χαλκοδέτων | de boucliers attachés-avec-de- |
| ἐν πύλαις. | *se fait entendre* aux portes. |
| Καὶ ὦ τέλος ἁγνὸν | Et *toi*, ô puissance sainte, |
| πολεμόκραντον Διόθεν, | arbitre-de-la-guerre de-par-Zeus, |
| μάκαιρά τε ἄνασσα ἐν μάχαισι, | et déesse reine dans les combats, |
| Ὄγκα, ὑπὲρ πόλεως | Oncé, *combattant* pour la ville |
| ἐπιρρύου ἕδος ἑπτάπυλον. | sauve *la* résidence aux-sept-portes. |
| Ἰὼ θεοὶ πανάρκεις, | Ah! dieux suffisant-à-tout |
| ἰὼ τέλειοι | ah! parfaits |
| τέλειαί τε | et parfaites, |
| πυργοφύλακες τᾶσδε γᾶς, | gardiens-des-tours de cette terre-ci |
| μὴ προδῶτε πόλιν | ne livrez pas la ville |
| δορίπονον | *pour être* dévastée-par-la-lance |
| στρατῷ ἑτεροφώνῳ. | à une armée de-langue-étrangère. |
| Κλύετε παρθένων, | Écoutez des vierges, [res |
| κλύετε πανδίκως λιτὰς | écoutez en-toute-justice des priè- |
| χειροτόνους. | qui-tendent-les-mains *vers vous*. |
| Ἰὼ δαίμονες φίλοι, | Ah! dieux amis, |
| ἀμφιβάντες πόλιν | venant-autour-de la ville |
| λυτήριοι, | *comme* libérateurs, |
| δείξατε ὡς | montrez comme *vous êtes* |
| φιλοπόλεις, | amis-de-la-ville, [blics, |
| μέλεσθέ τε ἱερῶν δημίων, | et prenez-soin des sacrifices pu- |
| μελόμενοι δὲ ἀρήξατε· | et *en* prenant-soin défendez-*nous*; |
| ἔστε δὲ μοί τοι | et soyez-*moi* certes [ville |
| μνήστορες ὀργίων πόλεως | vous-souvenant des fêtes de *cette* |
| φιλοθύτων. | fécondes-en-sacrifices. |

## III. LES SEPT COUPLES DE COMBATTANTS.
(Vers 375-455 et 568-719.)

ΑΓΓΕΛΟΣ.

Λέγοιμ' ἂν εἰδὼς εὖ τὰ τῶν ἐναντίων,
ὥς τ' ἐν πύλαις ἕκαστος εἴληχεν πάλῳ.
Τυδεὺς μὲν ἤδη πρὸς πύλαισι Προιτίσιν[1]
βρέμει, πόρον δ' Ἰσμηνὸν[2] οὐκ ἐᾷ περᾶν
ὁ μάντις[3]· οὐ γὰρ σφάγια γίγνεται καλά.
Τυδεὺς δὲ μαργῶν καὶ μάχης λελιμμένος
μεσημβριναῖς κλαγγαῖσιν ὡς δράκων βοᾷ·
θείνει δ' ὀνείδει μάντιν Οἰκλείδην σοφόν,
σαίνειν μόρον τε καὶ μάχην ἀψυχίᾳ.
Τοιαῦτ' ἀϋτῶν τρεῖς κατασκίους λόφους
σείει, κράνους χαίτωμ', ὑπ' ἀσπίδος δὲ τῷ
χαλκήλατοι κλάζουσι κώδωνες φόβον·
ἔχει δ' ὑπέρφρον σῆμ' ἐπ' ἀσπίδος τόδε,
φλέγονθ' ὑπ' ἄστροις οὐρανὸν τετυγμένον·
λαμπρὰ δὲ πανσέληνος ἐν μέσῳ σάκει,
πρέσβιστον ἄστρων, νυκτὸς ὀφθαλμός, πρέπει.
Τοιαῦτ' ἀλύων ταῖς ὑπερκόμποις σαγαῖς

### III

LE MESSAGER. Je dirai exactement les dispositions de l'ennemi, comment aux portes chacun des chefs a été distribué par le dé. Tydée déjà vers la porte Prœtide jette feu et flamme, devant l'Ismenos qu'il ne peut passer. Le devin ne le veut, les présages ne sont bons. Aussi Tydée ne se connaît plus, et dans son impatience d'en venir aux coups, comme un serpent sifflant au milieu du jour, il tempête, invective le devin, le docte fils d'Oïclée, qu'il accuse de faire le chien couchant devant la mort, le combat, par couardise. Dans sa rage, il secoue l'épais ombrage du triple cimier, chevelure de son casque. A son bouclier c'est un carillon d'airain, des grelots sonnant l'épouvante. Il a, sur ce bouclier, pour outrecuidante devise, un ciel ciselé, tout constellé des feux du soir, et au centre, resplendissante, la lune en son plein, la reine des astres, l'œil de la nuit. Ivre de son merveil-

## III. LES SEPT COUPLES DE COMBATTANTS.

| | |
|---|---|
| ΑΓΓΕΛΟΣ. Λέγοιμι ἂν | LE MESSAGER. Je peux-dire |
| εἰδὼς εὖ | sachant bien |
| τὰ τῶν ἐναντίων, | les choses des ennemis, |
| ὥς τε ἕκαστος | et comme chacun d'*eux* |
| εἴληχεν ἐν πύλαις πάλῳ. | est échu aux portes par le sort. |
| Τυδεὺς μὲν ἤδη βρέμει | Tydée d'une part déjà frémit |
| πρὸς πύλαισι Προιτίσιν, | près des portes Prœtides, [pas |
| ὁ δὲ μάντις οὐκ ἐᾷ | d'autre part le devin ne *le* laisse |
| περᾶν πόρον Ἰσμηνόν· | traverser le passage Ismenos : |
| σφάγια γὰρ οὐ γίγνεται καλά. | car les victimes ne sont pas belles. |
| Τυδεὺς δὲ μαργῶν | Or Tydée furieux, |
| καὶ λελιμμένος μάχης, | et désirant-ardemment-le combat, |
| βοᾷ, ὡς δράκων | crie, comme un dragon |
| κλαγγαῖσιν μεσημβριναῖς· | avec des sifflements de-midi : |
| θείνει δὲ ὀνείδει | et il pique par un reproche |
| σοφὸν μάντιν Οἰκλείδην, | le sage devin fils-d'-Oïclée, |
| σαίνειν | *l'accusant* de cajoler |
| ἀψυχίᾳ | par pusillanimité |
| μόρον τε καὶ μάχην· | et le destin et le combat : |
| αὔτῶν τοιαῦτα, | criant de telles *injures*, |
| σείει τρεῖς λόφους | il agite trois aigrettes |
| κατασκίους, | qui-donnent-de-l'ombre, |
| χαίτωμα κράνους, | crinière de *son* casque, |
| ὑπὸ δὲ ἀσπίδος τῷ | et sous le bouclier à lui |
| κώδωνες χαλκήλατοι | des sonnettes faites-d'airain |
| κλάζουσι φόβον· | sonnent l'épouvante : |
| ἔχει δὲ ἐπὶ ἀσπίδος | et il a sur *son* bouclier |
| τόδε σῆμα ὑπέρφρον, | cet-emblème-ci très-insolent, |
| οὐρανὸν τετυγμένον | un ciel travaillé |
| φλέγοντα ὑπὸ ἄστροις· | brûlant sous les astres ; |
| ἐν μέσῳ δὲ σάκει πρέπει | et au milieu du bouclier brille |
| πανσέληνος λαμπρά, | la pleine-lune éclatante |
| πρέσβιστον ἄστρων, | le plus auguste des astres, |
| ὀφθαλμὸς νυκτός. | l'œil de la nuit. |
| Ἀλύων τοιαῦτα | S'agitant de telles *manières* |

ΕΠΤΑ ΕΠΙ ΘΗΒΑΣ.

βοᾷ παρ' ὄχθαις ποταμίαις, μάχης ἐρῶν,
ἵππος χαλινῶν ὡς κατασθμαίνων μένει,
ὅστις βοὴν σάλπιγγος ὀρθίαν κλύει.
Τίν' ἀντιτάξεις τῷδε; τίς Προίτου πυλῶν
κλήθρων λυθέντων προστατεῖν φερέγγυος;
ΕΤΕΟΚΛΗΣ.
Κόσμον μὲν ἀνδρὸς οὔτιν' ἂν τρέσαιμ' ἐγώ,
οὐδ' ἑλκοποιὰ γίγνεται τὰ σήματα·
λόφοι δὲ κώδων τ' οὐ δάκνουσ' ἄνευ δορός.
Καὶ νύκτα ταύτην ἣν λέγεις ἐπ' ἀσπίδος
ἄστροισι μαρμαίρουσαν οὐρανοῦ κυρεῖν,
τάχ' ἂν γένοιτο μάντις ἄνοια τινί [1]·
εἰ γὰρ θανόντι νὺξ ἐπ' ὄμμασιν πέσοι,
τῷ τοι φέροντι σῆμ' ὑπέρκομπον τόδε
γένοιτ' ἂν ὀρθῶς ἐνδίκως τ' ἐπώνυμον,
χαὐτὸς καθ' αὑτοῦ τήνδ' ὕβριν μαντεύσεται.
Ἐγὼ δὲ Τυδεῖ κεδνὸν Ἀστακοῦ τόκον
τῶνδ' ἀντιτάξω προστάτην πυλωμάτων,
μάλ' εὐγενῆ τε καὶ τὸν αἰσχύνης θρόνον

leux équipage, il crie sur la rive du fleuve, altéré de combattre, ainsi que le cheval contre le frein haletant de fureur, qui piaffe en entendant la voix aiguë de la trompette. — Qui lui mettras-tu en face ? qui donc, à la porte de Prœtos, les défenses une fois tombées, sera de force à lui faire tête ?

ÉTÉOCLE. Le faste d'un soldat, voilà bien de quoi m'imposer vraiment! Vit-on jamais devise à faire des blessures, cimier ou grelot à mordre l'ennemi, sans une lance ? Quant à cette nuit, que tu dis ciselée au bouclier, avec son cortège d'astres au ciel; sinistre prophétie, peut-être, de la folie ! Mort, les yeux voilés de la nuit, pour celui qui l'étale, l'outrecuidante devise se trouvera pleinement justifiée, vérifiée, saisissante. Il se sera ainsi à lui-même prophétisé sa propre déconfiture. Contre Tydée, moi, j'aurai le vaillant fils d'Astacos, mon champion à la porte Prœtide, d'illustre naissance, s'il en fut, avant tout dévot à l'autel de

| | |
|---|---|
| σαγαῖς ὑπερκόμποις, | avec *cette* armure trop-insolente, |
| βοᾷ παρὰ ὄχθαις ποταμίαις· | il crie près des rives du-fleuve ; |
| ὡς ἵππος | comme un cheval |
| ἐρῶν μάχης, | désireux du combat, |
| κατασθμαίνων χαλινῶν | haletant-contre les freins |
| μένει, | de fureur, |
| ὅστις κλύει | lequel *cheval* entend |
| βοὴν ὀρθίαν σάλπιγγος. | le son aigu de la trompette. |
| Τίνα ἀντιτάξεις τῷδε ; | Qui opposeras-tu à celui-ci ? |
| τίς φερέγγυος | qui *sera* capable |
| προστατεῖν πυλῶν Προίτου, | de défendre les portes de Prœtos, |
| κλήθρων λυθέντων ; | les barrières ayant été brisées ? |
| ΕΤΕΟΚΛΗΣ. Ἐγὼ μὲν | ÉTÉOCLE. Moi certes, |
| τρέσαιμι ἂν | je *ne* saurais-craindre |
| οὔτινα κόσμον ἀνδρός, | aucune armure d'homme, |
| οὐδὲ τὰ σήματα γίγνεται | ni les emblèmes ne sont |
| ἑλκοποιά· | faisant-des-blessures ; |
| λόφοι δὲ κώδων τε | puis aigrettes et sonnette |
| οὐ δάκνουσιν ἄνευ δορός. | ne mordent pas sans lance. |
| Καὶ ταύτην νύκτα | Et *quant à* cette nuit |
| ἣν λέγεις | laquelle tu dis |
| κυρεῖν μαρμαίρουσαν | se-trouver rayonnante |
| ἄστροισιν οὐρανοῦ | d'astres du ciel |
| ἐπὶ ἀσπίδος, | sur le bouclier, |
| τάχα ἡ ἄνοια | peut-être le délire |
| γένοιτο ἂν μάντις τινί· | serait prophète pour quelqu'un ; |
| εἰ γὰρ νὺξ πέσοι | car si la nuit tombait |
| ἐπὶ ὄμμασιν θανόντι, | sur les yeux à lui mort, |
| τόδε σῆμα ὑπέρκομπον, | cet emblème-ci trop-insolent, |
| γένοιτο ἂν ἐπώνυμον | deviendrait méritant-son-nom |
| ὀρθῶς ἐνδίκως τε | bien et justement |
| τῷ τοι φέροντι, | pour qui certes *le* porte ; |
| καὶ αὐτὸς μαντεύσεται | et lui-même (Tydée) prophétisera |
| τήνδε ὕβριν κατὰ αὐτοῦ. | ce malheur-ci contre lui-même. |
| Ἐγὼ δὲ ἀντιτάξω Τυδεῖ | Mais moi j'opposerai à Tydée |
| τόνδε προστάτην πυλωμάτων | ce défenseur-ci de *nos* portes |
| τόκον κεδνὸν Ἀστακοῦ, | *le* fils prudent d'Astacos, |
| μάλα τε εὐγενῆ, | et très-noble |
| καὶ τιμῶντα | et honorant |

τιμῶντα καὶ στυγοῦνθ' ὑπέρφρονας λόγους·
αἰσχρῶν γὰρ ἀργὸς, μὴ κακὸς δ' εἶναι φιλεῖ.
Δίκη δ' ὁμαίμων¹ κάρτα νιν προστέλλεται
εἴργειν τεκούσῃ μητρὶ πολέμιον δόρυ·
σπαρτῶν δ' ἀπ' ἀνδρῶν, ὧν Ἄρης ἐφείσατο,
ῥίζωμ' ἀνεῖται, κάρτα δ' ἔστ' ἐγχώριος,
Μελάνιππος· ἔργον δ' ἐν κύβοις Ἄρης κρινεῖ.
ΧΟΡΟΣ.
Τὸν ἀμόν νυν ἀντίπαλον εὐτυχεῖν     [Strophe 1.]
θεοὶ δοῖεν, ὡς διὰ δίκας πόλεως
πρόμαχος ὄρνυται· τρέμω δ' αἱματη-
φόρους μόρους ὑπὲρ φίλων ὀλομένων ἰδέσθαι.
ΑΓΓΕΛΟΣ
Τούτῳ μὲν οὕτως εὐτυχεῖν δοῖεν θεοί.
Καπανεὺς δ' ἐπ' Ἠλέκτραισιν εἴληχεν πύλαις,
γίγας ὅδ' ἄλλος τοῦ πάρος λελεγμένου
μείζων, ὁ κόμπος δ' οὐ κατ' ἄνθρωπον φρονεῖ,
πύργοις δ' ἀπειλεῖ δείν', ἃ μὴ κραίνοι τύχη·

l'Honneur, dédaigneux de la jactance, des fanfarons, lent à mal faire, ne voulant être lâche. Par droit du sang, c'est à lui surtout d'écarter la lance ennemie du sein de sa mère. De ces hommes nés des dents semées par Cadmos, des héros épargnés d'Arès il est rejeton ; rien de plus Thébain que Menalippos. Quant au résultat, Arès tient les dés, il en décidera.

LE CHŒUR. *Strophe* 1. (Le Chœur gagne la gauche de l'hyposcène.) A notre champion maintenant que les dieux donnent de vaincre, au défenseur levé pour le bon droit, au défenseur de la patrie ! Mais je tremble de voir, en de sanglants trépas, mes amis égorgés.

LE MESSAGER. A Menalippos, oui, que les dieux donnent de vaincre. — En second lieu, pour la porte d'Électre, le sort a désigné Capanée, autre géant, plus extraordinaire encore que le précédent. Son extravagante outrecuidance, à lui, n'est plus de l'homme. Contre nos remparts il fulmine d'horribles choses. —

| | |
|---|---|
| τὸν θρόνον αἰσχύνης, | le trône de la pudeur, |
| καὶ στυγοῦντα | et haïssant |
| λόγους ὑπέρφρονας· | les discours insolents : |
| ἀργὸς γὰρ | car il est incapable |
| αἰσχρῶν, | de choses honteuses, |
| μὴ φιλεῖ δὲ εἶναι κακός. | et il n'a-pas-coutume d'être lâche. |
| Δίκη δὲ ὁμαίμων | D'ailleurs le droit de-consangui- |
| προστέλλεταί νιν κάρτα | envoie lui certainement [nité |
| εἴργειν δόρυ πολέμιον | *pour* repousser la lance ennemie |
| μητρὶ τεκούσῃ· | pour (de) la mère qui l'a enfanté; |
| ἀνεῖται δὲ ῥίζωμα | puis il tire *son* origine |
| ἀπὸ ἀνδρῶν σπαρτῶν, | des hommes semés *par Cadmos*, |
| ὧν Ἄρης ἐφείσατο, | lesquels Arès épargna, |
| ἔστι δὲ κάρτα ἐγχώριος, | et il est bien indigène, |
| Μελάνιππος· | *c'est* Mélanippe ; |
| Ἄρης δὲ | mais Arès |
| κρινεῖ ἔργον ἐν κύβοις. | décidera l'affaire avec les dés. |
| ΧΟΡΟΣ. Θεοὶ | LE CHOEUR. Que les dieux |
| δοῖέν νυν | accordent donc |
| τὸν ἀμὸν ἀντίπαλον εὐτυχεῖν, | notre champion réussir, |
| ὡς ὄρνυται διὰ δίκας | comme il s'élance avec justice |
| πρόμαχος πόλεως· | défenseur de la ville ! |
| τρέμω δὲ | mais je tremble |
| ἰδέσθαι μόρους αἱματηφόρους, | de voir *les* destins sanglants |
| ὀλομένων | de *ceux* qui périssent |
| ὑπὲρ φίλων. | pour leurs amis. [d'une part |
| ΑΓΓΕΛΟΣ. Θεοὶ μὲν | LE MESSAGER. Que les dieux |
| δοῖέν τούτῳ | accordent à celui-ci |
| εὐτυχεῖν οὕτως. | de réussir ainsi ! |
| Καπανεὺς δὲ | d'autre part Capanée |
| εἴληχεν | est échu |
| ἐπὶ πύλαις Ἠλέκτραισιν· | aux portes d'-Électre : |
| ὅδε ἄλλος γίγας μείζων | cet autre *est* un géant plus grand |
| τοῦ λελεγμένου πάρος, | que celui qui a été dit auparavant |
| ὁ κόμπος δὲ οὐ φρονεῖ | et *sa* jactance ne raisonne pas |
| κατὰ ἄνθρωπον, | conformément à l'homme, |
| ἀπειλεῖ δὲ πύργοις | et il menace *ces* tours |
| δεινά, | de choses terribles, |
| ἃ Τύχη μὴ κραίνοι· | que la fortune n'accomplisse pas ! |

Θεοῦ τε γὰρ θέλοντος ἐκπέρσειν πόλιν
καὶ μὴ θέλοντός φησιν, οὐδὲ τὰν Διὸς
ἔριν πέδοι σκήψασαν ἐμποδὼν σχεθεῖν·
τὰς δ' ἀστραπάς τε καὶ κεραυνίους βολὰς
μεσημβρινοῖσι θάλπεσιν προσήκασεν.
Ἔχει δὲ σῆμα γυμνὸν ἄνδρα πυρφόρον,
φλέγει δὲ λαμπὰς διὰ χερῶν ὡπλισμένη·
χρυσοῖς δὲ φωνεῖ γράμμασιν « πρήσω πόλιν ».
Τοιῷδε φωτὶ φράζε τίς ξυστήσεται,
τίς ἄνδρα κομπάζοντα μὴ τρέσας μενεῖ;
          ΕΤΕΟΚΛΗΣ.
Καὶ τῷδε κόμπῳ κέρδος ἄλλο τίκτεται[1].
Τῶν τοι ματαίων ἀνδράσιν φρονημάτων
ἡ γλῶσσ' ἀληθὴς γίγνεται κατήγορος.
Καπανεὺς δ' ἀπειλεῖν ἄρα παρεσκευασμένος,
θεοὺς ἀτίζων κἀπογυμνάζων στόμα
χαρᾷ ματαίᾳ θνητὸς ὢν εἰς οὐρανὸν
πέμπει γεγωνὰ Ζηνὶ κυμαίνοντ' ἔπη.
Πέποιθα δ' αὐτῷ ξὺν δίκῃ τὸν πυρφόρον
ἥξειν κεραυνόν, οὐδὲν ἐξῃκασμένον
μεσημβρινοῖσι θάλπεσιν τοῖς ἡλίου.

Le destin ne les réalisera pas, je l'espère. — Que les dieux y donnent les mains, il mettra la ville sens dessus dessous. Qu'ils ne le veuillent, il passera outre, dit-il, et les colères de Zeus foudroyant la plaine ne sont pas pour l'embarrasser. Les éclairs, le tonnerre sillonnant la nue, à ses yeux, ne sont que rayons du midi dardés d'aplomb sur la terre. Il a aussi une devise, un homme nu, un pyrophore, avec une torche enflammée dans la main, qui crie ces mots en lettres d'or : *J'incendierai la ville*. — Pour celui-ci aussi il te faut un champion. Mais qui voudra se mesurer avec lui, qui osera de pied ferme affronter cette farouche forfanterie?
    ÉTÉOCLE. Cette forfanterie sera pour nous un autre avantage. D'abord les folies du cœur, notre langue fidèlement les traduit, les révèle. Or Capanée menace, prêt à agir, blasphème les dieux, plus de frein à sa parole. Dans le dévergondage de son ivresse, quoique mortel, jusqu'au ciel il crie, pousse à Zeus le flot de ses invectives. Donc, je n'en fais doute, sur sa tête descendra le pyrophore de la vengeance, le tonnerre, en vérité, si loin de rappeler les rayons du soleil en son midi. — Et puis,

| | |
|---|---|
| φησὶ γὰρ ἐκπέρσειν πόλιν, | car il dit devoir détruire la ville, |
| θεοῦ θέλοντός τε | un dieu et le voulant |
| καὶ μὴ θέλοντος, | et (ou) ne *le* voulant pas, |
| οὐδὲ τὴν ἔριν Διὸς | et pas-même la colère de Zeus |
| σκήψασαν πέδοι | s'étant-abattue sur le sol |
| ἐμποδὼν | devant-ses-pieds |
| σχέθειν· | ne *le* retenir; |
| προσήκασεν δὲ τάς ἀστραπάς τε | et il a assimilé et les éclairs |
| καὶ βολὰς κεραυνίους | et les jets de-la-foudre |
| θάλπεσι μεσημβρινοῖσιν. | à des chaleurs de-midi. |
| Ἔχει δὲ σῆμα | Et il a *pour* emblème |
| ἄνδρα γυμνὸν πυρφόρον, | un homme nu portant-du-feu, |
| λαμπὰς δὲ φλέγει | et un flambeau brûle |
| ὡπλισμένη | placé-comme-une-arme |
| διὰ χερῶν· | dans les mains *de cet homme*; |
| φωνεῖ δὲ γράμμασιν χρυσοῖς, | et il dit en lettres d'-or, |
| « πρήσω πόλιν. » | « je brûlerai à la ville. » |
| Φράζε τίς ξυστήσεται | Dis qui tiendra-tête |
| φωτὶ τοιῷδε, | à un mortel tel, |
| τίς μενεῖ μὴ τρέσας | qui attendra n'ayant pas tremblé |
| ἄνδρα κομπάζοντα; | *cet* homme plein-de-jactance? |
| ΕΤΕΟΚΛΗΣ. Καὶ τῷδε κόμπῳ | ÉTÉOCLE. Et par cette jactance-ci |
| ἄλλο κέρδος τίκτεται. | un autre avantage est enfanté. |
| Ἡ γλῶσσά τοι γίγνεται | La langue certes est |
| κατήγορος ἀληθὴς | l'accusatrice vraie [mes. |
| φρονημάτων ματαίων ἀνδράσιν. | des pensées vaines aux (des) hom- |
| Καπανεὺς δὲ ἄρα | Or Capanée donc, |
| παρεσκευασμένος ἀπειλεῖν, | disposé à menacer, |
| ἀτίζων θεοὺς | méprisant les dieux |
| καὶ ἀπογυμνάζων στόμα | et exerçant *sa* bouche |
| χαρᾷ ματαίᾳ, | avec une joie vaine, |
| ὢν θνητός, | étant mortel, |
| πέμπει ἐς οὐρανὸν | envoie vers le ciel |
| ἔπη κυμαίνοντα | des paroles bouillonnantes |
| γεγωνὰ Ζηνί. | entendues de Zeus. |
| Πέποιθα δὲ | Mais j'ai-confiance |
| τὸν κεραυνὸν πυρφόρον | la foudre embrasée |
| ἥξειν αὐτῷ ξὺν δίκῃ, | devoir venir sur lui avec justice, |
| οὐδὲν ἐξῃκασμένον | n'étant en-rien semblable |

ἈνΗρ δ' ἐπ' αὐτῷ, κεἰ στόμαργός ἐστ' ἄγαν,
αἴθων τέτακται λῆμα, Πολυφόντου βία,
φερέγγυον φρούρημα, προστατηρίας
Ἀρτέμιδος εὐνοίαισι σύν τ' ἄλλοις θεοῖς.
Λέγ' ἄλλον ἄλλαις ἐν πύλαις εἰληχότα.

ΧΟΡΟΣ.

Ὄλοιθ' ὃς πόλει μεγάλ' ἐπεύχεται,     [Antistrophe 1.]
κεραυνοῦ δέ νιν βέλος ἐπισχέθοι,
πρὶν ἐμὸν ἐσθορεῖν δόμον, πωλικῶν [1] θ'
ἑδωλίων ὑπερκόπῳ δορί ποτ' ἐκλαπάξαι [2].

. . . . . . . . . . .

. . . . . . . . . . .

ΑΓΓΕΛΟΣ.

Ἕκτον λέγοιμ' ἂν ἄνδρα σωφρονέστατον
ἀλκήν τ' ἄριστον, μάντιν Ἀμφιάρεω βίαν.
Ὁμολωΐσιν [3] δὲ πρὸς πύλαις τεταγμένος
κακοῖσι βάζει πολλὰ Τυδέως βίαν [4],
τὸν ἀνδροφόντην, τὸν πόλεως ταράκτορα,
μέγιστον Ἄργει τῶν κακῶν διδάσκαλον,
Ἐρινύος κλητῆρα, πρόσπολον φόνου,
κακῶν τ' Ἀδράστῳ τῶνδε βουλευτήριον·

autre chance, à cet homme si insolent, j'ai à mettre en face un adversaire de bouillante et énergique résolution, le vigoureux Polyphonte, une héroïque défense assurément, devant qui marchent, puissantes égides, et Artémis sa protectrice, et tous les autres dieux. — Nomme-moi l'assaillant désigné pour la troisième porte.

LE CHŒUR. *Antistrophe 1.* (Le Chœur se met en marche vers la droite.) Mort à qui sur Thèbes appelle les désastres! De la foudre que la pointe le tienne, avant qu'en nos foyers il se soit rué, que de sa lance hautaine, il nous ait chassées de nos demeures virginales. . . . . . . . . . . . . . . . . . . . . . .

LE MESSAGER. Au sixième j'en viens maintenant, un homme de grande sagesse, de grande vaillance, un devin, à l'héroïque Amphiaraos. Pour la porte Homoloïde il a été désigné. Il jette feu et flamme contre le farouche Tydée, un assassin, dit-il, perturbateur de sa patrie, dans Argos merveilleux docteur en calamités, d'Erinys l'évocateur, le ministre du meurtre, et le fatal conseiller d'Adraste.

| | |
|---|---|
| τοῖς θάλπεσι μεσημβρινοῖσιν | aux chaleurs de-midi |
| ἡλίου. | du soleil. |
| Ἐπὶ αὐτῷ δὲ, | Or contre lui, |
| καὶ εἴ ἐστιν ἄγαν στόμαργος, | quoiqu'il soit trop fanfaron, |
| τέτακται ἀνὴρ | a été placé un homme |
| αἴθων λῆμα | ardent par le courage, |
| βία Πολυφόντου, | la force de Polyphonte, |
| φρούρημα φερέγγυον, | garde suffisante, |
| εὐνοίαισιν Ἀρτέμιδος | avec la bienveillance d'Artémis |
| προστατηρίας, | protectrice, |
| σύν τε ἄλλοις θεοῖς. | et avec les autres dieux. |
| Λέγε ἄλλον εἰληχότα | Dis un autre échu |
| ἐν ἄλλαις πύλαις. | à une autre porte. |
| ΧΟΡΟΣ. Ὄλοιτο | LE CHOEUR. Périsse {cations |
| ὅς ἐπεύχεται μεγάλα | celui qui fait-de-grandes-impré- |
| πόλει, | contre la ville, |
| βέλος δὲ κεραυνοῦ | et que le trait de la foudre |
| ἐπισχέθοι νιν, | arrête lui, |
| πρὶν ἐσθορεῖν ἐμὸν δόμον, | avant *lui* s'élancer dans ma maison, |
| ἐκλαπάξαι τέ ποτε | et m'arracher enfin |
| ἐδωλίων πωλικῶν | des sièges virginaux |
| δορὶ ὑπερκόπῳ. | avec la lance insolente ! |
| . . . . . . . . . . | . . . . . . . . . . |
| . . . . . . . . . . | . . . . . . . . . . |
| ΑΓΓΕΛΟΣ. Λέγοιμι ἂν | LE MESSAGER. Je peux-dire |
| ἕκτον ἄνδρα σωφρονέστατον, | le sixième homme très sage, |
| ἄριστόν τε ἀλκὴν, | et très-bon-en vaillance, |
| βίαν Ἀμφιάρεω μάντιν. | la force d'Amphiaraos devin. |
| Τεταγμένος δὲ | Or ayant été placé |
| πρὸς πύλαις Ὁμολωΐσιν, | à la porte Homoloïde, |
| βάζει πολλὰ | il adresse *des paroles* nombreuses |
| κακοῖσι | avec des injures |
| βίαν Τυδέως, τὸν ἀνδροφόντην, | à la force de Tydée, l'homicide, |
| τὸν ταράκτορα πόλεως, | le perturbateur de la ville, |
| μέγιστον διδάσκαλον | le plus grand maître |
| τῶν κακῶν Ἄργει, | des maux pour Argos, |
| κλητῆρα Ἐρινύος, | évocateur d'Erinys, |
| πρόσπολον φόνου, | ministre du meurtre, |
| βουλευτήριόν τε | et conseiller |

ΕΠΤΑ ΕΠΙ ΘΗΒΑΣ.

καὶ τὸν σὸν αὖθις¹... ὁμόσπορον,
ἐξυπτιάζων ὄμμα, Πολυνείκους βίαν,
δίς τ' ἀντὶ λύμης τοὔνομ' ἐνδατούμενος²,
καλεῖ· λέγει δὲ τοῦτ' ἔπος διὰ στόμα·
Ἦ τοῖον ἔργον καὶ θεοῖσι προσφιλὲς,
καλόν τ' ἀκοῦσαι καὶ λέγειν μεθυστέροις,
πόλιν πατρῴαν καὶ θεοὺς τοὺς ἐγγενεῖς
πορθεῖν, στράτευμ' ἐπακτὸν ἐμβεβληκότα.
Μητρός τε πληγὴν τίς κατασβέσει δίκη ;
πατρίς τε γαῖα σῆς ὑπὸ σπουδῆς δορὶ
ἁλοῦσα πῶς σοι ξύμμαχος γενήσεται ;
Ἔγωγε μὲν δὴ τόνδε πιανῶ γύην,
μάντις κεκευθὼς³ πολεμίας ὑπὸ χθονός.
Μαχώμεθ', οὐκ ἄτιμον ἐλπίζω μόρον. »
Τοιαῦθ' ὁ μάντις ἀσπίδ' εὔκυκλον νέμων
πάγχαλκον ηὔδα· σῆμα δ' οὐκ ἐπῆν κύκλῳ.
Οὐ γὰρ δοκεῖν ἄριστος, ἀλλ' εἶναι θέλει,

Puis se retournant vers ton triste frère, l'œil hagard, il lui lance deux fois son nom en guise d'injure, amère ironie : « Belle besogne, vraiment, dit-il, des dieux agréée, mémorable et bonne à livrer à nos descendants ! Mettre à sac la ville de ses pères, les dieux de la patrie, guider soi-même l'invasion étrangère ? — ng d'une mère, comment l'expier ? Et tu voudrais que ta patrie, cette terre par tes convoitises jetée en proie à la lance ennemie, à toi se ralliât, s'armât pour toi ! Moi, ce sol, je l'engraisserai, devin recouvert de la terre étrangère. Marchons, ma mort, je l'espère, ne sera pas sans honneur. » — Ainsi tonne le devin, en poussant devant lui son bouclier, merveilleuse sphère toute d'airain. Mais d'emblème, il n'en est point au centre. Paraître le premier, que lui importe ? il veut l'être. Aux pro-

| | |
|---|---|
| τῶνδε κακῶν Ἀδράστῳ· | de ces maux-ci pour Adraste : |
| καὶ αὖθις... | et ensuite... |
| τὸν σὸν ὁμόσπορον | à ton frère, |
| βίαν Πολυνείκους, | la force de Polynice,   [sourcils) |
| ἐξυπτιάζων ὄμμα, | reversant son regard (fronçant les |
| ἐνδατούμενός τε δὶς τὸ ὄνομα | et lançant deux-fois son nom |
| ἀντὶ λύμης, | en-guise d'injure, |
| καλεῖ· | il l'appelle ; |
| λέγει δὲ τοῦτο ἔπος | et il dit ces paroles |
| διὰ στόμα· | par sa bouche : |
| « Ἦ τοῖον ἔργον | « Certes une telle action |
| καὶ προσφιλὲς θεοῖσι | sera et agréable aux dieux, |
| καλόν τε μεθυστέροις | et belle pour les descendants |
| ἀκοῦσαι καὶ λέγειν, | à entendre et à dire, |
| ἐμβεβληκότα | toi ayant amené |
| στράτευμα ἐπακτόν, | une armée étrangère, |
| πορθεῖν πόλιν πατρῴαν | ravager la ville de-tes-pères |
| καὶ τοὺς θεοὺς ἐγγενεῖς. | et les dieux indigènes. |
| Τίς δὲ δίκη κατασβέσει | Mais quelle vengeance éteindra |
| πληγὴν μητρός; | le coup d'une (porté à une) mère ? |
| Γαῖα δὲ πατρίς, | Et la terre la patrie, |
| ἁλοῦσα δορὶ | étant prise par la lance |
| ὑπὸ σῆς σπουδῆς, | grâce-à ton zèle, |
| πῶς γενήσεται | comment deviendra-t-elle |
| ξύμμαχός σοι; | alliée à toi ? |
| Ἔγωγε μὲν δὴ | Pour-moi du moins certes |
| πιανῶ τόνδε γύην, | j'engraisserai ce sillon-ci, |
| μάντις κεκευθὼς | devin caché (enseveli) |
| ὑπὸ χθονὸς πολεμίας. | sous une terre ennemie. |
| Μαχώμεθα, | Combattons, |
| ἐλπίζω μόρον | j'espère un destin |
| οὐκ ἄτιμον. » | non sans-honneur. » |
| Ὁ μάντις | Le devin, |
| νέμων ἀσπίδα εὔκυκλον | agitant un bouclier bien-rond |
| πάγχαλκον, | tout-d'airain, |
| ηὔδα τοιαῦτα· | disait de telles paroles ; |
| σῆμα δὲ οὐκ ἐπῆν | mais un emblème n'était-pas-sur |
| κύκλῳ. | le cercle du bouclier. |
| Θέλει γὰρ οὐ δοκεῖν, | Car il veut non pas paraître, |

βαθεῖαν ἄλοκα διὰ φρενὸς καρπούμενος,
ἐξ ἧς τὰ κεδνὰ βλαστάνει βουλεύματα.
Τούτῳ σοφούς τε κἀγαθοὺς ἀντηρέτας
πέμπειν ἐπαινῶ. Δεινὸς ὃς θεοὺς σέβει.
    ΕΤΕΟΚΛΗΣ.
Φεῦ τοῦ ξυναλλάσσοντος ὄρνιθος βροτοῖς
δίκαιον ἄνδρα τοῖσι δυσσεβεστέροις.
Ἐν παντὶ πράγει δ' ἔσθ' ὁμιλίας κακῆς
κάκιον οὐδέν, καρπὸς οὐ κομιστέος·
ἄτης ἄρουρα θάνατον ἐκκαρπίζεται.
Ἢ γὰρ ξυνεισβὰς πλοῖον εὐσεβὴς ἀνὴρ
ναύταισι θερμοῖς ἐν πανουργίᾳ τινὶ
ὄλωλεν ἀνδρῶν σὺν θεοπτύστῳ γένει,
ἢ ξὺν πολίταις ἀνδράσιν δίκαιος ὢν
ἐχθροξένοις τε καὶ θεῶν ἀμνήμοσιν
ταὐτοῦ κυρήσας ἐνδίκως ἀγρεύματος,
πληγεὶς θεοῦ μάστιγι παγκοίνῳ 'δάμη.
Οὕτως δ' ὁ μάντις, υἱὸν Οἰκλέους λέγω,
σώφρων δίκαιος ἀγαθὸς εὐσεβὴς ἀνήρ,
μέγας προφήτης, ἀνοσίοισι συμμιγεὶς

fonds sillons de son âme il fait sa moisson, aux sillons féconds en nobles pensées. Pour un tel adversaire, il te faudra de sages, d'intrépides champions, à mon avis du moins. C'est être bien fort que de craindre les dieux.

ÉTÉOCLE. Triste fatalité, hélas! qui d'un juste fait un complice à ces pervers. — En toute chose, rien de plus malheureux que de frayer avec les méchants. — Quel fruit en retirer? Moisson d'Até, on y recueille la mort! Pour monter au même navire, mêlé à un équipage violent et sans frein, cohue prête à tout, un cœur pieux se voue à la mort avec cette engeance vomie des dieux. Parmi ses concitoyens, gens de farouche hospitalité, sans souci des dieux, le juste est confondu. Sans l'avoir mérité, il tombe avec eux au même filet. Flagellé du fouet du dieu, il périt comme tout le monde. — Aussi ce devin, ce fils d'Oïclée, un sage, un juste, un vaillant, un cœur pieux, un grand prophète, jeté, malgré ses répugnances, aux rangs de ces impies,

| | |
|---|---|
| ἀλλὰ εἶναι ἄριστος, | mais être très-brave, |
| καρπούμενος διὰ φρενὸς | faisant-fructifier dans *son* esprit |
| ἄλοκα βαθεῖαν, | un sillon profond, |
| ἐξ ἧς τὰ κεδνὰ βουλεύματα | duquel les sages résolutions |
| βλαστάνει. | germent. |
| Ἐπαινῶ | Je *te* conseille |
| πέμπειν τούτῳ ἀντηρέτας | d'envoyer à celui-ci des adversaires |
| σοφούς τε καὶ ἀγαθούς. | et sages et braves. |
| Ὃς σέβει θεοὺς δεινός. | Qui révère les dieux *est* terrible. |
| ΕΤΕΟΚΛΗΣ. Φεῦ | ÉTÉOCLE. Hélas ! |
| τοῦ ὄρνιθος | *à cause* de l'oiseau (du présage) |
| ξυναλλάσσοντος ἄνδρα δίκαιον | qui unit un homme juste |
| τοῖσι βροτοῖς δυσσεβεστέροις. | aux mortels plus impies ! |
| Ἐν παντὶ δὲ πράγει | Or en toute affaire |
| οὐδέν ἐστι κάκιον | rien n'est pire |
| ὁμιλίας κακῆς, | qu'une société mauvaise, |
| καρπὸς οὐ κομιστέος· | fruit n'*en* est pas à-retirer ; |
| ἄρουρα ἄτης | le champ du crime |
| ἐκκαρπίζεται θάνατον. | donne-pour-fruit la mort. |
| Ἢ γὰρ ἀνὴρ εὐσεβὴς | Car ou un homme pieux, |
| ξυνεισβὰς πλοῖον ναύταισι | monté sur un navire avec des mate- |
| θερμοῖς | chaudement-appliqués    ǀlots |
| ἔν τινι πανουργίᾳ | à quelque méchanceté |
| ὄλωλεν σὺν γένει ἀνδρῶν | périt avec une race d'hommes |
| θεοπτύστῳ· | rejetée-des-dieux ; |
| ἢ ὢν δίκαιος | ou étant juste, |
| ξὺν πολίταις | au-milieu-de concitoyens |
| ἀνδράσιν ἐχθροξένοις τε | hommes et inhospitaliers |
| καὶ ἀμνήμοσι θεῶν | et oublieux des dieux |
| κυρήσας ἐνδίκως | ayant éprouvé avec-justice |
| τοῦ αὐτοῦ ἀγρεύματος, | la même capture, |
| πληγεὶς μάστιγι θεοῦ | frappé par la verge d'un dieu |
| παγκοίνῳ | commune-à-tous |
| ἐδάμη. | il a été dompté. |
| Οὕτως δὲ ὁ μάντις, | Or ainsi ce devin-là, |
| λέγω υἱὸν Οἰκλέους, | je dis le fils d'Oïclée, |
| ἀνὴρ σώφρων δίκαιος | homme sage, juste, |
| ἀγαθὸς εὐσεβής, | brave, pieux, |
| μέγας προφήτης, | grand prophète, |

ΕΠΤΑ ΕΠΙ ΘΗΒΑΣ.

θρασυστόμοισιν ἀνδράσιν βίᾳ φρενῶν
τείνουσι πομπὴν τὴν μακρὰν πάλιν μολεῖν
Διὸς θέλοντος συγκαθελκυσθήσεται.
Δοκῶ μὲν οὖν σφε μηδὲ προσβαλεῖν πύλαις,
οὐχ ὡς ἄθυμον οὐδὲ λήματος κάκῃ,
ἀλλ' οἶδεν ὥς σφε χρὴ τελευτῆσαι μάχῃ,
εἰ καρπός ἐστι θεσφάτοισι Λοξίου·
ὅμως δ' ἐπ' αὐτῷ φῶτα, Λασθένους βίαν,
ἐχθρόξενον πυλωρὸν ἀντιτάξομεν,
γέροντα τὸν νοῦν, σάρκα δ' ἡβῶσαν φύει,
φιλεῖ δὲ σιγᾶν ἢ λέγειν τὰ καίρια [1].
ποδώκες οἶμα [2], χεῖρα δ' οὐ βραδύνεται
παρ' ἀσπίδος γυμνωθὲν ἁρπάσαι δόρυ.
Θεοῦ δὲ δῶρόν ἐστιν εὐτυχεῖν βροτούς.
    ΧΟΡΟΣ.
Κλύοντες θεοὶ δικαίας λιτὰς    [Antistrophe 2.]
ἡμετέρας τελεῖθ', ὡς πόλις εὐτυχῇ,
δορίπονα κάκ' ἐκτρέπον-
τες εἰς ἐπιμόλους· πύργων δ' ἔκτοθεν
βαλὼν Ζεύς σφε κάνοι κεραυνῷ.

de tant d'audacieuse outrecuidance; quand il leur faudra refaire la longue route, regagner Argos, condamné par Zeus, avec eux il sera culbuté, écrasé. — Peut-être même n'osera-t-il assaillir nos portes, non point couardise de sa part ou défaut de résolution; mais il se sait destiné à mourir dans la lutte, si elles portent leurs fruits les prédictions de Loxias. Quoi qu'il en soit, il trouvera devant lui, pour lui faire tête à la porte, un vigoureux champion, Lasthénès, rude à l'étranger, âme de vieillard au corps d'un jeune homme, sachant se taire ou ne parler qu'à propos. Rapide est son élan, et agile sa main à dégager son fer de dessous son bouclier. — Mais c'est toujours une faveur des dieux que le succès ici-bas.

LE CHŒUR. *Antistrophe* 2. (Le Chœur va de gauche à droite.) Dieux, exaucez-les, nos justes prières, donnez la victoire à la ville ; et les navrants malheurs de la lance, sur ceux qui marchent contre nous, détournez-les. Hors des murs que Zeus de sa foudre les frappe et les abîme !

| | |
|---|---|
| συμμιγεὶς βίᾳ φρενῶν | mêlé en dépit de *son* cœur |
| ἀνδράσιν ἀνοσίοισι | à des hommes impies |
| θρασυστόμοισι | qui-parlent-avec-audace |
| τείνουσι τὴν μακρὰν ὁδὸν | parcourant la longue route |
| μολεῖν πάλιν | *pour* revenir en arrière |
| συγκαθελκυσθήσεται | sera entraîné-avec *eux* |
| Διὸς θέλοντος. | Zeus *le* voulant. |
| Δοκῶ μὲν οὖν σφε | D'une part je crois donc lui |
| μηδὲ προσβαλεῖν | ne-pas-même devoir attaquer |
| πύλαις, | les portes, |
| οὐχ ὡς ἄθυμον | non comme *étant* sans-cœur |
| οὐδὲ κάκῃ λήματος· | ni par lâcheté de résolution ; |
| ἀλλὰ οἶδεν ὡς χρὴ | mais il sait qu'il faut |
| σφε τελευτῆσαι μάχῃ, | lui mourir dans le combat, |
| εἰ καρπός ἐστι | si un fruit est |
| θεσφάτοισι Λοξίου. | aux oracles de Loxias. |
| Ὅμως δὲ ἐπὶ αὐτῷ | D'autre part pourtant contre lui |
| ἀντιτάξομεν φῶτα, | nous opposerons un mortel, |
| βίαν Λασθένους, | la force de Lasthénès, |
| πυλωρὸν, | gardien-de-portes |
| ἐχθρόξενον, | ennemi-des-étrangers, |
| γέροντα τὸν νοῦν, | vieillard par l'esprit, |
| φύει δὲ σάρκα ἡβῶσαν, | mais il produit (il a) une chair jeune |
| φιλεῖ δὲ σιγᾶν | et il a-coutume de se-taire |
| ἢ λέγειν τὰ καίρια. | ou de dire les choses opportunes. |
| Οἷμα ποδώκες, | *Son* élan *est* rapide ; |
| οὐ δὲ βραδύνεται χεῖρα | et il n'est point lent de la main |
| ἁρπάσαι παρὰ ἀσπίδος | pour dégager de-dessous *son* bou- |
| δόρυ γυμνωθέν. | sa lance mise-à-nu.   [clier. |
| Βροτοὺς δὲ εὐτυχεῖν | Mais les mortels réussir |
| ἐστι δῶρον θεοῦ. | est un présent d'un dieu. |
| ΧΟΡΟΣ. Θεοὶ κλύοντες | LE CHŒUR. Dieux qui-entendez |
| ἡμετέρας λιτὰς δικαίας | nos prières justes, |
| τελεῖτε, ὡς πόλις εὐτυχῇ, | faites que la ville réussisse, |
| ἐκτρέποντες εἰς ἐπιμόλους | détournant sur les envahisseurs |
| κακὰ δορίπονα. | les maux que-fait-la-lance ; |
| Ζεὺς δὲ βαλών σφε | et *que* Zeus frappant eux |
| κάνοι κεραυνῷ | *les* tue de *sa* foudre |
| ἔκτοθεν πύργων. | en-dehors des tours. |

ΕΠΤΑ ΕΠΙ ΘΗΒΑΣ.

ΑΓΓΕΛΟΣ.

Τὸν ἕβδομον δὴ, τὸν πρὸς ἑβδόμαις πύλαις
λέξω, τὸν αὐτοῦ σου κασίγνητον, πόλει
οἵας ἀρᾶται καὶ κατεύχεται τύχας.
Πύργοις ἐπεμβὰς, κἀπικηρυχθεὶς χθονὶ,
ἁλώσιμον παιᾶν' ἐπεξιακχάσας,
σοὶ ξυμφέρεσθαι καὶ κτανὼν θανεῖν πέλας
. . . . . . . . . . . .
ἢ ζῶντ' ἀτιμαστῆρα τὼς ἀνδρηλάτην
φυγῇ τὸν αὐτὸν τόνδε τίσασθαι τρόπον.
Τοιαῦτ' ἀϋτεῖ καὶ θεοὺς γενεθλίους
καλεῖ πατρῴας γῆς ἐπόπτῆρας λιτῶν
τῶν ὧν γενέσθαι πάγχυ Πολυνείκους βία.
Ἔχει δὲ καινοπηγὲς εὔθετον σάκος
διπλοῦν τε σῆμα προσμεμηχανημένον.
Χρυσήλατον γὰρ ἄνδρα τευχηστὴν ἰδεῖν
ἄγει γυνή τις σωφρόνως ἡγουμένη.
Δίκη δ' ἄρ' εἶναί φησιν, ὡς τὰ γράμματα
λέγει, « κατάξω δ' ἄνδρα τόνδε, καὶ πόλιν
ἕξει πατρῴων δωμάτων τ' ἐπιστροφάς. »

LE MESSAGER. Au septième, à l'assaillant de la septième porte, je vais passer, à ton frère Polynice, à ses farouches imprécations, aux maux que ses vœux appellent sur Thèbes. — Debout sur les murs, proclamé souverain à la face de cette terre, il veut chanter le péan de ruine, se jeter sur toi, te tuer, mourir sur ton cadavre.... — Si tu lui échappes, déshonoré, proscrit, tu expieras dans l'exil le crime de l'avoir lui-même chassé de Thèbes. — Ainsi il vocifère, ainsi il prie les dieux nationaux, les dieux de la patrie de réaliser ses vœux jusqu'au dernier, le farouche Polynice. — Il porte, tout nouvellement ciselé, un magnifique bouclier, avec deux personnages sculptés. C'est, en relief d'or, un soldat armé de toutes pièces, puis une femme, qui marche devant, majestueusement le conduit. — Elle s'appelle Justice, dit-elle, à s'en rapporter à l'inscription. Je ramènerai cet homme, ajoute-t-elle, il rentrera dans la ville de ses pères, dans les biens de sa

## LES SEPT CONTRE THÈBES. 197

| | |
|---|---|
| ΑΓΓΕΛΟΣ. Λέξω δὴ | LE MESSAGER. Je dirai certes |
| τὸν ἕβδομον, | le septième, |
| τὸν πρὸς | celui *placé* auprès-de |
| ἑβδόμαις πύλαις, | la septième porte, |
| τὸν κασίγνητόν σου αὐτοῦ, | le frère de toi-même, |
| οἵας τύχας ἀρᾶται | quelles chances il prie |
| καὶ κατεύχεται πόλει. | et souhaite-contre la ville. |
| Ἐπεμβὰς πύργοις | étant monté-sur les tours |
| καὶ ἐπικηρυχθεὶς χθονὶ, | et s'étant-proclamé à *cette* terre, |
| ἐπεξιακχάσας | ayant-de-plus-entonné |
| παιᾶνα ἁλώσιμον, | un péan destructeur, |
| ξυμφέρεσθαί σοι | *il souhaite* de joindre toi |
| καὶ κτανὼν | et *t'*ayant-tué, |
| θανεῖν πέλας | de mourir auprès |
| . . . . . . . . | . . . . . . . . |
| ἢ τίσασθαι φυγῇ τῶς | ou de punir par l'exil ainsi |
| τόνδε τὸν αὐτὸν τρόπον | de cette-même-manière-là |
| ζῶντα | *toi* vivant |
| ἀνδρηλάτην | qui-l'as-banni, |
| ἀτιμαστῆρα. | qui-l'as-déshonoré. |
| Βία Πολύνεικους | La force de Polynice |
| αὐτεῖ τοιαῦτα | crie de telles *paroles* |
| καὶ καλεῖ θεοὺς γενεθλίους | et appelle les dieux indigènes |
| γῆς πατρῴας, | de la terre de-ses-pères, |
| γενέσθαι | *pour eux* être [res. |
| πάγχυ ἐποπτῆρας τῶν ὧν λιτῶν. | tout-à-fait surveillants de ses priè- |
| Ἔχει δὲ σάκος | D'autre part il a un bouclier |
| εὔθετον καινοπηγὲς, | bien-fait *et* récemment-travaillé, |
| διπλοῦν τε σῆμα | et un double emblème |
| προσμεμηχανημένον. | artistement-ajouté. |
| Τίς γὰρ γυνὴ ἄγει | Car une certaine femme conduit |
| ἄνδρα χρυσήλατον, | un homme fait-d'or, |
| τευχηστὴν ἰδεῖν, | guerrier à *le* voir, |
| ἡγουμένη σωφρόνως. | *le* guidant gravement. |
| Φησὶ δὲ ἄρα εἶναι Δίκη, | Et elle dit certes être la Justice, |
| ὡς τὰ γράμματα λέγει· | comme les lettres le disent : |
| « κατάξω δὲ τόνδε ἄνδρα, | « et je ramènerai cet homme-ci, |
| καὶ ἕξει πόλιν | et il aura la ville |
| ἐπιστροφάς τε | et la jouissance-à-son-tour |

Τοιαῦτ' ἐκείνων ἐστὶ τάξευρήματα.
Σὺ δ' αὐτὸς ἤδη γνῶθι τίνα πέμπειν δοκεῖ¹
. . . . . . . . . .
'Ως οὔποτ' ἀνδρὶ τῷδε κηρυκευμάτων
μέμψει, σὺ δ' αὐτὸς γνῶθι ναυκληρεῖν πόλιν.
ΕΤΕΟΚΛΗΣ.
Ὢ θεομανές τε καὶ θεῶν μέγα στύγος,
ὢ πανδάκρυτον ἁμὸν Οἰδίπου γένος·
ὤμοι, πατρὸς δὴ νῦν ἀραὶ τελεσφόροι.
'Αλλ' οὔτε κλάειν οὔτ' ὀδύρεσθαι πρέπει,
μὴ καὶ τεκνωθῇ δυσφορώτερος γόος.
Ἐπωνύμῳ δὲ κάρτα, Πολυνείκη λέγω,
τάχ' εἰσόμεσθα τοὐπίσημ' ὅποι τελεῖ·
εἴ νιν κατάξει χρυσότευκτα γράμματα
ἐπ' ἀσπίδος φλύοντα σὺν φοίτῳ φρενῶν.
Εἰ δ' ἡ Διὸς παῖς παρθένος Δίκη παρῆν
ἔργοις ἐκείνου καὶ φρεσὶν, τάχ' ἂν τόδ' ἦν·
ἀλλ' οὔτε νιν φυγόντα μητρόθεν σκότον,

famille. Tels sont les emblèmes imaginés par ces hommes. — A toi maintenant de voir qui tu enverras contre Polynice....
...Moi, j'ai fait mon devoir de fidèle éclaireur, à toi d'être le timonier de l'État.

ÉTÉOCLE. Quelle race frappée des dieux que la nôtre, race insensée, du ciel grandement exécrée, race lamentable d'Œdipe. — Ah! des imprécations de mon père voici le dénouement. Pleurer, gémir, à d'autres! Gardons de provoquer de larmoyantes, de scandaleuses explosions! — Et toi le bien nommé, toi, Polynice, nous saurons bientôt où te conduira ton ambitieuse devise, si elles te ramèneront à Thèbes, ces inscriptions, ces lettres d'or sur ton bouclier délirant de toutes les fureurs de ton âme. — Ah! si de Zeus la fille, la vierge, si la justice était avec lui, de moitié en ses actes, en ses pensées, ce serait chose tôt faite, en vérité! Mais ni au sortir de sa mère, de la ténébreuse matrice,

δωμάτων πατρῴων. »   des palais paternels. »
Τοιαῦτά ἐστι   Telles sont
τὰ ἐξευρήματα ἐκείνων.   les imaginations de ces *hommes*.
Σὺ δὲ αὐτὸς γνῶθι ἤδη   Mais toi-même sache dès-mainte-
τίνα δοκεῖς πέμπειν   qui tu penses envoyer    [nant

. . . . . . . . .   . . . . . . . . .
ὡς οὔποτε μέμψει   car jamais tu ne te-plaindras
τῷδε ἀνδρὶ   à cet-homme-ci (à moi)
κηρυκευμάτων,   de *ses* messages,
σὺ δὲ αὐτὸς γνῶθι   mais toi-même sache
ναυκληρεῖν πόλιν.   armer-le-vaisseau de la ville.
ΕΤΕΟΚΛΗΣ. Ὦ ἀμὸν γένος   ÉTÉOCLE. O notre race
Οἰδίπου   d'OEdipe
θεομανές τε   et aveuglée-par-les-dieux,
καὶ μέγα στύγος θεῶν,   et grand objet-de-haine des dieux,
ὦ πανδάκρυτον,   ô *race* toute-digne-de-larmes ;
ὤμοι ! νῦν δὴ   hélas-à-moi ! maintenant certes
ἀραὶ πατρὸς   les imprécations d'un père
τελεσφόροι.   *sont* s'-accomplissant.
Ἀλλὰ πρέπει οὔτε κλάειν,   Mais il *ne* convient ni de pleurer,
οὔτε ὀδύρεσθαι,   ni de se-lamenter,
μὴ καὶ τεκνωθῇ   de peur qu'aussi *ne*-soit-engendrée
γόος δυσφορώτερος.   une lamentation plus insupportable.
Τάχα δὲ εἰσόμεσθα   Or bientôt nous saurons
ὅποι τελεῖ τὰ ἐπίσημα   où aboutiront *ces* emblèmes
ἐπωνύμῳ κάρτα,   pour *le* bien-nommé tout-à-fait,
Λέγω Πολυνείκη,   je parle de Polynice,
εἰ γράμματα χρυσότευκτα,   si des lettres gravées-en-or
φλύοντα ἐπὶ ἀσπίδος   extravaguant sur *son* bouclier
σὺν φοίτῳ φρενῶν   avec un délire d'esprit
κατάξει νιν.   ramèneront lui.
Εἰ δὲ ἡ παῖς Διὸς   Et si la fille de Zeus
παρθένος Δίκη   la vierge Justice
παρῆν ἔργοις   était-présente aux actions
καὶ φρεσὶν ἐκείνου,   et à l'esprit de lui,
τάχα τόδε ἂν ἦν·   bientôt cela serait ;
ἀλλὰ Δίκη προσεῖδε   mais la Justice *ne le* regarda
οὔτε φυγόντα σκότον   ni quand-il-fuyait les ténèbres
μητρόθεν,   *du sein* de-*sa*-mère,

ΕΠΤΑ ΕΠΙ ΘΗΒΑΣ.

οὔτ' ἐν τροφαῖσιν, οὔτ' ἐφηβήσαντά πω,
οὔτ' ἐν γενείου ξυλλογῇ τριχώματος,
Δίκη προσεῖδε κοὐκ ἀπηξιώσατο [1].
οὐδ' ἐν πατρῴας μὴν χθονὸς κακουχίᾳ
οἶμαί νιν αὐτῷ νῦν παραστατεῖν πέλας.
Ἦ δῆτ' ἂν εἴη πανδίκως ψευδώνυμος
Δίκη, ξυνοῦσα φωτὶ παντόλμῳ φρένας.
Τούτοις πεποιθὼς εἶμι καὶ ξυστήσομαι
αὐτός· τίς ἄλλος μᾶλλον ἐνδικώτερος;
ἄρχοντί τ' ἄρχων καὶ κασιγνήτῳ κάσις,
ἐχθρὸς σὺν ἐχθρῷ στήσομαι. Φέρ' ὡς τάχος
κνημῖδας, αἰχμὴν, καὶ πέτρων προβλήματα.

ΧΟΡΟΣ.

Μὴ, φίλτατ' ἀνδρῶν, Οἰδίπου τέκος, γένῃ
ὀργὴν ὁμοῖος τῷ κάκιστ' αὐδωμένῳ·
ἀλλ' ἄνδρας Ἀργείοισι Καδμείους ἅλις

ni en nourrice, ni au jour de sa jeunesse, ni au temps où la barbe foisonne au menton, jamais la justice n'a eu un regard pour lui, de lui n'a eu de souci. — Ce n'est pas, j'imagine, dans cette invasion de la terre de ses pères, pour s'en faire aujourd'hui l'appui et le secours. Non, non, elle mentirait trop outrageusement à son nom, la justice, complice d'un tel homme, de sa monstrueuse impiété. — Aussi en toute assurance irai-je me mesurer moi-même avec lui. Qui donc, mieux que moi, semble fait pour cette lutte? Prince à prince, frère contre frère, ennemi contre ennemi, je serai là pour lui répondre. — Allons, vite mes cnémides, ma lance, et de quoi me couvrir contre les pierres.

LE CHOEUR. Non, ô le plus cher des hommes, fils d'OEdipe, ne va pas, par colère, descendre au niveau de celui que tu maudis. Aux Argiens les Cadméens se heurteront, c'est bien assez; ce sang

| | |
|---|---|
| οὔτε ἐν τροφαῖσιν, | ni dans *son* éducation, |
| οὔτε ἐφηβήσαντά πω, | ni quand-il-était-adolescent en- |
| οὔτε ἐν ξυλλογῇ | ni dans l'abondance [core, |
| τριχώματος γενείου· | du poil de *son* menton ; |
| καὶ οὐκ | et *il* n'est pas *vrai que* |
| ἀπηξιώσατο · | elle ne dédaigna pas de le regar- |
| οὐδὲ οἶμαι μήν | et je ne pense pas certes [der; |
| νιν παραστατεῖν νῦν αὐτῷ | elle assister maintenant lui |
| πέλας | auprès |
| ἐν κακουχίᾳ | dans le mauvais-traitement |
| χθονὸς πατρῴας. | de la terre paternelle. |
| Ἦ δῆτα Δίκη | Assurément certes la Justice |
| ἂν εἴη πανδίκως | serait tout-à-fait-justement |
| ψευδώνυμος, | portant-un-faux-nom, |
| ξυνοῦσα φωτὶ | étant-avec un mortel |
| παντόλμῳ φρένας. | complètement-audacieux d'esprit. |
| Πεποιθὼς τούτοις εἶμι | Confiant en ces choses, j'irai |
| καὶ ξυστήσομαι αὐτός· | et je *le* combattrai moi-même : |
| τίς ἄλλος μᾶλλον | quel autre *est* davantage |
| ἐνδικώτερος ; | y ayant-plus-de-droits? |
| Στήσομαι | Je me-tiendrai |
| ἄρχων τε ἄρχοντι, | et chef contre chef, |
| καὶ κάσις κασιγνήτῳ, | et frère contre frère, |
| ἐχθρὸς ἐχθρῷ. | ennemi contre-ennemi. |
| Φέρε | Apporte-*moi* [ter rapidement |
| ὡς τάχος | *autant* que il est possible d'appor- |
| κνημῖδας, | des cnémides, |
| αἰχμὴν | une lance |
| καὶ προβλήματα πετρῶν. | et des abris contre les pierres. |
| ΧΟΡΟΣ. Φίλτατε | LE CHŒUR. O le plus cher |
| ἀνδρῶν, | des hommes, |
| τέκος Οἰδίπου, | fils d'Œdipe, |
| μὴ γένῃ ὁμοῖος ὀργὴν | ne sois pas semblable de colère |
| τῷ αὐδωμένῳ | à celui qui est-apostrophé |
| κάκιστα· | par les plus mauvaises *paroles* : |
| ἀλλὰ ἅλις | mais c'est assez |
| ἄνδρας Καδμείους | des hommes cadméens |
| ἐλθεῖν ἐς χεῖρας | *en* venir aux mains |
| Ἀργείοισιν · | avec des Argiens ; |

ἐς χεῖρας ἐλθεῖν · αἷμα γὰρ καθάρσιον ·
ἀνδροῖν δ' ὁμαίμοιν θάνατος ὧδ' αὐτοκτόνος,
οὐκ ἔστι γῆρας τοῦδε τοῦ μιάσματος.

ΕΤΕΟΚΛΗΣ.

Εἴπερ κακὸν φέροι τις αἰσχύνης ἄτερ,
ἔστω · μόνον γὰρ κέρδος ἐν τεθνηκόσιν ·
κακῶν δὲ κᾀσχρῶν οὔτιν' εὐκλείαν ἐρεῖς.

ΧΟΡΟΣ.

Τί μέμονας, τέκνον; μὴ τί σε θυμοπλη-   [Strophe 1.]
θὴς δορίμαργος ἄτα φερέτω · κακοῦ δ'
ἔκβαλ' ἔρωτος ἀρχάν.

ΕΤΕΟΚΛΗΣ.

Ἐπεὶ τὸ πρᾶγμα κάρτ' ἐπισπέρχει θεός,
ἴτω κατ' οὖρον κῦμα Κωκυτοῦ λαχὸν
Φοίβῳ στυγηθὲν¹ πᾶν τὸ Λαΐου γένος.

ΧΟΡΟΣ.

Ὠμοδακής σ' ἄγαν ἵμερος ἐξοτρύ-   [Antistrophe 1.]
νει πικρόκαρπος ἀνδροκτασίαν τελεῖν
αἵματος οὐ θεμιστοῦ.

ΕΤΕΟΚΛΗΣ.

Φίλου γὰρ ἐχθρά μοι πατρὸς μέλαιν' ἀρὰ

du moins se peut laver. Mais deux frères l'un par l'autre égorgés, le temps n'a prise sur telle souillure.

ÉTÉOCLE. Le malheur sans la honte, soit! De ses atteintes la mort seule affranchit. Mais frappé, déshonoré, vous en conviendrez, c'est trop d'un pour ma gloire.

LE CHŒUR. *Strophe* 1. (Le Chœur va de droite à gauche.) Quelles sont ces pensées, ô mon fils! garde que la fièvre de colère, le vertige de la lance, ce suprême malheur, ne t'emporte! A la funeste ardeur, ah! coupe court, dès son début.

ÉTÉOCLE. Au dénouement, à n'en faire doute, les dieux nous précipitent. — Vole donc, poussée des vents, vers les flots du Cocyte, vole la race d'Apollon maudite, la race de Laïos.

LE CHŒUR. *Antistrophe* 1. (Le Chœur regagne la droite de l'hyposcène.) Oh! la dent, la dent féroce de l'inexorable désir, elle te pousse aux fruits amers, à l'effusion du sang défendu!

ÉTÉOCLE. De mon père l'implacable imprécation se veut assou-

| | |
|---|---|
| αἷμα γὰρ καθάρσιον· | car *ce* sang *est* expiable ; |
| θάνατος δὲ | mais une mort |
| ὧδε αὐτοκτόνος | ainsi mutuellement-homicide |
| ἀνδροῖν ὁμαίμοιν, | de-deux-hommes de-même-sang, |
| οὐκ ἔστι γῆρας | il n'est pas de vieillesse (d'affai- |
| τοῦδε τοῦ μιάσματος. | de cette souillure-là. [blissement) |
| ΕΤΕΟΚΛΗΣ. Εἴπερ τις | ÉTÉOCLE. Si-certes quelqu'un |
| φέροι κακὸν ἄτερ αἰσχύνης, | m'apportait du mal sans honte, |
| ἔστω· | soit ; [honte) |
| κέρδος γὰρ | car *cet* avantage (l'absence de |
| μόνον | *est* le seul |
| ἐν τεθνηκόσιν· | parmi les morts ; |
| οὐ δὲ ἐρεῖς | mais tu ne diras pas |
| τινα εὔκλειαν | quelque gloire *être* |
| κακῶν καὶ αἰσχρῶν. | des *choses* mauvaises et honteuses. |
| ΧΟΡΟΣ. Τί μέμονας, | LE CHŒUR. A quoi aspires-tu, |
| τέκνον ; | *mon* fils ? |
| ἄτα δορίμαργος | qu'une fatalité furieuse-de-combat |
| θυμοπληθὴς | pleine-de-colère |
| μή τι φερέτω σε· | n'emporte aucunement toi ; |
| ἔκβαλε δὲ ἀρχὰν | mais chasse un commencement |
| ἔρωτος κακοῦ. | de passion mauvaise. |
| ΕΤΕΟΚΛΗΣ. Ἐπεὶ θεὸς | ÉTÉOCLE. Puisqu'un dieu |
| ἐπισπέρχει κάρτα τὸ πρᾶγμα, | presse vivement l'affaire, |
| πᾶν τὸ γένος Λαΐου | que toute la race de Laïos |
| στυγηθὲν Φοίβῳ | haïe de Phœbos |
| ἴτω κατὰ οὖρον | aille au-gré du vent |
| λαχὸν | ayant-en-partage |
| κῦμα Κωκυτοῦ. | le flot du Cocyte. |
| ΧΟΡΟΣ. Ἵμερος | LE CHŒUR. Un désir |
| ἄγαν ὠμοδακὴς | trop mordant-au-vif |
| πικρόκαρπος | aux-fruits-amers |
| ἐξοτρύνει σε τελεῖν | pousse toi à accomplir |
| ἀνδροκτασίαν αἵματος | l'homicide d'un sang |
| οὐ θεμιστοῦ. | non licite *à verser*. |
| ΕΤΕΟΚΛΗΣ. Ἀρὰ γὰρ | ÉTÉOCLE. Car l'imprécation |
| μέλαινα | noire |
| φίλου πατρὸς | de *mon* cher père |
| ἐχθρά μοι | ennemie à moi |

ξηροῖς ἄκλαυστος ὄμμασιν προσιζάνει,
λέγουσα κέρδος πρότερον ὑστέρου μόρου.
                    ΧΟΡΟΣ.
'Ἀλλὰ σὺ μὴ 'ποτρύνου· κακὸς οὐ κεκλή-    [Strophe 2.]
σει βίον εὖ κυρήσας· μελάναιγις ἔξ-
εισι δόμων Ἐρινὺς, ὅταν ἐκ χερῶν
θεοὶ θυσίαν δέχωνται.
                    ΕΤΕΟΚΛΗΣ.
Θεοῖς μὲν ἤδη πως παρημελήμεθα,
χάρις δ' ἀφ' ἡμῶν ὀλομένων θαυμάζεται·
τί οὖν ἔτ' ἂν σαίνοιμεν ὀλέθριον μόρον;
                    ΧΟΡΟΣ.
Νῦν ὅτε σοι παρέστακεν, ἐπεὶ δαίμων    [Antistrophe 2.]
λήματος ἐν τροπαίᾳ χρονίᾳ μεταλ-
λακτὸς ἴσως ἂν ἔλθοι θελεμωτέρῳ
πνεύματι· νῦν δ' ἔτι ζεῖ.
                    ΕΤΕΟΚΛΗΣ.
Ἐξέζεσεν γὰρ Οἰδίπου κατεύγματα·
ἄγαν δ' ἀληθεῖς ἐνυπνίων φαντασμάτων
ὄψεις, πατρῴων χρημάτων δατήριοι.

vir. — L'œil sec, sans une larme, elle est là, près de moi, à me répéter : « Mieux vaut mourir plus tôt que plus tard. »

LE CHŒUR. *Strophe 2.* (Le Chœur va de droite à gauche dans l'hyposcène.) Non, non, n'exagère rien. Lâche on ne t'appellera, si tu survis sans crime. — La déesse à la noire égide, Érinys, sort d'un foyer, où la main aux dieux a fait les offrandes.

ÉTÉOCLE. Les dieux ! de nous depuis longtemps ils n'ont souci. Notre seule façon de leur agréer, c'est de mourir. Devant l'arrêt fatal pourquoi donc reculer ?

LE CHŒUR. *Antistrophe 2.* (Le Chœur regagne la droite de l'hyposcène.) Sans doute le sort aujourd'hui te presse. — Mais le ciel de ses rigueurs, avec le temps, se peut relâcher. Plus cléments alors peut-être seront les vents. Maintenant encore toute frémissante est la tempête.

ÉTÉOCLE. Frémissantes, en vérité, les malédictions d'Œdipe. — Ah ! elles n'étaient que trop réelles ces visions, fantômes de mes songes, répartisseurs des biens de mon père.

| | |
|---|---|
| προσιζάνει | se-tient-près |
| ἄκλαυστος ὄμμασιν ξηροῖς | sans-larmes avec des yeux secs, |
| λέγουσα πρότερον | disant *la mort* qui-prévient |
| μόρου ὑστέρου | une mort qui-doit-venir-plus-tard |
| κέρδος. | *être* un gain. |
| ΧΟΡΟΣ. Ἀλλὰ σὺ | LE CHŒUR. Mais toi |
| μὴ ἐποτρύνου· | ne sois pas excité ; |
| οὐ κεκλήσει κακός, | tu ne seras point appelé lâche, |
| κυρήσας εὖ βίον· | ayant obtenu bien la vie ; |
| Ἐρινὺς μελάναιγις | Erinys à-la-noire-égide |
| ἔξεισι δόμων, | sort des maisons, |
| ὅταν θεοὶ | lorsque les dieux |
| δέχωνται θυσίαν | agréent un sacrifice |
| ἐκ χερῶν. | des mains *de leurs habitants*. |
| ΕΤΕΟΚΛΗΣ. Ἤδη μέν πως | ÉTÉOCLE. Déjà en-quelque-sorte |
| παρημελήμεθα | nous avons été négligés |
| θεοῖς, | par les dieux, |
| χάρις δὲ | et un hommage |
| θαυμάζεται | est apprécié *par eux* |
| ἀπὸ ἡμῶν ὀλομένων· | venu de nous étant-morts ; |
| τί οὖν | pourquoi donc |
| σαίνοιμεν ἂν ἔτι | flatterions-nous encore |
| μόρον ὀλέθριον ; | un destin funeste ? |
| ΧΟΡΟΣ. Νῦν | LE CHŒUR. *C'est* maintenant |
| ὅτε σοι παρέστακεν, | qu'il te presse, |
| ἐπεὶ δαίμων μεταλλακτὸς | car *ce* dieu qui-peut-changer |
| ἐν τροπαίᾳ λήματος | par une révolution de volonté |
| χρονίᾳ | ouvrage-du-temps, |
| ἴσως ἔλθοι ἂν | peut-être viendrait |
| πνεύματι θελεμωτέρῳ· | avec un souffle plus bienveillant ; |
| νῦν δὲ ἔτι | mais maintenant encore |
| ζεῖ. | il bouillonne. [nent |
| ΕΤΕΟΚΛΗΣ. Ἐξέζεσεν γὰρ | ÉTÉOCLE. En effet, elles bouillon- |
| κατεύγματα Οἰδίπου· | les imprécations d'Œdipe ; |
| ἄγαν δὲ ἀληθεῖς | et trop véritables |
| ὄψεις | *sont* les visions |
| φαντασμάτων ἐνυπνίων, | de fantômes vus-en-songe, |
| δατήριοι | faisant-le-partage |
| χρημάτων πατρῴων. | des richesses paternelles |

ΧΟΡΟΣ.
Πιθοῦ γυναιξὶ, καίπερ οὐ στέργων ὅμως.
ΕΤΕΟΚΛΗΣ.
Λέγοιτ' ἂν ἄν ἄνη τις· οὐδὲ χρὴ μακρνά.
ΧΟΡΟΣ.
Μὴ 'λθῃς ὁδοὺς σὺ τάσδ' ἐφ' ἑβδόμαις πύλαις.
ΕΤΕΟΚΛΗΣ.
Τεθηγμένον τοί μ' οὐκ ἀπαμβλυνεῖς λόγῳ.
ΧΟΡΟΣ.
. . . . . . . . . . . . .
ΕΤΕΟΚΛΗΣ.
Νίκην γε μέντοι καὶ κακὴν τιμᾷ θεός [1].
ΧΟΡΟΣ.
. . . . . . . . . . . . .
ΕΤΕΟΚΛΗΣ.
Οὐκ ἄνδρ' ὁπλίτην τοῦτο χρὴ στέργειν ἔπος [2].
ΧΟΡΟΣ.
Ἀλλ' αὐτάδελφον αἷμα δρέψασθαι θέλεις ;
ΕΤΕΟΚΛΗΣ.
Θεῶν διδόντων, οὐκ ἂν ἐκφύγοι κακά.

## IV. LE CHANT FUNÈBRE.
(Vers 874-960.)

ΧΟΡΟΥ ἡ α'.

Ἰὼ ἰὼ δύσφρονες,                           [Strophe 1.]
φίλων ἄπιστοι καὶ κακῶν ἀτρύμονες,
δόμους ἑλόντες πατρῴους μέλεοι σὺν ἀλκᾷ.

LE CHŒUR. Les femmes, tu les hais. Écoute-les pourtant.
ÉTÉOCLE. Si la chose est possible, allez, mais en deux mots.
LE CHŒUR. Eh bien ! tu n'iras pas à la septième porte.
ÉTÉOCLE. Quand la lame a le fil, la langue ne l'émousse.
LE CHŒUR. . . . . . . . . . . . . . . . . .
ÉTÉOCLE. Tout vainqueur, fût-il lâche, a les dieux avec lui.
LE CHŒUR. . . . . . . . . . . . . . . . . .
ÉTÉOCLE. Propos bien malsonnant à l'âme d'un soldat.
LE CHŒUR. C'est ton frère, et tu veux toi-même l'égorger?
ÉTÉOCLE. Malheur ! malheur à lui, si les dieux le permettent.
(Étéocle quitte la scène.)

### IV

PREMIER DEMI-CHŒUR. *Strophe 1.* Hélas ! hélas ! funeste inspiration ! A leurs amis ils n'ont pas cru. De maux ils étaient insatiables, et le toit paternel ils se le sont disputé par la force.

ΧΟΡΟΣ. Πιθοῦ γυναιξί,     LE CHŒUR. Crois-en des femmes,
καίπερ οὐ στέργων     quoique n'aimant pas *elles*
ὅμως.     pourtant.    [*choses*
ΕΤΕΟΚΛΗΣ. Λέγοιτε ἄν     ÉTÉOCLE. Vous pourriez dire *des*
ὧν τις ἄνη·     dont quelque exécution *soit pos-*
οὐ δὲ χρὴ     mais il ne faut pas    [*sible;*
μακράν.     *dire* longuement.
ΧΟΡΟΣ. Μὴ ἔλθῃς σὺ     LE CHŒUR. Ne va pas toi
τάσδε ὁδοὺς     par ces routes-ci
ἐπὶ ἑβδόμαις πύλαις.     *qui sont* vers la septième porte.
ΕΤΕΟΚΛΗΣ. Τοὶ λόγῳ     ÉTÉOCLE. Certes par *ta* parole
οὐκ ἀπαμβλυνεῖς     tu n'émousseras pas
με τεθηγμένον.     moi aiguisé.
ΧΟΡΟΣ . . . . .     LE CHŒUR. . . . . .

. . . . . . . . . . .

ΕΤΕΟΚΛΗΣ. Μέντοι γε θεός     ÉTÉOCLE. Pourtant certes un dieu
τιμᾷ νίκην     honore la victoire
καὶ κακήν.     même mauvaise.
ΧΟΡΟΣ . . . . .     LE CHŒUR. . . . . .

. . . . . . . . . . .

ΕΤΕΟΚΛΗΣ. Οὐ χρὴ     ÉTÉOCLE. Il ne faut pas
ἄνδρα ὁπλίτην     un homme armé
στέργειν τοῦτο ἔπος.     aimer cette parole.
ΧΟΡΟΣ. Ἀλλὰ θέλεις     LE CHŒUR. Mais veux-tu
δρέψασθαι αἷμα     recueillir le sang
αὐτάδελφον;     de-ton-propre-frère?
ΕΤΕΟΚΛΗΣ. Θεῶν διδόντων,     ÉTÉOCLE. Les dieux *l'*accordant,
οὐκ ἂν ἐκφύγοι κακά.     il ne saurait-échapper aux maux

## IV. LE CHANT FUNÈBRE.

ΧΟΡΟΥ ἡ α'. Ἰὼ ἰὼ     DEMI-CHŒUR 1er. Hélas! hélas
δύσφρονες,     insensés,
ἄπιστοι φίλων     sans-foi en *vos* amis
καὶ ἀτρύμονες κακῶν,     et infatigables aux maux,
μέλεοι     malheureux
ἑλόντες σὺν ἀλκᾷ     ayant pris (voulu prendre) par force
δόμους πατρῴους.     les demeures paternelles.

ΧΟΡΟΣ.
Μέλεοι δῆθ' οἳ μελέους θανάτους
ηὕροντο δόμων ἐπὶ λύμᾳ.
ΧΟΡΟΥ ἡ β'.
Ἰὼ ἰὼ δωμάτων [Antistrophe 1.]
ἐρειψίτοιχοι καὶ πικρὰς μοναρχίας
ἰδόντες, ἤδη διήλλαχθε σὺν σιδάρῳ.
ΧΟΡΟΣ.
Κάρτα δ' ἀληθῆ πατρὸς Οἰδιπόδα
πότνι' Ἐρινὺς ἐπέκρανεν.
ΧΟΡΟΥ ἡ α'.
Δι' εὐωνύμων τετυμμένοι [Strophe 2.]
ΧΟΡΟΥ ἡ β'.
τετυμμένοι δῆθ'
ΧΟΡΟΥ ἡ α'.
ὁμο-
σπλάγχνων τε πλευρωμάτων

. . . .

Αἰαῖ δαιμόνιοι
ΧΟΡΟΥ ἡ β'.
αἰαῖ δ' ἀντιφόνων
δὴ θανάτων ἀραί.
ΧΟΡΟΣ.
Διανταίαν δόμοισι σώμασίν τ'

LE CHŒUR. Malheureux, assurément, qui si malheureusement sont morts en ruinant leur maison !

DEUXIÈME DEMI-CHŒUR. *Antistrophe* 1. Hélas ! hélas ! de votre propre maison démolisseurs, au pouvoir dont seul on dispose vous avez regardé d'une amère convoitise, et, pour en décider entre vous, vous en avez appelé à l'épée.

LE CHŒUR. Elles n'étaient que trop vraies les paroles qu'accomplit de votre père l'auguste Érinys.

PREMIER DEMI-CHŒUR. *Strophe* 2. Aux flancs gauches frappés
DEUXIÈME DEMI-CHŒUR. oui, frappés .
PREMIER DEMI-CHŒUR. et aux flancs sortis 'des mêmes entrailles... Ah ! malheureux !
DEUXIÈME DEMI-CHŒUR. Oh ! la sombre malédiction de mort où l'on s'égorge.
LE CHŒUR. Oui, un rude coup, n'est-ce pas ? pour leur maison

| | |
|---|---|
| ΧΟΡΟΣ. Μέλεοι δῆτα, οἳ ηὕροντο ] θανάτους μελέους ἐπὶ λύμᾳ δόμων. | LE CHŒUR. Malheureux certes, qui ont trouvé des morts malheureuses pour la ruine de *leur* maison. |
| ΧΟΡΟΥ ἡβ. | DEMI-CHŒUR 2ᵉ. |
| Ἰὼ ἰώ ἐρειψίτοιχοι δωμάτων καὶ ἰδόντες πικρὰς μοναρχίας, ἤδη διήλλαχθε σὺν σιδάρῳ. | Hélas! hélas! destructeurs-des-murs des palais et voyant d'amères royautés, maintenant vous-vous-êtes-réconciliés par le fer. |
| ΧΟΡΟΣ. Πότνια δὲ Ἐρινὺς ἐπέκρανε κάρτα ἀληθῆ πατρὸς Οἰδιπόδα. | LE CHŒUR. Et l'auguste Erinys a accompli *les paroles* bien vraies de *votre* père Œdipe. |
| ΧΟΡΟΥ ἡα'. | DEMI-CHŒUR 1ᵉʳ. |
| Τετυμμένοι διὰ εὐωνύμων | Frappés aux *flancs* gauches |
| ΧΟΡΟΥ ἡβ'. | DEMI-CHŒUR 2ᵉ. |
| τετυμμένοι δῆτα | frappés certes |
| ΧΟΡΟΣ. πλευρωμάτων τε ὁμοσπλάγχνων | LE CHŒUR. et aux flancs sortis-des-mêmes-entrailles. |
| . . . . . . . . . . | . . . . . . . . . . |
| Αἰαῖ δαιμόνιοι | Ah! malheureux! |
| ΧΟΡΟΥ ἡβ. αἰαῖ δὲ ἀραὶ θανάτων ἀντιφόνων δή. | DEMI-CHŒUR 2ᵉ. et hélas! malédictions de morts mutuellement-homicides certes. |
| ΧΟΡΟΣ. Ἐννέπεις πεπλαγμένους | LE CHŒUR. Tu *les* dis frappés |

MORCEAUX CH. D'ESCHYLE.      14

ἐννέπεις πεπλαγμένους,
ἀναυδάτῳ μένει τ'
ἀραίῳ τ' ἐκ πατρὸς
σὺν διχόφρονι πότμῳ.
     ΧΟΡΟΥ ἡ α'.
Διήκει δὲ καὶ πόλιν στόνος,    [Antistrophe 2.]
     ΧΟΡΟΥ ἡ β'.
στένουσι πύργοι,
     ΧΟΡΟΥ ἡ α'.
 στένει
πέδον φίλανδρον· μενεῖ
κτέανα τάδ' ἐπιγόνοις¹,
δι' ὧν αἰνομόροις
     ΧΟΡΟΥ ἡ β'.
δι' ὧν νεῖκος ἔβα
καὶ θανάτου τέλος.
     ΧΟΡΟΣ.
'Εμοιράσαντο δ' ὀξυκάρδιοι
κτήμαθ', ὥστ' ἴσον λαχεῖν.
Διαλλακτῆρι δ' οὖν
ἀμεμφεία φίλοις,
οὐδ' ἐπίχαρις Ἄρης.
     ΧΟΡΟΥ ἡ α'.
Σιδαρόπλακτοι μὲν ὧδ' ἔχουσιν,    [Strophe 3.]
     ΧΟΡΟΥ ἡ β'.
σιδαρόπλακτοι² δὲ τοὺς μένουσιν
     ΧΟΡΟΥ ἡ α'.
τάχ' ἄν τις εἴποι, τίνες ;

et pour leurs corps ? Rage sans exemple ! Malédiction d'un père ! Fatale division !

PREMIER DEMI-CHOEUR. *Antistrophe* 2. Ils gagnent jusqu'à la ville les gémissements !

DEUXIÈME DEMI-CHOEUR. Les murs en gémissent !

PREMIER DEMI-CHOEUR. Ainsi que cette terre qui aime ces hommes ; d'autres hériteront de ces biens, causes d'infortunes,

DEUXIÈME DEMI-CHOEUR. de ces biens, cause de leur querelle et de leur mort.

LE CHOEUR. Dans leur colère ils se sont partagé leurs biens de manière à en avoir une part égale. Les frères n'ont point à se plaindre du conciliateur. Arès s'est montré impartial.

PREMIER DEMI-CHOEUR. *Strophe* 3. Voilà dans quel état le fer les a mis.

DEUXIÈME DEMI-CHOEUR. Frappés du fer, ils vont avoir leur lot.

PREMIER DEMI-CHOEUR. Lequel ! dira-t-on peut-être.

| | |
|---|---|
| διανταίαν | *d'un coup* qui-traverse |
| δόμοισι σώμασί τε, | pour *leurs* demeures et *leurs* corps, |
| μένει τε ἀναυδάτῳ | et par une fureur inouïe |
| ἀραίῳ τε | et appelée-par-une malédiction |
| ἐκ πατρὸς | de *leur* père |
| σὺν πότμῳ διχόφρονι. | avec un destin de-discorde. |
| ΧΟΡΟΥ ἡ α'. | DEMI-CHŒUR 1er. |
| Στόνος δὲ | Et le gémissement |
| διήκει καὶ πόλιν, | parcourt aussi la ville, [seul, |
| ΧΟΡΟΥ ἡ β. πύργοι στένουσι, | DEMI-CHŒUR 2e. les tours gémis- |
| ΧΟΡΟΥ ἡ α'. στένει | DEMI-CHŒUR 1er. il gémit |
| πέδον φίλανδρον· | le sol ami-de-ces-hommes ; |
| ἐπιγόνοις μενεῖ | à *leurs* successeurs resteront |
| τάδε κτέανα, | ces biens, |
| διὰ ὧν | par lesquels |
| αἰνομόροις | à *eux*-maudits-du sort |
| ΧΟΡΟΥ ἡ β. | DEMI-CHŒUR 2e. |
| διὰ ὧν | par lesquels |
| νεῖκος ἔβα | querelle est venue |
| καὶ τέλος θανάτου. | et fin de mort (fin mortelle). |
| ΧΟΡΟΣ. | LE CHŒUR. |
| Ὀξυκάρδιοί τε | Et emportés-par-la colère |
| ἐμοιράσαντο κτήματα | ils se sont partagé *leurs* biens |
| ὥστε λαχεῖν | de-manière-à avoir-en partage |
| ἴσον. | *part* égale. |
| Ἀμεμφεία οὖν | Donc absence-de-plainte |
| φίλοις | *est* aux amis |
| διαλλακτῆρι, | contre le conciliateur ; |
| οὐδὲ Ἄρης | et Arès n'a pas *été* |
| ἐπίχαρις. | complaisant (partial). |
| ΧΟΡΟΥ ἡ α'. | DEMI-CHŒUR 1er. |
| Σιδαρόπλακτοι μὲν | D'une part frappés-par-le-fer |
| ἔχουσιν ὧδε, | ils sont en-cet-état, |
| ΧΟΡΟΥ ἡ β'. | DEMI-CHŒUR 2e. |
| σιδαρόπλακτοι δὲ | d'autre part frappés par-le-fer |
| τοὺς μένουσιν | les attendent |
| ΧΟΡΟΥ ἡ α'. τάχα | DEMI-CHŒUR. peut-être |
| τις εἴποι ἄν, | quelqu'un dirait, |
| τίνες ; | quels (quoi) ? |

ΧΟΡΟΥ ἡ β'.
τάφων πατρῴων λαχαί¹ ·
ΧΟΡΟΣ.
Μάλ' ἀχάεσσ' ἰὰ τοὺς
προπέμπει, δαϊκτὴρ
γόος αὐτόστονος, αὐτοπήμων,
δαϊόφρων, οὐ φιλογαθὴς
ἐτύμως δακρυχέων ἐκ
φρενός, ἇ κλαιομένας μου
μινύθει τοῖνδε δυοῖν ἀνάκτοιν.
ΧΟΡΟΥ ἡ α'.
Πάρεστιν εἰπεῖν ἐπ' ἀθλίοισιν [Antistrophe 3.]
ΧΟΡΟΥ ἡ β'.
ὡς ἐρξάτην πολλὰ μὲν πολίτας
ΧΟΡΟΥ ἡ α'.
ξένων τ' ἐπακτῶν στίχας
ΧΟΡΟΥ ἡ β'.
πολυφθόρους ἐν δαί.
ΧΟΡΟΣ.
Δυσαίων σφ' ἁ τεκοῦσα
πρὸ πασᾶν γυναικῶν
ὁπόσαι τεκνογόνοι κέκληνται ·
παῖδα τὸν αὑτᾶς πόσιν αὑτᾷ
θεμένα τούσδ' ἔτεχ', οἱ δ' ὧδ'
ἐτελεύτασαν ὑπ' ἀλλα-
λοφόνοις χερσὶν ὁμοσπόροισιν.

DEUXIÈME DEMI-CHŒUR. La tombe de leur père.
LE CHŒUR. Aux échos du palais retentissent mes derniers adieux aux morts, poignantes lamentations, navrantes, déchirantes, sans douceur, où spontanément les larmes débordent de mon cœur, desséché à force de pleurer ces deux princes.
PREMIER DEMI-CHŒUR. *Antistrophe* 3. On peut dire de ces malheureux
DEUXIÈME DEMI-CHŒUR. qu'ils ont fait beaucoup de mal aux citoyens,
PREMIER DEMI-CHŒUR. et aux bataillons étrangers
DEUXIÈME DEMI-CHŒUR. tombés en grand nombre dans le combat.
LE CHŒUR. De fatal destin fut la femme qui les eut pour fils, entre toutes celles qui s'honorent du nom de mère. De son fils elle fit son mari, en eut ces malheureux, ainsi morts l'un par l'autre en un double fratricide.

| | |
|---|---|
| ΧΟΡΟΥ ἡ β'. λαχαὶ | DEMI-CHOEUR 2ᵉ. les partages |
| τάφων πατρῴων. | des tombes paternelles. |
| ΧΟΡΟΣ. Ἰὰ | LE CHOEUR. Un cri |
| μάλα ἀχάεσσα | tout-à-fait retentissant |
| προπέμπει τοὺς, | accompagne eux, |
| γόος δαϊκτὴρ, | plainte déchirante |
| αὐτόστονος, | gémissant-sur-ses-propres-maux, |
| αὐτοπήμων, | causée-par-ses-propres-malheurs |
| δαϊόφρων, | d'une-âme-attristée, |
| οὐ φιλογαθὴς | non amie-de la joie |
| δακρυχέων ἐτύμως | pleurant véritablement |
| ἐκ φρένος, | d'un cœur, |
| ἃ μινύθει | qui s'amoindrit (se flétrit) |
| μου κλαιομένας | moi pleurant |
| τοῖνδε δυοῖν ἀνάκτοιν. | sur ces deux princes. |
| ΧΟΡΟΥ ἡ α'. Πάρεστιν εἰπεῖν | DEMI-CHOEUR 1ᵉʳ. Il y a à dire |
| ἐπὶ ἀθλίοισιν | sur ces malheureux |
| ΧΟΡΟΥ ἡ β'. ὡς | DEMI-CHOEUR 2ᵉ. que |
| ἐρξάτην | ils ont fait-tous-deux |
| πολλὰ μὲν | beaucoup *de maux* d'une part |
| πολίτας | aux citoyens |
| ΧΟΡΟΥ ἡ α'. στίχας τε | DEMI-CHOEUR 1ᵉʳ. et aux rangs |
| ξένων ἐπακτῶν | des étrangers amenés |
| ΧΟΡΟΥ ἡ β'. πολυφθόρους | DEMI-CHOEUR 2ᵉ. morts-en-grand- |
| ἐν δαΐ. | dans le combat.  [nombre |
| ΧΟΡΟΣ. Δυσαίων | LE CHOEUR. Malheureuse |
| ἅ σφε τεκοῦσα | celle les ayant-enfantés |
| πρὸ πασᾶν γυναικῶν, | de-préférence-à toutes les femmes, |
| ὁπόσαι κέκληνται | qui ont été appelées |
| τεκνογόνοι· | fécondes-pour-procréer; |
| θεμένα πόσιν | ayant pris *pour* époux |
| αὐτᾷ | à elle-même |
| τὸν παῖδα αὐτᾶς, | l'enfant d'elle-même, |
| ἔτεκε τούσδε, | elle enfanta ceux-ci, |
| οἱ δὲ ἐτελεύτασαν | et eux ont-fini |
| ὧδε | ainsi |
| ὑπὸ χερσὶν | sous des mains |
| ὁμοσπόροισιν | formées-dans-le-même-sein |
| ἀλλαλοφόνοις. | mutuellement-homicides. |

ΕΠΤΑ ΕΠΙ ΘΗΒΑΣ.

ΧΟΡΟΥ ἡ α'.
Ὁμοσπόροις δῆτα καὶ συνωλέθροις          [Strophe 4.]
ΧΟΡΟΥ ἡ β'.
διανομαῖς ἀφίλοις
ΧΟΡΟΥ ἡ α'.
ἔριδι μαινομένᾳ
ΧΟΡΟΥ ἡ β.
νείκεος ἐν τελευτᾷ.
ΧΟΡΟΣ.
Πέπαυται δ' ἔχθος, ἐν δὲ γαίᾳ
ζόα φονορύτῳ
μέμικται· κάρτα δ' εἴσ' ὅμαιμοι.
Πικρὸς λυτὴρ νεικέων
ὁ Πόντιος ξεῖνος ἐκ πυρὸς συθεὶς
θηκτὸς σίδαρος¹· πικρὸς δὲ χρημάτων
ἴσος δατητὰς Ἄρης
ἀρὰν πατρῷαν τιθεὶς ἀλαθῆ.
ΧΟΡΟΥ ἡ α'.
Ἔχουσι μοῖραν λαχόντες, ὦ μέλεοι,      [Antistrophe 4.]
ΧΟΡΟΥ ἡ β'.
διοδότων ἀχέων·
ΧΟΡΟΥ ἡ α'.
ὑπὸ δὲ σώματι γᾶ
ΧΟΡΟΥ ἡ β'.
πλοῦτος ἄβυσσος ἔσται.

PREMIER DEMI-CHŒUR. *Strophe* 4. Oui, ils ont péri ensemble, par des mains fraternelles.
DEUXIÈME DEMI-CHŒUR. Partage peu aimable!
PREMIER DEMI-CHŒUR. Querelle furieuse.
DEUXIÈME DEMI-CHŒUR. Fin de leur débat.
LE CHŒUR. Elle dort maintenant leur haine; en la terre, imprégnée du meurtre, leur vie est mêlée; ils sont bien du même sang. L'amer arbitre des querelles que l'étranger du Pont-Euxin, du feu élancé, que le fer aiguisé sur la pierre! L'amer partageur de biens que l'impartial Arès, d'un père réalisant la malédiction.
PREMIER DEMI-CHŒUR. *Antistrophe* 4. Ils ont leur part, les malheureux,
DEUXIÈME DEMI-CHŒUR. leur part des tristes dons de Zeus;
PREMIER DEMI-CHŒUR. et sous leur corps la terre
DEUXIÈME DEMI-CHŒUR. un trésor sans fond.

| | |
|---|---|
| ΧΟΡΟΥ ἡα'. Δῆτα | DEMI-CHŒUR 1er. Oui, |
| ὁμοσπόροις | formées-dans-le-même-sein |
| καὶ συνωλέθροις | et ayant-péri-ensemble |
| ΧΟΡΟΥ ἡβ'. | DEMI-CHŒUR 2e. |
| διανομαῖς | par-suite-de partages |
| ἀφίλοις | non-amis (peu fraternels) |
| ΧΟΡΟΥ ἡα'. | DEMI-CHŒUR 1er. |
| ἔριδι | par un débat |
| μαινομένᾳ | furieux |
| ΧΟΡΟΥ ἡ β. | DEMI-CHŒUR 2e. |
| ἐν τελευτᾷ | à la fin |
| νείκεος. | de *leur* querelle. |
| ΧΟΡΟΣ. | LE CHŒUR. |
| Ἔχθος δὲ | Mais l'inimitié |
| πέπαυται, | a cessé, |
| ἐν δὲ γαίᾳ | et dans la terre |
| φονορύτῳ | abreuvée-de-carnage |
| ζόα μέμικται· | *leur* vie s'est-confondue ; |
| εἰσὶ δὲ κάρτα | et ils sont bien |
| ὅμαιμοι. | de-même-sang. |
| Πικρὸς λυτὴρ νεικέων | Amer arbitre des querelles |
| ὁ ξεῖνος Πόντιος | *est* l'étranger du-Pont |
| συθεὶς ἐκ πυρὸς | échappé du feu |
| σίδαρος θηκτός· | le fer aiguisé ; |
| πικρὸς δὲ | amer *est* aussi |
| ἴσος δατητὰς χρημάτων | *cet* égal distributeur de richesses |
| Ἄρης | Arès |
| τιθεὶς ἀλαθῆ | faisant vraie |
| ἀρὰν πατρός. | l'imprécation d'un père. |
| ΧΟΡΟΥ ἡα'. | DEMI-CHŒUR 1er. |
| Ἔχουσι | Ils ont |
| λαχόντες μοῖραν, | ayant-obtenu-du sort la part, |
| ὦ μέλεοι, | ô malheureux, |
| ΧΟΡΟΥ ἡβ'. ἀχέων | DEMI-CHŒUR 2e. des maux |
| διοδότων· | envoyés-par-Zeus ; |
| ΧΟΡΟΥ ἡα'. γᾶ δὲ | DEMI-CHŒUR 1er. et la terre |
| ὑπὸ σώματι | sous *leur* corps |
| ΧΟΡΟΥ ἡ β'. ἔσται | DEMI-CHŒUR 2e. sera |
| πλοῦτος ἄβυσσος. | une richesse sans-fond. |

ΧΟΡΟΣ.

Ἰὼ πολλοῖς ἐπανθίσαντες
πόνοισι γενεάν·
τελευτᾷ δ' αἶδ' ἐπηλάλαξαν
Ἀραί[1] τὸν ὀξὺν νόμον,
τετραμμένου παντρόπῳ φυγᾷ γένους.
Ἔσταχεν Ἄτας τροπαῖον ἐν πύλαις
ἐν αἷς ἐθείνοντο, καὶ
δυοῖν κρατήσας ἔληξε δαίμων.

LE CHOEUR. Hélas ! douleurs sans nombre ; sinistres fleurs de cette maison ; à la fin elles l'ont poussé le cri aigu, ces Imprécations, le cri de victoire sur cette race mise en fuite par une déroute complète. Il est là le trophée d'Até, debout à cette porte, où ils se sont heurtés, et de tous deux vainqueurs le sombre génie a désarmé.

| | |
|---|---|
| ΧΟΡΟΣ. Ἰὼ | LE CHŒUR. O *vous* |
| ἐπανθίσαντες | ayant-fait-fleurir |
| γενεὰν | *votre* race |
| πολλοῖς πόνοισι· | par beaucoup de maux; |
| τελευτᾷ δὲ | mais à la fin |
| αἵδε Ἀραὶ | ces Imprécations |
| ἐπηλάλαξαν | ont poussé-en-signe-de-triomphe |
| τὸν νόμον ὀξὺν, | leur cri perçant, |
| γένους τετραμμένου | la race ayant été mise-en-fuite |
| φυγᾷ παντρόπῳ. | par une déroute complète. |
| Τροπαῖον δὲ Ἄτας | Et le trophée d'Até |
| ἔσταχεν ἐν πύλαις | s'élève à la porte |
| ἐν αἷς ἐθείνοντο, | à laquelle ils étaient frappés, |
| καὶ ὁ δαίμων | et le destin |
| κρατήσας δυοῖν | *les* ayant vaincus tous-deux |
| ἔληξε. | a cessé (s'est apaisé). |

# ARGUMENT ANALYTIQUE
## D'AGAMEMNON

L'*Agamemnon* est le premier des trois drames dont l'ensemble porte le nom d'*Orestie*. La scène se passe à Argos, devant le palais des Atrides. Il fait encore nuit.

Un esclave, qui, par l'ordre de Clytemnestre, veille depuis un an sur le toit du palais, pour épier la flamme qui annoncera la prise de Troie, voit enfin le signal désiré. Il descend en prévenir la reine.

Cependant le Chœur paraît : ce sont des vieillards que les infirmités de l'âge ont empêchés de suivre Agamemnon. Ils chantent l'origine de la lutte entre l'Europe et l'Asie, les prophéties de Calchas et le sacrifice d'Iphigénie à l'autel de Diane. Clytemnestre vient se réjouir avec eux de la nouvelle qui met fin à toutes ses anxiétés.

Déjà arrive un héraut qui annonce l'approche du roi. Agamemnon le suit de près avec Cassandre, sa captive. Clytemnestre fait à son époux un accueil empressé ; toutefois quelques paroles sinistres, à double entente, laissent entrevoir le fond de sa pensée. Agamemnon entre dans le palais; mais Cassandre demeure muette et immobile, malgré tous les témoignages d'intérêt que lui prodigue la reine.

Restée seule avec le Chœur, elle est saisie tout à coup de l'esprit prophétique; elle décrit tous les forfaits dont le palais a déjà été ensanglanté, et tous ceux qui se préparent; puis, entraînée par une force irrésistible, elle court se livrer au fer des assassins.

Cependant on entend les cris d'Agamemnon qui expire. Le palais s'ouvre, et Clytemnestre, debout entre deux cadavres, se glorifie d'un meurtre qui n'est, à ses yeux, que la juste représaille de celui d'Iphigénie: elle se considère comme l'instrument de la vengeance divine. Égisthe, à son tour, vient s'applaudir de la part qu'il a prise par ses conseils à l'assassinat d'Agamemnon. La vue du meurtrier excite l'indignation des vieillards. L'intervention de Clytemnestre les empêche seule de frapper Égisthe, mais dans leurs sanglants reproches gronde comme une menace le nom d'Oreste.

# ΑΓΑΜΕΜΝΩΝ

## I. LE VEILLEUR.
(Vers 1-39.)

ΦΥΛΑΞ.

Θεοὺς μὲν αἰτῶ τῶνδ' ἀπαλλαγὴν πόνων
φρουρᾶς ἐτείας μῆκος[1], ἣν κοιμώμενος
στέγης Ἀτρειδῶν ἄγκαθεν[2], κυνὸς δίκην,
ἄστρων κάτοιδα νυκτέρων ὁμήγυριν
καὶ τοὺς φέροντας χεῖμα καὶ θέρος βροτοῖς
λαμπροὺς δυνάστας, ἐμπρέποντας αἰθέρι
[ἀστέρας ὅταν φθίνωσιν, ἀντολάς τε τῶν].
Καὶ νῦν φυλάσσω λαμπάδος τὸ σύμβολον,
αὐγὴν πυρὸς φέρουσαν ἐκ Τροίας φάτιν
ἁλώσιμόν τε βάξιν · ὧδε γὰρ κρατεῖ
γυναικὸς ἀνδρόβουλον, ἐλπίζον κέαρ.
Ὅτλον δὲ νυκτίπλαγκτον ἔνδροσόν τ' ἔχω

LE VEILLEUR DE NUIT. Ah! que les dieux me relèvent de cette corvée, interminable faction de toute l'année, que je passe, sur le toit des Atrides, tout en haut, comme un chien, à regarder le cortège des astres de la nuit, et ceux qui apportent aux hommes les uns le froid, les autres le chaud, magnifiques dynastes rayonnant au ciel. Et ces astres, qu'ils s'éteignent, qu'ils se lèvent, je suis toujours là. Me voici encore à guetter la lumière convenue, l'éclair de feu porteur des nouvelles d'Ilion, du récit de ruine. Ainsi l'ordonne cette femme au cœur viril, rempli d'espérance. La nuit, à la belle étoile, si je me tiens dans mon lit, tout trempé de rosée, point de songes qui le han-

# AGAMEMNON

## I. LE VEILLEUR.

| | |
|---|---|
| ΦΥΛΑΞ. Αἰτῶ μὲν | LE VEILLEUR. Je demande d'une [part |
| θεοὺς | aux dieux |
| ἀπαλλαγὴν τῶνδε πόνων | la fin de ces travaux |
| μῆκος φρουρᾶς | depuis la longueur d'une garde |
| ἐτείας, | d'-un-an, |
| ἣν κοιμώμενος | pendant laquelle couchant |
| ἄγκαθεν στέγης Ἀτρειδῶν, | au-haut du palais des Atrides, |
| δίκην κυνός, | à la façon d'un chien, |
| κάτοιδα ὁμήγυριν | j'ai examiné l'assemblée |
| ἄστρων νυκτέρων | des astres nocturnes |
| καὶ τοὺς ἀστέρας φέροντας | et les astres apportant |
| χεῖμα καὶ θέρος βροτοῖς, | froid et chaud aux mortels, |
| δυνάστας λαμπρούς, | princes éclatants, |
| ἐμπρέποντας αἰθέρι, | brillant-dans l'air, |
| ὅταν φθίνωσιν, | *les observant* lorsqu'ils disparais- |
| ἀντολάς τε τῶν. | et les levers d'eux. [sent, |
| Καὶ νῦν φυλάσσω | Et maintenant je guette |
| τὸ σύμβολον λαμπάδος, | le signe du fanal, |
| αὐγὴν πυρὸς φέρουσαν | clarté du feu apportant |
| φάτιν βάξιν τε | affirmation et nouvelle |
| ἁλώσιμον· | relative-à-la-prise *de Troie* ; |
| ὧδε γὰρ κρατεῖ | car ainsi commande |
| κέαρ ἀνδρόβουλον, | le cœur aux-résolutions viriles, |
| ἐλπίζον | *le cœur* espérant |
| γυναικός· | d'une femme. |
| Ἔχω δὲ ὄτλον | D'autre part j'ai une fatigue |
| νυκτίπλαγκτον | qui erre-pendant-la-nuit |
| εὐνήν τε ἔνδροσον | et une couche humide-de-rosée |

εὐνὴν ὀνείροις οὐκ ἐπισκοπουμένην·
ἐμοὶ φόβος γὰρ ἀνθ' ὕπνου παραστατεῖ,
τὸ μὴ βεβαίως βλέφαρα συμβαλεῖν ὕπνῳ.
Εὖτ' ἂν δ' ἀείδειν ἢ μινύρεσθαι δοκῶ,
ὕπνου τόδ' ἀντίμολπον ἐντέμνων [1] ἄκος,
κλαίω τότ' οἴκου τοῦδε συμφορὰν στένων
οὐχ ὡς τὰ πρόσθ' ἄριστα δεσποτουμένου.
Νῦν δ' εὐτυχὴς γένοιτ' **ἀπαλλαγὴ** πόνων,
εὐαγγέλου φανέντος ὀρφναίου πυρός.

Ὦ χαῖρε λαμπτὴρ νυκτὸς, ἡμερήσιον
φάος πιφαύσκων καὶ χορῶν κατάστασιν
πολλῶν ἐν Ἄργει, τῆσδε συμφορᾶς χάριν.
Ἰοῦ ἰοῦ·
Ἀγαμέμνονος γυναικὶ σημαίνω[2] τορῶς,
εὐνῆς ἐπαντείλασαν ὡς τάχος δόμοις
ὀλολυγμὸν εὐφημοῦντα τῇδε λαμπάδι
ἐπορθιάζειν, εἴπερ Ἰλίου πόλις
ἑάλωκεν, ὡς ὁ φρυκτὸς ἀγγέλλων πρέπει·
αὐτός τ' ἔγωγε φροίμιον χορεύσομαι.

tent, point de repos, des transes continuelles. Si j'allais pour tout de bon fermer mes paupières au sommeil! Parfois je me mets en tête de chanter, de fredonner, un moyen de se tenir éveillé au bruit de sa propre voix; mais les larmes me viennent, je pleure la triste situation de cette maison, bien loin aujourd'hui de sa voie prospère d'autrefois. Quel bonheur d'être relevé de ma corvée, d'apprendre la bonne nouvelle! Si la lumière perçait les ténèbres!

(Il aperçoit le fanal.) Eh bien! eh bien! Oh! sois le bienvenu, nocturne fanal! Quelle heureuse journée, tu m'annonces, que de réjouissances dans Argos pour le grand événement! Oh! bonheur! Oh! bonheur! La femme d'Agamemnon, au plus vite prévenons-la, qu'elle se lève de son lit à la hâte. Dans le palais, que ce soient partout des chants, qu'on bénisse cette lumière. Ilion est pris, s'il faut s'en rapporter au fanal. C'est moi, moi tout le premier qui vais entonner le prélude.

| | |
|---|---|
| οὐκ ἐπισκοπουμένην ὀνείροις· | non visitée par des songes; [moi |
| φόβος γὰρ παραστατεῖ ἐμοὶ | car la crainte se-tient-auprès-de |
| ἀντὶ ὕπνου, | au-lieu du sommeil |
| τὸ μὴ | pour le ne pas (m'empêchant) |
| συμβαλεῖν | de fermer |
| βλέφαρα ὕπνῳ | mes paupières par le sommeil |
| βεβαίως. | d'une-manière-ferme. [propos |
| Εὖτε δὲ δοκῶ ἂν | Et toutes-les-fois-que je juge-à- |
| ἀείδειν ἢ μινύρεσθαι, | de chanter ou de fredonner, |
| ἐντέμνων τόδε ἄκος | me procurant ce remède [meil, |
| ἀντίμολπον ὕπνου, | qui-par-le-chant-combat le som- |
| τότε κλαίω στένων | alors je déplore en gémissant |
| συμφορὰν τοῦδε οἴκου | le malheur de cette maison-ci |
| οὐ δεσποτουμένου ἄριστα | n'étant pas gouvernée très-bien |
| ὡς τὰ πρόσθε. | comme auparavant. |
| Νῦν δὲ | Et maintenant |
| εὐτυχὴς ἀπαλλαγὴ πόνων | qu'une heureuse fin de mes maux |
| γένοιτο, | puisse-arriver |
| πυρὸς εὐαγγέλου | un feu de-bonne-nouvelle |
| φάνεντος ὀρφναίου. | ayant brillé dans-les-ténèbres. |
| Ὦ χαῖρε λαμπτὴρ νυκτός, | O salut, flambeau de la nuit, |
| πιφαύσκων φάος ἡμερήσιον | montrant une clarté de-jour |
| καὶ κατάστασιν χορῶν πολλῶν | et l'organisation de chœurs nom- |
| ἐν Ἄργει, | dans Argos, [breux |
| χάριν τῆσδε συμφορᾶς. | en reconnaissance de cet événe- |
| Ἰοῦ ἰοῦ· | Oh!.oh! [ment. |
| σημαίνω τορῶς | j'annonce clairement |
| γυναικὶ Ἀγαμέμνονος, | à la femme d'Agamemnon, |
| ἐπαντείλασαν | s'étant levée |
| εὐνῆς | de sa couche [promptement |
| ὡς τάχος | autant que il est possible de se lever |
| ἐπορθιάζειν | de faire retentir-en-réponse |
| τῇδε λαμπάδι | à ce fanal |
| δόμοις | dans sa maison, |
| ὀλολυγμὸν εὐφημοῦντα, | un hurlement favorable, |
| εἴπερ πόλις Ἰλίου ἑάλωκεν, | puisque la ville d'Ilion est prise, |
| ὡς ὁ φρυκτὸς | comme le fanal |
| πρέπει ἀγγέλλων· | se-fait-remarquer l'annonçant; |
| ἔγωγέ τε αὐτὸς | et moi-même-certes |

ΑΓΑΜΕΜΝΩΝ.

Τὰ δεσποτῶν γὰρ εὖ πεσόντ' αἰσθήσομαι
τρὶς ἓξ βαλούσης¹ τῆσδέ μοι φρυκτωρίας.
Γένοιτο δ' οὖν μολόντος εὐφιλῆ χέρα
ἄνακτος οἴκων τῇδε βαστάσαι χερί.
Τὰ δ' ἄλλα σιγῶ · βοῦς ἐπὶ γλώσσῃ μέγας
βέβηκεν² · οἶκος δ' αὐτός, εἰ φθογγὴν λάβοι,
σαφέστατ' ἂν λέξειεν · ὡς ἑκὼν ἐγὼ
μαθοῦσιν αὐδῶ κοὐ μαθοῦσι λήθομαι.

## II. LES VIEILLARDS D'ARGOS.
(Vers 40-103.)

ΧΟΡΟΣ.

Δέκατον μὲν ἔτος τόδ' ἐπεὶ Πριάμου
Μενέλαος ἄναξ μέγας ἀντίδικος
ἠδ' Ἀγαμέμνων,
διθρόνου Διόθεν καὶ δισκήπτρου
τιμῆς ὀχυρὸν ζεῦγος Ἀτρείδαιν,
στόλον Ἀργείων χιλιοναύτην
τῆσδ' ἀπὸ χώρας
  ἦραν στρατιῶτιν ἀρωγήν ·
μέγαν ἐκ θυμοῦ κλάζοντες Ἄρη

L'heureuse chance de mes maîtres, je m'en apercevrai. Oh! le triomphant coup de dés pour moi que l'apparition du fanal! Puisse-t-il, à son arrivée, sur ma main appuyer sa main aimée, le maître de céans! Quant au reste, silence! J'ai un bœuf, un bœuf énorme sur la langue. Cette maison, si elle se mettait à parler, en dirait d'assez claires. Moi aussi j'en cause volontiers avec ceux qui sont au courant. Avec qui ne sait rien, je n'ai rien vu.

II

LE CHŒUR. C'est la dixième année, celle-ci, depuis que de Priam le grand vengeur, Ménélas, puis l'illustre Agamemnon, deux trônes, présents des dieux, deux sceptres respectés, redoutable couple des Atrides, ont arraché de ce pays la flotte argienne aux mille vaisseaux, armée formidable! Du fond de leur cœur,

AGAMEMNON. 225

| χορεύσομαι φροίμιον. | je danserai (j'exécuterai) le pré- |
| Αἰσθήσομαι γὰρ | Car je m'apercevrai [lude. |
| τὰ τῶν δεσποτῶν | les *affaires* de mes maîtres |
| πέσοντα εὖ | être tombées bien (aller bien) |
| τῆσδε φρυκτωρίας | cette observation-du-fanal |
| βαλούσης μοι | ayant jeté (rapporté) à moi |
| τρὶς ἕξ. | trois-fois six. |
| Γένοιτο δὲ οὖν | Et puisse-t-il-m'arriver donc |
| βαστάσαι τῇδε χερὶ | de tenir dans cette main-ci |
| χέρα εὐφιλῆ | la main chérie [revenu. |
| ἄνακτος οἴκων μολόντος. | du prince de la maison étant |
| Σιγῶ δὲ τὰ ἄλλα· | D'ailleurs je tais le reste : |
| μέγας βοῦς βέβηκεν | un grand bœuf est posé |
| ἐπὶ γλώσσῃ· | sur *ma* langue ; |
| οἶκος δὲ αὐτός, | mais la maison elle-même, |
| εἰ λάβοι φθογγὴν, | si elle recevait (avait) une voix, |
| λέξειεν ἂν σαφέστατα· | parlerait très-clairement ; |
| ὡς ἐγὼ αὐδῶ ἑκὼν | car moi je parle volontiers |
| μαθοῦσιν, | à *ceux* qui savent |
| καὶ λήθομαι | et j'oublie (je ne sais rien) |
| οὐ μαθοῦσι. | pour *ceux* qui ne savent pas. |

## II. LES VIEILLARDS D'ARGOS.

| ΧΟΡΟΣ. Τόδε ἔτος | LE CHŒUR. Cette année-ci *est* |
| δέκατον μὲν | la dixième certes |
| ἐπεὶ ἄναξ Μενέλαος | depuis-que le roi Ménélas |
| μέγας ἀντίδικος Πριάμου | grand adversaire de Priam |
| ἠδὲ Ἀγαμέμνων, | et Agamemnon, |
| ζεῦγος ὀχυρὸν Ἀτρείδαιν | couple puissant des Atrides |
| τιμῆς διθρόνου | de l'honneur (honoré) d'un-double- |
| καὶ δισκήπτρου | et d'un-double-sceptre [trône |
| Διόθεν, | *venant* de-Zeus, [contrée-ci |
| ἦραν ἀπὸ τῆσδε χώρας | ont détaché (emmené) de cette |
| στόλον Ἀργείων | une flotte de Grecs |
| χιλιοναύτην | composée-de-mille-navires |
| ἀρωγὴν στρατιῶτιν· | *comme* aide militaire ; |
| κλάζοντες ἐκ θυμοῦ | criant *du fond* du cœur |

τρόπον αἰγυπιῶν,
οἴτ' ἐκπατίοις ἄλγεσι παίδων
ὕπατοι λεχέων στροφοδινοῦνται
πτερύγων ἐρετμοῖσιν ἐρεσσόμενοι,
δεμνιοτήρη
  πόνον ὀρταλίχων ὀλέσαντες·
ὕπατος[1] δ' ἀΐων ἤ τις Ἀπόλλων
ἢ Πὰν ἢ Ζεὺς οἰωνόθροον
γόον ὀξυβόαν τῶνδε μετοίκων,
ὑστερόποινον
  πέμπει παραβᾶσιν Ἐρινύν.
Οὕτω δ' Ἀτρέως παῖδας ὁ κρείσσων
ἐπ' Ἀλεξάνδρῳ πέμπει ξένιος[2]
Ζεὺς, πολυάνορος[3] ἀμφὶ γυναικὸς
πολλὰ παλαίσματα καὶ γυιοβαρῆ,
γόνατος κονίαισιν ἐρειπομένου
διακναιομένης τ' ἐν προτελείοις
  κάμακος, θήσων Δαναοῖσιν
Τρωσί θ' ὁμοίως. Ἔστι δ' ὅπη νῦν
ἔστι· τελεῖται δ' ἐς τὸ πεπρωμένον·
οὔθ' ὑποκαίων οὔθ' ὑπολείβων
οὔτε δακρύων ἀπύρων ἱερῶν[4]

terrible ils l'ont poussé, le cri de guerre. Tels des vautours, désespérés de la ruine de leur couvée, au-dessus de leur nid dévasté planent, ainsi que sur des rames, appuyés sur leurs ailes. Impuissants ont été leurs soins, leurs petits sont perdus. Mais qu'un dieu, Apollon, Pan ou Zeus, entende du sommet où il réside l'appel des oiseaux, les cris aigus de ces hôtes de l'air, après les ravisseurs il l'envoie, la vengeresse Érinys. Tels sont les fils d'Atrée; le tout-puissant Zeus, le dieu de l'hospitalité, les pousse contre Alexandre, à cause d'une femme à plusieurs maris. Que de luttes pour les enfants de l'Hellade, aussi bien que pour les Troyens! Les corps se brisent de fatigue, les genoux s'appuient sur la terre, et, dans les combats qui préludent à la prise de la ville, les lances volent en éclats. Le sort en est jeté, et la fatalité s'accomplit jusqu'au bout. Ni pleurs, ni libations, ni larmes ne pourront désarmer l'inexorable colère

# AGAMEMNON.

| | |
|---|---|
| μέγαν Ἄρη, | le grand Arès, |
| τρόπον αἰγυπιῶν, | à la manière des vautours, |
| οἵτε ἄλγεσιν | qui *avec* des douleurs |
| ἐκπατίοις | extraordinaires |
| στροφοδινοῦνται | tourbillonnent [leurs petits |
| ὕπατοι λέχεων παίδων | planant-sur les lits (les nids) de |
| ἐρεσσόμενοι ἐρετμοῖσι πτερύγων, | ramant des rames de *leurs* ailes, |
| ὀλέσαντες πόνον | ayant perdu la peine |
| δεμνιοτήρη | gardienne-dans-les-nids |
| ὀρταλίχων· | des petits-oiseaux; |
| τὶς δὲ ὕπατος | et quelqu'un en-haut |
| ἢ Ἀπόλλων ἢ Πὰν ἢ Ζεὺς | ou Apollon ou Pan ou Zeus, |
| ἀΐων γόον ὀξυβόαν | entendant la plainte aiguë |
| οἰωνόθροον | poussée-par-des-oiseaux |
| τῶνδε μετοίκων | de ces voisins, |
| πέμπει παραβᾶσιν | envoie aux coupables |
| Ἐρινὺν ὑστερόποινον. | Érinys qui-punit-tard. |
| Οὕτω δὲ ὁ ξένιος Ζεὺς | D'autre part ainsi l'hospitalier Zeus |
| κρείσσων | plus puissant |
| πέμπει ἐπὶ Ἀλεξάνδρῳ | envoie contre Alexandre |
| παῖδας Ἀτρέως, | les fils d'Atrée, |
| Θήσων Δαναοῖσιν | devant apporter aux Grecs |
| Τρωσί τε ὁμοίως | et aux Troyens également [maris |
| ἀμφὶ γυναικὸς πολυάνορος | au-sujet-d'une femme à-plusieurs- |
| παλαίσματα πολλὰ | des luttes nombreuses |
| καὶ γυιοβαρῆ, | et qui-fatiguent-les-membres, |
| γόνατος ἐρειπομένου | le genou s'appuyant |
| κονίαισιν | sur la poussière |
| κάμακός τε διακναιομένης | et la lance étant brisée-en-éclats |
| ἐν προτελείοις. | dans des *combats* préliminaires. |
| Ἔστι δὲ | Or il *en* est |
| ὅπη ἐστὶ νῦν· | comme il *en* est maintenant; |
| τελεῖται | *la chose* s'accomplira [tin : |
| ἐς τὸ πεπρωμένον· | selon la *manière* fixée-par-le-des- |
| οὔτε ὑποκαίων | ni en nourrissant-les-flammes |
| οὔτε ὑπολείβων | ni en ajoutant-de-nouvelles-liba- |
| οὔτε δακρύων | ni en pleurant [tions |
| παραθέλξει | *on* n'adoucira |
| ὀργὰς ἀτενεῖς | les colères inflexibles |

ὀργὰς ἀτενεῖς παραθέλξει. —
Ἡμεῖς δ' ἀτίται [1] σαρκὶ παλαιᾷ
τῆς τότ' ἀρωγῆς ὑπολειφθέντες
μίμνομεν ἰσχὺν
    σκήπτροις ἰσόπαιδα νέμοντες.
Ὅ τε γὰρ νεαρὸς μυελὸς στέρνων
ἐντὸς ἀνάσσων
ἰσόπρεσβυς, Ἄρεως δ' οὐκ ἔνι χώρα·
τί θ' ὑπέργηρως, φυλλάδος ἤδη
καταχαρφομένης[2]; τρίποδας μὲν ὁδοὺς
στείχει, παιδὸς δ' οὐδὲν ἀρείων
    ὄναρ ἡμερόφαντον ἀλαίνει.
Σὺ δὲ, Τυνδαρέα
θύγατερ, βασίλεια Κλυταιμνήστρα,
τί χρέος; τί νέον; τί δ' ἐπαισθομένη,
τίνος ἀγγελίας
    πειθοῖ περίπεμπτα θυοσκεῖς;
Πάντων δὲ θεῶν τῶν ἀστυνόμων,
ὑπάτων, χθονίων,
τῶν τε θυραίων, τῶν τ' ἀγοραίων,
    βωμοὶ δώροισι φλέγονται·
ἄλλη δ' ἄλλοθεν οὐρανομήκης
λαμπὰς ἀνίσχει,

des dieux qui n'agréent pas nos sacrifices. Pour nous, incapables de payer notre dette à la patrie, vieillis dans notre corps, de l'expédition alors rejetés, nous restons ici courbés sur nos bâtons, faibles comme des enfants. Car tant que la vie bat dans une toute jeune poitrine, non plus que sur le vieillard, Arès n'a point prise sur elle. L'extrême vieillesse à son tour, ses feuilles une fois desséchées, chemine sur trois pieds, aussi impuissante que l'enfance, véritable songe errant au milieu du jour.

Mais toi, fille de Tyndare, reine Clytemnestre, qu'est-ce? quoi de nouveau? qu'as-tu appris? Sur la foi de quel message dresser partout des sacrifices? Dieux protecteurs de la ville, dieux supérieurs et dieux inférieurs, dieux à la porte du palais, dieux de la place publique, sur tous vos autels brûlent les offrandes. Ici, là, partout dans les profondeurs du ciel monte la joyeuse clarté,

| | |
|---|---|
| ἱερῶν ἀπύρων. | des sacrifices qui-ne-brûlent-pas. |
| Ἡμεῖς δὲ ἀτίται | Nous d'autre part insolvables |
| σαρκὶ παλαιᾷ | avec *notre* chair vieille |
| ὑπολειφθέντες | laissés-en-arrière |
| τῆς ἀρωγῆς τότε | du secours (de l'expédition) d'-alors |
| μίμνομεν | nous restons *ici* |
| νέμοντες σκήπτροις | dirigeant avec des bâtons [fant. |
| ἰσχὺν ἰσόπαιδα. | *notre* force égale-à-celle-d'un-en- |
| Ὅ τε γὰρ νεαρὸς μυελὸς | Car et la jeune moelle |
| ἀνάσσων | s'élançant |
| ἐντὸς στέρνων | dans-l'intérieur-de la poitrine |
| ἰσόπρεσβυς, | *est* égale-à-celle-d'un-vieillard, |
| χώρα δὲ Ἄρεος | et la place d'Arès |
| οὐκ ἔνι· | n'est pas dans *elle;* |
| τί τε ὑπέργηρως, | et que *fait* celui-qui-est-très-vieux, |
| φυλλάδος ἤδη κατακαρφομένης; | le feuillage déjà se-flétrissant ? |
| στείχει μὲν | d'une part il s'-avance [pieds, |
| ὁδοὺς τρίποδας, | par des marches faites-sur-trois- |
| ἀρείων δὲ οὐδὲν | d'autre part n'*étant* plus fort en |
| παιδὸς | qu'un enfant [rien |
| ἀλαίνει ὄναρ ἡμερόφαντον. | il erre songe paru-dans-le-jour. |
| Σὺ δὲ, | Et toi, |
| θύγατερ Τυνδαρέα | fille de-Tyndare, |
| βασίλεια Κλυταιμνήστρα, | reine Clytemnestre, |
| τί χρέος; | quelle nécessité *est*? |
| τί νέον; | quoi de nouveau ? |
| τί δὲ ἐπαισθομένη, | et quelle chose ayant apprise, |
| πειθοῖ τίνος ἀγγελίας | sur la foi de quelle nouvelle |
| θυοσκεῖς | offres-tu-des-sacrifices |
| περίπεμπτα; | provoqués-par-des-ordres-envoyés |
| βωμοὶ δὲ | Et les autels [alentour ? |
| πάντων τῶν θεῶν | de tous les dieux |
| ἀστυνόμων, | protecteurs-de-la-ville, |
| ὑπάτων, χθονίων, | supérieurs, souterrains, |
| τῶν τε θυραίων, | et de ceux à-la-porte-du-palais |
| τῶν τε ἀγοραίων, | et de ceux de-la-place-publique |
| φλέγονται δώροισι, | sont embrasés par des offrandes, |
| λαμπὰς δὲ οὐρανομήκης | et une clarté atteignant-le-ciel |
| ἀνίσχει | s'élève |

φαρμασσομένη χρίματος ἁγνοῦ
μαλακαῖς ἀδόλοισι παρηγορίαις,
πελάνῳ μυχόθεν [1] βασιλείῳ.
Τούτων λέξαις ὅ τι καὶ δυνατὸν
καὶ θέμις αἰνεῖν,
παιών τε γενοῦ τῆσδε μερίμνης,
ἣ νῦν τοτὲ μὲν κακόφρων τελέθει,
τότε δ' [2] ἐκ θυσιῶν ἀγανὴ φαίνουσ'
ἐλπὶς ἀμύνει φροντίδ' ἄπληστον
λύπης, θυμοφθόρον ἄτην.

### III. LES SIGNAUX DE FEU.
(Vers 258-306.)

ΧΟΡΟΣ.
Ἥκω σεβίζων σὸν, Κλυταιμνήστρα, κράτος·
δίκη γάρ ἐστι φωτὸς ἀρχηγοῦ τίειν
γυναῖκ' ἐρημωθέντος ἄρσενος θρόνου.
Σὺ δ' εἴ τι κεδνὸν εἴτε μὴ πεπυσμένη
εὐαγγέλοισιν ἐλπίσιν θυηπολεῖς,
κλύοιμ' ἂν εὔφρων· οὐδὲ σιγώσῃ φθόνος.

tout embaumée de l'huile sainte, douce et pure, versée pour l'entretenir. C'est l'offrande des rois, apportée du fond du palais. Ce que tu peux, ce qu'il t'est permis de révéler, dis-le-nous et guéris-nous de cette angoisse, qui tantôt nous jette aux pénibles pensées, tantôt, à la vue des sacrifices, nous ramène à la riante espérance, souverain soulagement de ces préoccupations insatiables de tristesses à ronger le cœur.

### III

LE CHŒUR. Me voici, Clytemnestre, prêt à m'incliner devant ta volonté. C'est un devoir, en effet, d'honorer la femme de celui qui est au pouvoir, quand l'homme n'est pas là pour occuper le trône. Que tu aies reçu de bonnes nouvelles, ou que tu en espères, ainsi qu'on peut le supposer à tous ces sacrifices, je t'écouterai avec plaisir si tu parles, et ne t'en voudrai pas de ton silence, si tu te tais.

| | |
|---|---|
| ἄλλη ἄλλοθεν | différente de-différents-côtés, |
| φαρμασσομένη | médicamentée (entretenue) |
| μαλακαῖς παρηγορίαις ἀδόλοισι | par les douces caresses sans- |
| χρίματος ἁγνοῦ, | d'une huile pure, [fausseté |
| πελάνῳ βασιλείῳ | offrande royale |
| μυχόθεν. | tirée du-fond du palais. |
| Λέξαις | Tu pourrais-dire (dis-moi) |
| τούτων | de ces choses |
| ὅ τι δυνατὸν καὶ θέμις | ce qu'il est possible et permis |
| αἰνεῖν, | de dire, |
| γενοῦ τε παιὼν | et sois le médecin |
| τῆσδε μερίμνης | de cette inquiétude, |
| ἣ νῦν τότε μὲν τελέθει | qui maintenant tantôt naît [sées, |
| κακόφρων, | accompagnée-de-mauvaises-pen- |
| τότε δὲ ἐκ θυσιῶν | et tantôt à-la-suite de sacrifices |
| ἀγανὴ ἐλπὶς φαίνουσα | un aimable espoir brillant |
| ἀμύνει φροντίδα | repousse un souci |
| ἄπληστον λύπης, | insatiable de chagrin, |
| ἄτην θυμοφθόρον. | une peine-qui-ronge-le-cœur. |

## III. LES SIGNAUX DE FEU.

| | |
|---|---|
| ΧΟΡΟΣ. Ἥκω | LE CHŒUR. Je viens |
| σεβίζων, Κλυταιμνήστρα, | respectant, Clytemnestre, |
| σὸν κράτος· | ta puissance ; |
| ἐστὶ γὰρ δίκη | car c'est justice |
| τίειν γυναῖκα | d'honorer la femme |
| φωτὸς ἀρχηγοῦ | du mortel notre maître, |
| θρόνου ἄρσενος ἐρημωθέντος. | le trône mâle étant vide. |
| Κλύοιμι δὲ ἂν | D'autre part j'apprendrais |
| εὔφρων | bienveillant (avec plaisir) |
| εἰ σὺ θυηπολεῖς | si toi tu sacrifies |
| πεπυσμένη τι κεδνόν | ayant appris quelque chose de bon |
| εἴτε μὴ | ou si n'ayant pas appris tu sacrifies |
| ἐλπίσιν | par suite d'espérances |
| εὐαγγέλοισιν, | messagères-de-bonnes-nouvelles ; |
| οὐδὲ φθόνος | ni haine ne serait |
| σιγώσῃ. | contre toi te-taisant. |

ΑΓΑΜΕΜΝΩΝ.

ΚΛΥΤΑΙΜΝΗΣΤΡΑ.
Εὐάγγελος μὲν, ὥσπερ ἡ παροιμία [1],
ἕως γένοιτ' ἂν μητρὸς εὐφρόνης πάρα·
πεύσει δὲ χάρμα μεῖζον ἐλπίδος κλύειν·
Πριάμου γὰρ ᾑρήκασιν Ἀργεῖοι πόλιν.
ΧΟΡΟΣ.
Πῶς φῄς; πέφευγε τοὔπος ἐξ ἀπιστίας.
ΚΛΥΤΑΙΜΝΗΣΤΡΑ.
Τροίαν Ἀχαιῶν οὖσαν· ἦ τορῶς λέγω;
ΧΟΡΟΣ.
Χαρά μ' ὑφέρπει δάκρυον ἐκκαλουμένη.
ΚΛΥΤΑΙΜΝΗΣΤΡΑ.
Εὖ γὰρ φρονοῦντος ὄμμα σοῦ κατηγορεῖ.
ΧΟΡΟΣ.
Ἦ γάρ τι πιστόν ἐστι τῶνδέ σοι τέκμαρ;
ΚΛΥΤΑΙΜΝΗΣΤΡΑ.
Ἔστιν· τί δ' οὐχί; μὴ δολώσαντος θεοῦ.
ΧΟΡΟΣ.
Πότερα δ' ὀνείρων φάσματ' εὐπειθῆ σέβεις;
ΚΛΥΤΑΙΜΝΗΣΤΡΑ.
Οὐ δόξαν ἂν λάβοιμι βριζούσης φρενός.
ΧΟΡΟΣ.
Ἀλλ' ἦ σ' ἐπίανέν τις ἄπτερος φάτις;
ΚΛΥΤΑΙΜΝΗΣΤΡΑ.
Παιδὸς νέας ὡς κάρτ' ἐμωμήσω φρένας.

CLYTEMNESTRE. La nuit, comme dit le proverbe, pourrait accoucher d'une heureuse aurore. Écoute, et ta joie passera ton espérance. Les Argiens ont pris la ville de Priam.
LE CHŒUR. Que dis-tu là? C'est à n'y pas croire en effet.
CLYTEMNESTRE. Troie est aux Achéens. Suis-je assez explicite?
LE CHŒUR. La joie m'en prend au cœur, et les larmes m'en viennent.
CLYTEMNESTRE. Oh! le cœur excellent, dont les yeux ont des pleurs!
LE CHŒUR. Oui, mais est-il du fait quelque preuve un peu sûre?
CLYTEMNESTRE. Très sûre, en vérité, si le ciel ne m'abuse.
LE CHŒUR. Quelque songe, la nuit, te trouva trop facile?
CLYTEMNESTRE. Quand mon esprit s'endort, je ne crois plus en lui.
LE CHŒUR. Quelque vague rumeur peut-être exagérée?
CLYTEMNESTRE. Comme un enfant crédule est-ce assez me railler?

# AGAMEMNON.

| | |
|---|---|
| ΚΛΥΤΑΙΜΝΗΣΤΡΑ. | CLYTEMNESTRE. |
| Ἕως μὲν | D'une part une aurore |
| εὐάγγελος | messagère-de-bonnes-nouvelles |
| γένοιτο ἂν παρὰ μητρὸς | pourrait-naître de *sa* mère |
| εὐφρόνης· | la nuit ; |
| πεύσει δὲ | d'autre part tu apprendras |
| χάρμα | un sujet-de-joie |
| μεῖζον κλύειν | plus grand à entendre |
| ἐλπίδος· | que l'espérance (que tu ne l'es- |
| Ἀργεῖοι γὰρ ᾑρήκασι | car les Argiens ont pris [pérais) ; |
| πόλιν Πριάμου. | la ville de Priam. |
| ΧΟΡΟΣ. Πῶς φής ; | LE CHOEUR. Comment dis-tu ? |
| τὸ ἔπος ἐξ ἀπιστίας | cette parole d'invraisemblance |
| πέφευγε. | t'a échappé. |
| ΚΛΥΤΑΙΜΝΗΣΤΡΑ. Τροίαν | CLYTEMNESTRE. *Je dis* Troie |
| οὖσαν Ἀχαιῶν· | étant des (être aux) Grecs ; |
| ἢ λέγω τορῶς ; | est-ce-que je parle clairement ? |
| ΧΟΡΟΣ. Χαρά με ὑφέρπει | LE CHOEUR. La joie me pénètre |
| ἐκκαλουμένη δάκρυον. | appelant une larme. |
| ΚΛΥΤΑΙΜΝΗΣΤΡΑ. | CLYTEMNESTRE. |
| Ὄμμα γὰρ | Car (c'est que) *ton* œil |
| κατηγορεῖ σοῦ φρονοῦντος εὖ. | montre toi pensant bien. |
| ΧΟΡΟΣ. Ἦ γὰρ ἐστί σοι | LE CHOEUR. Est-ce-qu'il est à toi |
| τι τέκμαρ πιστὸν τῶνδε : | quelque preuve sûre de cela ? |
| ΚΛΥΤΑΙΜΝΗΣΤΡΑ. Ἔστιν· | CLYTEMNESTRE. Il *en* est : |
| τί δὲ οὐχί ; | et pourquoi pas ? |
| θεοῦ μὴ δωλώσαντος. | un dieu ne m'ayant pas trompée. |
| ΧΟΡΟΣ. Πότερα σέβεις | LE CHOEUR. Est-ce-que tu honores |
| φάσματα εὐπειθῆ ὀνείρων ; | des visions persuasives de songes ? |
| ΚΛΥΤΑΙΜΝΗΣΤΡΑ. | CLYTEMNESTRE. |
| Οὐ λάβοιμι ἂν δόξαν, | Je ne prendrais pas d'opinion, |
| φρενὸς βριζούσης. | *mon* esprit étant appesanti. |
| ΧΟΡΟΣ. Ἀλλὰ ἦ | LE CHOEUR. Mais est-ce-que |
| τις φάτις ἄπτερός | quelque messager aux-ailes-rapides |
| σε ἐπίανεν ; | t'a engraissée (nourrie d'illusions)? |
| ΚΛΥΤΑΙΜΝΗΣΤΡΑ. | CLYTEMNESTRE. |
| Ἐμωμήσω κάρτα | Tu as raillé tout-à-fait |
| φρενός | *mon* esprit |
| ὡς νέας παιδός. | comme *celui* d'une jeune enfant. |

ΑΓΑΜΕΜΝΩΝ.

ΧΟΡΟΣ.
Ποίου χρόνου δὲ καὶ πεπόρθηται πόλις;
ΚΛΥΤΑΙΜΝΗΣΤΡΑ.
Τῆς νῦν τεκούσης φῶς τόδ' εὐφρόνης λέγω.
ΧΟΡΟΣ.
Καὶ τίς τόδ' ἐξίκοιτ' ἂν ἀγγέλων τάχος;
ΚΛΥΤΑΙΜΝΗΣΤΡΑ.
Ἥφαιστος Ἴδης λαμπρὸν ἐκπέμπων σέλας.
Φρυκτὸς δὲ φρυκτὸν δεῦρ' ἀπ' ἀγγάρου [1] πυρὸς
ἔπεμπεν· Ἴδη μὲν πρὸς Ἑρμαῖον λέπας
Λήμνου· μέγαν δὲ πανὸν ἐκ νήσου τρίτον
Ἀθῷον αἶπος Ζηνὸς ἐξεδέξατο.
. . . . . . . . . . . . . . . . . . . . . . . . . . .
πεύκη προσαιθρίζουσα πόμπιμον φλόγα·
ὑπερτελής τε, πόντον ὥστε νωτίσαι,
ἰσχὺς πορευτοῦ λαμπάδος πρὸς ἡδονὴν
[ἐπέσυτο], χρυσοφεγγὲς, ὥς τις ἥλιος,
σέλας παραγγείλασα, Μακίστου [2] σκοπάς.
Ὁ δ' οὔτι μέλλων οὐδ' ἀφρασμόνως ὕπνῳ
νικώμενος παρῆκεν ἀγγέλου μέρος·

LE CHŒUR. Quand Troie enfin a-t-elle succombé?
CLYTEMNESTRE. La nuit dont est sorti le jour qui va paraître.
LE CHŒUR. Quel messager rapide en porta la nouvelle?
CLYTEMNESTRE. Hephæstos lui-même, de l'Ida a lancé un brillant jet de lumière. De fanal en fanal le feu, porteur de la nouvelle, nous a été renvoyé jusqu'ici. L'Ida est en face de l'Hermès, colline de Lemnos. De cette île un immense fanal transmettait le message jusqu'à la troisième station, jusqu'à l'Athos, la montagne de Zeus. . . . La torche élevait sa clarté dans les airs, et bondissant au-dessus de la croupe des mers, le brillant faisceau de lumière s'élance, avec bonheur dans la route ouverte devant lui, la parcourt, météore triomphant, pour apparaître aux roches du Maciste, qu'il inonde de ses reflets d'or. Ici ni retard, ni négligence, on

## AGAMEMNON.

ΧΟΡΟΣ. Ποίου δὲ χρόνου καὶ
πόλις πεπόρθηται;
ΚΛΥΤΑΙΜΝΗΣΤΡΑ. Λέγω
τῆς εὐφρόνης
τεκούσης νῦν
τόδε φῶς.
ΧΟΡΟΣ. Καὶ τίς ἀγγέλων
ἐξίκοιτο ἂν τόδε τάχος;
ΚΛΥΤΑΙΜΝΗΣΤΡΑ.
Ἥφαιστος
ἐκπέμπων Ἴδης
σέλας λαμπρόν.
Φρυκτὸς δὲ ἔπεμπεν δεῦρο
φρυκτὸν
ἀπὸ πυρὸς ἀγγάρου ·
Ἴδη μὲν
πρὸς λέπας Ἑρμαῖον
Λήμνου·
αἶπος δὲ Ἀθῷον
Ζηνὸς
ἐξεδέξατο τρίτον
μέγαν πανὸν.
ἐκ νήσου.

. . . . . . . . . . . . . . .

πεύκη προσαιθρίζουσα
φλόγα πόμπιμον ·
ὑπερτελής τε,
ὥστε νωτίσαι πόντον,
ἰσχὺς λαμπάδος πορευτοῦ
ἐπέσυτο πρὸς ἡδονὴν
σκοπὰς Μακίστου,
ὥς τις ἥλιος,
παραγγείλασα σέλας
χρυσοφεγγές.
Ὁ δὲ
οὔτι μέλλων,
οὐδὲ νικώμενος ἀφρασμόνως
ὕπνῳ
παρῆκεν μέρος ἀγγέλου ·

LE CHOEUR. Et en quel temps aussi la ville a-t-elle été détruite?
CLYTEMNESTRE. Je dis dans la nuit engendrant maintenant cette lumière-ci?
LE CHOEUR. Et qui des messagers attendrait cette vitesse?
CLYTEMNESTRE.
Hephæstos
envoyant de l'Ida
une clarté brillante.
Et un fanal envoyait ici
un fanal
*venant* d'un feu messager:
Ida *est* d'une part
près de la roche herméenne
de Lemnos;
d'autre part la hauteur d'-Athos
de (consacrée à) Zeus
reçut la troisième
une grande clarté
de l'île.

. . . . . . . . . . . . . . .

une torche élevant-vers-les-airs
une flamme transmise;
et apparaissant-au-dessus,
de-manière-à couvrir la mer,
la force du flambeau voyageur
s'est élancée avec plaisir
vers le-lieu-d'-observation du Ma- [ciste,
comme un soleil,
annonçant une clarté
dorée.
Et celui-ci (le mont Maciste)
n'hésitant pas
ni vaincu sottement
par le sommeil
a transmis *son* tour de messager;

ΑΓΑΜΕΜΝΩΝ.

ἑκὰς δὲ φρυκτοῦ φῶς ἐπ' Εὐρίπου ῥοὰς
Μεσσαπίου [1] φύλαξι σημαίνει μολόν.
Οἱ δ' ἀντέλαμψαν καὶ παρήγγειλαν πρόσω
γραίας ἐρείκης θωμὸν ἅψαντες πυρί.
Σθένουσα λαμπὰς δ' οὐδέπω μαυρουμένη,
ὑπερθοροῦσα πεδίον Ἀσωποῦ [2], δίκην
φαιδρᾶς σελήνης, πρὸς Κιθαιρῶνος [3] λέπας
ἤγειρεν ἄλλην ἐκδοχὴν πομποῦ πυρός.
Φάος δὲ τηλέπομπον οὐκ ἠναίνετο
φρουρὰ πλέον καίουσα τῶν εἰρημένων·
λίμνην δ' ὑπὲρ Γοργῶπιν [4] ἔσκηψεν φάος·
ὄρος τ' ἐπ' Αἰγίπλαγκτον [5] ἐξικνούμενον
ὤτρυνε θεσμὸν μὴ χρονίζεσθαι πυρός.
Πέμπουσι δ' ἀνδαίοντες ἀφθόνῳ μένει
φλογὸς μέγαν πώγωνα, καὶ Σαρωνικοῦ
πορθμοῦ [6] κάτοπτον πρῶν' ὑπερβάλλειν πρόσω
φλέγουσαν· ἡ δ' ἔσκηψεν, ἔστ' ἀφίκετο
Ἀραχναῖον [7] αἶπος, ἀστυγείτονας σκοπάς·
κἄπειτ' Ἀτρειδῶν ἐς τόδε σκήπτει στέγος

veille et tout est prêt. La lumière pénètre au loin aux rives de l'Euripe et signale l'événement aux gardes placés sur les bords du Messapios. Aussitôt ils entassent la bruyère desséchée, ils l'allument, et la flamme, sans rien perdre de son éclat dans un si long trajet, roulant sans défaillance, comme le disque de la lune, au-dessus des plaines de l'Asope, va jusqu'au Cithéron éveiller dans un nouveau foyer le feu voyageur. Ce signal, venu de si loin, est accueilli par ceux qui l'attendaient. La clarté rayonne plus éclatante, mes ordres sont dépassés. Elle plane au-dessus du lac de Gorgopis, se propage jusqu'à l'Égiplancte, et rappelle les veilleurs aux soins du fanal. On se hâte, on s'empresse. Et la flamme, gigantesque barbe de feu, s'irise au delà du golfe Saronique, s'abat dans la plaine, gagne le mont Arachné et le poste d'observation dans le voisinage de la ville. Enfin le lumineux signal,

# AGAMEMNON.

| | |
|---|---|
| φῶς δὲ φρυκτοῦ | et la lumière du fanal |
| μολὸν ἑκὰς | étant arrivée au-loin |
| ἐπὶ ῥοὰς Εὐρίπου | sur les courants de l'Euripe |
| σημαίνει | signale *l'événement* |
| φύλαξι Μεσσαπίου. | aux gardes du Messapios. |
| Οἱ δὲ ἀντέλαμψαν | Et ceux-ci répondirent-par-un-feu |
| καὶ παρήγγειλαν πρόσω | et annoncèrent *la nouvelle* au-loin |
| ἅψαντες πυρὶ | ayant allumé par le feu |
| θωμὸν γραίας ἐρείκης. | un amas de vieille bruyère. |
| Λάμπας δὲ σθένουσα | Et la clarté étant-forte |
| οὐδέπω μαυρουμένη, | n'étant pas-encore obscurcie, |
| ὑπερθοροῦσα πεδίον | s'élançant-au-dessus-de la plaine |
| Ἀσωποῦ, | de l'Asope, |
| δίκην σελήνης φαιδρᾶς, | à la manière de la lune brillante, |
| πρὸς λέπας Κιθαιρῶνος | vers la roche du Cithéron |
| ἤγειρεν ἄλλην ἐκδοχὴν | a excité une autre succession |
| πυρὸς πομποῦ. | du feu messager. |
| Φρουρὰ δὲ καίουσα | Et une garde brûlant |
| πλέον τῶν εἰρημένων | plus que les choses commandées, |
| οὐκ ἠναίνετο φάος | ne refusait pas une clarté |
| τηλέπομπον· | venue-de-loin ; |
| φάος δὲ ἔσκηψεν | et la lumière se-précipita |
| ὑπὲρ λίμνην Γοργῶπιν· | au-dessus du lac Gorgopis ; |
| ἐξικνούμενόν τε ἐπὶ ὄρος | et arrivant à la montagne |
| Αἰγίπλαγκτον, | Égiplancte |
| ὤτρυνε θεσμὸν πυρὸς | elle excita la loi du feu |
| μὴ χρονίζεσθαι. | à ne pas s'attarder. |
| Πέμπουσι δὲ | Et ils envoient [dante |
| ἀνδαίοντες μένει ἀφθόνῳ | *l'allumant* avec une force abon- |
| μέγαν πώγωνα φλογὸς, | une grande barbe de flamme, |
| καὶ ὑπερβάλλειν | *de manière à* même dépasser |
| φλέγουσαν πρόσω | en brillant au-loin |
| πρῶνα κάτοπτον | le rivage visible |
| πορθμοῦ Σαρωνικοῦ· | du golfe Saronique ; |
| ἡ δὲ ἔσκηψεν, | et celle-ci se-précipita, |
| ἔστε ἀφίκετο | jusqu'à ce qu'elle arrivât |
| αἶπος Ἀραχναῖον, | au mont Arachné, [ville ; |
| σκοπὰς ἀστυγείτονας· | lieu-d'observation voisin-de-la- |
| καὶ ἔπειτα σκήπτει | et ensuite elle se-précipite ) |

ΑΓΑΜΕΜΝΩΝ.

φάος τόδ' οὐκ ἄπαππον Ἰδαίου πυρός.
Τοιοίδε τοί μοι λαμπαδηφόρων¹ νόμοι,
ἄλλος παρ' ἄλλου διαδοχαῖς πληρούμενοι·
νικᾷ δ' ὁ πρῶτος καὶ τελευταῖος δραμών².
Τέκμαρ τοιοῦτον σύμβολόν τε σοὶ λέγω
ἀνδρὸς παραγγείλαντος ἐκ Τροίας ἐμοί.

### IV. CASSANDRE.
(Vers 1035-1330.)

ΚΛΥΤΑΙΜΝΗΣΤΡΑ.

Εἴσω κομίζου καὶ σὺ¹, Κασάνδραν λέγω,
ἐπεί σ' ἔθηκε Ζεὺς ἀμηνίτως δόμοις
κοινωνὸν εἶναι χερνίβων, πολλῶν μετὰ
δούλων σταθεῖσαν κτησίου βωμοῦ² πέλας.
Ἔκβαιν' ἀπήνης τῆσδε, μηδ' ὑπερφρόνει.
Καὶ παῖδα γάρ τοι φασὶν Ἀλκμήνης ποτὲ
πραθέντα τλῆναι δουλίας μάζης τυχεῖν.
Εἰ δ' οὖν ἀνάγκη τῆσδ' ἐπιρρέποι τύχης,
ἀρχαιοπλούτων δεσποτῶν πολλὴ χάρις.

sorti des flancs de l'Ida s'épanouit sous le toit des Atrides. Telles étaient les lois prescrites par moi aux porteurs de flambeaux pour se transmettre successivement la nouvelle les uns aux autres. Tous ont mérité le prix. Voilà ce qui garantit la fidélité de mon récit, c'est de Troie qu'Agamemnon m'a fait parvenir la nouvelle.

### IV

CLYTEMNESTRE, *sur le seuil de la porte*. Entre aussi, toi, Cassandre. Puisque Zeus, t'a destinée à venir, sans haine avec une foule d'autres esclaves, prendre ta part de nos sacrifices, devant l'autel domestique, descends de ton char, résigne-toi de bonne grâce. Le fils d'Alcmène aussi, dit-on, fut vendu, et dut, quoi qu'il lui en ait coûté, manger le pain de l'esclavage. Quand on en est là, réservé par la fortune à de telles extrémités, c'est un grand bonheur encore de tomber sur des maîtres depuis

# AGAMEMNON.

| | |
|---|---|
| ἐς τόδε στέγος Ἀτρειδῶν | sur cette demeure des Atrides |
| τόδε φάος | cette lumière-ci |
| οὐκ ἄπαππον | n'*étant* pas sans-avoir-pour-aïeul |
| πυρὸς Ἰδαίου. | le feu de-l'Ida. |
| Τοιοίδε τοί μοι | Telles *sont* certes pour moi |
| νόμοι λαμπαδηφόρων, | les lois des lampadophores, |
| πληρούμενοι διαδοχαῖς | remplies par succession |
| ἄλλος παρὰ ἄλλου· | l'une de l'autre; |
| ὁ δὲ πρῶτος καὶ τελευταῖος | or le premier et le dernier |
| νικᾷ δραμών. | vainc (vainquent) en courant. |
| Λέγω σοι | Je dis à toi |
| τοιοῦτον τέκμαρ καὶ σύμβολον | une telle preuve et marque |
| ἀνδρὸς | de *mon* mari |
| ἐμοὶ παραγγείλαντος | m'ayant annoncé *la nouvelle* |
| ἐκ Τροίας. | de Troie. |

## IV. CASSANDRE.

| | |
|---|---|
| ΚΛΥΤΑΙΜΝΗΣΤΡΑ. Κομίζου | CLYTEMNESTRE. Viens |
| εἴσω | à-l'-intérieur |
| καὶ σύ, | toi aussi, |
| λέγω Κασάνδραν, | je dis (je parle à toi) Cassandre, |
| ἐπεὶ Ζεὺς ἔθηκέ | puisque Zeus a disposé (a voulu) |
| σε εἶναι | toi être |
| κοινωνὸν ἀμηνίτως χερνίβων | associée sans-colère à *nos* liba-[tions |
| δόμοις, | dans *cette* maison, |
| σταθεῖσαν μετὰ πολλῶν δούλων | te-tenant avec beaucoup d'esclaves |
| πέλας βωμοῦ κτησίου. | près de l'autel conservateur-des-[biens. |
| Ἔκβαινε τῆσδε ἀπήνης, | Sors de ce char, |
| μηδὲ ὑπερφρόνει. | et ne sois-pas-orgueilleuse. |
| Φασὶ γάρ τοι | Car on dit certes |
| καὶ παῖδα Ἀλκμήνης | même l'enfant d'Alcmène |
| ποτὲ πραθέντα τλῆναι | jadis vendu s'être résigné |
| τυχεῖν μάζης δουλίας. | à recevoir le pain servile. |
| Εἰ δὲ οὖν | Or donc si |
| ἀνάγκη τῆσδε τύχης | la nécessité de ce sort |
| ἐπιρρέποι, | penche-sur *quelqu'un*, |
| πολλὴ χάρις | *c'est* une grande faveur |

## ΑΓΑΜΕΜΝΩΝ.

Οἱ δ' οὔποτ' ἐλπίσαντες ἤμησαν καλῶς,
ὠμοί τε δούλοις πάντα καὶ παρὰ στάθμην.
Ἔχεις παρ' ἡμῶν οἷάπερ νομίζεται.

ΧΟΡΟΣ.

Σοί τοι λέγουσα παύεται σαφῆ λόγον.
Ἐκτὸς δ' ἂν οὖσα μορσίμων ἀγρευμάτων
πείθοι' ἄν, εἰ πείθοι'[1]· ἀπειθοίης δ' ἴσως.

ΚΛΥΤΑΙΜΝΗΣΤΡΑ.

Ἀλλ' εἴπερ ἐστὶ μὴ χελιδόνος δίκην[2]
ἀγνῶτα φωνὴν βάρβαρον κεκτημένη,
ἔξω φρενῶν ἂν οὖσ' ἀπειθοίη λόγῳ.

ΧΟΡΟΣ.

Πιθοῦ· τὰ λῷστα τῶν παρεστώτων λέγει.
Ἕπου, λιποῦσα τόνδ' ἁμαξήρη θρόνον.

ΚΛΥΤΑΙΜΝΗΣΤΡΑ.

Οὔτοι θυραίαν τήνδ' ἐμοὶ σχολὴν πάρα
τρίβειν· τὰ μὲν γὰρ ἑστίας μεσομφάλου
ἕστηκεν ἤδη μῆλα πρὸς σφαγὰς πάρος,
ὡς οὔποτ' ἐλπίσασι τήνδ' ἕξειν χάριν.
Σὺ δ' εἴ τι δράσεις τῶνδε, μὴ σχολὴν τίθει.

---

longtemps faits à l'opulence. Des parvenus à la richesse, au lendemain d'une moisson inespérée, sont cruels et inflexibles en tout à l'esclave. Ici, du moins, c'est une maison où tu seras traitée convenablement.

LE CHŒUR. Voilà qui est assez clair. Si tu étais hors du filet fatal, tu serais libre de l'écouter ou de ne pas l'écouter.

CLYTEMNESTRE. A moins d'avoir, comme l'hirondelle, un gazouillement étrange et barbare, elle comprendra ce que je lui dis, si elle a quelque bon sens.

LE CHŒUR. Écoute-la. Ce qu'il y a de plus raisonnable à dire dans ta situation, elle te le dit. Suis-la, quitte ce char où tu es assise.

CLYTEMNESTRE. Ainsi, sur la porte, je ne saurais en vérité l'attendre plus longtemps. Dans la maison, près du foyer, déjà les brebis sont prêtes pour le sacrifice. On s'est empressé comme des gens surpris par le bonheur. Allons, Cassandre, si tu veux faire ce que je te dis, hâte-toi. Et si je suis inintelligible pour toi, si tu

## AGAMEMNON. 241

| | |
|---|---|
| δεσποτῶν | d'avoir des maîtres |
| ἀρχαιοπλούτων. | riches-depuis-longtemps. |
| Οἳ δὲ ἤμησαν καλῶς | Mais ceux qui ont moissonné bien |
| ἐλπίσαντες οὔποτε, | ne l'ayant jamais espéré, [tout |
| ὠμοί τε δούλοις πάντα | et sont cruels pour les esclaves en |
| καὶ παρὰ στάθμην. | et selon le cordeau (inflexibles). |
| Ἔχεις παρὰ ἡμῶν | Tu as (auras) de nous [tées. |
| οἷάπερ νομίζεται. | les choses telles qu'elles sont-usi- |
| ΧΟΡΟΣ. Παύεται | LE CHŒUR. Elle cesse |
| λέγουσά σοί τοι | disant à toi certes |
| λόγον σαφῆ. | un discours clair. |
| Οὖσα δὲ ἂν ἔκτος | Or étant (si tu étais) hors |
| ἀγρευμάτων μορσίμων | des filets fatals |
| πείθοιο ἄν, εἰ πείθοιο· | tu obéirais, si tu obéissais ; |
| ἴσως δὲ ἀπειθοίης. | et peut-être tu n'-obéirais-pas. |
| ΚΛΥΤΑΙΜΝΗΣΤΡΑ. Ἀλλὰ | CLYTEMNESTRE. Mais |
| εἴπερ ἐστὶ μὴ κεκτημένη | si elle est n'ayant pas |
| φωνὴν ἀγνῶτα βάρβαρον | une langue inintelligible, barbare, |
| δίκην χελιδόνος, | à la manière d'une hirondelle, |
| ἀπειθοίη λόγῳ | elle n'-obéirait-pas à ma parole |
| οὖσα ἂν ἔξω φρενῶν. | étant (si elle était) hors-de sens. |
| ΧΟΡΟΣ. Πιθοῦ· | LE CHŒUR. Obéis ; |
| λέγει τὰ λῷστα | elle dit les choses meilleures |
| τῶν παρεστώτων. | des choses présentes. |
| Ἕπου, | Suis-la, |
| λιποῦσα τόνδε θρόνον | ayant quitté ce siège |
| ἁμαξήρη. | adapté-au-char. |
| ΚΛΥΤΑΙΜΝΗΣΤΡΑ. Οὔτοι | CLYTEMNESTRE. Non-certes |
| πάρα ἐμοὶ | il n'est-possible à moi |
| τρίβειν τήνδε σχολὴν θυραίαν· | de perdre ce temps à-la-porte ; |
| τὰ μὲν γὰρ μῆλα | car d'une part les brebis |
| ἕστηκεν ἤδη πρὸς σφαγὰς | se-tiennent déjà pour les sacrifices |
| πάρος ἑστίας μεσομφάλου, | en-face du foyer qui-est-au-centre, |
| ὡς οὔποτε ἐλπίσασιν | comme pour des gens n'ayant ja- |
| ἕξειν τήνδε χάριν. | avoir cette faveur. [mais espéré |
| Σὺ δὲ | Toi d'autre part |
| εἰ δράσεις | si tu fais [ce que je dis), |
| τι τῶνδε, | quelqu'une de ces choses-ci (de |
| μὴ τίθει σχολήν. | ne pose (n'apporte) pas de délai. |

Εἰ δ' ἀξυνήμων οὖσα μὴ δέχει λόγον,
σὺ δ' ἀντὶ φωνῆς φράζε καρβάνῳ χερί [1].

ΧΟΡΟΣ.
Ἑρμηνέως ἔοικεν ἡ ξένη τοροῦ
δεῖσθαι· τρόπος δὲ θηρὸς ὡς νεαιρέτου

ΚΛΥΤΑΙΜΝΗΣΤΡΑ.
Ἦ μαίνεταί γε καὶ κακῶν κλύει φρενῶν,
ἥτις λιποῦσα μὲν πόλιν νεαίρετον
ἥκει, χαλινὸν δ' οὐκ ἐπίσταται φέρειν,
πρὶν αἱματηρὸν ἐξαφρίζεσθαι μένος.
Οὐ μὴν πλέω ῥίψασ' ἀτιμασθήσομαι.

ΧΟΡΟΣ.
Ἐγὼ δ' ἐποικτείρω γάρ, οὐ θυμώσομαι.
Ἴθ', ὦ τάλαινα, τόνδ' ἐρημώσασ' ὄχον,
εἴκουσ' ἀνάγκῃ τῇδε καίνισον ζυγόν.

ΚΑΣΑΝΔΡΑ.
Ὀτοτοτοῖ πόποι δᾶ. [Strophe 1.]
Ἄπολλων Ἄπολλων.

ΧΟΡΟΣ.
Τί ταῦτ' ἀνωτότυξας ἀμφὶ Λοξίου;
οὐ γὰρ τοιοῦτος ὥστε θρηνητοῦ τυχεῖν.

ΚΑΣΑΝΔΡΑ.
Ὀτοτοτοῖ πόποι δᾶ. [Antistrophe 1.]
Ἄπολλων Ἄπολλων.

ne comprends pas mon langage, imite les barbares, et parle-moi du moins par gestes.

LE CHŒUR. Il lui faudrait, j'imagine, à l'étrangère, un fameux interprète. Elle a tout l'air d'une bête fauve qu'on vient de prendre.

CLYTEMNESTRE. Mais c'est de la folie vraiment. Quel singulier caprice! Sa patrie, il n'y a qu'un moment, a succombé. Elle la quitte, elle vient ici; et le frein, elle ne peut pas l'accepter qu'elle ne l'ait couvert de la sanglante écume de sa colère. Je n'insisterai plus; il y va de ma dignité. (Clytemnestre rentre dans la maison.)

LE CHŒUR. Moi, elle m'intéresse, je ne m'impatienterai pas. Allons, infortunée, quitte ton char, cède à la nécessité, et du joug fais l'apprentissage.

CASSANDRE. *Strophe 1.* Oh! ciel! Oh! terre! Apollon, Apollon!

LE CHŒUR. Qu'as-tu donc à crier Apollon? Est-ce à lui qu'on s'adresse dans la douleur.

CASSANDRE. *Antistrophe 1.* Oh! ciel! Oh! terre! Apollon, Apollon!

# AGAMEMNON.

| | |
|---|---|
| Εἰ δὲ οὖσα ἀξυνήμων | Mais si étant sans-comprendre |
| μὴ δέχει | tu ne reçois (n'entends) pas |
| λόγον, | *mon* discours, |
| σὺ δὲ ἀντὶ φωνῆς | eh-bien! toi au-lieu-de la voix |
| φράζε χερὶ καρβάνῳ. | parle de *ta* main barbare. |
| ΧΟΡΟΣ. Ἡ ξένη ἔοικεν | LE CHOEUR. L'étrangère semble |
| δεῖσθαι ἑρμηνέως τοροῦ· | avoir-besoin d'un interprète clair; |
| τρόπος δὲ | et *son* caractère *semble être celui* |
| θηρὸς | d'une bête-féroce |
| νεαιρέτου. | nouvellement-prise. |
| ΚΛΥΤΑΙΜΝΗΣΤΡΑ. Ἦ | CLYTEMNESTRE. Oui, |
| μαίνεταί γε, | elle est-folle certes, |
| καὶ κλύει κακῶν φρενῶν, | et écoute de mauvaises pensées, |
| ἥτις ἥκει μὲν | elle qui d'une part est venue |
| λιποῦσα πόλιν νεαίρετον, | ayant quitté une ville nouvellement- |
| οὐ δὲ ἐπίσταται | et d'autre part ne sait pas  [prise, |
| φέρειν χαλινὸν, | porter le frein, |
| πρὶν ἐξαφρίζεσθαι | avant d'exhaler-en-écume |
| μένος αἱματηρόν. | sa colère sanglante. |
| Οὐ μὴν ἀτιμασθήσομαι | Certes je ne serai pas-dédaignée |
| ῥίψασα πλέω. | en proférant plus de *paroles*. |
| ΧΟΡΟΣ. Ἐγὼ δὲ | LE CHOEUR. Mais moi |
| οὐ θυμώσομαι, | je ne m'irriterai pas, |
| ἐποικτείρω γάρ. | car j'ai-pitié. |
| Ἴθι, ὦ τάλαινα, | Allons, ô infortunée, |
| ἐρημώσασα τόνδε ὄχον, | ayant quitté ce char, |
| εἴκουσα τῇδε ἀνάγκῃ | cédant à cette nécessité |
| καίνισον ζυγόν. | fais-l'-apprentissage du joug. |
| ΚΑΣΑΝΔΡΑ. Ὀτοτοτοῖ | CASSANDRE. Hélas! |
| πόποι δᾶ. | O dieux! terre! |
| Ἀπόλλων Ἀπόλλων. | Apollon, Apollon! |
| ΧΟΡΟΣ. Τί ἀνωτότυξας | LE CHOEUR. Pourquoi as-tu crié |
| ταῦτα | ces *plaintes* |
| ἀμφὶ Λοξίου; | au-sujet-de Loxias? |
| οὐ γὰρ τοιοῦτος | car il n'*est* pas d'une-nature-telle |
| ὥστε τυχεῖν θρηνητοῦ. | à recevoir des lamentations. |
| ΚΑΣΑΝΔΡΑ. Ὀτοτοτοῖ | CASSANDRE. Hélas! |
| πόποι δᾶ. | O dieux! terre! |
| Ἀπόλλων Ἀπόλλων. | Apollon, Apollon! |

ΧΟΡΟΣ.
Ἡ δ' αὖτε δυσφημοῦσα τὸν θεὸν καλεῖ
οὐδὲν προσήκοντ' ἐν γόοις παραστατεῖν.
ΚΑΣΑΝΔΡΑ.
Ἀπόλλων Ἀπόλλων [Strophe 2,]
ἀγυιᾶτ'¹, ἀπόλλων ἐμός²·
ἀπώλεσας γὰρ οὐ μόλις τὸ δεύτερον.
ΧΟΡΟΣ.
Χρήσειν ἔοικεν ἀμφὶ τῶν αὐτῆς κακῶν.
Μένει τὸ θεῖον δουλίᾳ περ ἐν φρενί.
ΚΑΣΑΝΔΡΑ.
Ἀπόλλων Ἀπόλλων [Antistrophe 2.]
ἀγυιᾶτ', ἀπόλλων ἐμός·
ἆ ποῖ ποτ' ἤγαγές με; πρὸς ποίαν στέγην;
ΧΟΡΟΣ.
Πρὸς τὴν Ἀτρειδῶν· εἰ σὺ μὴ τόδ' ἐννοεῖς,
ἐγὼ λέγω σοι· καὶ τάδ' οὐκ ἐρεῖς ψύθη.
ΚΑΣΑΝΔΡΑ.
Μισόθεον μὲν οὖν, πολλὰ συνίστορα³ [Strophe 3.]
αὐτοφόνα κακὰ κρεατόμα,
αἱμοσφαγεῖον καὶ πεδορραντήριον.
ΧΟΡΟΣ.
Ἔοικεν εὔρις ἡ ξένη κυνὸς δίκην
εἶναι, ματεύει δ' ὧν ἀνευρήσει φόνον.

LE CHŒUR. Encore des cris d'angoisse! Encore le nom du dieu qui n'a pas à intervenir dans nos larmes!
CASSANDRE. *Strophe* 2. Apollon, Apollon! toi qui présides aux rues, un véritable Apollon pour moi! tu m'as perdue complètement pour la seconde fois.
LE CHŒUR. Elle va, dirait-on, prophétiser ses propres malheurs. Tout esclave qu'elle est, le dieu est toujours en elle.
CASSANDRE. *Antistrophe* 2. Apollon, Apollon! dieu qui présides aux rues, véritable Apollon pour moi, où m'as-tu conduite, à quel foyer?
LE CHŒUR. Au foyer des Atrides. Si tu l'ignores, je te l'apprends, et je ne te trompe point.
CASSANDRE. *Strophe* 3. (Elle va de droite à gauche.) Exécration des dieux! — Maux sans nombre! — Complicité de meurtres! — Chairs coupées en morceaux! — Un homme égorgé! — Le pavé ruisselant de sang!
LE CHŒUR. (Il suit Cassandre.) Quel nez! un vrai chien de chasse que l'étrangère! elle flaire le sang des meurtres qu'elle va retrouver ici.

| | |
|---|---|
| ΧΟΡΟΣ. Ἡ δὲ | LE CHŒUR. Mais celle-ci |
| αὖτε | de-nouveau |
| δυσφημοῦσα | proférant-des-paroles-fâcheuses |
| καλεῖ τὸν θεόν | appelle le dieu |
| προσήκοντα οὐδὲν | n'étant-convenable en rien |
| παραστατεῖν ἐν γόοις. | pour assister à des gémissements. |
| ΚΑΣΑΝΔΡΑ. Ἀπόλλων | CASSANDRE. Apollon, |
| Ἀπόλλων, | Apollon, |
| ἀγυιᾶτα, | toi-qui-présides-aux-rues, |
| ἐμὸς ἀπόλλων· | mon Apollon (toi qui me perds); |
| ἀπώλεσας γὰρ οὐ μόλις | car tu m'as perdue non avec-peine |
| τὸ δεύτερον. | pour la seconde *fois*. |
| ΧΟΡΟΣ. Ἔοικε | LE CHŒUR. Elle semble |
| χρήσειν | devoir prophétiser |
| ἀμφὶ τῶν κακῶν αὐτῆς. | sur les malheurs d'elle-même. |
| Τὸ θεῖον μένει | La divinité reste |
| ἐν φρενί περ δουλίᾳ. | dans *son* esprit quoique esclave. |
| ΚΑΣΑΝΔΡΑ. Ἀπόλλων | CASSANDRE. Apollon, |
| Ἀπόλλων | Apollon, |
| ἀγυιᾶτα, | toi-qui-présides-aux-rues, |
| ἐμὸς ἀπόλλων· | mon Apollon (toi qui me perds); |
| ἆ ποῖ ποτέ με ἤγαγες; | oh ! où donc m'as-tu conduite ? |
| πρὸς ποίαν στέγην; | vers quelle demeure ? |
| ΧΟΡΟΣ. Πρὸς τὴν Ἀτρειδῶν· | LE CHŒUR. Vers celle des Atrides ; |
| εἰ σὺ μὴ τόδε ἐννοεῖς, | si toi tu ne le sais pas, |
| ἐγὼ λέγω σοι· | moi je *le* dis à toi ; |
| καὶ οὐκ ἐρεῖς τάδε | et tu ne diras pas ces choses |
| ψύθη. | *être* fausses.   |haïe-des-dieux, |
| ΚΑΣΑΝΔΡΑ. Μισόθεον μὲν οὖν, | CASSANDRE. *Demeure* certes donc |
| συνίστορα πολλὰ κακὰ | témoin de beaucoup de maux |
| αὐτοφόνα | qui-s'entrégorgent, |
| κρεάτομα, | qui-hachent-les-chairs, |
| αἱμοσφαγεῖον | *demeure* qui-fait-couler-le-sang |
| καὶ πεδορραντήριον. | et qui-arrose-le-sol *de sang*. |
| ΧΟΡΟΣ. Ἡ ξένη ἔοικεν | LE CHŒUR. L'étrangère semble |
| εἶναι εὔρις | être d'-odorat-subtil |
| δίκην κυνός, | à la manière d'un chien, |
| ματεύει δὲ | et elle cherche |
| ὧν ἀνευρήσει φόνον. | de qui elle découvrira le meurtre. |

ΚΑΣΑΝΔΡΑ.
Μαρτυρίοισι γὰρ τοῖσδ' ἐπιπείθομαι·    [Antistrophe 3.]
κλαόμενα τάδε βρέφη σφαγὰς [1]
ὀπτάς τε σάρκας πρὸς πατρὸς βεβρωμένας.
ΧΟΡΟΣ.
Ἦμεν κλέος σοῦ μαντικὸν πεπυσμένοι·
<τούτων> προφήτας δ' οὔτινας ματεύομεν.
ΚΑΣΑΝΔΡΑ.
Ἰὼ πόποι, τί ποτε μήδεται [2];    [Strophe 4.]
τί τόδ' ἄχος νέον [μέγα]
μέγ' ἐν δόμοισι τοῖσδε μήδεται κακόν,
ἄφερτον φίλοισιν, δυσίατον; ἀλκὰ δ'
ἑκὰς ἀποστατεῖ.
ΧΟΡΟΣ.
Τούτων ἄϊδρίς εἰμι τῶν μαντευμάτων.
Ἐκεῖνα δ' ἔγνων· πᾶσα γὰρ πόλις βοᾷ.
ΚΑΣΑΝΔΡΑ.
Ἰὼ τάλαινα, τόδε γὰρ τελεῖς;    [Antistrophe 4.]
τὸν ὁμοδέμνιον [πόσιν]
λουτροῖσι φαιδρύνασα — πῶς φράσω τέλος;
τάχος γὰρ τόδ' ἔσται· προτείνει δὲ χεὶρ ἐκ
χερὸς ὀρεγομένα.

---

CASSANDRE. *Antistrophe* 3. (Elle revient de l'autre côté de la scène.) Ces témoins, oui, je les en crois; ces enfants en pleurs qu'on égorge, ces membres rôtis servis à un père.

LE CHOEUR. (Il suit dans l'hyposcène le mouvement de Cassandre sur la scène.) Ton renom de prophétesse, oui, est venu jusqu'à nous. Mais pour ce que tu dis là, de prophètes, qu'avons-nous à faire?

CASSANDRE. *Strophe* 4. (Elle va de droite à gauche.) Hélas! ciel! que se médite-t-il ? — Quelle nouvelle catastrophe effroyable, monstrueuse, dans ce palais, se médite? — Crime révoltant pour des parents, crime sans remède! La vengeance est si loin !

LE CHOEUR. (Il suit toujours dans l'hyposcène le mouvement de Cassandre sur la scène.) Ici je m'y perds. Que signifie cette dernière prédiction? Le reste m'est familier; il n'est bruit que de cela dans toute la ville.

CASSANDRE. *Antistrophe* 4. (Elle revient de gauche à droite.) Ah! malheureuse, tu vas donc jusqu'au bout!—Celui qui a partagé ton lit, ton mari, dans un bain tu le laves..... Comment dire la fin ? Car voici le moment. Les coups succèdent aux coups.

ΚΑΣΑΝΔΡΑ.  CASSANDRE.
Ἐπιπείθομαι γὰρ  Car je me-fie
τοῖσδε μαρτυρίοισι·  à ces témoignages-ci ;
τάδε βρέφη  je vois ces enfants
κλαόμενα σφαγὰς  qui pleurent ces meurtres
σάρκας τε ὀπτὰς  et ces chairs cuites
βεβρωμένας  dévorées
πρὸς πατρός.  par un père.
ΧΟΡΟΣ. Ἦμεν  LE CHŒUR. Nous sommes
πεπυσμένοι  ayant appris
κλέος μαντικόν σου·  la renommée prophétique de toi ;
ματεύομεν δὲ  mais nous ne cherchons
οὔτινας προφήτας τῶνδε.  aucuns prophètes de ces choses-là.
ΚΑΣΑΝΔΡΑ. Ἰὼ πόποι,  CASSANDRE. Oh ! dieux !
τί ποτε  quelle chose donc
μήδεται;  prépare-t-*on* ?
τί τόδε νέον μέγα ἄχος  quel ce nouveau grand malheur
μέγα κακὸν μήδεται  ce grand mal prépare-*t-on*
ἐν τοῖσι δόμοισιν,  dans ce palais,
ἄφερτον  intolérable pour (de la part de)
φίλοισι,  d'amis (de parents),
δυσίατον;  difficile-à-guérir ?
ἀλκὰ δὲ  d'autre part le secours
ἀποστατεῖ ἑκάς.  est absent au-loin.
ΧΟΡΟΣ. Εἰμὶ  LE CHŒUR. Je suis
ἄϊδρις  ne-comprenant-pas
τούτων τῶν μαντευμάτων.  ces oracles-ci.
Ἔγνων δὲ ἐκεῖνα·  mais j'ai connu ceux-là
πᾶσα γὰρ πόλις βοᾷ.  car toute la ville les *crie*.
ΚΑΣΑΝΔΡΑ. Ἰὼ τάλαινα,  CASSANDRE. Oh ! malheureuse,
τελεῖς γὰρ τόδε;  est-ce-que tu accompliras cela ?
φαιδρύνασα λουτροῖσι  purifiant dans un bain
τὸν πόσιν ὁμοδέμνιον —  l'époux associé-à-ta-couche —
πῶς φράσω τέλος;  comment dirais-je la fin ?
τόδε γὰρ ἔσται  car cela sera
τάχος·  en hâte (promptement);
χεὶρ δὲ ὀρεγομένα  et une main tendue
προτείνει  s'avance
ἐκ χερός.  à-la-suite-d'une *autre* main.

## ΑΓΑΜΕΜΝΩΝ.

ΧΟΡΟΣ.
Οὔπω ξυνῆκα· νῦν γὰρ ἐξ αἰνιγμάτων
ἐπαργέμοισι θεσφάτοις ἀμηχανῶ.

ΚΑΣΑΝΔΡΑ.
Ἐή· παπαῖ παπαῖ, τί τόδε φαίνεται; [Strophe 5.]
ἦ δίκτυόν τι Ἅιδου;
μάλ' ἄρκυς ἁ ξύνευνος ᾧ ξυναιτία
φόνου. Στάσις δ' ἀκόρετος γένει
κατολολυξάτω θύματος λευσίμου.

ΧΟΡΟΣ.
Ποίαν Ἐρινὺν τήνδε δώμασιν κέλει
ἐπορθιάζειν; Οὔ με φαιδρύνει λόγος.
Ἐπὶ δὲ καρδίαν δράμεν κροκοβαφὴς¹
σταγών, ἅτε καὶ δορὶ πτωσίμοις
ξυνανύτει βίου
δύντος αὐγαῖς. Ταχεῖα δ' ἄτα πέλει.

ΚΑΣΑΝΔΡΑ.
Ἀᾶ· ἰδοὺ ἰδού· ἄπεχε τᾶς βοὸς [Antistrophe 5.]
τὸν ταῦρον· ἐν πέπλου νιν
μελάγκερως² λαβοῦσα μηχανήματι
τύπτει· πίτνει δ' ἐν ἐνύδρῳ κύτει.
Δολοφόνου λέβητος τέχναν³ σοὶ λέγω.

LE CHOEUR. (Il suit dans l'hyposcène tous les mouvements de Cassandre sur la scène.) Je n'y suis pas encore. — Toutes ces énigmes, autant de taies sur ses oracles. C'est à n'y rien voir.

CASSANDRE. *Strophe* 5. (Elle va de droite à gauche.) Oh! oh! grands dieux! grands dieux! qu'est-ce là ? — Quelque filet d'Hadès? — Le vrai filet, c'est la femme concubine de son complice de meurtre. Que la Discorde acharnée sur cette famille, pousse son cri sinistre. — L'exécrable sacrifice est accompli.

LE CHOEUR. (Il suit Cassandre.) Quelle Erinys veux-tu voir crier sur cette maison? Ah! le sombre appel dont je suis tout troublé! — Vers mon cœur il a reflué, le flot couleur du crocus. Ah! c'est comme un coup de lance, un coup mortel, comme un voile qui s'étend sur une vie expirante! Si vite un malheur est arrivé!

CASSANDRE. *Antistrophe* 5. (Elle va de gauche à droite.) Ah! ah! regardez, — regardez! — Éloignez-le de la génisse, le taureau. — Dans un voile, la génisse aux cornes noires, elle l'a pris au piège. — Elle le frappe. — Il tombe dans l'eau de la baignoire. — Car c'est dans la baignoire de la ruse, dans la baignoire du meurtre, je vous le dis, que tout se passe.

# AGAMEMNON.

| | |
|---|---|
| ΧΟΡΟΣ. Οὔπω | LE CHŒUR. Pas-encore |
| ξυνῆκα· | je n'ai compris ; [énigmes |
| νῦν γὰρ ἐξ αἰνιγμάτων | car maintenant à-la-suite-de ces |
| ἀμηχανῶ | je suis-embarrassé |
| θεσφάτοις ἐπαργέμοισιν. | par des oracles obscurs. |
| ΚΑΣΑΝΔΡΑ. Ἐή· | CASSANDRE. Hélas ! |
| παπαῖ παπαῖ, | ah ! ah ! [t-elle ? |
| τί τόδε φαίνεται ; | quelle chose celle-là se montre- |
| Ἦ τι δίκτυον Ἅιδου ; | Est-ce-que c'est quelque filet d'Ha- |
| ἁ ξύνευνος | la concubine de celui [dès ? |
| ᾗ ξυναιτία φόνου | avec qui elle est complice de |
| μάλα ἄρκυς. | est bien le filet. [meurtre |
| Στάσις δὲ | Et que la Discorde |
| ἀκόρετος γένει | insatiable pour cette race |
| κατολολυξάτω | pousse-un long-cri |
| θύματος | à cause du sacrifice |
| λευσίμου. | qui-mérite-la-lapidation. |
| ΧΟΡΟΣ. Ποίαν τήνδε Ἐρινὺν | LE CHŒUR. Quelle est cette Érinys |
| κέλει ἐπορθιάζειν | que tu invites à élever-la-voix |
| δώμασιν ; | dans cette maison ? |
| λόγος οὔ με φαιδρύνει. | ce propos ne m'égaye pas. |
| Σταγὼν δὲ | Et la goutte de sang |
| κροκοβαφὴς | couleur-de-safran |
| δράμεν ἐπὶ καρδίαν, | a couru (reflué) vers mon cœur, |
| ἅτε καὶ | comme aussi |
| ξυνανύτει | elle se-produit-finalement-avec |
| αὐγαῖς βίου | les rayons de la vie |
| δύντος | se-couchant |
| πτωσίμοις δορί. | pour ceux qui tombent par la lance. |
| Ἄτα δὲ πέλει ταχεῖα. | D'ailleurs l'infortune est prompte. |
| ΚΑΣΑΝΔΡΑ. Ἀᾶ· ἰδοὺ ἰδού· | CASSANDRE. Oh ! vois, vois |
| ἄπεχε τὸν ταῦρον τᾶς βοός· | éloigne le taureau de la génisse ; |
| μελαγκέρως | la génisse aux-noires-cornes, |
| νιν λαβοῦσα | l'ayant pris |
| ἐν μηχανήματι πέπλου | dans un piège de voile |
| τύπτει· | le frappe ; [d'eau. |
| πίτνει δὲ ἐν κύτει ἐνύδρῳ. | et il tombe dans un vase plein- |
| Λέγω σοι τέχναν | Je te dis le piège |
| λέβητος δολοφόνου. | d'une baignoire assassine. |

## ΧΟΡΟΣ.

Οὐ κομπάσαιμ' ἂν θεσφάτων γνώμων ἄκρος
εἶναι, κακῷ δέ τῳ προσεικάζω τάδε.
Ἀπὸ δὲ θεσφάτων τίς ἀγαθὰ φάτις
βροτοῖς τέλλεται; κακῶν γὰρ διαὶ
πολυεπεῖς [1] τέχναι
θεσπιῳδὸν φόβον φέρουσιν μαθεῖν.

## ΚΑΣΑΝΔΡΑ.

Ἰὼ ἰὼ ταλαίνας κακόποτμοι τύχαι·  [Strophe 6.]
τὸ γὰρ ἐμὸν θροῶ πάθος ἐπεγχέασα.
Ποῖ δή με δεῦρο τὴν τάλαιναν ἤγαγες;
οὐδέν ποτ' εἰ μὴ ξυνθανουμένην; τί γάρ;

## ΧΟΡΟΣ.

Φρενομανής τις εἶ θεοφόρητος, ἀμφὶ δ' αὐτᾶς θροεῖς
νόμον ἄνομον, οἷά τις ξουθὰ
ἀκόρετος βοᾶς, φεῦ, ταλαίναις φρεσὶν
Ἴτυν Ἴτυν στένουσ' ἀμφιθαλῆ κακοῖς
ἀηδὼν βίον.

## ΚΑΣΑΝΔΡΑ.

Ἰὼ ἰὼ λιγείας μόρον ἀηδόνος·   [Antistrophe 6.]
περέβαλον [2] γάρ οἱ πτεροφόρον δέμας θεοὶ

LE CHOEUR. (Il suit les mouvements de Cassandre.) Je ne me flatte pas d'être habile à déchiffrer les oracles, mais il y a là-dessous de grands malheurs: Des oracles d'ailleurs est-il jamais rien sorti de rassurant pour les hommes? Des maux, c'est par là que se vérifie la terreur fatidique d'un art fécond en paroles ambiguës.

CASSANDRE. *Strophe* 6. (Elle va de droite à gauche.) Hélas! hélas! d'une infortunée trop déplorable sort! car c'est le mien, c'est mon malheur porté à son comble que je proclame. Infortunée, où m'as-tu amenée. Où! si ce n'est à la mort avec toi; car je mourrai avec toi!

LE CHOEUR. (Il va aussi de droite à gauche de l'hyposcène.) Mais c'est une frénésie. Le dieu t'égare-t-il à ce point, que sur toi-même, à haute voix, tu chantes le refrain aux notes incohérentes? Fauve rossignol, dans une élégie sans fin te voilà à répéter: Itys, Itys! pauvre âme désolée comme lui, toujours à déplorer une vie émaillée de douleur.

CASSANDRE. *Antistrophe* 6. (Elle va de gauche à droite.) Ah! oui, ah! que ne suis-je le mélodieux rossignol! Il a des ailes, lui, pour

## AGAMEMNON.

| | |
|---|---|
| ΧΟΡΟΣ. Οὐ κομπάσαιμι ἂν | LE CHOEUR. Je ne me vanterais pas |
| εἶναι ἄκρος γνώμων | d'être parfait connaisseur |
| θεσφάτων, | d'oracles, |
| προσεικάζω δὲ ταῦτά | toutefois j'assimile ces *paroles* |
| τῳ κακῷ. | à quelque malheur. |
| Τίς δὲ ἀγαθὰ φάτις | D'ailleurs quelle bonne parole |
| τέλλεται βροτοῖς | se-lève (sort) pour les mortels |
| ἀπὸ θεσφάτων; | des oracles? |
| τέχναι γὰρ πολυεπεῖς | car *cet* art verbeux |
| φέρουσι μαθεῖν | apporte (donne) à connaître |
| φόβον θεσπιῳδὸν | la terreur fatidique |
| διαὶ κακῶν. | par des maux. |
| ΚΑΣΑΝΔΡΑ. Ἰὼ ἰὼ | CASSANDRE. Oh! oh! |
| τύχαι κακόποτμοι | destinées funestes |
| ταλαίνας· | d'une malheureuse; |
| ἐπεγχέασα γὰρ | car ayant comblé *la mesure* |
| θροῶ τὸ πάθος ἐμόν. | je dis le malheur mien. |
| Ποῖ δὴ ἤγαγες δεῦρό | Où donc as-tu conduit ici |
| με τὴν τάλαιναν; | moi l'infortunée? |
| οὐδέν ποτε | ne *devant* donc rien *faire* |
| εἰ μὴ ξυνθανομένην; | si non devant-mourir-avec *toi*? |
| τί γάρ; | car quelle *autre* chose *m'attend*? |
| ΧΟΡΟΣ. Εἴ τις φρενομανὴς | LE CHOEUR. Tu es une frénétique |
| θεοφόρητος, | inspirée-par-les-dieux, |
| θροεῖς δὲ | et tu dis-plaintivement |
| ἀμφὶ αὑτᾶς | sur toi-même |
| νόμον ἄνομον, | un air qui-n'est-point-un air, |
| οἷά τις ξουθὰ ἀηδών, | comme un fauve rossignol, |
| ἀκόρετος βοᾶς, φεῦ, | insatiable de lamentations, hélas! |
| στένουσα φρεσὶν ταλαίναις | gémissant avec un cœur malheu- |
| Ἴτυν Ἴτυν | Itys, Itys, [reux |
| βίον | dit plaintivement sa vie |
| ἀμφιθαλῆ κακοῖς. | florissante en maux. |
| ΚΑΣΑΝΔΡΑ. Ἰὼ ἰὼ | CASSANDRE. Oh! oh! |
| μόρον λιγείας ἀηδόνος· | le sort du mélodieux rossignol; |
| θεοὶ γὰρ οἱ περέβαλον | car les dieux lui ont mis-autour |
| δέμας πτεροφόρον | un corps ailé |
| ἄγειν τε | et *lui ont donné* de passer |
| αἰῶνα γλυκὺν | une vie douce |

γλυκύν τ' ἄγειν αἰῶνα κλαυμάτων διαί.
ἐμοὶ δὲ μίμνει σχισμὸς ἀμφήκει δορί.

ΧΟΡΟΣ.

Πόθεν ἐπισσύτους θεοφόρους ἔχεις
ματαίους [1] δύας,
τὰ δ' ἐπίφοβα δυσφάτῳ κλαγγᾷ
μελοτυπεῖς ὁμοῦ τ' ὀρθίοις ἐν νόμοις;
Πόθεν ὅρους ἔχεις θεσπεσίας ὁδοῦ
κακορρήμονας;

ΚΑΣΑΝΔΡΑ.

Ἰὼ γάμοι γάμοι Πάριδος ὀλέθριοι     [Strophe 7.]
φίλων· ἰὼ Σκαμάνδρου πάτριον ποτόν.
Τότε μὲν ἀμφὶ σὰς ἀϊόνας τάλαιν'
ἠνυτόμαν τροφαῖς·
νῦν δ' ἀμφὶ Κωκυτόν τε κἀχερουσίους
ὄχθους ἔοικα θεσπιῳδήσειν τάχα.

ΧΟΡΟΣ.

Τί τόδε τορὸν ἄγαν ἔπος ἐφημίσω;
καὶ νεογνὸς ἂν βροτῶν μάθοι.
Πέπληγμαι δ', ὅπως δήγματι φοινίῳ,
δυσαλγεῖ τύχᾳ
μινυρὰ θρεομένας, θαύματ' ἐμοὶ κλύειν.

---

pour voler ; les dieux lui en ont donné, et des plaintes qui charment sa vie. Et moi, ce qui m'attend, moi, c'est la morsure du fer à double tranchant.

LE CHOEUR. (Il va de droite à gauche de l'hyposcène.) D'où te vient ce torrent de prophéties, ces vaines mélancolies ce sombre chant qui glace de terreur, ces cris aigus et sinistres? Qui te conduit, dans ta course prophétique, à travers les régions des lugubres paroles?

CASSANDRE. *Strophe* 7. (Elle suit les mouvements du Chœur.) Noces, noces funestes de Pâris, funestes à sa famille ! — O Scamandre, fleuve de la patrie ! — Alors, hélas ! malheureuse que je suis, je grandissais sur tes rives. — Désormais c'est sur les bords du Cocyte, aux rives du fleuve des douleurs, qu'il me faudra prophétiser !

LE CHOEUR. (Il va toujours vers la gauche de l'hyposcène.) Paroles trop claires, qu'un enfant comprendrait ! — Mon cœur saigne à t'entendre, ainsi enivrée par la douleur, jeter au vent tes notes lugubres. J'en suis frappé de stupeur.

διαὶ κλαυμάτων·  par les plaintes ;
σχισμὸς δὲ  mais la déchirure  [tranchant
δορὶ ἀμφήκει  par une lance (un fer) à-double-
ἐμοὶ μίμνει.  m'est-réservée.
ΧΟΡΟΣ. Πόθεν ἔχεις  LE CHŒUR. D'-où as-tu
δύας ματαίους  ces angoisses inutiles
ἐπισσύτους  qui-s'-élancent
θεοφόρους,  inspirées-par-les-dieux,
μελοτυπεῖς δὲ τὰ ἐπίφοβα  et chantes-tu ces choses effrayantes
κλαγγᾷ δυσφάτῳ  avec un cri sinistre
ὀμοῦ τε  et en-même-temps
ἐν νόμοις ὀρθίοις;  dans des chants aigus !
Πόθεν ἔχεις ὅρους  D'-où as-tu (connais-tu) ces limites
ὁδοῦ θεσπεσίας  de la voie prophétique
κακορρήμονας;  remplies-de-funestes-paroles !
ΚΑΣΑΝΔΡΑ. Ἰὼ γάμοι  CASSANDRE. Oh ! noces,
γάμοι Πάριδος  noces de Pâris
ὀλέθριοι φίλων·  funestes aux amis (parents) ;
ἰὼ ποτὸν πάτριον  oh ! breuvage de-la-patrie
Σκαμάνδρου.  du Scamandre.
Τότε μὲν τάλαινα  Alors d'une part malheureuse
ἠνυτόμαν τροφαῖς  je grandissais par la nourriture
ἀμφὶ σὰς ἀϊόνας·  autour de tes bords ;
νῦν δὲ ἔοικα  maintenant d'autre part je semble
θεσπιῳδήσειν τάχα  devoir prophétiser bientôt
ἀμφὶ Κωκυτόν τε  autour et du Cocyte
ὄχθους τέ Ἀχερουσίους.  et des rives achérusiennes.
ΧΟΡΟΣ. Τί ἐφημίσω  LE CHŒUR. Pourquoi as-tu pro-
τόδε ἔπος ἄγαν τορόν;  cette parole trop claire !  [noncé
καὶ νεογνὸς  même un nouveau-né
βροτῶν  d'entre les mortels
μάθοι ἄν.  *la* comprendrait.
Πέπληγμαι δὲ,  Et je suis frappé,  [trière,
ὅπως δήγματι φονίῳ  comme par une morsure meur-
τύχᾳ δυσαλγεῖ  du sort douloureux de *toi*
θρεομένας  se lamentant
μινυρὰ,  d'une manière-gémissante,
θαύματα ἐμοὶ  choses étonnantes pour moi
κλύειν.  à entendre

ΚΑΣΑΝΔΡΑ.

Ἰὼ πόνοι πόνοι πόλεος ὀλομένας [Antistrophe 7.]
τὸ πᾶν· ἰὼ πρόπυργοι θυσίαι πατρὸς
πολυκανεῖς βοτῶν ποιονόμων· ἄκος δ'
οὐδὲν ἐπήρκεσεν
τὸ μὴ ἰπόλιν μὲν ὥσπερ οὖν ἔχει παθεῖν·
ἐγὼ δὲ θερμόπους τάχ' ἐμπαίσω βόλῳ.

ΧΟΡΟΣ.

Ἑπόμενα προτέροις τάδ' ἐπεφημίσω·
καί τίς σε δυσφρονῶν τίθησι δαίμων ὑπερβαρὴς ἐμπίτνων
μελίζειν πάθη
γοερὰ θανατοφόρα· τέρμα δ' ἀμηχανῶ. —

ΚΑΣΑΝΔΡΑ.

Καὶ μὴν ὁ χρησμὸς οὐκέτ' ἐκ καλυμμάτων
ἔσται δεδορκὼς νεογάμου νύμφης δίκην·
λαμπρὸς δ' ἔοικεν ἡλίου πρὸς ἀντολὰς
πνέων ἐσᾴξειν, ὥστε κύματος δίκην
κλύζειν πρὸς αὐγὰς πῆμα πήματος πολὺ
μεῖζον· φρενώσω δ' οὐκέτ' ἐξ αἰνιγμάτων.
Καὶ μαρτυρεῖτε συνδρόμως ἴχνος κακῶν

CASSANDRE. *Antistrophe.* (Elle va de gauche à droite.) Efforts, suprêmes efforts d'une ville détruite de fond en comble. — Hécatombes de Priam pour le salut de nos murs, bœufs nourris dans nos prairies, par milliers tombés sous le couteau. — Ah! remèdes impuissants, vous n'avez rien pu pour empêcher Ilion d'être traité comme il l'a été. Et moi, moi, d'un pied rapide bientôt je me précipiterai dans le filet.

LE CHŒUR. (Il suit les mouvements de Cassandre.) Sombres pronostics, sombres comme les premiers! Un génie malfaisant t'obsède, te contraint à chanter l'hymne des douleurs, le chant de mort? — Où en veux-tu venir? je ne sais.

CASSANDRE. Non, non, à l'oracle, sur son regard, plus de voiles comme à une jeune mariée. — Tout rayonnant, il va éclater ici à la face du soleil qui se lève. — Sous son souffle impétueux, ce sera, pareil à la voix de la tempête, le grondement d'une saisissante catastrophe, de plus en plus terrible. — Non, non, plus d'énigmes à ma pensée! Mais du moins rendez justice à mon flair, dites si je suis bien sur la piste des antiques malheurs de

# AGAMEMNON.

| | |
|---|---|
| ΚΑΣΑΝΔΡΑ. Ἰὼ πόνοι | CASSANDRE. Oh! travaux, |
| πόνοι πολέως | travaux d'une ville |
| ὀλομένας τὸ πᾶν · | ayant péri complètement; |
| ἰὼ θυσίαι πατρὸς | oh! sacrifices de *mon* père |
| πρόπυργοι | accomplis–pour–le–salut–des–tours |
| πολυκανεῖς | où–l'on–tue–beaucoup [champs; |
| βοτῶν ποιονόμων· | de bestiaux paissant–dans–les |
| οὐδὲν δὲ ἄκος ἐπήρκεσεν | et aucun remède n'a suffi |
| τὸ πόλιν μὲν | *pour* ceci la ville d'une part |
| μὴ παθεῖν | ne pas être traitée |
| ὥσπερ οὖν ἔχει · | comme en–effet elle *l*'est; |
| ἐγὼ δὲ θερμόπους | moi d'autre part d'un pied-ardent |
| ἐμπαίσω τάχα | je me–précipiterai bientôt |
| βόλῳ. | dans le filet. |
| ΧΟΡΟΣ. Ἐπεφημίσω | LE CHOEUR. Tu as prononcé |
| τάδε | ces *paroles* |
| ἐπόμενα προτέροις· | faisant-suite aux précédentes; |
| καί τις δαίμων δυσφρονῶν | et un génie malveillant |
| ἐμπίτνων ὑπερβαρὴς | se–jetant–sur *toi* très-pesant |
| τίθησί σε μελίζειν | dispose (fait) toi chanter |
| πάθη γοερὰ θανατοφόρα· | des maux lamentables, meurtriers; |
| ἀμηχανῶ δὲ τέρμα. — | mais je ne–devine–pas la fin. — |
| ΚΑΣΑΝΔΡΑ. Καὶ μὴν | CASSANDRE. Et certes |
| ὁ χρησμὸς οὐκέτι ἔσται | l'oracle ne sera plus |
| δεδορκὼς ἐκ καλυμμάτων | regardant à travers des voiles |
| δίκην νύμφης | à la manière d'une jeune-fille |
| νεογάμου · | nouvelle-mariée; |
| ἔοικε δὲ λαμπρὸς | mais il semble *étant* clair |
| ἐσᾴξειν πνέων | devoir s'élancer en-soufflant |
| πρὸς ἀντολὰς ἡλίου, | vers le lever du soleil, |
| ὥστε πῆμα | de–sorte–qu'un mal [*précédent* |
| πολὺ μεῖζον πήματος | beaucoup plus grand que *le* mal |
| κλύζειν δίκην κύματος | déferler à la manière d'un flot |
| πρὸς αὐγάς· | à la clarté *du jour*; |
| φρενώσω δὲ οὐκέτι | et je n'avertirai plus |
| ἐξ αἰνιγμάτων. | par énigmes. |
| Καὶ μαρτυρεῖτε | Et rendez-témoignage *à moi* |
| ῥινηλατούσῃ | suivant-à-la piste |
| συνδρόμως | en-courant-sur-la voie |

ΑΓΑΜΕΜΝΩΝ.

ῥινηλατούσῃ τῶν πάλαι πεπραγμένων.
Τὴν γὰρ στέγην τήνδ' οὔποτ' ἐκλείπει χορὸς
σύμφθογγος οὐκ εὔφωνος· οὐ γὰρ εὖ λέγει.
Καὶ μὴν πεπωκώς γ', ὡς θρασύνεσθαι πλέον,
βρότειον αἷμα κῶμος ἐν δόμοις μένει [1],
δύσπεμπτος ἔξω, συγγόνων Ἐρινύων.
Ὑμνοῦσι δ' ὕμνον δώμασιν προσήμεναι
πρώταρχον ἄτην· ἐν μέρει δ' ἀπέπτυσαν
εὐνὰς ἀδελφοῦ [2], τῷ πατοῦντι δυσμενεῖς [3].
Ἥμαρτον, ἢ κυρῶ τι τοξότης τις ὥς;
ἢ ψευδόμαντίς εἰμι θυροκόπος φλέδων;
Ἐκμαρτύρησον προυμόσας τὸ μὴ [4] εἰδέναι
λόγῳ παλαιὰς τῶνδ' ἁμαρτίας δόμων.

ΧΟΡΟΣ.

Καὶ πῶς ἂν ὅρκοις πῆμα γενναίως παγὲν
παιώνιον γένοιτο; Θαυμάζω δέ σου,
πόντου πέραν τραφεῖσαν [5], ἀλλόθρουν, τὸ πᾶν

cette famille. — Ah! cette maison, la maison des Atrides, il ne la quitte plus, le chœur dont les voix s'unissent en un affreux concert de malédictions. — Elle s'est gorgée, pour exalter sa fureur, elle s'est gorgée de sang humain, l'orgie assise à ce foyer, l'orgie qu'on n'en peut plus chasser, l'orgie des Érinys, attachées à cette race. Elles redisent dans leurs chants, hôtes obstinées de ces demeures, elles redisent le premier forfait dont tous les autres sont sortis. — Puis elles conspuent le lit d'un frère, vengeresses terribles à qui y est entré. — Eh bien! la main m'a-t-elle failli? habile archer, ai-je touché juste au but? ou ne suis-je qu'une prophétesse de mensonge, une mendiante, une aventurière qui va de porte en porte? Allons, réfute-moi en attestant par serment que tu n'as pas entendu parler des antiques forfaits de cette maison.

LE CHŒUR. Un serment, à quoi bon? mes maux invétérés en seront-ils moins lourds? Certes je m'étonne qu'élevée au-delà des mers, dans une ville étrangère, tu te trouves à

| | |
|---|---|
| ἴχνος κακῶν | la trace de maux |
| τῶν πεπραγμένων πάλαι. | ceux accomplis autrefois. |
| Χόρος γὰρ σύμφθογγος | Car un chœur sur-le-même-ton |
| οὐκ εὔφωνος, | non harmonieux, |
| οὐ γὰρ λέγει | car il ne parle pas |
| εὖ, | bien (joyeusement), |
| οὔποτε ἐκλείπει | n'abandonne jamais |
| τήνδε τὴν στέγην. | cette demeure. |
| Καὶ μὴν κῶμος | Et certes la bande-ivre |
| Ἐρινύων συγγόνων | des Érinys attachées-à-la-race |
| πεπωκώς γε, | ayant bu assurément, |
| ὡς θρασύνεσθαι πλέον, | pour s'-enhardir davantage |
| αἷμα βρότειον | du sang humain |
| μένει ἐν δόμοις | reste dans la maison |
| δύσπεμπτος ἔξω. | difficile-à-envoyer dehors. |
| Προσήμεναι δὲ δώμασι | Et se-tenant-dans la maison |
| ὑμνοῦσιν ὕμνον | elles chantent *comme* chant |
| ἄτην πρώταρχον· | le crime originel ; |
| ἀπέπτυσαν δὲ ἐν μέρει | et elles ont conspué *tour* à tour |
| εὐνὰς ἀδελφοῦ, | la couche-nuptiale du frère |
| δυσμένεις τῷ πατοῦντι. | terrible à qui *la* foule. |
| Ἥμαρτον, | Me-suis-je-trompée, |
| ἢ κυρῶ τι | ou *est-ce que* j'atteins quelque |
| ὥς τις τοξότης; | comme un archer ? |chose (le but) |
| ἦ εἰμι ψευδόμαντις | ou suis-je une fausse-prophétesse, |
| φλέδων θυροκόπος; | bavarde, frappant-aux-portes ? |
| Ἐκμαρτύρησον | Atteste |
| προυμόσας τὸ | ayant-juré-d'abord ceci |
| μὴ εἰδέναι λόγῳ | *toi* ne pas savoir par ouï-dire |
| ἁμαρτίας παλαιὰς | les crimes anciens |
| τῶνδε δόμων. | de cette maison. |
| ΧΟΡΟΣ. Καὶ πῶς | LE CHŒUR. Et comment |
| πῆμα παγὲν γενναίως | un mal enraciné fortement |
| γένοιτο ἂν παιώνιον | deviendrait-il guérissable |
| ὅρκοις; | par des serments ? |
| Θαυμάζω δέ σου, | Mais je suis étonné de toi, |
| τραφεῖσαν πέραν πόντου, | *toi* nourrie au delà-de la mer, |
| ἀλλόθρουν, | de-langue-différente, |
| κυρεῖν τὸ πᾶν | rencontrer *juste* en tout |

## ΑΓΑΜΕΜΝΩΝ.

κυρεῖν λέγουσαν, ὥσπερ εἰ παρεστάτεις.
ΚΑΣΑΝΔΡΑ.
Μάντις μ᾽ Ἀπόλλων τῷδ᾽ ἐπέστησεν τέλει.
ΧΟΡΟΣ[1].
. . . . . . .
ΚΑΣΑΝΔΡΑ.
Προτοῦ μὲν αἰδὼς ἦν ἐμοὶ λέγειν τάδε.
ΧΟΡΟΣ.
Μῶν καὶ θεός περ ἱμέρῳ πεπληγμένος,
ΚΑΣΑΝΔΡΑ[2].
. . . . . . .
ΧΟΡΟΣ.
Ἁβρύνεται γὰρ πᾶς τις εὖ πράσσων πλέον.
ΚΑΣΑΝΔΡΑ.
Ἀλλ᾽ ἦν παλαιστὴς κάρτ᾽ ἐμοὶ πνέων χάριν.
ΧΟΡΟΣ.
Ἦ καὶ τέκνων εἰς ἔργον ἠλθέτον νόμῳ;
ΚΑΣΑΝΔΡΑ.
Ξυναινέσασα Λοξίαν ἐψευσάμην.
ΧΟΡΟΣ.
Ἤδη τέχναισιν ἐνθέοις ᾑρημένη;
ΚΑΣΑΝΔΡΑ.
Ἤδη πολίταις πάντ᾽ ἐθέσπιζον πάθη.
ΧΟΡΟΣ.
Πῶς δῆτ᾽ ἄνατος ἦσθα Λοξίου κότῳ;
ΚΑΣΑΝΔΡΑ.
Ἔπειθον οὐδέν᾽ οὐδέν, ὡς τάδ᾽ ἤμπλακον.
ΧΟΡΟΣ.
Ἡμῖν γε μὲν δὴ πιστὰ θεσπίζειν δοκεῖς.

parler de nos malheurs comme si tu en avais été témoin.
CASSANDRE. C'est un don d'Apollon, un don du dieu prophète.
LE CHOEUR. . . . . . . . . .
CASSANDRE. Jusqu'ici j'avais eu pudeur de l'avouer.
LE CHOEUR. Le dieu peut-être alors d'amour était blessé?
CASSANDRE. . . . . . . . .
LE CHOEUR. Qui peut tout, aisément en vient à tout oser.
CASSANDRE. Rude a été la lutte, et pressant son amour.
LE CHOEUR. Enfin as-tu cédé? c'est la loi des amants.
CASSANDRE. Je promis, Loxias trompé s'y laissa prendre.
LE CHOEUR. Dans l'avenir alors savais-tu déjà lire?
CASSANDRE. Déjà je prédisais leurs malheurs aux Troyens.
LE CHOEUR. Et le dépit du dieu n'a pas eu de vengeance?
CASSANDRE. Nul ne croit plus en moi depuis que j'ai menti.
LE CHOEUR. Tes oracles pourtant méritent qu'on les croie.

# AGAMEMNON.

| | |
|---|---|
| λέγουσαν, | en parlant, |
| ὥσπερ εἰ παρεστάτεις. | comme si tu étais-présente. |
| ΚΑΣΑΝΔΡΑ. | CASSANDRE. |
| Μάντις Ἀπόλλων | Le devin Apollon |
| με ἐπέστησε τῷδε τέλει. | m'a-mise-à-la-tête de ce don. |
| ΧΟΡΟΣ. . . . . . . . . | LE CHOEUR . . . . . . . . . . |
| ΚΑΣΑΝΔΡΑ. Προτοῦ μὲν | CASSANDRE. Auparavant certes |
| αἰδὼς ἦν ἐμοὶ | honte était à moi |
| λέγειν τάδε. | de dire cela. |
| ΧΟΡΟΣ. Μῶν | LE CHOEUR. Est-ce-que |
| πεπληγμένος ἱμέρῳ | frappé de désir |
| καίπερ θεός; | quoique dieu? |
| ΚΑΣΑΝΔΡΑ. . . . . . . . | CASSANDRE. . . . . . . . . |
| ΧΟΡΟΣ. Πᾶς γάρ τις | LE CHOEUR. Car tout être |
| πράσσων εὖ πλέον | faisant bien (étant puissant) plus |
| ἁβρύνεται. | fait-le-renchéri.   [que les autres |
| ΚΑΣΑΝΔΡΑ. Ἀλλὰ | CASSANDRE. Mais |
| ἦν παλαιστὴς | il éta un lutteur |
| ἐμοὶ πνέων κάρτα χάριν. | me soufflant fortement l'amour. |
| ΧΟΡΟΣ. Ἦ καὶ | LE CHOEUR. Est-ce-que même |
| ἠλθέτον | vous eu êtes venus       [ration |
| ἐς ἔργον τέκνων | à l'œuvre des enfants (de la géné- |
| νόμῳ; | selon la coutume? |
| ΚΑΣΑΝΔΡΑ. Ξυναινέσασα | CASSANDRE. L'ayant promis |
| ἐψευσάμην Λοξίαν. | j'ai trompé Loxias. |
| ΧΟΡΟΣ. Ἤδη ἠρημένη | LE CHOEUR. Déjà possédée |
| τέχναισιν ἐνθέοις; | de l'art inspiré-par-les-dieux?' |
| ΚΑΣΑΝΔΡΑ. Ἐθέσπιζον ἤδη | CASSANDRE. Je prophétisais déjà |
| πολίταις | à mes citoyens |
| πάντα πάθη. | tous les malheurs. |
| ΧΟΡΟΣ. Πῶς δὴ ἦσθα | LE CHOEUR. Comment donc fus-tu |
| ἄνατος | non-endommagée |
| κότῳ Λοξίου; | par le ressentiment de Loxias? |
| ΚΑΣΑΝΔΡΑ. Ἔπειθον οὐδὲν | CASSANDRE. Je ne persuadais rien |
| οὐδένα, | à personne |
| ὡς ἤμπλακον τάδε. | dès-que j'eus failli en cela |
| ΧΟΡΟΣ. Δοκεῖς | LE CHOEUR. Tu parais |
| ἡμῖν γε μὲν δὴ | à nous du-moins certes |
| θεσπίζειν πιστά. | prophétiser des choses croyables. |

ΑΓΑΜΕΜΝΩΝ

ΚΑΣΑΝΔΡΑ.

Ἰοὺ ἰού.
Ὑπ' αὖ με δεινοῖς ὀρθομαντείας πόνος
στροβεῖ ταράσσων φροιμίοις. Ὦ ὦ κακά.
Ὁρᾶτε τούσδε τοὺς δόμοις ἐφημένους
νέους, ὀνείρων προσφερεῖς μορφώμασιν;
[Παῖδες θανόντες ὡσπερεὶ πρὸς τῶν φίλων,]
χεῖρας κρεῶν πλήθοντες, οἰκείας βορᾶς,
σὺν ἐντέροις τε σπλάγχν', ἐποίκτιστον γέμος,
πρέπουσ' ἔχοντες, ὧν πατὴρ ἐγεύσατο.
Ἐκ τῶνδε ποινάς φημι βουλεύειν τινὰ,
λέοντ' ἄναλκιν ἐν λέχει στρωφώμενον,
οἰκουρὸν ἐκ μόθου μολόντι δεσπότῃ
ἐμῷ· φέρειν γὰρ χρὴ τὸ δούλιον ζυγόν.
Νεῶν τ' ἔπαρχος Ἰλίου τ' ἀναστάτης
οὐκ οἶδεν οἷα γλῶσσα μισητῆς κυνὸς
λέξασα κἀκτείνασα φαιδρωπὸς, δίκην
ἄτης λαθραίου, τέξεται κακῇ τύχῃ.
Τοιάδε τόλμα· θῆλύς ἐστιν ἄρσενος

CASSANDRE. Ah! ah! oh! malheur! malheur! en moi voici encore la fiévreuse convulsion prophétique. — Ce trouble dans mon être, c'est le prélude du chant de douleur. — Dans cette maison, — ces jeunes créatures, — des ombres comme celles de nos songes, — les voyez-vous? Ce sont des enfants morts, — morts sous les coups de leurs parents. Leurs propres chairs, — pâture de leur famille, — ils les tiennent à pleines mains, — voici leurs intestins, — leurs entrailles, — horrible fardeau. — Le père en prend sa part! — De ce forfait, je vous le dis, il médite les représailles, le lion sans cœur, en se roulant sur le lit de la maison, des représailles contre le maître qui revient de la guerre, le mien, puisque aussi bien ce joug, esclave il me faut le subir. — Le chef de la flotte, le dévastateur d'Ilion ne soupçonne pas ce qu'il y a sous ce flux de paroles, sous ces sourires de l'odieuse chienne, fatalité blottie dans l'ombre, ce qu'il y a de perfidie pour son malheur. — Elle l'ose, la femelle. Elle ose égorger le

AGAMEMNON.   261

ΚΑΣΑΝΔΡΑ. Ἰοὺ ἰού. | CASSANDRE. Oh ! oh !
Πόνος ὀρθομαντείας | Un travail de prédiction-véridique
με ταράσσων φροιμίοις δεινοῖς | me troublant par des préludes ter-
ὑποστροβεῖ αὖ. | me torture de-nouveau.   [ribles
Ὢ ὢ κακά. | Oh, oh! malheurs !
Ὁρᾶτε τούσδε τοὺς νέους | Voyez-vous ces jeunes *enfants*
ἐφημένους δόμοις, | assis-dans le palais,
προσφερεῖς | semblables
μορφώμασιν ὀνείρων; | à des formes de songes ?
[Παῖδες θανόντες | [Enfants morts   [(parents),]
ὡσπερεὶ παρὰ τῶν φίλων,] | comme de-la-main-de leurs amis
πλήθοντες χεῖρας κρεῶν, | pleins quant aux mains de chairs,
βορᾶς | nourriture   [leur famille),
οἰκείας, | domestique (qu'ils fournissent à
πρέπουσι ἔχοντες | ils apparaissent ayant
σπλάγχνα τε σὺν ἐντέροις | et les entrailles avec les intestins,
γέμος ἐποίκτιστον, | fardeau lamentable,
ὧν πατὴρ ἐγεύσατο. | *mets* auxquels *leur* père a goûté.
Φημί τινα βουλεύειν | Je dis quelqu'un méditer
ποινὰς ἐκ τῶνδε, | représailles de cela,
λέοντα ἄναλκιν | *quelqu'un* lion lâche
στρωφώμενον ἐν λέχει, | se-roulant dans la couche *nuptiale*,
οἰκουρὸν | se-tenant-à-la-maison,
δεσπότῃ μολόντι ἐκ μόθου | *contre* le maître revenu du combat
ἐμῷ· | *maître* mien ;
χρὴ γὰρ φέρειν | car il faut supporter
τὸ ζυγὸν δούλιον. | le joug servile.
Ἔπαρχός τε νεῶν | Et *lui* chef des vaisseaux
ἀναστάτης τε Ἰλίου | et destructeur d'Ilion
οὐκ οἶδεν οἷα | ne sait pas quels *maux*
γλῶσσα κυνὸς μισητῆς | la langue d'une chienne odieuse
λέξασα | ayant parlé
καὶ ἐκτείνασα | et ayant allongé *ses discours*
φαιδρωπός, | d'un-air-radieux,
δίκην ἄτης | à la manière d'une fatalité
λαθραίου, | clandestine,
τέξεται κακῇ τύχῃ. | enfantera par *un* malheureux sort.
Τοιάδε τόλμα· | Telle *est son* audace ;
θῆλυς ἐστὶ φονεὺς | la femelle est meurtrière

## ΑΓΑΜΕΜΝΩΝ.

φονεύς. Τί νιν καλοῦσα δυσφιλὲς δάκος
τύχοιμ' ἄν; ἀμφίσβαιναν [1]; ἢ Σκύλλαν τινὰ
οἰκοῦσαν ἐν πέτραισι, ναυτίλων βλάβην;
θύουσαν Ἅιδου μῆτορ' ἄσπονδον φίλοις
Ἄρη πνέουσαν; Ὡς δ' ἐπωλολύξατο
ἡ παντότολμος, ὥσπερ ἐν μάχης τροπῇ ·
δοκεῖ δὲ χαίρειν νοστίμῳ σωτηρίᾳ.
Καὶ τῶνδ' ὅμοιον εἴ τι μὴ πείθω · τί γάρ;
τὸ μέλλον ἥξει. Καὶ σύ μ' ἐν τάχει παρὼν
ἄγαν ἀληθόμαντιν οἰκτείρας ἐρεῖς.

### ΧΟΡΟΣ.

Τὴν μὲν Θυέστου δαῖτα παιδείων κρεῶν
ξυνῆκα καὶ πέφρικα καὶ θάμβος μ' ἔχει
κλύοντ' ἀληθῶς οὐδὲν ἐξηκασμένα·
τὰ δ' ἄλλ' ἀκούσας ἐκ δρόμου πεσὼν τρέχω [2].

### ΚΑΣΑΝΔΡΑ.

Ἀγαμέμνονός σέ φημ' ἐπόψεσθαι μόρον.

mâle. — Oui, cela est. Comment l'appeler, l'horrible monstre? — hydre à deux têtes? — Scylla, embusquée aux récifs pour la perte des navigateurs? — Prêtresse, pourvoyeuse d'Hadès, qui souffle sur sa famille l'implacable haine? — Quel cri elle a poussé, l'audacieuse! — comme un cri de victoire dans les batailles! — Elle a air de se réjouir de cet heureux retour. — Maintenant si tu n'es pas convaincu, que m'importe? D'ailleurs ce qui doit être arrivera. — Bientôt, témoin toi-même de tant d'atrocités, tu avoueras, en gémissant, que je ne prophétisais que trop vrai!

LE CHOEUR. Thyeste, son repas, ces chairs palpitantes d'enfant, cela, je l'ai compris, et j'en ai frissonné, tout tremblant d'entendre ce récit où tout est si vrai, où rien n'est inventé. Mais pour le reste, me voilà tout dérouté, comme un chien mis en défaut.

CASSANDRE. C'est Agamemnon, oui; c'est lui qui va mourir.

| | |
|---|---|
| ἄρσενος. | du mâle. |
| Τί καλοῦσά νιν | Quoi (comment) appelant elle |
| δάκος δυσφιλὲς | ce monstre odieux |
| τύχοιμι ἄν; | rencontrerais-je *juste* ? |
| ἀμφίσβαιναν; | en *l'appelant* serpent-à-deux têtes? |
| ἢ τινα Σκύλλαν | ou quelque Scylla |
| οἰκοῦσαν ἐν πέτραισι, | habitant dans des rochers, |
| βλάβην ναυτίλων; | perte des nochers ? |
| λήτορα Ἅιδου θύουσαν | *ou* prêtresse d'Hadès sacrifiant |
| πνέουσαν ἄσπονδον Ἄρη | soufflant l'implacable Arès |
| φίλοις; | sur *ses* amis (sur les siens)? |
| Ὡς δὲ ἡ | Et comme cette *femme* |
| παντότολμος | capable-de-tout |
| ἐπωλολύξατο, | a-poussé-un-cri, |
| ὥσπερ ἐν τροπῇ | comme dans une déroute |
| μάχης· | de combat! |
| δοκεῖ δὲ χαίρειν | d'autre part elle paraît se-réjouir |
| σωτηρίᾳ νοστίμῳ. | du salut du-retour. |
| Καὶ ὅμοιον | Et *cela m'est* égal |
| εἰ μὴ πείθω τι τῶνδε· | si je ne persuade rien de cela; |
| τί γάρ; | car quoi ? |
| τὸ μέλλον ἥξει. | ce qui doit-être arrivera. |
| Καὶ σὺ ἐν τάχει | Et toi bientôt [ment) |
| παρὼν | étant-présent (témoin de l'événe- |
| οἰκτείρας ἐρεῖς | ayant-eu-pitié tu diras |
| με ἄγαν ἀληθόμαντιν. | moi trop véritable-prophète. |
| ΧΟΡΟΣ. Ξυνῆκα μὲν | LE CHŒUR. D'une part j'ai com- |
| τὴν δαῖτα Θυέστου | le repas de Thyeste [pris |
| κρεῶν παιδείων | *composé* de chairs d'-enfants |
| καὶ πέφρικα | et j'ai frissonné |
| καὶ θάμβος ἔχει με | et la stupeur tient moi |
| κλύοντα ἀληθῶς | entendant-*raconter* véritablement |
| ἐξηκασμένα οὐδέν· | des choses n'étant figurées en rien ; |
| ἀκούσας δὲ τὰ ἄλλα | mais entendant le reste |
| τρέχω | je cours |
| πεσὼν ἐκ δρόμου. | étant tombé-hors de la voie. |
| ΚΑΣΑΝΔΡΑ. Φημί σε | CASSANDRE. Je dis toi |
| ἐπόψεσθαι μόρον | devoir voir le trépas |
| Ἀγαμέμνονος. | d'Agamemnon. |

ΧΟΡΟΣ.
Εὔφημον, ὦ τάλαινα, κοίμασον στόμα.
ΚΑΣΑΝΔΡΑ.
Ἀλλ' οὔτι παιὼν τῷδ' ἐπιστατεῖ λόγῳ.
ΧΟΡΟΣ.
Οὔκ, εἴπερ ἔσται γ'· ἀλλὰ μὴ γένοιτό πως.
ΚΑΣΑΝΔΡΑ.
Σὺ μὲν κατεύχει, τοῖς δ' ἀποκτείνειν μέλει.
ΧΟΡΟΣ.
Τίνος πρὸς ἀνδρὸς τοῦτ' ἄγος πορσύνεται ;
ΚΑΣΑΝΔΡΑ.
Ἦ κάρτα τἄρα παρεκόπης [1] χρησμῶν ἐμῶν.
ΧΟΡΟΣ.
Τοῦ [2] γὰρ τελοῦντος; οὐ ξυνῆκ' ἀμηχανῶν.
ΚΑΣΑΝΔΡΑ.
Καὶ μὴν ἄγαν γ' Ἕλλην' ἐπίσταμαι φάτιν.
ΧΟΡΟΣ.
Καὶ γὰρ τὰ πυθόκραντα· δυσμαθῆ δ' ὅμως.
ΚΑΣΑΝΔΡΑ.
Παπαῖ < παπαῖ >·
οἷον τὸ < δ' ἕρπει > πῦρ· ἐπέρχεται δ' ἐμοί.
Ὀτοτοῖ, Λύκει' Ἄπολλον, οἲ ἐγὼ ἐγώ.
Αὕτη δίπους λέαινα συγκοιμωμένη
λύκῳ, λέοντος εὐγενοῦς ἀπουσίᾳ,
κτενεῖ με τὴν τάλαιναν· ὡς δὲ φάρμακον
τεύχουσα κἀμοῦ μισθὸν ἐνθήσει ποτῷ,

LE CHOEUR. Malheureuse, tais-toi ; ta langue a blasphémé.
CASSANDRE. Au mal que j'ai prédit il n'est point de remède.
LE CHOEUR. Sans doute, s'il doit être. Oh ! ciel ! qu'il ne soit pas !
CASSANDRE. Oui, fais des vœux au ciel, eux songent à tuer.
LE CHOEUR. Qui donc se chargerait d'exécuter ce meurtre ?
CASSANDRE. Mes oracles, alors, ont été peu compris.
LE CHOEUR. Je suis mal en effet la trame du complot.
CASSANDRE. L'Hellène, je le sais pourtant ; je le sais trop.
LE CHOEUR. Ceux de Delphes aussi, les en comprend-on mieux ?
CASSANDRE. Ciel ! quelle chaleur je sens monter en moi ! — Ah ! dieu du Lycée, — Apollon ! — que je souffre ! — que je souffre ! — La lionne à deux pieds, celle qui s'est accouplée au loup, en l'absence du noble lion, elle-même m'égorgera, malheureuse que je suis ! — Dans le poison qu'elle prépare, elle ajoutera sa ven-

ΧΟΡΟΣ. Ὦ τάλαινα,     LE CHOEUR. O malheureuse,
κοίμησον στόμα     assoupis (calme) *ta* bouche
εὔφημον.     prononçant-de-bonnes-paroles.
ΚΑΣΑΝΔΡΑ. Ἀλλὰ παιὼν     CASSANDRE. Mais un médecin
ἐπιστατεῖ οὔτι     n'est en aucune *façon*
τῷδε λόγῳ.     à cette parole (à ce que je dis).
ΧΟΡΟΣ. Οὔκ,     LE CHOEUR. Non,
εἴπερ ἔσται γε·     si-toutefois du-moins *cela* arrive ;
ἀλλὰ μὴ γένοιτό     mais que *cela* n'arrive pas
πως.     en-quelque-manière !
ΚΑΣΑΝΔΡΑ. Σὺ μὲν     CASSANDRE. Toi d'une part
κατεύχει,     tu fais-des-vœux,     [tuer
τοῖς δὲ μέλει ἀποκτείνειν.     à eux d'autre part est-souci de
ΧΟΡΟΣ. Πρὸς τίνος ἀνδρὸς     LE CHOEUR. Par quel homme
τοῦτο ἄγος πορσύνεται;     ce crime est-il accompli ?
ΚΑΣΑΝΔΡΑ. Ἦ τοι ἄρα     CASSANDRE. Oui, certes
παρεκόπης κάρτα     tu t'es égaré bien-loin
ἐμῶν χρησμῶν.     de mes oracles.
ΧΟΡΟΣ. Τοῦ γὰρ τελοῦντος;     LE CHOEUR. Car qui *l*'exécutant ?
οὐ ξυνῆκα     je n'ai pas compris
ἀμηχανῶν.     étant-embarrassé.
ΚΑΣΑΝΔΡΑ. Καὶ μὴν     CASSANDRE. Et pourtant
ἐπίσταμαι φάτιν Ἕλληνα     je sais la langue grecque
ἄγαν γε.     trop certes.
ΧΟΡΟΣ. Καὶ γὰρ     LE CHOEUR. Et en-effet     [*grec*,
τὰ πυθόκραντα·     les oracles-du-Pythien *parlent*
ὅμως δὲ     et pourtant *ils sont*
δυσμαθῆ.     difficiles-à-comprendre.
ΚΑΣΑΝΔΡΑ. Παπαῖ παπαῖ·     CASSANDRE. Hélas ! hélas !
οἷον δὲ τὸ πῦρ ἔρπει·     et quel *est* ce feu *qui* se-glisse ?
ἐπέρχεται δὲ ἐμοί.     et il pénètre-en moi.
Ὀτοτοῖ, Ἀπόλλον Λύκειε,     Oh ! Apollon Lycéen,
οἳ ἐγὼ ἐγώ.     hélas ! moi, moi !
Αὕτη λέαινα δίπους     Cette lionne à-deux-pieds
συγκοιμωμένη λύκῳ,     qui dort-avec un loup,
ἀπουσίᾳ εὐγενοῦς λέοντος,     en l'absence du noble lion,
κτενεῖ με τὴν τάλαιναν·     tuera moi la malheureuse :
ὡς δὲ τεύχουσα φάρμακον     et comme préparant un poison
ἐνθήσει ποτῷ     elle mettra-dans le breuvage

ΑΓΑΜΕΜΝΩΝ.

κἀπεύχεται, θήγουσα φωτὶ φάσγανον,
ἐμῆς ἀγωγῆς ἀντιτίσεσθαι φόνον.
Τί δῆτ' ἐμαυτῆς καταγέλωτ' ἔχω τάδε,
καὶ σκῆπτρα καὶ μαντεῖα περὶ δέρῃ στέφη;
σφὲ μὲν πρὸ μοίρας τῆς ἐμῆς διαφθερῶ.
Ἴτ' ἐς φθόρον πεσόντ'· ἐγὼ δ' ἅμ' ἕψομαι·
ἄλλην τιν' ἄτης ἀντ' ἐμοῦ πλουτίζετε.
Ἰδοὺ δ', Ἀπόλλων αὐτὸς ἐκδύων ἐμὲ
χρηστηρίαν ἐσθῆτ', ἐποπτεύσας ἐμὲ
κἀν τοῖσδε κόσμοις καταγελωμένην μέγα
φίλων ὑπ' ἐχθρῶν, οὐ διχορρόπως μάτην·
καλουμένη δὲ φοιτὰς, ὡς ἀγύρτρια
πτωχός τε μαινὰς λιμοθνὴς, ἠνεσχόμην.
Καὶ νῦν ὁ μάντις μάντιν ἐκπράξας ἐμὲ
ἀπήγαγ' ἐς τοιάσδε θανασίμους τύχας·
βωμοῦ πατρῴου δ' ἀντ' ἐπίξηνον μένει,
θερμῷ κοπείσης φοίνιον προσφάγματι.

geance contre moi. Elle se vante, en aiguisant le fer contre son époux de lui faire expier par la mort ma présence en ces lieux. Ces insignes qui tournent à ma confusion, ce sceptre, ces bandelettes prophétiques qui entourent mon cou, pourquoi donc les garder? Je les détruirai avant que mon destin s'accomplisse. Disparaissez, périssez, je ne tarderai pas à vous suivre. Allez combler quelque autre de vos dons fatals. — Voici qu'il me reprend lui-même la robe prophétique, cet Apollon, qui m'a vue, malgré ces insignes, par les Troyens aveuglés raillée comme par des ennemis. — Traitée de vagabonde, de diseuse de bonne aventure, de mendiante folle, de meurt-de-faim, je l'endurai! — Pour m'avoir faite prophétesse, voilà à quelle déplorable fin il m'a conduite, le dieu prophète. Au lieu de l'autel de Priam, c'est une table de cuisine qui m'attend. C'est là que je tomberai, toute palpitante sous le couteau

| | |
|---|---|
| καὶ μισθὸν | aussi le prix (la vengeance) |
| ἐμοῦ, | de moi (dont elle veut me payer), |
| καὶ ἐπεύχεται | et elle se-vante, [tel, |
| θήγουσα φάσγανον φωτὶ, | en aiguisant un fer contre ce mor- |
| ἀντιτίσεσθαι | devoir prendre-pour-expiation |
| ἐμῆς ἀγωγῆς | de ma conduite (de m'avoir ame- |
| φόνον. | la mort. [née) |
| Τί δῆτα ἔχω τάδε | Pourquoi donc ai-je ces *objets* |
| καταγελῶτα ἐμαυτῆς, | dérision de moi-même, |
| καὶ σκῆπτρα | et *ce* sceptre |
| καὶ στέφη μαντεῖα | et *ces* bandelettes prophétiques |
| περὶ δέρῃ; | autour du cou? |
| Σφὲ διαφθερῶ μὲν | Je vous détruirai certes |
| πρὸ τῆς ἐμῆς μοίρας. | avant ma destinée. |
| Ἴτε πέσοντα ἐς φθόρον· | Allez tombant dans *votre* perte; |
| ἐγὼ δὲ ἕψομαι ἅμα· | et moi je suivrai en-même-temps; |
| πλουτίζετε ἄτης | enrichissez de malheur |
| τινὰ ἄλλην ἀντὶ ἐμοῦ. | quelque autre au-lieu-de moi. |
| Ἰδοὺ δὲ, | Et voici, |
| Ἀπόλλων αὐτὸς ἐκδύων ἐμὲ | Apollon lui-même dépouillant moi |
| ἐσθῆτα χρηστηρίαν, | du vêtement prophétique, |
| ἐποπτεύσας ἐμὲ | *lui* ayant contemplé moi |
| καὶ ἐν τοῖς κόσμοις | même dans ces ornements |
| μέγα καταγελωμένην | grandement raillée |
| ὑπὸ φίλων ἐχθρῶν, | par *mes* amis *devenus mes* ennemis, |
| μάτην οὐ διχορρόπως. | sans-fondement nondouteusement· |
| Ἠνεσχόμην δὲ | Et j'endurai |
| καλουμένη φοιτάς, | étant (d'être) appelée vagabonde, |
| ὡς ἀγύρτρια | comme une quêteuse |
| πτωχός τε μαινὰς | et une mendiante folle |
| λιμοθνής. | mourant-de-faim. |
| Καὶ νῦν ὁ μάντις | Et maintenant le prophète |
| ἐκπράξας ἐμὲ μάντιν | ayant rendu moi prophétesse |
| ἀπήγαγεν ἐς τοιάσδε τύχας | m'a amenée à de telles destinées |
| θανασίμους· | mortelles:; |
| ἀντὶ βωμοῦ πατρῴου | au-lieu-de l'autel paternel |
| ἐπίξηνον μένει, | un billot-de-cuisine m'attend, |
| κοπείσης φόνιον | *moi* ayant été frappée mortellement |
| προσφάγματι θερμῷ. | par un égorgement chaud. |

Οὐ μὴν ἄτιμοί γ' ἐκ θεῶν τεθνήξομεν.
Ἥξει γὰρ ἡμῶν ἄλλος αὖ τιμάορος,
μητροκτόνον φίτυμα, ποινάτωρ πατρός·
φυγὰς δ' ἀλήτης τῆσδε γῆς ἀπόξενος
κάτεισιν ἄτας τάσδε θριγκώσων φίλοις·
ἄραρε γάρ τις ὅρκος ἐκ θεῶν μέγας
πράξειν[1] νιν ὑπτίασμα κειμένου πατρός.
Τί δῆτ' ἐγὼ κάτοικτος ὧδ' ἀναστένω;
Ἐπεὶ τὸ πρῶτον εἶδον Ἰλίου πόλιν
πράξασαν ὡς ἔπραξεν, οἱ δ' εἷλον πόλιν
οὕτως ἀπαλλάσσουσιν ἐν θεῶν κρίσει,
ἰοῦσα κἀγὼ τλήσομαι τὸ κατθανεῖν.
Ἅιδου πύλας δὴ τάσδ' ἐγὼ προσεννέπω·
ἐπεύχομαι δὲ καιρίας πληγῆς τυχεῖν,
ὡς ἀσφάδαστος, αἱμάτων εὐθνησίμων
ἀπορρυέντων, ὄμμα συμβάλω τόδε.

ΧΟΡΟΣ.

Ὦ πολλὰ μὲν τάλαινα, πολλὰ δ' αὖ σοφὴ
γύναι, μακρὰν ἔτεινας. Εἰ δ' ἐτητύμως

sanglant de la mort. — Du moins ne mourrai-je pas sans vengeance ; les dieux y pourvoiront. Un autre viendra quelque jour pour châtier le crime, un fils meurtrier de sa mère, vengeur de son père. — Il est au loin maintenant, hors de sa patrie, c'est un fugitif. Plus tard, par un dernier forfait, il couronnera tant d'horreurs domestiques. — Oui, oui, les dieux l'ont solennellement juré, il fera payer la chute de son père. — Mais pourquoi m'apitoyer, moi qui ai vu Ilion, traité comme il l'a été ! — Ceux-ci, c'étaient là naguère les maîtres de ma patrie. — Voilà aujourd'hui ce que la justice des dieux leur a réservé. — Allons jusqu'au bout, et sachons mourir. — Salut, porte d'Hadès ! Que le coup soit mortel, c'est tout ce que je souhaite. — Point de convulsion, que mon sang coule à flots, et que mes yeux se ferment doucement dans la mort !

LE CHŒUR. O trop infortunée, trop clairvoyante jeune femme, tu ne peux plus t'arrêter. Mais puisque tu vois si clair dans ta

## AGAMEMNON. 269

| | |
|---|---|
| Οὐ μὴν τεθνήξομεν | Toutefois nous ne mourrons pas |
| ἄτιμοί γε | sans-vengeance du-moins |
| ἐκ θεῶν. | de-la part-des dieux. |
| Ἄλλος γὰρ τιμάορος ἡμῶν | Car un autre vengeur de nous |
| ἥξει αὖ, | viendra à-son-tour, |
| φίτυμα μητροκτόνον, | rejeton matricide, |
| ποινάτωρ πατρός· | vengeur de *son* père ; |
| φυγὰς δὲ ἀλήτης | et exilé errant |
| ἀπόξενος τῆσδε γῆς | éloigné de cette terre, |
| κάτεισιν θριγκώσων | il reviendra devant couronner |
| τάσδε ἄτας | ces malheurs |
| φίλοις· | pour ses amis (des siens) ; |
| τίς γὰρ μέγας ὅρκος ἐκ θεῶν | car un grand serment des dieux |
| ἄραρε | a été solidement-établi |
| νιν πράξειν | lui devoir faire-payer |
| ὑπτίασμα πατρὸς κειμένου. | la chute de *son* père gisant. |
| Τί δῆτα ἐγὼ κάτοικτος | Pourquoi donc moi m'apitoyant |
| ἀναστένω ὧδε ; | me lamenté-je ainsi ? |
| ἐπεὶ τὸ πρῶτον | après-que d'abord |
| εἶδον πόλιν Ἰλίου | j'ai vu la ville d'Ilion |
| πράξασαν | faisant *ses affaires* (traitée) |
| ὡς ἔπραξεν, | comme elle a fait *ses affaires*, |
| οἵ δὲ εἷλον πόλιν | et *que ceux* qui ont pris la ville |
| ἀπαλλάσσουσιν ὧδε | finissent ainsi |
| ἐν κρίσει θεῶν, | par un jugement des dieux, |
| καὶ ἐγὼ ἰοῦσα | moi aussi allant |
| τλήσομαι τὸ κατθανεῖν. | je supporterai le mourir. |
| Ἐγὼ δὴ προσεννέπω | Moi donc j'adresse-la-parole |
| τάσδε πύλας Ἅιδου· | à ces portes d'Hadès : |
| ἐπεύχομαι δὲ τυχεῖν | d'ailleurs je désire obtenir |
| πληγῆς καιρίας, | un coup mortel, |
| ὡς ἀσφάδαστος, | afin-que sans-convulsion, |
| αἱμάτων ἀπορρυέντων | *mon* sang ayant coulé |
| εὐθνησίμων, | mourant-bien (par une mort paisible), |
| συμβάλω τόδε ὄμμα. | je ferme cet œil-ci (mon œil). |
| ΧΟΡΟΣ. Ὦ γύναι, | LE CHŒUR. O femme, |
| πολλὰ μὲν τάλαινα, | d'une part bien malheureuse, |
| πολλὰ δὲ αὖ σοφή, | d'autre part aussi bien savante, |
| ἔτεινας μακράν. | tu t'es étendue longuement. |

ΑΓΑΜΕΜΝΩΝ.

μόρον τὸν αὐτῆς οἶσθα, πῶς θεηλάτου
βοὸς δίκην πρὸς βωμὸν εὐτόλμως πατεῖς ;
ΚΑΣΑΝΔΡΑ.
Οὐκ ἔστ' ἄλυξις, οὔ, ξένοι· χρόνοι πλέῳ.
ΧΟΡΟΣ.
Ὁ δ' ὕστατός γε τοῦ χρόνου πρεσβεύεται.
ΚΑΣΑΝΔΡΑ.
Ἥκει τόδ' ἦμαρ· σμικρὰ κερδανῶ φυγῇ.
ΧΟΡΟΣ.
Ἀλλ' ἴσθι τλήμων οὖσ' ἀπ' εὐτόλμου φρενός.
ΚΑΣΑΝΔΡΑ.
Οὐδεὶς ἀκούει ταῦτα τῶν εὐδαιμόνων.
ΧΟΡΟΣ.
Ἀλλ' εὐκλεῶς τοι κατθανεῖν χάρις βροτῷ.
ΚΑΣΑΝΔΡΑ.
Ἰὼ πάτερ σοῦ σῶν τε γενναίων τέκνων [1].
ΧΟΡΟΣ.
Τί δ' ἐστὶ χρῆμα ; τίς σ' ἀποστρέφει φόβος ;
ΚΑΣΑΝΔΡΑ.
Φεῦ φεῦ.
ΧΟΡΟΣ.
Τί τοῦτ' ἔφευξας ; εἴ τι μὴ φρενῶν στύγος.
ΚΑΣΑΝΔΡΑ.
Φόνον δόμοι πνέουσιν αἱματοσταγῆ.
ΧΟΡΟΣ.
Καὶ πῶς ; τόδ' ὄζει θυμάτων ἐφεστίων.

propre destinée, pourquoi, ainsi que la génisse qu'appelle le sacrifice, marcher si résolument à l'autel ?
CASSANDRE. A l'étreinte du temps nul ne peut échapper.
LE CHŒUR. Mais le temps le dernier est toujours le meilleur.
CASSANDRE. Il est venu mon jour. Fuir, j'y gagnerais peu.
LE CHŒUR. C'est ton malheur à toi, que rien ne t'épouvante.
CASSANDRE. Jamais l'heureux n'entend de semblables discours.
LE CHŒUR. Bien mourir n'est-ce rien, à tes yeux, pour un homme !
CASSANDRE. O mon père, ô nobles fils de Priam !
LE CHŒUR. (A Cassandre, qui s'arrête tout à coup au moment de franchir le seuil du palais.) Qu'est-ce encore ? et pourquoi reculer de terreur ?
CASSANDRE. Hélas ! hélas !
LE CHŒUR. Et pourquoi ces hélas? quelque nouvel effroi... ?
CASSANDRE. La maison sent le meurtre. Ah ! quelle odeur de sang !
LE CHŒUR. Eh ! ce sont les brebis qu'on immole au foyer.

| | |
|---|---|
| Εἰ δὲ οἶσθα ἐτητύμως | Mais si tu connais réellement |
| τὸν μόρον αὑτῆς, | le sort de toi-même, |
| πῶς πατεῖς εὐτόλμως | comment marches-tu résolument |
| πρὸς βωμόν, | vers l'autel, |
| δίκην βοὸς | à la manière d'une génisse |
| θεηλάτου. | poussée-par-un-dieu. [d'éviter, |
| ΚΑΣΑΝΔΡΑ. Οὐκ ἔστιν ἄλυξις, | CASSANDRE. Pas-n'est moyen- |
| οὔ, ξένοι· | il n'en est pas, étrangers ; |
| χρόνοι πλέῳ. | les temps sont pleins (accomplis). |
| ΧΟΡΟΣ. Ὁ δὲ ὕστατός | LE CHOEUR. Mais le dernier mo- |
| γε | certes  [ment |
| χρόνου | du temps  [meilleur). |
| πρεσβεύεται. | est honoré (regardé comme le |
| ΚΑΣΑΝΔΡΑ. Τόδε ἦμαρ ἥκει· | CASSANDRE. Ce jour est arrivé ; |
| κερδανῶ σμικρὰ φυγῇ. | je gagnerai peu par la fuite. |
| ΧΟΡΟΣ. Ἀλλὰ ἴσθι | LE CHOEUR. Mais sache |
| οὖσα | étant (que tu es) |
| τλήμων | malheureuse |
| ἀπὸ φρενὸς εὐτόλμου. | par-suite-de ton cœur audacieux. |
| ΚΑΣΑΝΔΡΑ  Οὐδεὶς | CASSANDRE. Aucun |
| τῶν εὐδαιμόνων | des heureux |
| ἀκούει ταῦτα. | n'entend ces discours-là. [faveur |
| ΧΟΡΟΣ. Ἀλλά τοι χάρις | LE CHOEUR. Mais certes c'est une |
| βροτῷ | pour un mortel |
| κατθανεῖν εὐκλεῶς. | de mourir glorieusement. |
| ΚΑΣΑΝΔΡΑ. Ἰὼ πάτερ | CASSANDRE. Oh ! mon père, |
| σοῦ | à cause de toi |
| σῶν τε γενναίων τέκνων. | et de tes nobles enfants, |
| ΧΟΡΟΣ. Τί δὲ χρῆμά ἐστι ; | LE CHOEUR. Et quelle chose est ? |
| τίς φόβος σε ἀποστρέφει. | quelle crainte te détourne ? |
| ΚΑΣΑΝΔΡΑ. Φεῦ φεῦ. | CASSANDRE. Hélas ! hélas ! |
| ΧΟΡΟΣ. Τί | LE CHOEUR. Pourquoi |
| ἔφευξας τοῦτο ; | as-tu poussé-cet-hélas ? |
| εἴ τι μὴ στύγος | à moins que quelque objet-odieux |
| φρενῶν. | à ton cœur. |
| ΚΑΣΑΝΔΡΑ. Δόμοι πνέουσιν | CASSANDRE. Cette maison respire |
| φόνον αἱματοσταγῆ. | un meurtre sanglant. |
| ΧΟΡΟΣ. Καὶ πῶς; | LE CHOEUR. Et comment ? |
| τόδε ὄζει θυμάτων ἐφεστίων. | cela sent les sacrifices du-foyer. |

ΑΓΑΜΕΜΝΩΝ.

ΚΑΣΑΝΔΡΑ.

Ὅμοιος ἀτμὸς ὥσπερ ἐκ τάφου πρέπει.
ΧΟΡΟΣ.
Οὐ Σύριον ἀγλάϊσμα δώμασιν λέγεις.
ΚΑΣΑΝΔΡΑ.
Ἰὼ ξένοι,
οὔτοι δυσοίζω, θάμνον¹ ὡς ὄρνις, φόβῳ,
ἀλλ' ὡς θανούσῃ μαρτυρῆτέ μοι τότε²,
ὅταν γυνὴ γυναικὸς ἀντ' ἐμοῦ θάνῃ,
ἀνήρ τε δυσδάμαρτος ἀντ' ἀνδρὸς πέσῃ.
Ἐπιξενοῦμαι³ ταῦτα δ' ὡς θανουμένη.
ΧΟΡΟΣ.
Ὦ τλῆμον, οἰκτείρω σε θεσφάτου μόρου.
ΚΑΣΑΝΔΡΑ.
Ἅπαξ ἔτ' εἰπεῖν ῥῆσιν, οὐ θρῆνον θέλω
ἐμὸν τὸν αὐτῆς. Ἰλίου δ' ἐπεύχομαι
πρὸς ὕστατον φῶς, τοὺς <πατρὸς> τιμαόρους
χρέος φονεῦσι τοῖς ἐμοῖς τίνειν ὁμοῦ
δούλης θανούσης, εὐμαροῦς χειρώματος.
Ἀλλ' εἶμι κἀν θανοῦσι κωκύσουσ' ἐμὴν
Ἀγαμέμνονός τε μοῖραν. Ἀρκείτω βίος.

CASSANDRE. Ah ! plutôt l'air impur exhalé des tombeaux !
LE CHŒUR. Certes, ce ne sont point parfums de la Syrie.
CASSANDRE. Oh ! étrangers ! Je ne pousse pas des cris plaintifs par peur, comme l'oiseau qui voltige autour du buisson. Rendez-moi témoignage lorsque je ne serai plus, lorsqu'une femme à son tour, pour m'avoir égorgée, moi une femme comme elle, une femme sera égorgée, et que pour payer le sang de ce mari si mal assorti un homme tombera. Tel est le don d'hospitalité que je vous demande à mon dernier moment.
LE CHŒUR. Malheureuse ! Oh ! que je te plains, pauvre prophétesse.
CASSANDRE. Un mot encore ; je ne veux pas gémir sur mon sort. Soleil qui ne dois plus m'éclairer, fais que ceux qui vengeront un père payent à la fois à mes meurtriers ce qui leur est dû pour la mort d'une esclave sans défense. Mais j'entre ; j'irai déplorer chez les morts mon sort et celui d'Agamemnon. Finissons-en avec la vie.

## AGAMEMNON.

| | |
|---|---|
| ΚΑΣΑΝΔΡΑ. Ἀτμὸς ὅμοιος, πρέπει ὥσπερ ἐκ τάφου. | CASSANDRE. Une vapeur semblable se-fait-remarquer (s'élève) comme d'un tombeau. |
| ΧΟΡΟΣ. Οὐ λέγεις ἀγλάϊσμα Σύριον δώμασιν. | LE CHOEUR. Tu ne parles pas d'un ornement (d'un parfum) Syrie dedans *cette* maison. |
| ΚΑΣΑΝΔΡΑ. Ἰὼ ξένοι, οὔτοι δυσοίζω φόβῳ, ὡς ὄρνις θάμνον, ἀλλὰ μαρτυρῆτε τότε μοι ὡς θανούσῃ, ὅταν γυνὴ θάνῃ ἀντὶ ἐμοῦ γυναικός, ἀνήρ τε πέσῃ ἀντὶ ἀνδρὸς δυσδάμαρτος. Ἐπιξενοῦμαι δὲ ταῦτα ὡς θανουμένη. | CASSANDRE. Oh! étrangers, je ne gémis pas-certes par crainte, comme l'oiseau *gémit-autour* d'un buisson, mais rendez-témoignage alors (un jour) à moi comme étant morte, lorsqu'une femme mourra en-compensation-de moi femme, et *qu*'un homme tombera (périra) en-compensation d'un homme mal-marié. [cela Et je demande-pour-hospitalité comme devant-mourir. |
| ΧΟΡΟΣ. Ὦ τλῆμον, σέ οἰκτείρω μόρου θεσφάτου. | LE CHOEUR. O infortunée, je te plains de *ton* sort prédit-par-les-oracles. |
| ΚΑΣΑΝΔΡΑ. Θέλω εἰπεῖν ἅπαξ ἔτι ῥῆσιν, οὐ τὸν ἐμὸν θρῆνον αὐτῆς. Ἐπεύχομαι δὲ πρὸς ὕστατον φῶς ἡλίου, τοὺς τιμαόρους πατρὸς τίνειν ὁμοῦ τοῖς ἐμοῖς φονεῦσι χρέος δούλης θανούσης εὐμαροῦς χειρώματος. Ἀλλὰ εἶμι κωκύσουσα ἐν θανοῦσι καὶ ἐμὴν μοῖραν Ἀγαμέμνονός τε. Βίος ἀρκείτω. | CASSANDRE. Je veux dire une-seule-fois encore un mot, non la lamentation de moi-même. Or je demande à la dernière lumière du soleil les vengeurs d'un père payer en-même-temps à mes meurtriers la dette d'une esclave morte, facile conquête. Mais je vais-aller devant pleurer chez les morts et mon sort et *celui* d'Agamemnon. Que *cette* vie *me* suffise! |

MORCEAUX CH. D'ESCHYLE.

## ΑΓΑΜΕΜΝΩΝ.

### ΧΟΡΟΣ.

Ἰὼ βρότεια πράγματ'· εὐτυχοῦντα μὲν
σκιᾷ τις ἂν πρέψειεν¹· εἰ δὲ δυστυχῇ,
βολαῖς ὑγρώσσων σπόγγος ὤλεσεν γραφήν.
Καὶ ταῦτ' ἐκείνων μᾶλλον οἰκτείρω πολύ.

### V. CLYTEMNESTRE.
(Vers 1374-1447.)

### ΚΛΥΤΑΙΜΝΗΣΤΡΑ².

Πολλῶν πάροιθεν καιρίως εἰρημένων
τἀναντί' εἰπεῖν οὐκ ἐπαισχυνθήσομαι.
Πῶς γάρ τις ἐχθροῖς ἐχθρὰ πορσύνων, φίλοις
δοκοῦσιν εἶναι, πημονῆς ἀρκύστατ' ἂν
φράξειεν ὕψος κρεῖσσον ἐκπηδήματος;
Ἐμοὶ δ' ἀγὼν ὅδ' οὐκ ἀφρόντιστος πάλαι
νείκης παλαιᾶς, ἦλθε σὺν χρόνῳ γε μήν·
ἕστηκα δ' ἔνθ' ἔπαισ', ἐπ' ἐξειργασμένοις.
Οὕτω δ' ἔπραξα, καὶ τάδ' οὐκ ἀρνήσομαι,
ὡς μήτε φεύγειν μήτ' ἀμύνεσθαι μόρον·

LE CHOEUR. Vanité des choses humaines! le bonheur, il ressemble à une ombre; le malheur, un coup d'éponge humide comme d'un trait en efface le souvenir. Amer oubli, plus amer que le malheur même.

### V

CLYTEMNESTRE. (Elle sort une hache à la main. La scène laisse voir en même temps deux cadavres derrière elle.) Jusqu'ici j'ai prodigué les protestations, les circonstances m'en faisaient une loi. A me démentir aujourd'hui je n'éprouve aucun embarras. Comment en effet, avec la pensée de perdre un ennemi qu'on semble destiné à aimer, le faire tomber dans le filet du malheur, assez à fond pour défier ses efforts? Oh! il m'a fallu plus d'une combinaison avant de livrer bataille. De longue main j'ai dû préparer mon triomphe. Enfin j'ai réussi! Je suis debout, il est à terre; c'est chose faite. Oui, mes précautions étaient prises, je n'en fais point mystère, pour qu'il ne pût ni m'échapper ni se défendre. D'un

## AGAMEMNON. 275

ΧΟΡΟΣ. Ἰὼ πράγματα βρότεια·     LE CHOEUR. O choses humaines !
τίς πρέψειεν ἂν σκιᾷ            on comparerait à une ombre
εὐτυχοῦντα μέν·                 *elles* d'une part étant-heureuses;
εἰ δὲ δυστυχῇ,                  si d'autre part elles *sont* malheu-
σπόγγος ὑγρώσσων                une éponge humide    [reuses.
ὤλεσεν γραφὴν                   a détruit (effacé) la peinture
βολαῖς.                         par des jets (des aspersions).
Καὶ οἰκτείρω ταῦτα              Et je m'apitoie sur ceci
πολὺ μᾶλλον ἐκείνων.            beaucoup plus que sur cela.

## V. CLYTEMNESTRE.

ΚΛΥΤΑΙΜΝΗΣΤΡΑ.          CLYTEMNESTRE.
Πολλῶν                   Beaucoup de choses
εἰρημένων πάροιθεν       ayant été dites précédemment
καιρίως                  selon-les-circonstances
οὐκ ἐπαισχυνθήσομαι      je ne rougirai pas
εἰπεῖν τὰ ἐναντία.       de dire les choses contraires.
Πῶς γάρ τις              Car comment quelqu'un
πορσύνων ἐχθρὰ           préparant des choses ennemies
ἐχθροῖς,                 contre des ennemis,
δοκοῦσιν εἶναι φίλοις,   qui paraissent *lui* être chers,
φράξειεν ἂν              armerait-il
ἀρκύστατα πημονῆς        les filets du malheur       [bond?
ὕψος κρεῖσσον ἐκπηδήματος; à une hauteur supérieure à un
Ὁ δὲ ἀγὼν                Or cette lutte
νείκης παλαιᾶς           d'une querelle ancienne   [ditée
ἐμοὶ οὐκ ἀφρόντιστος     *est* pour moi non sans-être-mé-
πάλαι·                   anciennement;
ἦλθέ γε μὴν              elle est arrivée certes
σὺν χρόνῳ.               avec le temps.
Ἕστηκα δὲ                Et je me tiens-debout
ἔνθα ἔπαισα,             là-où j'ai frappé;
ἐπὶ ἐξειργασμένοις.      sur des choses accomplies.
Οὕτω δὲ ἔπραξα,          Et ainsi j'ai fait,
καὶ οὐκ ἀρνήσομαι τάδε,  et je ne nierai pas cela,
ὡς μήτε φεύγειν          en-sorte-que *lui* ni fuir
μήτε ἀμύνεσθαι μόρον·    ni repousser le destin;

## ΑΓΑΜΕΜΝΩΝ.

ἄπειρον ἀμφίβληστρον, ὥσπερ ἰχθύων,
περιστιχίζω, πλοῦτον εἵματος κακόν.
Παίω δέ νιν δίς· κἀν δυοῖν οἰμώγμασιν
μεθῆκεν αὐτοῦ κῶλα· καὶ πεπτωκότι
τρίτην ἐπενδίδωμι, τοῦ κατὰ χθονὸς
Διὸς νεκρῶν σωτῆρος εὐκταίαν χάριν [1].
Οὕτω τὸν αὐτοῦ θυμὸν ὀρυγάνει [2] πεσὼν,
κἀκφυσιῶν ὀξεῖαν αἵματος σφαγὴν
βάλλει μ' ἐρεμνῇ ψακάδι φοινίας δρόσου,
χαίρουσαν οὐδὲν ἧσσον ἢ διοσδότῳ
γάνει σπορητὸς κάλυκος ἐν λοχεύμασιν.
Ὡς ὦδ' ἐχόντων, πρέσβος Ἀργείων τόδε,
χαίροιτ' ἄν, εἰ χαίροιτ', ἐγὼ δ' ἐπεύχομαι.
Εἰ δ' ἦν πεσόντων ὅσι' ἐπισπένδειν νεκρῶν,
τᾴδ' ἂν δικαίως ἦν, ὑπερδίκως μὲν οὖν·
τοσῶνδε κρατῆρ' ἐν δόμοις κακῶν ὅδε
πλήσας ἀραίων αὐτὸς ἐκπίνει μολών.

réseau sans issue, un vrai filet à poissons, je l'enveloppe tout entier, riche et fatal vêtement! Deux fois je le frappe, deux fois il gémit, et ses genoux fléchissent. Quand il est à terre, je lui porte un troisième coup. Le dieu souterrain, Hadès, le patron des morts, en a tressailli d'aise. C'est ainsi qu'en tombant il a rendu l'âme. Il râle, le sang sort en sifflant de sa blessure, le flot noir rejaillit jusque sur moi, véritable rosée du meurtre, plus douce pour moi que la pluie de Zeus au calice des plantes en travail. Voilà ce qu'il en est, vieillards d'Argos. Que la chose vous plaise ou non, moi je m'en fais gloire. Et s'il était permis d'offrir des libations à propos d'un mort, certes ce serait bien le moment. Vraiment c'était trop juste. La coupe maudite du meurtre débordait dans cette maison, cet homme l'avait comblée, il est venu **y boire de lui-même à son retour.**

| | |
|---|---|
| περιστιχίζω | je jette-autour-de *lui* |
| ἀμφίβληστρον ἄπειρον, | un filet sans-issue, |
| ὥσπερ ἰχθύων, | comme *un filet* de poissons, |
| κακὸν πλοῦτον εἵματος. | funeste richesse de vêtement. |
| Παίω δέ νιν δίς· | Et je frappe lui deux-fois ; |
| καὶ ἐν δυοῖν οἰμώγμασιν | et avec deux gémissements |
| μεθῆκε κῶλα αὐτοῦ· | il a détendu les membres de lui ; |
| καὶ ἐπενδίδωμι πεπτωκότι | et je donne-en-outre à *lui* tombé |
| τρίτην, | un troisième *coup*, |
| χάριν εὐκταίαν | offrande votive |
| τοῦ Διὸς κατὰ χθονός, | du (au) Zeus sous terre, |
| σωτῆρος νεκρῶν. | protecteur des morts. |
| Πεσὼν οὕτω | Étant tombé ainsi |
| ἐρυγάνει τὸν θυμὸν αὐτοῦ, | il rejette-par-un-rot la vie de lui, |
| καὶ ἐκφυσιῶν | et lançant-par-le-souffle |
| σφαγὴν ὀξεῖαν αἵματος | un sacrifice rapide de sang |
| βάλλει ψακάδι ἐρεμνῇ | il frappe d'une goutte noire |
| δρόσου φοινίας | de rosée meurtrière, [moins |
| με χαίρουσαν οὐδὲν ἧσσον | moi ne me-réjouissant en rien |
| ἢ σπορητὸς | que la graine [ternel) |
| ἐν λοχεύμασιν | dans les enfantements (le sein ma- |
| κάλυκος | du bouton |
| γάνει | *ne se réjouit* de la joie (d'une |
| διοσδότῳ. | envoyée-par-Zeus. [pluie douce) |
| Ὡς ἐχόντων ὧδε, | Comme les choses étant ainsi, |
| πρέσβος Ἀργείων τόδε, | vieillesse des Argiens ici-présente, |
| χαίροιτε ἄν, | vous pourriez-vous réjouir, |
| εἰ χαίροιτε, | si vous vouliez-vous réjouir, |
| ἐγὼ δὲ ἐπεύχομαι. | pour moi je m'*en* vante, |
| Εἰ δὲ ἦν ὅσια | Et si c'était chose pieuse |
| ἐπισπένδειν | d'offrir-des-libations |
| νεκρῶν πεσόντων, | les morts étant tombés, |
| τάδε ἦν ἂν | cela aurait-eu-lieu |
| δικαίως, | justement, |
| ὑπερδίκως μὲν οὖν· | tout-à-fait justement certes; |
| ὅδε πλήσας ἐν δόμοις | celui-ci ayant rempli dans *sa* |
| κρατῆρα | une coupe [maison |
| τοσῶνδε κακῶν ἀραίων | de tant de maux maudits |
| ἐκπίνει αὐτὸς μολών. | *la* vide lui-même étant revenu. |

ΧΟΡΟΣ.

Θαυμάζομέν σου γλῶσσαν, ὡς θρασύστομος,
ἥτις τοιόνδ' ἐπ' ἀνδρὶ κομπάζεις λόγον.

ΚΛΥΤΑΙΜΝΗΣΤΡΑ.

Πειρᾶσθέ μου γυναικὸς ὡς ἀφράσμονος.
Ἐγὼ δ' ἀτρέστῳ καρδίᾳ πρὸς εἰδότας [1]
λέγω (σὺ δ' αἰνεῖν εἴτε με ψέγειν θέλεις,
ὅμοιον)· οὗτός ἐστιν Ἀγαμέμνων, ἐμὸς
πόσις, νεκρὸς δὲ τῆσδε δεξιᾶς χερὸς
ἔργον, δικαίας τέκτονος. Τάδ' ὧδ' ἔχει.

ΧΟΡΟΣ.

Τί κακὸν, ὦ γύναι,
χθονοτρεφὲς ἐδανὸν ἢ ποτὸν
πασαμένα ῥυτᾶς ἐξ ἁλὸς ὅρμενον
τόδ' ἐπέθου μύσος δαμοθρόους τ' ἀράς;
Ἀπέδικεν, ἀπέταμέν σ' [2] — ἀπόπολις δ' ἔσει —
μῖσος ὄβριμον ἀστῶν.

ΚΛΥΤΑΙΜΝΗΣΤΡΑ.

Νῦν μὲν δικάζεις ἐκ πόλεως φυγὴν ἐμοὶ
καὶ μῖσος ἀστῶν δημόθρους τ' ἔχειν ἀράς,
οὐδὲν τότ' ἀνδρὶ τῶνδ' ἐναντίον φέρων,

LE CHOEUR. Quelle audace! j'en reste anéanti. Quel langage! Voici ce qu'elle a fait de son mari, et elle s'en glorifie.

CLYTEMNESTRE. Ne dirait-on pas, à vous entendre, que je ne suis qu'une femme sans raison? Eh bien, moi, je vous le dis, et mon cœur n'en bat pas plus vite, vous le savez (approuvez, blâmez, pour moi c'est tout un): oui, cet homme, c'est Agamemnon, c'est mon mari, et c'est cette main qui a fait le coup; une belle besogne, en vérité. Ètes-vous contents?

LE CHOEUR. (Le Chœur va de droite à gauche.) Quel poison sorti de la terre as-tu mangé, ô femme? quel funeste breuvage as-tu puisé au sein des mers pour t'oublier à cette monstrueuse exécution, braver la malédiction publique? Te voilà rejetée, retranchée de la ville par la haine violente des Argiens.

CLYTEMNESTRE. Ainsi c'est moi que tu décrètes aujourd'hui d'exil loin d'Argos. Me voilà désignée à la haine publique, et rien de tout cela, rien contre cet homme! Pourtant, sans plus s'en

# AGAMEMNON. 279

| | |
|---|---|
| ΧΟΡΟΣ. Θαύμαζομεν | LE CHOEUR. Nous admirons |
| γλῶσσάν σου, | la langue de toi, |
| ὡς θρασύστομος, | combien *elle est* impudente, |
| ἥτις κομπάζεις | *de toi* qui prononces-avec-jactance |
| τοιόνδε λόγον | un tel discours |
| ἐπὶ ἀνδρί. | à-propos-de *ton* mari. |
| ΚΛΥΤΑΙΜΝΗΣΤΡΑ. | CLYTEMNESTRE. |
| Πειρᾶσθέ μου | Vous éprouvez-moi |
| ὡς γυναικὸς ἀφράσμονος. | comme une femme privée-de-sens. |
| Ἐγὼ δὲ λέγω | Eh-bien moi je dis |
| καρδίᾳ ἀτρέστῳ | d'un cœur non-tremblant |
| πρὸς εἰδότας | à vous *le* sachant |
| (ὅμοιον δὲ | (et *cela* m'est égal |
| σὺ αἰνεῖν | que toi *tu veuilles* me louer |
| εἴτε θέλεις με ψέγειν)· | ou-que tu veuilles me blâmer); |
| οὗτός ἐστιν Ἀγαμέμνων, | celui-ci est Agamemnon, |
| ἐμὸς πόσις, | mon époux, |
| νεκρὸς δὲ ἔργον | et *ce* cadavre *est* l'œuvre |
| τῆσδε χερὸς δεξιᾶς, | de cette main-droite-ci, |
| δικαίας τέκτονος. | juste ouvrière. |
| Τάδε ἔχει ὧδε. | Ces choses sont ainsi. |
| ΧΟΡΟΣ. Ὦ γύναι, | LE CHOEUR. O femme, |
| τί ἐδανὸν κακὸν | quel aliment funeste |
| χθονοτρεφὲς | nourri-par-la-terre |
| ἢ ποτὸν ὅρμενον | ou *quelle* boisson sortie |
| ἐξ ἁλὸς ῥυτᾶς | de la mer fluide |
| πασαμένα | possédant (ayant goûté) [tion |
| ἐπέθου τόδε μύσος | t'es-tu chargée de cette exécra- |
| ἀράς τε δαμοθρόους; | et des imprécations publiques? |
| Μῖσος ὄβριμον ἀστῶν | La haine violente des citoyens |
| ἀπέδικεν, ἀπέταμέν σε, | a rejeté, a retranché toi, |
| ἔσει δὲ ἀπόπολις. | et tu seras sans-patrie. [ne part |
| ΚΛΥΤΑΙΜΝΗΣΤΡΑ. Νῦν μὲν | CLYTEMNESTRE. Maintenant d'u- |
| δικάζεις μοι | tu prononces contre moi |
| φυγὴν ἐκ πόλεως | l'exil hors de la ville |
| καὶ ἔχειν μῖσος ἀστῶν | et d'avoir la haine des citoyens |
| ἀράς τε δημοθρόους, | et les imprécations publiques, |
| φέρων τότε οὐδὲν τούτων | ne portant alors rien de cela |
| ἐναντίον ἀνδρί, | contre un homme, |

ὃς οὐ προτιμῶν, ὡσπερεὶ βοτοῦ μόρον,
μήλων φλεόντων εὐπόκοις νομεύμασιν,
ἔθυσεν αὑτοῦ παῖδα, φιλτάτην ἐμοὶ
ὠδῖν', ἐπῳδὸν Θρῃκίων ἀημάτων.
Οὐ τοῦτον ἐκ γῆς τῆσδε χρῆν σ' ἀνδρηλατεῖν,
μιασμάτων ἄποιν' ; Ἐπήκοος δ' ἐμῶν
ἔργων δικαστὴς τραχὺς εἶ. Λέγω δέ σοι
τοιαῦτ' ἀπειλεῖν, ὡς παρεσκευασμένον
ἐκ τῶν ὁμοίων, χειρὶ νικήσαντ' ἐμοῦ
ἄρχειν · ἐὰν δὲ τοὔμπαλιν κραίνῃ θεός,
γνώσει διδαχθεὶς ὀψὲ γοῦν τὸ σωφρονεῖν.
                    ΧΟΡΟΣ.
Μεγαλόμητις εἶ,
περίφρονα δ' ἔλακες, ὥσπερ οὖν [1]
φονολιβεῖ τύχᾳ φρὴν ἐπιμαίνεται [2]
λίπος ἐπ' ὀμμάτων αἵματος εὖ πρέπειν.
Ἀτίετον ἔτι σὲ χρὴ, στερομέναν φίλων,
τύμμα τύμματι τῖσαι.
                    ΚΛΥΤΑΙΜΝΗΣΤΡΑ.
Καὶ τήνδ' ἀκούεις ὁρκίων ἐμῶν θέμιν ·
μὰ τὴν τέλειον τῆς ἐμῆς παιδὸς Δίκην,

inquiéter que s'il se fût agi d'une brebis, et les riches toisons ne manquaient pas dans nos prairies, il a sacrifié sa fille, une fille que j'aimais, le fruit de mes entrailles, et cela pour conjurer les vents de Thrace. Sacrifice dénaturé qui criait vengeance ! Voilà qui appelait l'exil loin de la terre d'Argos. Mais non, tu ne vois que mon crime, à moi, et tu me juges sans pitié ! Moi, je te le déclare, menace tant que tu voudras, mais sois prêt à courir les mêmes chances. Et si le ciel se déclare pour moi, tu apprendras, tout vieux que tu es, à mesurer tes paroles.

LE CHOEUR. (Le Chœur va de gauche à droite de l'hyposcène.) Cœur superbe ! langage hautain ! Oh ! le sang, dirait-on, te monte à la tête, t'égare. Tu trouves que la tache du sang sur ton front est un ornement. Eh bien ! il te faudra, délaissée des tiens, expier la mort par la mort.

CLYTEMNESTRE. Eh bien, écoute ce serment solennel. Par la justice qui a vengé ma fille, par Até, par Érinys, à qui j'ai sacrifié

| | |
|---|---|
| ὃς οὐ προτιμῶν, | qui n'en faisant-pas-de-cas, |
| ἔθυσεν, | a sacrifié, |
| ὡσπερεὶ μόρον βοτοῦ, | comme une destinée de bétail, |
| μήλων φλεόντων | des brebis pullulant [toisons, |
| νομεύμασιν εὐπόκοις, | dans les pâturages aux-belles- |
| παῖδα αὑτοῦ, | une fille de lui-même, |
| ὠδῖνα φιλτάτην ἐμοὶ, | enfantement très cher à moi, |
| ἐπῳδὸν | conjuration (pour conjurer) |
| ἀημάτων Θρηκίων. | des vents thraces. |
| Οὐ χρῆν σε ἀνδρηλατεῖν | Ne fallait-il pas toi chasser |
| τοῦτον ἐκ τῆσδε γῆς, | celui-ci de cette terre-ci, |
| ἄποινα μιασμάτων; | en expiation de ces sacrilèges ? |
| Ἐπήκοος δὲ ἐμῶν ἔργων | Mais entendant mes actes |
| εἶ δικαστὴς τραχύς. | tu es un juge rigoureux. |
| Λέγω δέ σοι | Or je dis à toi |
| ἀπειλεῖν τοιαῦτα, | de faire-des-menaces telles , |
| ὡς παρεσκευασμένον | comme étant disposé |
| ἐκ τῶν ὁμοίων, | par suite de *conditions* égales, |
| νικήσαντα χερὶ | ayant vaincu par la main (la |
| ἄρχειν ἐμοῦ· | à commander à moi ; [force) |
| ἐὰν δὲ ὁ θεὸς | mais si le dieu |
| κραίνῃ τὸ ἔμπαλιν, | fait le contraire, |
| γνώσει διδαχθεὶς ὀψὲ | tu apprendras instruit tard |
| τὸ σωφρονεῖν. | le être-sage. [hautaine, |
| ΧΟΡΟΣ. Εἶ μεγαλόμητις | LE CHOEUR. Tu es d'une-pensée |
| ἔλακες δὲ περίφρονα | et tu as dit des choses orgueilleuses, |
| ὥσπερ οὖν | comme en-effet |
| φρὴν ἐπιμαίνεται | *ton* esprit se-vante-affolé |
| τύχᾳ φονολιβεῖ | par une destinée meurtrière |
| λίπος αἵματος | la souillure du sang |
| εὖ πρέπειν ἐπὶ ὀμμάτων. | bien convenir sur les yeux. |
| Χρή σε ἀτίετον, | Il faut toi sans-honneur, |
| στερομέναν φίλων, | privée d'amis, [coup. |
| τῖσαι ἔτι τύμμα τύμματι. | payer en-outre un coup par un |
| ΚΛΥΤΑΙΜΝΗΣΤΡΑ. Καὶ | CLYTEMNESTRE. Et |
| ἀκούεις | tu entends |
| τήνδε θέμιν ἐμῶν ὁρκίων· | cette loi-ci de mes serments ; |
| μὰ τὴν Δίκην | par la Justice |
| τέλειον | exécutrice *de la vengeance* |

## ΑΓΑΜΕΜΝΩΝ.

Ἄτην Ἐρινύν θ', αἷσι τόνδ' ἔσφαξ' ἐγὼ,
οὔ μοι μελάθρων ἐλπὶς ἐμπατεῖν φόβον,
ἕως ἂν αἴθῃ πῦρ ἐφ' ἑστίας ἐμῆς
Αἴγισθος, ὡς τὸ πρόσθεν εὖ φρονῶν ἐμοί·
οὗτος γὰρ ἡμῖν ἀσπὶς οὐ σμικρὰ θράσους.
Κεῖται γυναικὸς τῆσδε λυμαντήριος,
Χρυσηΐδων μείλιγμα τῶν ὑπ' Ἰλίῳ·
ἥ τ' αἰχμάλωτος ἥδε καὶ τερασκόπος,
ἡ κοινόλεκτρος τοῦδε θεσφατηλόγος,
πιστὴ ξύνευνος, ναυτίλων γε σελμάτων
ἰσοτριβής. Ἄτιμα δ' οὐκ ἐπραξάτην.
Ὁ μὲν γὰρ οὕτως, ἡ δέ τοι, κύκνου δίκην
τὸν ὕστατον μέλψασα θανάσιμον γόον,
κεῖται φιλήτωρ τοῦδ'· ἐμοὶ δ' ἐπήγαγεν
θοίνης παροψώνημα τῆσδ' εὐνῆς χλιδήν.

cet homme, n'espère pas que la crainte franchisse jamais le seuil de mon appartement, tant que sur mon autel domestique le feu brûlera entretenu par Égisthe, toujours, comme par le passé, plein d'amour pour moi. C'est là le solide bouclier où s'appuie mon audace. (Montrant le cadavre d'Agamemnon.) Le voilà, ce bourreau de sa femme, le consolateur des Chryséis sous les murs d'Ilion ! (Montrant celui de Cassandre.) La voilà aussi cette captive, la devineresse, la compagne des nuits de cet homme ; la prophétesse qui partageait assidûment son lit, venue avec lui sur la flotte ! Leurs outrages sont vengés. Lui, voyez ce que j'en ai fait. Quant à elle, elle a chanté le chant du cygne, l'hymne suprême de la mort ; elle est là, gisante, la maîtresse d'Agamemnon. Apre volupté qui relève le plaisir de mes nuits !

| | |
|---|---|
| τῆς ἐμῆς παιδός, | de ma fille, |
| Ἄτην Ἐρινύν τε, | par Até et Érinys,    \|ci, |
| αἷσιν ἐγὼ ἔσφαξα τοῦτον, | auxquelles moi j'ai immolé celui- |
| οὐκ ἐλπὶς | attente n'est pas |
| φόβον ἐμπατεῖν μελάθρων μοι, | la crainte fouler les appartements à moi, |
| ἕως Αἴγισθος αἴθῃ ἂν πῦρ | tant-qu'Égisthe brûlera le feu |
| ἐπὶ ἐμῆς ἑστίας, | sur mon foyer, |
| φρονῶ εὖ ἐμοὶ | étant-disposé bien pour moi, |
| ὡς τὸ πρόσθεν· | comme auparavant ; |
| οὗτος γάρ ἐστιν ἡμῖν | car celui-ci est pour nous |
| ἀσπὶς οὐ σμικρὰ θράσους. | un bouclier non petit de confiance. |
| Κεῖται λυμαντήριος | Il gît le destructeur (le fléau) |
| τῆσδε γυναικός, | de cette femme-ci (de moi), |
| μείλιγμα τῶν Χρυσηίδων | charme des Chryséis |
| ὑπὸ Ἰλίῳ· | sous Ilion ; |
| ἥδε τε ἡ αἰχμάλωτος, | et celle-ci la captive |
| καὶ τερασκόπος, | et la devineresse, |
| ἡ θεσφατηλόγος | la prophétesse |
| κοινόλεκτρος τοῦδε, | concubine de celui-ci, |
| πιστὴ ξύνευνος, | fidèle compagne-de-sa-couche, |
| ἰσοτριβής γε | foulant-également certes |
| σελμάτων ναυτίλων. | les bancs des-navires. |
| Οὐ δὲ ἐπραξάτην | Et ils n'ont pas fait |
| ἄτιμα. | des choses sans-récompense. |
| Ὁ μὲν γὰρ οὕτως, | Car lui d'une part gît ainsi, |
| ἡ δέ τοι | elle d'autre part certes |
| μέλψασα | ayant chanté |
| τὸν ὕστατον γόον θανάσιμον, | le dernier gémissement de-la-mort, |
| δίκην κύκνου, | à la manière d'un cygne, |
| κεῖται φιλήτωρ τοῦδε· | gît amante de celui-ci ; |
| ἐπήγαγεν δὲ ἐμοὶ | et il a amené pour moi |
| παροψώνημα θοίνης | comme assaisonnement de festin |
| χλιδὴν τῆσδε εὐνῆς. | le délice de cette couche-ci. |

# ARGUMENT ANALYTIQUE
## DES CHOÉPHORES

Plusieurs années séparent l'action de l'*Agamemnon* de celle des *Choéphores*. Oreste a grandi, et l'oracle de Delphes lui a commandé de punir les meurtriers de son père. Il revient de son exil, accompagné de Pylade. On le voit déposer une boucle de ses cheveux sur le tombeau d'Agamemnon. Ce tombeau est sur un côté de la scène, dont le fond est formé par un palais.

De ce palais sort Électre, suivie de femmes captives qui portent des libations (χοηφόροι). C'est Clytemnestre qui les envoie pour apaiser les mânes de la victime et détourner de funestes présages. En répandant les libations, Électre aperçoit la boucle de cheveux déposée sur le tombeau. Bientôt Oreste se montre : reconnaissance du frère et de la sœur.

Après les premiers épanchements, Oreste et Électre se concertent sur le moyen d'obéir à l'oracle et de frapper leurs ennemis communs. Oreste se donnera pour un étranger, pour un homme du pays où fut exilé le fils d'Agamemnon. Il apportera lui-même la nouvelle de sa propre mort ; il s'introduira ainsi dans le palais, et les assassins périront à leur tour.

Tout s'exécute selon le plan convenu. Clytemnestre ne témoigne ni joie ni douleur de la mort de son fils ; mais elle charge Électre de bien accueillir le porteur de cette nouvelle. En même temps elle fait prévenir Égisthe, qui arrive seul au palais. Ses cris annoncent au spectateur que le vengeur l'a frappé. L'audace de Clytemnestre s'évanouit ; elle tombe aux pieds de son fils et tâche d'émouvoir sa pitié ; mais celui-ci, affermi dans sa résolution par les conseils de Pylade, reste inexorable ; il la traîne dans le palais, et l'immole à côté de son complice.

Le palais s'ouvre ; dans l'intérieur apparaît Oreste, l'épée à la main, entre ses deux victimes. C'est le pendant du tableau qu'on a vu dans la tragédie d'*Agamemnon*. Il fait déployer devant le peuple le voile sans issue dans lequel fut enveloppé son père ; mais il a beau attester la sainteté de la mission qu'il remplit, son cœur proteste, son esprit se trouble : il voit la troupe vengeresse des Euménides qui le chassent du palais où il a répandu le sang de sa mère ; il ne trouvera d'asile que dans le temple du dieu qui commanda le parricide.

# ΧΟΗΦΟΡΟΙ

## I. LES LIBATIONS FUNÈBRES, LA RECONNAISSANCE D'ORESTE ET D'ÉLECTRE.

(Vers 84-263.)

ΗΛΕΚΤΡΑ.

Δμωαὶ γυναῖκες, δωμάτων εὐθήμονες,
ἐπεὶ πάρεστε τῆσδε προστροπῆς ἐμοὶ
πομποί[1], γένεσθε τῶνδε σύμβουλοι πέρι.
Τί φῶ χέουσα τάσδε κηδείους χοάς;
πῶς εὔφρον' εἴπω, πῶς κατεύξωμαι πατρί;
Πότερα λέγουσα παρὰ φίλης φίλῳ φέρειν
γυναικὸς ἀνδρί, τῆς ἐμῆς μητρὸς πάρα;
Ἢ τοῦτο φάσκω τοὔπος, ὡς νόμος βροτοῖς,
ἴσ' ἀντιδοῦναι τοῖσι πέμπουσιν τάδε
στέφη, δόσιν γε τῶν κακῶν[2] ἐπαξίαν;
Τῶνδ' οὐ πάρεστι θάρσος, οὐδ' ἔχω τί φῶ,

I

ÉLECTRE. Esclaves, vous, femmes vouées au service de cette maison, puisque vous figurez à mes côtés dans cette cérémonie expiatoire, donnez-moi votre avis. En répandant sur cette tombe les funèbres libations, comment me concilier la bienveillance de mon père ? en quels termes m'adresser à lui ? Me dirai-je envoyée à un mari par sa femme, par ma mère ? — Le prierai-je de se conformer à la loi d'ici-bas, de payer de retour ceux de qui lui viennent ces présents, de leur rendre mal pour mal ? — Non, je n'aurai jamais ce courage. — En vérité je ne sais à quelle

# LES CHOÉPHORES

## I. LES LIBATIONS FUNÈBRES, LA RECONNAISSANCE D'ORESTE ET D'ÉLECTRE.

ΗΛΕΚΤΡΑ. Γυναῖκες δμωαί,
εὐθήμονες δωμάτων,
ἐπεὶ πάρεστε
πομποὶ ἐμοὶ
τῆσδε προστροπῆς,
γένεσθε σύμβουλοι
περὶ τῶνδε.
Τί φῶ χέουσα
τάσδε χοὰς κηδείους;
πῶς εἴπω
εὔφρονα,
πῶς κατεύξωμαι
πατρί;
Πότερα λέγουσα
φέρειν ἀνδρὶ φίλῳ
παρὰ γυναικὸς φίλης,
παρὰ τῆς ἐμῆς μητρός;
Ἢ φάσκω τοῦτο ἔπος,
ὡς νόμος βροτοῖς,
ἀντιδοῦναι ἴσα
τοῖσι πέμπουσι
τάδε στέφη,
δόσιν γε ἐπαξίαν
τῶν κακῶν;
Θάρσος τῶνδε
οὐ πάρεστιν,
οὐδὲ ἔχω

ÉLECTRE. Femmes esclaves,
servantes du palais,
puisque vous êtes-présentes
compagnes pour moi
de cette supplication,
soyez conseillères
sur ces choses-ci.
Que dois-je-dire en répandant
ces libations funéraires ?
comment dois-je-dire
des *paroles* bienveillantes, [vœux
comment dois-je-adresser-des-
à *mon père* ?
Est-ce en disant
*moi les* apporter à un époux chéri
de-la-part-d'une épouse chérie,
de-la-part-de ma mère ?
Ou dois-je-dire cette parole,
comme *il est* coutume aux mor-
de rendre la pareille [tels,
à ceux qui envoient
ces couronnes, [valent
*de leur rendre* un don certes équi-
des maux *qu'ils ont faits ?*
La hardiesse de ces choses
n'est pas *à moi*,
et-je n'ai (ne sais)

χέουσα τόνδε πέλανον ἐν τύμβῳ πατρός.
Ἢ σῖγ' ἀτίμως, ὥσπερ οὖν ἀπώλετο
πατὴρ, τάδ' ἐκχέασα, γάποτον χύσιν,
στείχω, καθάρμαθ' ὥς τις ἐκπέμψας [1], πάλι
δικοῦσα τεῦχος ἀστρόφοισιν ὄμμασιν ;
Τῆσδ' ἐστὲ βουλῆς, ὦ φίλαι, μεταίτιαι·
κοινὸν γὰρ ἔχθος ἐν δόμοις νομίζομεν·
Μὴ κεύθετ' ἔνδον καρδίας φόβῳ τινός·
τὸ μόρσιμον γὰρ τόν τ' ἐλεύθερον μένει
καὶ τὸν πρὸς ἄλλης δεσποτούμενον χερός.
Λέγοις ἂν, εἴ τι τῶνδ' ἔχεις ὑπέρτερον.

ΧΟΡΟΣ.
Αἰδουμένη σοὶ βωμὸν ὡς τύμβον πατρὸς
λέξω, κελεύεις γὰρ, τὸν ἐκ φρενὸς λόγον.

ΗΛΕΚΤΡΑ.
Λέγοις ἂν, ὥσπερ ἠδέσω τάφον πατρός.

ΧΟΡΟΣ.
Φθέγγου χέουσα κεδνὰ τοῖσιν εὔφροσιν.

formule recourir en déposant ces offrandes sur la tombe de mon père. — Ou bien, silencieuse sans un mot de souvenir, puisque enfin il a péri par un crime, verserai-je simplement les libations sur la terre qui les boira, et me retirerai-je, ainsi qu'un coupable dans une expiation, en jetant le vase derrière moi, sans détourner les yeux ? Mes amies, aidez-moi de vos lumières, vous qu'une communauté de haine unit à moi dans cette maison. Ne me cachez rien au fond de votre cœur, parlez-moi sans crainte. Rappelez-vous que, libres ou soumis à un pouvoir étranger, notre maître à tous, c'est le Destin. — Voyons si vous avez quelque chose à ajouter à cela.

LE CHOEUR. Par la tombe de ton père, aussi sacrée pour moi qu'un autel, puisque tu l'exiges, je te parlerai dans toute la sincérité de mon âme.

ÉLECTRE. Que dois-je faire alors ? songe au tombeau sacré.

LE CHOEUR. Fais des vœux, en versant, pour tous ceux qui l'aimaient.

| | |
|---|---|
| τί φῶ, | quelle chose je dois-dire |
| χέουσα τόνδε πέλανον | en répandant cette offrande |
| ἐν τύμβῳ πατρός. | sur la tombe de *mon* père. |
| Ἢ σῖγα, | Ou-bien en silence, |
| ἀτίμως, | sans-hommage, |
| ἔπειπερ οὖν πατὴρ, | puisqu'en-effet *mon* père |
| ἀπώλετο, | a péri *par violence*, |
| ἐκχέασα τάδε, | ayant répandu ces *libations*, |
| χύσιν γάποτον, | effusion bue-par-la-terre, |
| στείχω, | dois-je-m'en-aller, |
| ὥς τις | comme quelqu'un |
| ἐκπέμψας καθάρματα, | ayant jeté les ordures, |
| δικοῦσα πάλιν τεῦχος | ayant lancé derrière *moi* le vase |
| ὄμμασιν ἀστρόφοισιν; | avec des yeux détournés ? |
| Ἔστε, ὦ φίλαι, | Soyez, ô amies, |
| μεταίτιαι τῆσδε βουλῆς· | prenant-part à ce dessein ; |
| νομίζομεν γὰρ | car nous pensons (mis communs) |
| ἔχθος κοινὸν | une inimitié commune (des enne- |
| ἐν δόμοις. | *être à nous* dans ce palais. |
| Μὴ κεύθετε | Ne cachez pas *votre pensée* |
| ἔνδον καρδίας | au-dedans-de *votre* cœur |
| φόβῳ τινός· | par crainte de qui-que-ce-soit ; |
| τὸ μόρσιμον γὰρ μένει | car la fatalité attend |
| τόν τε ἐλεύθερον | et *l'homme* libre |
| καὶ τὸν δεσποτούμενον | et celui qui est dominé |
| πρὸς χερὸς ἄλλης. | par une main autre (étrangère). |
| Λέγοις ἄν, | Tu pourrais-parler (parle) |
| εἰ ἔχεις τι | si tu as quelque chose |
| ὑπέρτερον τῶνδε. | de plus que cela.  [autel |
| ΧΟΡΟΣ. Αἰδουμένη ὡς βωμὸν | LE CHŒUR. Respectant comme un |
| τύμβον πατρός, | la tombe de *ton* père, |
| λέξω σοι, κελεύεις γάρ, | je dirai à toi, car tu *l*'ordonnes, |
| τὸν λόγον ἐκ φρενός. | le discours partant du cœur. |
| ΗΛΕΚΤΡΑ. Λέγοις ἄν, | ÉLECTRE. Tu pourrais-parler (par- |
| ὥσπερ ᾔδέσω | comme tu as respecté  (le) |
| τάφον πατρός. | la tombe de *mon* père.  [bations |
| ΧΟΡΟΣ. Χέουσα | LE CHŒUR. En répandant *des li-* |
| φθέγγου κεδνὰ | prononce de bonnes *paroles* |
| τοῖσιν εὔφροσιν. | pour ceux *qui étaient* bienveillants. |

ΗΛΕΚΤΡΑ.
Τίνας δὲ τούτους τῶν φίλων προσεννέπω;
ΧΟΡΟΣ.
Πρῶτον μὲν αὑτὴν χὥστις Αἴγισθον στυγεῖ.
ΗΛΕΚΤΡΑ.
Ἐμοί τε καὶ σοί τἄρ' ἐπεύξωμαι τάδε;
ΧΟΡΟΣ.
Αὐτὴ σὺ ταῦτα μανθάνουσ' ἤδη φράσαι.
ΗΛΕΚΤΡΑ.
Τίν' οὖν ἔτ' ἄλλον τῇδε προστιθῶ στάσει;
ΧΟΡΟΣ.
Μέμνησ' Ὀρέστου, κεἰ θυραῖός ἐσθ' ὅμως.
ΗΛΕΚΤΡΑ.
Εὖ τοῦτο, κἀφρένωσας οὐχ ἥκιστά με.
ΧΟΡΟΣ.
Τοῖς αἰτίοις νῦν τοῦ φόνου μεμνημένη
ΗΛΕΚΤΡΑ.
Τί φῶ; δίδασκ' ἄπειρον ἐξηγουμένη.
ΧΟΡΟΣ.
ἐλθεῖν τιν' αὐτοῖς δαίμον' ἢ βροτῶν τινά
ΗΛΕΚΤΡΑ.
Πότερα δικαστὴν ἢ δικηφόρον λέγεις;
ΧΟΡΟΣ.
ἁπλῶς τι φράζουσ', ὅστις ἀνταποκτενεῖ.
ΗΛΕΚΤΡΑ.
Καὶ ταῦτά μοὐστὶν εὐσεβῆ θεῶν πάρα;

ÉLECTRE. Pour tous ceux qui l'aimaient? mais qui dois-je nommer?
LE CHŒUR. Toi d'abord, et quiconque a pris Égisthe en haine.
ÉLECTRE, Ton nom, le mêlerai-je au mien dans ma prière?
LE CHŒUR. Bien dit! comme ton cœur a deviné le mien!
ÉLECTRE. Et puis à nos deux noms j'ajouterai... qui donc?
LE CHŒUR. Oreste, songes-y, tout exilé qu'il est.
ÉLECTRE. Bien cela! Bon conseil prudent et avisé!
LE CHŒUR. Et puis les assassins; rappelle-toi le crime.
ÉLECTRE. Que leur souhaiter? toi, dis-le-moi, je ne sais.
LE CHŒUR. Un dieu, quelque mortel, qui les vienne surprendre.
ÉLECTRE. Pour les juger? ou bien pour châtier le crime?
LE CHŒUR. Qui vienne réclamer mort pour mort, voilà tout.
ÉLECTRE. De tels vœux au ciel! mais c'est une impiété.

| | |
|---|---|
| ΗΛΕΚΤΡΑ. Τίνας δὲ προσεννέπω τούτους τῶν φίλων; | ÉLECTRE. Et qui dois-je-appeler ceux-ci (ainsi) de ses amis? |
| ΧΟΡΟΣ. Πρῶτον μὲν αὐτὴν καὶ ὅστις στυγεῖ Αἴγισθον. | LE CHOEUR. D'une part d'abord toi-même et quiconque hait Égisthe. |
| ΗΛΕΚΤΡΑ. Ἆρά τοι ἐπεύξωμαι τάδε ἐμοί τε καὶ σοί; | ÉLECTRE. Est-ce-que donc je dois-faire-ces-vœux et pour moi et pour toi? |
| ΧΟΡΟΣ. Αὐτὴ σὺ μανθάνουσα φράσαι ἤδη ταῦτα. | LE CHOEUR. Toi-même me comprenant réfléchis maintenant à cela. |
| ΗΛΕΚΤΡΑ. Τίνα ἄλλον οὖν ἔτι προστιθῶ τῇδε στάσει; | ÉLECTRE. Quel autre donc encore dois-je-ajouter à cette société? |
| ΧΟΡΟΣ. Μέμνησο Ὀρέστου, καὶ εἰ ὅμως ἐστὶ θυραῖος. | LE CHOEUR. Souviens-toi d'Oreste, quoique pourtant il soit absent. |
| ΗΛΕΚΤΡΑ. Εὖ τοῦτο, καὶ ἐφρένωσάς με οὐχ ἥκιστα. | ÉLECTRE. Bien cela, et tu m'as avertie non très-peu (très bien). |
| ΧΟΡΟΣ. Μεμνημένη οὖν τοῦ φόνου τοῖς αἰτίοις | LE CHOEUR. Te souvenant donc du meurtre *souhaite* aux coupables |
| ΗΛΕΚΤΡΑ. Τί φῶ; δίδασκε ἄπειρον. ἐξηγουμένη | ÉLECTRE. Que dois-je-dire? instruis-*moi* ignorante en t'expliquant |
| ΧΟΡΟΣ. τινὰ δαίμονα ἢ τινα βροτῶν ἐλθεῖν αὐτοῖς | LE CHOEUR. quelque divinité ou quelqu'un des mortels venir à eux. |
| ΗΛΕΚΤΡΑ. Πότερα λέγεις δικαστὴν ἢ δικηφόρον; | ÉLECTRE. Est-ce-que tu dis *comme* juge ou *comme* vengeur? |
| ΧΟΡΟΣ. φράζουσά τι ἁπλῶς, ὅστις ἀνταποκτενεῖ. | LE CHOEUR. parlant simplement, *quelqu'un* qui rendra-meurtre-pour-meurtre? |
| ΗΛΕΚΤΡΑ. Καὶ ταῦτά ἐστί μοι εὐσεβῆ παρὰ τῶν θεῶν; | ÉLECTRE. Et cela est-il pour moi pieux (permis) de-la-part des dieux! |

ΧΟΡΟΣ.
Πῶς δ' οὔ, τὸν ἐχθρὸν ἀνταμείβεσθαι κακοῖς,
ΗΛΕΚΤΡΑ.
Κῆρυξ μέγιστε τῶν ἄνω τε καὶ κάτω,
&lt;ἄρηξον&gt;, Ἑρμῆ χθόνιε, κηρύξας ἐμοὶ
τοὺς γῆς ἔνερθε δαίμονας κλύειν ἐμὰς
εὐχάς, πατρῴων αἱμάτων ἐπισκόπους,
καὶ γαῖαν αὐτήν, ἣ τὰ πάντα τίκτεται,
θρέψασά τ' αὖθις τῶνδε κῦμα [1] λαμβάνει.
Κἀγὼ χέουσα τάσδε χέρνιβας φθιτοῖς
λέγω καλοῦσα πατέρ'· ἐποίκτειρόν τ' ἐμὲ
φίλον τ' Ὀρέστην πῶς ἄναξον ἐς δόμους.
Πεπραμένοι γὰρ νῦν γέ πως ἀλώμεθα
πρὸς τῆς τεκούσης, ἄνδρα δ' ἀντηλλάξατο
Αἴγισθον, ὅσπερ σοῦ φόνου μεταίτιος.
Κἀγὼ μὲν ἀντίδουλος· ἐκ δὲ χρημάτων
φεύγων Ὀρέστης ἐστίν, οἱ δ' ὑπερκόπως
ἐν τοῖσι σοῖς πόνοισι χλίουσιν μέγα.
Ἐλθεῖν δ' Ὀρέστην δεῦρο σὺν τύχῃ τινὶ

LE CHŒUR. Comment? à qui vous hait, mort pour mort, c'est justice.

ÉLECTRE. Auguste messager des dieux d'en haut et de ceux d'en bas, secours-moi, Hermès stygien, et fais-moi connaître que mes prières sont arrivées sous la Terre, aux êtres mystérieux qui veillent sur notre maison ; à la Terre elle-même, qui produit tout, sein nourricier où tout rentre pour le féconder de nouveau. — Oui, mon père, en répandant ces libations des morts, c'est à toi que je m'adresse en suppliant. Pitié pour moi, et ramène mon Oreste au foyer. Car aujourd'hui nous voici errants, pour ainsi dire, livrés par notre propre mère, depuis qu'elle a pris en échange un autre homme, Égisthe, celui-là même qui l'a aidée à t'égorger. Moi, en effet, que suis-je ici? une esclave. Et de son patrimoine Oreste est exilé. — Eux, pendant ce temps-là, s'ébattent tout à leur aise, et jouissent insolemment du fruit de tes travaux. Ah ! qu'il revienne, Oreste, qu'il revienne ici, ramené par quelque heureux

## LES CHOÉPHORES. 293

ΧΟΡΟΣ. Πῶς δὲ οὔ,
ἀνταμείβεσθαι
τὸν ἐχθρὸν
κακοῖς ;
ΗΛΕΚΤΡΑ. Κῆρυξ μέγιστε
τῶν ἄνω τε καὶ κάτω,
ἄρηξον, Ἑρμῆ χθόνιε,
κηρύξας ἐμοὶ
τοὺς δαίμονας ἔνερθε γῆς
κλύειν ἐμὰς εὐχὰς,
ἐπισκόπους
αἱμάτων πατρῴων,
καὶ γαῖαν αὐτὴν,
ἣ τίκτεται τὰ πάντα,
θρέψασά τε
λαμβάνει αὖθις κῦμα τῶνδε.
Καὶ ἐγὼ χέουσα φθιτοῖς
τάσδε χερνίβας
λέγω καλοῦσα πατέρα·
ἐποίκτειρόν τε ἐμὲ
ἄναξόν τε πῶς
ἐς δόμους
φίλον Ὀρέστην.
Πεπραμένοι γὰρ νῦν πως
πρὸς τῆς τεκούσης
ἀλώμεθα,
ἀντηλλάξατο δὲ ἄνδρα
Αἴγισθον,
ὅσπερ μεταίτιος σοῦ φόνου.
Καὶ ἐγὼ μὲν
ἀντίδουλος·
Ὀρέστης δέ
ἐστι φεύγων ἐκ χρημάτων,
οἱ δὲ χλίουσιν μέγα
ὑπερκόπως
ἐν τοῖσι σοῖς πόνοισι.
Κατεύχομαι δέ σοι
Ὀρέστην ἐλθεῖν δεῦρο
σύν τινι τύχῃ,

LE CHŒUR. Et comment non,
*n'est-il pas permis* de rendre-la-
à son ennemi       [pareille
par des maux ?
ÉLECTRE. Héraut très-grand
des *dieux* et en-haut et en-bas,
secours-*moi*, Hermès souterrain,
ayant annoncé à moi
les dieux au-dessous-de la terre
entendre mes prières,
*dieux* témoins         [père,
du sang (du meurtre) de-mon-
ainsi-que la terre elle-même,
qui produit toutes les choses,
et les ayant nourries  [celles-ci.
reçoit de-nouveau le germe de
Et moi répandant pour les morts
ces libations
je dis en invoquant *mon* père :
et aie-pitié-de moi
et ramène de-quelque-manière
dans *cette* maison
*mon* cher Oreste.   [que sorte
Car maintenant vendus en-quel-
par celle qui *nous* a enfantés
nous errons,        [homme
et elle a-pris-en-échange un
Égisthe,
qui *est* complice de ton meurtre.
Et moi d'une part
*je suis* tenant-lieu-d'esclave ;
Oreste d'autre part
est exilé de *ses* biens,  [dement
mais ceux-ci se-prélassent gran-
avec-arrogance     (travaux).
dans tes travaux (le fruit de tes
Et je demande à toi
Oreste venir ici
par un certain hasard,

κατεύχομαί σοι, καὶ σὺ κλῦθί μου, πάτερ·
αὐτῇ τέ μοι δὸς σωφρονεστέρᾳ πολὺ
μητρὸς γενέσθαι χεῖρά τ' εὐσεβεστέρᾳ.
Ἡμῖν μὲν εὐχὰς τάσδε· τοῖς δ' ἐναντίοις
λέγω φανῆναί σου, πάτερ, τιμάορον,
καὶ τοὺς κτανόντας ἀντικατθανεῖν, δίκην [1]
. . . . . . . . .
Ταῦτ' ἐν μέρει τίθημι τῆς κακῆς ἀρᾶς,
κείνοις λέγουσα τήνδε τὴν κακὴν ἀράν·
ἡμῖν δὲ πομπὸς ἴσθι τῶν ἐσθλῶν ἄνω,
σὺν θεοῖσι καὶ Γῇ καὶ Δίκῃ νικηφόρῳ.
Τοιαῖσδ' ἐπ' εὐχαῖς τάσδ' ἐπισπένδω χοάς·
ὑμᾶς δὲ κωκυτοῖς ἐπανθίζειν νόμος,
παιᾶνα τοῦ θανόντος ἐξαυδωμένας.
            ΧΟΡΟΣ.
Ἴετε δάκρυ καναχὲς ὀλόμενον
ὀλομένῳ δεσπότᾳ
πρὸς ἔρυμα τόδε κακῶν κεδνῶν τ' ἀπότροπον [2]
ἄγος ἀπεύχετον κεχυμένων χοᾶν.
Κλύε δέ μοι σέβας,
κλύ', ὦ δέσποτ', ἐξ ἀμαυρᾶς φρενός [3].

hasard, je t'en supplie, mon père. Songe à moi aussi, mon père, donne-moi d'être plus chaste que ma mère, d'avoir la main moins audacieuse. Pour mon frère, pour moi, c'est là ce que je te demande. — Contre nos ennemis suscite, ô mon père, un vengeur de ta mort, les représailles où le sang expie le sang... Paroles de haine, sombres imprécations mêlées à ma prière! ah! qu'elle retombe sur leur tête, la lugubre malédiction. Réserve-nous toutes sortes de biens sur la terre, avec l'aide des dieux, de la Terre, de la Justice qui fait triompher. Voilà les vœux que je fais en t'offrant ces libations. — (Elle se tourne vers le Chœur.) A vous maintenant d'éclater en gémissements, en entonnant le péan des morts.

LE CHOEUR (devant le tombeau). Pleurez, vous, pleurez à sanglots; vos lamentations éperdues, criez-les vers ce boulevard contre le malheur; que des têtes innocentes il détourne la souillure maudite. Pleurez pendant qu'on verse les libations. — Écoute, majesté, entends-moi, mon maître, du milieu des ténè-

LES CHOÉPHORES. 295

| | |
|---|---|
| καὶ σὺ κλῦθί μου, πάτερ· | et toi, écoute moi, *mon* père, |
| δός τε μοι αὐτῇ | et donne à moi-même |
| γενέσθαι πολὺ σωφρονεστέρα | d'être beaucoup plus chaste |
| μητρός, | que *ma* mère, |
| εὐσεβεστέρα τε χεῖρα. | et plus pieuse quant au bras. |
| Ἡμῖν μὲν τάσδε εὐχάς· | Pour nous d'une part ces vœux ; |
| λέγω δὲ | d'autre part je dis (je demande) |
| τιμάορόν σου, πάτερ, | un vengeur de toi, père, |
| φανῆναι τοῖς ἐναντίοις, | se-montrer à nos ennemis, |
| καὶ τοὺς κτανόντας | et ceux ayant tué, |
| ἀντικατθανεῖν, | mourir à leur tour, |
| δίκην. . . . . . . | châtiment. . . . . . . |
| . . . . . . . . | . . . . . . . . |
| Τίθημι ταῦτα | Je place cela |
| ἐν μέρει ἀρᾶς κακῆς, | en part de malédiction funeste, |
| λέγουσα κείνοις | disant pour ceux-ci |
| τήνδε τὴν ἀρὰν κακήν· | cette malédiction funeste ; |
| ἴσθι δὲ πομπὸς ἡμῖν ἄνω | mais sois envoyeur à nous en-haut |
| τῶν ἐσθλῶν, | des choses bonnes, |
| σὺν θεοῖσι | avec les dieux |
| καὶ Γῇ | et la terre |
| καὶ Δίκῃ νικηφόρῳ. | et la Justice qui donne-la-victoire. |
| Ἐπισπένδω τάσδε χοὰς | Je verse ces libations |
| ἐπὶ τοιαῖσδε εὐχαῖς· | en-vue-de tels vœux ; |
| νόμος δὲ | d'autre part loi *est* |
| ὑμᾶς ἐπανθίζειν | vous *les* orner (accompagner) |
| κωκυτοῖς | de gémissements |
| ἐξαυδωμένας | en chantant-à-haute-voix |
| παιᾶνα τοῦ θανόντος. | le péan (l'hymne) du mort. [nore |
| ΧΟΡΟΣ. Ἴετε δακρὺ καναχὲς | LE CHŒUR. Versez une larme so- |
| ὀλόμενον δεσπότᾳ ὀλομένῳ | tombant pour un maître tombé |
| χοᾶν κεχυμένων | des libations ayant été répandues |
| πρὸς τόδε ἔρυμα κακῶν | sur ce boulevard de maux |
| ἀπότροπόν τε κεδνῶν | et qui-détourne des bons |
| ἄγος ἀπεύχετον. | une souillure détestable. [tion, |
| Κλῦε δέ μοι, σέβας, | Et écoute moi, objet-de-vénéra- |
| κλῦε, ὦ δέσποτα, | écoute, ô maître, |
| ἐκ φρενὸς | de *ton* esprit [plongé). |
| ἀμαυρᾶς. | ténébreux (des ténèbres où tu es |

Ὀτοτοτοτοτοτοῖ.
Ἴτω τις δορυσθενὴς ἀνὴρ
ἀναλυτὴρ δόμων,
Σκύθης θ' ἅτ' ἐν χεροῖν παλίντονα
ἐν ἔργῳ βέλη 'πιπάλλων Ἄρης[1]
σχέδιά τ' αὐτόκωπα νωμῶν ξίφη.

ΗΛΕΚΤΡΑ.
Ἔχει μὲν ἤδη γαπότους χοὰς πατήρ·
νέου δὲ μύθου τοῦδε κοινωνήσατε,

ΧΟΡΟΣ.
Λέγοις ἄν· ὀρχεῖται δὲ καρδία φόβῳ.

ΗΛΕΚΤΡΑ.
Ὁρῶ τομαῖον τόνδε βόστρυχον τάφῳ.

ΧΟΡΟΣ.
Τίνος ποτ' ἀνδρὸς ἢ βαθυζώνου κόρης;

ΗΛΕΚΤΡΑ.
Εὐξύμβολον τόδ' ἐστὶ παντὶ δοξάσαι.

ΧΟΡΟΣ.
Πῶς οὖν παλαιὰ παρὰ νεωτέρας μάθω;

ΗΛΕΚΤΡΑ.
Οὐκ ἔστιν ὅστις τῶν ἔσω κείραιτό νιν.

ΧΟΡΟΣ.
Ἐχθροὶ γὰρ οἷς προσῆκε πενθῆσαι τριχί.

ΗΛΕΚΤΡΑ.
Καὶ μὴν ὅδ' ἐστὶ κάρτ' ἰδεῖν ὁμόπτερος

bres où ton âme est plongée. Ah! ah! grands dieux! grands dieux! quelle lance héroïque, quel vaillant se fera le libérateur de cette maison? Qui viendra comme l'Arès Scythe, au bras armé de l'arc qui se bande dans la mêlée, ou du fer à combattre de près, qui se prend à la poignée?

ÉLECTRE. Il les a maintenant, mon père, ces libations bues par la terre. — Mais une chose étrange... écoutez.

LE CHOEUR. Dis vite. — Tout mon cœur en tressaille d'émoi.

ÉLECTRE. Oui, des cheveux coupés, ici sur le tombeau.

LE CHOEUR. D'un homme? ou d'une vierge à la large ceinture?

ÉLECTRE. La chose à deviner est pourtant bien facile.

LE CHOEUR. A plus jeune que moi je devrai donc m'instruire.

ÉLECTRE. Des cheveux au roi mort! seule ici j'ai ce droit.

LE CHOEUR. D'autres l'auraient aussi, s'ils n'étaient ennemis.

ÉLECTRE. Et puis, à s'y méprendre, ils sont en tout pareils....

| | |
|---|---|
| Ὀτοτοτοτοτοτοῖ. | Hélas! ah! ah! |
| Ἴτω τις ἀνὴρ | Vienne un homme |
| δορυσθενὴς | puissant-par-la-lance |
| ἀναλυτὴρ δόμων, | libérateur de *cette* maison, |
| ἅτε τε Ἄρης Σκύθης | et comme l'Arès scythe |
| ἐπιπάλλων ἐν χεροῖν | brandissant avec les mains |
| ἐν ἔργῳ | dans l'action [en-arrière |
| βέλη παλίντονα | des traits lancés-par-l'arc-tendu- |
| νωμῶν τε ξίφη | et maniant des épées |
| σχέδια | tenues-à-la-main, |
| αὐτόκωπα. | tenues-par-la poignée. |
| ΗΛΕΚΤΡΑ. Πατὴρ | ÉLECTRE. *Mon* père |
| ἔχει μὲν ἤδη | a d'une part maintenant |
| χοάς γαπότους· | les libations que-boit-la-terre; |
| κοινωνήσατε δὲ | d'autre part ayez-part-à (écoutez) |
| τοῦδε νεοῦ μύθου. | ce nouveau discours. (parle); |
| ΧΟΡΟΣ. Λέγοις ἄν· | LE CHŒUR. Tu pourrais-parler |
| καρδία δὲ ὀρχεῖται φόβῳ. | d'ailleurs mon cœur danse de peur. |
| ΗΛΕΚΤΡΑ. Ὁρῶ | ÉLECTRE. Je vois |
| τόνδε βόστρυχον. | cette boucle-de-cheveux |
| τομαῖον τάφῳ. | coupée pour le tombeau. |
| ΧΟΡΟΣ. Τίνος ποτὲ ἀνδρὸς | LE CHŒUR. De quel homme donc |
| ἢ κόρης | ou *de quelle* jeune-fille |
| βαθυζώνου; | au-sein-profond? |
| ΗΛΕΚΤΡΑ. Τόδε ἔστι | ÉLECTRE. Cela est |
| εὐξύμβολον παντὶ δοξάσαι. | facile à tout *le monde* à deviner. |
| ΧΟΡΟΣ. Πῶς οὖν | LE CHŒUR. Comment donc |
| παλαιὰ | *moi* vieille |
| μάθω παρὰ νεωτεράς; | j'apprendrai d'une plus jeune? |
| ΗΛΕΚΤΡΑ. Οὐκ ἔστιν | ÉLECTRE. Il *n'en* est pas |
| τῶν ἔσω ὅστις | de ceux dans-l'intérieur qui |
| κείραιτό νιν. | se soit coupé elle (cette boucle). |
| ΧΟΡΟΣ. Οἷς γὰρ | LE CHŒUR. Car *ceux* auxquels |
| προσῆκε | il appartenait [chevelure |
| πενθῆσαι τριχὶ | de témoigner-leur-deuil par leur |
| ἐχθροί. | sont *ses* ennemis. |
| ΗΛΕΚΤΡΑ. Καὶ μὴν | ÉLECTRE. Et certes |
| ὅδε ἔστι κάρτα ὁμόπτερος | celle-ci est tout-à-fait semblable |
| ἰδεῖν | à voir |

## ΧΟΗΦΟΡΟΙ.

ΧΟΡΟΣ.
ποίαις ἐθείραις; τοῦτο γὰρ θέλω μαθεῖν.
ΗΛΕΚΤΡΑ.
Αὐτοῖσιν ἡμῖν [1] κάρτα προσφερὴς ἰδεῖν.
ΧΟΡΟΣ.
Μῶν οὖν Ὀρέστου κρύβδα δῶρον ἦ τόδε;
ΗΛΕΚΤΡΑ.
Μάλιστ' ἐκείνου βοστρύχοις προσείδεται.
ΧΟΡΟΣ.
Καὶ πῶς ἐκεῖνος δεῦρ' ἐτόλμησεν μολεῖν;
ΗΛΕΚΤΡΑ.
Ἔπεμψε χαίτην κουρίμην χάριν πατρός.
ΧΟΡΟΣ.
Οὐχ ἧσσον εὐδάκρυτά μοι λέγεις τάδε,
εἰ τῆσδε χώρας μήποτε ψαύσει ποδί.
ΗΛΕΚΤΡΑ.
Κἀμοὶ προσέστη καρδίαν κλυδώνιον
χολῆς, ἐπαίσθην δ' ὡς διανταίῳ βέλει·
ἐξ ὀμμάτων δὲ δίψιοι πίπτουσί μοι
σταγόνες ἄφρακτοι δυσχίμου πλημμυρίδος,
πλόκαμον ἰδούσῃ τόνδε· πῶς γὰρ ἐλπίσω
ἀστῶν τιν' ἄλλον τῆσδε δεσπόζειν φόβης;
Ἀλλ' οὐδὲ μήν νιν ἡ κτανοῦσ' ἐκείρατο,
ἐμή γε μήτηρ, οὐδαμῶς δ' ἐπώνυμον
φρόνημα παισὶ δύσθεον πεπαμένη.

LE CHŒUR. A ceux de qui ? voilà ce que je veux savoir.
ÉLECTRE. Aux miens. Assurément on n'est pas plus semblable.
LE CHŒUR. Ce serait donc d'Oreste une offrande secret!
ÉLECTRE. Oui certes, ce sont là les cheveux de mon frère.
LE CHŒUR. Mais venir jusqu'ici, comment l'eût-il osé?
ÉLECTRE. Peut-être un souvenir à son père envoyé.
LE CHŒUR. Autre supposition non moins triste pour moi, si sur cette terre il ne doit plus jamais mettre le pied!
ÉLECTRE. A moi, il m'en monte comme un flot de tristesse. Oui, le coup a porté, profondément porté. De mes yeux elles tombent inépuisables, mes larmes, torrent irrésistible à la vue de ces cheveux. Que cette boucle en effet soit à quelque autre Argien qu'Oreste, c'est peu probable. Ce n'est pas elle non plus qui se la serait coupée, celle qui a tué Agamemnon, ma mère, si peu digne de ce nom par les sentiments dénaturés qu'elle nourrit

| | |
|---|---|
| ΧΟΡΟΣ. ποίαις ἐθείραις; | LE CHŒUR. à quelle chevelure ? |
| θέλω γὰρ μαθεῖν τοῦτο. | car je désire apprendre cela. |
| ΗΛΕΚΤΡΑ. Κάρτα | ÉLECTRE. Tout-à-fait |
| προσφερὴς ἰδεῖν | semblable à voir |
| ἡμῖν αὐτοῖσιν. | à nous-mêmes. |
| ΧΟΡΟΣ. Μῶν οὖν | LE CHŒUR. Est-ce-que donc |
| τόδε ἢ δῶρον κρύβδα | ceci serait une offrande *faite* en se- |
| Ὀρέστου; | d'Oreste ? [cret |
| ΗΛΕΚΤΡΑ. Προσείδεται | ÉLECTRE. *Cela* ressemble |
| μάλιστα | très-fort |
| βοστρύχοις ἐκείνου. | aux boucles de celui-là. |
| ΧΟΡΟΣ. Καὶ πῶς ἐκεῖνος | LE CHŒUR. *Et* comment celui-là |
| ἐτόλμησε μολεῖν δεῦρο; | a-t-il osé venir ici ? [veux |
| ΗΛΕΚΤΡΑ. Ἔπεμψε χαίτην | ÉLECTRE. Il a envoyé des che- |
| χάριν κουρίμην | offrande coupée-de-sa-chevelure |
| πατρός. | pour *son* père. [ses |
| ΧΟΡΟΣ. Λέγεις μοι τάδε | LE CHŒUR. Tu dis à moi ces cho- |
| οὐχ ἧσσον εὐδάκρυτα, | non moins déplorables, [pied |
| εἰ μήποτε ψαύσει ποδὶ | si jamais il ne doit-toucher de *son* |
| τῆσδε χώρας. | cette terre-ci. |
| ΗΛΕΚΤΡΑ. Καὶ κλυδώνιον | ÉLECTRE. Et un flot |
| χολῆς | de bile |
| προσέστη καρδίαν ἐμοί, | est arrivée au cœur à moi, |
| ἐπαίσθην δὲ ὡς βέλει | et j'ai été frappée comme d'un trait |
| διανταίῳ· | qui-perce-de-part-en-part ; |
| σταγόνες δὲ δίψιοι | et des gouttes altérées (abondantes) |
| ἄφρακτοι | non-gardées |
| πλημμυρίδος δυσχίμου | d'un débordement orageux |
| πίπτουσιν ἐξ ὀμμάτων | tombent des yeux |
| μοι ἰδούσῃ τόνδε πλόκαμον· | à moi voyant cette boucle ; [turer |
| πῶς γὰρ ἐλπίσω | car comment pourrais-je-conjec- |
| τινὰ ἄλλων | quelqu'un des autres |
| ἀστῶν | habitants-de-la-ville [lure ? |
| δεσπόζειν τῆσδε φόβης; | être-le-possesseur de cette cheve- |
| Ἀλλὰ οὐδὲ μὴν | Mais ni certes |
| ἡ κτανοῦσα | celle qui a tué *Agamemnon* |
| ἐκείρατό νιν, | ne se serait coupé elle (cette |
| ἐμή γε μήτηρ, | ma mère certes, [boucle), |
| πεπαμένη δὲ παισὶ | mais possédant pour *ses* enfants |

Ἐγὼ δ' ὅπως μὲν ἄντικρυς τάδ' αἰνέσω [1],
εἶναι τόδ' ἀγλάϊσμά μοι τοῦ φιλτάτου
βροτῶν Ὀρέστου — σαίνομαι δ' ὑπ' ἐλπίδος.
Φεῦ·
εἴθ' εἶχε φωνὴν ἔμφρον' ἀγγέλου δίκην,
ὅπως δίφροντις οὖσα μὴ 'κινυσσόμην,
ἀλλ' εὖ σάφ' ἦν ἢ τόνδ' ἀποπτύσαι πλόκον,
εἴπερ γ' ἀπ' ἐχθροῦ κρατὸς ἦν τετμημένος,
ἢ ξυγγενὴς ὢν εἶχε συμπενθεῖν ἐμοί,
ἄγαλμα τύμβου τοῦδε καὶ τιμὴν [1] πατρός.
Καὶ μὴν στίβοι γε, δεύτερον τεκμήριον,
ποδῶν ὅμοιοι τοῖς τ' ἐμοῖσιν ἐμφερεῖς.
Καὶ γὰρ δύ' ἐστὸν τώδε περιγραφὰ ποδοῖν,
αὐτοῦ τ' ἐκείνου καὶ συνεμπόρου τινός.

. . . . . . . . . . . . . . . .

πτέρναι [2] τενόντων θ' ὑπογραφαὶ μετρούμεναι

pour ses enfants. — Et d'autre part puis-je assurer que ce soit une offrande de mon cher Oreste ? — Cependant j'ai comme un tressaillement d'espoir. — Ah! s'ils pouvaient parler ces cheveux, ainsi qu'un homme qu'on vous envoie, comme je les bénirais de calmer mes angoisses et mes perplexités ! Je saurais à quoi m'en tenir sur cette boucle. Coupée sur la tête d'un ennemi, je la repousserais ; mais si elle venait de mon frère, bien vite je l'associerais à ma douleur. Ce serait une offrande sur cette tombe, un souvenir pour mon père. — Mais voici d'autres indices encore. Des pieds marqués sur le sable, des pieds semblables aux miens. — Ils étaient deux, la trace est double. — Voilà les pas du premier, puis ceux de son compagnon . . . . . . . . . . Mêmes talons, mêmes empreintes des doigts, même mesure, c'est

| | |
|---|---|
| φρόνημα δύσθεον | un sentiment impie [mère. |
| οὐδαμῶς ἐπώνυμον. | nullement conforme-au-nom de |
| Ἐγὼ δὲ | Pour moi *je ne sais* |
| ὅπως μὲν | comment d'une part |
| αἰνέσω τάδε ἄντικρυς, | j'affirmerai cela ouvertement, |
| τόδε ἀγλάϊσμα εἶναι | cet ornement être [tels, |
| τοῦ φιλτάτου μοι βροτῶν | du plus cher pour moi des mor- |
| Ὀρέστου, — | d'Oreste, — |
| σαίνομαι δὲ | mais je suis caressée |
| ὑπὸ ἐλπίδος. | par l'espérance. |
| Φεῦ· | Hélas! [(elle) eût |
| εἴθε εἶχε | plût-aux dieux-qu'elle (cette bou- |
| φωνὴν ἔμφρονα | une voix intelligente |
| δίκην ἀγγέλου, | à la manière d'un messager, |
| ὅπως μὴ ἐκινυσσόμην | afin que je ne balançasse pas |
| οὖσα δίφροντις, | étant partagée-entre-deux-pen- |
| ἀλλὰ ἦν | mais qu'il fût-possible [sées, |
| εὖ σάφα | bien nettement |
| ἢ ἀποπτύσαι τόνδε πλόκον, | ou de rejeter cette boucle, |
| εἴπερ γε ἦν τετμημένος | si-certes elle avait été coupée |
| ἀπὸ κρατὸς ἐχθροῦ, | d'une tête ennemie, |
| ἢ ὢν ξυγγενὴς | ou *qu'*étant consaguine(d'un frère) |
| εἶχε συμπενθεῖν ἐμοί, | elle eût à s'affliger-avec moi, |
| ἄγαλμα | *chose qui serait* un ornement |
| τοῦδε τύμβου | de ce tombeau |
| καὶ τιμὴν πατρός. | et un hommage de (à) *mon* père. |
| Καὶ μὴν | Et en-outre |
| στίβοι γε ποδῶν, | des traces certes de pieds, |
| δεύτερον τεκμήριον, | deuxième preuve, |
| ὅμοιοι ἐμφερεῖς τε | semblables et pareils |
| τοῖς ἐμοῖσιν. | aux miens. |
| Καὶ γὰρ τῷδε περιγραφὰ ποδοῖν | Et en effet ces contours des pieds |
| ἐστὸν δύο, | sont deux (double), |
| ἐκείνου τε αὐτοῦ | et de celui-là même |
| καί τινος συνεμπόρου. | et d'un compagnon-de-voyage. |
| . . . . . . . . . . . | . . . . . . . . . . . |
| . . . . . . . . . . . | . . . . . . . . . . . |
| πτέρναι | les talons |
| ὑπογραφαί τε μετρούμεναι | et les dessins mesurés |

ἐς ταὐτὸ συμβαίνουσι τοῖς ἐμοῖς στίβοις.
Πάρεστι δ' ὠδὶς καὶ φρενῶν καταφθορά.
Ἀλλ' εἰδότας μὲν τοὺς θεοὺς καλούμεθα,
οἵοισιν ἐν χειμῶσι ναυτίλων δίκην
στροβούμεθ'· εἰ δὲ χρὴ τυχεῖν σωτηρίας
σμικροῦ γένοιτ' ἂν σπέρματος μέγας πυθμήν.
ΟΡΕΣΤΗΣ.
Εὔχου τὰ λοιπά, τοῖς θεοῖς τελεσφόρους
εὐχὰς ἐπαγγέλλουσα, τυγχάνειν καλῶς.
ΗΛΕΚΤΡΑ.
Ἐπεὶ τί νῦν ἔκατι δαιμόνων κυρῶ;
ΟΡΕΣΤΗΣ.
Εἰς ὄψιν ἥκεις ὧνπερ [1] ἐξηύχου πάλαι.
ΗΛΕΚΤΡΑ.
Καὶ τίνα σύνοισθά μοι καλουμένη βροτῶν;
ΟΡΕΣΤΗΣ.
Σύνοιδ' Ὀρέστην πολλά σ' ἐκπαγλουμένην.
ΗΛΕΚΤΡΑ.
Καὶ πρὸς τί δῆτα τυγχάνω κατευγμάτων;
ΟΡΕΣΤΗΣ.
Ὅδ' εἰμί· μὴ μάτευ' ἐμοῦ μᾶλλον φίλον.
ΗΛΕΚΤΡΑ.
Ἀλλ' ἦ δόλον τιν', ὦ ξέν', ἀμφί μοι πλέκεις;
ΟΡΕΣΤΗΣ.
Αὐτὸς καθ' αὑτοῦ τἄρα μηχανορραφῶ.

tout à fait mon pied. Grands dieux, quelle angoisse! mes sens m'abandonnent. —Du moins à ceux qui sont dans le secret, aux dieux ayons recours au milieu des orages où, pauvres nautoniers, nous sommes ballottés, et si nous devons aborder au port, puisse de ce faible germe sortir un arbre aux profondes racines!

ORESTE (se montrant). Souhaite qu'en toutes choses, propices à tes prières, les dieux t'exaucent aussi bien.

ÉLECTRE. De quoi jusqu'à présent leur dois-je savoir gré?

ORESTE. Vois ceux que si longtemps appela ton désir.

ÉLECTRE. Qui donc ai-je appelé? qui, voyons, le sais-tu?

ORESTE. Je sais que tout ton rêve est de revoir Oreste.

ÉLECTRE. Eh bien! en quoi les dieux m'auraient-ils exaucée?

ORESTE. Oreste, mais c'est moi, ton ami le plus sûr.

ÉLECTRE. Est-ce un leurre, étranger, où tu me voudrais prendre?

ORESTE. Dans mes propres filets chercherais-je à me prendre?

τενόντων
συμβαίνουσιν ἐς τὸ αὐτὸ
τοῖς ἐμοῖς στίβοις.
Ὠδὶς δὲ πάρεστι
καὶ καταφθορὰ φρενῶν.
Ἀλλὰ καλούμεθα μὲν
τοὺς θεοὺς εἰδότας,
ἐν οἵοισιν χειμῶσι
στροβούμεθα
δίκην ναυτίλων·
εἰ δὲ χρὴ
τυχεῖν σωτηρίας
μέγας πυθμὴν,
γένοιτο ἂν σμικροῦ σπέρματος.
ΟΡΕΣΤΗΣ. Εὔχου,
ἐπαγγέλλουσα τοῖς θεοῖς
εὐχὰς τελεσφόρους,
τὰ λοιπὰ τυγχάνειν
καλῶς.
ΗΛΕΚΤΡΑ. Ἐπεὶ τί νῦν
κυρῶ ἕκατι δαιμόνων;
ΟΡΕΣΤΗΣ. Ἥκεις εἰς ὄψιν
ὧνπερ
ἐξηύχου πάλαι.
ΗΛΕΚΤΡΑ. Καὶ τίνα βροτῶν
σύνοισθά μοι καλούσῃ;
ΟΡΕΣΤΗΣ. Σύνοιδά σε
ἐκπαγλουμένην πολλὰ Ὀρέστην.
ΗΛΕΚΤΡΑ. Καὶ πρὸς τί δῆτα
τυγχάνω κατευγμάτων;
ΟΡΕΣΤΗΣ. Εἰμὶ ὅδε·
μὴ μάτευε
μᾶλλον φίλον ἐμοῦ.
ΗΛΕΚΤΡΑ. Ἀλλὰ ἦ, ὦ ξένε,
πλέκεις τινὰ δόλον
ἀμφί μοι;
ΟΡΕΣΤΗΣ. Αὐτός τοι ἄρα
μηχανορραφῶ
κατὰ αὐτοῦ

des tendons [mesure
se-rencontrent dans la même
que mes traces.
Et une violente-angoisse m'arrive
ainsi-que la perte de l'esprit.
Mais nous invoquons d'une part
les dieux qui savent *la vérité*,
*afin qu'ils voient* dans quelles
nous tournoyons [tempêtes
à la manière de nautoniers;
mais s'il faut
*nous* obtenir le salut,
une grande racine
naîtrait d'un petit germe.
ORESTE. Demande-par-des vœux,
adressant aux dieux
des vœux qui-s'accomplissent,
le reste se-rencontrer (arriver)
bien. [tenant
ÉLECTRE. Car quelle chose main-
obtiens-je par la volonté des dieux?
ORESTE. Tu es venue à la vue
de ceux à la vue desquels [ venir.
tu souhaitais depuis-longtemps
ÉLECTRE. Et qui des mortels
sais-tu moi appelant?
ORESTE. Je sais toi [Oreste.
désirant-ardemment beaucoup
ÉLECTRE. Et en quoi donc
obtiens-je *mes* vœux?
ORESTE. Je suis celui-là(Oreste);
ne cherche pas
de plus ami que moi. [ger,
ÉLECTRE. Mais est-ce-que, ô étran-
tu tresses quelque ruse
autour de moi?
ORESTE. Moi-même donc certes
j'ourdis-des-ruses
contre moi-même.

## ΗΛΕΚΤΡΑ.

Ἀλλ' ἐν κακοῖσι τοῖς ἐμοῖς γελᾶν θέλεις.

## ΟΡΕΣΤΗΣ.

Κἀν τοῖς ἐμοῖς ἄρ', εἴπερ ἔν γε τοῖσι σοῖς.

## ΗΛΕΚΤΡΑ.

Ὡς ὄντ' Ὀρέστην τάδε λέγω σε προυννέπειν [1];

## ΟΡΕΣΤΗΣ.

Αὐτὸν μὲν οὖν ὁρῶσα δυσμαθεῖς ἐμὲ,
σαυτῆς ἀδελφοῦ σύμμετρον τῷ σῷ κάρα.
Κουρὰν δ' ἰδοῦσα τήνδε κηδείου τριχὸς
ἀνεπτερώθης κἀδόκεις ὁρᾶν ἐμὲ,
ἰχνοσκοποῦσά τ' ἐν στίβοισι τοῖς ἐμοῖς.
Σκέψαι τομῇ προσθεῖσα βόστρυχον τριχός·
ἰδοῦ δ' ὕφασμα τοῦτο, σῆς ἔργον χερὸς,
σπάθης τε πληγὰς ἔσιδε, θήρειον γραφήν [2].
Ἔνδον γενοῦ, χαρᾷ δὲ μὴ 'κπλαγῇς φρένας·
τοὺς φιλτάτους γὰρ οἶδα νῷν ὄντας πικρούς.

## ΗΛΕΚΤΡΑ.

Ὦ τερπνὸν ὄμμα, τέσσαρας μοίρας ἔχον
ἐμοί· προσαυδᾶν δή σ' ἀναγκαίως ἔχω
πατέρα τε, καὶ τὸ μητρὸς ἐς σέ μοι ῥέπει

ÉLECTRE. Peut-être as-tu voulu te jouer de mes larmes?
ORESTE. En raillant ta douleur, je raillerais la mienne.
ÉLECTRE. Ainsi c'est bien Oreste, Oreste qui parle ainsi!
ORESTE. Oui, moi-même, là, devant toi. Mais tu n'en veux pas croire tes yeux, malgré ces cheveux si semblables aux tiens. Et tout à l'heure pourtant, à la vue de cette boucle, gage de ma douleur, ton imagination a pris son vol tu ne doutais plus que je ne fusse près de toi. Eh bien, vois cette place nue, ajustes-y la boucle. Et ce vêtement, regarde-le, c'est l'œuvre de tes mains. Voici les coups de la spathe, voici les animaux sauvages que tu y as brodés. Contiens-toi cependant, pas de transports indiscrets! Nos parents les plus proches, je le sais, ne nous veulent pas de bien.
ÉLECTRE. O charme de mes yeux, quatre fois tu m'es cher Tu me tiens lieu de tout, et de mon père, car c'est là un titre qu'il

## LES CHOÉPHORES.

ΗΛΕΚΤΡΑ. Ἀλλὰ θέλεις γελᾶν ἐν τοῖς ἐμοῖς κακοῖσι.
ÉLECTRE. Mais tu veux rire aux-dépens-de mes maux.

ΟΡΕΣΤΗΣ. Καὶ ἐν τοῖς ἐμοῖς ἄρα, εἴπερ ἔν γε τοῖσι σοῖς.
ORESTE. Et aux-dépens-des miens donc, si certes *je riais* aux-dépens-des [tiens.

ΗΛΕΚΤΡΑ. Λέγω σε προυννέπειν τάδε ὡς ὄντα Ὀρέστην;
ÉLECTRE. Dois-je dire toi dire cela comme étant Oreste ?

ΟΡΕΣΤΗΣ. Ὁρῶσα μὲν οὖν αὐτὸν ἐμὲ δυσμαθεῖς, κάρα ἀδελφοῦ σαυτῆς σύμμετρον τῷ σῷ.
ORESTE. Voyant donc moi-même tu me reconnais-avec-peine, *voyant* la tête du frère de toi-même de-même-mesure-que la tienne.

Ἰδοῦσα δὲ τήνδε κουρὰν τριχὸς κηδείου ἀνεπτερώθης καὶ ἐδόκεις ὁρᾶν ἐμὲ, ἰχνοσκοποῦσά τε ἐν τοῖς ἐμοῖς στίβοισι.
Et en voyant cette boucle-coupée [neur funèbre) d'une chevelure funéraire (hon- tu t'es envolée (emportée) et tu croyais voir moi, et examinant-la-piste dans mes traces.

Σκέψαι προσθεῖσα τομῇ βόστρυχον τριχός· ἰδοῦ δὲ τοῦτο ὕφασμα, ἔργον σῆς χερὸς, ἔσιδέ τε πληγὰς σπάθης, γραφὴν θήρειον.
Examine en appliquant à la coupure (à la place d'où ils la boucle de cheveux; [sont coupés) et vois ce tissu, ouvrage de ta main, [vette, et considère les coups de la na- broderie de-bêtes-sauvages.

Γενοῦ ἔνδον, μὴ δὲ ἐκπλαγῇς χαρᾷ φρένας· οἶδα γὰρ τοὺς φιλτάτους ὄντας πικροὺς νῷν.
Sois en-toi-même (contiens-toi), et ne sois pas transportée de joie quant à l'esprit ; car je sais nos plus chers (nos plus proches étant ennemis à nous deux.

ΗΛΕΚΤΡΑ. Ὦ ὄμμα τερπνὸν, ἔχον ἐμοὶ τέσσαρας μοίρας· ἔχω δὴ ἀναγκαίως προσαυδᾶν σε πατέρα τε,
ÉLECTRE. O vue agréable, ayant pour moi quatre parts : je suis certes dans-la-nécessité d'appeler toi et père,

MORCEAUX CH. D'ESCHYLE. 20

στέργηθρον — ἡ δὲ πανδίκως ἐχθαίρεται —
καὶ τῆς τυθείσης νηλεῶς ὁμοσπόρου·
πιστὸς δ' ἀδελφὸς ἦσθ' ἐμοὶ σέβας φέρων.
Ὦ φίλτατον μέλημα δώμασιν πατρός,
δακρυτὸς ἐλπὶς σπέρματος σωτήριος,
ἀλκῇ πεποιθὼς δῶμ' ἀνακτήσει πατρός.
Μόνον Κράτος τε καὶ Δίκη σὺν τῷ τρίτῳ
πάντων μεγίστῳ Ζηνὶ συγγένοιτο νῶν.

ΟΡΕΣΤΗΣ.

Ζεῦ Ζεῦ, θεωρὸς τῶνδε πραγμάτων γενοῦ·
ἰδοῦ δὲ γένναν εὖνιν ἀετοῦ πατρὸς,
θανόντος ἐν πλεκταῖσι καὶ σπειράμασιν
δεινῆς ἐχίδνης· τοὺς δ' ἀπωρφανισμένους
νῆστις πιέζει λιμός· οὐ γὰρ ἐντελὴς
θήραν πατρῴαν προσφέρειν σκηνήμασιν.
Οὕτω δὲ κἀμὲ τήνδε τ', Ἠλέκτραν λέγω,
ἰδεῖν πάρεστί σοι, πατροστερῇ γόνον,
ἄμφω [1] φυγὴν ἔχοντε τὴν αὐτὴν δόμων.

me faut bien maintenant te donner, et de ma mère, tout l'amour que je lui devais se concentre en toi; elle, je la hais, et c'est trop juste ; de celle enfin qui fut si impitoyablement sacrifiée, de notre sœur. N'es-tu pas de plus mon frère, un frère dévoué qui me vient rendre mon rang ? O toi, l'amour, la préoccupation de la maison de ton père, l'espoir si amèrement pleuré de voir refleurir notre fortune, grâce à ton grand cœur, au foyer de tes aïeux tu rentreras en maître. Pourvu seulement que la Force, que la Justice, que Zeus enfin, le plus puissant des dieux, soient avec nous !

ORESTE. Zeus ! Zeus ! vois ce qui se passe, vois la malheureuse famille ! L'aigle est mort étouffé aux anneaux de la venimeuse vipère. Les orphelins se débattent contre le jeûne, contre la faim, impuissants à chasser comme le père pour les besoins de la couvée. Ah ! sur nous laisse tomber tes regards, sur moi, sur celle-ci, sur Électre. Vois les pauvres enfants sans père, tous deux exilés du foyer.

## LES CHOÉPHORES. 307

| | |
|---|---|
| καὶ τὸ στέργηθρον μητρὸς | et la tendresse de (pour) *ma* mère |
| ῥέπει μοι ἒς σε | retombe à moi sur toi |
| (ἡ δὲ ἐχθαίρεται | (or elle est haïe |
| πανδίκως) | tout-à-fait-justement) |
| καὶ τῆς ὁμοσπόρου | et de ma sœur |
| τυθείσης νηλεῶς· | sacrifiée impitoyablement ; |
| ἦσθα δὲ ἐμὸς ἀδελφὸς, | et de-plus tu étais mon frère, |
| φέρων ἐμοὶ σέβας. | apportant à moi le respect. |
| Ὦ φίλτατον μέλημα | O très-cher objet-de-mes-soucis |
| δώμασι πατρὸς, | dans la maison de *mon* père, |
| ἐλπὶς δακρυτὸς σωτήριος | espoir pleuré salutaire (du salut) |
| σπέρματος, | de *notre* race, |
| πεποιθὼς ἀλκῇ | confiant dans *ta* force    père. |
| ἀνακτήσει δῶμα πατρός. | tu recouvreras la maison de *ton* |
| Μόνον Κράτος τε | Que seulement et la Force |
| καὶ Δίκη | et la Justice |
| σὺν τῷ τρίτῳ | avec le troisième |
| Ζηνὶ μεγίστῳ πάντων | Zeus le plus grand de tous |
| συγγένοιτο νῷν. | soit (soient)-avec nous-deux. |
| ΟΡΕΣΤΗΣ. Ζεῦ, Ζεῦ, | ORESTE. Zeus, Zeus, |
| γενοῦ θεωρὸς τῶνδε πραγμάτων | sois témoin de ces choses-ci : |
| ἰδοῦ δὲ γένναν | et vois uoe race |
| εὖνιν ἀετοῦ πατρὸς, | orpheline de l'aigle *son* père, |
| θανόντος ἐν πλεκταῖσι | mort dans les nœuds |
| καὶ σπειράμασι | et les replis |
| δεινῆς ἐχίδνης· | d'une terrible vipère ; |
| λιμὸς δὲ νῆστις | et une faim qui-fait-jeûner |
| πιέζει | presse |
| τοὺς ἀπωρφανισμένους· | ceux qui sont-restés-orphelins ; |
| οὐ γὰρ | car *cette race* n'*est* pas |
| ἐντελὴς | capable |
| προσφέρειν σκηνήμασιν | d'apporter dans le nid (le père). |
| θήραν πατρῴαν. | la chasse paternelle (qu'apportait |
| Λέγω δὲ οὕτω | Or je dis (désigne) ainsi |
| καὶ ἐμὲ τήνδε τε, Ἠλέκτραν, | et moi et celle-ci Électre, |
| πάρεστί σοι ἰδεῖν, | il est-possible à toi de *nous* voir, |
| γόνον πατροστερῆ, | race privée-d'un-père |
| ἔχοντε ἄμφω | ayant tous-deux |
| τὴν αὐτὴν φυγὴν δόμων. | le même exil *hors* de la maison. |

ΗΛΕΚΤΡΑ.
Καὶ τοῦ θυτῆρος καί σε τιμῶντος μέγα
πατρὸς νεοσσοὺς τούσδ' ἀποφθείρας, πόθεν
ἕξεις ὁμοίας χειρὸς εὔθοινον γέρας ;
Οὔτ' ἀετοῦ γένεθλ' ἀποφθείρας, πάλιν
πέμπειν ἔχοις ἂν σήματ' εὐπιθῆ βροτοῖς·
οὔτ' ἀρχικός σοι πᾶς ὅδ' αὐανθεὶς πυθμὴν
βωμοῖς ἀρήξει βουθύτοις ἐν ἥμασιν.
Κόμιζ' ἀπὸ σμικροῦ δ' ἂν ἄρειας μέγαν
νόμον, δοκοῦντα κάρτα νῦν πεπτωκέναι.

## II. LES ENFANTS D'AGAMEMNON CONCERTENT LA VENGEANCE.
### (Vers 479-584.)

ΟΡΕΣΤΗΣ.
Πάτερ, τρόποισιν οὐ τυραννικοῖς θανών,
αἰτουμένῳ μοι δὸς κράτος τῶν σῶν δόμων.
ΗΛΕΚΤΡΑ.
Κἀγὼ, πάτερ, τοιάνδε σου χρείαν ἔχω,
φυγεῖν μέγαν προσθεῖσαν Αἰγίσθῳ <πόνον> [1].
ΟΡΕΣΤΗΣ.
Οὕτω γὰρ ἄν σοι δαῖτες ἔννομοι βροτῶν [2]

ÉLECTRE. Si de celui qui sacrifiait à tes autels, qui t'honorait avec tant de magnificence, si de ce père tu laisses périr les petits, de quelle main, prodigue comme la sienne, recevras-tu désormais les pompeuses offrandes? Et les aiglons une fois par toi livrés à la ruine, quels messagers chargeras-tu de signifier tes volontés à la foi des mortels? L'arbre séché jusque dans sa racine, plus d'ombrage pour l'autel aux jours des hécatombes! Oui, sois notre soutien, et, de si bas, relève le prestige de cette maison qu'on dirait tombée à jamais.

### II

ORESTE. Mon père, tu n'as pas eu la mort d'un roi, fais au moins que je rentre en maître dans ta maison.
ÉLECTRE. A moi aussi, mon père, il me faut ton appui, pour me sauver, et frapper le grand coup sur Égisthe.
ORESTE. Ainsi pour toi, parmi les hommes, se relèveront les

| | |
|---|---|
| ΗΛΕΚΤΡΑ. Καὶ ἀποφθείρας | ÉLECTRE. Et ayant détruit |
| τούσδε νεοσσοὺς πατρός | ces poussins d'un père |
| τοῦ θυτῆρος | le sacrificateur |
| καὶ τιμῶντός σε μέγα, | et honorant toi grandement, |
| πόθεν ἕξεις | d'-où auras-tu |
| χειρὸς ὁμοίας | d'une main semblable |
| γέρας εὔθοινον ; | une offrande de-splendide-festin ? |
| Οὔτε ἀποφθείρας | Ni ayant détruit |
| γένεθλα ἀετοῦ, | les rejetons de l'aigle, |
| ἔχοις ἂν πέμπειν πάλιν | tu ne pourrais-envoyer de-nou- |
| βροτοῖς | aux mortels |
| σήματα εὐπιθῆ· | des signes persuasifs ; |
| οὔτε ὅδε πυθμὴν ἀρχικὸς | ni cette racine royale |
| αὐανθεὶς πᾶς σοι | desséchée tout-entière par toi |
| ἀρήξει βωμοῖς | ne sera-utile à tes autels [bœufs. |
| ἐν ἥμασι βουθύτοις. | dans les jours où on-immole-des |
| Κόμιζε, | Aie-soin de *nous*, |
| ἄρειας δὲ μέγαν δόμον | et tu relèverais une grande maison |
| ἀπὸ σμικροῦ, | de petite *qu'elle est aujourd'hui*, |
| δοκοῦντα νῦν | qui paraît maintenant |
| πεπτωκέναι κάρτα. | être tombée tout-à-fait. |

## II. LES ENFANTS D'AGAMEMNON CONCERTENT LA VENGEANCE.

| | |
|---|---|
| ΟΡΕΣΤΗΣ. Πάτερ, | ORESTE. *Mon* père, |
| θανὼν | *toi* qui es mort |
| τρόποισιν οὐ τυραννικοῖς, | de manières non royales. |
| δός μοι αἰτουμένῳ | donne à moi *le* demandant |
| κράτος τῶν σῶν δόμων. | la maîtrise de ta maison. |
| ΗΛΕΚΤΡΑ. Καὶ ἐγώ, πάτερ, | ÉLECTRE. Et moi, père, |
| ἔχω τοιάνδε χρείαν σου | j'ai un tel besoin de toi |
| φυγεῖν | *pour* fuir la *souffrance* |
| προσθεῖσαν Αἰγίσθῳ | en appliquant à Égisthe |
| μέγαν πόνον. | une grande souffrance. |
| ΟΡΕΣΤΗΣ. Οὕτω γὰρ | ORESTE. Car de-cette-façon |
| δαῖτες ἔννομοι βροτῶν | des repas consacrés des mortels |
| κτιζοίατο ἄν σοι· | seraient fondés pour toi ; |

ΧΟΗΦΟΡΟΙ.

κτιζοίατ'· εἰ δὲ μὴ, παρ' εὐδείπνοις ἔσει
ἄτιμος ἐμπύροισι κνισωτοῖς χθονός.
ΗΛΕΚΤΡΑ.
Κἀγὼ χοάς σοι τῆς ἐμῆς παγκληρίας
οἴσω πατρῴων ἐκ δόμων γαμηλίους·
πάντων δὲ πρῶτον τόνδε πρεσβεύσω τάφον.
ΟΡΕΣΤΗΣ.
Ὦ γαῖ', ἄνες μοι πατέρ' ἐποπτεῦσαι μάχην.
ΗΛΕΚΤΡΑ.
Ὦ Περσέφασσα, δὸς δ' ἔπ' εὔμορφον κράτος.
ΟΡΕΣΤΗΣ.
Μέμνησο λουτρῶν οἷς ἐνοσφίσθης, πάτερ.
ΗΛΕΚΤΡΑ.
Μέμνησο δ' ἀμφίβληστρον ᾧ σ' ἐκαίνισαν
ΟΡΕΣΤΗΣ.
πέδαις ἀχαλκεύτοις ὅθ' ᾑρέθης, πάτερ,
ΗΛΕΚΤΡΑ.
αἰσχρῶς τε βουλευτοῖσιν ἐν καλύμμασιν.
ΟΡΕΣΤΗΣ.
Ἆρ' ἐξεγείρει τοῖσδ' ὀνείδεσιν, πάτερ;
ΗΛΕΚΤΡΑ.
Ἆρ' ὀρθὸν αἴρεις φίλτατον τὸ σὸν κάρα;
ΟΡΕΣΤΗΣ.
Ἤτοι δίκην ἴαλλε σύμμαχον φίλοις
ΗΛΕΚΤΡΑ.
ἢ τὰς ὁμοίας <αὐτὸς> ἀντίδος λαβεῖν,

banquets ordinaires aux morts. Sinon, au jour des solennels festins, tu resteras sans honneurs au milieu des sacrifices somptueux, tout ruisselants de graisse pour ceux qui dorment sous la terre.

ÉLECTRE. Et moi, pour offrande, le jour de mes noces, de la maison paternelle j'apporterai tout mon bien. Avant tout, c'est à ta tombe que j'adresserai mes hommages.

ORESTE. Terre, laisse mon père assister à la lutte.
ÉLECTRE. Donne-nous, Perséphonè, une force invincible.
ORESTE. Ce bain où tu péris, souviens-t'en, ô mon père.
ÉLECTRE. Souviens-toi du filet, piège inventé pour toi !
ORESTE. Si dans les fers encore ils t'avaient enchaîné !
ÉLECTRE. Quelle honte, un tissu ! ce fut là tout le piège.
ORESTE. O père, éveille-toi, songe à l'ignominie !
ÉLECTRE. Lève de ce tombeau, lève ta noble tête.
ORESTE. Vienne la justice en aide à tes enfants !
ÉLECTRE. Donne à tes défenseurs de prendre la revanche.

## LES CHOÉPHORES.   311

| | |
|---|---|
| εἰ δὲ μὴ, | sinon, |
| ἔσει ἄτιμος | tu seras sans-honneurs |
| παρὰ ἐμπυροῖσι | au milieu de sacrifices |
| εὐδείπνοις | de-splendides-repas [brûlée |
| κνισωτοῖς | remplis-de-l'odeur-de-graisse- |
| χθονός. | de la terre. |
| ΗΛΕΚΤΡΑ. Καὶ ἐγὼ | ÉLECTRE. Et moi |
| οἴσω σοι | j'apporterai à toi |
| ἐκ δόμων πατρῴων | des demeures paternelles |
| χοὰς γαμηλίους | les libations nuptiales |
| τῆς ἐμῆς παγκληρίας· | de mon héritage-entier ; |
| πρεσβεύσω δὲ πρῶτον πάντων | et j'honorerai le premier de tous |
| τόνδε τάφον. | ce tombeau-ci. |
| ΟΡΕΣΤΗΣ. Ὦ γαῖα, | ORESTE. O terre, |
| ἄνες μοι πατέρα | lâche-moi mon père |
| ἐποπτεῦσαι μάχην. | pour lui veiller-sur le combat. |
| ΗΛΕΚΤΡΑ. Ὦ Περσέφασσα, | ÉLECTRE. O Perséphone, |
| δὸς δὲ ἔπι | et donne moi en-outre |
| κράτος εὔμορφον. | la victoire aux-belles-formes. |
| ΟΡΕΣΤΗΣ. Πάτερ, μέμνησο | ORESTE. Père, souviens-toi |
| λουτρῶν οἷς | des bains par lesquels |
| ἐνοσφίσθης. | tu fus supprimé (tu péris). |
| ΗΛΕΚΤΡΑ. Μέμνησο δὲ | ÉLECTRE. Et souviens-toi |
| ἀμφίβληστρον ᾧ | du filet par lequel [velle |
| ἐκαίνισάν σε | ils t'ont traité-d'une-manière-nou- |
| ΟΡΕΣΤΗΣ. ὅτε ᾑρέθης, πάτερ, | ORESTE. lorsque tu fus pris, père, |
| πέδαις ἀχαλκεύτοις, | par des entraves non-d'airain, |
| ΗΛΕΚΤΡΑ. αἰσχρῶς τε | ÉLECTRE. et honteusement |
| ἐν καλύμμασιν βουλευτοῖσιν. | dans des voiles médités. |
| ΟΡΕΣΤΗΣ. Ἆρα ἐξεγείρει, | ORESTE. Est-ce-que tu es excité, |
| πάτερ, | père, |
| τοῖσδε ὀνείδεσιν ; | par ces opprobres ? [droite |
| ΗΛΕΚΤΡΑ. Ἆρα αἴρεις ὀρθὸν | ÉLECTRE. Est-ce-que tu lèves |
| τὸν σὸν φίλτατον κάρα ; | ta très-chère tête ? |
| ΟΡΕΣΤΗΣ. Ἤτοι ἴαλλε δίκην | ORESTE. Ou envoie la justice |
| σύμμαχον φίλοις, | alliée à tes amis, |
| ΗΛΕΚΤΡΑ. ἢ αὐτὸς | ÉLECTRE. ou toi-même |
| ἀντίδος | donne-en-échange |
| λαβεῖν τὰς ὁμοίας, | de prendre la pareille, |

ΟΡΕΣΤΗΣ.
εἴπερ κρατηθείς γ' ἀντινικῆσαι θέλεις.
ΗΛΕΚΤΡΑ.
Καὶ τῆσδ' ἄκουσον λοισθίου βοῆς, πάτερ·
ἰδὼν νεοσσοὺς τούσδ' ἐφημένους τάφῳ,
οἴκτειρε θῆλυν ἄρσενός θ' ὁμοῦ γόον [1].
ΟΡΕΣΤΗΣ.
Καὶ μὴ 'ξαλείψῃς σπέρμα Πελοπιδῶν τόδε·
οὕτω γὰρ οὐ τέθνηκας οὐδέ περ θανών.
ΗΛΕΚΤΡΑ.
Παῖδες γὰρ ἀνδρὶ κληδόνες σωτήριοι [2]
θανόντι· φελλοὶ δ' ὣς ἄγουσι δίκτυον,
τὸν ἐκ βυθοῦ κλωστῆρα σῴζοντες λίνου.
ΟΡΕΣΤΗΣ.
Ἄκου', ὑπὲρ σοῦ τοιάδ' ἔστ' ὀδύρματα·
αὐτὸς δὲ σῴζει τόνδε τιμήσας λόγον.
ΧΟΡΟΣ.
Καὶ μὴν ἀμεμφῆ τόνδ' ἐτεινάτην λόγον,
τίμημα τύμβου τῆς ἀνοιμώκτου τύχης.
Τὰ δ' ἄλλ', ἐπειδὴ δρᾶν κατώρθωσαι φρενί,
ἔρδοις ἂν ἤδη δαίμονος πειρώμενος.
ΟΡΕΣΤΗΣ.
Ἔσται· πυθέσθαι δ' οὐδέν ἐστ' ἔξω δρόμου,

ORESTE. Si toi, vaincu jadis, tu veux vaincre à ton tour.

ÉLECTRE. Encore un mot, mon père, une dernière prière! Écoute-la, les yeux sur tes petits blottis près d'un tombeau. Sois sensible aux plaintes de ta fille, aux plaintes de ton fils.

ORESTE. Ne laisse pas s'éteindre ce qui reste des Pélopides. Ainsi du moins tu ne seras pas mort tout entier en descendant chez les morts.

ÉLECTRE. Les enfants, en effet, n'est-ce pas pour le père, même quand il n'est plus, autant de voix qui parlent de lui aux vivants? Ainsi font les lièges pour le filet, dont ils soutiennent, loin du fond de l'eau, les mailles à la surface.

ORESTE. Écoute-nous; c'est ta cause qu'elles plaident, ces larmes, et c'est te sauver toi-même que de tenir compte de nos vœux.

LE CHŒUR. Vœux honorables en somme, hommage au tombeau d'une infortune laissée jusque-là sans regrets! Toi maintenant, Oreste, puisqu'à frapper tu es résolu, à l'œuvre, et tente la fortune.

ORESTE. On frappera. Mais auparavant il ne m'est pas indiffé-

ΟΡΕΣΤΗΣ. εἴπερ γε κρατηθεὶς
θελεῖς ἀντινικῆσαι.
ΗΛΕΚΤΡΑ. Καὶ ἄκουσον,
πάτερ,
τῆσδε λοισθίου βοῆς·
ἰδὼν τούσδε νεοσσοὺς
ἐφημένους τάφῳ,
οἴκτειρε γόον θῆλυν
ὁμοῦ τε ἄρσενος.
ΟΡΕΣΤΗΣ. Καὶ μὴ ἐξαλείψῃς
τόδε σπέρμα Πελοπιδῶν·
οὕτω γὰρ οὐ τέθνηκας
οὐδὲ πὲρ θανών.
ΗΛΕΚΤΡΑ. Παῖδες γὰρ
ἀνδρὶ θανόντι
κληδόνες σωτήριοι,
ὡς δὲ φελλοὶ
ἄγουσι δίκτυον,
σῴζοντες ἐκ βυθοῦ
κλωστῆρα λίνου.
ΟΡΕΣΤΗΣ. Ἄκουε,
τοιάδε ὀδύρματά
ἐστιν ὑπὲρ σοῦ·
αὐτὸς δὲ σῴζει
τιμήσας τόνδε λόγον.
ΧΟΡΟΣ. Καὶ μὴν
ἐτεινάτην τόνδε λόγον
ἀμεμφῆ
τίμημα τύμβου
τῆς τύχης ἀνοιμώκτου.
Ἐπειδὴ δὲ
κατώρθωσαι φρενὶ δρᾶν,
ἔρδοις ἂν ἤδη
τὰ ἄλλα
πειρώμενος δαίμονος.
ΟΡΕΣΤΗΣ. Ἔσται·
ἐστὶ δὲ οὐδὲν,
ἔξω δρόμου
πυθέσθαι πόθεν

ORESTE. si toutefois vaincu
tu veux vaincre-à-ton-tour. .
ÉLECTRE. Et écoute,
père,
ce dernier cri ;
en voyant ces poussins
assis-sur le tombeau, [nin
aie-pitié du gémissement fémi-
et en-même-temps de *celui* du
ORESTE. Et n'efface pas [mâle.
cette race des Pélopides ;
car de-cette-façon tu n'es pas mort
pas-même quoique étant mort.
ÉLECTRE.. Car les enfants
*sont* pour un homme mort
des bruits qui-conservent,
et comme des morceaux-de-liège
ils dirigent le filet,
sauvant du fond
le tissu de lin.
ORESTE. Écoute,
de telles lamentations
sont pour toi ;
et *toi*-même tu es sauvé
ayant tenu-compte de cette parole.
LE CHŒUR. Et certes [(prière).
ils ont prolongé cette parole (cette
irrépréhensible
honneur de (rendu à) *ce* tombeau
à *cause* de ton sort non-pleuré.
D'autre part puisque
tu es préparé par *ton* esprit à agir,
tu pourrais-faire (fais) maintenant
le reste
tentant la fortune.
ORESTE. *Cela* sera ;
mais il n'est en rien [propos)
en-dehors-de la carrière (hors de
d'apprendre d'-où (par quel motif)

ΧΟΗΦΟΡΟΙ.

πόθεν χοὰς ἔπεμψεν, ἐκ τίνος λόγου
μεθύστερον τιμῶσ' ἀνήκεστον πάθος;
θανόντι δ' ἐκ φονέων τί δειλαία χάρις
ἐπέμπετ'; οὐκ ἔχοιμ' ἂν εἰκάσαι τόδε ·
τὰ δῶρα μείω δ' ἐστὶ τῆς ἁμαρτίας.
Τὰ πάντα γάρ τις ἐκχέας ἀνθ' αἵματος
ἑνὸς [1], μάτην ὁ μόχθος · ὧδ' ἔχει λόγος.
Θέλοντι δ', εἴπερ οἶσθ', ἐμοὶ φράσον τάδε.

ΧΟΡΟΣ.

Οἶδ', ὦ τέκνον, παρῇ [2] γάρ · ἔκ τε ὀνειράτων
καὶ νυκτιπλάγκτων δειμάτων πεπαλμένη
χοὰς ἔπεμψε τάσδε δύσθεος γυνή.

ΟΡΕΣΤΗΣ.

Ἦ καὶ πέπυσθε τοὔναρ, ὥστ' ὀρθῶς φράσαι;

ΧΟΡΟΣ.

Τεκεῖν δράκοντ' ἔδοξεν, ὡς αὐτὴ λέγει,

ΟΡΕΣΤΗΣ.

Καὶ ποῖ τελευτᾷ καὶ καρανοῦται λόγος;

ΧΟΡΟΣ.

ἐν σπαργάνοις τε παιδὸς ὁρμίσαι [3] δίκην

ΟΡΕΣΤΗΣ.

τίνος βορᾶς χρῄζοντα, νεογενὲς δάκος;

rent de savoir dans quel but elle a envoyé ces libations, et pourquoi si tard elle s'est décidée à réparer l'irréparable catastrophe. — Pourquoi cette misérable offrande à la victime ? — En vérité que veulent ces présents, mille fois au-dessous de l'offense? Ah ! toutes les offrandes du monde pour le sang d'un seul homme, c'est peine perdue, à mon avis. Pourtant je serais curieux d'apprendre ce qu'elle a prétendu ici. Si tu le sais, renseigne-moi.

LE CHŒUR. Si je le sais, mon fils ! j'étais là. Un songe, une de ces visions flottantes de la nuit a fait son effroi, et à ces offrandes elle a pensé, la femme impie !

ORESTE. Et ce songe c'était... Au juste le sais-tu ?

LE CHŒUR. Elle a cru, disait-elle, accoucher d'un dragon.

ORESTE. Et puis, après ? voyons le reste du récit.

LE CHŒUR. Dans des langes d'enfant le dragon fut couché.

ORESTE. De quoi se nourrissait le monstre nouveau-né ?

| | |
|---|---|
| ἔπεμψε χοάς, | elle a envoyé des libations, |
| ἐκ τίνος λόγου | par quelle raison |
| τιμῶσα μεθύστερον | honorant tardivement |
| πάθος ἀνήκεστον; | un malheur irrémédiable ? |
| τί χάρις δειλαία | pourquoi une offrande misérable |
| ἐπεπέμπετο θανόντι | était envoyée au mort |
| ἐκ φόνεων; | par les meurtriers ? |
| οὐκ ἔχομι ἂν | je ne pourrais |
| εἰκάσαι τόδε· | conjecturer cela ; |
| τὰ δῶρα δέ ἐστι | d'ailleurs les présents sont |
| μείω τῆς ἁμαρτίας. | moindres que la faute. |
| Τίς γὰρ ἐκχέας | Car quelqu'un ayant répandu |
| τὰ πάντα | tous *ses biens* |
| ἀντὶ αἵματος ἑνός, | pour le sang d'un seul, |
| ὁ μόχθος μάτην· | la peine *est* en-vain (perdue) ; |
| ὧδε ἔχει λόγος. | ainsi est la raison. |
| Φράσον δέ μοι θέλοντι | Mais dis à moi *le* désirant |
| τάδε, εἴπερ οἶσθα. | cela, si-toutefois tu *le* sais. |
| ΧΟΡΟΣ. Οἶδα, ὦ τέκνον, | LE CHŒUR. Je *les* sais, ô *mon* en- |
| παρῆ γάρ· | car j'étais-présent, [fant, |
| πεπαλμένη τε ἐξ ὀνειράτων | et agitée par des songes |
| καὶ δειμάτων | et des visions-effrayantes |
| νυκτιπλάγκτων | qui-errent-pendant-la-nuit |
| γυνὴ δύσθεος | *cette* femme impie |
| ἔπεμψε τάσδε χοάς. | a envoyé ces libations. |
| ΟΡΕΣΤΗΣ. Ἦ καὶ | ORESTE. Est-ce-qu'aussi |
| πέπυσθε τὸ ὄναρ | vous avez appris le songe |
| ὥστε φράσαι ὀρθῶς. | de-manière-à *le* dire bien. |
| ΧΟΡΟΣ. Ἔδοξε τεκεῖν | LE CHŒUR. Elle a cru enfanter |
| δράκοντα, | un dragon, |
| ὡς αὐτὴ λέγει, | comme elle-même *le* dit, |
| ΟΡΕΣΤΗΣ. Καὶ ποῖ τελευτᾷ | ORESTE. Et où (comment) aboutit |
| καὶ καρανοῦται λόγος; | et s'accomplit *ce* récit ? |
| ΧΟΡΟΣ. ὁρμίσαι τε | LE CHŒUR. Et *elle a cru* l'avoir |
| ἐν σπαργάνοις | dans des langes [fait-entrer |
| δίκην παιδός | à la-manière-d'un enfant |
| ΟΡΕΣΤΗΣ. τίνος βορᾶς | ORESTE. de quelle nourriture |
| χρῄζοντα, | ayant-besoin, |
| δάκος νεογενές; | *ce* monstre nouveau-né ? |

## ΧΟΗΦΟΡΟΙ.

ΧΟΡΟΣ.
αὐτή τ' ἐπισχεῖν μαστὸν ἐν τὠνείρατι.
ΟΡΕΣΤΗΣ.
Καὶ πῶς ἄτρωτον οὖθαρ ἦν ὑπὸ στύγους;
ΧΟΡΟΣ.
Ὥστ' ἐν γάλακτι θρόμβον αἵματος σπάσαι.
ΟΡΕΣΤΗΣ.
Οὔτοι μάταιον ἂν τόδ' ὄψανον πέλοι.
ΧΟΡΟΣ.
Ἡ δ' ἐξ ὕπνου κέκραγεν ἐπτοημένη.
Πολλοὶ δ' ἀνῇθοντ', ἐκτυφλωθέντες σκότῳ,
λαμπτῆρες ἐν δόμοισι δεσποίνης χάριν·
πέμπει τ' ἔπειτα τάσδε κηδείους χοάς,
ἄκος τομαῖον ἐλπίσασα πημάτων.
ΟΡΕΣΤΗΣ.
Ἀλλ' εὔχομαι γῇ τῇδε καὶ πατρὸς τάφῳ
τοὔνειρον εἶναι τοῦτ' ἐμοὶ τελεσφόρον.
Κρίνω δέ τοί νιν ὥστε συγκόλλως ἔχειν.
Εἰ γὰρ τὸν αὐτὸν χῶρον ἐκλιπὼν ἐμοὶ
οὔφις τε, παῖς ὥς, σπαργάνοις ὡπλίζετο,
καὶ μαστὸν ἀμφέχασκ'[1] ἐμὸν θρεπτήριον,
θρόμβῳ τ' ἔμιξεν αἵματος φίλον γάλα,

LE CHOEUR. Elle-même, en son rêve, a présenté son sein.
ORESTE. Et le monstre sauvage a respecté ce sein !
LE CHOEUR. Au lait on vit mêlé du sang qu'il a sucé.
ORESTE. Cela s'accomplira, ce n'est point un vain songe.
LE CHOEUR. Elle s'éveille alors d'effroi et pousse un cri. Aussitôt les flambeaux, éteints pendant la nuit, se rallument dans le palais pour calmer ses terreurs. Enfin elle envoie ces libations expiatoires, remèdes, elle l'espère du moins, aux angoisses dont elle se veut guérir.
ORESTE. Terre, terre d'Argos, tombeau de mon père, ah ! que ce songe pour moi devienne une réalité ! Non, je ne m'y trompe point. — Frappante coïncidence ! De ce sein, comme moi, il est sorti, ce serpent. — Dans des langes d'enfant on l'a enveloppé. Cette mamelle qu'il a mordue, j'y ai teté comme lui, et à la douceur du lait le sang a mêlé ses caillots. De terreur elle a poussé

| | |
|---|---|
| ΧΟΡΟΣ. αὐτή τε ἐπισχεῖν μαστὸν ἐν τῷ ὀνείρατι. | LE CHŒUR. et *elle a cru* elle-même *lui* présenter la mamelle dans le songe. |
| ΟΡΕΣΤΗΣ. Καὶ πῶς οὔθαρ ἦν ἄτρωτον ὑπὸ στύγους; | ORESTE. Et comment la mamelle était-elle non-blessée par *cet* objet-d'horreur; |
| ΧΟΡΟΣ. Ὥστε σπάσαι θρόμβον αἵματος ἐν γάλακτι. | LE CHŒUR. Au-point-d'avoir tiré un grumeau de sang dans (avec) le lait. |
| ΟΡΕΣΤΗΣ. Οὔτοι τόδε ὄψανον πέλοι ἂν μάταιον. | ORESTE. Non-certes cette vision ne serait vaine. |
| ΧΟΡΟΣ. Ἡ δὲ κέκραγεν ἐπτοημένη ἐξ ὕπνου. Πολλοὶ δὲ λαμπτῆρες, ἐκτυφλωθέντες σκότῳ, ἀνήθοντο ἐν δόμοισι χάριν δεσποίνης· ἔπειτά τε πέμπει τάσδε χοὰς κηδείους, ἐλπίσασα ἄκος τομαῖον πημάτων. | LE CHŒUR. Et celle-ci cria arrachée-par-l'-effroi du sommeil. Et beaucoup de lampes, éteintes dans les ténèbres, étaient allumées dans le palais à-cause-de la maîtresse ; et ensuite elle envoie ces libations funéraires, ayant espéré *elles être* un remède coupant-court aux maux. |
| ΟΡΕΣΤΗΣ. Ἀλλὰ εὔχομαι τῇδε γῇ καὶ τάφῳ πατρὸς τοῦτο τὸ ὄνειρον εἶναι τελεσφόρον ἐμοί. Κρίνω δέ τοί νιν ὥστε ἔχειν συγκόλλως. Εἰ γὰρ ἐκλιπὼν τὸν αὐτὸν χῶρον ἐμοὶ ὁ ὄφις τε ὡπλίζετο σπαργάνοις, ὡς παῖς, καὶ ἀμφέχασκε μαστὸν ἐμὸν θρεπτήριον, ἔμιξέ τε γάλα φίλον θρόμβῳ αἵματος, ἡ δὲ ἀμφὶ τάρβει | ORESTE. Eh-bien ! je prie cette terre-ci et le tombeau de *mon* père ce songe être s'-accomplissant pour moi. Et certes j'interprète lui de-manière-qu'il est conforme *à ma destinée.* Car si ayant quitté le même lieu (sein) que moi et le serpent était équipé de langes, comme un enfant, et *s'il* entourait-de-sa-bouche la mamelle ma nourrice, et s'il a mêlé le lait chéri à un grumeau de sang, et *si* celle-ci à-cause-de l'effroi |

## ΧΟΗΦΟΡΟΙ.

ἡ δ' ἀμφὶ τάρβει τῷδ' ἐπῴμωξεν πάθει·
δεῖ τοί νιν, ὡς ἔθρεψεν ἔκπαγλον τέρας,
θανεῖν βιαίως, ἐκδρακοντωθεὶς δ' ἐγὼ
κτενῶ νιν, ὡς τοὔνειρον ἐννέπει τόδε.

ΧΟΡΟΣ.

Τερασκόπον δὴ τῶνδέ σ' αἱροῦμαι πέρι,
γένοιτό θ' οὕτως. Τἄλλα δ' ἐξηγοῦ φίλοις,
ποῦ δεῖ τί ποιεῖν, ποῦ δὲ μὴ τί δρᾶν λέγων.

ΟΡΕΣΤΗΣ.

Ἁπλοῦς ὁ μῦθος· τήνδε μὲν στείχειν ἔσω,
ὑμῶν δὲ κρύπτειν τάσδε συνθήκας ἐμάς,
ὡς ἂν δόλῳ κτείναντες ἄνδρα τίμιον
δόλῳ τε καὶ ληφθέντες ἐν ταὐτῷ βρόχῳ
θάνωσιν, ᾗ καὶ Λοξίας ἐφήμισεν,
ἄναξ Ἀπόλλων, μάντις ἀψευδὴς τὸ πρίν.
Ξένῳ γὰρ εἰκώς, παντελῆ σαγὴν ἔχων,
ἥξω σὺν ἀνδρὶ τῷδ'[1] ἐφ' ἑρκείους πύλας
καινοῖς τε ‹μύθοις›ἐκ δορυξένων δόμων[2].
Ἄμφω δὲ φωνὴν ἥσομεν Παρνησίδα,

un cri à la douloureuse morsure. Elle a mis au monde un monstre odieux, donc elle doit mourir de mort violente. C'est moi qui serai le dragon, moi qui la tuerai, comme le dit le songe.

LE CHOEUR. J'approuve cette interprétation. Puisse cela s'accomplir! mais nous sommes tes amis ; dis encore ce qu'il faut faire, ce qu'il ne faut pas faire.

ORESTE. Mon plan est simple. Électre va rentrer. Vous vous ne direz rien de ma combinaison. C'est par ruse qu'ils ont égorgé ce héros, la ruse aussi en aura raison. Ils ont tué par un piège, qu'ils meurent aussi dans un piège. Ainsi le veulent les prédictions de Loxias, du dieu Apollon, de l'oracle jusqu'ici trouvé infaillible. Moi, comme un étranger chargé de son bagage, je me présenterai avec celui-ci, avec Pylade, aux portes de la maison, à titre d'hôte et d'ami de la famille. Tous deux nous parlerons la

| | |
|---|---|
| ἐπώμωξεν τῷδε πάθει·| a gémi-sur cet accident, |
| δεῖ τοί νιν, | il faut donc elle, [extraordinaire, |
| ὡς ἔθρεψε τέρας ἔκπαγλον, | puisqu'elle a nourri un monstre |
| θανεῖν βιαίως, | mourir violemment, |
| ἐγὼ δὲ ἐκδρακοντωθεὶς | et moi changé-en-dragon |
| κτενῶ νιν, | je tuerai elle |
| ὡς τόδε τὸ ὄνειρον | comme ce songe |
| ἐννέπει. | l'indique.        [certes toi |
| ΧΟΡΟΣ. Αἱροῦμαι δή σε | LE CHŒUR. Je prends (j'agrée) |
| τερασκόπον | *comme* interprète-de-présages |
| περὶ τῶνδε, | au-sujet-de ces choses, |
| γένοιτό τε οὕτως. | et qu'il *en* soit ainsi ! |
| Ἐξηγοῦ δὲ τὰ ἄλλα | Mais explique le reste |
| φίλοις, | à *tes* amis, |
| λέγων | disant |
| ποῦ τί δεῖ ποιεῖν, | où *et* quoi il faut faire, |
| ποῦ δε τί μὴ δρᾶν. | où et quoi il ne faut pas faire. |
| ΟΡΕΣΤΗΣ. Ὁ μῦθος ἁπλοῦς· | ORESTE. Le discours *est* simple; |
| τήνδε μὲν στείχειν | il *faut* d'une part celle-ci aller |
| ἔσω, | à-l'-intérieur, |
| ὑμῶν δὲ | d'autre part *il appartient* à vous |
| κρύπτειν | de cacher |
| τάσδε συνθήκας ἐμάς, | ces combinaisons miennes, |
| ὡς κτείναντες δόλῳ | afin qu'ayant tué par ruse |
| ἄνδρα τίμιον | un homme vénéré |
| θάνωσιν ἂν | ils meurent |
| δόλῳ τε | et par ruse |
| καὶ ληφθέντες | et ayant été pris |
| ἐν τῷ αὐτῷ βρόχῳ, | dans le même filet, |
| ᾗ καὶ ἐφήμισε Λοξίας | comme aussi *l'*a prophétisé Loxias |
| ἄναξ Ἀπόλλων, | le roi Apollon,          [qu'alors). |
| μάντις ἀψευδὴς τὸ πρίν. | devin infaillible auparavant (jus- |
| Εἰκὼς γὰρ ξένῳ, | Car semblable à un étranger |
| ἔχων σαγὴν παντελῆ, | ayant un bagage complet, |
| ἥξω σὺν τῷδε ἀνδρὶ | je viendrai avec cet homme-ci |
| ἐπὶ πύλας ἑρκείους | vers les portes de-l'enceinte |
| μύθοις τε καινοῖς | et avec des nouvelles      [guerre. |
| ἐκ δόμων δορυξένων. | *venant* d'une maison alliée-de- |
| Ἄμφω δὲ ἥσομεν | Et tous-deux nous émettrons |

γλώσσης ἀϋτὴν Φωκίδος μιμουμένῳ [1].
Καὶ δὴ θυρωρῶν οὔτις ἂν φαιδρᾷ φρενὶ
δέξαιτ', ἐπειδὴ δαιμονᾷ δόμος κακοῖς·
μενοῦμεν οὕτως, ὥστ' ἐπεικάζειν τινὰ
δόμους παραστείχοντα καὶ τάδ' ἐννέπειν·
« Τί δὴ πύλαισι [2] τὸν ἱκέτην ἀπείργεται
Αἴγισθος, εἴπερ οἶδεν ἔνδημος παρών; »
Εἰ δ' οὖν ἀμείψω βαλὸν ἑρκείων πυλῶν
κἀκεῖνον ἐν θρόνοισιν εὑρήσω πατρός,
ἢ καὶ μολεῖν ἔπειτά μοι κατὰ στόμα
ἕξει, σάφ' ἴσθι, καὶ κατ' ὀφθαλμοὺς βαλεῖν [3],
πρὶν αὐτὸν εἰπεῖν « ποδαπὸς ὁ ξένος; » νεκρὸν
θήσω, ποδώκει περιβαλὼν χαλκεύματι·
φόνου δ' Ἐρινὺς οὐχ ὑπεσπανισμένη
ἀκράτου αἷμα πίεται τρίτην πόσιν [4].
Νῦν οὖν σὺ [5] μὲν φύλασσε τἀν οἴκῳ καλῶς,
ὅπως ἂν ἀρτίκολλα συμβαίνῃ τάδε,

langue du Parnasse, avec l'accent du dialecte de Phocide. Si, comme je le présume, nul de ceux qui veillent à l'entrée ne nous fait bon visage, ne nous accueille, car cette maison est bouleversée par un mauvais génie, nous n'en resterons pas moins là pour attirer l'attention des passants et faire dire : « Pourquoi donc la porte reste-t-elle fermée à cet homme qui demande à entrer ? Égisthe est-il prévenu, est-il à la maison ? » Mais si je réussis à passer le seuil, à entrer, que je trouve ce misérable assis à la place de mon père, ou qu'il ait le temps de venir au devant de moi et de jeter les yeux sur moi, avant qu'il m'ait dit : « Étranger, de quel pays es-tu ? » c'est un homme mort, sois-en sûr. D'un coup rapide mon fer l'aura cloué à sa place. De meurtre alors Érinys gorgée, pour la troisième fois s'enivrera de sang pur. Toi, Électre, toi, observe attentivement toutes choses à l'intérieur ; que tout arrive juste comme je l'ai prévu. Vous,

| | |
|---|---|
| φωνὴν Παρνησίδα, | la langue parnassienne, |
| μιμουμένῳ αὐτὴν | imitant le son (l'accent) |
| γλώσσης Φωκίδος. | du dialecte phocidien. |
| Καὶ δὴ οὔτις θυρωρῶν | Et certes aucun des portiers |
| δέξαιτο ἂν φρενὶ φαιδρᾷ, | ne *nous* recevrait d'un cœur gai, |
| ἐπειδὴ δόμος | attendu-que la maison [maux |
| δαιμονᾷ κακοῖς. | est-furieusement-agitée par les |
| Μενοῦμεν οὕτως, | Nous resterons dans-ce-cas, |
| ὥστε τινὰ | de-sorte-que quelqu'un |
| παραστείχοντα δόμους | passant-devant la maison |
| ἐπεικάζειν | faire-des-conjectures |
| καὶ ἐννέπειν τάδε· | et dire ceci : |
| « Τί δὴ Αἴγισθος | « Pourquoi donc Égisthe |
| ἀπείργεται πύλαισι | repousse-t-il par les portes |
| τὸν ἱκετὴν, | le suppliant, |
| εἴπερ παρὼν ἔνδημος | si présent parmi-le-peuple |
| οἶδεν ; » | il *le* sait ? » |
| Εἰ δὲ οὖν ἀμείψω | Et si donc je franchis |
| βαλὸν πυλῶν ἑρκείων | le seuil des portes d'-enceinte |
| καὶ εὑρήσω ἐκεῖνον | et *que* je trouve celui-là |
| ἐν θρόνοισι πατρὸς, | sur le trône de *mon* père, |
| ἢ καὶ ἕξει ἔπειτα | ou *si* aussi il a ensuite |
| μολεῖν μοι | à (le temps de) venir à moi |
| κατὰ στόμα, | en face, [sur moi, |
| καὶ καταβαλεῖν ὀφθαλμούς, | et à (le temps d') abaisser les yeux, |
| ἴσθι σάφα, | sache-*le* clairement, |
| πρὶν αὐτὸν εἰπεῖν | avant lui-même avoir dit: |
| « ποδαπὸς ὁ ξένος »; | « de-quel-pays *est* l'étranger? » |
| θήσω νεκρὸν, | je *le* rendrai mort, [côtés) |
| περιβαλὼν | l'ayant entouré (frappé de tous |
| χαλκεύματι ποδώκει· | d'un fer agile; |
| Ἐρινὺς δὲ | et Érinys |
| οὐχ ὑπεσπανισμένη φόνου | ne manquant pas de meurtre |
| πίεται τρίτην πόσιν | boira *comme* troisième boisson |
| αἷμα ἄκρατον. | un sang pur. |
| Νῦν οὖν σὺ μὲν | Maintenant donc toi d'une part |
| φύλασσε καλῶς | observe bien |
| τὰ ἐν οἴκῳ, | les choses dans la maison, |
| ὅπως τάδε συμβαίνῃ ἂν | afin que ces choses arrivent, |

MORCEAUX CH. D'ESCHYLE. 21

322  ΧΟΗΦΟΡΟΙ.

ὑμῖν δ' ἐπαινῶ γλῶσσαν εὔφημον φέρειν,
σιγᾶν θ' ὅπου δεῖ καὶ λέγειν τὰ καίρια.
Τὰ δ' ἄλλα τούτῳ¹ δεῦρ' ἐποπτεῦσαι λέγω,
ξιφηφόρους ἀγῶνας ὀρθώσαντί μοι.

### III. LA FAUSSE NOUVELLE DE LA MORT D'ORESTE. SA MÈRE. SA NOURRICE.
(Vers 653-783.)

ΟΡΕΣΤΗΣ.
Παῖ παῖ, θύρας ἄκουσον ἑρκείας κτύπον.
Τίς ἔνδον, ὦ παῖ παῖ, μάλ' αὖθις, ἐν δόμοις;
Τρίτον τόδ' ἐκπέραμα δωμάτων καλῶ,
εἴπερ φιλόξεν' ἐστὶν, Αἰγίσθου βίαν.
ΟΙΚΕΤΗΣ.
Εἶεν, ἀκούω· ποδαπὸς ὁ ξένος; πόθεν;
ΟΡΕΣΤΗΣ.
Ἄγγελλε τοῖσι κυρίοισι δωμάτων,
πρὸς οὕσπερ ἥκω καὶ φέρω καινοὺς λόγους —
τάχυνε δ', ὡς καὶ νυκτὸς ἅρμ' ἐπείγεται
σκοτεινὸν, ὥρα δ' ἐμπόρους καθιέναι

esclaves, veillez à votre langue, secondez mes efforts, je vous le recommande, sachez vous taire et parler à propos. (Montrant le tombeau de son père.) Le reste regarde celui-ci. A lui d'y pourvoir, puisque pour cette lutte c'est lui qui m'a mis le fer en main.

### III

ORESTE. (Il frappe à la porte.) Esclave, esclave, réponds-moi; je frappe à la porte. (Il frappe une seconde fois.) Esclave, esclave, encore une fois, y a-t-il quelqu'un ici dedans? (Il frappe une troisième fois.) Voilà la troisième fois que j'appelle pour le faire sortir de la maison, si elle est hospitalière, le grand Égisthe.
LE PORTIER. Eh bien, j'ai entendu. De quel pays êtes-vous, étranger? qui êtes-vous?
ORESTE. Dis aux maîtres de la maison que je leur suis adressé, que je leur apporte des nouvelles. Hâte-toi, voilà le char de la nuit qui s'avance enveloppé de ténèbres. Il est temps pour le

| | |
|---|---|
| ἀρτίκολλα, | nouvellement-(bien)-ajustées, |
| ἐπαινῶ δὲ ὑμῖν | et je recommande à vous |
| φέρειν γλῶσσαν | de porter (d'avoir) une langue |
| εὔφημον, | prononçant-de-bonnes-paroles, |
| σιγᾶν τε ὅπου δεῖ, | et de se-taire quand il faut, |
| καὶ λέγειν τὰ καίρια. | et de dire les choses opportunes. |
| Λέγω δὲ τούτῳ | Et je dis à celui-ci |
| ὀρθώσαντί μοι | ayant suscité pour moi |
| ἀγῶνας ξιφηφόρους | des luttes où-l'on porte-le-glaive |
| ἐποπτεῦσαι δεῦρο | de surveiller-en-portant-les-re- |
| τὰ ἄλλα. | les autres choses.  [gards ici |

## III. LA FAUSSE NOUVELLE DE LA MORT D'ORESTE. SA MÈRE. SA NOURRICE.

| | |
|---|---|
| ΟΡΕΣΤΗΣ. Παῖ παῖ, | ORESTE. Esclave, esclave, |
| ἄκουσον κτύπον | écoute le bruit |
| θύρας ἑρκείας. | de la porte d'-enceinte.  [clave, |
| Τίς ἔνδον, ὦ παῖ πα | Qui est à-l'intérieur, ô esclave, es- |
| μάλα αὖθις | je te le dis encore une fois, |
| ἐν δόμοις; | dans ces demeures? |
| Καλῶ τρίτον | J'appelle pour-la-troisième-fois |
| τόδε ἐκπέραμα | cette sortie (pour qu'il sorte) |
| δωμάτων, | de ces demeures, |
| εἴπερ ἐστὶ φιλόξενα, | si elles sont hospitalières, |
| βίαν Αἰγίσθου. | la force d'Égisthe (le grand Égisthe). |
| ΟΙΚΕΤΗΣ. Εἶεν, ἀκούω· | L'ESCLAVE. Eh bien, j'entends; |
| ποδαπὸς ὁ ξένος; | de-quel-pays est l'étranger? |
| πόθεν; | d'-où vient-il? |
| ΟΡΕΣΤΗΣ. Ἄγγελε | ORESTE. Annonce mon arrivée |
| τοῖσι κυρίοισι δωμάτων, | aux maîtres de la maison, |
| πρὸς οὕσπερ ἥκω, | vers lesquels je suis venu |
| καὶ φέρω λόγους καινούς | et auxquels j'apporte des paroles |
| (τάχυνε δέ, | (et hâte-toi,  [nouvelles |
| ὡς καὶ | attendu-qu'aussi |
| ἅρμα σκοτεινὸν νυκτὸς | le char ténébreux de la nuit |
| ἐπείγεται, | se-hâte, |
| ὥρα δὲ | et qu'il est temps |

ἄγκυραν ἐν δόμοισι πανδόκοις ξένων —
ἐξελθέτω τις δωμάτων τελεσφόρος,
γυνή τ' ἔπαρχος, ἄνδρα δ' εὐπρεπέστερον·
αἰδὼς γὰρ ἐν λέσχαισιν οὐκ ἐπαργέμους
λόγους τίθησιν· εἶπε θαρσήσας ἀνὴρ
πρὸς ἄνδρα κἀσήμηνεν ἐμφανὲς τέκμαρ.

ΚΛΥΤΑΙΜΝΗΣΤΡΑ.

Ξένοι, λέγοιτ' ἂν εἴ τι δεῖ· πάρεστι γὰρ
ὁποῖάπερ δόμοισι τοῖσδ' ἐπεικότα,
στρωμνὴ δικαίων τ' ὀμμάτων παρουσία [1].
Εἰ δ' ἄλλο πρᾶξαι δεῖ τι βουλιώτερον,
ἀνδρῶν [2] τόδ' ἐστὶν ἔργον, οἷς κοινώσομεν.

ΟΡΕΣΤΗΣ.

Ξένος μέν εἰμι Δαυλιεὺς ἐκ Φωκέων·
στείχοντα δ' αὐτόφορτον οἰκείᾳ σαγῇ
εἰς Ἄργος, ὥσπερ δεῦρ' ἀπεζύγην πόδα,
ἀγνὼς πρὸς ἀγνῶτ' εἶπε συμβαλὼν ἀνήρ,
ἐξιστορήσας καὶ σαφηνισθεὶς ὁδόν,
Στρόφιος ὁ Φωκεύς· πεύθομαι γὰρ ἐν λόγῳ·

voyageur de jeter l'ancre dans une maison de généreuse hospitalité. Fais-moi parler, soit à la femme, soit, ce qui vaudrait mieux, au maître. Les convenances ne nous condamneraient point aux formules demi-voilées. Entre hommes, on s'explique nettement, la pensée s'exprime sans détour.

CLYTEMNESTRE (sur le seuil de la maison). Parlez, étrangers, que voulez-vous? Il y a ici, dans cette maison, tout ce qu'il faut; des couches et des visages bienveillants. S'il s'agit de quelque chose de plus sérieux, c'est l'affaire des hommes; dites, j'en ferai part.

ORESTE. Je suis étranger, ma patrie est Daulis en Phocide. Je m'en allais, mon bagage sur le dos, tel que je viens d'arriver, par la route qui conduit à Argos. Un inconnu m'aborde, sans me connaître moi-même, me questionne, apprend où je vais, « Puisque, me dit Strophios le Phocidien (c'était lui, en effet,

| | |
|---|---|
| ἐμπόρους καθιέναι ἄγκυραν | les voyageurs jeter l'ancre |
| ἐν δόμοισιν πανδόκοις ξένων) | dans les maisons hospitalières des |
| τὶς τελεσφόρος | *que* quelque maître       [hôtes), |
| ἐξελθέτω δωμάτων, | sorte de ces demeures, |
| γυνή τε ἔπαρχος, | et (soit) une femme qui-commande, |
| εὐπρεπέστερον δὲ | d'autre part *il est* plus convenable |
| ἄνδρα· | un homme *en sortir;* |
| αἰδὼς γὰρ | car, *dans ce cas*, la réserve |
| οὐ τίθησι λόγους ἐπαργέμους | ne rend pas les discours obscurs |
| ἐν λέσχαισιν· | dans les conversations ; |
| ἀνὴρ εἶπε θαρσήσας | un homme parle confiant |
| πρὸς ἄνδρα | à un homme        [ment), |
| καὶ ἐσήμηνεν ἐμφανὲς | et indique manifeste (manifeste- |
| τέκμαρ. | le signe *de sa pensée.* |
| ΚΛΥΤΑΙΜΝΗΣΤΡΑ. Ξένοι, | CLYTEMNESTRE. Étrangers, |
| λέγοιτε ἄν | vous diriez (dites) |
| εἰ δεῖ τι· | s'il *vous faut dire* quelque chose ; |
| ὁποῖάπερ γὰρ | car toutes les choses qui *sont* |
| ἐπεικότα τοῖσδε δόμοις, | convenables à ces demeures |
| πάρεστι, | sont-ici, |
| στρώμνη | couverture, |
| παρουσία τε ὀμμάτων δικαίων. | et présence d'yeux justes. |
| Εἰ δὲ δεῖ | D'autre part s'il faut     [sérieux, |
| πρᾶξαί τι ἄλλο βουλιώτερον, | faire quelque autre chose de plus |
| τόδε ἐστὶν ἔργον ἀνδρῶν | ceci est l'affaire des hommes |
| οἷς κοινώσομεν. | auxquels nous *le* communiquerons. |
| ΟΡΕΣΤΗΣ. Εἰμὶ μὲν | ORESTE. D'une part je suis |
| ξένος | étranger |
| Δαυλιεὺς ἐκ Φωκέων· | Daulien *du pays* des Phocidiens ; |
| ἀνὴρ δὲ συμβαλών, | d'autre part *un* homme *m*'ayant |
| ἐξιστορήσας | m'ayant interrogé    [rencontré, |
| καὶ σαφηνισθεὶς | et ayant été renseigné |
| ὁδόν, | sur *mon* voyage, |
| Στρόφιος ὁ Φωκεύς· | Strophios le Phocidien ; |
| πεύθομαι γὰρ | car je *l*'apprends |
| ἐν λόγῳ· | dans la conversation ; |
| εἶπεν ἄγνως πρὸς ἀγνῶτα | dit inconnu à *moi* inconnu [faires |
| στείχοντα αὐτόφορτον | allant portant-moi-même-mes-af- |
| οἰκείᾳ σαγῇ | avec *mon* propre bagage |

« Ἐπείπερ ἄλλως, ὦ ξέν', εἰς Ἄργος κίεις,
πρὸς τοὺς τεκόντας πανδίκως μεμνημένος
τεθνεῶτ' Ὀρέστην εἰπέ, μηδαμῶς λάθῃ.
Εἴτ' οὖν κομίζειν δόξα νικήσει φίλων,
εἴτ' οὖν μέτοικον, ἐς τὸ πᾶν ἀεὶ ξένον,
θάπτειν, ἐφετμὰς τάσδε πόρθμευσον πάλιν.
Νῦν γὰρ λέβητος χαλκέου πλευρώματα
σποδὸν κέκευθεν ἀνδρὸς εὖ κεκλαυμένου. »
Τοσαῦτ' ἀκούσας εἶπον. Εἰ δὲ τυγχάνω
τοῖς κυρίοισι καὶ προσήκουσιν λέγων
οὐκ οἶδα, τὸν τεκόντα δ' εἰκὸς εἰδέναι.

ΗΛΕΚΤΡΑ.

Οἲ 'γὼ κατ' ἄκρας εἶπας ὡς πορθούμεθα.
Ὦ δυσπάλαιστε τῶνδε δωμάτων Ἀρά,
ὡς πόλλ' ἐπωπᾷς, κἀκποδὼν εὖ κείμενα
τόξοις πρόσωθεν εὐσκόποις χειρουμένη

comme je l'appris en causant), puisque tu te rends à Argos, aux parents d'Oreste, souviens-toi, je t'en prie, d'annoncer la mort de leur fils. Qu'ils préfèrent le ramener au sein de sa famille, ou qu'ils veuillent le laisser sur la terre étrangère, pour y reposer à jamais, à ton retour tu nous diras leur intention. Pour le moment l'urne aux flancs d'airain recouvre la cendre de ce jeune homme, pleuré comme il le devait être. » Voilà tout ce qu'il m'a dit, et ma commission est faite. Me suis-je adressé à qui de droit? aux parents? je ne sais. L'important, c'est que le père n'ignore pas l'événement.

ÉLECTRE. Malheur! Ces paroles mettent le comble à notre désolation. Impitoyable malédiction attachée à cette famille, que de choses parmi les plus assurées, que de choses hors de ta portée ton regard n'a-t-il pas surpris, tes traits n'ont-ils pas su

| | |
|---|---|
| εἰς Ἄργος, | à Argos, |
| ὥσπερ | comme (dans l'attirail dans lequel) |
| ἀπεζεύγην πόδα δεῦρο· | j'ai dételé mon pied ici : |
| « Ἐπείπερ, ὦ ξένε, | « Puisque, ô étranger, |
| κίεις εἰς Ἄργος | tu vas à Argos |
| ἄλλως, | pour-d'autres-raisons, |
| μεμνημένος πανδίκως | te-souvenant absolument *de mes* |
| εἰπὲ πρὸς τοὺς τεκόντας | dis aux parents [*recommandations* |
| Ὀρέστην τεθνεῶτα, | Oreste mort, |
| μηδαμῶς λάθῃ. | ne *l'*oublie en-aucune-façon. |
| Εἴτε οὖν δόξα | Soit-que donc l'avis |
| φίλων | des amis (des parents) |
| νικήσει κομίζειν, | prévaudra *pour le* rapporter, |
| εἴτε οὖν θάπτειν | soit donc *pour* l'ensevelir |
| μέτοικον, | *comme* métèque, |
| ξένον | hôte *de cette terre* (de la Phocide) |
| ἐς τὸ πᾶν ἀεὶ, | pour toujours, |
| πόρθμευσον πάλιν | transmets en-retour |
| τάσδε ἐφετμάς. | ces recommandations. |
| Νῦν γὰρ πλευρώματα | Car maintenant les flancs |
| λέβητος χαλκέου | d'une urne d'-airain |
| κέκευθε σποδὸν | cachent la cendre |
| ἀνδρὸς εὖ κεκλαυμένου. » | d'un homme bien pleuré. » |
| Ἀκούσας τοσαῦτα | Ayant entendu autant de choses, |
| εἶπον. | j'ai dit. |
| Οὐ δὲ οἶδα | D'autre part je ne sais pas |
| εἰ τυγχάνω λέγων | si je me-trouve parlant      [rité), |
| τοῖς κυρίοισι | aux maîtres (à ceux qui ont auto- |
| καὶ προσήκουσιν, | et aux parents, |
| εἰκὸς δὲ | or il *est* convenable |
| τὸν τεκόντα εἰδέναι. | le père savoir *ces faits.* |
| ΗΛΕΚΤΡΑ. Οἴ ἐγώ, | ÉLECTRE. Hélas moi!   [détruits |
| εἶπας ὡς πορθούμεθα | tu as dit comme nous sommes |
| κατὰ ἄκρας. | de haut *en bas.* |
| Ὦ Ἀρὰ τῶνδε δωμάτων | O malédiction de ces demeures |
| δυσπάλαιστε, | difficile-à-combattre, |
| ὡς πολλὰ ἐπωπᾷς, | combien de choses tu vois, |
| καὶ χειρουμένη πρόσωθεν | et domptant de-loin      [but |
| τόξοις εὐσκόποις | par des flèches qui-atteignent-le |

φίλων ἀποψιλοῖς με τὴν παναθλίαν.
Καὶ νῦν, Ὀρέστης ἦν γὰρ εὐβόλως [1] ἔχων,
ἔξω κομίζων ὀλεθρίου πηλοῦ πόδα,
νῦν δ' ἥπερ ἦν δόμοισι βαχείας ἄλης
ἰατρὸς ἐλπὶς, παραπεσοῦσαν ἔγραφε.

ΟΡΕΣΤΗΣ.

Ἐγὼ μὲν οὖν ξένοισιν ὧδ' εὐδαίμοσιν
κεδνῶν ἕκατι πραγμάτων ἂν ἤθελον
γνωστὸς γενέσθαι καὶ ξενωθῆναι· τί γὰρ
ξένου ξένοισίν ἐστιν εὐμενέστερον;
πρὸς δυσσεβείας δ' ἦν ἐμοὶ τόδ' ἐν φρεσὶν,
τοιόνδε πρᾶγμα μὴ καρανῶσαι φίλοις,
καταινέσαντα καὶ κατεξενωμένον.

ΚΛΥΤΑΙΜΝΗΣΤΡΑ.

Οὔτοι κυρήσεις μεῖον ἀξίας σέθεν,
οὐδ' ἧσσον ἂν γένοιο δώμασιν φίλος·
ἄλλος δ' ὁμοίως ἦλθεν ἂν τάδ' ἀγγελῶν.
Ἀλλ' ἔσθ' ὁ καιρὸς [2] ἡμερευκότας ξένους
μακρᾶς κελεύθου [3] τυγχάνειν τὰ πρόσφορα,

atteindre de loin! Tout ce que j'aimais, tu m'en as privée, infortunée que je suis! Aujourd'hui c'est Oreste, qui par un heureux hasard avait jusque alors évité de mettre le pied dans ce bourbier de mort, Oreste, la seule espérance aujourd'hui de voir guérir nos maux : encore une espérance à effacer.

ORESTE. Pour vous, nobles hôtes, j'eusse voulu commencer mes rapports avec vous par de bonnes nouvelles, inaugurer ainsi mon entrée sous ce toit qui m'accueille. Quoi de plus naturel d'ailleurs, en entrant quelque part, que d'aimer à faire plaisir à ses hôtes? Mais c'eût été mal agir, à mes yeux, que vous dissimuler un si grave événement, à vous qu'il intéresse, et qui me recevez si bien. Je m'étais engagé d'ailleurs à vous en informer.

CLYTEMNESTRE. Tu n'en seras ni moins bien traité, ni moins bienvenu dans cette maison. A défaut de toi, un autre se fût chargé de la triste nouvelle. Mais il est grand temps pour nos hôtes après une longue journée de marche, de trouver de quoi

| | |
|---|---|
| κείμενα εὖ | de choses placées bien (dans une |
| ἐκποδών, | loin-de toi,   [heureuse situation) |
| ἀποψιλοῖς φίλων | tu dépouilles d'amis |
| με τὴν παναθλίαν. | moi la toute-malheureuse. |
| Καὶ νῦν, | Et maintenant, |
| Ὀρέστης γὰρ ἦν | car Oreste était   [heureuse, |
| ἔχων εὐβόλως, | se trouvant dans-une-situation- |
| κομίζων πόδα | portant le pied |
| ἔξω πηλοῦ ὀλεθρίου, | hors du bourbier mortel, |
| νῦν δὲ ἔγγραφε | eh-bien ! maintenant efface |
| παραπεσοῦσαν | comme étant perdue *l'espérance* |
| ἥπερ ἐλπὶς ἦν | laquelle espérance était |
| ἰατρὸς ἄλης βακχείας | guérissant le délire frénétique |
| δόμοισι. | dans *cette demeure*. |
| ΟΡΕΣΤΗΣ. Ἐγὼ μὲν οὖν | ORESTE. Moi d'une part donc |
| ἤθελον ἂν γενέσθαι γνωστὸς | j'aurais voulu avoir été connu |
| καὶ ξενωθῆναι | et avoir été accueilli-hospitaliè- |
| ξένοισιν ὧδε εὐδαίμοσιν | par des hôtes aussi riches [rement |
| ἕκατι κεδνῶν πραγμάτων · | pour de bonnes choses ; |
| τί γάρ ἐστιν | car quelle chose est |
| εὐμενέστερον ξένοισι | plus bienveillante pour les hôtes |
| ξένου ; | qu'un hôte ? |
| τόδε δὲ ἦν | d'autre part cela était (aurait été) |
| ἐμοὶ ἐν φρεσὶν | pour moi dans l'esprit (selon moi) |
| πρὸς δυσσεβείας | de l'impiété |
| μὴ καρανῶσαι φίλοις | de ne pas accomplir pour des amis |
| τοιόνδε πρᾶγμα, | une telle chose (un tel message), |
| καταινέσαντα | l'ayant promis |
| καὶ κατεξενωμένον. | et ayant été traité-en-hôte. |
| ΚΛΥΤΑΙΜΝΗΣΤΡΑ. | CLYTEMNESTRE. |
| Οὔτοι κυρήσεις | Non-certes tu ne recevras pas |
| μεῖον ἀξίας σέθεν, | moins que le mérite de-toi, |
| οὐδὲ γένοιο ἂν ἧσσον | et tu ne serais pas moins |
| φίλος δώμασιν · | ami dans *ces* demeures ; |
| ἄλλος δὲ ὁμοίως | d'ailleurs un autre semblablement |
| ἦλθεν ἂν ἀγγελῶν τάδε. | serait venu devant annoncer cela. |
| Ἀλλὰ ὁ καιρός ἐστι | Mais le moment est   [*marcher* |
| ξένους ἡμερευκότας | des hôtes ayant passé-le-jour à |
| μακρᾶς κελεύθου | pendant une longue route |

ἄγ' αὐτὸν εἰς ἀνδρῶνας εὐξένους δόμων
ὀπισθόπους [1] τε τούσδε καὶ ξυνεμπόρους·
κἀκεῖ κυρούντων σώμασιν τὰ πρόσφορα,
καὶ θερμὰ λουτρὰ καὶ πόνων θελκτήρια.
Αἰνῶ δὲ πράσσειν ὡς ὑπευθύνῳ [2] τάδε.
Ἡμεῖς δὲ ταῦτα τοῖς κρατοῦσι δωμάτων
κοινώσομέν τε κοὐ σπανίζοντες φίλων
βουλευσόμεσθα τῆσδε συμφορᾶς πέρι.
             ΧΟΡΟΣ.
Εἶεν, φιλίαι, δμωῖδες οἴκων,
πότε δὴ στομάτων
  δείξομεν ἰσχὺν ἐπ' Ὀρέστῃ;
Ὦ πότνια χθὼν καὶ πότνι' ἀκτὴ
χώματος, ἣ τῷδ' ἐπὶ ναυάρχῳ
  σώματι κεῖσαι βασιλείῳ,
νῦν ἐπάκουσον, νῦν ἐπάρηξον·
νῦν γὰρ ἀκμάζει
Πειθὼ δολίαν ξυγκαταβῆναι,
καὶ τὸν νύχιον χθόνιόν θ' Ἑρμῆν
τοῖσδ' ἐφοδεῦσαι
  ξιφοδηλήτοισιν ἀγῶσιν.

se faire. (Montrant Oreste.) Celui-ci, conduisez-le à l'appartement des hommes réservé ici aux étrangers. Moi, au maître de la maison, je vais tout communiquer. Avec nos nombreux amis, nous aviserons à ce qu'il convient de faire dans de telles circonstances. (Oreste et sa suite entrent avec Clytemnestre dans la maison.)

LE CHŒUR (immobile dans l'hyposcène). Allons, femmes vouées comme moi au service de cette maison, qu'attendons-nous avant de nous prononcer à haute voix pour Oreste? Terre sacrée, sacré tertre de ce tombeau où reposent les dépouilles d'un roi, du chef de dix mille vaisseaux, c'est maintenant qu'il nous faut exaucer, maintenant qu'il nous faut ton appui. — Voici l'heure de la crise, où la ruse doit amener le dénouement, où Hermès, dieu de la nuit, le guide des morts, marchent à ce combat où l'on meurt par le fer.

# LES CHOÉPHORES.

| | |
|---|---|
| τυγχάνειν τὰ πρόσφορα, | obtenir les choses convenables, |
| ἄγε αὐτὸν ἐς ἀνδρῶνας δόμων | conduis-le dans les appartements-de *cette* maison [des-hommes |
| εὐξένους | réservés-aux-hôtes, |
| τούσδε τε ὀπισθόπους | et ces suivants |
| καὶ ξυνεμπόρους· | et compagnons-de-voyage ; |
| καὶ ἐκεῖ κυρούντων | et là qu'ils reçoivent |
| τὰ πρόσφορα σώμασιν, | les choses convenables aux corps, |
| καὶ λουτρὰ θερμὰ | et des bains chauds |
| καὶ θελκτήρια πόνων. | et des adoucissements de fatigues. |
| Αἰνῶ δὲ | Et je recommande *à toi* |
| ὡς ὑπευθύνῳ | comme responsable |
| πράσσειν τάδε. | de t'-occuper de cela. [rons |
| Ἡμεῖς δὲ κοινώσομέν τε ταῦτα | Pour nous et nous communique-ces *nouvelles* |
| τοῖς κρατοῦσι δωμάτων | aux maîtres de *ces* demeures |
| καὶ οὐ σπανίζοντες φίλων | et ne manquant pas d'amis |
| βουλευσόμεθα | nous délibérerons |
| περὶ τῆσδε συμφορᾶς. | sur cet événement. |
| ΧΟΡΟΣ. Εἶεν, | LE CHOEUR. Eh bien ! |
| δμωΐδες οἴκων, | esclaves de *cette* maison |
| πότε δὴ δείξομεν | quand donc montrerons-nous |
| ἰσχὺν φιλίαν στομάτων | la vigueur amie de nos bouches, |
| ἐπὶ Ὀρέστῃ; | en-faveur d'Oreste ? |
| Ὦ χθὼν ποτνία | O terre auguste, |
| καὶ ἀκτὴ ποτνία χώματος, | et élévation vénérée du tombeau, |
| ἣ κεῖσαι ἐπὶ τῷδε σώματι βασιλείῳ | qui es placée sur ce corps royal |
| ναυάρχῳ, | qui-commandait-aux flottes, |
| νῦν ἐπάκουσον, | maintenant écoute-*moi*, |
| νῦν ἐπάρηξον· | maintenant secours-*moi*; |
| νῦν γὰρ ἀκμάζει | car maintenant il-est-temps |
| Πείθω δουλίαν | la Persuasion perfide [bat, |
| ξυγκαταβῆναι, | descendre-avec *nous* dans le com- |
| καὶ τὸν Ἑρμῆν | et Hermès |
| νύχιον χθόνιόν τε | nocturne et souterrain |
| ἐφοδεῦσαι | marcher-devant |
| τοῖσδε ἀγῶσιν | dans ces luttes |
| ξιφοδηλήτοισιν. | meurtrières-par-l'épée. |

Ἔοικεν [1] ἀνὴρ ὁ ξένος τεύχειν κακόν·
τροφὸν δ' Ὀρέστου τήνδ' ὁρῶ κεκλαυμένην.
Ποῖ δὴ πατεῖς, Κίλισσα, δωμάτων πύλας;
λύπη δ' ἄμισθός ἐστί σοι ξυνέμπορος.
          ΤΡΟΦΟΣ.
Αἴγισθον ἡ κρατοῦσα [2]. . . . . . . . .
. . . . . . . τοὺς ξένους καλεῖν
ὅπως τάχιστ' ἄνωγεν, ὡς σαφέστερον
ἀνὴρ ἀπ' ἀνδρὸς τὴν νεάγγελτον φάτιν
ἐλθὼν πύθηται. Τὴν δὲ πρὸς μὲν οἰκέτας
θέτο σκυθρωπόν, ἐντὸς ὀμμάτων γέλων
κεύθους' ἐπ' ἔργοις διαπεπραγμένοις καλῶς
κείνῃ, δόμοις δὲ τοῖσδε παγκάκως ἔχει
φήμης ὑφ' ἧς ἤγγειλαν οἱ ξένοι τορῶς.
Ἦ δὴ κλύων ἐκεῖνος εὐφρανεῖ νόον,
εὖτ' ἂν πύθηται μῦθον. Ὦ τάλαιν' ἐγώ·
ὥς μοι τὰ μὲν παλαιὰ συγκεκραμένα
ἄλγη δύσοιστα τοῖσδ' ἐν Ἀτρέως δόμοις

Il me semble, cet étranger, couver quelque noire pensée. Mais voici la nourrice d'Oreste tout en larmes. Où t'en vas-tu, Cilicienne, ainsi hors des portes? Ton valet de pied, à toi, c'est ton chagrin, un serviteur à bon marché, s'il en fut.

LA NOURRICE. Je vais chercher Égisthe, de la part de ma maîtresse, pour s'aboucher au plus tôt avec ces étrangers, et apprendre ainsi en personne la nouvelle qu'ils apportent. Elle, devant ses gens, elle s'est donné un air attristé, tandis qu'elle riait, l'hypocrite, au fond de son âme. Tout cela, en effet, est bien heureux pour elle. Mais quelle calamité pour la famille que ce que nous rapportent, hélas! trop clairement ces voyageurs! Quand il le saura, lui, il va nager dans la joie de son cœur, lorsqu'on lui contera la chose. — Malheureuse que je suis! A ce déluge de catastrophes, qui se sont empreintes dans mon esprit, à ces calamités inouïes tombées autrefois sur la maison des Atri-

| | |
|---|---|
| Ὁ ἀνὴρ ξένος ἔοικε | Cet homme étranger paraît |
| τεύχειν τι κακόν· | préparer quelque chose de mal; |
| ὁρῶ δὲ | d'autre part je vois |
| τήνδε τροφὸν Ὀρέστου | cette nourrice d'Oreste |
| κεκλαυμένην. | éplorée. |
| Ποῖ δὴ, Κίλισσα, | Où donc *allant*, Cilicienne, |
| πατεῖς πύλας | franchis-tu les portes |
| δωμάτων; | de *ces* demeures? |
| λύπη δέ ἐστι | d'ailleurs le chagrin est [payé. |
| ξυνέμπορός σοι ἄμισθος. | un compagnon pour toi non- |
| ΤΡΟΦΟΣ. Ἡ κρατοῦσα | LA NOURRICE. La maîtresse |
| ἄγωγεν | m'a ordonné [sible |
| καλεῖν ὅπως τάχιστα | d'appeler le plus vite *qu'il est* pos- |
| Αἴγισθον. . . . . . . . | Égisthe . . . . . . . . |
| . . . . τοὺς ξένους, | . . . . *vers* ces étrangers, |
| ὡς ἀνὴρ ἐλθὼν | afin que l'homme étant venu |
| πύθηται σαφέστερον | apprenne plus clairement |
| ἀπὸ ἀνδρὸς | de *cet* homme |
| τὴν φάτιν νεάγγελτον. | la nouvelle récemment-annoncée. |
| Τὴν δὲ θέτο σκύθρωπον | Or elle l'a regardée-comme triste |
| πρὸς μὲν οἰκέτας, | devant *ses* serviteurs, il-est-vrai, |
| κεύθων γέλων | dissimulant *son* rire |
| ἐντὸς ὀμμάτων | en-dedans-de *ses* yeux |
| ἐπὶ ἔργοις | pour des faits |
| διαπεπραγμένοις καλῶς | accomplis heureusement |
| κείνῃ, | pour celle-là, |
| ἔχει δὲ παγκάκως | mais il est tout-à-fait-mal |
| τοῖσδε δόμοις | à cette maison-ci |
| ὑπὸ φήμης | par-suite-de la nouvelle |
| ἧς οἱ ξένοι ἤγγειλαν | que les étrangers ont annoncée |
| τορῶς. | clairement. |
| Ἦ δὴ ἐκεῖνος | Oui certes celui-là [tendre, |
| εὐφρανεῖ νόον κλύων, | réjouira *son* esprit entendant (d'en- |
| εὖτε πύθηται ἂν μῦθον. | lorsqu'il apprendra *cette* parole. |
| Ὦ ἐγὼ τάλαινα· | O moi malheureuse! |
| ὡς τὰ μὲν παλαιὰ ἄλγη | comme certes les anciens malheurs |
| συγκεκραμένα μοι | mêlés à moi (qui se sont empreints |
| δύσοιστα | difficiles-à-supporter [en moi) |
| τυχόντα ἐν τοῖσδε δόμοις | étant arrivés dans ces demeures |

## ΧΟΗΦΟΡΟΙ.

τυχόντ' ἐμὴν ἤλγυνεν ἐν στέρνοις φρένα·
ἀλλ' οὔτι πω τοιόνδε πῆμ' ἀνεσχόμην.
Τὰ μὲν γὰρ ἄλλα τλημόνως ἤντλουν κακά·
φίλον δ' Ὀρέστην, τῆς ἐμῆς ψυχῆς τριβὴν [1],
ὃν ἐξέθρεψα μητρόθεν δεδεγμένη,
καὶ νυκτιπλάγκτων ὀρθίων κελευμάτων [2]

. . . . . . . . . . .

. . . . . . . . . . .

καὶ πολλὰ καὶ μοχθήρ' ἀνωφέλητ' ἐμοὶ
τλάσῃ· τὸ μὴ φρονοῦν γὰρ ὡσπερεὶ βοτὸν
τρέφειν ἀνάγκη, πῶς γὰρ οὔ; στόχῳ φρενός·
οὐ γάρ τι φωνεῖ παῖς ἔτ' ὢν ἐν σπαργάνοις,
εἰ λιμὸς ἢ δίψη τις ἢ λιψουρία
ἔχει· νέα δὲ νηδὺς αὐτάρκης τέκνων.
Τούτων πρόμαντις οὖσα, πολλὰ δ', οἴομαι,
ψευσθεῖσα, παιδὸς σπαργάνων φαιδρύντρια,
κναφεὺς τροφεύς [3] τε ταὐτὸν εἰχέτην τέλος.
Ἐγὼ διπλᾶς δὲ τάσδε χειρωναξίας

des, il sanglotait dans ma poitrine, mon pauvre cœur. Jamais pourtant je n'avais été mise à pareille épreuve. A tout le reste j'avais pu me faire. — Mais mon Oreste, ma seule pensée, Oreste que j'ai nourri, que j'ai reçu au sortir du sein de sa mère! — La nuit, à ses moindres cris, j'étais debout... Tant de maux, tant de fatigues, tout cela pour rien! — C'est que tant que ça n'a pas plus de raison qu'une bête, il faut bien songer à ses besoins. Pas moyen de faire autrement. Ça ne sait rien dire, un enfant au berceau. — Ça a faim, ça a soif, ça pisse tout seul, car à cet âge le ventre n'attend pas chez les enfants. Il fallait tout deviner. Souvent, on se le figure aisément, je m'y suis laissé prendre. Alors c'étaient des langes à laver, car blanchisseuse et nourrice, c'est tout un. Double besogne que je remplissais pour élever un

## LES CHOÉPHORES.

| | |
|---|---|
| Ἀτρέως | d'Atrée |
| ἤλγυνεν ἐμὴν φρένα | ont affligé mon cœur |
| ἐν στέρνοις· | dans ma poitrine ! |
| ἀλλὰ οὔτι πω ἀνεσχόμην | mais je n'ai pas-encore enduré |
| τοιόνδε πῆμα. | un tel malheur. |
| Ἤτλουν μὲν γὰρ τλημόνως | Car d'une part je supportais patiemment |
| τὰ ἄλλα κακά· | les autres maux ; |
| φίλον δὲ Ὀρέστην, | d'autre part *mon* cher Oreste, |
| τριβὴν τῆς ἐμῆς ψυχῆς, | souci de mon âme, |
| ὃν ἐξέθρεψα | que j'ai nourri |
| δεδεγμένη μητρόθεν, | l'ayant reçu de-sa-mère, |
| καὶ κελευμάτων ὀρθίων | et *dont* j'ai *entendu* les appels aigus |
| νυκτιπλάγκτων | errants-pendant-la-nuit . |
| . . . . . . . . . | . . . . . . . . . |
| . . . . . . . . . | . . . . . . . . . [bles |
| καὶ πολλὰ καὶ μοχθήρα | et des choses nombreuses et péni- |
| ἀνωφέλητα ἐμοὶ τλάσῃ · | inutiles pour moi qui *les* ai endurées; |
| ἀνάγκη γὰρ τρέφειν | car nécessité *est* de nourrir |
| ὡσπερεὶ βοτὸν | comme une bête |
| τὸ μὴ φρονοῦν, | ce qui n'est pas raisonnable, |
| πῶς γὰρ οὔ; | car comment non (faire autrement)? |
| στόχῳ φρενός· | par la divination de l'esprit ; |
| παῖς γὰρ ὢν ἔτι | car l'enfant étant encore |
| ἐν σπαργάνοις | dans les langes |
| οὐ φωνεῖ τι, | ne dit pas quelque chose, |
| εἰ λιμὸς ἢ τις δίψη | si la faim ou quelque soif |
| ἢ λιψουρία | ou rétention-d'urine |
| ἔχει· | tient *lui ;* |
| νέα δὲ νηδὺς τέκνων | et un jeune ventre d'enfants |
| αὐτάρκης. | *est* se-suffisant à (se soulageant)- |
| Οὖσα | Étant [lui-même. |
| πρόμαντις τούτων, | devineresse de ces *besoins*, |
| πολλὰ δὲ, οἴομαι, ψευσθεῖσα, | et souvent, je pense, trompée, |
| φαιδρυντρία σπαργάνων | blanchisseuse des langes |
| παιδός, | de l'enfant |
| κναφεὺς τροφεύς τε | foulon (dégraisseur) et nourricier |
| εἰχέτην τὸ αὐτὸ τέλος. | avaient-tous-deux la même fonc- |
| Ἐγὼ δὲ ἔχουσα | Or moi ayant [tion. |

ἔχουσ' Ὀρέστην ἐξεθρεψάμην πατρί·
τεθνηκότος δὲ νῦν τάλαινα πεύθομαι.
Στείχω δ' ἐπ' ἄνδρα τῶνδε λυμαντήριον
οἴκων, θέλων δὲ τόνδε πεύσεται λόγον.

ΧΟΡΟΣ.
Πῶς οὖν κελεύει νιν μολεῖν ἐσταλμένον;

ΤΡΟΦΟΣ.
Ὅπως; λέγ' αὖθις, ὡς μάθω σαφέστερον.

ΧΟΡΟΣ.
Εἰ ξὺν λοχίταις εἴτε καὶ μονοστιβῆ;

ΤΡΟΦΟΣ.
Ἄγειν κελεύει δορυφόρους ὀπάονας.

ΧΟΡΟΣ.
Μή νυν σὺ ταῦτ' ἄγγελλε δεσπότου στύγῃ[1]·
ἀλλ' αὐτὸν ἐλθεῖν, ὡς ἀδειμάντως κλύῃ,
ἄνωχθ' ὅσον τάχιστα γηθούσῃ φρενί·
ἐν ἀγγέλῳ γὰρ κυρτὸς ὀρθοῦται λόγος.

ΤΡΟΦΟΣ.
Ἀλλ' ἦ φρονεῖς εὖ τοῖσι νῦν ἠγγελμένοις;

ΧΟΡΟΣ.
Ἀλλ' εἰ τροπαίαν Ζεὺς κακῶν θήσει ποτέ.

---

vengeur à son père. — Et à présent mort, malheureuse, voilà ce qu'on m'apprend. Allons à cet homme, la plaie de cette famille. Quel bonheur pour lui qu'une pareille nouvelle !

LE CHOEUR. Comment t'a-t-elle dit qu'il dût se présenter?

LA NOURRICE. Comment? explique-toi, je vois mal ta pensée.

LE CHOEUR. Devra-t-il venir seul, ou suivi de ses gardes?

LA NOURRICE. De ses gardes armés il faut qu'il soit suivi.

LE CHOEUR. Ne va pas parler de cela: tu inquiéterais le maître. Dis-lui d'un cœur joyeux, pour qu'il t'écoute sans crainte, dis-lui de venir seul à la hâte. Du messager dépend de tourner à bien une triste mission.

LA NOURRICE. Quel succès espérer après cette nouvelle?

LE CHOEUR. Mais Zeus peut, s'il le veut, changer le deuil en joie.

| | |
|---|---|
| τάσδε χειρωναξίας διπλᾶς | ces besognes doubles |
| ἐξεθρεψάμην Ὀρέστην | j'ai élevé Oreste |
| πατρί· | pour *son* père ; |
| νῦν δὲ τάλαινα | et maintenant malheureuse |
| πεύθομαι τεθνηκότος. | j'entends-parler de *lui* mort. |
| Στείχω δὲ ἐπὶ ἄνδρα | Et je vais vers l'homme |
| λυμαντήριον τῶνδε οἴκων, | destructeur de cette maison, |
| πεύσεται δὲ θέλων | et il entendra voulant (volontiers) |
| τόνδε λόγον. | cette parole. |
| ΧΟΡΟΣ. Πῶς οὖν | LE CHŒUR. Comment donc |
| κελεύει | *Clytemnestre* ordonne-t-elle |
| νιν μολεῖν ἐσταλμένον ; | lui venir équipé ?         [encore |
| ΤΡΟΦΟΣ. Ὅπως ; λέγε αὖθις, | LA NOURRICE. Comment ? parle |
| ὡς μάθω σαφέστερον. | afin-que je sache plus nettement. |
| ΧΟΡΟΣ. Εἰ | LE CHŒUR. S'*il doit venir* |
| ξὺν λοχίταις | avec des gardes |
| εἴτε καὶ μονοστιβῆ ; | ou même marchant-seul ? |
| ΤΡΟΦΟΣ. Κελεύει | LA NOURRICE. Elle *lui* ordonne |
| ἄγειν | d'amener |
| ὀπάονας δορυφόρους. | des compagnons armés-de-lances. |
| ΧΟΡΟΣ. Σὺ νῦν μὴ ἄγγελλε | LE CHŒUR. Toi donc n'annonce |
| τάδε στύγη | ce sujet-de-tristesse        [pas |
| δεσπότου, | du maître (ces paroles qui l'in- |
| ἀλλὰ ἄνωχθι | mais engage-*le*        [quiéteront), |
| ἐλθεῖν αὐτὸν, | à venir lui-même (seul) |
| φρενὶ γηθούσῃ | d'un cœur joyeux |
| ὅσον τάχιστα, | le plus vite qu'*il est possible*, |
| ὡς κλύῃ | afin qu'il écoute |
| ἀδειμάντως· | sans-crainte ; |
| λόγος γὰρ κυρτὸς | car une parole courbe |
| ὀρθοῦται | est redressée |
| ἐν ἀγγέλῳ. | au-moyen-du messager. |
| ΤΡΟΦΟΣ. Ἀλλὰ | LA NOURRICE. Mais |
| ἦ φρονεῖς εὖ | est-ce-que tu penses (espères) bien |
| τοῖσι ἠγγελμένοις | avec les choses annoncées |
| νῦν ; | maintenant ? |
| ΧΟΡΟΣ. Ἀλλὰ εἰ Ζεὺς | LE CHŒUR. Mais si Zeus |
| θήσει ποτὲ | placera (fait) un jour |
| τροπαίαν κακῶν. | une conversion de maux. |

MORCEAUX CH. D'ESCHYLE.

ΤΡΟΦΟΣ.
Καὶ πῶς; Ὀρέστης ἐλπὶς οἴχεται δόμων.
ΧΟΡΟΣ.
Οὔπω· κακός γε μάντις ἂν γνοίη τάδε.
ΤΡΟΦΟΣ.
Τί φῄς; ἔχεις τι τῶν λελεγμένων δίχα;
ΧΟΡΟΣ.
Ἄγγελλ' ἰοῦσα, πρᾶσσε τἀπεσταλμένα·
μέλει θεοῖσιν ὧνπερ ἂν μέλῃ πέρι[1].
ΤΡΟΦΟΣ.
Ἀλλ' εἶμι καὶ σοῖς ταῦτα πείσομαι λόγοις·
γένοιτο δ' ὡς ἄριστα σὺν θεῶν δόσει.

## IV. CLYTEMNESTRE ET LE VENGEUR.
(Vers 875-934.)

ΟΙΚΕΤΗΣ.
Οἴμοι, πανοίμοι δεσπότου τετυμμένου,
οἴμοι μάλ' αὖθις ἐν τρίτοις προσφθέγμασιν.
Αἴγισθος οὐκέτ' ἔστιν. Ἀλλ' ἀνοίξατε
ὅπως τάχιστα, καὶ γυναικείους πύλας
μοχλοῖς χαλᾶτε· καὶ μάλ' ἡβῶντος δὲ δεῖ,
οὐχ ὥστ' ἀρῆξαι διαπεπραγμένῳ· τί γάρ;
Ἰοὺ ἰού.
Κωφοῖς ἀϋτῶ καὶ καθεύδουσιν μάτην

LA NOURRICE. Et comment? puisque Oreste est perdu pour nous tous.
LE CHOEUR. Perdu? non. Pour le voir faut-il tant de finesse?
LA NOURRICE. Tu pourrais démentir ce qu'on a dit ici?
LE CHOEUR. Va-t'en trouver Égisthe, fais ce qu'on t'a commandé, et laisse aux dieux le soin de suivre leurs desseins.
LA NOURRICE. Je t'obéis, j'y vais. Que tout tourne au mieux, avec l'aide du ciel.

### IV

LE PORTIER (reparaissant en scène). Hélas! hélas! Dieux! mon maître assassiné! hélas! mille fois hélas! c'est fait d'Égisthe. — Allons, qu'on se dépêche d'ouvrir, de tirer les verrous du gynécée. — Il faut ici agir vivement. Pour secourir Égisthe? Non pas, son affaire est faite. A quoi bon maintenant? — Malheur! malheur! je parle à des sourds. — Ils dorment, et je me tue à

LES CHOÈPHORES.   339

ΤΡΟΦΟΣ. Καὶ πῶς;    LA NOURRICE. Et comment?
Ὀρέστης ἐλπὶς δόμων    Oreste, espoir de *cette* maison,
οἴχεται.    s'en est allé.
ΧΟΡΟΣ. Οὔπω·    LE CHŒUR. Pas-encore :
μάντις γε κακὸς    un devin certes malhabile
γνοίη ἂν τάδε.    devinerait cela.
ΤΡΟΦΟΣ. Τί φῇς;    LA NOURRICE. Que dis-tu?
ἔχεις τι λέγειν    as-tu quelque chose à dire
δίχα τῶν λελεγμένων.    différemment des choses dites ?
ΧΟΡΟΣ. Ἄγγελε ἰοῦσα,    LE CHŒUR. Annonce allant,
πρᾶσσε τὰ ἀπεσταλμένα·    fais les choses recommandées ;
μέλει θέοισιν    souci-est aux dieux *des choses*
περὶ ὧνπερ μέλῃ ἄν.    au sujet desquelles souci-sera.
ΤΡΟΦΟΣ. Ἀλλὰ εἶμι    LA NOURRICE. Mais je vais
καὶ πείσομαι ταῦτα    et j'obéirai sur ce *point*
σοῖς λόγοις·    à tes discours;   [*possible*
γένοιτο δὲ ὡς ἄριστα    et que *les choses* arrivent le mieux
σὺν δόσει θεῶν.    avec (par) la faveur des dieux.


IV. CLYTEMNESTRE ET LE VENGEUR.

ΟΙΚΕΤΗΣ. Οἴμοι, πανοίμοι    UN ESCLAVE. Hélas! bien-hélas!
δεσπότου τετυμμένου,    à cause de *mon* maître frappé,
οἴμοι μάλα αὖθις    hélas encore une fois
ἐν τρίτοις προσφθέγμασιν.    dans une troisième apostrophe !
Αἴγισθος οὐκέτι ἔστιν.    Égisthe n'est plus.
Ἀλλὰ ἀνοίξατε    Mais ouvrez
ὅπως τάχιστα,    le plus vite qu'*il est possible*,
καὶ χαλᾶτε μοχλοῖς    et relâchez par les (dégagez de)
πύλας γυναικείους.    les portes du-gynécée.  [verrous
Δεῖ δὲ καὶ    D'ailleurs besoin-est aussi
μάλα ἡβῶντος,    de *quelqu'un* tout-à-fait actif,
οὐχ ὥστε ἀρῆξαι    non pour secourir
διαπεπραγμένῳ·    un *homme* achevé ;
τί γάρ;    car à quoi *bon*?
Ἰοῦ ἰού. Αὐτῶ κωφοῖς    Hélas! hélas! Je crie à des sourds
καὶ βάζω μάτην ἄκραντα    et je dis en-vain des *paroles* sans-
καθεύδουσιν.    à *des gens* qui dorment.  [effet

ἄκραντα βάζω. Ποῖ Κλυταιμνήστρα; τί δρᾷ;
Ἔοικε νῦν αὐτῆς ἐπὶ ξυροῦ πέλων [1]
αὐχὴν πεσεῖσθαι πρὸς Δίκης πεπληγμένος.
### ΚΛΥΤΑΙΜΝΗΣΤΡΑ.
Τί δ' ἐστὶ χρῆμα; τίνα βοὴν ἵστης δόμοις;
### ΟΙΚΕΤΗΣ.
Τὸν ζῶντα καίνειν τοὺς τεθνηκότας λέγω.
### ΚΛΥΤΑΙΜΝΗΣΤΡΑ.
Οἲ 'γώ. Ξυνῆκα τοὔπος ἐξ αἰνιγμάτων·
δόλοις ὀλούμεθ', ὥσπερ οὖν ἐκτείναμεν.
Δοίη τις ἀνδροκμῆτα πέλεκυν ὡς τάχος·
εἰδῶμεν εἰ νικῶμεν, ἢ νικώμεθα·
ἐνταῦθα γὰρ δὴ τοῦδ' ἀφικόμην κακοῦ.
### ΟΡΕΣΤΗΣ.
Σὲ καὶ ματεύω· τῷδε δ' ἀρκούντως ἔχει.
### ΚΛΥΤΑΙΜΝΗΣΤΡΑ.
Οἲ 'γώ· τέθνηκας, φίλτατ' [2] Αἰγίσθου βία.
### ΟΡΕΣΤΗΣ.
Φιλεῖς τὸν ἄνδρα; τοιγὰρ ἐν ταὐτῷ τάφῳ
κείσει. Θανόντα δ' οὔτι μὴ προδῷς ποτέ.
### ΚΛΥΤΑΙΜΝΗΣΤΡΑ.
Ἐπίσχες, ὦ παῖ· τόνδε δ' αἴδεσαι, τέκνον,

crier. — Voyons, où est Clytemnestre, que fait-elle? Je parierais que c'est à elle à présent à tomber sous le couteau, frappée par la vengeance.
CLYTEMNESTRE (sortant de la maison). Qu'est-ce? pourquoi crier ainsi dans la maison?
LE PORTIER. Les morts tuent les vivants, voilà ce que je dis.
CLYTEMNESTRE. Malheur à moi, malheur! — J'ai le mot de l'énigme. A la ruse voici que nous succombons, comme par la ruse nous avons tué. — Une hache, une hache meurtrière au plus tôt. — Serons-nous vainqueurs ou vaincus, c'est ce que nous allons voir, puisqu'on nous réduit à cette fatale extrémité.
ORESTE (reparaissant une épée ensanglantée à la main). C'est à toi maintenant. L'autre a ce qu'il lui faut.
CLYTEMNESTRE. Dieux! te voilà donc mort, Égisthe, cher Égisthe!
ORESTE. Il t'est cher, cet homme? Alors au même tombeau avec lui tu reposeras, jusque dans la mort, fidèle ainsi à tes amours.
CLYTEMNESTRE. Pitié, enfant, respecte, mon fils, ce sein où

Ποῖ Κλυταιμνήστρα; | Où *est allée* Clytemnestre ?
τί δρᾷ; | que fait-elle ?
Αὐχὴν αὐτῆς ἔοικε νῦν | Le cou d'elle semble maintenant
πέλων ἐπὶ ξυροῦ | étant sur le tranchant-d'un-rasoir
πεσεῖσθαι | devoir tomber
πεπληγμένος πρὸς Δίκης. | frappé par la justice.
ΚΛΥΤΑΙΜΝΗΣΤΡΑ. | CLYTEMNESTRE.
Τί δὲ χρῆμά ἐστιν; | Et quelle chose est ?
τίνα βοὴν ἵστης | quel cri pousses-tu
δόμοις; | dans la maison ?
ΟΙΚΕΤΗΣ. Λέγω | L'ESCLAVE. Je dis
τοὺς τεθνηκότας | les morts
καίνειν τὸν ζῶντα. | tuer le vivant.
ΚΛΥΤΑΙΜΝΗΣΤΡΑ. Οἴ ἐγώ. | CLYTEMNESTRE. Hélas ! moi !
Ξυνῆκα τὸ ἔπος | j'ai compris cette parole
ἐξ αἰνιγμάτων· | du milieu des énigmes ;
ὀλούμεθα δόλοις, | nous périrons par des ruses,
ὥσπερ οὖν ἐκτείναμεν. | comme en-effet nous avons tué
Τίς δοίη | Qu'on *me* donne
ὡς τάχος | autant qu'*il y a de* hâte
πέλεκυν ἀνδροκμῆτα· | une hache homicide ;
εἰδῶμεν | que nous sachions
εἰ νικῶμεν | si nous vainquons,
ἢ νικώμεθα· | ou *si* nous sommes vaincus ;
ἀφικόμην γὰρ δὴ | car je suis arrivée certes
ἐνταῦθα τοῦ κακοῦ. | à-ce-point du mal.
ΟΡΕΣΤΗΣ. Καί σε ματεύω· | ORESTE. Toi aussi je te cherche ;
ἔχει ἀρκούντως τῷδε. | il y a assez pour celui-là.
ΚΛΥΤΑΙΜΝΗΣΤΡΑ. Οἴ ἐγώ· | CLYTEMNESTRE. Hélas moi !
τέθνηκας, | tu es mort,
φίλτατε βία Αἰγίσθου. | très-chère force d'Égisthe.
ΟΡΕΣΤΗΣ. Φιλεῖς τὸν ἄνδρα; | ORESTE. Tu aimes cet homme ?
τοιγὰρ κείσει | donc tu reposeras
ἐν τῷ αὐτῷ τάφῳ. | dans le même tombeau.
Οὔτι δὲ μὴ προδῷς ποτε | Et *il n'est* pas *à craindre* que tu
θανόντα. | *lui* mort.    [abandonnes jamais
ΚΛΥΤΑΙΜΝΗΣΤΡΑ. Ἐπίσχες, | CLYTEMNESTRE. Arrête,
ὦ παῖ· | ô enfant,
αἰδέσαι, τέκνον, τόνδε μαστόν, | respecte, *mon* fils, ce sein,

μαστὸν, πρὸς ᾧ σὺ πολλὰ δὴ βρίζων ἅμα
οὔλοισιν ἐξήμελξας εὐτραφὲς γάλα.
ΟΡΕΣΤΗΣ.
Πυλάδη, τί δράσω; μῆτερ' αἰδεσθῶ κτανεῖν;
ΠΥΛΑΔΗΣ.
Ποῦ δὴ τὰ λαμπρὰ Λοξίου μαντεύματα
τὰ πυθόχρηστα, πιστὰ δ' εὐορκώματα;
Ἅπαντας ἐχθροὺς τῶν θεῶν ἡγοῦ πλέον.
ΟΡΕΣΤΗΣ.
Κρίνω σὲ νικᾶν, καὶ παραινεῖς μοι καλῶς. —
Ἕπου, πρὸς αὐτὸν τόνδε σὲ σφάξαι θέλω.
Καὶ ζῶντα γάρ νιν κρεῖσσον' ἡγήσω πατρός·
τῷ καὶ θανοῦσα συγκάθευδ', ἐπεὶ φιλεῖς
τὸν ἄνδρα τοῦτον, ὃν δ' ἐχρῆν φιλεῖν στυγεῖς.
ΚΛΥΤΑΙΜΝΗΣΤΡΑ.
Ἐγώ σ' ἔθρεψα, σὺν δὲ γηρᾶναι θέλω.
ΟΡΕΣΤΗΣ.
Πατροκτονοῦσα γὰρ ξυνοικήσεις ἐμοί;
ΚΛΥΤΑΙΜΝΗΣΤΡΑ.
Ἡ Μοῖρα τούτων, ὦ τέκνον, παραιτία.
ΟΡΕΣΤΗΣ.
Καὶ τόνδε τοίνυν Μοῖρ' ἐπόρσυνεν μόρον.
ΚΛΥΤΑΙΜΝΗΣΤΡΑ.
Οὐδὲν σεβίζει γενεθλίους ἀρὰς, τέκνον;

tant de fois tu as dormi, où tant de fois de tes lèvres tu as sucé le lait, le doux aliment.
ORESTE (se tournant vers Pylade). Ma mère, Pylade, ah! la tuer, l'oserai-je?
PYLADE. Souviens-toi des ordres si clairs de Loxias, des oracles de la Pythie, de tes serments solennels. — Mieux vaut, crois-moi, tous les hommes contre toi que la colère des dieux.
ORESTE. Tu as raison, j'en conviens, et tu fais bien de me rappeler à moi-même. (A Clytemnestre.) Viens avec moi; viens, près de lui; près de cet homme je te veux égorger. — Vivant, tu lui as sacrifié mon père. Près de lui, dans la mort, tu te vas endormir. — Lui, tu l'aimes, le misérable, et celui que tu devais aimer, tu l'as eu en horreur.
CLYTEMNESTRE. Enfant je t'ai nourri, qu'avec toi je vieillisse!
ORESTE. Près de moi tu vivrais! et le sang de mon père?
CLYTEMNESTRE. Le Destin, mon enfant, seul ici fut coupable.
ORESTE. Seul ici, le Destin se charge aussi de tout.
CLYTEMNESTRE. Maudit par ta mère! ah, prends-y garde, mon fils.

πρὸς ᾧ δὴ πολλὰ  sur lequel certes souvent
ἅμα βρίζων  tout en dormant
ἐξήμελξας οὔλοισι  tu as sucé par *tes* gencives
γάλα εὐτραφές.  un lait nourricier.
ΟΡΕΣΤΗΣ. Πυλάδη, τί δράσω;  ORESTE. Pylade, que ferai-je?
αἰδέσθω κτανεῖν μητέρα;  craindrai-je de tuer *ma* mère?
ΠΥΛΑΔΗΣ. Ποῦ δὴ  PYLADE. Où *sont* donc
τὰ λαμπρὰ μαντεύματα  les claires prédictions
Λοξίου  de Loxias,
τὰ πυθόχρηστα  celles proclamées-par-la-Pythie,
εὐορκώματα δὲ  et *ces* serments
πιστά;  loyaux?
Ἡγοῦ ἐχθροὺς  Considère-comme ennemis
ἅπαντας  tous *les mortels*
πλέον τῶν θεῶν.  plutôt que les dieux.
ΟΡΕΣΤΗΣ. Κρίνω σε νικᾶν,  ORESTE. Je juge toi vaincre,
καὶ παραινεῖς μοι καλῶς.  et tu conseilles à moi bien.
Ἕπου, θέλω σε σφάξαι  Suis-*moi*, je veux t'égorger
πρὸς τόνδε αὐτόν.  près de celui-là même.
Καὶ γὰρ ἡγήσω νιν ζῶντα  Car tu considéras lui vivant
κρείσσονα πατρός·  *comme* meilleur que *mon* père;
τῷ καὶ θανοῦσα  avec lequel aussi étant morte
συγκάθευδε,  couche,
ἐπεὶ φιλεῖς τοῦτον τὸν ἄνδρα,  puisque tu aimes cet homme-là,
στυγεῖς δὲ  et *que* tu hais
ὃν ἐχρῆν φιλεῖν.  *celui* qu'il fallait aimer.
ΚΛΥΤΑΙΜΝΗΣΤΡΑ. Ἐγὼ  CLYTEMNESTRE. Moi,
ἔθρεψά σε,  j'ai nourri toi,
θέλω δὲ γηρᾶναι σύν.  et je veux veillir avec *toi*. [-père
ΟΡΕΣΤΗΣ. Πατροκτονοῦσα γὰρ  ORESTE. Est-ce-que ayant tué-*mon*
ξυνοικήσεις ἐμοί;  tu habiteras avec-moi?
ΚΛΥΤΑΙΜΝΗΣΤΡΑ.  CLYTEMNESTRE.
Ἡ Μοῖρα, τέκνον,  Le Destin, enfant,
παραιτία τούτων.  *est* cause de ces choses.
ΟΡΕΣΤΗΣ. Καὶ Μοῖρα τοίνυν  ORESTE. Le Destin aussi donc
ἐπόρσυνεν τόνδε μόρον.  *t*'a procuré ce sort.
ΚΛΥΤΑΙΜΝΗΣΤΡΑ.  CLYTEMNESTRE.
Σεβίζει οὐδέν, τέκνον,  Ne crains-tu en rien, fils, [mère)?
ἀρὰς γενεθλίους;  les malédictions natales (de ta

## ΧΟΗΦΟΡΟΙ.

ΟΡΕΣΤΗΣ.
Τεκοῦσα γάρ μ' ἔρριψας ἐς τὸ δυστυχές.
ΚΛΥΤΑΙΜΝΗΣΤΡΑ.
Οὔτοι σ' ἀπέρριψ' ἐς δόμους δορυξένους [1].
ΟΡΕΣΤΗΣ.
Διχῶς ἐπράθην [2] ὢν ἐλευθέρου πατρός.
ΚΛΥΤΑΙΜΝΗΣΤΡΑ.
Ποῦ δῆθ' ὁ τῖμος, ὅντιν' ἀντεδεξάμην;
ΟΡΕΣΤΗΣ.
Αἰσχύνομαί σοι τοῦτ' ὀνειδίσαι σαφῶς.
ΚΛΥΤΑΙΜΝΗΣΤΡΑ.
Μὴ ἀλλ' εἴφ' ὁμοίως καὶ πατρὸς τοῦ σοῦ μάτας.
ΟΡΕΣΤΗΣ.
Μὴ 'λεγχε τὸν πονοῦντ' ἔσω καθημένη.
ΚΛΥΤΑΙΜΝΗΣΤΡΑ.
Ἄλγος γυναιξὶν ἀνδρὸς εἴργεσθαι, τέκνον.
ΟΡΕΣΤΗΣ.
Τρέφει δέ γ' ἀνδρὸς μόχθος ἡμένας ἔσω.
ΚΛΥΤΑΙΜΝΗΣΤΡΑ.
Κτενεῖν ἔοικας, ὦ τέκνον, τὴν μητέρα.
ΟΡΕΣΤΗΣ.
Σύ τοι σεαυτὴν, οὐκ ἐγὼ, κατακτενεῖς.
ΚΛΥΤΑΙΜΝΗΣΤΡΑ.
Ὅρα, φύλαξαι μητρὸς ἐγκότους κύνας [3].
ΟΡΕΣΤΗΣ.
Τὰς τοῦ πατρὸς δὲ πῶς φύγω, παρεὶς τάδε;
ΚΛΥΤΑΙΜΝΗΣΤΡΑ.
Ἔοικα θρηνεῖν ζῶσα πρὸς τύμβον μάτην.

ORESTE. Une mère, jeter son fils à la misère!
CLYTEMNESTRE. A la misère? eh quoi! chez l'hôte de ton père?
ORESTE. Vendu, deux fois vendu, moi fils d'un père libre!
CLYTEMNESTRE. Et quel prix, pour ma part, en avais-je touché?
ORESTE. Je ne puis, sans rougir, dévoiler cette honte.
CLYTEMNESTRE. Dis tout. Mais souviens-toi des fautes de ton père.
ORESTE. Ce n'est point au loisir d'accuser le travail.
CLYTEMNESTRE. Pour la femme, un malheur, enfant, c'est l'abandon.
ORESTE. De l'homme le travail fait vivre la maison.
CLYTEMNESTRE. Ainsi, tu veux tuer ta mère, ô mon enfant!
ORESTE. C'est par toi, non par moi, que tu vas succomber.
CLYTEMNESTRE. Et les chiens irrités qui vengeront une mère!
ORESTE. Fuirai-je, en reculant, ceux qui vengent un père?
CLYTEMNESTRE. Vivante, sur ma tombe en vain j'aurai pleuré.

ΟΡΕΣΤΗΣ. Τεκοῦσα γὰρ
ἔρριψάς με ἐς τὸ δυστυχές.
ΚΛΥΤΑΙΜΝΗΣΤΡΑ. Οὔτοι
ἀπέρριψά σε
ἐς δόμους δορυξένους.
ΟΡΕΣΤΗΣ. Ἐπράθην διχῶς
ὢν πατρὸς ἐλευθέρου.
ΚΛΥΤΑΙΜΝΗΣΤΡΑ. Ποῦ δῆτα
ὁ τῖμος,
ὅντινα ἀντεδεξάμην;
ΟΡΕΣΤΗΣ. Αἰσχύνομαι
ὀνειδίσαι σοι τοῦτο σαφῶς.
ΚΛΥΤΑΙΜΝΗΣΤΡΑ. Μὴ
ἀλλὰ εἰπὲ ὁμοίως
καὶ μάτας τοῦ σοῦ πατρός.
ΟΡΕΣΤΗΣ. Καθημένη ἔσω
μὴ ἔλεγχε τὸν πονοῦντα.
ΚΛΥΤΑΙΜΝΗΣΤΡΑ. Τέκνον,
ἄλγος γυναιξὶν,
εἴργεσθαι ἀνδρός.
ΟΡΕΣΤΗΣ. Μόχθος δὲ γε
ἀνδρὸς
τρέφει ἡμένας
ἔσω.
ΚΛΥΤΑΙΜΝΗΣΤΡΑ. Ἔοικας
ὦ τέκνον,
κτενεῖν τὴν μητέρα;
ΟΡΕΣΤΗΣ. Σύ τοι,
οὐκ ἐγὼ,
κατακτενεῖς σεαυτήν.
ΚΛΥΤΑΙΜΝΗΣΤΡΑ. Ὅρα,
φύλαξαι κύνας ἐγκότους
μητρός.
ΟΡΕΣΤΗΣ. Πῶς δὲ φύγω
τὰς τοῦ πατρὸς,
παρεὶς τάδε;
ΚΛΥΤΑΙΜΝΗΣΤΡΑ. Ἔοικα
θρηνεῖν μάτην ζῶσα
πρὸς τύμβον.

ORESTE. C'est-que m'ayant enfanté
tu m'as jeté dans le malheur.
CLYTEMNESTRE. Non-certes
je *ne* t'ai *pas* rejeté [alliées.
en *l'envoyant* dans des demeures
ORESTE. J'ai été vendu doublement
*moi* étant *fils* d'un père libre.
CLYTEMNESTRE. Où donc
*est* le prix
que j'ai reçu-en-échange ?
ORESTE. Je rougis
de reprocher à toi cela nettement.
CLYTEMNESTRE. Ne *rougis* pas,
mais dis semblablement
aussi les erreurs de ton père.
ORESTE. Assise à-l'intérieur
n'accuse pas celui, qui se-fatigue.
CLYTEMNESTRE. *Mon* fils,
c'est un malheur pour les femmes,
d'être séparées de *leur* mari.
ORESTE. Mais du-moins le travail
de l'homme
nourrit *les femmes* assises
à-l'intérieur.
CYYTEMNESTRE. Tu sembles
ô *mon* fils,
devoir tuer ta mère ?
ORESTE. Toi certes,
*et* non moi,
tu tueras toi-même.
CLYTEMNESTRE. Vois,
prends-garde aux chiens irrités
d'une mère. [fuir
ORESTE. Et comment pourrais-je
ceux de mon père,
ayant négligé (si je néglige) cela ?
CLYTEMNESTRE. J'ai-l'air
de me lamenter en-vain ivante
près du tombeau.

ΟΡΕΣΤΗΣ.
Πατρὸς γὰρ αἶσα τόνδ' ἐπουρίζει μόρον.
ΚΛΥΤΑΙΜΝΗΣΤΡΑ.
Οἲ 'γὼ τεκοῦσα τόνδ' ὄφιν ἐθρεψάμην.
ΟΡΕΣΤΗΣ.
Ἦ κάρτα μάντις οὐξ ὀνειράτων φόβος.
ΚΛΥΤΑΙΜΝΗΣΤΡΑ.
. . . . . . . . . .
ΟΡΕΣΤΗΣ.
Ἔκανες ὃν οὐ χρῆν, καὶ τὸ μὴ χρεὼν πάθε.
ΧΟΡΟΣ.
Στένω μὲν οὖν καὶ τῶνδε συμφορὰν διπλῆν·
ἐπεὶ δὲ πολλῶν αἱμάτων ἐπήκρισεν
τλήμων Ὀρέστης, τοῦθ' ὅμως αἱρούμεθα,
ὀφθαλμὸν οἴκων¹ μὴ πανώλεθρον πεσεῖν.

## V. ÉGAREMENT ET FUITE D'ORESTE.
(Vers 973-1076.)

ΟΡΕΣΤΗΣ.
Ἴδεσθε² χώρας τὴν διπλῆν τυραννίδα
πατροκτόνους τε δωμάτων πορθήτορας.
Σεμνοὶ μὲν ἦσαν σύνθρονοι τόθ' ἥμενοι,
φίλοι δὲ καὶ νῦν, ὡς ἐπεικάσαι πάθη
πάρεστιν, ὅρκος τ' ἐμμένει πιστώμασιν.
Ξυνώμοσαν μὲν θάνατον ἀθλίῳ πατρὶ

ORESTE. Le meurtre de mon père à mort t'a condamnée.
CLYTEMNESTRE. Voilà donc le serpent que mon sein a nourri.
ORESTE. Il prophétisait vrai ton effroyable songe.
CLYTEMNESTRE. . . . . . . . . . . . . . . . . . . . . . .
ORESTE. Par toi mon père est mort, tu mourras par ton fils.
(Oreste entraîne sa mère dans la maison, et le Chœur reste seul dans l'hyposcène.)
LE CHOEUR. Pleurons cependant les deux victimes de cette double catastrophe. — Mais, puisqu'au sang tant de fois versé ici, il a dû ajouter celui-ci, l'infortuné Oreste, félicitons-nous du moins que l'œil de ce palais ne soit pas éteint pour toujours.

### V

ORESTE. La voilà de ce pays la tyrannie à deux têtes, regardez les deux meurtriers de mon père, les deux usurpateurs de ma maison! — Naguère tous deux assis majestueusement sur le trône. Et maintenant encore leur amour ne s'est pas démenti, à en juger par leur commun supplice. — Leurs serments, leurs promesses, ils les ont tenus jusqu'au bout. Ils s'étaient solennelle-

ΟΡΕΣΤΗΣ. Αἶσα γὰρ
πατρὸς
ἐπουρίζει τόνδε μόρον.
ΚΛΥΤΑΙΜΝΗΣΤΡΑ. Οἲ ἐγὼ
τεκοῦσα τόνδε ὄφιν
ἐθρεψάμην.
ΟΡΕΣΤΗΣ. Ἦ κάρτα μάντις
ὁ φόβος ἐξ ὀνειράτων.
ΚΛΥΤΑΙΜΝΗΣΤΡΑ. . .
. . . . . . . . .
ΟΡΕΣΤΗΣ. Ἔκανες οὓς οὐ χρῆν·
καὶ πάθε
τὸ μὴ χρεών.
ΧΟΡΟΣ. Στένω μὲν οὖν
συμφορὰν διπλῆν τῶνδε·
ἐπεὶ δὲ
ὁ τλήμων Ὀρέστης
ἐπήκρισεν
πολλῶν αἱμάτων,
αἱρούμεθα ὅμως τοῦτο,
ὀφθαλμὸν οἴκων μὴ πεσεῖν
πανώλεθρον.

ORESTE. C'-est-que la destinée
de *mon* père
déchaîne-sur *toi* ce sort!
CLYTEMNESTRE. Hélas! moi
ayant enfanté ce serpent
je *l'*ai nourri.                     [phétique
ORESTE. Certes *elle était* bien pro-
la crainte *résultant* des songes.
CLYTEMNESTRE. . . .
. . . . . . . . .
ORESTE. Tu as tué qui il ne fallait
souffre aussi                           [pas,
*ce* qu'il ne faudrait pas.           [donc
LE CHOEUR. Je gémis d'une part
sur le malheur double de ceux-ci ;
d'autre part puisque
le malheureux Oreste
est arrivé-au-comble
de beaucoup de sang (de meurtres),
nous préférons pourtant ceci,
l'œil de *cette* maison n'être point
complètement-détruit.              [tombé

## V. ÉGAREMENT ET FUITE D'ORESTE.

ΟΡΕΣΤΗΣ. Ἴδεσθε
τὴν διπλῆν τυραννίδα χώρας
πορθήτοράς τε δωμάτων
πατροκτόνους.
Ἦσαν μὲν σεμνοὶ
ἥμενοι τότε σύνθρονοι,
φίλοι δὲ καὶ νῦν,
ὡς πάρεστιν ἐπεικάσαι
πάθη,
ὅρκος τε ἐμμένει
πιστώμασιν.
Ξυνώμοσαν μὲν
ἄνατον

ORESTE. Voyez
la double tyrannie de *notre* pays
et les dévastateurs de *ces* de-
assassins-de-*mon*-père.       [meures
D'une part ils étaient imposants
assis alors partageant-le-trône,
d'autre part amis *ils sont* encore,
comme il est-permis de juger
*leurs* souffrances,
et le serment reste-fidèle
aux engagements.                  [ble
D'une part ils avaient juré-ensem-
la mort

καὶ ξυνθανεῖσθαι · καὶ τάδ' εὐόρκως ἔχει.
Ἴδεσθε δ' αὖτε, τῶνδ' ἐπήκοοι κακῶν,
τὸ μηχάνημα, δεσμὸν ἀθλίῳ πατρὶ,
πέδας τε χειροῖν καὶ ποδοῖν ξυνωρίδα.
Ἐκτείνατ' αὐτὸ καὶ κύκλῳ παρασταδὸν
στέγαστρον ἀνδρὸς δείξαθ', ὡς ἴδῃ πατὴρ,
οὐχ οὑμὸς, ἀλλ' ὁ πάντ' ἐποπτεύων· τάδε
Ἥλιος ἄναγνα μητρὸς ἔργα τῆς ἐμῆς·
ὡς ἂν παρῇ μοι μάρτυς ἐν δίκῃ ποτὲ,
ὡς τόνδ' ἐγὼ μετῆλθον ἐνδίκως μόρον
τὸν μητρός· Αἰγίσθου γὰρ οὐ λέγω μόρον·
ἔχει γὰρ αἰσχυντῆρος, ὡς νόμος, δίκην·
ἥτις δ' ἐπ' ἀνδρὶ τοῦτ' ἐμήσατο στύγος,
ἐξ οὗ τέκνων ἤνεγχ' ὑπὸ ζώνην βάρος,
(φίλον τέως, νῦν δ' ἐχθρὸν, ὡς φαίνει, κακόν),
τί σοι δοκεῖ; μύραινά γ', εἴτ' ἔχιδν' ἔφυ

ment juré d'égorger mon malheureux père et de mourir ensemble, ils ont été religieusement fidèles à leur parole. — Voyez encore, vous tous qui avez entendu raconter cette tragique histoire. — Voyez l'engin de mort où fut pris mon malheureux père, lien pour ses mains, entraves pour ses pieds. — Étalez-le, mettez-vous en cercle, montrez-le bien, ce filet à prendre des héros, pour que le père, non pas le mien, mais celui dont le regard embrasse l'immensité, que le soleil le voie, ce monument de l'impiété de ma mère. Plus tard il me rendra du moins ce témoignage, au jour du jugement, que c'était pour moi un devoir de sacrifier ma mère. — D'Égisthe, de sa mort, je ne parle point. Il a eu le sort d'un adultère, c'est la loi. — Mais elle, nourrir de sinistres pensées contre l'homme dont elle a porté les enfants sous sa ceinture, fardeau précieux alors, terrible fatalité aujourd'hui, comme vous le voyez! — Qu'en dites-vous? Ah! c'était

# LES CHOÉPHORES.

| | |
|---|---|
| ἀθλίῳ πατρὶ | pour *mon* malheureux père |
| καὶ ξυνθανεῖσθαι· | et de mourir-ensemble ; |
| καὶ τάδε ἔχει | et ces choses-ci sont |
| ἐνόρκως. | conformément-au-serment. |
| Ἴδεσθε δὲ αὖτε, | Et voyez encore, |
| ἐπήκοοι τῶνδε κακῶν, | vous qui-savez-par-ouï-dire ces [maux, |
| τὸ μηχάνημα, | cet engin, |
| δεσμὸν ἀθλίῳ πατρὶ, | lien pour *mon* malheureux père, |
| πέδας τε χεροῖν | et entraves de *ses* mains, |
| καὶ ξυνωρίδα ποδοῖν. | et ceps des deux-pieds. |
| Ἐκτείνατε αὐτὸ, | Déployez-le |
| καὶ κύκλῳ παρασταδὸν | et en cercle vous-tenant-auprès |
| δείξατε στέγαστρον | montrez la couverture (le voile qui |
| ἀνδρός, | du (le) héros, [enveloppa) |
| ὡς πατὴρ, | afin-que le père, |
| οὐχ ὁ ἐμὸς, | non le mien, |
| ἀλλὰ ὁ Ἥλιος | mais le soleil |
| ὁ ἐποπτεύων πάντα, | lui qui surveille tout, |
| ἴδῃ τάδε ἔργα ἄναγνα | voie ces actes impies |
| τῆς ἐμῆς μητρός· | de ma mère ; |
| ὡς παρῇ ἄν μοι | afin-qu'il soit-présent pour moi |
| μάρτυς ἐν δίκῃ ποτὲ, | témoin en justice un-jour, |
| ὡς ἐγὼ μετῆλθον | comme-quoi moi j'ai poursuivi |
| ἐνδίκως | justement |
| τόνδε μόρον τὸν μητρός· | ce sort (la mort) celui de *ma* mère ; |
| οὐ γὰρ λέγω μόρον | car je ne parle pas du sort (de la |
| Αἰγίσθου· | d'Égisthe ; [mort) |
| ἔχει γὰρ, ὡς νόμος, | car il a, comme *est* la loi, |
| δίκην αἰσχυντῆρος· | le châtiment d'un adultère ; |
| ἥτις δὲ ἐμήσατο | mais *celle* qui a médité |
| τοῦτο στύγος ἀνδρὶ, | ce crime-horrible contre l'homme, |
| ἐξ οὗ | *des œuvres* du quel |
| ἤνεγκεν ὑπὸ ζώνην | elle a porté sous *sa* ceinture |
| βάρος τέκνων | le poids d'enfants |
| (φίλον τέως | (*poids* chéri jusque-là |
| νῦν δὲ κακὸν ἐχθρὸν, | mais maintenant mal ennemi, |
| ὡς φαίνει), | comme il paraît), |
| τί σοι δοκεῖ ; | que te semble-t-elle ? |
| μύραινά γε, | une murène certes. |

σήπειν θιγοῦσ' ὅμαυλον οὐ δεδηγμένον,
τόλμης ἕκατι κἀκδίκου φρονήματος.
Τοιάδ' ἐμοὶ ξύνοικος ἐν δόμοισι μὴ
γένοιτ'· ὀλοίμην πρόσθεν ἐκ θεῶν ἄπαις.

ΧΟΡΟΣ.

Αἰαῖ αἰαῖ μελέων ἔργων [1]·
στυγερῷ θανάτῳ διεπράχθης [2].
Αἰαῖ αἰαῖ,
μίμνοντι δὲ καὶ πάθος ἀνθεῖ.

ΟΡΕΣΤΗΣ.

Ἔδρασεν ἢ οὐκ ἔδρασε; μαρτυρεῖ δέ μοι
φᾶρος τόδ', ὡς ἔβαψεν Αἰγίσθου [3] ξίφος.
Φόνου δὲ κηκὶς ξὺν χρόνῳ ξυμβάλλεται
πολλὰς βαφὰς φθείρουσα τοῦ ποικίλματος.
Τί νιν προσείπω καὶ τύχω μάλ' εὐστομῶν;
ἄγρευμα θηρός, ἢ νεκροῦ ποδένδυτον
δροίτης [4] κατασκήνωμα; δίκτυον μὲν οὖν
ἄρκυν' τ' ἂν εἴποις καὶ ποδιστῆρας πέδας.
Τοιοῦτον ἂν κτήσαιτο φηλήτης ἀνὴρ

une murène, une vipère venimeuse à tuer tout ce qu'elle touchait. — Pas n'était besoin d'y mettre la dent, son audace, sa violence et sa scélératesse suffisaient à l'œuvre de mort. — Une femme pareille à mes côtés, sous mon toit! jamais! Plutôt mourir sans enfants.

LE CHŒUR (immobile dans l'hyposcène.) Ah! ah! grands dieux! grands dieux! ah! la triste chose! quelle mort atroce que la tienne! quelle sinistre fleur que le remords!

ORESTE. (Il porte les yeux tour à tour sur le vêtement de nuit et sur le cadavre de Clytemnestre.) A-t-elle fait ou n'a-t-elle pas fait le coup? J'ai pour moi ce vêtement tout ensanglanté par le fer d'Égisthe. — La tache de sang s'unit au temps pour altérer les couleurs de ce riche tissu. — Et ceci, quel nom lui donner qui le caractérise? engin à prendre des bêtes fauves, ou bien linceul de mort tendu sur une baignoire? — Ah! filet, lacs, voile où trébuche le pied, tout est bon. Instrument vraiment précieux à qui guette traîtreusement le voyageur, et vit d'argent volé. Avec

| | |
|---|---|
| εἴτε ἔχιδνα ἔφυ | ou-si une vipère est née |
| σήπειν θιγοῦσα | pour putréfier en touchant |
| ἕκατι τόλμης | à-cause-de *son* audace |
| καὶ φρονήματος ἐκδίκου | et de *son* esprit injuste |
| ὅμαυλον οὐ δεδηγμένον. | *son* cohabitant non mordu. |
| Τοιάδε ξύνοικος | Qu'une pareille compagne |
| μὴ γένοιτο ἐμοὶ | ne soit pas à moi . |
| ἐν δόμοισιν· | dans *ma* maison; [dieux |
| ὀλοίμην πρόσθεν ἐκ θεῶν | que je périsse auparavant par les |
| ἄπαις. | sans-enfants. |
| ΧΟΡΟΣ. Αἰαῖ αἰαῖ | LE CHŒUR. Hélas! hélas! |
| μελέων ἔργων· | pour *ces* tristes actions; [odieuse. |
| διεπράχθης θανάτῳ στυγερῷ. | tu as été achevée par une mort |
| Αἰαῖ αἰαῖ, | Hélas! hélas! |
| μίμνοντι δὲ | mais pour qui survit |
| ἀνθεῖ καὶ πάθος. | fleurit aussi la souffrance. |
| ΟΡΕΣΤΗΣ. Ἔδρασεν | ORESTE. A-t-elle commis |
| ἢ οὐκ ἔδρασε; | ou n'a-t-elle pas commis *le crime*? |
| τόδε δὲ φᾶρος | or ce voile |
| μαρτυρεῖ μοι, | témoigne en-ma-faveur, |
| ὡς ἔβαψε | comme-quoi elle y a plongé |
| ξίφος Αἰγίσθου. | l'épée d'Égisthe. |
| Κηκὶς δὲ φόνου | Et une tache de meurtre (de sang) |
| ξυμβάλλεται ξὺν χρόνῳ | concourt avec le temps |
| φθείρουσα πολλὰς βαφὰς | détruisant beaucoup de couleurs |
| τοῦ ποικίλματος. | de la broderie. [(ce voile) |
| Τί προσείπω νιν | Quelle chose dois-je appeler lui |
| καὶ τύχω | et *quelle chose* dois-je toucher |
| εὐστομῶν μάλα; | en parlant-bien tout-à-fait? [juste |
| ἄγρευμα θηρὸς, | un piège de (à) bête-féroce, |
| ἢ κατασκήνωμα δροίτης | ou une tenture de bière |
| νεκροῦ | de mort |
| ποδένδυτον; | qui-couvre-les-pieds? |
| εἴποις ἂν μὲν οὖν | tu pourrais dire en effet |
| δίκτυον ἄρκυν τε | un filet et un lacs [pieds. |
| καὶ πέδας ποδιστῆρας. | et des entraves qui-tiennent-les- |
| Ἀνὴρ φηλήτης | Un homme voleur |
| κτήσαιτο ἂν | acquerrait *volontiers* |
| τοιοῦτον ἀπαιόλημα | un tel moyen-de-tromper |

ξένων ἀπαιόλημα, κἀργυροστερῆ
βίον νομίζων τῷδέ ξ τἄν δολώματι
πολλοὺς ἀναιρῶν πολλὰ θερμαίνοι φρένα.
Πατροκτόνον δ' ὕφασμα προσφωνῶν τόδε
νῦν αὐτὸν αἰνῶ, νῦν ἀποιμώζω πάλιν,
ἀλγῶν μὲν ἔργα καὶ πάθος γένος τε πᾶν,
ἄζηλα νίκης τῆσδ' ἔχων μιάσματα.

ΧΟΡΟΣ.

Οὔτις μερόπων ἀσινῆ βίοτον
διὰ παντὸς ἄθῳος ἀμείψει·
αἰαῖ αἰαῖ,
μόχθος δ' ὁ μὲν αὐτίχ', ὁ δ' ἥξει.

ΟΡΕΣΤΗΣ.

Ἀλλ', ὡς ἂν εἰδῆτ' [1] — οὐ γὰρ οἶδ' ὅπη τελεῖ,
ὥσπερ ξὺν ἵπποις ἡνιοστροφῶν δρόμου
ἐξωτέρω· φέρουσι γὰρ νικώμενον
φρένες δύσαρκτοι· πρὸς δὲ καρδίᾳ φόβος
ᾄδειν ἕτοιμος, ἡ δ' ὑπορχεῖσθαι κρότῳ [2] —
ἕως δ' ἔτ' ἔμφρων εἰμί, κηρύσσω φίλοις,

cette arme perfide que d'assassinats possibles à exécuter, quelle joie dans son cœur ! — Devant ce témoignage, je ne puis que m'absoudre. — Mais pourquoi un instant après ces sanglots ? Ah ! c'est qu'en attestant ce vêtement où mon père fut tué, voilà que je pleure et le meurtre et la vengeance, et ma famille tout entière; si terribles sont les expiations attachées à mon triomphe !

LE CHŒUR (toujours immobile dans l'hyposcène). Des êtres à la parole articulée nul ne jouit d'un bonheur sans mélange. — A la souffrance tous viennent à leur tour, celui-ci aujourd'hui, l'autre demain.

ORESTE (de plus en plus troublé). Mais sachez-le bien, car je ne sais comment cela finira. Ainsi que des chevaux rebelles au frein, hors de la carrière, voilà qu'ils m'emportent, malgré moi, mes sens dans leur fougue insensée. En mon cœur c'est l'hymne de terreur, c'est l'horrible danse. — Pendant que je suis encore maître de moi, laissez-moi vous le répéter, mes amis. Oui, j'ai

| | |
|---|---|
| ξένων, | les étrangers, |
| καὶ νομίζων | et *lui* menant-habituellement |
| βίον ἀργυροστερῆ | une vie dépourvue-d'argent |
| ἀναιρῶν τοι | faisant-périr certes |
| πολλοὺς | beaucoup *de gens* |
| ἐν τῷδε δολώματι | dans ce piège [*son* cœur. |
| θερμαίνοι ἂν πολλὰ φρένα. | réchaufferait (réjouirait) beaucoup |
| Προσφωνῶν δὲ | Et m'-adressant |
| τόδε ὕφασμα πατροκτόνον | à ce tissu parricide |
| νῦν αἰνῶ αὐτόν, | tantôt je *m*e loue moi-même, |
| νῦν ἀποιμώζω πάλιν, | tantôt je *m*e-lamente au-contraire, |
| ἀλγῶν μὲν ἔργα | m'-affligeant certes sur les faits |
| καὶ πάθος | et sur la souffrance |
| πᾶν τε γένος, | et sur toute la race, |
| ἔχων μιάσματα ἄζηλα | ayant des expiations non-enviables |
| τῆσδε νίκης. | de cette victoire. |
| ΧΟΡΟΣ. Οὔτις μερόπων | LE CHŒUR. Aucun des mortels |
| ἀμείψει διὰ παντὸς | ne passera dans toute *sa durée* |
| βίοτον ἀσινῆ | une vie sans-dommage |
| ἀθῷος· | *étant* sain-et-sauf, |
| μόχθος δὲ | et peine *arrive* |
| ὁ μὲν αὐτίκα. | l'une sur-le-champ, |
| ὁ δὲ ἥξει. | l'autre arrivera. |
| ΟΡΕΣΤΗΣ. Ἀλλὰ, | ORESTE. Mais, |
| ὡς ἂν εἰδῆτε | afin-que vous *le* sachiez |
| (οὐ γὰρ οἶδα | (car je ne sais |
| ὅπη τελεῖ, | comment *cela* aboutira, |
| ἡνιοστροφῶν | dirigeant-les-rênes |
| ὥσπερ ξὺν ἵπποις | comme avec des chevaux |
| ἐξωτέρω δρόμου· | plus en dehors de la carrière ; |
| φρένες γὰρ | car *m*es esprits |
| δύσαρκτοι | difficiles-à-commander |
| φέρουσι νικώμενον· | emportent *moi* vaincu ; |
| φόβος δὲ ἕτοιμος | et la crainte *est* prête |
| προσᾴδειν καρδίᾳ, | à chanter-avec *mon* cœur, |
| ἥ δὲ ὑπορχεῖσθαι | et celui-ci à danser-au-son |
| κρότῳ( | du chant) |
| ἕως δέ εἰμι ἔτι ἔμφρων, | et tandis-que je suis encore sensé |
| κηρύσσω φίλοις, | je *le* proclame à *m*es amis, |

κτανεῖν τέ φημι μητέρ' οὐκ ἄνευ δίκης,
πατροκτόνον μίασμα καὶ θεῶν στύγος,
καὶ φίλτρα τόλμης τῆσδε πλειστηρίζομαι
τὸν πυθόμαντιν Λοξίαν, χρήσαντ' ἐμοὶ
πράξαντι μὲν ταῦτ' ἐκτὸς αἰτίας κακῆς
εἶναι, παρέντα δ'[1] — οὐκ ἐρῶ τὴν ζημίαν·
τόξῳ[2] γὰρ οὔτις πημάτων ἐφίξεται.
Καὶ νῦν ὁρᾶτέ μ', ὡς παρεσκευασμένος
ξὺν τῷδε θαλλῷ καὶ στέφει προσίξομαι
μεσόμφαλόν[3] θ' ἵδρυμα, Λοξίου πέδον,
πυρός τε φέγγος ἄφθιτον κεκλημένον,
φεύγων τόδ' αἷμα κοινόν· οὐδ' ἐφ' ἑστίαν
ἄλλην τραπέσθαι Λοξίας ἐφίετο.
Τὰ δ' ἐν χρόνῳ μοι πάντας Ἀργείους λέγω
καὶ μαρτυρεῖν μοι. . . . . . . .
. . . μέλε'[4] ὅσ' ἐπορσύνθη κακά.

tué ma mère, et c'était justice, puisqu'elle avait sur les mains le sang de mon père, contre elle la haine des dieux. — Les excitations n'ont pas manqué à mon audace. J'avais les oracles de Pytho, les promesses de Loxias. — Si j'osais, m'assurait-il, je resterais pur de toute souillure. Si je reculais au contraire, quel terrible supplice! Je n'essayerai pas de vous le dire. — Tant de maux c'est un tableau impossible, un but à défier l'arc le plus sûr. — Voyez maintenant dans quel appareil, ce rameau entouré de bandelettes à la main, je me rendrai au nombril de la terre, où siège Apollon, près du feu dont la flamme, dit-on, ne s'éteint jamais. J'expierai le sang versé, ce sang qui coule aussi dans mes veines. Il n'est pas pour moi d'autre foyer où me réfugier. Ainsi du moins l'a voulu Loxias. — Qu'au jour du jugement, tous les Argiens, je les en prie, attestent les calamités qu'on leur avait

| | |
|---|---|
| φημί τε χτανεῖν μητέρα | et je déclare avoir tué *ma* mère |
| οὐκ ἄνευ δίκης, | non sans justice, [lée) |
| μίασμα | *cette* souillure (cette femme souil- |
| πατροκτόνον | parricide (qui tua mon-père) |
| καὶ στύγος | et objet-d'-horreur |
| θεῶν, | des (pour les) dieux, |
| καὶ πλειστηρίζομαι | et je proclame-hautement |
| φίλτρα | *comme* philtre aiguillon) |
| τῆσδε τόλμης | de cette audace-ci |
| τὸν πυθόμαντιν Λοξίαν, | le prophète-de-Pytho Loxias, |
| χρήσαντα ἐμοὶ | ayant prédit à moi [cela |
| πράξαντι μὲν ταῦτα | ayant fait (si je faisais) d'une part |
| εἶναι ἐκτὸς | que je serais en-dehors |
| αἰτίας κακῆς, | d'une accusation criminelle, |
| παρέντα δὲ — | d'autre part *l*'ayant négligé (si je |
| οὐκ ἐρῶ | je ne dirai pas [le négligeais)— |
| τὴν ζημίαν· | le châtiment ; |
| οὔτις γὰρ ἐφίξεται | car personne n'atteindra |
| τόξῳ | avec *son* arc |
| πημάτων. | de *tels* malheurs. |
| Καὶ νῦν ὁρᾶτέ με, | Et maintenant voyez-moi, |
| ὡς παρεσκευασμένος | comment étant disposé |
| ξὺν τῷδε θαλλῷ καὶ στέφει | avec ce rameau et cette bandelette |
| προσίξομαι | j'irai-vers [monde, |
| ἵδρυμά τε μεσόμφαλον, | et *ce* siège situé-au-centre-du |
| πέδον Λοξίου, | demeure de Loxias, |
| φέγγος τε πυρὸς | et *vers* la clarté du feu |
| κεκλημένον ἄφθιτον, | appelée inextinguible, |
| φεύγων | fuyant (accusé d'avoir versé) |
| τόδε αἷμα κοινόν· | ce sang *qui m*'est commun ; |
| οὐδὲ Λοξίας ἐφίετο | ni Loxias ne *m*'a permis |
| τραπέσθαι ἐπὶ ἄλλην ἑστίαν. | de me tourner vers un autre foyer. |
| Λέγω δὲ πάντας Ἀργείους | Et je dis tous les Argiens |
| ἐν χρόνῳ | avec le temps [cela. |
| καὶ μαρτυρεῖν μοι ταῦτα. | témoigner aussi en-faveur-de moi |
| . . . . . . . . . | . . . . . . . . . |
| . . . . . . . . . | . . . . . . . . . |
| ὅσα μέλεα κακὰ | combien de tristes maux |
| ἐπορσύνθη. | avaient été préparés *par ma mère*. |

Ἐγὼ δ' ἀλήτης τῆσδε γῆς ἀπόξενος,
ζῶν καὶ τεθνηκὼς τάσδε κληδόνας λιπών[1].

ΧΟΡΟΣ.

Ἀλλ', εὖ γε πράξας, μήτ' ἐπιζευχθῇς στόμα
φήμῃ πονηρᾷ[2], μήτ' ἐπιγλωσσῶ κακά·
ἠλευθέρωσας πᾶσαν Ἀργείων πόλιν,
δυοῖν δρακόντοιν εὐπετῶς τεμὼν κάρα.

ΟΡΕΣΤΗΣ.

Ἀᾶ·
ποῖαι γυναῖκες αἵδε, Γοργόνων δίκην
φαιοχίτωνες καὶ πεπλεκταημέναι
πυκνοῖς δράκουσιν; Οὐκέτ' ἂν μείναιμ' ἐγώ.

ΧΟΡΟΣ.

Τίνες σε δόξαι[3], φίλτατ' ἀνθρώπων πατρὶ,
στροβοῦσιν; ἴσχε, μὴ φοβοῦ νικῶν πολύ.

ΟΡΕΣΤΗΣ.

Οὐκ εἰσὶ δόξαι τῶνδε πημάτων ἐμοί·
σαφῶς γὰρ αἵδε μητρὸς ἔγκοτοι κύνες.

ΧΟΡΟΣ.

Ποταίνιον γὰρ αἷμά σοι χεροῖν ἔτι·
ἐκ τῶνδέ τοι ταραγμὸς ἐς φρένας πίτνει.

préparées..... Pour moi, errant, exilé de cette terre, que je vive ou que je meure, je laisserai après moi de tristes choses à raconter.

LE CHŒUR. Tu as fait ton devoir. Ne prononce pas des mots de mauvais augure. Ne te condamne pas toi-même, pour avoir affranchi la cité d'Argos tout entière, en tranchant victorieusement la tête à ces deux dragons.

ORESTE. Ah! quelles sont ces femmes? on dirait des Gorgones. — Les voici, les robes noires, avec leurs mille serpents sur la tête. — Rester encore ici, moi, non pas!

LE CHŒUR. Quels fantômes, ô fils bien-aimé de ton père, quels fantômes t'obsèdent, te troublent? — Arrête, ne crains rien après une si belle victoire.

ORESTE. Des fantômes, non pas, ce sont mes bourreaux. — Oui, elles sont là, devant moi, de ma mère les chiennes vengeresses.

LE CHŒUR. Ah! ce sang tout frais encore sur tes mains, voilà d'où vient ton trouble, ton égarement.

| | |
|---|---|
| Ἐγὼ δὲ ἀλήτης | Et moi errant |
| ἀπόξενος τῆσδε γῆς, | exilé de cette terre, |
| ζῶν καὶ τεθνηκὼς | vivant et mort |
| λιπὼν τάσδε κληδόνας. | laissant ces bruits. |
| ΧΟΡΟΣ. Ἀλλὰ, | LE CHŒUR. Mais, |
| πράξας εὖ γε, | ayant agi bien certes, |
| μήτε ἐπιζευχθῇς | ne sois pas attelé |
| στόμα | quant à ta bouche |
| φήμῃ | par une parole |
| πονηρᾷ, | de-mauvais-augure, |
| μήτε ἐπιγλωσσῶ | et-ne profère-pas-contre-toi |
| κακά· | des *paroles* fâcheuses : |
| ἠλευθέρωσας πᾶσαν πόλιν | tu as affranchi toute la ville |
| Ἀργείων, | des Argiens, |
| τεμὼν εὐπετῶς κάρα | ayant coupé facilement la tête |
| δυοῖν δρακοντοῖν. | de deux dragons. |
| ΟΡΕΣΤΗΣ. Ἆ· | ORESTE. Ah! ah! |
| ποῖαι αἵδε γυναῖκες, | quelles *sont* ces femmes |
| φαιοχίτωνες | vêtues-de-noir |
| καὶ πεπλεκτανημέναι | et entrelacées *dans les cheveux* |
| πυκνοῖς δράκουσι | de nombreux serpents |
| δίκην Γοργόνων; | à la façon des Gorgones? |
| ἐγὼ οὐκέτι μείναιμι ἄν | moi je ne saurais-plus-rester. |
| ΧΟΡΟΣ. Τίνες δόξαι, | LE CHŒUR. Quelles imaginations, |
| φίλτατε πατρὶ | ô le plus cher à *son* père |
| ἀνθρώπων | d'entre les hommes, |
| στροβοῦσί σε; | font-tournoyer toi ? |
| ἴσχε, | arrête; [grandement. |
| μὴ φοβοῦ νικῶν πολύ. | ne crains pas étant-vainqueur |
| ΟΡΕΣΤΗΣ. Οὐκ εἰσὶν | ORESTE. *Ce* ne sont pas |
| ἐμοὶ | pour moi |
| δόξαι τῶνδε πημάτων· | des imaginations de ces maux; |
| αἵδε γὰρ σαφῶς | car ce *sont* clairement |
| κύνες ἔγκοτοι μητρός. | les chiennes irritées *de ma* mère |
| ΧΟΡΟΣ. Αἷμα γὰρ | LE CHŒUR. Car le sang |
| ἔτι ποταίνιον χεροῖν σοι· | *est* encore récent aux mains à toi ; |
| ἐκ τῶνδε | de celles-ci |
| ταραγμὸς πίτνει τοι | le trouble tombe à toi |
| ἐς φρένας, | dans l'esprit. |

## ΧΟΗΦΟΡΟΙ.

ΟΡΕΣΤΗΣ.
Ἄναξ Ἄπολλον, αἴδε πληθύουσι δή,
κἀξ ὀμμάτων στάζουσιν αἷμα δυσφιλές.

ΧΟΡΟΣ.
Εἰσὶν καθαρμοί· Λοξίου δὲ προσθιγών,
ἐλεύθερόν σε τῶνδε πημάτων κτίσει.

ΟΡΕΣΤΗΣ.
Ὑμεῖς μὲν οὐχ ὁρᾶτε τάσδ', ἐγὼ δ' ὁρῶ·
ἐλαύνομαι δὲ κοὐκέτ' ἂν μείναιμ' ἐγώ.

ΧΟΡΟΣ.
Ἀλλ' εὐτυχοίης, καί σ' ἐποπτεύων πρόφρων.
θεὸς φυλάσσοι καιρίοισι συμφοραῖς[1].
Ὅδε τοι μελάθροις τοῖς βασιλείοις
τρίτος αὖ χειμὼν
    πνεύσας γονίας[2] ἐτελέσθη.
Παιδόβοροι μὲν πρῶτον ὑπῆρξαν
μόχθοι τάλανες·
δεύτερον ἀνδρὸς βασίλεια πάθη,
λουτροδάϊκτος δ' ὤλετ' Ἀχαιῶν
πολέμαρχος ἀνήρ·
νῦν δ' αὖ τρίτος ἦλθέ ποθεν σωτήρ,


ORESTE. Auguste Apollon, les voilà qui fourmillent, — leurs yeux distillent un sang horrible.

LE CHOEUR. Il y a des purifications. De Loxias embrasse les genoux, et bientôt tu seras délivré de tes angoisses.

ORESTE. Vous, vous ne les voyez pas, ces Érinys. Je les vois, moi. — Elles me donnent la chasse. — C'en est fait, fuyons.

LE CHOEUR. Sois heureux. — Que la bienveillance des dieux te protège et te mette à l'abri du malheur. Oui, c'est le troisième orage, au souffle violent, crevé sur cette demeure des rois. — On y vit d'abord des enfants dévorés dans un horrible festin, puis du héros la royale catastrophe, le chef des Grecs égorgé dans un

# LES CHOÉPHORES. 359.

| | |
|---|---|
| ΟΡΕΣΤΗΣ. Ἄναξ Ἄπολλον, | ORESTE. Roi Apollon, |
| αἵδε πληθύουσι δὴ, | celles-ci sont-nombreuses certes, |
| καὶ στάζουσιν | et distillent |
| ἐξ ὀμμάτων | de *leurs* yeux |
| αἷμα δυσφιλές. | un sang odieux. |
| ΧΟΡΟΣ. Εἰσὶν καθαρμοί· | LE CHŒUR. Il y a des purifications; |
| προσθιγὼν δὲ | et ayant touché (si tu touches) |
| Λοξίου, | à Loxias, |
| σὲ κτίσει ἐλεύθερον | tu te rendras affranchi |
| τῶνδε πημάτων. | de ces maux. |
| ΟΡΕΣΤΗΣ. Ὑμεῖς μὲν | ORESTE. Vous d'une part |
| οὐχ ὁρᾶτε τάσδε, | vous ne voyez pas celles-ci, |
| ἐγὼ δὲ ὁρῶ· | moi d'autre part je *les* vois; |
| ἐλαύνομαι δὲ | et je suis poursuivi |
| καὶ οὐκέτι ἐγὼ μείναιμι ἄν. | et je ne saurais-plus-rester. |
| ΧΟΡΟΣ. Ἀλλὰ | LE CHŒUR. Ah ! |
| εὐτυχοίης, | puisses-tu-être-heureux, |
| καὶ θεὸς πρόφρων | et qu'un dieu bienveillant |
| ἐποπτεύων σε | veillant-sur toi |
| φυλάσσοι | *te* protège |
| συμφοραῖς καρίοισιν. | par des événements favorables. |
| Ὅδε τοι τρίτος χειμὼν | Certes cette troisième tempête |
| αὖ | encore |
| πνεύσας γονίας | ayant soufflé violente |
| τοῖς μελάθροις βασιλείοις | dans les demeures royales |
| ἐτελέσθη. | s'est accomplie. |
| Πρῶτον μὲν ὑπῆρξαν | D'une part d'abord furent |
| μόχθοι τάλανες | des malheurs affreux |
| παιδοβόροι· | qui-dévorent-les-enfants; |
| δεύτερον | en-second-lieu |
| πάθη βασίλεια ἀνδρός, | les souffrances royales d'un héros, |
| ἀνὴρ δὲ | et un homme |
| πολέμαρχος Ἀχαιῶν | chef-de-guerre des Grecs |
| ὤλετο | a péri |
| λουτροδάϊκτος· | mis-en-pièces-dans-un-bain; |
| νῦν δὲ αὖ ἦλθέ | et maintenant encore est venu |
| ποθεν | de-quelque-part |
| τρίτος | troisième (en troisième-lieu) |
| σωτήρ, | un sauveur |

ἢ μόρον εἴπω;
Ποῖ δῆτα κρανεῖ, ποῖ καταλήξει
μετακοιμισθὲν μένος ἄτης;

bain. Aujourd'hui, en troisième lieu, c'est la venue d'un libérateur, une nouvelle calamité peut-être. Quand donc, satisfaite enfin, s'endormira-t-elle épuisée, la rage du destin?

| | |
|---|---|
| ἢ εἴπω | ou dois-je-dire |
| μόρον; | un *troisième* malheur? |
| Ποῖ δῆτα κρανεῖ, | Où donc aboutira-définitivement, |
| ποῦ καταλήξει | où cessera |
| μεταχοιμισθὲν | ayant été assoupie |
| μένος ἄτης; | la violence de la fatalité? |

# ARGUMENT ANALYTIQUE
## DES EUMÉNIDES

Le fond de la scène représente le temple d'Apollon à Delphes. La Pythie se dispose à y pénétrer pour monter sur le trépied prophétique ; mais, à peine entrée, elle reparaît, saisie d'horreur : elle a aperçu dans le temple, étendues sur des sièges où elles dorment, des femmes affreuses qu'elle ne sait de quel nom appeler. Au milieu d'elles est assis un suppliant, leur prisonnier, Oreste, les mains teintes de sang.

Oreste sort du temple, conduit par Apollon ; le dieu l'engage à fuir vers la ville d'Athènes et le temple de Pallas : il y trouvera la fin de ses maux. L'ombre de Clytemnestre surgit et tire les Furies de leur sommeil. Rien de plus terrible que le réveil de ces affreuses divinités, honteuses d'avoir laissé échapper leur prisonnier. Apollon les menace de son arc et les chasse de son temple.

La scène change. Nous sommes à Athènes. Nous voyons le temple de Pallas et la colline de Mars. Oreste tient embrassée la statue de la déesse ; les Furies l'ont suivi : elles décrivent en dansant des cercles magiques autour de leur victime, qu'elles réclament à grands cris.

Pallas a entendu l'appel du suppliant ; elle prend le rôle d'arbitre, et, malgré les protestations des Furies, elle charge les citoyens les plus respectables de prononcer sur le sort d'Oreste.

La cause est vivement débattue devant le tribunal (l'Aréopage). Les Furies soutiennent l'accusation, interrogent Oreste et le réduisent au silence. Apollon vient alors à son secours ; il déclare que c'est un oracle, inspiré par Zeus, qui a armé Oreste contre sa mère. Les juges votent ; les suffrages se balancent, mais Pallas se prononce en faveur de l'accusé : il est absous.

Outrées de cet affront, les Furies menacent de répandre sur le pays le venin de leur salive et d'y détruire tout germe de vie. Peu à peu, elles se laissent apaiser par l'éloquence de Pallas. Elles acceptent d'Athènes de nouveaux honneurs. Au lieu d'imprécations, elles n'ont plus que des promesses de paix et de bonheur pour cette contrée hospitalière ; d'*Érinys* qu'elles étaient, elles deviennent *Euménides*. Une procession solennelle les conduit, à la lumière des flambeaux, à leur nouvelle demeure, à la grotte qui leur sera consacrée au pied même de la colline où siège l'Aréopage.

# ΕΥΜΕΝΙΔΕΣ

## I. LA PYTHIE.

(Vers 1-63.)

ΠΡΟΦΗΤΙΣ.

Πρῶτον μὲν εὐχῇ τῇδε πρεσβεύω θεῶν
τὴν πρωτόμαντιν Γαῖαν · ἐκ δὲ τῆς Θέμιν,
ἣ δὴ τὸ μητρὸς δευτέρα τόδ' ἕζετο
μαντεῖον, ὡς λόγος τις [1] · ἐν δὲ τῷ τρίτῳ
λάχει, θελούσης, οὐδὲ πρὸς βίαν τινός,
Τιτανὶς ἄλλη, παῖς Χθονὸς, καθέζετο,
Φοίβη · δίδωσι δ' ἡ γενέθλιον δόσιν [2]
Φοίβῳ · τὸ τῆς δ' ὄνομ' ἔχει παρώνυμον.
Λιπὼν δὲ λίμνην Δηλίαν τε χοιράδα [3],
κέλσας ἐπ' ἀκτὰς ναυπόρους τὰς Παλλάδος,
ἐς τήνδε γαῖαν ἦλθε Παρνησοῦ θ' ἕδρας.
Πέμπουσι δ' αὐτὸν καὶ σεβίζουσιν μέγα
κελευθοποιοὶ παῖδες Ἡφαίστου [4], χθόνα
ἀνήμερον τιθέντες ἡμερωμένην.

I

LA PYTHIE. La première place en notre invocation aux dieux appartient à la première prophétesse, à Gaïa ; la seconde à Thémis, montée, après sa mère, sur le trône fatidique, comme le veut une tradition. Celle-ci, en troisième lieu, le céda de bonne grâce, sans violence aucune, à une Titanide, fille comme elle de la terre, à Phœbé, qui vint s'y asseoir, et en fit, à sa naissance l'apanage de Phœbos, ainsi appelé du nom de sa grand'-mère. Le dieu laissant alors et le lac et les rochers de Délos, mit le cap sur les rivages de Pallas, familiers aux matelots, et arriva dans cette terre du Parnasse qui devait lui servir de demeure. Il avait avec lui, pour lui ouvrir la route, de pieux compagnons, les fils d'Hephæstos, qui lui rendaient accessible cette terre, jusque-là

# LES EUMÉNIDES

## I. LA PYTHIE.

| | |
|---|---|
| ΠΡΟΦΗΤΙΣ. Πρῶτον μὲν | LA PRÊTRESSE. D'une part d'abord |
| πρεσβεύω θεῶν | je distingue parmi les dieux |
| τῇδε εὐχῇ | par cette prière |
| Γαῖαν τὴν πρωτόμαντιν | Gaïa, la première-prophétesse, |
| ἐκ δὲ τῆς Θέμιν, | et après celle-ci Thémis, |
| ἢ δὴ ἕζετο δευτέρα | qui certes s'assit la seconde |
| τόδε μαντεῖον τὸ μητρός, | dans cet oracle celui de la mère, |
| ὥς τις λόγος· | comme *est* une tradition; |
| ἐν δὲ τῷ τρίτῳ λάχει, | et dans la troisième succession, |
| θελούσης, | *Thémis le* voulant-bien, [qu'un, |
| οὐδὲ πρὸς βίαν τινός, | et-non par violence contre quel- |
| ἄλλη Τιτανὶς, παῖς Χθονὸς, | une autre Titanide, fille de la Terre, |
| καθέζετο, | s'y assit, |
| Φοίβη· | Phœbé; |
| ἡ δὲ δίδωσι Φοίβῳ | or celle-ci *le* donne à Phœbos |
| δόσιν γενέθλιον· | *comme* cadeau de-naissance, |
| ἔχει τε τὸ ὄνομα | et il a son nom |
| παρώνυμον τῆς τήθης. | dérivé *de celui* de la-grand-mère. |
| Λιπὼν δὲ | Or ayant quitté |
| λίμνην χοιράδα τε Δηλίαν, | lac et rocher délien, |
| κέλσας ἐπὶ ἀκτὰς | ayant abordé aux rivages |
| Παλλάδος | de Pallas, |
| ναυπόρους, | qui-s'ouvrent-aux-vaisseaux, |
| ἦλθεν ἐς τήνδε γαῖαν | il vint dans cette terre-ci |
| ἕδρας τε Παρνησοῦ. | et dans ces demeures du Parnasse. |
| Παῖδες δὲ Ἡφαίστου | Et les enfants d'Héphæstos |
| κελευθοποιοὶ | qui-frayent-les-routes |
| τιθέντες ἡμερωμένην | rendant cultivée |
| χθόνα ἀνήμερον | une terre inculte, |

ΕΥΜΕΝΙΔΕΣ.

Μολόντα δ' αὐτὸν κάρτα τιμαλφεῖ λεὼς
Δελφός τε χώρας τῆσδε πρυμνήτης ἄναξ.
Τέχνης δέ νιν Ζεὺς ἔνθεον κτίσας φρένα,
ἵζει τέταρτον τοῖσδε μάντιν ἐν θρόνοις·
Διὸς προφήτης δ' ἐστὶ Λοξίας πατρός.
Τούτους ἐν εὐχαῖς φροιμιάζομαι θεούς.
Παλλὰς προναία δ' ἐν λόγοις πρεσβεύεται
. . . . . . . . . . .
Σέβω δὲ νύμφας, ἔνθα Κωρυκὶς πέτρα
κοίλη, φίλορνις, δαιμόνων ἀναστροφαί·
Βρόμιος ἔχει τὸν χῶρον, οὐδ' ἀμνημονῶ,
ἐξ οὗτε Βάκχαις ἐστρατήγησεν θεός,
λαγὼ δίκην Πενθεῖ καταρράψας μόρον.
Πλειστοῦ [1] τε πηγὰς καὶ Ποσειδῶνος κράτος
 καλοῦσα καὶ τέλειον ὕψιστον Δία,
ἔπειτα μάντις ἐς θρόνους καθιζάνω.
Καὶ νῦν τυχεῖν με τῶν πρὶν εἰσόδων μακρῷ

fruste et sauvage. A son arrivée ici, ce furent vraiment partout des démonstrations enthousiastes de la part du peuple, de celle de Delphos, alors au timon de l'État. En l'art des oracles Zeus le doua de l'inspiration divine, et l'assit, lui quatrième, sur le trône prophétique. De Zeus, son père, encore aujourd'hui Loxias traduit les volontés. C'est par toutes ces divinités que je prélude à mon invocation. A Pallas aussi, debout devant le temple, rendons hommage... Et vous, soyez glorifiées, vous, nymphes de Coryce, de la roche creuse, refuge des oiseaux et retraite des dieux. Bromios non plus, je ne l'oublie, Bromios, un des dieux du pays depuis le jour où à la tête des Bacchantes il y vint pour le malheur de Penthée, tué comme un lièvre. Sources du Plistos, tout-puissant Poseidon, je vous invoque, et toi aussi, le plus grand de tous, Zeus! toi qui ratifies nos oracles. Au moment où la Pythie va monter sur le trépied, faites que sa visite au dieu

| | |
|---|---|
| πέμπουσιν αὐτὸν | escortent lui |
| καὶ σεβίζουσιν μέγα. | et le respectent grandement. |
| Λεὼς δὲ | Et le peuple |
| Δελφός τε ἄναξ πρυμνήτης | et Delphos roi pilote |
| τῆσδε χώρας | de cette contrée |
| τιμαλφεῖ κάρτα | honore (honorent) beaucoup |
| αὐτὸν μολόντα. | lui étant venu. |
| Ζεὺς δὲ κτίσας νιν | Et Dieu ayant bâti (fait) lui |
| ἔνθεον φρένα τέχνης, | inspiré dans *son* esprit sur *cet* art, |
| ἵζει τέταρτον μάντιν | *le* fait-asseoir quatrième devin |
| ἐν τοῖσδε θρόνοις· | sur ces sièges; |
| Λοξίας δέ ἐστι προφήτης | et Loxias est *le* prophète |
| πατρὸς Διός. | de son père Zeus.  [prières |
| Φροιμιάζομαι ἐν εὐχαῖς | Je prends-pour-prélude dans mes |
| τούτους θεούς. | ces dieux. |
| Παλλὰς δὲ | Et Pallas |
| προναία | qui-veille-à-la-porte du temple |
| πρεσβεύεται ἐν λόγοις. | est honorée *dans* mes discours. |
| . . . . . . . . . | . . . . . . . . . |
| . . . . . . . . . | . . . . . . . . . |
| Σέβω δὲ νύμφας, | Et je vénère les nymphes, |
| ἔνθα κοίλη πέτρα Κωρυκὶς, | là-où *est* la creuse roche Cory- |
| φίλορνις, | qui-aime-les-oiseaux,  [cienne, |
| ἀναστροφαὶ δαιμόνων· | retraite des dieux ; |
| Βρόμιος ἔχει τὸν χῶρον, | Bromios occupe cette contrée, |
| οὐδὲ ἀμνημονῶ | et je ne *l*'-oublie-pas, |
| ἐξ οὗτε θεός | depuis que *ce* dieu  [chantes, |
| ἐστρατήγησεν Βάκχαις, | a-été-stratège pour les (des) Bac- |
| καταρράψας μόρον Πενθεῖ | ayant ourdi le sort à (de) Penthée |
| δίκην λαγώ. | à la manière d'un lièvre. |
| Καλοῦσά τε πηγὰς Πλειστοῦ | Et appelant les sources du Plistos |
| καὶ κράτος Ποσειδῶνος, | et la puissance de Poseidon |
| καὶ Δία ὕψιστον | et Zeus très-élevé |
| τέλειον, | qui-accomplit *les oracles*, |
| ἔπειτα καθιζάνω μάντις | ensuite je m'assieds prophétesse |
| ἐς θρόνους. | sur *ce* siège.  [nent |
| Καὶ νῦν θεοὶ δοῖέν | Et que maintenant les dieux don- |
| με τυχεῖν | moi obtenir |
| μακρῷ ἄριστα | de beaucoup le plus heureusement |

ἄριστα δοῖεν· κεἴ τις Ἑλλήνων πάρα,
ἴτων[1] πάλῳ λαχόντες[2], ὡς νομίζεται.
Μαντεύσομαι γὰρ ὡς ἂν ἡγῆται θεός[3].
Ἦ δεινὰ λέξαι, δεινὰ δ' ὀφθαλμοῖς δρακεῖν
πάλιν μ' ἔπεμψεν ἐκ δόμων τῶν Λοξίου,
ὡς μή με σωκεῖν μηδ' ἔτ' ἀκταίνειν βάσιν·
τρέχω δὲ χερσὶν, οὐ ποδωκείᾳ σκελῶν·
δείσασα γὰρ γραῦς οὐδὲν, ἀντίπαις μὲν οὖν.
Ἐγὼ μὲν ἕρπω πρὸς πολυστεφῆ μυχόν·
ὁρῶ δ' ἐπ' ὀμφαλῷ[4] μὲν ἄνδρα θεομυσῆ
ἕδραν ἔχοντα προστρόπαιον, αἵματι
στάζοντα χεῖρας, καὶ νεοσπαδὲς ξίφος
ἔχοντ' ἐλάας θ' ὑψιγέννητον κλάδον,
λήνει μεγίστῳ σωφρόνως ἐστεμμένον,
ἀργῆτι μαλλῷ· τῇδε γὰρ τρανῶς ἐρῶ.
Πρόσθεν δὲ τἀνδρὸς τοῦδε θαυμαστὸς λόχος
εὕδει γυναικῶν ἐν θρόνοισιν ἥμενος·
οὔτοι γυναῖκας, ἀλλὰ Γοργόνας λέγω·

soit encore plus heureuse que par le passé. — S'il est ici des Hellènes, que chacun se présente à son tour, selon les désignations du sort, comme le veut la loi. Je prophétiserai selon qu'il plaira au dieu de me guider. (Les portes s'ouvrent, la Pythie fait un pas dans le temple, et recule épouvantée.) Terribles à dire, terribles à voir de ses yeux sont les choses qui me ramènent à l'entrée du sanctuaire de Loxias, sans forces, incapable de marcher! — — Oui, je me traîne sur mes mains, — je n'ai plus de jambes. Une vieille femme effrayée, ce n'est plus rien, à peine un enfant. — J'entre dans le sanctuaire aux mille couronnes, que vois-je ? — Sur le nombril du monde un sacrilège assis, un suppliant les mains tachées de sang, — son épée hors du fourreau. — A son haut rameau d'olivier, une longue bandelette de laine s'enroule prudemment, blanche toison qui dit assez ce qu'il vient faire ici. — Devant lui c'est une troupe étrange de femmes endormies sur leurs sièges. — Des femmes, non pas, mais des Gor-

| | |
|---|---|
| τῶν εἰσόδων πρίν · | d'entre les entrées d'auparavant; |
| καὶ εἴ τις Ἑλλήνων πάρα, | et si quelqu'un des Grecs est-là *pour me consulter*, |
| ἴτων λαχόντες πάλῳ, | qu'ils entrent ayant tiré au sort |
| ὡς νομίζεται. | comme c'est-la-loi. |
| Μαντεύσομαι γὰρ | Car je prophétiserai |
| ὡς θεὸς ἡγῆται ἄν. | comme un dieu m'aura guidée. |
| Ἦ δεινὰ λέξαι, | Certes des choses horribles à dire, |
| δεινὰ δὲ δρακεῖν ὀφθαλμοῖς | et terribles à voir par les yeux |
| ἔπεμψέ με πάλιν | ont envoyé moi en-arrière |
| ἐκ τῶν δόμων Λοξίου, | des demeures de Loxias, [force |
| ὡς με μὴ σωκεῖν | au-point-que moi ne pas avoir-de- |
| μηδὲ ἔτι ἀκταίνειν βάσιν · | ni ne plus agiter le pied; |
| τρέχω δὲ χερσὶν, | mais je cours avec mes mains, |
| οὐ ποδωκείᾳ σκελῶν · | non par l'agilité des jambes: |
| γραῦς γὰρ δείσασα | car une vieille-femme craignant |
| οὐδὲν, | n'est rien, [fant. |
| ἀντίπαις μὲν οὖν. | mais certes l'équivalent-d'un-en- |
| Ἐγὼ μὲν ἕρπω | Moi d'une part je me-glisse |
| πρὸς μυχὸν πολυστεφῆ · | vers le fond orné-de-bandelettes; |
| ὁρῶ δὲ | d'autre part je vois [les-dieux |
| ἄνδρα θεομυσῆ | un homme objet-d'horreur-pour- |
| ἔχοντα ἕδραν | ayant un siège |
| ἐπὶ ὀμφαλῷ μὲν, | sur l'ombilic d'une part, |
| προστρόπαιον, | suppliant, [mains, |
| στάζοντα αἵματι χεῖρας, | dégouttant de sang quant aux |
| καὶ ἔχοντα ξίφος | et ayant une épée |
| νεοσπαδὲς | nouvellement-tirée |
| κλάδον τε ὑψιγέννητον | et un rameau poussé-haut |
| ἐλάας, | d'olivier, |
| ἐστεμμένον σοφρόνως | entouré prudemment |
| μεγίστῳ λήνει, | d'une très-grande bandelette, |
| μαλλῷ ἀργῆτι · | toison blanche; [par-là |
| ἐρῶ γὰρ τρανῶς τῇδε. | car je m'expliquerai clairement |
| Πρόσθεν δὲ τοῦδε τοῦ ἀνδρὸς | D'autre part en avant de cet homme |
| εὕδει ἥμενος ἐν θρόνοισιν | dort assis sur des sièges |
| λόχος θαυμαστὸς γυναικῶν · | un bataillon étrange de femmes |
| λέγω οὔτοι γυναῖκας, | je dis non-certes des femmes, |
| ἀλλὰ Γοργόνας · | mais des Gorgones; |

οὐδ' αὖτε Γοργείοισιν εἰκάσω τύποις.
Εἶδόν ποτ' ἤδη Φινέως γεγραμμένας
δεῖπνον φερούσας ¹· ἄπτεροί γε μὴν ἰδεῖν
αὗται, μέλαιναι δ' ἐς τὸ πᾶν βδελύκτροποι.
Ῥέγκουσι δ' οὐ πλατοῖσι φυσιάμασιν·
ἐκ δ' ὀμμάτων λείβουσι δυσφιλῆ λίβα·
καὶ κόσμος οὔτε πρὸς θεῶν ἀγάλματα
φέρειν δίκαιος οὔτ' ἐς ἀνθρώπων στέγας.
Τὸ φῦλον οὐκ ὄπωπα τῆσδ' ὁμιλίας,
οὐδ' ἥτις αἶα τοῦτ' ἐπεύχεται γένος
τρέφουσ' ἀνατὶ μὴ μεταστένειν πόνον.
Τἀντεῦθεν ἤδη τῶνδε δεσπότῃ δόμων
αὐτῷ μελέσθω Λοξίᾳ μεγασθενεῖ.
Ἰατρόμαντις δ' ἐστὶ καὶ τερασκόπος
καὶ τοῖσιν ἄλλοις δωμάτων καθάρσιος.

gones. — Des Gorgones, encore n'en ont-elles par les traits. Car celles-ci, je les ai aperçues quelque part, dans un tableau, gaspillant le repas de Phinée. D'ailes, cependant, je n'en ai point vu à ces noires créatures d'un si horrible aspect. — Elles ronflent ; — Quel souffle empesté ! — De leurs yeux distille un affreux venin. — Et leur accoutrement, a-t-on jamais imaginé de le porter au pied des statues des dieux, ou dans l'habitation des hommes? — De quelle race est cette troupe bizarre ? Vraiment je ne connais rien de pareil, et jamais terre ne s'est impunément glorifiée de tels enfants, ne les a nourris, sans avoir eu plus tard à s'en repentir. — Quant à ce qui reste à faire, cela regarde le maître lui-même de la demeure sacrée, le tout-puissant Loxias. Il est devin-médecin, l'interprète des prodiges, et des maisons d'autrui le grand purificateur. (La Pythie entre dans le temple ; Apollon paraît debout près d'Oreste.)

## LES EUMÉNIDES. 371

| | |
|---|---|
| οὐδὲ αὖτε εἰκάσω | ni non-plus je ne *les* comparerai |
| τύποις Γοργείοισιν. | à des figures de-Gorgones. |
| Εἶδον ἤδη ποτὲ | Je *les* ai vues déjà une-fois |
| γεγραμμένας | peintes (en peinture) |
| φέρουσας δεῖπνον Φινέως · | emportant le repas de Phinée ; |
| αὗταί γε μὴν | celles-ci pourtant *sont* |
| ἄπτεροι ἰδεῖν, | sans-ailes à voir, |
| μέλαιναι δὲ | de-plus *elles sont* noires |
| βδελύκτροποι ἐς τὸ πᾶν. | horribles entièrement. |
| Ῥέγκουσι δὲ φυσιάμασιν | Et elles ronflent par des souffles |
| οὐ πλάτοισι · | dont-on-ne-peut-approcher ; |
| λείβουσι δὲ ἐξ ὀμμάτων | et elles distillent des yeux |
| λίβα δυσφιλῆ · | un suintement odieux ; [porter |
| καὶ κόσμος δίκαιος φέρειν · | et un accoutrement convenable à |
| οὔτε πρὸς ἀγάλματα θεῶν | ni aux autels des dieux |
| οὔτε ἐς στέγας | ni dans les demeures |
| ἀνθρώπων. | des hommes *n'est à elles*. |
| Οὐκ ὄπωπα τὸ φῦλον | Je n'ai pas vu la race [pagnie, |
| τῆσδε ὁμιλίας, | de (à laquelle appartient) cette com- |
| οὐδὲ αἶα ἥτις | ni *il n'est pas* de terre qui |
| ἐπεύχεται τρέφουσα | se glorifie nourrissant (de nourrir) |
| τοῦτο γένος | cette engeance |
| ἀνατὶ | sans-calamités |
| μὴ μεταστένειν | de *manière à* ne pas gémir-après |
| πόνον. | *sur sa* peine. [tenant) |
| Τὰ ἐντεῦθεν ἤδη | Que les choses à-partir-de-là (main- |
| μελέσθω | soient-à-souci |
| δεσπότῃ αὐτῷ | au maître lui-même |
| τῶνδε δόμων, | de ces demeures, |
| Λοξίᾳ μεγασθένει. | à Loxias très-puissant. |
| Ἔστι δὲ ἰατρόμαντις | D'ailleurs il est médecin-prophète |
| καὶ τερασκόπος, | et interprète-des-prodiges |
| καὶ καθάρσιος δωμάτων | et purificateur des maisons |
| τοῖσιν ἄλλοις. | pour les autres. |

## II. APOLLON ET ORESTE.
(Vers 64-93.)

ΑΠΟΛΛΩΝ.

Οὔτοι προδώσω · διὰ τέλους δέ σοι φύλαξ
ἐγγὺς παρεστὼς καὶ πρόσω δ' ἀποστατῶν,
ἐχθροῖσι τοῖς σοῖς οὐ γενήσομαι πέπων [1].
Καὶ νῦν ἁλούσας τάσδε τὰς μάργους ὁρᾷς ·
ὕπνῳ πεσοῦσαι δ' αἱ κατάπτυστοι κόραι,
Νυκτὸς παλαιαὶ παῖδες, αἷς οὐ μίγνυται
θεῶν τις, οὐδ' ἄνθρωπος, οὐδὲ θήρ ποτε.
Κακῶν δ' ἕκατι κἀγένοντ', ἐπεὶ κακὸν [2]
σκότον νέμονται Τάρταρόν θ' ὑπὸ χθονὸς,
μισήματ' ἀνδρῶν καὶ θεῶν Ὀλυμπίων.
Ὅμως δὲ φεῦγε μηδὲ μαλθακὸς γένῃ ·
ἐλῶσι γάρ σε καὶ δι' ἠπείρου μακρᾶς,
ἐκβάντα δ' ἀεὶ τὴν πλανοστιβῆ χθόνα
ὑπέρ τε πόντον καὶ περιρρύτας πόλεις.
Καὶ μὴ πρόκαμνε τόνδε βουκολούμενος [3]

II

APOLLON. Non, jamais je ne t'abandonnerai. Jusqu'au bout je veillerai sur toi, de près, si je suis là, de loin, si je n'y suis pas ; à tes ennemis toujours également implacable. Les voilà prises, ces forcenées. — Au sommeil elles ont succombé, les vierges immondes, les vieilles filles de la Nuit dont jamais ne voulut ni dieu, ni homme, ni bête. Pour le mal elles sont faites, reléguées au sombre séjour du crime, dans le souterrain Tartare, objets d'horreur pour les hommes et les dieux de l'Olympe. — Reprends ta course pourtant. Tu auras besoin de toute ton ardeur. Car elles vont te relancer sur toute l'étendue du continent, quelque part que t'emporte sur la terre ta course vagabonde. Elles franchiront les mers sur tes pas, t'atteindront jusque dans les cités de partout enveloppées par les eaux. Point de faiblesse surtout, ne

## 11. APOLLON ET ORESTE.

| | |
|---|---|
| ἈΠΟΛΛΩΝ. Οὔτοι | APOLLON. Non-certes |
| προδώσω· | je ne *te* trahirai pas ; |
| φύλαξ δέ σοι διὰ τέλους | et gardien pour toi jusqu'au bout |
| παρεστὼς ἐγγὺς | me-tenant près-de *toi* |
| καὶ δὲ ἀποστατῶν πρόσω, | et d'autre part écarté loin, |
| οὐ γενήσομαι πέπων | je ne serai pas mou |
| τοῖς σοῖς ἐχθροῖσι. | contre tes ennemis. |
| Καὶ ὁρᾷς | Et tu vois |
| τάσδε τὰς μάργους | ces furieuses-ci |
| νῦν ἁλούσας· | maintenant prises ; [mei |
| πεσοῦσαι δὲ ὕπνῳ | or *elles sont* tombées par le som- |
| αἱ κατάπυστοι κόραι, | ces abominables vierges, |
| παλαιαὶ παῖδες νυκτός, | vieilles enfants de la nuit, |
| αἷς οὐ | avec lesquelles |
| μίγνυταί ποτέ | n'a-commerce jamais |
| τις θεῶν, | quelqu'un des dieux, |
| οὐδὲ ἄνθρωπος, | ni homme, |
| οὐδὲ θήρ. | ni bête. |
| Καὶ δὲ ἐγένοντο | Et d'ailleurs elles sont nées |
| ἕκατι κακῶν, | pour les maux, |
| ἐπεὶ νέμονται | attendu-qu'elles habitent |
| σκότον κακὸν | l'obscurité malfaisante, |
| Τάρταρόν τε ὑπὸ χθονός, | et le Tartare sous terre, |
| μισήματα ἀνδρῶν | objets-d'horreur des hommes |
| καὶ θεῶν Ὀλυμπίων. | et des dieux-de-l'-Olympe. |
| Ὅμως δὲ φεῦγε | Mais pourtant fuis |
| μηδὲ γένῃ μαλθακός ;· | et-ne sois pas mou ; |
| ἐλῶσι γάρ σε | car elles poursuivront toi |
| καὶ διὰ μακρᾶς ἠπείρου, | et à-travers le vaste continent, |
| ἐκβάντα δὲ ἀεὶ | et franchissant sans-cesse |
| τὴν χθόνα | la terre |
| πλανοστιβῆ, | foulée-par-tes-pas-errants, |
| ὑπέρ τε πόντον | et au-delà-de la mer |
| καὶ πόλεις περιρρύτας. | et *dans* les villes entourées-d'-eau. |
| Καὶ μὴ πρόκαμνε | Et ne succombe-pas-avant *l'heure* |

πόνον· μολὼν δὲ Παλλάδος ποτὶ πτόλιν
ἵζου παλαιὸν ἄγκαθεν λαβὼν βρέτας.
Κἀκεῖ, δικαστὰς τῶνδε καὶ θελκτηρίους
μύθους ἔχοντες, μηχανὰς εὑρήσομεν
ὥστ' ἐς τὸ πᾶν σε τῶνδ' ἀπαλλάξαι πόνων·
καὶ γὰρ κτανεῖν σ' ἔπεισα μητρῷον δέμας.
## ΟΡΕΣΤΗΣ.
Ἄναξ Ἄπολλον, οἶσθα μὲν τὸ μὴ ἀδικεῖν [1] ·
ἐπεὶ δ' ἐπίστᾳ, καὶ τὸ μὴ ἀμελεῖν μάθε.
Σθένος δὲ ποιεῖν εὖ [2] φερέγγυον τὸ σόν.
## ΑΠΟΛΛΩΝ.
Μέμνησο, μὴ φόβος σὲ νικάτω φρένας.
Σὺ δ', αὐτάδελφον [3] αἷμα καὶ κοινοῦ πατρὸς,
Ἑρμῆ, φύλασσε· κάρτα δ' ὢν ἐπώνυμος
πομπαῖος [4] ἴσθι, τόνδε ποιμαίνων ἐμὸν
ἱκέτην. Σέβει τοι Ζεὺς τόδ' ἐκνόμων [5] σέβας,
ὁρμώμενον βροτοῖσιν εὐπόμπῳ τύχῃ.

cherche pas d'adoucissement à tes fatigues. Tire vers la ville de Pallas. Arrivé là, de tes mains embrasse la vieille statue de bois de la déesse et assieds-toi sur l'autel. Juges, paroles qui persuadent, moyens propres à finir ton supplice, je me charge alors de tout trouver, puisque c'est moi qui t'ai poussé à lever la main sur le corps de ta mère.

ORESTE. Auguste Apollon, tu sais être juste. Apprends donc aussi à être vigilant. Ta force est une garantie de ta bienfaisance.

APOLLON. Souviens-toi de ces paroles et ferme ton cœur à la crainte. (A Hermès, personnage invisible.) Hermès, nous avons même sang, même père, c'est à toi que je le confie. Fidèle au nom qu'on t'a donné, fais-toi son véritable guide, accompagne mon suppliant. Zeus lui-même respecte les droits des proscrits, droits qu'a établis pour les mortels une fortune propice. (Apollon rentre dans le temple, Oreste reprend sa fuite, et l'ombre de Clytemnestre paraît près des Euménides.)

| | |
|---|---|
| βουκολούμενος | faisant-paître (cherchant à adou- |
| τόνδε πόνον· | cette fatigue ; [cir) |
| μολὼν δὲ ποτὶ πτόλιν Παλλάδος | mais étant allé à la ville de Pallas, |
| ἵζου | assieds-toi |
| λαβὼν ἄγκαθεν | ayant pris dans-tes-bras |
| παλαιὸν βρέτας. | la vieille statue-de-bois. |
| Καὶ ἔχοντες ἐκεῖ | Et ayant là |
| δικαστὰς τῶνδε | des juges de ces *affaires*-là |
| καὶ μύθους θελκτηρίους, | et des paroles calmantes, |
| εὑρήσομεν μηχανὰς | nous trouverons des moyens |
| ὥστε ἀπαλλάξαι σε | de-manière-à délivrer toi |
| ἐς τὸ πᾶν | complètement |
| τῶνδε πόνων· | de ces maux-ci ; |
| καὶ γὰρ ἔπεισά σε | et en-effet j'ai conseillé à toi |
| κτανεῖν δέμας μητρῷον. | de tuer le corps maternel. |
| ΟΡΕΣΤΗΣ. Ἄναξ Ἄπολλον, | ORESTE. Roi Apollon, |
| οἶσθα μὲν | d'une part tu sais |
| τὸ μὴ ἀδικεῖν· | le ne pas être-injuste ; |
| ἐπεὶ δὲ ἐπίστᾳ, | d'autre part puisque tu *le* sais, |
| μάθε καὶ | apprends aussi |
| τὸ μὴ ἀμελεῖν. | le n'être-pas-négligent. |
| Τὸ δὲ σὸν σθένος φερέγγυον | Et ta force *est* un garant |
| ποιεῖν εὖ. | *toi* faire du bien. |
| ΑΠΟΛΛΩΝ. Μέμνησο, | APOLLON. Souviens-t'en, |
| φόβος μὴ νικάτω | que la peur ne vainque pas |
| φρένας. | *les* esprits. |
| Σὺ δέ, αἷμα αὐτάδελφον | Et toi, sang fraternel |
| καὶ πατρὸς κοινοῦ, | et d'un père commun, |
| Ἑρμῆ, φύλασσε· | Hermès, garde-*le* ; |
| ὢν δὲ ἐπώνυμος | et étant conforme à-ton-nom |
| ἴσθι κάρτα πομπαῖος, | sois fortement (véritablement) con- |
| ποιμαίνων τόνδε | dirigeant celui-ci [ducteur, |
| ἐμὸν ἱκέτην. | mon suppliant. |
| Ζεύς τοι σέβει | Jupiter certes respecte |
| τόδε σέβας ἐκνόμων | ce respect des (dû aux) proscrits, |
| ὁρμώμενον βροτοῖσιν | lancé pour les mortels |
| τύχῃ εὐπόμπῳ. | par une fortune qui-conduit-bien. |

## III. L'OMBRE DE CLYTEMNESTRE ET LE RÉVEIL DES FURIES.
(Vers 94-178.)

ΚΛΥΤΑΙΜΝΗΣΤΡΑ.

Εὕδοιτ' ἄν, ὠή, καὶ καθευδουσῶν τί δεῖ;
Ἐγὼ δ' ὑφ' ὑμῶν ὧδ' ἀπητιμασμένη
ἄλλοισιν ἐν νεκροῖσιν, ὧν [1] μὲν ἔκτανον
ὄνειδος ἐν φθιτοῖσιν οὐκ ἐκλείπεται,
αἰσχρῶς δ' ἀλῶμαι· προὐννέπω δ' ὑμῖν ὅτι
ἔχω μεγίστην αἰτίαν κείνων ὕπερ·
παθοῦσα δ' οὕτω δεινὰ πρὸς τῶν φιλτάτων,
οὐδεὶς ὑπέρ μου [2] δαιμόνων μηνίεται,
κατασφαγείσης πρὸς χερῶν μητροκτόνων.
Ὅρα [3] δὲ πληγὰς τάσδε καρδίᾳ σέθεν·
εὕδουσα γὰρ φρὴν ὄμμασιν λαμπρύνεται,
ἐν ἡμέρᾳ δὲ μοῖρ' ἀπρόσκοπος φρενῶν.
Ἦ πολλὰ μὲν δὴ τῶν ἐμῶν ἐλείξατε,
χοάς τ' ἀοίνους [4], νηφάλια μειλίγματα,
καὶ νυκτίσεμνα δεῖπν' ἐπ' ἐσχάρᾳ πυρὸς

---

III

L'OMBRE DE CLYTEMNESTRE. Vous dormez! Holà! hé! — Des dormeuses, à quoi bon! — Me voilà, moi, par vous ainsi dédaignée parmi les autres morts, pour avoir tué; me voilà en butte aux outrages, au milieu des ombres, réduite à errer avec ma honte. Je vous en préviens, vous, là-bas on fait sonner bien haut mon crime, et moi, si affreusement traitée par les miens, je ne trouve personne parmi les dieux pour s'émouvoir, s'intéresser à une malheureuse égorgée par un bras levé sur une mère. — Regardez ces blessures, voyez-les par la pensée. La nuit, quand on dort, la vue de l'âme n'en est que plus perçante; le jour, souvent on est myope. — Mille fois cependant du mien vous vous êtes gorgées. Libations sans vin, sobres expiations, que vous ai-je refusé? — Et puis c'étaient, sur l'autel où le feu brûle constamment, préparés de mes mains, des festins que rendait plus solen-

## III. L'OMBRE DE CLYTEMNESTRE ET LE RÉVEIL DES FURIES.

| ΚΛΥΤΑΙΜΝΗΣΤΡΑ. | CLYTEMNESTRE. |
|---|---|
| Εὕδοιτε ἄν, ὠή, | Vous dormiriez, holà ! |
| καὶ τί δεῖ | et qu'est-il besoin |
| καθευδουσῶν; | d'*Érinys* dormant ? |
| Ἐγὼ δὲ ἀπητιμασμένη ὧδε | Et moi déshonorée ainsi |
| ὑπὸ ὑμῶν | par vous |
| ἐν ἄλλοισι νεκροῖσιν, | parmi les autres morts, |
| ὄνειδος μὲν | l'opprobre d'une part |
| ὧν ἔκτανον | de (à cause de) ceux que j'ai tués |
| οὐκ ἐκλείπεται ἐν φθιτοῖσιν, | ne s'-efface pas chez les morts, |
| ἀλῶμαι δὲ αἰσχρῶς· | d'autre part j'erre honteusement ; |
| προὐννέπω δὲ ὑμῖν | et je préviens vous |
| ὅτι ἔχω μεγίστην αἰτίαν | que j'ai une très grande accusation |
| ὑπὲρ κείνων· | à-propos-de ceux-là (ceux que j'ai |
| παθοῦσα δὲ | et *moi* ayant souffert  [tués) ; |
| οὕτω δεινὰ | des *maux* si terribles |
| πρὸς τῶν φιλτάτων, | de-la-part des *êtres* les plus chers |
| οὐδεὶς δαιμόνων | aucune des divinités |
| μηνίεται ὑπέρ μου. | n'a-de-ressentiment pour moi. |
| Ὅρα δὲ καρδίᾳ σέθεν | Or vois avec l'esprit de-toi |
| τάσδε πληγάς· | ces blessures-ci ; |
| φρὴν γὰρ εὕδουσα | car l'esprit dormant |
| λαμπρύνεται ὄμμασιν, | est éclairé par les yeux, |
| ἐν ἡμέρᾳ δὲ | mais dans le jour  [prit. |
| μοῖρα ἀπρόσκοπος φρενῶν. | le sort n'*est*-pas-aperçu par l'es- |
| Ἦ μὲν δὴ | Certes d'une part donc |
| ἐλείξατε | vous avez léché (savouré) |
| πολλὰ τῶν ἐμῶν, | beaucoup de mes *offrandes*. |
| χοάς τε ἀοίνους, | et des libations sans-vin, |
| νηφάλια μειλίγματα, | sobres expiations, |
| καὶ ἔθυον | et je *vous* offrais |
| ἐπὶ ἐσχάρᾳ πυρὸς | sur le foyer du feu  [nuit, |
| δεῖπνα νυκτίσεμνα, | des repas rendus-solennels-par-la |
| ὥραν κοινὴν | heure *ne vous étant* commune |

ἔθυον, ὥραν ¹ οὐδενὸς κοινὴν θεῶν.
Καὶ πάντα ταῦτα λὰξ ὁρῶ πατούμενα.
Ὁ δ' ἐξαλύξας οἴχεται νεβροῦ δίκην,
καὶ ταῦτα κούφως ἐκ μέσων ἀρκυστάτων
ὤρουσεν ὑμῖν ἐγκατιλλώψας ² μέγα.
Ἀκούσαθ' ὡς ἔλεξα τῆς ἐμῆς περὶ
ψυχῆς, φρονήσατ', ὦ κατὰ χθονὸς θεαί·
ὄναρ γὰρ ὑμᾶς νῦν Κλυταιμνήστρα καλῶ.
                              ΧΟΡΟΣ.
(Μυγμός.)
             ΚΛΥΤΑΙΜΝΗΣΤΡΑ.
Μύζοιτ' ἄν, ἀνὴρ δ' οἴχεται φεύγων πρόσω·
φίλοι γάρ εἰσιν οὐκ ἐμοῖς προσεικότες.
                              ΧΟΡΟΣ.
(Μυγμός.)
             ΚΛΥΤΑΙΜΝΗΣΤΡΑ.
Ἄγαν ὑπνώσσεις κοὐ κατοικτίζεις πάθος·
φονεὺς δ' Ὀρέστης τῆσδε μητρὸς οἴχεται.
                              ΧΟΡΟΣ.
(Ὠγμός.)
             ΚΛΥΤΑΙΜΝΗΣΤΡΑ.
Ὤζεις, ὑπνώσσεις· οὐκ ἀναστήσει τάχος;
Τί σοι πέπρακται πρᾶγμα πλὴν τεύχειν κακά;
                              ΧΟΡΟΣ.
(Ὠγμός.)
             ΚΛΥΤΑΙΜΝΗΣΤΡΑ.
Ὕπνος πόνος τε κύριοι συνωμόται

nels la nuit, cette heure que nul des dieux ne partage avec vous. — Et tout cela, sous mes yeux, foulé aux pieds! — Lui, le voilà échappé. Léger comme un faon, il fuit, libre enfin du filet dont il s'est dégagé. Il s'est complètement joué de vous, — Entendez ce que je vous ai dit sur mon ombre; songez-y, souterraines déesses. Ce fantôme qui vous appelle, c'est moi, c'est Clytemnestre.

LE CHOEUR (ronflant). Hon! hon! hon! hon! hon! hon!

L'OMBRE DE CLYTEMNESTRE. Vous ronflez, et l'homme se sauve, le voilà loin. Ah! ses amis ne ressemblent pas aux miens.

LE CHOEUR (toujours ronflant). Hon! hon! hon! hon! hon! hon!

L'OMBRE DE CLYTEMNESTRE. C'est trop dormir, sans souci de ma souffrance. Mon meurtrier, Oreste le parricide, vous échappe.

LE CHOEUR (poussant des cris sourds et entrecoupés). Ho! ho! ho!

L'OMBRE DE CLYTEMNESTRE. Tu dis ho! Tu dors encore! — Qu'as-tu fait jusqu'ici que du mal?

LE CHOEUR (continuant à crier). Ho! ho! ho! ho!

L'OMBRE DE CLYTEMNESTRE. Le sommeil, la fatigue, de con-

# LES EUMÉNIDES.

| | |
|---|---|
| οὐδενὸς θεῶν. | avec aucun des dieux. |
| Καὶ ὁρῶ πάντα ταῦτα | Et je vois tout cela |
| πατούμενα λάξ. | foulé aux-pieds. |
| Ὁ δὲ ἐξαλύξας | Lui d'autre part s'étant échappé |
| οἴχεται δίκην νεβροῦ, | est parti à la façon d'un faon, |
| καὶ ταῦτα | et cela (et de plus) |
| ὤρουσε κούφως | il s'est élancé légèrement |
| ἐκ μέσων ἀρκυστάτων | du milieu des filets |
| ἐγκατιλλώψας ὑμῖν μέγα. | s'étant moqué de vous grandement. |
| Ἀκούσατε ὡς ἔλεξα | Écoutez comme j'ai parlé |
| περὶ τῆς ἐμῆς ψυχῆς, | sur mon âme, |
| φρονήσατε, | songez-y, |
| ὦ θεαὶ κατὰ χθονός· | ô déesses sous terre ; |
| Κλυταιμνήστρα γὰρ | car moi Clytemnestre |
| καλῶ νῦν ὑμᾶς ὄναρ. | j'appelle maintenant vous en son- |
| ΧΟΡΟΣ. (Μυγμός.) | LE CHŒUR. (Grognement.) |
| ΚΛΥΤΑΙΜΝΗΣΤΡΑ. | CLYTEMNESTRE. |
| Μύζοιτε ἄν, | Vous pouvez-gronder, |
| ὁ δὲ ἀνὴρ οἴχεται | mais l'homme est parti |
| φεύγων πρόσω· | fuyant au-loin ; |
| φίλοι γάρ εἰσιν | car des amis sont à lui |
| οὐ προσεικότες ἐμοῖς. | non semblables aux miens. |
| ΧΟΡΟΣ. (Μυγμός.) | LE CHŒUR. (Grognement.) |
| ΚΛΥΤΑΙΜΝΗΣΤΡΑ. | CLYTEMNESTRE. |
| Ὑπνώσσεις ἄγαν | Tu dors trop |
| καὶ οὐ κατοικτίζεις | et tu n'as-pas-pitié |
| πάθος· | de ma souffrance ; |
| Ὀρέστης δὲ | et Oreste |
| φονεὺς τῆσδε μητρὸς | meurtrier de celle-ci sa mère |
| οἴχεται. | est parti. |
| ΧΟΡΟΣ. (Ὠγμός). | LE CHŒUR. (Exclamation.) |
| ΚΛΥΤΑΙΜΝΗΣΤΡΑ. Ὤζεις, | CLYTEMNESTRE. Tu t'exclames, |
| ὑπνώσσεις· | tu dors ; |
| οὐκ ἀναστήσει τάχος ; | ne te lèveras-tu pas en hâte ? |
| Τί πρᾶγμα πέπρακταί σοι | Quelle chose a été faite par toi |
| πλὴν τεύχειν κακά ; | sinon forger des maux ? |
| ΧΟΡΟΣ. (Ὠγμός.) | LE CHŒUR. (Exclamation.) |
| ΚΛΥΤΑΙΜΝΗΣΤΡΑ. Ὕπνος | CLYTEMNESTRE. Sommeil |
| πόνος τε | et fatigue |

δεινῆς δρακαίνης ἐξεκήραναν μένος.
ΧΟΡΟΣ.
(Μυγμὸς διπλοῦς ὀξύς.)
Λαϐὲ λαϐὲ λαϐὲ λαϐὲ, φράζου [1].
ΚΛΥΤΑΙΜΝΗΣΤΡΑ.
Ὄναρ διώκεις θῆρα, κλαγγάνεις δ' ἅπερ
κύων μέριμναν οὔποτ' ἐκλείπων πόνου.
Τί δρᾷς ; ἀνίστω, μή σε νικάτω κόπος,
μηδ' ἀγνοήσῃς πῆμα μαλθαχθεῖσ' ὕπνῳ.
Ἄλγησον ἧπαρ ἐνδίκοις ὀνείδεσιν ·
τοῖς σώφροσιν γὰρ ἀντίκεντρα γίγνεται.
Σὺ δ' αἱματηρὸν πνεῦμ' ἐπουρίσασα τῷ,
ἀτμῷ κατισχναίνουσα, νηδύος πυρὶ,
ἕπου, μάραινε δευτέροις διώγμασιν.
ΧΟΡΟΣ.
Ἔγειρ', ἔγειρε καὶ σὺ τήνδ', ἐγὼ δὲ σέ.
Εὕδεις ; ἀνίστω, κἀπολακτίσασ' ὕπνον,
ἰδώμεθ' εἴ τι τοῦδε φροιμίου ματᾷ.

Ἰοὺ ἰοὺ πόπαξ · ἐπάθομεν, φίλαι, —  [Strophe 1.]
Ἦ πολλὰ δὴ παθοῦσα καὶ μάταν [2] ἐγώ —

cert, sont venus à bout de l'horrible monstre, ont engourdi sa fureur.
LE CHŒUR (fait entendre un double grognement d'un ton aigu). Attrape, — attrape, — attrape, — attrape, — attention !
L'OMBRE DE CLYTEMNESTRE. Rêver de proie que l'on poursuit, aboyer comme un chien, qui se voit encore à la chasse, à quoi bon ! — Debout ! — Ne te laisse pas vaincre à la fatigue, sans souci de ce qu'il t'en coûte de mollir ainsi au sommeil. Qu'il s'émeuve, ton cœur, à mes justes reproches, et, comme le sage, relève-toi sous l'aiguillon. — Voyons, de ta sanglante haleine enveloppe-le. Sous le souffle brûlant de tes entrailles dessèche-le, attache-toi à lui, épuise-le dans une nouvelle poursuite. (L'ombre de Clytemnestre disparaît.)
LE CHŒUR. (La première Furie s'adressant à une autre.) Éveille, éveille-la à ton tour, comme je t'ai éveillée. — Tu dors? Allons, lève-toi, et voyons si ces signes avant-coureurs n'aboutiront à rien. (Le Chœur, qui s'est relevé tout effaré, sombre, le fouet à la main, chante l'hymne lugubre, en gagnant la gauche du temple d'Apollon.)
*Strophe* 1. Ah ! ah ! grands dieux ! quel malheur, ô mes sœurs !

## LES EUMÉNIDES.

| | |
|---|---|
| συνωμόται κύριοι | alliés réguliers |
| ἐξεκήραναν μένος | ont anéanti la force |
| δεινῆς δρακαίνης. | du terrible serpent. [aigu.) |
| ΧΟΡΟΣ.(Διπλοῦς μυγμὸς ὀξύς.) | LE CHOEUR. (Double grognement |
| Λαβὲ λαβὲ λαβὲ | Attrape, attrape, attrape, |
| λαβὲ, φράζου. | attrape, réfléchis (attention!). |
| ΚΛΥΤΑΙΜΝΗΣΤΡΑ. Διώκεις | CLYTEMNESTRE. Tu poursuis |
| θῆρα | une bête |
| ὄναρ | en songe, [aigus |
| κλαγγάνεις δὲ | et tu pousses-les-aboiements- |
| ἅπερ κύων | que *pousse* un chien |
| οὔποτε ἐκλείπων | ne quittant jamais |
| μέριμναν πόνου. | le souci de la fatigue (de la chasse). |
| Τί δρᾷς; ἀνίστω, | Que fais-tu? lève-toi, |
| κόπος μή σε νικάτω, | que la fatigue ne te vainque pas, |
| μηδὲ ἀγνοήσῃς πῆμα | et ne méconnais pas le dommage |
| μαλθαχθεῖσα ὕπνῳ. | ayant été amollie par le sommeil. |
| Ἄλγησον ἧπαρ | Souffre dans *ton* foie |
| ὀνείδεσιν ἐνδίκοις · | par des reproches justes; [lons |
| γίγνεται γὰρ ἀντίκεντρα | car ils sont équivalents-d'aiguil- |
| τοῖς σώφροσιν. | pour les sages. [lui |
| Σὺ δὲ ἐπουρίσασα τῷ | Et toi ayant soufflé-en-poupe-sur |
| πνεῦμα αἱματηρὸν, | *ton* haleine sanglante, |
| κατισχναίνουσα ἀτμῷ, | *le* desséchant par une vapeur, |
| πυρὶ νηδύος, | feu de *tes* entrailles, |
| ἕπου, μάραινε | suis-*le*, flétris-*le* [velles). |
| διώγμασι δευτέροις. | par des poursuites secondes (nou- |
| ΧΟΡΟΣ. Ἔγειρε, | LE CHOEUR. Éveille, |
| ἔγειρε καὶ σὺ τήνδε, | éveille toi aussi celle-ci, |
| ἐγὼ δὲ σέ. | or (comme) moi *je t'ai éveillée.* |
| Εὕδεις; ἀνίστω, | Tu dors? lève-toi; |
| καὶ ἀπολακτίσασα | et ayant repoussé-du-pied (chassé) |
| ὕπνον, | le sommeil, |
| ἰδώμεθα, | voyons |
| εἴ τι τοῦδε φροιμίου | si quelque chose de ce préambule |
| ματᾷ. | est-vain. |
| Ἰοὺ ἰοὺ πόπαξ · | Oh! oh! ô dieux! |
| ἐπάθομεν φίλαι, — | nous avons souffert, amies, — |
| Ἦ δὴ ἐγὼ παθοῦσα | Oui certes moi ayant souffert |

ΕΥΜΕΝΙΔΕΣ.

ἐπάθομεν πάθος δυσαχὲς, ὦ πόποι,
ἄφερτον κακόν. —
Ἐξ ἀρκύων πέπτωκεν οἴχεταί θ' ὁ θήρ·
ὕπνῳ κρατηθεῖσ' ἄγραν ὤλεσα.

Ἰὼ παῖ Διός, ἐπίκλοπος πέλει —    [Antistrophe 1.]
Νέος δὲ γραίας δαίμονας καθιππάσω —
τὸν ἱκέταν σέβων, ἄθεον ἄνδρα καὶ
τοκεῦσιν πικρόν. —
Τὸν μητραλοίαν δ' ἐξέκλεψας ὢν θεός·
τί τῶνδ' ἐρεῖ τις δικαίως ἔχειν;

Ἐμοὶ δ' ὄνειδος ἐξ ὀνειράτων μολὸν    [Strophe 2.]
ἔτυψεν δίκαν διφρηλάτου
μεσολαβεῖ κέντρῳ¹. —
Ὑπὸ φρένας, ὑπὸ λοβὸν
πάρεστι μαστίκτορος δαΐου δαμίου
βαρὺ τὸ περίβαρυ κρύος ἔχειν.

Τοιαῦτα δρῶσιν οἱ νεώτεροι θεοί,    [Antistrophe 2.]
κρατοῦντες τὸ πᾶν δίκας πλέον
φονολιβεῖ θάκῳ. —

Tant de peines perdues! — Ah! ce qui nous arrive est un affront sanglant, un mal intolérable! — Du filet elle s'est échappée, la bête, elle fuit. — Au sommeil j'ai cédé, et ma proie, je l'ai perdue.

*Antistrophe* 1. (Le Chœur passe de gauche à droite.) Ah! fils de Zeus, le voleur, c'est toi. — Dieu de fraîche date, tu es venu fourrager sur les terres des divinités antiques. Pour protéger ton suppliant, cet impie, fatal à qui lui a donné le jour, cet assassin de sa mère, c'est toi qui nous le soustrais, toi, un dieu! Est-ce là de la justice?

*Strophe* 2. (Le Chœur revient à gauche.) Et pour moi ce sont des injures alors, impitoyable flagellation des songes. — Cruel cocher, ton aiguillon m'entre dans les chairs. — Ah! il est là, je le sens; jusqu'au cœur, jusqu'au foie, du bourreau, du farouche tortionnaire, le froid cuisant, le froid mortel.

*Antistrophe* 2. (Le Chœur passe à droite.) Les voilà bien ces parvenus de l'Olympe, ces usurpateurs, assis sur un trône dégouttant

| | |
|---|---|
| πολλὰ καὶ μάταν — | beaucoup et en-vain — |
| ἔπαθομεν | nous avons souffert |
| δυσαχὲς πάθος, | une triste souffrance, |
| ὦ πόποι, | ô dieux! |
| κακὸν ἄφερτον. — | un mal intolérable. — |
| Ὁ θὴρ πέπτωκεν ἐξ ἀρκύων | La bête est tombée des filets |
| οἴχεταί τε· | et est partie; |
| κρατηθεῖσα ὕπνῳ, | vaincue par le sommeil |
| ὤλεσα ἄγραν. | j'ai perdu ma proie. |
| Ἰὼ παῖ Διός, | Ah! fils de Zeus, |
| πέλει ἐπίκλοπος — | tu es le voleur — |
| Νέος δὲ καθιππάσω | Et jeune tu as foulé-aux-pieds |
| γραίας δαίμονας — | de vieilles divinités — |
| σέβων τὸν ἱκέταν, | en honorant ton suppliant, |
| ἄνδρα ἄθεον | homme impie |
| καὶ πικρὸν τοκεῦσιν. — | et amer à ses parents. — |
| Ὢν δὲ θεὸς | Et quoique étant dieu |
| ἐξέκλεψας τὸν μητραλοίαν· | tu nous as dérobé ce parricide; |
| τί τῶνδε | quelle chose de celles-ci |
| τις ἐρεῖ | quelqu'un dira-t-il |
| ἔχειν δικαίως; | être juste? |
| Ὄνειδος δὲ μολόν μοι | Et un reproche étant venu à moi |
| ἐξ ὀνειράτων | de mes songes |
| ἔτυψεν | m'a frappée |
| δίκαν διφρηλάτου | à la façon d'un conducteur-de-char |
| κέντρῳ | d'un aiguillon |
| μεσολαβεῖ. — | qui-pénètre-jusqu'au-milieu(cœur) |
| Πάρεστιν ἔχειν | Il m'est-présent d'avoir(je sens en- |
| ὑπὸ φρένας, | sous les entrailles, |
| ὑπὸ λοβόν, | sous le foie, |
| κρύος βαρὺ | le froid lourd |
| τὸ περίβαρυ | le froid très-lourd |
| μαστίκτορος | du (que fait éprouver le) fouetteur |
| δαΐου δαμίου. | cruel bourreau. |
| Οἱ θεοὶ νεώτεροι | Les dieux plus nouveaux |
| δρῶσι ταῦτα, | font cela, |
| κρατοῦντες τὸ πᾶν, | s'emparant de tout [tice |
| πλέον δίκης | plus que (contrairement à) la jus- |
| θάκῳ φονολιβεῖ. — | sur leur siège dégouttant-de-sang. |

384    ΕΥΜΕΝΙΔΕΣ.

Περὶ πόδα, περὶ κάρα
πάρεστι γᾶς ὀμφαλὸν προσδρακεῖν αἱμάτων
βλοσυρὸν ἀρόμενον ἄγος ἔχειν.

Ἐφεστίῳ δὲ μαντικὸν μιάσματι    [Strophe 3.]
μυχὸν ἔχρανας αὐτόσσυτος αὐτόκλητος —
παρὰ νόμον θεῶν βρότεα μὲν τίων,
παλαιγενεῖς δὲ μοίρας φθίσας.

Κἀμοί γε λυπρὸς καὶ τὸν οὐκ ἐκλύσεται,    [Antistr. 3.]
ὑπό τε γᾶν φυγὼν οὔ ποτ' ἐλευθεροῦται. —
Ποτιτρόπαιος ὢν ἕτερον ἐν κάρᾳ
μιάστορ' ἐκ γένους πάσεται.

### IV. APOLLON CHASSE LES FURIES DE SON TEMPLE.
(Vers 179-234.)

ΑΠΟΛΛΩΝ.
Ἔξω, κελεύω, τῶνδε δωμάτων τάχος
χωρεῖτ', ἀπαλλάσσεσθε μαντικῶν μυχῶν,
μὴ καὶ λαβοῦσα [1] πτηνὸν ἀργηστὴν ὄφιν [2],
χρυσηλάτου θώμιγγος ἐξορμώμενον,

de sang. Vois l'ombilic de la terre ensanglanté. aux pieds, à la tête garder la souillure horrible dont il s'est chargé.

*Strophe* 3. (Le Chœur revient à gauche.) En l'admettant à ton foyer, cet impur, tu as profané toi-même de ton propre mouvement, ton sanctuaire prophétique, toi qui, oubliant ce qu'un dieu se doit à lui-même, t'es fait le complaisant des mortels, t'es attaqué à l'antique pouvoir du Destin.

*Antistrophe* 3. (Le Chœur passe à droite.) Ah! pour m'avoir aussi outragée, il n'en sauvera pas davantage ce misérable. Sous la terre se fût-il réfugié, il ne m'échappera pas. Le sang qu'il a versé veut être expié. Un autre vengeur, issu de sa race, sera là, tout prêt à le frapper.

### IV

APOLLON (reparaissant en scène). Dehors, je le veux. De mon temple au plus vite sortez. Débarrassez le sanctuaire de mes oracles, ou gare au serpent d'argent, au trait ailé de mon arc d'or. De douleur force te sera bien alors de rejeter la sinistre

# LES EUMÉNIDES.

| | |
|---|---|
| πάρεστι προσδρακεῖν | Il est-loisible de voir |
| ὀμφαλὸν γᾶς | l'ombilic de la terre |
| περὶ πόδα, | autour de *son* pied, |
| περὶ κάρα, | autour de *sa* tête, [freuse |
| ἀρόμενον ἄγος βλοσυρὸν | s'étant chargé de la souillure af- |
| αἱμάτων | du sang |
| ἔχειν. | de *manière à l'*avoir (la garder). |
| Ἔχρανας δὲ | D'autre part tu as souillé |
| μυχὸν μαντικὸν | le sanctuaire prophétique [foyer |
| μιάσματι ἐφεστίῳ | par une profanation assise-à-ton |
| αὐτόσσυτος, | stimulé par-toi-même, |
| αὐτόκλητος, | appelé-par-toi-même, mortelles |
| τίων μὲν βρότεα | honorant d'une part les choses |
| παρὰ νόμον θεῶν, | contre la loi des dieux, |
| φθίσας δὲ | d'autre part ayant détruit |
| παλαιγενεῖς μοίρας. | les antiques destins. [certes |
| Καὶ λυπρὸς ἐμοί γε | Et *il a été* désagréable pour moi |
| καὶ οὐκ ἐκλύσεται τὸν, | et il ne délivrera pas celui-ci, |
| φυγών τε ὑπὸ γᾶν | et ayant fui sous terre [cin. |
| οὔποτε ἐλευθεροῦται. | jamais il n'est (il ne sera) affran- |
| Ὧν ποτιτρόπαιος | Étant suppliant (souillé d'un crime |
| πάσεται ἐν κάρᾳ | il attirera sur *sa* tête [affreux) |
| ἕτερον μιάστορα | un autre vengeur-criminel |
| ἐκ γένους. | de la *même* race. |

## IV. APOLLON CHASSE LES FURIES DE SON TEMPLE.

| | |
|---|---|
| ΑΠΟΛΛΩΝ. Χωρεῖτε, κελεύω, | APOLLON. Allez, je *l'*ordonne, |
| ἔξω τῶνδε δωμάτων | hors-de ces demeures-ci |
| τάχος, | en hâte |
| ἀπαλλάσσεσθε | éloignez-vous |
| μυχῶν μαντικῶν, | des sanctuaires prophétiques, |
| μὴ καὶ λαβοῦσα | de-peur-qu'aussi ayant reçu |
| ὄψιν πτηνὸν ἀργηστὴν | un serpent ailé étincelant |
| ἐξορμώμενον | s'élançant |
| ἀπὸ θώμιγγος χρυσηλάτου, | d'une corde d'-or, [douleur |
| ἀνῇς ὑπὸ ἄλγους | tu ne rejettes sous *l'effort de* la |
| μέλαν ἀφρὸν | une noire écume |

ἀνῆς ὑπ' ἄλγους μέλαν ἀπ' ἀνθρώπων ἀφρὸν,
ἐμοῦσα θρόμβους οὓς ἀφείλκυσας φόνου.
Οὔτοι δόμοισι τοῖσδε χρίμπτεσθαι πρέπει·
ἀλλ' οὗ καρανιστῆρες ὀφθαλμωρύχοι
δίκαι σφαγαί τε σπέρματός τ' ἀποφθορᾷ
παίδων κακοῦται χλοῦνις, ᾗδ' ἀκρωνία [1]
λευσμός τε, καὶ μύζουσιν οἰκτισμὸν πολὺν
ὑπὸ ῥάχιν παγέντες. Ἆρ' ἀκούετε,
οἵας ἑορτῆς ἔστ' ἀπόπτυστοι θεοῖς
στέργηθρ' ἔχουσαι· πᾶς δ' ὑφηγεῖται τρόπος
μορφῆς. Λέοντος ἄντρον αἱματορρόφου
οἰκεῖν τοιαύτας εἰκὸς, οὐ χρηστηρίοις
ἐν τοῖσδε πανθύτοισι τρίβεσθαι [2] μύσος.
Χωρεῖτ' ἄνευ βοτῆρος αἰπολούμεναι·
ποίμνης τοιαύτης δ' οὔτις εὐφιλὴς θεῶν.

XOPOΣ.

Ἄναξ Ἄπολλον, ἀντάκουσον ἐν μέρει.
Αὐτὸς σὺ τούτων οὐ μεταίτιος πέλει,

écume sucée du corps des hommes, de vomir ce sang du meurtre si souvent aspiré par toi. Ce ne sont point là les demeures qu'il vous faut. Allez où les têtes tombent, où la justice crève les yeux, où le fer tarit dans sa source le germe des générations, où tout est jonché de supplices et de membres pantelants. Les cris aigus des lapidés, les lamentations sans fin des malheureux percés par le pal, voilà vos orgies, vos airs de fête, vos voluptés, à vous, misérables rebuts des immortels. Allez, c'est là que votre horrible aspect sera de mise. L'antre du lion gorgé de sang, voilà un abri digne de vous. Mais le sanctuaire des oracles honorés de tant de sacrifices, n'y mettez pas le pied. Allez, troupeau sans pasteur; allez, car de tel bétail nul des dieux ne se soucie.

LE CHŒUR. Prince Apollon, à mon tour, laisse-moi parler. Tu

| | |
|---|---|
| ἐμοῦσα θρύμβους φόνου | vomissant des grumeaux de sang |
| οὓς ἀφείλκυσας | que tu as sucés |
| ἀπὸ ἀνθρώπων. | des hommes. |
| Οὔτοι πρέπει | Certes il ne convient pas |
| χρίμπτεσθαι | *vous* vous-approcher |
| τοῖσδε δομοῖσιν· | de ces demeures-ci |
| ἀλλὰ οὗ δίκαι | mais *de là* où *il y a* des arrêts |
| καρανιστῆρες | qui-tranchent-la-tête |
| ὀφθαλμωρύχοι | qui-crèvent-les-yeux |
| σφαγαί τε | et des égorgements [gâtée |
| χλοῦνίς τε παίδων κακοῦται | et *où* la puberté des enfants est |
| ἀποφθορᾷ σπέρματος, | par la destruction du germe, |
| ἠδὲ ἀκρωνία, | et *où il y a* amputation-des-extré- |
| λευσμός τε, | et lapidation, [mités |
| καὶ παγέντες | et *où* des hommes cloués |
| ὑπὸ ῥάχιν | sous l'épine dorsale |
| μύζουσι πολὺν οἰκτισμόν. | grognent une fréquente plainte. |
| Ἆρα ἀκούετε, | Donc vous entendez, |
| οἵας ἑορτῆς ἐστε | de quelle fête vous êtes |
| ἔχουσαι στέργηθρα | ayant les charmes |
| ἀπόπτυστοι θεοῖς· | *vous* conspuées des dieux ; |
| πᾶς δὲ τρόπος | et toute la-manière-d'être |
| τῆς μορφῆς | de *votre* forme |
| ὑφηγεῖται. | conduit à *cela*. [habiter |
| Εἰκός τοιαύτας οἰκεῖν | *Il est* convenable de telles *femmes* |
| ἄντρον λέοντος | l'antre d'un lion |
| αἱματορρόφου, | qui-s'abreuve-de-sang, |
| οὐ μύσος τρίβεσθαι | *et* non *cet* objet-odieux séjourner |
| ἐν τοῖσδε χρηστηρίοις | dans ces oracles-ci |
| πανθύτοισι. | honorés-de-tous-les-sacrifices. |
| Χωρεῖτε αἰπολούμεναι | Allez étant-menées-paître |
| ἄνευ βοτῆρος· | sans pasteur ; [bienveillant |
| οὔτις δὲ θεῶν εὐφιλὴς | d'ailleurs aucun des dieux *n'est* |
| τοιαύτης ποίμνης. | pour un tel troupeau. |
| ΧΟΡΟΣ. Ἄναξ Ἄπολλον, | LE CHŒUR. Roi Apollon, |
| ἀντάκουσον ἐν μέρει. | écoute-aussi *moi* à mon tour. |
| Σὺ αὐτὸς πέλει | Toi-même tu es |
| οὐ μεταίτιος τούτων, | non le complice de ces *crimes*, |
| ἀλλὰ εἷς ἔπραξας τὸ πᾶν | mais seul tu as fait le tout |

ΕΥΜΕΝΙΔΕΣ.

ἀλλ' εἰς τὸ πᾶν ἔπραξας ὧν παναίτιος.
ΑΠΟΛΛΩΝ
Πῶς δή; τοσοῦτο μῆκος ἔκτεινον λόγου.
ΧΟΡΟΣ.
Ἔχρησας ὥστε τὸν ξένον [1] μητροκτονεῖν.
ΑΠΟΛΛΩΝ.
Ἔχρησα ποινὰς τοῦ πατρὸς πέμψαι [2]. Τί μήν;
ΧΟΡΟΣ.
Κἄπειθ' ὑπέστης αἵματος δέκτωρ νέου.
ΑΠΟΛΛΩΝ.
Καὶ προστραπέσθαι τούσδ' ἐπέστελλον δόμους.
ΧΟΡΟΣ.
Καὶ τὰς προπομποὺς δῆτα τάσδε [3] λοιδορεῖς;
ΑΠΟΛΛΩΝ.
Οὐ γὰρ δόμοισι τοῖσδε πρόσφοροι μολεῖν.
ΧΟΡΟΣ.
Ἀλλ' ἔστιν ἡμῖν τοῦτο προστεταγμένον.
ΑΠΟΛΛΩΝ.
Τίς ἥδε τιμή; κόμπασον γέρας καλόν.
ΧΟΡΟΣ.
Τοὺς μητραλοίας ἐκ δόμων ἐλαύνομεν.
ΑΠΟΛΛΩΝ.
Τί γάρ; γυναικὸς ἥτις ἄνδρα νοσφίσῃ [4]
ΧΟΡΟΣ.
οὐκ ἂν γένοιθ' ὅμαιμος αὐθέντης φόνος.
ΑΠΟΛΛΩΝ.
Ἦ κάρτ' ἄτιμα καὶ παρ' οὐδὲν ἦκέ σοι
Ἥρας τελείας [5] καὶ Διὸς πιστώματα.

n'es pas seulement le complice de ces forfaits, tu as tout fait toi-même, c'est toi le grand coupable.
APOLLON. Comment? explique-toi, mais ne dis rien d'oiseux.
LE CHOEUR. Ton oracle a poussé cet hôte au parricide.
APOLLON. Non, j'ai dit qu'il fallait un vengeur à son père.
LE CHOEUR. Puis, sa mère immolée, il n'aurait rien à craindre.
APOLLON. Ce temple au suppliant devait être un asile.
LE CHOEUR. Nous sommes son escorte, et tu nous injuries.
APOLLON. Dans un temple sacré vous convient-il d'entrer?
LE CHOEUR. C'était notre devoir, il fallait le remplir.
APOLLON. Et quel devoir? voyons le rare ministère.
LE CHOEUR. Chasser de tout abri l'assassin de sa mère.
APOLLON. Elle avait égorgé de sa main son mari.
LE CHOEUR. Du moins n'était-ce pas s'attaquer à son sang.
APOLLON. Oui, ce n'est rien à tes yeux, c'est chose vile que la promesse garantie par la déesse des noces, par Héra, et par Zeus

ὧν παναίτιος.
ΑΠΟΛΛΩΝ. Πῶς δή;
ἔκτεινον μῆκος λόγου
τοσοῦτο.
ΧΟΡΟΣ. Ἔχρησας
ὥστε τὸν ξένον
μητροκτονεῖν.
ΑΠΟΛΛΩΝ. Ἔχρησα
πέμψαι ποινὰς
τοῦ πατρός.
Τί μήν;
ΧΟΡΟΣ. Καὶ ἔπειτα
ὑπέστης δέκτωρ
αἵματος νέου.
ΑΠΟΛΛΩΝ. Καὶ ἐπέστελλον
προστραπέσθαι τούσδε δόμους.
ΧΟΡΟΣ. Καὶ λοιδορεῖς
δῆτα
τάσδε τὰς προπομπούς.
ΑΠΟΛΛΩΝ. Οὐ γὰρ πρόσφοροι
τοῖσδε δόμοισι μολεῖν.
ΧΟΡΟΣ. Ἀλλὰ τοῦτό
ἐστι προστεταγμένον ἡμῖν.
ΑΠΟΛΛΩΝ. Τίς ἥδε τιμή;
κόμπασον καλὸν γέρας.
ΧΟΡΟΣ. Ἐλαύνομεν
ἐκ δόμων
τοὺς μητραλοίας.
ΑΠΟΛΛΩΝ. Τί γάρ;
γυναικὸς
ἥτις νοσφίσῃ ἄνδρα
ΧΟΡΟΣ. Οὐκ ἂν γένοιτο
φόνος ὅμαιμος
αὐθέντης.
ΑΠΟΛΛΩΝ. Ἦ πιστώματα
Ἥρας τελείας
καὶ Διὸς
ἦκέ σοι κάρτα ἄτιμα
καὶ παρὰ οὐδέν.

étant cause-de-tout.
APOLLON. Comment donc?
étends la longueur du discours
aussi-grande.  [cle
LE CHOEUR. Tu as rendu-un-ora-
de-manière-que l'hôte
tue-sa-mère.
APOLLON. J'ai rendu-des-oracles
*de manière à* envoyer la vengeance
du père.
Eh bien! quoi?
LE CHOEUR. Et ensuite  [cueillir
tu t'es chargé accueillant (d'ac-
le sang récemment-versé.
APOLLON. Et je *lui* ai ordonné
de se tourner-vers cette demeure.
LE CHOEUR. Et tu injuries
apparemment (n'est-ce pas)
celles-ci (nous) qui-*l'*escortons.
APOLLON. Car vous *n'êtes* pas utiles
à ces demeures pour y venir.
LE CHOEUR. Mais cela
a été ordonné à nous.
APOLLON. Quelle *est* cette charge?
vante *ce* beau privilège.
LE CHOEUR. Nous chassons
des habitations
les matricides.
APOLLON. Quoi donc?
*le meurtre* d'une (par une) femme
qui aura tué *son* mari
LE CHOEUR. Ne serait pas
un meurtre du-même-sang
commis-sur-ses-parents.
APOLLON. Certes les engagements
d'Héra qui-préside-aux-mariages
et de Zeus
sont venus pour toi fort méprisés
et à rien.

ΕΥΜΕΝΙΔΕΣ.

Κύπρις δ' ἄτιμος τῷδ' ἀπέρριπται λόγῳ,
ὅθεν βροτοῖσι γίγνεται τὰ φίλτατα.
Εὐνὴ γὰρ ἀνδρὶ καὶ γυναικὶ μόρσιμος
ὅρκου ἐστὶ μείζων τῇ δίκῃ φρουρουμένη.
Εἰ τοῖσιν οὖν κτείνουσιν ἀλλήλους χαλᾷς
τὸ μὴ μέλεσθαι μηδ' ἐποπτεύειν κότῳ,
οὔ φημ' Ὀρέστην γ' ἐνδίκως σ' ἀνδρηλατεῖν.
Τὰ μὲν γὰρ οἶδα κάρτα σ' ἐνθυμουμένην,
τὰ δ' ἐμφανῶς πράσσουσαν [1] ἡσυχαιτέραν.
Δίκας δὲ Παλλὰς τῶνδ' ἐποπτεύσει θεά.

ΧΟΡΟΣ.

Τὸν ἄνδρ' ἐκεῖνον οὔ τι μὴ λίπω ποτέ.

ΑΠΟΛΛΩΝ.

Σὺ δ' οὖν δίωκε καὶ πόνον πλέον τίθου [2].

ΧΟΡΟΣ.

Τιμὰς σὺ μὴ σύντεμνε τὰς ἐμὰς λόγῳ.

ΑΠΟΛΛΩΝ.

Οὐδ' ἂν δεχοίμην ὥστ' ἔχειν τιμὰς σέθεν.

ΧΟΡΟΣ.

Μέγας γὰρ ἔμπας πὰρ Διὸς θρόνοις λέγει·

avec elle. De Cypris aussi tes prétentions font bon marché, Cypris, d'où vient aux mortels tout le charme de la vie. Pourtant ce lit commun à l'homme et à la femme, gardé par la justice, est mieux défendu que par aucun serment. Que des époux s'égorgent entre eux, tu mollis, tu ne t'en soucies pas. Il n'y a pas là de quoi éveiller tes colères. Mais alors, je te le dis, moi, tu as tort de poursuivre Oreste. Contre lui, je le sais bien, tu es tout feu, tout emportement. S'agit-il des autres, tu n'es plus visiblement que mollesse et indifférence. Grave question qui sera soumise à la décision de la divine Pallas.

LE CHOEUR. Pour Oreste il n'est plus ni trêve ni repos.
APOLLON. Va donc, poursuis-le, cours, n'épargne point ta peine.
LE CHOEUR. Oui, c'est ma charge, à moi, ne va point la rogner.
APOLLON. Noble charge, vraiment, et bien digne d'envie!
LE CHOEUR. On t'accorde, en effet, sans cela, un rang élevé dans

| | |
|---|---|
| Κύπρις δὲ ἄτιμος | Et Cypris méprisée |
| ἀπέρριπται | a été rejetée-dédaigneusement |
| τῷδε λόγῳ, | par ce raisonnement, [bles |
| ὅθεν τὰ φίλτατα | *elle* d'-où les choses les plus agréa- |
| γίγνεται βροτοῖσιν. | naissent pour les mortels. |
| Εὐνὴ γὰρ | Car le lit-nuptial |
| μόρσιμος | destiné-par-le-sort |
| ἀνδρὶ καὶ γυναικὶ | à un homme et à une femme |
| φρουρουμένη τῇ δίκῃ | gardé par la justice |
| ἐστὶ μείζων ὅρκου. | est plus grand qu'un serment. |
| Εἰ οὖν | Si donc |
| χαλᾷς | tu te-relâches (tu es indulgente) |
| τοῖσιν κτείνουσιν | pour eux (les époux) *se* tuant |
| ἀλλήλους | l'un-l'autre |
| τὸ μὴ μέλεσθαι | au point de ne pas t'*en* occuper |
| οὐδὲ ἐποπτεύειν κότῳ, | ni-même de *les* regarder avec res- |
| φημί σε | je déclare toi [sentiment, |
| ἀνδρηλατεῖν οὐκ ἐνδίκως | pourchasser non justement |
| Ὀρέστην γε. | Oreste du moins. |
| Οἶδα γὰρ | Car je sais |
| σε κάρτα ἐνθυμουμένην | toi t'-irritant très-fort |
| τὰ μὲν, | de ceci d'une part, |
| πρασσούσαν ἐμφανῶς | *et* vengeant visiblement |
| ἡσυχαιτέραν | plus douce (plus doucement) |
| τὰ δέ. | cela d'autre part. |
| Θεὰ δὲ Παλλὰς | Mais la déesse Pallas |
| ἐποπτεύσει δίκας τῶνδε. | surveillera les arrêts de ces *affaires*. |
| ΧΟΡΟΣ. Οὔ τι μὴ | LE CHOEUR. Il n'*est* pas *à craindre* |
| λιπῶ ποτε | je laisse jamais [que |
| τὸν ἄνδρα ἐκεῖνον. | cet homme là. [suis |
| ΑΠΟΛΛΩΝ. Σὺ δὲ οὖν δίωκε | APOLLON. Eh bien! toi donc pour- |
| καὶ τίθου πόνον πλέον. | et mets-pour-toi du travail en-plus. |
| ΧΟΡΟΣ. Σὺ μὴ σύντεμνε λόγῳ | LE CHOEUR. Toi ne rogne pas par |
| τὰς ἐμὰς τιμάς. | mes honneurs. [*les* discours |
| ΑΠΟΛΛΩΝ. Οὐδὲ ἂν δεχοίμην | APOLLON. Je n'accepterais pas- |
| ὥστε ἔχειν | de manière à avoir [même |
| τιμὰς σέθεν. | les honneurs de-toi. |
| ΧΟΡΟΣ. Λέγει γὰρ | LE CHOEUR. Tu es dit en effet |
| μέγας | *être* grand |

ΕΥΜΕΝΙΔΕΣ.

ἐγὼ δ', ἄγει γὰρ αἷμα μητρῷον, δίκας
μέτειμι¹ τόνδε φῶτα κἀκκυνηγετῶ.

ΑΠΟΛΛΩΝ.

Ἐγὼ δ' ἀρήξω τὸν ἱκέτην τε ῥύσομαι·
δεινὴ γὰρ ἐν βροτοῖσι κἀν θεοῖς πέλει
τοῦ προστροπαίου μῆνις, ὅς προδῷ σφ' ἑκών.

## V. ORESTE A ATHÈNES. L'HYMNE DES FURIES.
(Vers 235-395.)

ΟΡΕΣΤΗΣ.

Ἄνασσ' Ἀθάνα, Λοξίου κελεύμασιν
ἥκω, δέχου δὲ πρευμενῶς ἀλάστορα,
οὐ προστρόπαιον² οὐδ' ἀφοίβαντον χέρα,
ἀλλ' ἀμβλὺς ἤδη προστετριμμένος τε πρὸς
ἄλλοισιν οἴκοις καὶ πορεύμασιν βροτῶν,
ὅμοια χέρσον καὶ θάλασσαν ἐκπερῶν,
σῴζων ἐφετμὰς Λοξίου χρηστηρίους
πρόσειμι δῶμα καὶ βρέτας τὸ σὸν, θεὰ,
αὐτοῦ φυλάσσων ἀναμενῶ τέλος δίκης.

ΧΟΡΟΣ.

Εἶεν· τόδ' ἐστὶ τἀνδρὸς ἐκφανὲς τέκμαρ·

l'Olympe, près de Zeus. Moi, c'est le sang d'une mère qui me réclame. A cet homme s'attache ma vengeance, comme un chasseur à sa proie.

APOLLON. Et moi, je serai là pour couvrir mon suppliant. Terrible parmi les mortels, terrible parmi les dieux, s'élèverait la voix du suppliant, contre qui l'aurait volontairement abandonné.

### V

ORESTE. Reine Athèné, d'après les ordres de Loxias, me voici devant toi, accueille avec bienveillance un malheureux. Ce n'est plus un maudit, aux mains souillées. C'est un homme déjà épuisé, qui s'est fatigué à visiter les demeures des étrangers, et à parcourir les contrées des mortels, traversant à la fois mer et continent. Pour obéir aux recommandations du prophète Loxias, me voici enfin près de ton temple, au pied de ta statue, ô déesse, bien décidé à y rester jusqu'à ce que tu m'aies rendu justice.

LE CHŒUR. Bon! voilà de notre homme une trace visible. — A

ἔμπας | néanmoins (sans cela)
παρὰ θρόνοις Διός. | auprès du trône de Zeus.
Ἐγὼ δὲ, | Mais moi,
αἷμα γὰρ μητρῷον ἄγει, | car le sang maternel *me* pousse,
μέτειμι δίκας | je poursuivrai le châtiment
τόνδε φῶτα | de ce mortel,
καὶ ἐκκυνηγετῶ. | et je *le* pourchasse.
ΑΠΟΛΛΩΝ. Ἐγὼ δὲ ἀρήξω | APOLLON. Et moi je secourrai
ῥύσομαί τε τὸν ἱκέτην · | et je délivrerai le suppliant ;
μῆνις γὰρ τοῦ προστροπαίου | car la colère du suppliant
πέλει δεινὴ | est terrible
ἐν βροτοῖσι | chez les mortels
καὶ ἐν θεοῖς, | et chez les dieux, [lui
ὅς προδῷ σφε | *contre celui* qui aura abandonné
ἑκών. | volontairement.

## V. ORESTE A ATHÈNES. L'HYMNE DES FURIES.

ΟΡΕΣΤΗΣ. Ἄνασσα Ἀθάνα, | ORESTE. Reine Athéné, [Loxias,
ἥκω κελεύμασι Λοξίου, | je suis venu par les ordres de
δέχου δὲ πρευμενῶς | or reçois favorablement
ἀλάστορα, | un malheureux-poursuivi-par-les-
οὐ προστρόπαιον | non *plus* suppliant [remords,
οὐδὲ ἀφοίβαντον χέρα, | ni non-purifié quant à la main,
ἀλλὰ ἤδη ἀμβλὺς, | mais *il est* déjà émoussé (épuisé)
καὶ προστετριμμένος | et usé-par-le-frottement
πρὸς οἴκοις ἄλλοισιν | aux demeures d'-autrui [tels,
καὶ πορεύμασιν βροτῶν, | et aux voyages des (chez les) mor-
ἐκπερῶν ὅμοια | traversant semblablement
χέρσον καὶ θάλασσαν, | terre-ferme et mer,
σώζων | *et* observant
ἐφετμὰς χρηστηρίους Λοξίου | les ordres prophétiques de Loxias
πρόσειμι, θεὰ, | je viens-vers, ô déesse,
τὸ σὸν δῶμα καὶ βρέτας, | ta demeure et *ta* statue-de-bois,
φυλάσσων αὐτοῦ | *et* restant ici
ἀναμενῶ τέλος δίκης. | j'attendrai l'issue du jugement.
ΧΟΡΟΣ. Εἶεν · | LE CHOEUR. Eh bien !
τόδε ἐστὶ τέκμαρ ἐκφανὲς | ceci est une preuve manifeste

## ΕΥΜΕΝΙΔΕΣ.

ἕπου δὲ μηνυτῆρος ἀφθέγκτου φραδαῖς.
Τετραυματισμένον γὰρ ὡς κύων νεβρὸν
πρὸς αἷμα καὶ σταλαγμὸν ἐκματεύομεν.
Πολλοῖς δὲ μόχθοις ἀρθροκμῆσι φυσιᾷ
σπλάγχνον· χθονὸς γὰρ πᾶς πεποίμανται τόπος,
ὑπέρ τε πόντον ἀπτέροις πωτήμασιν
ἦλθον διώκουσ', οὐδὲν ὑστέρα νεώς.
Καὶ νῦν ὅδ' ἐνθάδ' ἐστί που καταπτακών·
ὀσμὴ βροτείων αἱμάτων με προσγελᾷ.
Ὅρα, ὅρα μάλ' αὖ,
λεῦσσέ τοι παντᾶ,
μὴ λάθῃ φύγδα βὰς
ματροφόνος ἀτίτας.
Ὁ δ' αὖτε γ' οὖν ἀλκὰν ἔχων
περὶ βρέτει πλεχθεὶς θεᾶς ἀμβρότου
ὑπόδικος θέλει γενέσθαι χερῶν.
Τὸ δ' οὐ πάρεστιν· αἷμα μητρῷον χαμαὶ
δυσαγκόμιστον, παπαῖ,
τὸ διερὸν πέδοι χύμενον οἴχεται.
Ἀλλ' ἀντιδοῦναι δεῖ σ' ἀπὸ ζῶντος ῥοφεῖν

l'indice muet attache-toi, c'est ton guide. Comme le chien pour le faon blessé, c'est le sang, ce sont les gouttes qui nous mettent sur la voie. — Que de fatigues et de peines, mon poumon en est tout haletant! — De la terre en effet pas un coin, où je n'aie mené mon troupeau! — Au delà des mers, sans ailes, j'ai bondi à sa poursuite, aussi rapide qu'un navire. Et maintenant il est là, assurément, tapi quelque part. — Il m'arrive une douce odeur de sang humain. — Attention, attention! — Regarde, fouille tous les recoins. Qu'il n'aille pas nous échapper, s'enfuir. Oui, il faut une expiation à une mère égorgée. Il est là, dans un nouvel asile. — Autour de la statue il a passé ses bras; de la déesse immortelle il veut être le justiciable. — Il n'est plus temps. Le sang d'une mère une fois à terre, comment l'en effacer, grands dieux! — Ce qu'on verse sur le sol, il le boit pour toujours.

| | |
|---|---|
| τοῦ ἀνδρός· | du passage de cet homme ; |
| ἕπου δὲ φράδαις | or suis les indications |
| μηνυτῆρος ἀφθέγκτου. | du délateur muet. [ardeur |
| Ὡς γὰρ κύων | Car comme un chien cherche-avec- |
| νεβρὸν τετραυματισμένον | un faon blessé |
| ἐκματεύομεν | nous le cherchons-avec-ardeur |
| πρὸς αἷμα καὶ σταλαγμόν. | d'après le sang et le suintement |
| Σπλάγχνον δὲ φυσιᾷ | Et ma poitrine est-haletante |
| πολλοῖς μόχθοις | par suite de nombreuses fatigues |
| ἀρθροκμῆσι. | qui-fatiguent-les-membres. |
| Πᾶς γὰρ τόπος χθονὸς | Car tout lieu de la terre |
| πεποίμανται, | a été parcouru-par-notre-troupeau, |
| ἦλθόν τε διώκουσα | et je suis arrivée en le poursui- |
| ὑπὲρ πόντον | au-delà-de la mer [vant |
| πωτήμασιν ἀπτέροις, | par des vols sans-ailes, |
| οὐδὲν ὑστέρα | n'étant en rien plus lente |
| νεώς. | qu'un navire. |
| Καὶ νῦν ὅδε ἐστὶν ἐνθάδε | Et maintenant celui-ci est ici |
| καταπτακών που· | s'étant blotti quelque-part ; |
| ὀσμὴ αἱμάτων βροτείων | l'odeur de sang humain |
| με προσγελᾷ. | me sourit. |
| Ὅρα, ὅρα μάλα αὖ, | Vois, vois bien encore, |
| λεῦσσέ τοι παντᾶ, | regarde certes partout, [mère |
| μὴ ματροφόνος | de-peur-que ce meurtrier-de-sa- |
| ἀτίτας | impuni |
| λάθῃ | ne passe-inaperçu |
| βὰς φύγδα. | marchant en-fuyant. |
| Ὁ δὲ αὖτέ γε οὖν | Or lui encore certes |
| ἔχων ἀλκὰν | ayant une défense (une protection) |
| πλέχθεις περὶ βρέτει | enlacé autour de la statue-de-bois |
| θεᾶς ἀμβρότου | de la déesse immortelle |
| θέλει γενέσθαι ὑπόδικος | veut être soumis-à-un-jugement |
| χερῶν. | de (pour) ses mains (ses crimes). |
| Τὸ δὲ οὐ πάρεστιν· | Mais cela n'est-pas-possible ; |
| αἷμα μητρῷον χαμαὶ | le sang maternel tombé à-terre |
| δυσαγκόμιστον, παπαῖ, | est difficile-à-rappeler, hélas ! |
| τὸ διερὸν χύμενον πεδοῖ | lequel liquide, répandu sur-le-sol |
| οἴχεται. | a disparu. |
| Ἀλλὰ δεῖ σε ἀντιδοῦναι | Mais il faut toi donner-en-échange |

ΕΥΜΕΝΙΔΕΣ.

ἐρυθρὸν ἐκ μελέων πέλανον· ἀπὸ δὲ σοῦ
βοσκὰν φεροίμαν < ἐγὼ > πώματος δυσπότου·
καὶ ζῶντά σ' ἰσχνάνασ' ἀπάξομαι κάτω,
< ἵν' > ἀντιποίνους τίνῃς ματροφόντας δύας.
Ὄψει δὲ κεἴ τις ἄλλος ἤλιτεν βροτῶν
ἢ θεὸν ἢ ξένον τιν' ἀσεβοῦντες¹ ἢ
τοκῆας φίλους,
ἔχονθ' ἕκαστον τῆς δίκης ἐπάξια.
Μέγας γὰρ Ἅιδης ἐστὶν εὔθυνος βροτῶν
ἔνερθε χθονός,
δελτογράφῳ δὲ πάντ' ἐπωπᾷ φρενί.

ΟΡΕΣΤΗΣ.

Ἐγὼ διδαχθεὶς ἐν κακοῖς ἐπίσταμαι
πολλοὺς καθαρμούς, καὶ λέγειν ὅπου δίκη,
σιγᾶν θ' ὁμοίως· ἐν δὲ τῷδε πράγματι
φωνεῖν ἐτάχθην πρὸς σοφοῦ διδασκάλου.
Βρίζει γὰρ αἷμα καὶ μαραίνεται χερός,
μητροκτόνον μίασμα δ' ἔκπλυτον πέλει·

—Sang pour sang, voilà ce qu'il nous faut. Tout vivant, à tes membres je la veux puiser, la rouge écume. Sur ton corps assouvir ma soif de l'amer breuvage, voilà ce que tu me dois. Épuisé alors, tout vivant je t'entraînerai sous terre, pour y être supplicié et expier ainsi ton parricide. Là, tu les retrouveras tous, les impies qui n'ont respecté ni les hommes, ni les dieux, ni leur hôte, ni leurs parents, chacun traité suivant ses mérites. Là aussi tu verras le grand juge des mortels, Hadès. Dans les régions souterraines, rien n'échappe à ses regards, tout est inscrit aux tablettes de sa pensée.

ORESTE. A l'école du malheur, j'ai appris bien des purifications. Qu'il y faille des paroles ou du silence, je le sais également. Or, dans les circonstances présentes, si j'élève la voix, c'est sur l'ordre de mon maître, un maître expérimenté. Il s'est assoupi en effet, il s'est évanoui, ce sang sur ma main. Du parricide désormais la souillure est effacée. Toute fraîche encore à mon arrivée

| | |
|---|---|
| ῥοφεῖν ἀπὸ ζῶντος | à humer de *toi* vivant |
| ἐρυθρὸν πέλανον | un rouge gâteau |
| ἐκ μελέων· | tiré de *tes* membres; |
| ἐγὼ δὲ φεροίμαν ἀπὸ σοῦ | et puissé-je emporter de toi |
| βοσκὰν | la pâture |
| πώματος δυσπότου· | d'un breuvage difficile-à-boire; |
| καὶ ἰσχνάνασά σε ζῶντα | et ayant exténué toi vivant |
| ἀπάξομαι κάτω, | je *t*'emmènerai en-bas, |
| ἵνα τίνῃς | afin-que tu payes |
| δύας | des malheurs [parricides) |
| ματροφόντας | parricides (le châtiment dû aux |
| ἀντιποίνους. | juste-punition *de ton crime*. |
| Ὄψει δὲ | Et tu verras |
| καὶ εἴ τις ἄλλος βροτῶν | aussi si quelque autre des mortels |
| ἤλιτεν | a-commis-une-faute |
| ἀσεβοῦντες ἢ θεὸν | étant-impie-envers ou un dieu |
| ἢ τινα ξένον | ou quelque hôte [lui être chers), |
| ἢ τοκῆας φίλους, | ou des parents chers(qui devraient |
| ἕκαστον ἔχοντα | chacun ayant [té. |
| ἐπάξια τῆς δίκης. | des *peines* proportionnées à l'équi- |
| Μέγας γὰρ Ἅιδης | Car le grand Hadès [mortels |
| ἐστὶν εὔθυνος βροτῶν | est le vérificateur-des-comptes des |
| ἔνερθε χθονός, | sous terre, |
| ἐπωπᾷ δὲ πάντα φρενὶ | et il inspecte tout avec un esprit |
| δελτογράφῳ. | où-tout-se-grave-comme-sur une |
| ΟΡΕΣΤΗΣ. Ἐγὼ διδαχθεὶς | ORESTE. Moi instruit [tablette. |
| ἐν κακοῖς | au-moyen des (par les) maux |
| ἐπίσταμαι πολλοὺς καθαρμούς, | je sais beaucoup de purifications, |
| καὶ ὅπου δίκη λέγειν | et quand *il est* juste de parler |
| ὁμοίως τε σιγᾶν· | et semblablement de se-taire; |
| ἐν δὲ τῷδε πράγματι | mais dans cette affaire-ci |
| ἐτάχθην | j'ai reçu-l'-ordre |
| πρὸς διδασκάλου σοφοῦ | d'un maître habile |
| φωνεῖν. | de parler. |
| Αἷμα γὰρ χερὸς | Car le sang de (attaché à) *ma* main |
| βρίζει | est-assoupi (s'efface) |
| καὶ μαραίνεται, | et se-flétrit (se décolore), |
| μίασμα δὲ μητροκτόνον | et la souillure du-meurtre-maternel |
| πέλει ἔκπλυτον· | est enlevée-par-le-lavage; |

ποταίνιον γὰρ ὂν πρὸς ἑστίᾳ θεοῦ
Φοίβου καθαρμοῖς ἠλάθη χοιροκτόνοις [1].
Πολὺς δέ μοι γένοιτ' ἂν ἐξ ἀρχῆς λόγος,
ὅσοις προσῆλθον ἀβλαβεῖ ξυνουσίᾳ.
[Χρόνος καθαιρεῖ πάντα γηράσκων ὁμοῦ.]
Καὶ νῦν ἀφ' ἁγνοῦ στόματος εὐφήμως καλῶ
χώρας ἄνασσαν τῆσδ' Ἀθηναίαν ἐμοὶ
μολεῖν ἀρωγόν· κτήσεται δ' ἄνευ δορὸς
αὐτόν τε καὶ γῆν καὶ τὸν Ἀργεῖον λεὼν
πιστὸν δικαίως ἐς τὸ πᾶν τε σύμμαχον.
Ἀλλ' εἴτε χώρας ἐν τόποις Λιβυστικοῖς [2],
Τρίτωνος ἀμφὶ χεῦμα γενεθλίου πόρου [3],
τίθησιν ὀρθὸν ἢ κατηρεφῆ πόδα [4],
φίλοις ἀρήγουσ', εἴτε Φλεγραίαν πλάκα [5]
θρασὺς ταγοῦχος ὡς ἀνὴρ ἐπισκοπεῖ,
ἔλθοι (κλύει δὲ καὶ πρόσωθεν ὢν θεός),
ὅπως γένοιτο τῶνδ' ἐμοὶ λυτήριος.

ΧΟΡΟΣ.
Οὔτοι σ' Ἀπόλλων οὐδ' Ἀθηναίας σθένος

au foyer du divin Phœbos, les porcs une fois tombés en expiation, elle a disparu. Et la liste serait longue de tous ceux qui depuis sont impunément entrés en relation avec moi. Le temps passe, emporte tout avec lui. Oui, à présent, elle est pure, cette bouche qui glorifie la reine de la contrée, Athéné, la prie d'intercéder pour moi. Elle gagnera par là, sans coup férir, et Oreste, et la terre et le peuple d'Argos, sûrs et fidèles alliés, à jamais. Que dans les champs des Libyens, sa patrie, près des flots du Triton, son fleuve natal, debout ou assise sur un char, elle combatte pour les peuples; ou qu'aux plaines de Phlégra, vigilant chef de guerre, elle passe ses troupes en revue, ah! qu'elle vienne à ma prière. Si loin qu'elle soit, elle entend ma voix, la déesse; qu'elle accoure me délivrer.

LE CHŒUR. Non, non, point de puissant protecteur ni Apol-

| | |
|---|---|
| ὃν γὰρ ποταίνιον | car étant récente |
| ἠλάθη | elle a été chassée (effacée) |
| πρὸς ἑστίᾳ θεοῦ Φοίβου | devant le foyer du dieu Phœbos |
| καθαρμοῖς | par des purifications |
| χοιροκτόνοις. | faites-avec-des-porcs-immolés. |
| Πολὺς δὲ λόγος | Et un long discours |
| γένοιτο ἄν μοι | serait à moi |
| ἐξ ἀρχῆς | *énumérant* dès le commencement |
| ὅσοις προσῆλθον | *tous ceux* dont je me suis approché |
| ξυνουσίᾳ ἀβλαβεῖ. | par une fréquentation inoffensive. |
| Χρόνος γὰρ γηράσκων ὁμοῦ | Car le temps vieillissant ensemble |
| καθαιρεῖ πάντα. | fait-disparaître toutes choses. |
| Καὶ νῦν καλῶ | Et maintenant j'appelle |
| ἀπὸ στόματος ἁγνοῦ | d'une bouche pure  [gure |
| εὐφήμως | avec-des-paroles-d'heureux-au- |
| Ἀθηναίαν ἄνασσαν τῆσδε χώρας | Athèné reine de cette contrée |
| μολεῖν ἀρωγὸν ἐμοί· | pour *elle* venir secourable à moi : |
| κτήσεται δὲ ἄνευ δορὸς | et elle acquerra sans lance (sans |
| αὐτόν τε | et moi-même  [combat) |
| καὶ γῆν καὶ τὸν λεὼν Ἀργείων | et la terre et le peuple des Argiens |
| σύμμαχον δικαίως πιστὸν | *comme* allié justement fidèle |
| ἔς τε τὸ πᾶν. | et pour tout. |
| Ἀλλὰ εἴτε | Mais soit-que  [trée, |
| ἐν τόποις Λιβυστικοῖς χώρας, | dans les lieux libyques de la con- |
| ἀμφὶ χεῦμα Τρίτωνος | autour du fleuve de Triton, |
| πόρου γενεθλίου | *son* cours-d'eau natal, |
| τίθησι πόδα | elle place un pied |
| ὀρθὸν ἢ κατηρεφῆ, | droit ou  uvert, |
| ἀρήγουσα φίλοις, | secourant *ses* amis, |
| εἴτε ἐπισκοπεῖ | soit-qu'elle visite |
| πλάκα Φλεγραίαν | la plaine Phlégréenne  [troupes, |
| ὡς ἀνὴρ θρασὺς ταγοῦχος, | comme un homme hardi chef-de- |
| ἔλθοι | qu'elle vienne |
| (κλύει δὲ καὶ πρόσθεν | (car elle entend même de-loin |
| ὢν θεός), | étant déesse), |
| ὅπως γένοιτο | afin qu'elle soit |
| λυτήριός μοι τῶνδε. | libératrice pour moi de ces *maux*. |
| ΧΟΡΟΣ. Οὔτοι Ἀπόλλων | LE CHŒUR. Ni-certes Apollon |
| οὐδὲ σθένος Ἀθηναίας | ni la force d'Athèné |

ΕΥΜΕΝΙΔΕΣ.

ῥύσαιτ' ἂν ὥστε μὴ οὐ παρημελημένον
ἔρρειν, τὸ χαίρειν μὴ μαθόνθ' ὅπου φρενῶν,
ἀναίματον, βόσκημα δαιμόνων, σκιάν.
Οὐδ' ἀντιφωνεῖς, ἀλλ' ἀποπτύεις λόγους [1],
ἐμοὶ τραφείς τε καὶ καθιερωμένος ;
Καὶ ζῶν με δαίσεις οὐδὲ πρὸς βωμῷ σφαγείς·
ὕμνον δ' ἀκούσει τόνδε δέσμιον σέθεν.
Ἄγε δὴ καὶ χορὸν ἄψωμεν, ἐπεὶ
μοῦσαν στυγερὰν
 ἀποφαίνεσθαι δεδόκηκεν,
λέξαι τε λάχη τὰ κατ' ἀνθρώπους
 ὡς ἐπινωμᾷ στάσις ἀμή.
Εὐθυδίκαιοι δ' εὐχόμεθ' εἶναι·
τοὺς μὲν καθαρὰς
 < καθαρῶς > χεῖρας προνέμοντας
οὔτις ἐφέρπει μῆνις ἀφ' ἡμῶν
 ἀσινὴς δ' αἰῶνα διοιχνεῖ·
ὅστις δ' ἀλιτὼν ὥσπερ ὅδ' ἀνὴρ
 χεῖρας φονίας ἐπικρύπτει,
μάρτυρες ὀρθαὶ τοῖσι θανοῦσιν
παραγιγνόμεναι πράκτορες αἵματος
 αὐτῷ τελέως ἐφάνημεν.

lon, ni Athéné! A toi la mort dans l'abandon. Plus de joie dans ton cœur, pâture des dieux vengeurs, pâle fantôme. Et tu ne réponds pas? tu cherches à détourner l'effet de mes paroles, toi victime nourrie pour moi et à moi consacrée? Vivant, tu feras mon régal, sans que je t'immole à l'autel. L'hymne, écoute l'hymne qui te livre à nous enchaîné. Allons, formons un chœur. Le refrain formidable, ah! qu'on l'entende. Oui, disons comment aux hommes notre troupe se flatte de dispenser avec équité et le bien et le mal. Quiconque a les mains pures, jamais notre colère ne le visite ; sa vie s'écoule exempte de tourments. Mais qu'un criminel, comme ce misérable, cache une main encore tout humide du meurtre, aussitôt, justes vengeresses de ceux qui ne sont plus, nous sommes là, impitoyables créancières du prix du sang.

## LES EUMÉNIDES. 401

| | |
|---|---|
| ῥύσαιτο ἂν | ne *te* sauveraient [perte |
| ὥστε μὴ οὐκ ἔρρειν | de-manière-à ne pas aller à-ta-- |
| παρημελημένον, | négligé *de tous*, [*ton* esprit |
| μὴ μαθόντα ὅπου φρενῶν | ne sachant pas en-quel-endroit de |
| τὸ χαίρειν, | se trouve le se-réjouir, |
| σκίαν ἀναίματον | ombre exsangue, |
| βόσκημα δαιμόνων. | pâture des génies. |
| Οὐδὲ ἀντιφωνεῖς, | Pas-même tu ne réponds, |
| ἀλλὰ ἀποπτύεις λόγους, | mais tu craches-sur *mes* paroles, |
| τραφείς τε ἐμοὶ | *toi* et nourri pour moi |
| καὶ καθιερωμένος; | et consacré *à moi*? |
| Καὶ ζῶν δαίσεις με, | Et vivant tu repaîtras *moi*, [l'autel; |
| οὐδὲ σφαγεὶς πρὸς βωμῷ· | n'ayant pas-même été immolé à |
| ἀκούσει δὲ τόνδε ὕμνον | et tu entendras cet hymne |
| δέσμιον σέθεν. | qui-enchaîne toi. |
| ”Αγε δὴ | Allons donc |
| καὶ ἄψωμεν χορὸν, | et nouons (formons) un chœur, |
| ἐπεὶ δεδόκηκεν | puisqu'il *nous* a paru-bon [rible, |
| ἀποφαίνεσθαι μοῦσαν στυγερὰν, | de faire-entendre un chant hor- |
| λέξαι τε λάχη | et de dire les sorts |
| τὰ κατὰ ἀνθρώπους | ceux parmi les hommes . [bue. |
| ὡς ἁμὴ στάσις ἐπινωμᾷ. | comment notre troupe *les* distri- |
| Εὐχόμεθα δὲ εἶναι | Et nous-nous-vantons d'être |
| εὐθυδίκαιοι. | rigoureusement-justes. [de nous |
| Οὔτις μὲν μῆνις ἀπὸ ἡμῶν | D'une part aucun courroux *venant* |
| ἐφέρπει τοὺς προνέμοντας | n'atteint ceux qui présentent |
| καθαρῶς | purement |
| χεῖρας καθαρὰς | des mains pures |
| διοιχνεῖ δὲ αἰῶνα | et *celui-là* parcourt l'existence |
| ἀσινής· | sans éprouver-de-dommage ; |
| ὅστις δὲ | d'autre part *pour* quiconque |
| ἀλιτὼν | ayant failli |
| ὥσπερ ὅδε ἀνὴρ | comme cet homme-ci |
| ἐπικρύπτει χεῖρας φονίας, | cache des mains meurtrières, |
| παραγιγνόμεναι | venant-au-secours |
| τοῖς θανοῦσιν | de ceux qui sont morts, |
| μάρτυρες ὀρθαί, | *comme* témoins rigides, [à lui |
| ἐφάνημεν τελέως αὐτῷ | nous apparaissons infailliblement |
| πράκτορες αἵματος. | *comme* vengeresses du sang. |

MORCEAUX CH. D'ESCHYLE. 26

Μᾶτερ ἅ μ' ἔτικτες, ὦ μᾶτερ [Strophe 1.]
Νὺξ, ἀμαυροῖσι καὶ δεδορκόσιν ποινὰν,
κλῦθ'· ὁ Λατοῦς γὰρ ἶνίς μ' ἄτιμον τίθησιν
τόνδ' ἀφαιρούμενος
πτῶκα, ματρῷον ἅγνισμα κύριον φόνου.
Ἐπὶ δὲ τῷ τεθυμένῳ [1]
τόδε μέλος παρακοπὰ, παραφορὰ φρενοπλανὴς,
ὕμνος ἐξ Ἐρινύων,
δέσμιος φρενῶν, ἀφόρμικτος αὐονὰ βροτοῖς.

Τοῦτο γὰρ λάχος διανταία [Antistrophe 1.]
Μοῖρ' ἐπέκλωσεν ἐμπέδως ἔχειν, θνατῶν
τοί νιν αὐτουργίαις ξυμπατῶσιν μάταιοι,
τοῖς ὁμαρτεῖν, ὄφρ' ἂν
γᾶν ὑπέλθῃ· θανὼν δ' οὐκ ἄγαν ἐλεύθερος.
Ἐπὶ δὲ τῷ τεθυμένῳ
τόδε μέλος παρακοπὰ, παραφορὰ φρενοπλανὴς,

*Strophe* 1. (Le Chœur passe de droite à gauche.) Mère, ô Nuit, ô ma mère, qui m'as faite pour le supplice de ceux qui ne voient plus, et de ceux qui voient encore la lumière, écoute ma prière. Le fils de Latone attente à ma prérogative, en m'arrachant ce lièvre timide, victime expiatoire que réclame le meurtre d'une mère. — Que sur la victime immolée retentisse le chant terrible, délire, frénésie, folie ; l'hymne des Érinys, qui enchaîne l'esprit, l'hymne sans lyre, qui déssèche les mortels.

*Antistrophe* 1. (Le Chœur revient à droite.) Oui, c'est mon lot à moi, mon lot éternel. Ainsi l'a voulu Moira, la souveraine fileuse. Que des mortels insensés foulent aux pieds ses arrêts, sur eux c'est moi qui m'acharne jusqu'à ce que sous terre ils soient descendus. Morts, encore ne sont-ils plus tranquilles. — Que sur la victime immolée retentisse la chant terrible, délire, frénésie,

# LES EUMÉNIDES.

| | |
|---|---|
| Ὦ Νὺξ μᾶτερ, | O Nuit *ma* mère, |
| μᾶτερ ἅ με ἔτικτες | mère, toi qui m'enfantas, |
| ποινάν | *comme* châtiment |
| ἀμαυροῖσι | aux aveugles (aux morts) |
| καὶ δεδορκόσιν, | et aux voyants (aux vivants), |
| κλῦθι· | écoute-*moi*; |
| ὁ γὰρ Ἶνις Λατοῦς | car l'enfant de Latone |
| τίθησί με ἄτιμον | rend moi déshonorée |
| ἀφαιρούμενος | *en* m'enlevant |
| τόνδε πτῶκα, | cet animal-qui-est-blotti, |
| ἅγνισμα ματρῷον | expiation maternelle |
| κύριον | et régulière |
| φόνου. | du meurtre. |
| Ἐπὶ δὲ τῷ τεθυμένῳ | Or *que* sur cette *victime* immolée |
| τόδε μέλος | *retentisse* ce chant-ci |
| παρακοπά, | *qui est* désarroi, |
| παραφορὰ φρενοπλανὴς, | emportement qui-égare-l'esprit, |
| ὕμνος ἐξ Ἐρινύων, | hymne des Érinys, |
| δέσμιος φρενῶν | qui-enchaîne les esprits, |
| ἀφόρμικτος, | sans-lyre, |
| αὐονὰ βροτοῖς. | consomption pour les mortels. |
| Μοῖρα γὰρ | Car la Destinée |
| διανταία | qui-perce-de-part-en-part |
| τέλεσιν ἔχειν | a filé *moi* avoir |
| ἐμπέδως | d'une-manière-stable |
| τοῦτο τὸ λάχος, | ce lot |
| ὁμαρτεῖν τοῖς θνατῶν | d'accompagner *ceux* des mortels |
| τοὶ μάταιοι | qui insensés |
| ξυμπατῶσιν ἄν νιν | auront foulé-aux-pieds elle |
| αὐτουργίαις, | par des crimes-de-leurs-mains, |
| ὄφρα ἂν ὑπέλθῃ, | jusqu'à ce que *chacun d'eux* soit |
| γᾶν· | sous terre;  [descendu |
| θανὼν δὲ | et mort |
| οὐκ ἄγαν ἐλεύθερος. | il ne *sera* pas trop (bien) libre. |
| Ἐπὶ δὲ τῷ τεθυμένῳ | Or *que* sur cette *victime* immolée |
| τόδε μέλος | *retentisse* ce chant-ci |
| παρακοπά, | *qui est* désarroi, |
| παραφορὰ φρενοπλανὴς, | emportement qui-égare-l'esprit, |
| ὕμνος ἐξ Ἐρινύων, | hymne des Érinys, |

ὕμνος ἐξ Ἐρινύων,
δέσμιος φρενῶν, ἀφόρμικτος, αὐονὰ βροτοῖς.

Γιγνομέναισι λάχη τάδ' ἐφ' ἁμὶν ἐκράνθη· |Strophe 2.|
ἀθανάτων δ' ἀπέχειν ἑκὰς, οὐδέ τις ἐστὶ
συνδαίτωρ μετάκοινος,
παλλεύκων δὲ πέπλων ἀνέορτος, ἄμοιρος ἐτύχθην.
Δωμάτων γὰρ εἱλόμαν
ἀνατροπάς· ὅταν Ἄρης
τιθασὸς ὢν φίλον ἕλῃ,
ἐπὶ τὸν, ὦ, διόμεναι [1]
κρατερὸν ὄντα περ ὅμως
μαυροῦμεν, νέον αἷμα.

Σπεύδομεν αἴδ' ἀφελεῖν τινὰ τάσδε μερίμνας, |Ant. 2.|
θεῶν δὲ τελέαν ἐπ' ἐμαῖσι δίκαις ἐπικραίνειν [2],
μηδ' εἰς ἄγκρισιν ἐλθεῖν·
Ζεὺς [γὰρ] αἱμοσταγὲς ἀξιόμισον ἔθνος τόδε λέσχας
ἃς ἀπηξιώσατο.
Μάλα γὰρ οὖν ἁλομένα
ἀνέκαθεν βαρυπεσῆ
καταφέρω ποδὸς ἀκμὰν

folie; l'hymne des Érinys, qui enchaîne l'esprit, l'hymne sans lyre, qui dessèche les mortels.

*Strophe 2.* (Le Chœur passe à gauche.) A notre naissance voilà la destinée qui nous a été faite : aux immortels ne point toucher ; à nos festins ne les jamais voir assis en convives; aux blancs vêtements, aux fêtes, point de part pour nous, déshéritées que nous sommes. Mais la destruction des familles, tel est notre domaine. Qu'Arès égorge un parent, au sein de la paix, sur le coupable acharnées, ah ! n'importe sa puissance, nous l'anéantissons, et c'est encore une victime.

*Antistrophe 2.* (Le Chœur revient à droite.) Nos ardeurs y suffisent. De ce souci tout autre est dispensé. Aux dieux de ratifier nos arrêts et de repousser tout débat judiciaire. Devant Zeus d'ailleurs comment l'odieuse vengeance, toute dégouttante de sang, se pourrait-elle présenter, sans soulever les répugnances de son juge ? De loin donc je m'élance d'un bond rapide et je laisse tom-

| | |
|---|---|
| δέσμιος φρενῶν, | qui-enchaîne les esprits, |
| ἀφόρμικτος, | sans-lyre, |
| αὐονὰ βροτοῖς. | consomption pour les mortels. |
| Τάδε λάχη ἐκράνθη | Ces lots furent ratifiés |
| ἐπὶ ἡμῖν γιγνομένοισιν· | pour nous naissant ; |
| ἀπέχειν δὲ ἕκας | et de nous tenir-loin |
| ἀθανάτων, | des immortels, |
| οὐδέ τις συνδαίτωρ ἐστὶ | ni quelque commensal n'est |
| μετάκοινος, | prenant-part *à nos repas*, |
| ἐτύχθην δὲ ἀνέορτος | et je fus créée exclue-des-fêtes |
| πέπλων | des (où l'on porte des) vêtements |
| παλλεύκων | tout-blancs, |
| ἄμοιρος. | n'y ayant-point-part. [chargée) |
| Εἱλόμαν γὰρ | Car j'ai pris-pour-moi (je me suis |
| ἀνατροπὰς | les (des) renversements |
| δωμάτων· | des maisons ; |
| ὅταν Ἄρης | lorsque Arès |
| ὢν τιθασὸς | étant apprivoisé (en pleine paix) |
| ἕλῃ φίλον, | tue un ami, |
| ὢ, ἐπιδιόμεναι τὸν | oh ! nous précipitant-sur lui |
| ὄντα περ κρατερὸν, | quoique étant puissant, [tre, |
| ὅμως μαυροῦμεν, | pourtant nous *le* faisons-disparaî- |
| νέον αἷμα. | nouveau sang (nouvelle victime). |
| Αἵδε | *Nous* celles-ci (qui sommes ici) |
| σπεύδομεν | nous nous empressons |
| ἀφελεῖν τινα | d'ôter à-qui-que-ce-soit |
| τάσδε μερίμνας, | ces soucis, [dieux |
| θεῶν δὲ | d'autre part *il est du devoir des* |
| ἐπικραίνειν τελέαν | de ratifier l'exécution |
| ἐπὶ ἐμαῖσι δίκαις | pour mes jugements |
| μηδὲ ἐλθεῖν | et-de-ne-pas venir |
| εἰς ἄγκρισιν· | à un débat judiciaire ; |
| Ζεὺς γὰρ ἀπηξιώσατο | car Jupiter a jugé-indigne |
| ἇς λέσχας | de son entretien [sang |
| τόδε ἔθνος αἱμοσταγὲς | cette engeance dégouttante-de- |
| ἀξιόμισον. | digne-de-haine. |
| Μάλα γὰρ οὖν | Car certes donc |
| ἁλομένα ἀνέκαθεν | m'élançant de-loin |
| καταφέρω ἀκμὰν ποδὸς | j'abaisse la force de *mon* pied |

σφαλερὰ τοῖς τανυδρόμοις
κῶλα [1], δύσφορον ἄταν.

Δόξαι τ' ἀνδρῶν καὶ μάλ' ὑπ' αἰθέρι σεμναὶ    [Strophe 3.]
τακόμεναι κατὰ γᾶν μινύθουσιν ἄτιμοι
ἁμετέραις ἐφόδοις μελανείμοσιν, ὀρχη-
σμοῖς τ' ἐπιφθόνοις ποδός.

Πίπτων δ' οὐκ οἶδεν τόδ' ὑπ' ἄφρονι λύμᾳ·    [Ant. 3.]
τοῖον ἐπὶ κνέφας ἀνδρὶ μύσος πεπόταται [2] ·
καὶ δνοφερὰν τιν' ἀχλὺν κατὰ δώματος αὐδᾶ-
ται πολύστονος φάτις.

Μένει γὰρ εὐμηχάνῳ τε καὶ τελείῳ κακῶν    [Strophe 4.]
τε μνήμονες σεμναὶ
καὶ δυσπαρήγοροι βροτοῖς,
ἄτιμα τίομεν ἀτίεται λάχη θεῶν διχοστατοῦντ'
ἀναλίῳ λάμπᾳ
δυσποδοπαίπαλα [3] δερκομένοισιν
καὶ δυσομμάτοις [4] ὁμῶς.

Τίς οὖν τάδ' οὐχ ἅζεταί τε καὶ δέδοικεν βροτῶν,    [Ant. 4.]

ber, ô mal terrible! la masse accablante et puissante de mon pied sur les coupables qui hâtent leur fuite d'un pas mal assuré.

*Strophe* 3. (Le Chœur passe à droite.) Les réputations des hommes, même les plus honorables sous le ciel, se fondent et disparaissent flétries sous la terre à l'approche de notre noir cortège, sous nos impitoyables trépignements.

*Antistrophe* 3. (Le Chœur revient à droite.) Encore tombe-t-il sans conscience, le malheureux, si insensé est son aveuglement, si épaisses sont les ténèbres répandues sur ce maudit. Il y a comme un sombre brouillard sur sa maison, dit-on partout en gémissant.

*Strophe* 4. (Le Chœur passe à gauche.) Oui, pleines de ressources et d'activité, des crimes nous gardons religieusement le souvenir, inexorables accusatrices pour les mortels et nous accomplissons sans gloire nos fonctions, tristement reléguées, loin des dieux, dans les fangeuses retraites, où jamais ne pénètre le soleil, où nul ne saurait se guider, qu'il voie encore ou qu'il ne voie plus la lumière.

*Antistrophe* 4. (Le Chœur revient à droite.) Mais aussi qui n'est pris

# LES EUMÉNIDES. 407

| | |
|---|---|
| βαρυπεσῆ | *force* tombant-lourdement |
| τοῖς τανυδρόμοις | sur ceux qui-étendent-leur-cour- |
| κῶλα σφαλερά, | de *leurs* membres vacillants, |
| ἄταν δύσφορον. | malheur difficile-à-supporter. |
| Δόξαι τε ἀνδρῶν | Et les réputations des hommes |
| καὶ μάλα σεμναὶ | même tout-à-fait respectables |
| ὑπὸ αἰθέρι | sous l'air (sous le ciel) |
| τακόμεναι | fondant |
| μινύθουσι κατὰ γᾶν | décroissent (disparaissent) sous |terre |
| ἄτιμοι | sans-honneurs |
| ἀμετέραις ἐφόδοις | par nos approches |
| μελανείμοσιν, | vêtues-de-noir, |
| ὀρχησμοῖς τε ἐπιφθόνοις | et par les danses malfaisantes |
| ποδός. | de *notre* pied. |
| Πίπτων δὲ | D'autre part tombant |
| οὐκ οἶδεν τόδε | il ne sait pas cela (qu'il tombe) |
| ὑπὸ λύμᾳ ἄφρονι | sous une perversité insensée ; |
| μύσος | la souillure-du-crime |
| πεπόταται ἐπὶ ἀνδρί, | a fondu sur l'homme |
| τοῖον κνέφας· | *répandant une* si-grande obscurité; |
| καὶ φάτις πολύστονος | et une renommée plaintive |
| αὐδᾶταί τινα ἀχλὺν δνοφερὰν | répète un nuage sombre |
| κατὰ δώματος. | *être* sur *son* palais. |
| Μένει γὰρ | Car par une force |
| εὐμηχάνῳ τε | et fertile-en-ressources |
| καὶ τελείῳ | et qui accomplit-les-choses |
| μνημόνες τε | et gardiennes-par-le-souvenir |
| κακῶν | des maux |
| σεμναὶ καὶ δυσπαρήγοροι | *gardiennes* vénérables et inexora- |bles |
| βροτοῖς, | pour les mortels, |
| τίομεν ἀτίεται | nous remplissons sans-honneur |
| λάχη | des fonctions-assignées-par-le- |
| ἄτιμα | non-honorées |sort |
| διχοστατοῦντα θεῶν | séparées des dieux |
| λάμπᾳ ἀναλίῳ, | par une moisissure sans-soleil, |
| δυσποδοπαίπαλα | *fonctions* inaccessibles |
| δερχομένοισιν | pour *ceux* qui voient |
| καὶ δυσομμάτοις ὅμως. | et pour les aveugles également. |
| Τίς οὖν βροτῶν | Qui donc des mortels |

ἐμοῦ κλύων θεσμὸν
τὸν μοιρόκραντον, ἐκ θεῶν
δοθέντα τέλεον; ἔπι δέ μοι γέρας ⌣ - παλαιὸν, οὐδ'
ἀτιμίας, κύρω,
καίπερ ὑπὸ χθόνα τάξιν ἔχουσα
καὶ δυσάλιον κνέφας.

## VI. L'INSTITUTION DE L'ARÉOPAGE.
(Vers 681-710.)

ΑΘΗΝΑ.

Κλύοιτ' ἂν ἤδη θεσμὸν, Ἀττικὸς λεὼς,
πρώτας δίκας κρίνοντες αἵματος χυτοῦ.
Ἔσται δὲ καὶ τὸ λοιπὸν Αἰγέως στρατῷ [1]
ἀεὶ δικαστῶν [2] τοῦτο βουλευτήριον.
Πάγον δ' [Ἄρειον] τόνδ', Ἀμαζόνων ἕδραν
σκηνάς θ', ὅτ' ἦλθον Θησέως κατὰ φθόνον [3]
στρατηλατοῦσαι, καὶ πόλιν νεόπτολιν
τήνδ' ὑψίπυργον ἀντεπύργωσαν πόλει [4].
Ἄρει δ' ἔθυον, ἔνθεν ἔστ' ἐπώνυμος
πέτρα πάγος τ' Ἄρειος. Ἐν δὲ τῷ σέβας

de respect, où n'entre en effroi, parmi les mortels, au nom de ce pouvoir que m'a fait la destinée et qu'ont ratifié les dieux ? Elles ne sont pas d'hier, mes prérogatives. Moi aussi, j'ai un culte, toute reléguée que je suis sous la terre, sans soleil dans les ténèbres. (Athéné arrive sur un char, à travers les airs.)

### VI

ATHÉNÉ. Apprends, ô peuple de l'Attique, à connaître l'institution que je fonde, vous qui allez avoir à juger le premier procès du sang versé. A l'avenir cette institution sera pour le peuple d'Égée un tribunal de juges permanents. Cette colline d'Arès, où les Amazones plantèrent leur tente, lorsqu'en haine de Thésée elles envahirent cette contrée, cette ville nouvelle aux tours altières, elles l'ont fortifiée en face de l'Acropole. Puis à Arès elles firent un sacrifice. En lui résideront et le respect et la

| | |
|---|---|
| οὐχ ἅζεταί τε | et ne vénère pas |
| καὶ δέδοικεν | et *ne* craint *pas* |
| κλύων θεσμὸν ἐμοῦ | en entendant la loi de moi |
| τὸν μοιρόκραντον | celle arrêtée-par-les-Parques |
| δοθέντα τέλεον ἐκ θεῶν; | donnée ratifiée par les dieux? |
| γέρας δὲ παλαιὸν | et un privilège antique |
| ἐπί μοι, | *est* au-pouvoir-de moi, [neur. |
| οὐδὲ κυρῶ ἀτιμίας, | et je n'ai-point-de-part au déshon- |
| καίπερ ἔχουσα τάξιν | quoique ayant *mon* poste |
| ὑπὸ χθόνα | sous terre [au-soleil. |
| καὶ κνέφας δυσάλιον. | *et ayant* l'obscurité impénétrable- |

## VI. L'INSTITUTION DE L'ARÉOPAGE.

| | |
|---|---|
| ΑΘΗΝΑ. Κλύοιτε ἂν | ATHÉNÉ. Vous pouvez-apprendre |
| ἤδη | maintenant |
| θεσμόν, | l'institution *que je fonde,* |
| λεὼς Ἀττικός, | peuple attique, |
| κρίνοντες πρώτας δίκας | jugeant un premier procès |
| αἵματος χυτοῦ. | de sang versé. |
| Τοῦτο δὲ βουλευτήριον | Et ce tribunal |
| ἀεὶ δικαστῶν | d'*hommes* toujours juges |
| ἔσται καὶ τὸ λοιπὸν | sera (subsistera) aussi à l'avenir |
| στρατῷ Αἰγέως. | pour le peuple d'Égée. [rent |
| Ὅτε δὲ ἦλθον | Et lorsqu'elles (les Amazones) vin- |
| στρατηλατοῦσαι | conduisant-une-armée |
| κατὰ φθόνον Θησέως, | par haine de Thésée, (l'Acropole) |
| ἀντεπύργωσαν πόλει | elles fortifièrent- contre la ville |
| τόνδε πάγον Ἄρειον, | ce bourg d'-Arès ; |
| ἕδραν σκηνάς τε Ἀμαζόνων, | siège et tente des Amazones, |
| καὶ τήνδε πόλιν νεόπτολιν | et cette ville nouvelle |
| ὑψίπυργον· | aux-tours-élevées ; |
| ἔθυον δὲ Ἄρει, | et elles sacrifiaient à Arès. |
| ἔνθεν πέτρα πάγος τε | d'où le rocher et le bourg |
| Ἄρειός | d'-Arès |
| ἐστιν ἐπώνυμος. | est tirant-son-nom. |
| Ἐν δὲ τῷ | Et dans ce *tribunal* |
| σέβας ἀστῶν | la vénération des habitants |

ἀστῶν φόβος τε συγγενὴς τὸ μὴ ἀδικεῖν
σχήσει τό τ' ἦμαρ καὶ κατ'¹ εὐφρόνην ὁμῶς,
αὐτῶν πολιτῶν μὴ 'πικαινούντων νόμους·
κακαῖς ἐπιρροαῖσι βορβόρῳ θ' ὕδωρ
λαμπρὸν μιαίνων οὔποθ' εὑρήσεις ποτόν².
Τὸ μήτ' ἄναρχον μήτε δεσποτούμενον
ἀστοῖς περιστέλλουσι βουλεύω σέβειν,
καὶ μὴ τὸ δεινὸν πᾶν πόλεως ἔξω βαλεῖν·
τίς γὰρ δεδοικὼς μηδὲν ἔνδικος βροτῶν;
Τοιόνδε τοι ταρβοῦντες ἐνδίκως σέβας,
ἔρυμά τε χώρας καὶ πόλεως σωτήριον ³
ἔχοιτ' ἂν οἷον οὔτις ἀνθρώπων ἔχει,
οὔτ' ἐν Σκύθαισιν ⁴ οὔτε Πέλοπος ἐν τόποις.
Κερδῶν ἄθικτον τοῦτο βουλευτήριον,
αἰδοῖον, ὀξύθυμον, εὑδόντων ⁵ ὕπερ
ἐγρηγορὸς φρούρημα γῆς καθίσταμαι.
Ταύτην μὲν ἐξέτειν' ἐμοῖς παραίνεσιν

crainte, cette sœur du respect, toujours présente au cœur des citoyens qui les détournera de l'injustice, et le jour et la nuit, tant que les Athéniens eux-mêmes ne chercheront pas à innover dans leurs lois. Que des eaux impures, que la boue, viennent à troubler la limpidité d'une source vive, impossible d'y boire désormais. Ni anarchie ni despotisme, voilà ce que je conseille aux Athéniens avec le respect des lois, sans exclure de la ville toute répression. Sans le frein salutaire de la crainte, qui verrait-on pratiquer la justice ? Laissez donc tout son prestige légitime à ce tribunal, et vous aurez un véritable boulevard de la contrée et de la ville, à faire envie au pays des Scythes, à celui de Pélops. Désintéressés, graves, sévères, tels sont les juges que j'institue pour être, même quand tout dort dans la cité, les sentinelles vigilantes du pays, auguste sénat que je voudrais ainsi, par mes paroles, consacrer dans l'avenir, aux yeux des

| | |
|---|---|
| φόβος τε συγγενής | et la crainte qui-l'-accompagne |
| σχήσει | arrêteront |
| τὸ μὴ ἀδικεῖν | pour le ne pas commettre-d'injustice |
| τό τε ἦμαρ | et *pendant* le jour |
| καὶ κατὰ εὐφρόνην ὁμῶς, | et pendant la nuit également, |
| πολιτῶν αὐτῶν | les citoyens eux-mêmes |
| μὴ ἐπικαινούντων νόμους· | n'innovant pas dans les lois : |
| μιαίνων ὕδωρ λαμπρὸν | souillant une eau brillante |
| κακαῖς ἐπιρροαῖσι | par de mauvais affluents |
| βορβόρῳ τε | et par de la bourbe |
| οὔποτε εὑρήσεις ποτόν. | jamais tu ne *la* trouveras potable |
| Βουλεύω ἀστοῖς | Je conseille aux habitants |
| σέβειν | d'honorer |
| περιστέλλουσι | *l'*entourant-de-soins |
| μήτε τὸ ἄναρχον | ni l'anarchie |
| μήτε δεσποτούμενον, | ni l'esclavage, |
| καὶ μὴ βαλεῖν | et de ne pas jeter |
| ἔξω τῆς πόλεως | hors de la ville |
| πᾶν τὸ δεινόν· | toute la crainte ; |
| τίς γὰρ βροτῶν ἔνδικος | car qui des mortels *est* juste |
| δεδοικὼς μηδέν ; | ne craignant rien ? |
| Ταρβοῦντες οὖν ἐνδίκως | Redoutant donc justement |
| τοιόνδε σέβας, | un tel objet-de-vénération, |
| ἔχοιτε ἂν | vous auriez |
| ἔρυμα σωτήριον | un rempart salutaire |
| χώρας τε καὶ πόλεως | et de la contrée et de la ville |
| οἷον οὔτις ἀνθρώπων ἔχει, | *tel* qu'aucun des hommes *n'en* a, |
| οὔτε ἐν Σκύθαισιν | ni chez les Scythes |
| οὔτε ἐν τόποις Πέλοπος. | ni dans les contrées de Pélops. |
| Καθίσταμαι | J'établis |
| τοῦτο βουλευτήριον | ce tribunal, |
| ἄθικτον κερδῶν, | inaccessible aux gains, |
| αἰδοῖον, ὀξύθυμον | respectable, prompt-à-s'indigner, |
| φρούρημα γῆς | gardien de la terre |
| ἐγρηγορὸς ὑπὲρ εὑδόντων. | veillant pour *ceux* qui dorment. |
| Ἐξέτεινα μὲν | J'ai étendu d'une part |
| ἐς τὸ λοιπὸν | pour l'avenir |
| ἐμοῖς ἀστοῖσιν | pour mes concitoyens |
| ταύτην παραίνεσιν· | cette exhortation ; |

ἀστοῖσιν ἐς τὸ λοιπόν· ὀρθοῦσθαι δὲ χρὴ
καὶ ψῆφον αἴρειν, καὶ διαγνῶναι δίκην
αἰδουμένους τὸν ὅρκον. Εἴρηται λόγος.

citoyens de ma chère Athènes. — Juges, levez-vous maintenant, déposez vos suffrages, et tranchez le débat, en vous rappelant vos serments. J'ai dit.

## LES EUMÉNIDES. 413

| | |
|---|---|
| χρὴ δὲ ὀρθοῦσθαι | d'autre part il faut se-lever |
| καὶ αἴρειν ψῆφον, | et porter la boule-du-suffrage, |
| καὶ διαγνῶναι δίκην | et décider le procès, |
| αἰδουμένους τὸν ὅρκον. | en respectant le serment. |
| Λόγος εἴρηται. | Mon discours a été dit |

FIN DES MORCEAUX CHOISIS D'ESCHYLE

# NOTES

## SUR LES MORCEAUX CHOISIS D'ESCHYLE

Page 4 : 1. Χθονὸς... τηλουρὸν πέδον équivaut à χθονὸς τηλουροῦ πέδον, dans un pays lointain ; χθονός a ici un sens restreint.
— 2. Ἀδαμαντίνων. Le nom du métal ἀδάμας, qui était peut-être une espèce d'acier, éveille l'idée d'une force indestructible.

Page 6 : 1. Οὐ πέφυκέ πω, est encore à naître, c'est-à-dire, pour Hephæstos qui ne sait rien du secret que possède Prométhée, ne viendra jamais.

Page 10 : 1. Ἐπαχθῆ. La plupart des commentateurs écrivent ἐπράχθη, qui donne un sens moins satisfaisant. Alors il faut entendre : Tous les biens ont été acquis par (ἐπράχθη) les dieux, sauf le pouvoir suprême.
— 2. Τίς δ' οὔ ; La plupart des éditions portent τοῖσδε : A ces choses je n'ai rien à répondre.

Page 12 : 1. Ὅπως μή, sous-entendez devant ὅρα ου φρόντιζε.

Page 14 : 1. Διατόρους, de manière qu'elles percent les chairs par les clous dont elles sont garnies.
— 2. Ὅμοια μορφῇ. Le masque de ces enfants du Styx (Κράτος et Βία) répondait à la rudesse de leur langage et de leurs sentiments.
— 3. Προμηθέως équivaut ici à τοῦ προμηθουμένου, par allusion au sens étymologique du nom propre.

Page 16 : 1. Πῆ. Avant ce mot, sous-entendez quelque chose comme ἀπορῶν, ne sachant pas, me demandant.

Page 18 : 1. Ναρθηκοπλήρωτον. Anciennement on conservait le feu dans la tige moelleuse de cette ombellifère.
— 2. Κεκραμένη. Provenant d'un être de nature intermédiaire entre la nature divine ou la nature humaine.

Page 20 : 1. Χάλυβος. L'acier ainsi appelé d'un peuple de la Scythie qui travaillait le fer dès la plus haute antiquité.
— 2. Ἄντρων. Les grottes habitées par les Océanides.
— 3. Ἐκ δ' ἔπληξε. Tmèse pour ἐξέπληξε.
— 4. Ἀπέδιλος. Dans leur empressement, elles n'ont pas pris le temps de se chausser.
— 5. Προσπαρτός, adjectif verbal de προσπείρω.

Page 22 : 1. Εἰσιδοῦσαν, à l'accusatif, comme si φοβερά...προσῇξε était synonyme de ἐφόβησε ou ἐξέπληξε.

Page 24 : 1. Οὐρανίαν γένναν. La race d'Ouranos, l'ancienne génération divine.

Page 28 : 1. Οἱ μὲν θέλοντες... σπεύδοντες, anacoluthe pour τῶν μὲν θελόντων... σπευδόντων.
— 2. Θέμις καὶ Γαῖα. Eschyle identifie ici Thémis avec Géa ou Gaïa qu'il donne ailleurs, d'après la tradition, comme la mère de Thémis.

Page 30 : 1. Αὐτοῖσι. Hellénisme fréquent pour σὺν αὐτοῖσι.
— 2. Τὸ μή. En grec, une négation après un verbe négatif ne fait que fortifier la négation, au lieu de la détruire.

Page 32 : 1. Οὔτε. Ce mot doit être décomposé en οὔ τε, et correspond à εἰσιδοῦσά τε.

Page 34 : 1. Οὔτε a ici pour corrélatif καί.

Page 36 : 1. Πέδοι δὲ βᾶσαι. Elles sont encore sur leur char.

Page 38 : 1. Ὡς, porte sur νηπίους : en français, combien ils étaient ignorants avant que...
— 2. Βίον. Au lieu de ce mot on lit χρόνον dans beaucoup d'éditions ; le sens est le même.
— 3. Ἦισαν, pour ᾔδεσαν.

Page 40 : 1. Δυσκρίτους se rapporte à ἀντολάς aussi bien qu'à δύσεις.
— 2. Ἐργάνην. D'autres lisent ἐργατίν, même sens.
— 3. Σάγμασιν. D'autres suppriment la virgule et lisent σώμασιν qui dépendrait alors de γένοιντο διάδοχοι, afin que par leurs corps ils soulagent les mortels de leurs travaux.

Page 42 : 1. Πιστόν, adjectif verbal de πίνω.

— Page 44 : 1. Κληδόνας, des sons, des bruits qui étaient censés contenir un présage.

— 2. Συνεδρίαι, terme consacré par la science augurale pour désigner des oiseaux perchant paisiblement ensemble.

Page 46 : 1. Τρίμορφοι. Trois personnes de même nom et de même nature.

Page 50 : 1. Οἰόφρων γνώμαν. D'autres éditions portent : ἐν ἰδίᾳ γνώμῃ ou γνώμᾳ, d'après ton propre sentiment.

— 2. Ποῦ τίς, interrogations énergiquement accumulées.

— 3. Λουτρά, le bain par lequel on se purifiait le jour des noces.

— 4. Ἡσιόναν, fille d'Océan et épouse de Prométhée.

Page 52 : 1. Χειμαζόμενον, peut aussi se prendre au sens figuré.

— 2. Ποινάς. D'autres éditions portent ποιναῖς, tu es consumé par les peines de quelle faute.

— 3. Εἰσορῶσα, nominatif irrégulier, comme si, au lieu de χρίει με οἶστρος, il y avait οἰστρῶμαι dans la phrase principale.

— 4. Ὑπο... ὀτοβεῖ, tmèse pour ὑποτοβεῖ.

Page 54 : 1. Δρόμους γυμνάζεται, c'est-à-dire γυμνάζεται τρέχουσα δρόμους.

Page 58 : 1. Ἁρμοῖ, mot rare, syracusain, dit-on, qui équivaut à ἄρτι.

— 2. ὅπερ... παθεῖν, qu'aussi bien je dois endurer. Ὅπερ contient l'idée de puisque.

Page 60 : 1. Μὴ οὐ. Cette double négation ne change pas le sens de la phrase. C'est comme s'il y avait : Pourquoi donc hésites-tu, dans la pensée de ne pas me faire connaître?

— 2. Μᾶσσον, pour μακρότερον.

— 3. Κασιγνήταις πατρός. Le fleuve Inachos est fils d'Océan, le fleuve primitif.

Page 62 : 1. Αἰσχύνομαι. D'autres éditions portent ὀδύρομαι. Je m'afflige rien qu'à raconter.

Page 64 : 1. Ἄφετον, se disait des animaux consacrés à un dieu et qui erraient en toute liberté.

Page 66 : 1. Ἀπεστέρησεν. Io ignore que c'est Hermès qui l'a délivrée de son gardien.

Page 66 : 2. Πρὸ... ἐλαύνομαι, tmèse pour προελαύνομαι.

Page 68 : 1. Ὡς... τῶνδε. Ce génitif absolu est en réalité pour le sens le complément de μαθεῖν.

Page 74 : 1. Θήν, mot vieux et homérique, pour δή.
— 2. Ἀδραστείαν, déesse de la vengeance. Un Grec qui laissait échapper une parole orgueilleuse devait, pour conjurer la jalousie des dieux, dire : Προσκυνῶ τὴν Ἀδραστείαν, τὴν Νέμεσιν, τὸν Φθόνον.

Page 76 : 1. Τοῖς τοιούτοις est au masculin. Entendez : τοῖς μὴ πειθομένοις αὐτοῖς ὥσπερ σὺ οὐ πείθῃ.

Page 78 : 1. Δισσοὺς τυράννους : Ouranos et Cronos.
— 2. Μή interrogatif répond au latin *num* et suppose une réponse négative.
— 3. Καθώρμισας, ironique. Le port dans lequel est entré Prométhée, c'est le repos forcé de l'enchaînement.

Page 82 : 1. Τοῦδε est au neutre, παῖς jouant ici le rôle d'un adjectif.

Page 84 : 1. Ὑπτιάσμασιν χερῶν. Les Latins disaient : *tendere manus supinas*.

Page 86 : 1. Πτηνὸς κύων : alliance de mots familière aux tragiques. Cicéron a dit dans le même sens : *Jovis satelles*.
— 2. Μέγα ῥάκος. Ces mots marquent l'effet de διαρταμήσει : Ton corps déchiré ne sera plus qu'un grand lambeau.
— 3. Πρὶν...φανῇ. Hermès croit énoncer une condition irréalisable. Cependant il arrivera que Chiron, atteint d'une plaie incurable par une des flèches empoisonnées d'Hercule, voudra mourir pour Prométhée.

Page 88 : 1. Αὐταῖς ῥίζαις, c'est-à-dire σὺν αὐταῖς ῥίζαις.

Page 90 : 1. Τῶν οὐρανίων. D'autres lisent τῶν τ' οὐρανίων, ce qui change complètement la construction de la phrase. Il faut alors donner Ζεύς pour sujet à συγχώσειεν et dire : (Ζεὺς) δὲ συγχώσειεν κῦμα πόντου τραχεῖ ῥοθίῳ διόδους τε τῶν, etc.
— 2. Εὐχή. D'autres lisent τύχη.
— 3. Μετὰ...χωρεῖτε, tmèse pour μεταχωρεῖτε.

Page 94 : Ὦ...σέβας. Il invoque Géa ou Thémis, sa mère. Σέβας objet de respect.

Page 98 : 1. Πρεσβείαν. On peut donner aussi à ce mot le sens de « grand âge ».

— 2. Βαΰζει. Ce verbe a pour sujet 'Ασία compris dans 'Ασιατογενής.

— 3. Κίσσιον. Les Cissiens sont voisins des Susiens avec lesquels ils sont d'ailleurs confondus.

Page 100 : 1. Σουσισκάνης. Au nominatif, quoique pour le sens il se rapporte à ἄλλους.

— 2. 'Ελειοβάται. Ce sont les habitants du delta du Nil.

Page 102 : 1. Πελατάς. Ce singulier a pour apposition le nom des deux chefs mysiens et de leurs peuples.

— 2. Ἄκμονες λόγχης. Mot à mot : enclumes de la lance. D'autres entendent : *hastarum ictibus non cedentes*, sur lesquels la lance ne peut rien.

— 3. Μαχαιροφόρον. Une épée courte était l'arme nationale de la plupart des peuples de l'Asie.

Page 104 : 1. Ἕλλας. Hellé, fille d'Athamas et de Neptune, avait donné son nom à l'Hellespont.

— 2. Πεζονόμοις...θαλάσσας. Dans la plupart des éditions il y a une virgule après θαλάσσας. Avec cette ponctuation ces mots dépendent de ἐλαύνει et non de πεποιθώς, et servent d'explication à διχόθεν.

— 3. Χρυσογόνου γενεᾶς. Les Grecs faisaient descendre les Perses de Persée, fils de Danaé et de Jupiter, qui s'était converti en pluie d'or pour pénétrer auprès de son amante.

— 4. Σύριον. Les Grecs emploient souvent Σύριον pour 'Ασσύριον.

Page 106 : 1. Ἄτα, Até, puissance mystérieuse qui égare et perd les mortels.

— 2. Κατά... ἐκράτησεν, tmèse pour κατεκράτησεν.

Page 108 : 1. Ἔσσεται dépend de μή, comme πύθηται qui précède et πέσῃ qui suit ; φοβοῦμαι μή admet les deux constructions.

— 2. Ἐν...πέσῃ, tmèse pour ἐμπέσῃ.

— 3. Ὄδῳ. D'autres lisent πόθῳ, par le regret des époux.

— 4. Ἁβροπενθεῖς. La leçon ordinaire est ἀκροπενθεῖς, excessivement affligées.

— 5. Γόῳ. D'autres lisent encore ici πόθῳ.

Page 110 : 1. Δωρικοῖσιν. C'est l'ancien costume des femmes, autrefois répandu dans toute la Grèce et qu'on appela dorien depuis que les femmes de l'Ionie avaient adopté la robe traînante de l'Asie.

Page 112 : 1. Ἔψαυσα πηγῆς. La lustration était d'usage après les songes de mauvais augure.

Page 114 : 1. Οὐχ...χθονός. La reine n'achève pas afin de ne pas prononcer des paroles de mauvais augure. Elle se contente de dire que Xerxès n'étant pas, comme le magistrat d'une république, responsable envers les citoyens, continuera de régner, pourvu qu'il revienne sain et sauf.

Page 118 : 1. Ἀργύρου πηγή. Allusion aux mines du Laurium, dont le revenu fut employé par Thémistocle à construire les galères qui combattirent à Salamine.

— 2. Πῶς...ἐπήλυδας. Habituée à ne voir que des esclaves qui combattaient sous la menace du fouet, elle ne comprend pas le fier courage des Grecs qui défendaient leur liberté.

— 3. Τεκοῦσι, employé substantivement avec le génitif comme τοκεῦσι.

Page 120 : 1. Πέρσαι. Dans la lacune le messager invitait probablement les Perses à entonner un chant plaintif.

Page 122 : 1. Διάν. D'autres lisent δαίαν, hostile.

Page 124 : Πλαγκτῶν... σπιλάδεσσιν. D'autres lisent πλαγκτοῖς ἐν διπλάκεσσιν au milieu des planches de navires errantes, des débris flottants des navires.

Page 126 : 1. Σιληνῶν, nom que portait une partie de la côte de Salamine près du cap où les Grecs avaient dressé un trophée.

— 2. Κυκώμενοι. D'autres lisent νικώμενοι.

Page 128 : 1. Τοσόνδε. D'autres lisent τοσῶνδε.

Page 132 : 1. Ἀνήρ...Ἕλλην. Cet homme envoyé par Thémistocle s'appelait Sikinnos.

— 2. Ἐκσωσοίατο, ionisme pour ἐκσώσοιντο ; plus loin nous avons φευξείατο pour φεύξοιντο.

Page 134 : 1. Ἐπιστάτης. Nous traduisons ce mot par directeur à cause de ἄναξ κώπης qui précède ; autrement on pourrait le prendre comme un synonyme d'ἐπιστήμων, habile à manier les armes.

Page 134 : 2. Διάπλοον, adjectif, même sens que διαπλέοντα.

Page 136 : 1. Βρύχιον, sous la surface, parce que la rame plonge dans l'eau.

Page : 138 : 1. Ἀρωγή τε..., proposition principale à laquelle correspond Ἑλληνικαί τε νῆες.

Page 140 : 1. Θύννους. Les thons voyagent en bande serrée comme les harengs.

— 2. Εὐχωλὴ... κωκύμασιν. C'est sans doute un souvenir d'Homère :

> Ἔνθα δ'ἅμ' οἰμωγή τε καὶ εὐχωλὴ πέλεν ἀνδρῶν
> Ὀλλύντων τε καὶ ὀλλυμένων.   (Iliade, IV, 450.)

D'autres lisent οἰμωγή au lieu d'εὐχωλή. Il y a alors redoublement d'idée, au lieu d'une antithèse. « De gémissements et de cris toute la mer retentit. »

Page 142 : 1. Κακῶν. Nous l'avons fait dépendre de μάσσονα. Cependant on peut aussi le considérer comme complément de συμφοράν, un amas de maux.

— 2. Νῆσός τις. Comme elle était rocheuse et déserte, on croyait que Pan aimait à y danser avec les nymphes.

— 3. Ποντίας ἀκτῆς. La côte maritime de Salamine; celle qui regarde non Athènes, mais la haute mer.

Page 144 : 1. Πολλὰ ..... ἐφορμηθέντες. Nous avons donné le sens adopté le plus généralement. M. Weil l'interprète autrement. Il fait d'Ἕλληνες le sujet d'ἠράσσοντο et entend : Il est vrai que les Grecs furent d'abord accablés de pierres et de flèches, mais à la fin s'étant élancés...

— 2. Ἄφαρ, hyperbole. Le départ eut lieu quelques jours après la bataille.

Page 146 : 1. Πράξειν. Ce verbe se dit souvent d'une dette qu'on réclame, qu'on fait rentrer.

— 2. Ὑπ' ἄσθματος κενοί. Il nous semble difficile d'expliquer ce passage d'une manière satisfaisante sans considérer ὑπόκενοι comme un seul mot séparé par une tmèse.

Page 154 : 1. Κεῖπερ τάδ' ἐστί. D'autres lisent καίπερ τάδ' ἐστί, quoique cela soit, malgré cette leçon.

Page 156 : 1. Μέμνησθ' Ἀθηνῶν. Allusion ironique aux paroles que le Grand Roi se faisait répéter à tous ses repas. « Seigneur, souviens-toi d'Athènes. » Elles étaient un appel à la vengeance; ici elles deviennent une leçon de sagesse.

Page 156 : 2. Σωφρονεῖν κεχρημένον, accusatif absolu; d'autres lisent κεχρημένοι; le sens est alors: Vous ayant usé de sages paroles (εὐλόγοισι νουτεθήμασι) pour qu'il devienne sage (ὥστε ἐκεῖνον σωφρονεῖν) apprenez-lui...

Page 164 : 1. Ὥραν τ'... ἕκαστος. D'autres lisent ὥραν ἔχοντα ἕκαστον, chacun ayant son âge, c'est-à-dire, chacun selon son âge.

— 2. Πιστοί. D'autres suppriment la virgule et lisent πιστούς, qu'ils rapportent à ἀσπιδοφόρους.

— 3. Φάους δίχα D'autres lisent πυρὸς δίχα, sans faire usage de feu, mais Tirésias était aveugle.

Page 166 : 1. Τελεῖ, futur second pour τελέ(σ)ει.
— 2. Ἐννώ. C'est la Bellone des Latins.

Page 168 : 1. Ἀδράστου. Le devin Amphiaraos avait prédit qu'Adraste seul reverrait sa patrie.

— 2. Καὶ...χρονίζεται. Plusieurs traducteurs rapportent ces vers à l'espion et disent : Je t'apporte ce renseignement certain, sans perdre de temps.

Page 170 : 1. Ἀρά τ' Ἐρινύς. La malédiction (ἀρὰ) que suscite Érinys se confond avec elle.

Page 172 : 1. Ἐμὲ δὲ..... ὁ λεύκασπις. Ce passage, très altéré dans les manuscrits donne lieu à une foule de leçons. L'épithète de λεύκασπις distingue les Argiens qui portaient des boucliers blancs peut-être par allusion au mot Ἄργος.

— 2. Εὔεδροι. C'est une invitation aux dieux de rester dans leurs sanctuaires. On croyait que les dieux désertaient les villes dont la ruine était imminente.

Page 174 : 1. Παλαίχθων. Le culte d'Arès remonte à la fondation de Thèbes.

Page 176 : 1. Ἰχθυβόλῳ μαχανᾷ. C'est le trident avec lequel les pêcheurs harponnaient le thon dans les mers de la Grèce.

— 2. Λύκειος. Le poète adopte ici l'interprétation d'après laquelle Λύκειος viendrait de λύκος, loup.

Page 176 : 3. Στόνων ἀϋταῖς. M. Weil reconnaissant que στόνων ἀϋτᾶς n'offre pas un sens satisfaisant, nous lisons ἀϋταῖς au lieu de ἀϋτᾶς.

Page 178 : 1. Δοριτίνακτα est pris ici adverbialement.

— 2. Ὄγκα. On identifiait avec Pallas la déesse invoquée à Thèbes sous ce vieux nom.

— 3. Ὀργίων. Ce mot désigne plus particulièrement les fêtes mystiques comme celles de Bacchus.

Page 180 : 1. Προιτίσιν. Cette porte était ainsi appelée de Prœtos d'Argos, qui, chassé par son père Acrisios, s'était réfugié en Béotie.

— 2. Ἰσμηνόν, petite rivière qui baigne les murs de Thèbes.

— 3. Ὁ μάντις : Amphiaraos.

Page 182 : 1. Τάχ'... ἄνοια. Non seulement la sagesse, mais le délire aussi peut d'aventure tenir lieu de divination. Ἄνοια est pour ἡ ἄνοια.

Page 184 : 1. Ὁμαίμων. Il était de ces nobles thébains qu'on appelait Σπαρτοί, descendants des guerriers semés par Cadmos.

Page 186 : 1. Ἄλλο, un autre avantage pareil à celui qui résulte pour nous de la présomption de Tydée.

Page 188 : 1. Πωλικῶν, c'est-à-dire παρθενικῶν.

— 2. Voici les noms des trois couples de combattants omis dans cet extrait : Étéoclos et Mégarée, Hippomédon et Hyperbios, Parthénopée et Actor.

— 3. Ὁμολωίσιν. Cette porte est ainsi appelée, selon les uns, d'Homoloïs, fille de Niobé ; selon les autres, du nom de Thébains, vaincus par les Argiens, qui s'étaient réfugiés sur le mont Homolos en Thessalie. La porte par laquelle ils rentrèrent dans leur patrie aurait reçu d'eux le nom d'Homoloïde.

— 4. Κακοῖσι...βίαν. Amphiaraos reprochait avec raison à Tydée d'avoir entraîné les autres chefs dans cette funeste expédition.

Page 190 : 1. Αὖθις... Il manque un mot, dans le sens de προσμολών.

— 2. Ἐνδατούμενος. D'autres entendent : Prononçant séparément les deux moitiés du nom de Polynice composé de πολύ, beaucoup et de νεῖκος, querelle.

Page 190 : 3. Μάντις κεκευθώς. Amphiaraos conservera le don de la divination et rendra des oracles même après sa mort.

Page 194 : 1. Φιλεῖ.....καίρια. Ce vers est généralement placé après εἰ καρπός... Λοξίου et appliqué à Loxias.

— 2. Οἶμα. D'autres lisent ὄμμα : son coup d'œil est rapide.

Page 198 : 1. Δοκεῖ. Après ce mot on peut sous-entendre un vers tel que celui-ci : Τούτῳ μάχεσθαι· τοῖς πάρος καλῶς ἔχει : Combattre celui-ci ; pour les précédents, tu y as bien pourvu.

Page 200 : 1. Κοὐκ ἀπηξιώσατο. On lit généralement καὶ κατηξιώσατο qui n'offre aucune difficulté ; avec κοὐκ ἀπηξιώσατο il faut faire dépendre cette phrase négative des négations précédentes οὔτε, οὔτε, et lui donner alors un sens affirmatif.

Page 202 : 1. Φοίβῳ στυγηθέν. Depuis que Laïos avait désobéi aux ordres du dieu.

Page 206 : 1. Νίκην....θεός. Le coryphée avait peut-être dit qu'il ne faut pas engager une lutte dans laquelle on ne saurait vaincre sans crime. Étéocle répond que la victoire, même coupable, a pour elle la sanction des dieux.

— 2. Τοῦτ' ἔπος. Sans doute le conseil d'éviter le combat, plutôt que de remporter une pareille victoire.

Page 210 : 1. Ἐπιγόνοις. Allusion au nom d'Épigones que l'on donne aux fils des Sept, lesquels furent plus heureux dans leur expédition contre Thèbes.

— 2. Σιδαρόπλακτα...τοὺς, au lieu de Σιδαροπλάκτους...μένουσιν, anacoluthe hardie.

Page 212 : 1. Λαχαί. M. Weil rattache ce mot à λαγχαίνειν bêcher, et en fait un synonyme de σκαφαί.

Page 214 : 1. Σίδαρος. Le fer venu du pays des Chalybes, sur le Pont-Euxin...

Page 216 : 1. Ἀραί ici personnifié est synonyme de Ἐρινύες.

Page 220 : 4. Φρουρᾶς...μῆκος, accusatif de la durée. Pendant, c'est-à-dire, depuis un an que dure cette garde.

— 2. Ἄγκαθεν, syncope de ἀνέκαθεν équivaut à ἄνωθεν.

Page 222 : 1. Ἐντέμνων. Se dit au propre des herbes que l'on coupe pour en préparer un remède.

Page 222 : 2. Σημαίνω. Dans le transport de sa joie, le veilleur parle à Clytemnestre comme si elle était présente.

Page 224 : 1. Τρὶς ἓξ βαλούσης, métaphore empruntée au jeu de dés, où trois fois six était le coup le plus heureux; l'esclave espère s'apercevoir du bonheur de ses maîtres par la récompense que ce bonheur lui vaudra.

— 2. Βοῦς...βέβηκεν : locution proverbiale pour indiquer un secret qui pèse.

Page 226: 1. Ὕπατος, sur le sommet où il réside. Ce mot explique pourquoi les vautours sont appelés μετοίκων, voisins, ils habitent près des mêmes cimes.

— 2. Ξένιος. Pàris ou Alexandre avait violé les lois de l'hospitalité en enlevant Hélène.

— 3. Πολυάνορος. Hélène avait successivement appartenu à Thésée, à Ménélas et à Pàris.

— 4. Ἱερῶν ἀπύρων, des sacrifices qui ne brûlent pas et qui par suite ne sont pas agréés des dieux. D'autres entendent des sacrifices où l'on n'allume pas de feu, c'est-à-dire des sacrifices offerts aux Furies, pour désigner les Furies elles-mêmes.

Page 228: 1. Ἀτίται, pluriel de ἀτίτης; c'est le contraire de φερέγγυος, solvable, capable de payer sa dette.

— 2. Τρίποδας... ὁδούς. Allusion sans doute à l'énigme du Sphinx.

— 3. Σὺ δέ. Parole adressée à la reine encore absente.

Page 230 : 1. Μυχόθεν : du fond du palais où l'on conserve les provisions les plus précieuses.

— 2. Τότε δέ. Il y a ici changement de construction; le sujet de la phrase n'est plus ἥ, mais ἀγανὴ φαίνουσα ἐλπίς.

Page 232: 1. Παροιμία. Ce proverbe est inconnu.

Page 234: 1. Ἀγγάρου. C'est le nom que les Perses donnaient aux courriers royaux disposés de relais en relais.

— 2. Μακίστου, montagne de l'Eubée.

Page 236: 1. Μεσσαπίου, rivière de Béotie.

— 2. Ἀσωποῦ, rivière de Béotie.

— 3. Κιθαιρῶνος, montagne de Béotie.

— 4. Γοργῶπιν, lac sur les confins des territoires de Mégare et de Corinthe.

Page 234 : 5. Αἰγίπλαγκτον, montagne de la Mégaride.
— 6. Σαρωνικοῦ πορθμοῦ, golfe entre l'Attique, la côte du Péloponnèse et l'isthme de Corinthe.
— 7. Ἀραχναῖον, montagne de l'Argolide.

Page 238 : 1. Λαμπαδηφόρων. Allusion aux courses de flambeaux (λαμπαδηφορίαι) qui se faisaient en l'honneur d'Hephæstos et d'autres divinités du feu. Chaque tribu fournissait un groupe de coureurs, et les coureurs du même groupe devaient se passer le flambeau sans le laisser s'éteindre.
— 2. Νικᾷ δραμών. Le dernier est vainqueur aussi bien que le premier ; ils ont tous mérité le prix. De même on couronnait dans les fêtes tous les coureurs du groupe qui l'avait emporté sur les autres.
— 3. Καὶ σύ. Depuis longtemps Agamemnon est entré dans le palais avec son cortège. Cassandre seule reste obstinément sur son char. Ne la voyant pas arriver, Clytemnestre sort encore une fois du palais pour l'attirer, elle aussi, dans le piège.
— 4. Κτησίου βωμοῦ. C'est l'autel consacré à Zeus Ctesios, tutélaire de la maison et des biens.

Page 240 : 1. Πείθοι' ἄν, εἰ πείθοι'. Formule dubitative. Nous retrouverons de même dans le morceau suivant : Χαίροιτ' ἄν, εἰ χαίροιτ'.
— 2. Χελιδόνος δίκην. Les Grecs comparaient les langues barbares, qu'ils ne comprenaient pas, au gazouillement des oiseaux.

Page 242 : 1. Καρβάνῳ χερί. En parlant ainsi, Clytemnestre fait elle-même un signe de la main pour faire comprendre à Cassandre qu'elle doit entrer.

Page 244 : 1. Ἀγυιᾶτ(α). Sous ce nom Apollon veillait sur les routes et avait son visage ou sa représentation symbolique (un pilier conique) à l'entrée des maisons.
— 2. Ἀπόλλων ἐμός. Jeu de mots intraduisible en français ; il faut rapprocher Ἀπόλλων du verbe ἀπόλλυμι.
— 3. Συνίστορα, construit avec l'accusatif comme synonyme de συνειδυῖαν. Tout ce qui suit est une allusion aux crimes d'Atrée et de Thyeste.

Page 246 : 1. Κλαόμενα...σφαγάς. Il faut sous-entendre devant ces accusatifs un verbe comme ὁρῶ. Les autres commentateurs mettent une virgule devant σφαγάς. M. Weil supprime cette virgule, et considère σφαγάς et σαρκάς comme compléments de κλαόμενα.

Page 246 : 2. Μήδεται, sujet sous-entendu τις. Ce verbe n'a pas le sens passif.

Page 248 : 1. Κροκοβαφής. Cette épithète indique que le sang est décoloré par la peur.

— 2. Μελάγκερως. D'autres lisent μελάγκερων, qui se rapporterait alors à Agamemnon. Les cornes noires passaient, chez les anciens, comme un signe caractéristique des bonnes races bovines.

— 3. Τέχναν. D'autres lisent τύχαν, l'aventure de la baignoire.

Page 250 : 1. Πολυεπεῖς. D'autres lisent πολυετεῖς, antique.

— 2. Περέβαλον. Élision rare pour περιέβαλον.

Page 252 : 1. Ματαίους. Inutiles, parce que le prophète prévoit les malheurs sans les éviter.

Page 256 : 1. Ἐν δόμοις μένει. Ordinairement les bandes joyeuses (κῶμοι), après avoir bu, couraient la ville ; ce sinistre κῶμος garde la maison.

— 2. Εὐνὰς ἀδελφοῦ, le lit d'Atrée violé par l'adultère de son frère Thyeste.

— 3. Δυσμένεις. Ce mot étant séparé par une virgule d'εὐνὰς se rapporte aux Érinys.

— 4. Τὸ μὴ εἰδέναι. Nous avons suivi l'interprétation de M. Weil qui sous-entend σε comme sujet de εἰδέναι. Les autres commentateurs sous-entendent με, et alors la phrase signifie : Jure que je ne connais pas...

— 5. Σου...τραφεῖσαν. Anacoluthe remarquable. Cet accusatif est le sujet de l'infinitif κυρεῖν.

Page 258 : 1. Χόρος. Le chœur demandait sans doute le motif de cette faveur.

— 2. Κάσανδρα. Cassandre disait peut-être qu'elle avait été insensible à la recherche de plusieurs prétendants.

Page 262 : 1. Ἀμφίσβαιναν. Serpent fabuleux pouvant marcher en arrière aussi bien qu'en avant.

— 2. Ἐκ δρόμου...τρέχω. Métaphore empruntée au coureur qui sort de la carrière et s'égare.

Page 264 : 1. Ἠ... ἐμῶν. Le coryphée comprend si peu les prophéties de Cassandre, qu'il demande quel *homme* accomplira le crime.

Page 264 : 2. Τοῦ pour τίνος. Sous-entendu τοῦτο ἄγος πορσύνεται.

Page 266 : 1. Ἀπόλλων...ἐκδύων. Dans un transport prophétique elle a jeté les insignes de sa dignité.

Page 268 : 1. Πράξειν. D'autres lisent ἄξειν : Que la mort de son père le ramènera.

Page 270 : 1. Σῶν... τέκνων. Les mots εὐκλεῶς κατθανεῖν rappellent à Cassandre la mort des défenseurs de Troie. Elle gémit sur le sort de Priam, son père, et des enfants de Priam.

Page 272 : 1. Θάμνον. Le buisson autour duquel l'oiseau soupçonne un piège. Sous-entendez δυσόζει, c'est-à-dire δυσόζων ὑποπτεύει.

— 2. Μαρτυρῆτέ μοι. Cassandre demande aux vieillards de rendre un jour à la morte le témoignage que ses prédictions n'étaient pas vaines.

— 3. Ἐπιξενοῦμαι. D'autres entendent : Je reçois comme don d'hospitalité, c'est-à-dire : la mort, voilà l'hospitalité qui m'attend.

Page 274 : 1. Σκιᾷ...πρέψειεν. D'autres lisent σκιὰ (nominatif) τρέψειεν : Une ombre renverserait.

— 2. Κλυταίμνηστρα. Le fond de la scène s'ouvre ; on voit dans l'intérieur du palais rapproché par une machine des yeux du spectateur, Clytemnestre, une hache à la main, entre les cadavres d'Agamemnon et de Cassandre.

Page 276 : 1. Χάριν. Par un amer sarcasme Clytemnestre appelle ce coup de grâce une libation offerte à Zeus souterrain.

— 2. Ὀρυγάνει pour ἐρυγγάνει.

Page 278 : 1. Εἰδότας, vous qui savez que je suis inaccessible à la peur.

— 2. Ἀπέδικεν, ἀπέταμέν σε. D'autres lisent : ἀπέδικες, ἀπέταμες. Ces mots ont alors pour sujet Clytemnestre, et μῖσος...ἀστῶν sont un attribut de ἔσει.

Page 280 : 1. Ὥσπερ οὖν. C'est ce qui arrive en pareil cas, lorsqu'on en est en proie à une fureur meurtrière.

— 2. Ἐπιμαίνεται est dit poétiquement pour ἐπιμαινομένη ἐπεύχεται.

Page 286 : 1. Πομποί. Les femmes esclaves qui forment le chœur portent les libations qu'Électre doit offrir au nom de Clytemnestre sur le tombeau d'Agamemnon.

— 2. Τῶν κακῶν, et non, comme on disait en des circonstances ordinaires, τῶν καλῶν.

Page 288 : 1. Καθάρματα...ἐκπέμψας. Dans les lustrations, on se servait de certains objets qui représentaient symboliquement la souillure dont on voulait se purifier, et qui s'appelaient καθάρματα. On les lançait derrière soi en détournant les yeux.

Page 292 : 1. Κῦμα équivaut ici à κύημα, germe fécond.

Page 294 : 1. Δίκην. Il y a ici une lacune. M. Weil propose de suppléer quelque chose comme τίνοντας ὧν ἔδρασαν ἀξίαν κακῶν, mot à mot : Recevant un châtiment compensateur des maux qu'ils ont faits.

— 2. Ἀπότροπον est construit ici avec l'accusatif, comme le serait ἀποτρέπον, dont il tient la place.

— 3. Ἐξ ἀμαυρᾶς φρενός. D'autres rapportent ces mots au Chœur, et traduisent : Le cri de douleur qui sort du fond des ténèbres de mon âme.

Page 296 : 1. Σκύθης....Ἄρης. Les archers scythes étaient célèbres pour leur adresse.

Page 298 : 1. Αὐτοῖσιν ἡμῖν. Remarquez ce masculin, quoique s'appliquant à un groupe de femmes. Le féminin αὐταῖσιν ἡμῖν désignerait plusieurs femmes.

Page 300 : 1. Ἐγὼ δ' ὅπως...αἰνέσω. Il y a là une ellipse ; je sous-entends οὐκ ἔχω.

— 2. Ἄγαλμα... τιμήν. Ces deux accusatifs forment une apposition à συμπενθεῖν.

— 3. Πτέρναι. Ces mots ne se lient pas aux précédents. Dans la lacune Électre disait sans doute qu'elle ne parlait que de l'un des deux inconnus.

Page 302 : 1. Ὅνπερ, sous-entendu εἰς ὄψιν ἐλθεῖν.

Page 304 : 1. Ὡς... προυννέπειν. Les autres éditions portent : Ὡς ὄντ' Ὀρέστην ἄρα σ' ἐγὼ προσεννέπω. C'est donc à Oreste que je parle !

— 2. Θήρειον γραφήν. L'usage de broder des figures d'animaux sur les vêtements s'est conservé fort longtemps chez les Grecs.

Page 306 : 1. Ἄμφω φυγήν. Quoique Électre n'ait point été exilée du foyer paternel, elle y est traitée comme une étrangère, une esclave.

Page 308 : 1. Πόνον. Ce mot sert à la fois de complément à φυγεῖν et à προσθεῖσαν.
— 2. Δαῖτες... βροτῶν. Il s'agit des libations offertes aux morts et des victimes immolées sur leurs tombeaux.

Page 312 : 1. Γόον. D'autres lisent γόνου : Aie pitié de ta fille et de ton rejeton mâle.
— 2. Κληδόνες σωτήριοι. Les enfants sont des souvenirs parlants qui font revivre leurs parents.

Page 314 : Τὶς ἐκχέας. Anacoluthe pour τινὸς ἐκχέαντος.
— 2. Παρῆ. Vieille forme attique de la première personne de l'imparfait.
— 3. Ὁρμίσαι. Terme de marine qui veut dire faire entrer un navire dans un port pour l'y mettre à l'abri.

Page 316 : 1. Ἀμφέχασκε, de ἀμφιχάσκω, poétique pour ἀμφιχαίνω.

Page 318 : 1. Τῷδε, Pylade.
— 2. Δόμων, la maison de Strophios, père de Pylade, ami et allié des rois d'Argos.

Page 320 : 1. Μιμουμένω. Ils n'en continueront pas moins à parler le plus pur attique. C'est la même convention dramatique d'après laquelle les barbares parlent grec dans les tragédies.
— 2. Πύλαισι. Le sens est à peu près le même que s'il y avait πυλῶν. Égisthe les empêche d'entrer par le moyen des portes, en leur fermant la porte. Le verbe ἀπείργω ne saurait se construire avec un datif marquant le lieu.
— 3. Κατὰ... βαλεῖν, tmèse, pour καταβαλεῖν.
— 4. Τρίτην πόσιν. Allusion indirecte au meurtre de Clytemnestre.
— 5. Σύ, Électre.

Page 322 : 1. Τούτῳ : son père dont il montre la statue.

Page 324 : 1. Δικαίων...παρουσία. La présence d'un œil juste, c'est-à-dire, qui veille sur le sommeil de l'étranger.

— 2. Ἀνδρῶν... Ce pluriel, dont nous trouverons plusieurs exemples dans cette scène, ne se rapporte, dans la pensée de Clytemnestre qu'au seul Égisthe.

Page 328 : 1. Εὐβόλως. D'autres lisent εὐβούλως : car il était prudent.

— 2. Ἀλλ' ἐσθ' ὁ καιρός équivaut à ἀλλ', ἐστὶ γὰρ ὁ καιρός ; voilà pourquoi il n'y a qu'une virgule devant ἄγε.

— 3. Μακρᾶς κελεύθου. Devant ce génitif sous-entendez διά. M. Weil fait dépendre ces mots de πρόσφορα ; mais cet adjectif se construit ordinairement avec le datif, comme nous le voyons quelques vers plus bas, σώμασιν τὰ πρόσφορα.

Page 330 : 1. Ὀπισθόπους...ξυνεμπόρους. Oreste et Pylade sont accompagnés de quelques serviteurs.

— 2. Ὑπευθύνῳ. Par un raffinement de cruauté, Clytemnestre s'adresse à Électre et la rend responsable de l'exécution de ses ordres.

Page 332 : 1. Ἔοικεν. Ce vers paraîtrait mieux placé dans la bouche du portier que dans celle du chœur.

— 2. Αἴγισθον ἢ κρατοῦσα... Lacune. M. Weil propose de suppléer quelque chose comme : ἡ κρατοῦσα τῶνδε δωμάτων ǁ πρὸς τοὺς μολόντας ἀρτίως ξένους καλεῖν.

Page 334 : 1. Τῆς...τριβήν équivaut à περὶ ὃν διατρίβει ἡ ἐμὴ ψυχή.

— 2. Κελευμάτων. Lacune. Ὀρέστην n'est gouverné par rien, non plus que les génitifs ὀρθίων κελευμάτων.

— 3. Κναφεὺς τροφεύς τε. Ces mots, quoique masculins, se rapportent à la nourrice.

Page 336 : 1. Δεσπότου στύγη. D'autres lisent στύγει, à une haine de maître, c'est-à-dire, à un maître odieux.

Page 338 : 1. Μέλει... πέρι : terme, vague à dessein, qui indique que l'on ne veut pas en dire davantage.

Page 340 : 1. Ἐπὶ ξυροῦ : locution proverbiale pour indiquer un péril imminent.

— 2. Φίλτατε, au masculin, conformément à l'usage, le genre naturel primant le genre grammatical.

Page 344 : 1. Οὗτοι... δορυξένους. A ce reproche Clytemnestre répond qu'elle n'a pas abandonné son fils en l'envoyant dans une maison amie, celle de Strophios.

— 2. Διχῶς ἐπράθην. J'ai été vendu doublement, à la fois exilé et privé de mon patrimoine.

— 3. Κύνας, les Furies.

Page 346 : 1. Ὀφθαλμὸν οἴκων désigne Oreste.

— 2. Ἴδεσθε. Le palais s'ouvre, comme à la fin de l'*Agamemnon*, et l'on voit Oreste comme on a vu Clytemnestre, l'épée à la main, entre les deux victimes.

Page 350 : 1. Μελέων ἔργων. Entendez le meurtre d'Agamemnon, dont l'image est évoquée par la vue du fatal tissu.

— 2. Διεπράχθης. Se rapporte à Clytemnestre, dont le cadavre est étalé sur la scène. Cependant quelques commentateurs l'appliquent à Agamemnon, et alors μίμνοντι se rapporterait d'une manière générale au meurtrier du roi.

— 3. Ὡς... ξίφος. D'après Eschyle, Clytemnestre immola son époux de sa propre main sans le concours d'Égisthe. Faut-il admettre que ce dernier prêta son épée pour constater que c'était lui qui vengeait son père Thyeste sur le fils d'Atrée?

— 4. Δροίτης. Ce mot signifie également bière et baignoire.

Page 352 : 1. Ἀλλὰ...εἰδῆτε. Après ces mots s'ouvre une parenthèse qui se ferme à ὑπορχεῖσθαι κρότῳ.

— 2. Κρότῳ. D'autres lisent κότῳ : Et mon cœur est prêt à danser (palpiter) de rage.

Page 354 : 1. Παρέντα δέ, réticence.

— 4. Τόξῳ. Expression métaphorique. Comme un archer ne saurait atteindre un but placé trop loin, de même la pensée humaine ne peut rien imaginer qui égale le supplice dont Apollon menaçait Oreste.

— 3. Μεσόμφαλον. Les Grecs regardaient le temple de Delphes comme l'ombilic, le centre de la terre.

— 4. Μέλ' ὅσ'. Nous avons dû adopter cette leçon fort hypothétique. Avec μένελε, débris d'un texte tronqué que conserve M. Weil, la construction est impossible.

Page 356 : 1. Λιπών. Il est difficile de sous-entendre εἰμί. Ici encore il y a probablement une lacune.

Page 356 : 2. Μήτ'...πονηρᾷ. Cette phrase, réellement obscure est interprétée de différentes manières également plausibles. Nous avons suivi l'interprétation donnée par M. Weil. D'autres comprennent : Ne tiens pas ta langue enchaînée, quand tu entendras la calomnie.

— 3. Δόξαι. Ni le Chœur ni les spectateurs ne voient les Furies.

Page 358 : 1. Συμφοραῖς. M. Weil prend ici ce mot en bonne part ; nous avons suivi son interprétation. D'autres laissent à συμφοραῖς son sens ordinaire, et entendent : Te protège dans des événements mortels, dans les plus grands périls.

— 2. Γονίας, mot obscur que le scholiaste explique par χαλεπός. D'autres en font un génitif qui dépendrait de χειμών, *generis tempestas*, tempête soulevée par nos proches.

Page 364 : 1. Ὡς, λόγος τις. Suivant la tradition générale, la fille de Gaïa, Thémis, avait été violemment dépossédée par Phœbos. Eschyle veut au contraire que la transmission se soit faite paisiblement et sans violence ; il insiste donc sur les liens de parenté existant entre les divinités qui se succédèrent.

— 2. Γενέθλιον δόσιν. Les anciens ne donnaient leur nom aux enfants que huit jours après leur naissance. On leur faisait alors un don appelé γενέθλιον δῶρον.

— 3. Λίμνην. Il y avait à Délos un lac circulaire consacré à Apollon. La montagne est celle de Cynthie.

— 4. Κελευθοποιοί... Ἡφαίστου. Suivant une tradition, les Athéniens, appelés παῖδες Ἡφαίστου, à cause de leur aïeul Érichthonios, fils de ce dieu, auraient conduit Phœbos à Delphes, et construit à cette occasion la route sacrée que suivaient les pèlerins, θεωροί.

Page 366 : 1. Πλεῖστον, fleuve de la Phocide descendant de Delphes même.

Page 368 : 1. Ἴτων : au pluriel après l'indéfini τις qui contient l'idée de pluralité.

— 2. Πάλῳ λαχόντες. Le sort déterminait l'ordre dans lequel les pèlerins étaient admis à consulter l'oracle.

— 3. Θεός. Après ces mots, la scène reste vide ; ce qui est sans exemple dans la tragédie grecque. Ce vide devait ajouter grandement à l'effroi et à l'attente.

Page 368 : 4. Ὀμφαλῷ. La pierre conique dans le sanctuaire de Delphes qui passait pour être l'ombilic, c'est-à-dire le centre de la terre.

Page 370 : 1. Φερούσας. Ce sont les Harpyies, mais comme les Harpyies ont des ailes, la prêtresse rejette cette comparaison, comme elle a rejeté celle des Gorgones.

Page 372 : 1. Πέπων, doux comme un fruit mûr.
— 2. Κακόν. C'est Apollon, le dieu de la lumière qui parle ainsi.
— 3. Βουκολούμενος. Ce verbe signifie faire paître, par suite prendre soin, adoucir, charmer. D'autres lui donnent le sens de « errant ».

Page 374 : 1. Τὸ μὴ ἀδικεῖν. Nous avons suivi l'interprétation de M. Weil et de beaucoup d'autres traducteurs. Cependant cette phrase présente un autre sens également plausible : « Tu sais quand il n'y a pas d'injustice ; et puisque tu le sais, sache aussi ne pas laisser dans l'abandon ceux qui n'ont pas commis d'injustice ». Le vague de l'expression servirait à indiquer la pudeur du fils parricide qui se garde bien de rappeler directement le meurtre de sa mère.
— 2. Εὖ ποιεῖν. Quelques traducteurs donnent à cette locution le sens de εὖ πράττειν, réussir, et disent, à tort selon moi: « Ta puissance est un garant du succès. »
— 3. Αὐτάδελφον signifie ordinairement frère des deux côtés ; ici il perd une partie de sa force, puisque Mercure et Apollon étaient nés de mères différentes, l'un de Maïa, l'autre de Latone.
— 4. Πομπαῖος. Une des fonctions de Mercure était de conduire les morts aux enfers.
— 5. Ἐκνόμων. D'autres écrivent en deux mots ἐκ νόμων, un droit résultant des lois, fondé sur les lois.

Page 376 : 1. Ὦν. Le pluriel, quoique en réalité il ne s'agisse que d'Agamemnon. M. Weil considère ὧν, et plus loin κείνων, comme des neutres.
— 2. Παθοῦσα...οὐδεὶς ὑπέρ μου : anacoluthe.
— 3. Ὅρα. Clytemnestre emploie tantôt le pluriel, tantôt le

singulier, quoiqu'elle s'adresse aux Furies, le Chœur ne représentant qu'une personne morale.

Page 376 : 4. Ἀοίνους. Jamais on ne faisait aux Furies des libations de vin.

Page 378 : 1. Ὥραν, accusatif servant d'apposition à νυκτίσεμνα δεῖπνα.

— 2. Ἐγκατιλλώψας. Ce mot signifie au propre: cligner de l'œil malicieusement.

Page 380 : 1. Φράζου. Ce verbe, au moyen, signifie se dire à soi-même, réfléchir, faire attention.

— 2. Ἦ πολλὰ δὴ παθοῦσα. Ce vers est prononcé par une autre Furie. Les deux vers suivants appartiennent de nouveau à la première Furie, et, en général, tout ce Chœur a dû être réparti entre deux ou plusieurs voix.

Page 382 : 1. Κέντρῳ μεσολαβεῖ. M. Weil entend l'aiguillon qu'on saisit par le milieu, et par suite qu'on dirige d'une main plus sûre.

Page 384: 1. Λαβοῦσα. Apollon, après s'être servi du pluriel, emploie le singulier. Ses ordres s'adressaient à toutes les Furies, mais chacune d'elles recevra une flèche.

— 2. Ὄφιν. Ce serpent ailé et brillant est peut-être opposé aux horribles serpents des Euménides.

Page 386 : 1. Ἀκρωνία équivaut peut-être à ἀκρωτηριασμός. Ce genre de supplice, qui consistait dans l'amputation des extrémités, était fort usité chez les Perses.

— 2. Τρίβεσθαι, équivaut à ἐντρίβεσθαι.

Page 388 : 1. Τὸν ξένον. Ce qui augmente l'horreur du crime d'Oreste, c'est qu'il avait reçu l'hospitalité de Clytemnestre. Elle devait donc lui être sacrée à un double titre.

— 2. Πέμψαι. Faire parvenir la vengeance de Delphes, où Oreste consultait l'oracle, à Argos. On comprendrait plus facilement πρᾶξαι, exiger, ou un verbe analogue.

— 3. Προπομποὺς...τάσδε. L'escorte du suppliant avait droit comme lui à un bon accueil.

— 4. Γυναικὸς...νοσφίσῃ. La phrase est suspendue. Γυναικὸς dépend de φόνος du vers suivant.

Page 388 : 5. Τελείας. Héra est souvent désignée par cet adjectif seul. L'acte par lequel Zeus et Héra se sont engagé leur foi est le modèle des mariages humains et la garantie de leur sainteté.

Page 390 : 1. Τὰ μὲν γὰρ... ἡσυχαιτέραν. Nous avons suivi la leçon et l'interprétation de M. Rossignol. La virgule devant ἡσυχαιτέραν rend la phrase inexplicable.

— 2. Πλέον τίθου. M. Weil entend par ces mots « préfère ».

Page 392 : 1. Δίκας... φῶτα. La locution δίκας μέτειμι gouverne à l'accusatif φῶτα, comme le ferait μετελεύσομαι.

— 2. Οὐ προστρόπαιον. Oreste n'est plus un suppliant. Les cérémonies lustrales l'ont purifié ; il est relevé de l'interdit dont il était frappé ; cependant il est toujours chargé de son crime, ἀλάστωρ, et les Furies ont pouvoir sur lui jusqu'à ce qu'il soit acquitté.

Page 396 : 1. Ἀσεβοῦντες : au pluriel, à cause de l'idée de pluralité renfermée dans τίς.

Page 398 : 1. Χοιροκτόνοις. Les lustrations se faisaient avec le sang d'un jeune porc.

— 2. Χώρας... Λιβυστικοῖς, hypallage, pour χώρας... Λιβυστικῆς.

— 3. Τρίτωνος...πόρου. C'est là une des explications que l'on donne de Τριτογένεια, surnom de Pallas.

— 4. Κατηρεφῆ πόδα. Expression obscure. On croit qu'elle désigne les pieds couverts par le vêtement de la déesse lorsqu'elle est assise.

— 5. Φλεγραίαν πλάκα. Cette plaine avait été le théâtre de la lutte des dieux et des géants.

Page 400 : 1. Ἀποπτύεις λόγους. Oreste se détourne et crache comme on faisait pour se préserver de l'effet des paroles sinistres.

Page 402 : 4. Τῷ τεθυμένῳ. La victime vouée à la mort et, pour ainsi dire, déjà immolée.

Page 404 : 1. Ἐπὶ τόν... διόμεναι : tmèse, pour ἐπιδιόμεναι τόν.

— 2. Σπεύδομεν...ἐπικραίνειν. Pour ces deux vers il y a autant de leçons et d'interprétations qu'il y a de traducteurs et de commentateurs. Nous avons suivi le texte et l'interprétation de M. Weil.

Page 406 : 1. Καταφέρω... κῶλα. Passage fort obscur ; nous avons adopté la leçon et l'interprétation de M. Rossignol.
— 2. Τοῖον.... μῦσος. Dans cette phrase fort obscure réunissez ἐπὶ à πεπότατατ et considérez τοῖον κνέφας comme un attribut : crime qui répand une telle obscurité dans l'esprit du coupable.
— 3. Λάμπᾳ. Ce mot signifie écume, efflorescence à la surface d'un liquide, saleté. Ce sont les « *loca senta situ* » de Virgile.
— 4. Δερκομένοισιν...δυσομμάτοις. Ce sont les morts et les vivants.

Page 408 : 1. Αἰγέως στρατῷ. Tous les citoyens portant les armes, armée et peuple se confondaient anciennement.
— 2. Ἀεὶ δικαστῶν. Faites retomber ἀεὶ sur δικαστῶν. Les juges de l'aréopage étaient seuls nommés à vie. Les autres tribunaux étaient composés de juges temporaires.
— 3. Θήσεως... φθόνον. Elles en voulaient à Thésée d'avoir combattu contre elles avec Hercule, et d'avoir emmené leur reine Hippolyte ou Antiope.
— 4. Πόλει. La ville par excellence, l'Acropole : elle n'était séparée que par un ravin de la colline d'Arès.

Page 410 : 1. Κατὰ porte sur τὸ ἦμαρ aussi bien que sur εὐφρόνην.
— 2. Κακαῖς...ποτόν. Ces vers étaient devenus proverbe.
— 3. Ἔρυμα... σωτήριον, pour ἔρυμα σωτήριον χώρας τε καὶ πόλεως.
— 4. Σκύθαισιν. Les Scythes nomades, vivant de peu, avaient une grande réputation de justice. Eschyle les appelle εὔνομοι Σκύθαι dans un fragment de son *Prométhée délivré*.
— 5. Εὑδόντων. Ceux qui ne s'occupent pas des affaires publiques.

FIN DES NOTES DES MORCEAUX CHOISIS D'ESCHYLE

# TABLE DES MATIÈRES

|  | Pages. |
|---|---|
| PROMÉTHÉE ENCHAINÉ. — Argument analytique.. | 1 |
| I. Le supplice de Prométhée. | 4 |
| II. Prométhée et les Océanides. | 16 |
| III. Les origines de la civilisation humaine. | 38 |
| IV. Io. | 52 |
| V. Prométhée et le messager de Zeus. | 72 |
| LES PERSES. — Argument analytique. | 96 |
| I. L'exposition du drame. | 98 |
| II. Le songe de la reine. | 110 |
| III. La bataille de Salamine. | 120 |
| IV. L'ombre de Darios. | 152 |
| LES SEPT CONTRE THÈBES. — Argument analytique | 160 |
| I. L'exposition du drame. | 162 |
| II. Les femmes dans une ville assiégée. | 172 |
| III. Les sept couples de combattants. | 180 |
| IV. Le chant funèbre. | 206 |
| AGAMEMNON. — Argument analytique. | 218 |
| I. Le veilleur. | 220 |
| II. Les vieillards d'Argos. | 224 |
| III. Les signaux de feu. | 230 |
| IV. Cassandre. | 238 |
| V. Clytemnestre. | 274 |
| LES CHOÉPHORES. — Argument analytique. | 284 |
| I. Libations funèbres. Reconnaissance d'Oreste et d'Électre | 286 |
| II. Les enfants d'Agamemnon concertent la vengeance.. | 308 |
| III. La fausse nouvelle de la mort d'Oreste. Sa mère. Sa nourrice. | 322 |

| | |
|---|---:|
| IV. Clytemnestre et le vengeur | 338 |
| V. Égarement et fuite d'Oreste | 346 |

LES EUMÉNIDES. — Argument analytique......... 362

| | |
|---|---:|
| I. La Pythie | 364 |
| II. Apollon et Oreste | 372 |
| III. L'ombre de Clytemnestre et le réveil des Furies | 376 |
| IV. Apollon chasse les Furies de son temple | 384 |
| V. Oreste à Athènes. L'hymne des Furies | 392 |
| VI. L'Institution de l'Aréopage | 408 |

FIN DE LA TABLE DES MATIÈRES.